Reinhold Dörrzapf
Die Liebe der Jahrhundert-Männer

Reinhold Dörrzapf

Die Liebe der Jahrhundert-Männer

Fünfzehn politisch-erotische Biographien

Marion von Schröder

INHALT

VORWORT

In diesem Buch geht es um fünfzehn Männer. Ohne sie wären wir nicht so geworden, wie wir heute sind. Es gibt unter den etwa zehn Milliarden Menschen, die zwischen 1900 und heute ihr Sein beendet oder begonnen haben, keinen Mann, keine Frau, kein Individuum, für dessen Leben nicht wenigstens von einem dieser fünfzehn Politiker Weichen gestellt worden sind. Die Taten oder Unterlassungen dieser Männer bezahlten einige hundert Millionen mit ihrem vorzeitigen Tod. Millionen andere verdanken dem einen oder anderen ihre Rettung. Die Nachbeben dieser fünfzehn werden wir sicher noch einige Zeit spüren.

Vielleicht ist das 20. Jahrhundert das letzte gewesen, in dem einzelne Männer so viele Völker solch abenteuerlichen Experimenten, solch irrsinniger Gewalt aussetzen konnten. Nicht nur, weil dieses Jahrhundert so etwas wie die Götterdämmerung der männlichen Herrschaft darstellt, sondern weil es ein Saeculum höchster Verwirrung war. Die Menschen zweifelten und verzweifelten an allem. Das bürgerliche Zeitalter, das seit der Renaissance, also mehr als fünfhundert Jahre lang, gehalten hatte, war endgültig zusammengebrochen. In das industrielle Zeitalter war man ohne eine vernünftige Vorstellung für eine halbwegs gerechte Gesellschaftsordnung hineingestolpert. So begann das Jahrhundert eines weltweiten Bürgerkrieges um die Verteilung der Rohstoffe, Früchte und Lasten des industriellen Wirtschaftens. Die Heere dieses globalen Bürgerkrieges wurden angeführt von Männern, deren Ideen Erlösung verhießen. Sie rissen andere Täter, vorwiegend Männer, mit. Nur auf der anderen Seite der Front, auf der Seite der Opfer, waren Frauen nicht mehr die Minderheit.

In Zukunft regieren vermutlich nicht mehr Erlöser, sondern Systeme die Völker. Keine Helden, bald auch keine Heldendarsteller mehr, sondern nur noch komplexe, vielfältig und weltweit vernetzte Systeme, die nach oben leicht und schnell auswechselbare Figuren einer flexiblen Politikerkaste mit dem Auftrag ausschwitzen, Unwuchten im System schnell und geräuscharm zu beheben. Diese Zeit hat im Prinzip schon angefangen. Oder gibt es unter uns noch eine größere Zahl von Bürgern, die von einem Politiker der Gegenwart eine Revolution, ein die Menschheit erschütterndes neues Wertesystem erhoffen oder befürchten?

Der Entscheidungsspielraum des modernen Politikers endet heute selbst nach heroischstem Einsatz auf der niederen Höhe einer Teilnahme an der Abstimmung über eine Detailkorrektur der Mehrwertsteuer, über die Kürzung einer Sozialausgabe, über die Festlegung des neuen Krümmungswinkels für die Salatgurke in der Europäischen Union – und nicht, wie bei den Schurken und Helden des 20. Jahrhunderts, bei der Lizenz zur Auslösung von Weltkrieg und Völkermord, zur Ausrufung der Diktatur des Proletariats, zur Abschaffung von Gott, zum siegreichen Befreiungskrieg für 400 Millionen Inder mit dem Spinnrad als einzig sichtbarer Waffe. Oder zur Vernichtung einer Kultur, nach der das Milliardenvolk der Chinesen seit Jahrtausenden gedacht, gefühlt und gelebt hat.

Wenn es unserem auf Ausgleich ausgerichteten Leitsystem der Gegenwart – Demokratie mit Marktwirtschaft – gelingen sollte, im Lauf der nächsten Jahrzehnte die postindustriellen Verwerfungen einigermaßen in den Griff zu bekommen, dann beschert uns das 21. Jahrhundert vielleicht tatsächlich das Ende der Geschichte im Sinne von Francis Fukuyama, des stellvertretenden Direktors des Planungsstabes im amerikanischen Außenministerium. Dieser Mann sieht geschichtliche Ereignisse als Folgen des Konkurrenzkampfes verschiedener Ordnungen. Nach dem Untergang der Sowjetunion beschrieb Fukuyama das Bild einer Welt, die allmählich ihre Reibungsflächen und Kanten verlieren wird, weil sich die Kulturen und Völker erstmals in ihrer Gesamtheit auf ein gemeinsames Ordnungsprinzip hinbewegen, auf die freiheitliche, marktwirtschaftlich organisierte Demokratie.

Demokratie bedeutet eher konstruktiven Streit als Krieg, besänftigenden Ausgleich statt Revolution, abwägende Vernunft statt Flucht ins Abenteuer. Demokratie bedeutet auch den Sieg weiblicher Energieformen über die männlichen: Leben und Harmonie geht vor Kampf und Herrschaft.

Die mächtigsten und einflußreichsten Gesellschaften der Erde sind zum überwiegenden Teil schon in der Demokratie angekommen. Der Rest wird, wenn Fukuyama recht haben sollte, wohl nachziehen oder sich in diese Richtung hinbewegen müssen, denn Diktaturen haben sich als viel zu engstirnig und unflexibel für den immer schneller werdenden wirtschaftlichen und technischen Wandel erwiesen.

Doch bevor der Strom der Geschichte im Ozean der nachgeschichtlichen Zeit zum Stillstand kommt, haben in seinem Schlußabschnitt sowohl die großen als auch die schrecklichen Schleusenwärter, Wellenpeitscher, Dammbauer, Kanalisierer und Windmacher des 20. Jahrhunderts noch eine Menge Strudel und schaumbedeckte Untiefen hinterlassen. Als Vererber unserer gegenwärtigen Welt verdienen sie somit unsere Aufmerksamkeit. Doch wie erzählt man die Geschichte dieser Männer?

Man kann es den Historikern gleichtun, die – was sie ehrt – keinen Millimeter vom Pfad ihrer wissenschaftlichen Tugend abweichen und nur das aus den Tiefen ihrer Forschung dem Licht der allgemeinen Betrachtbarkeit zuführen, was sich schwarz auf weiß aus den Archiven, aus Selbstauskünften der Erforschten und aus den Aussagen der Zeitzeugen belegen läßt.

Dieses Prinzip hat aber auch seine Schwächen. So gehört beispielsweise zum Handwerk der politischen Geschichte-Macher die Desinformation, das Schönen und Fälschen von Papieren und Selbstauskünften, das Manipulieren der Zeitzeugen, also nahezu aller Quellen, worauf sich Historiker stützen müssen.

Zudem leidet die Wissenschaft der Geschichtsschreibung darunter, daß den geschichtlichen Abläufen anders als den Naturwissenschaften nicht unwiderlegbare mathematische, physikalische und chemische Formeln zugrunde liegen, sondern Menschen. Also wird Geschichte nicht von der Logik organisiert, sondern vom chaotischen System Mensch, in dem der Traum und die Vernunft, die Planung und die Improvisation, die Macht und die persönliche Abhängigkeit, die angeborene Genetik, das anerzogene Wesen, die biologischen Begierden und die Laune des Tages in ständigem Kampf mit- und gegeneinander liegen. Denn der Mensch ist die Spitze der Evolution nicht deshalb geworden, weil er das ordentlichst organisierte, sondern weil er

9

das komplexeste, also vielfältigste, flexibelste und damit das chaotischste aller Lebewesen ist.

Angesichts der Unübersichtlichkeit im geschichtlichen Prozeß bleibt aber den Historikern, wenn sie und ihr wissenschaftlicher Ruf nicht im Spekulationssumpf versinken wollen, gar nichts anderes übrig, als sich allein auf die Darstellung der Fakten und Ereignisse zu beschränken, und die Psyche ihrer historischen Gestalten, das Persönliche, Private, Intime unter Anrufung aller Vorbehalte in die Randzonen ihrer Veröffentlichungen zu verbannen. Obwohl selbstverständlich auch die Historiker wissen, daß kein Mensch, kein Mann, auch kein in historischen Ausmaßen handelnder Mann, unabhängig ist von seinem privaten Umfeld, von den Prägungen seiner eigenen Biologie und Lebensgeschichte, von den Segnungen und Beschädigungen durch die Frauen, die er liebt oder geliebt hat.

Dieses Handicap der Historiker-Zunft hat natürlich die Journalisten auf den Plan gerufen, die wenig Scheu zeigen im Betrachten, Recherchieren und Beschreiben privatester Dinge. Zuweilen stochern sie mit solcher Wonne in den Betten derer herum, nach denen Straßen, Plätze, Städte und Zeitalter benannt worden sind, daß naive Leser zuweilen der Verdacht beschleichen könnte, die geschichtliche Entwicklung sei im wesentlichen von Erektionen bestimmt worden, hinter denen einfallsreiche Männer wie Ramses II., Caesar, Karl der Große oder Napoleon gestanden hätten. Doch so stimmt es natürlich nicht.

Selbstverständlich wird der Leser auch in diesem Buch an die Schlüssellöcher geführt. Er wird den ehrwürdigen Kaiser Franz Joseph, den Mann der schönen Sisi, im Haus einer jungen Eisenbahnersgattin, in dem es nach kochenden Windeln riecht, beim Kopulieren ertappen. Er wird Lenin in einer spätbürgerlich-dekadenten Menage à trois aufspüren. Er wird Kemal Atatürk als saufenden Hurenbock erleben, Adolf Hitler als Spanner durch die Aktmaler-Ateliers der Münchner Kunstakademie streunen und Stalin am Grab einer georgischen Schönheit die vielleicht einzigen Tränen seines Lebens weinen sehen. Er wird den reifen Witwer Adenauer als einen Katholiken kennenlernen, der sich an die unbedarfte junge Tochter seines lutherischen Nachbarn heranmacht. Er wird die nach allen Seiten offene Ehe zwischen

Franklin Delano und Eleanor Roosevelt bestaunen können. Ihn wird die sexuelle Rücksichtslosigkeit des gewaltlosen Genies Mahatma Gandhi überraschen und die dramatischen Liebschaften des Herbert Wehner zu drei Frauen, die alle Lotte heißen. Er wird den strahlenden Kennedy als einen Spätpubertären betrachten, der als sexueller Hochleistungssportler sich und seine Frau entwürdigt. Er wird Josip Broz Tito und Willy Brandt als Verführer erleben, die in den Endphasen ihrer Beziehungen ihre Wehrlosigkeit gegenüber ihren Frauen hinter einer Mauer aus Kälte und Schweigsamkeit verstecken müssen. Er wird Mao Tse-tung als Lustgreis beim Schmuddeln und Michail Gorbatschow bei dem Versuch beobachten, im Mief der stalinistischen Sowjetunion eine moderne, gleichberechtigte Kameradschaftsehe zu leben. Und am Ende wird er bei Nelson und Winnie Mandela erkennen, wie viel Kraft, auch staatstragende und gesellschaftsbildende Kraft, ein Mann aus einer romantischen Liebe ziehen kann, selbst wenn diese Liebe nur eine Illusion ist.

Das alles kommt in diesem Buch vor, aber weder als Randnotiz noch als alles erklärender Schlüssel für die Annäherung an die Persönlichkeiten dieser Männer. Dieses Buch ist ein Versuch, die Geschichte des 20. Jahrhunderts über die Lebensgeschichten von fünfzehn großen Gestaltern und Zerstörern, Utopisten, Parteisoldaten und Rettern zu beschreiben und auf eine Weise zu betrachten, die jeder von uns als Erforscher seiner eigenen Lebensgeschichte kennt: nämlich als ein sich ständig veränderndes Spiel, in dem alte Prägungen, neue Erfahrungen, Begierden, Abhängigkeiten, der Wunsch nach Liebe und Anerkennung, Chancen und Gefahren und die augenblickliche Stimmung in ständiger Wechselwirkung miteinander kollidieren und die Linien des persönlichen Kräftefeldes ununterbrochen verändern.

Der Mensch wird geboren, erlebt etwas, steht vor einer Entscheidung, trifft seine Wahl unter der Berücksichtigung seiner bisherigen Erfahrung und seiner bewußten und unbewußten Wünsche, geht weiter, erlebt noch mehr, trifft die nächste Entscheidung. Und so geht es immer weiter, von Weggabelung zu Weggabelung. Nicht selten sind es Zufälle und Kleinigkeiten, die uns in eine neue Richtung führen.

Deshalb sind die Entwicklungsgeschichten von Menschen in Wirklichkeit Geschichten ohne roten Faden. Wenn doch, dann ist der rote Faden vom Leben im Zickzack oder in Umwegen vernäht worden. Auch wenn gerade jene, die Geschichte machen, stets bemüht sind, anderen weiszumachen, daß ihr Leben ein einziger gerader Weg mit einem einzigen Ziel von Anfang an gewesen sei, von dem kein Feind sie abbringen konnte, und auch nicht die Liebe einer Frau.

Denn jeder Mann, der jemals eine Frau geliebt hat, weiß, daß es anders ist. Sicherlich hat es noch nie einen Politiker gegeben, der seine Politik ausschließlich nach seinem Penis ausgerichtet hätte. Es ist aber sicherlich auch noch niemals ein Politiker zu Ruhm und Ehre gekommen, in dessen Taten sich nicht auch das Lebensgefühl ausgedrückt hat, das aus seinen Liebesbeziehungen und familiären Bindungen gewachsen ist.

Wir glauben manchmal, wir könnten die Dinge auseinanderhalten nach dem schönen Motto »Dienst ist Dienst, und Schnaps ist Schnaps«. Aber das ist nur Wunschdenken, um etwas mehr Ordnung in unser alltägliches Chaos hineinzubeschwören. In Wirklichkeit trennt das Leben niemals zwischen Öffentlichem und Privatem.

Aus diesem Grunde glaubt der Autor, daß die Geschichten der fünfzehn Männer, die dieses Jahrhundert geprägt und unser Schicksal vorgeformt haben, nicht geschrieben werden können ohne die Geschichten der Frauen, die zu diesen fünfzehn Männerleben gehören. Zumal das 20. Jahrhundert jenes war, in dem endgültig klargeworden ist, daß die Frau schon immer mehr war als nur das pflegerische Anhängsel des Mannes.

KAISER FRANZ JOSEPH

Geboren: 18. August 1830.
Gestorben: 21. November 1916.
Kaiser von Österreich (1848–1916).
Die besondere Lebensleistung: Er hielt in den
68 Jahren seiner Herrschaft bis weit ins
20. Jahrhundert hinein eine Staatsform am Leben,
die eigentlich schon bei seinem Regierungsantritt
im Jahr 1848 von der Geschichte überholt war.
Sein Liebesleben: Eine unglückliche große,
zwei glückliche kleine Lieben.

Sisis Truthahn

Im Jahr 1900, zwei Jahre nach der Ermordung der Kaiserin Elisabeth, erscheint in der »Neuen Freien Presse« ein kleines Inserat: »Kathi kehre zurück – alles geordnet – zu Deinem unglücklich verlassenen Franzl.«

Jeder in Wien entdeckt diese Anzeige oder hört davon, denn man liest Zeitungen noch sehr genau. Jeder versteht die Anspielung, denn zu dieser Zeit suchen die Leser die Wahrheit vor allem zwischen den Zeilen. Franzl steht für den Kaiser Franz Joseph, und Kathi ist seine langjährige Freundin, die Burgschauspielerin Katharina Schratt.

Diese sitzt gerade schmollend in der Schweiz, leidet unter dem unklar gewordenen offiziellen Status ihrer Beziehung zu Kaiser Franz Joseph.

Bis 1898 hatte die Kaiserin selbst die Schirmherrschaft über das Liebesverhältnis ihres Mannes zu Katharina Schratt ausgeübt. Die Schauspielerin galt bis dahin offiziell als Freundin Elisabeths; ihre Besuche in Schönbrunn oder in der Kaiservilla in Bad Ischl waren deshalb eine Selbstverständlichkeit. Nun aber ist Sisi tot, und die Schratt will in der Öffentlichkeit nicht als g'schlampertes Verhältnis des Kaisers erscheinen. Der Kaiser aber darf und will keine Bürgerliche heiraten, weder offiziell noch heimlich. Außerdem ist er schon 70 Jahre alt.

Wer immer auch der Spaßvogel war, der das Zeitungsinserat gepflanzt hat, in jeder anderen Hauptstadt der Welt hätte er entweder spöttisches Gelächter oder helle Empörung geerntet. Oder zumindest das Volk gespalten in Spötter und Empörte. Aber im süßen Moderduft der österreichisch-ungarischen Doppelmonarchie hat man einen starken Sinn für die Doppelbedeutung aller Vorgänge entwickelt und ein Gefühl dafür, daß das Leben letzten Endes ohnehin keinen Sinn ergibt und daß es sich deshalb nicht lohnt, Kraft in starke oder eindeutige Empfindungen zu investieren.

Das k. u. k. Grundgefühl ist eine Melange. Von allem ein bisserl, aber von keinem zuviel. Also weckt die Franzl-Kathi-Anzeige in jedem einzelnen Wiener ein wenig Empörung, sowohl über die Unverschämtheit des unbekannten Inseratenschreibers als auch über die Ungehörigkeit des Liebeslebens Seiner Majestät, dazu noch ein schadenfrohes Grinsen, aber auch Mitleid für den Einsamen in der Hofburg.

Der alte Mann hat es ja nun auch wirklich nicht leicht. Er ist der einzige, der dieses große, heiter-melancholische Freilichtmuseum Österreich-Ungarn noch zusammenhalten kann, bevor die ungemütliche Moderne mit ihrem Gestank, ihrer Eile, ihrer Aufgeregtheit über das Reich und seine vielen Völker hereinbrechen wird. Also, lieber Gott, erhalte Franz, den Kaiser, und gib ihm doch bitte seine Kathi zurück, auch dann, wenn es sich – schämen sollten sich Seine Majestät schon ein bisserl! – nicht gehört.

Es ist also nichts eindeutig in Franzjosephland, aber alles mehrschichtig. Schon bei den Titeln des Kaisers weiß man nicht, ob man ihre Vielzahl bewundern oder die Zerrissenheit dieser Amtsperson bedauern soll. Als er im Jahr 1848 seinen Dienst angetreten hatte, lautete sein halbwegs kompletter Name so:

Franz Joseph I. von Gottes Gnaden Kaiser von Österreich; König von Ungarn und Böhmen; König der Lombardei und Venedigs, von Dalmatien, Croatien, Slawonien, Galizien, Lodomerien und Illyrien; König von Jerusalem etc.; Erzherzog von Österreich; Großherzog von Toskana und Krakau; Herzog von Lothringen, von Salzburg, Steyer, Kärnten, Krain und Bukowina; Großfürst von Siebenbürgen, Markgraf von Mähren; Herzog von Ober- und Niederschlesien, von Modena, Parma, Piacenza und Guastalla, von Auschwitz und Zator, von Tschen, Friaul, Ragusa und Zara, gefürsteter Graf von Habsburg und Tirol, von Kyburg, Görz und Gradiska; Fürst von Trient und Brixen; Markgraf von Ober- und Niederlausitz und in Istrien; Graf von Hohenembs, Feldkirch, Bregenz, Sonneberg etc; Herr von Triest, von Cattaro und auf der Windischen Mark; Großwoiwod der Wojwodschaft Serbien etc. etc.

Inzwischen sind ihm die oberitalienischen Perlen aus der Krone gefallen, und auch manches Etcetera ist nicht mehr nötig. Dafür aber hat er sich aus dem sterbenden Osmanischen Reich noch Bosnien-Herzegowina und Montenegro einverleiben können, so daß Österreich im Jahr 1900 noch immer einen beachtlichen Platz auf der Weltkarte einnimmt – obwohl es eigentlich schon im Revolutionsjahr 1848 erledigt gewesen war.

Zwar spüren die Geschäftsleute und Intellektuellen, sogar die meisten Beamten fühlen es längst, daß dieses gerade angefangene 20. Jahrhundert eher über kurz als über lang das Ende bringen wird. Auch unten in den Niederungen des einfachen Volkes singt man beim Heurigen nur traurige Lieder. Einer der beliebtesten Gassenhauer ist »Oh, Du lieber Augustin, alles ist hin«. Aber hoffentlich hält dieser sonnige Spätherbst des Reiches noch ein wenig, und darum, lieber Gott, erhalte Franz, den Kaiser.

Denn in diesem Relikt einer vergangenen Zeit fühlen sich die Menschen bei aller Melancholie erstaunlich wohl. Keiner wird dieses Lebensgefühl besser beschreiben können als Robert Musil in seinem 1930 erscheinenden Monumentalroman »Der Mann ohne Eigenschaften«:

»Dort in Kakanien, diesem seither untergegangenen, unverstandenen Staat, der in so vielem ohne Anerkennung vorbildlich gewesen ist, gab es auch Tempo, aber nicht zuviel Tempo… Gletscher und Meer, Karst und böhmische Kornfelder gab es dort, Nächte an der Adria, zirpend von Grillenunruhe, und slowakische Dörfer, wo der Rauch aus den Kaminen wie aus umgestülpten Nasenlöchern stieg und das Dorf zwischen zwei kleinen Hügeln kauerte, als hätte die Erde ein wenig die Lippen geöffnet, um ihr Kind dazwischen zu wärmen. Natürlich rollten auf den Straßen auch Automobile; aber nicht zuviel Automobile! Man bereitete die Eroberung der Luft vor, auch hier; aber nicht zu intensiv. Man ließ hie und da ein Schiff nach Südamerika oder Ostasien fahren; aber nicht zu oft… Man entfaltete Luxus; aber beileibe nicht so überfeinert wie die Franzosen. Man trieb Sport; aber nicht so närrisch wie die Angelsachsen. Man gab Unsummen für ein Heer aus; aber doch nur gerade so viel, daß man sicher die zweitschwächste der Großmächte blieb.«

Noch lange nach dem Untergang Kakaniens wird der von Kaiser Franz Joseph verkörperte Stil zumindest in Mitteleuropa für den Uralt-Mythos vom verlorenen Paradies stehen. Die K. u. K.-Gemütlichkeit wird nicht mehr im politischen Denken, aber noch sehr lange in den Seelen der Menschen herumspuken, ganz besonders beim strammen Nachbarn Deutschland.

Wenn in den 30er und 40er Jahren die Nationalsozialisten den Reichsdeutschen ein straffes und brutales Heldentum verordnen werden, dann wird Propagandaminister Goebbels, der ein Schurke, aber kein Dummer sein wird, wissen, daß für die politischen Härten der nationalsozialistischen Herrschaftsform seine Unterhaltungsindustrie den Menschen einen zuckersüßen Ausgleich spendieren muß. In den Spielfilmen, die Goebbels kontrollieren wird, ist die gewünschte Sprachfärbung seiner Schauspieler ein gemütliches, gemäßigtes Wienerisch, der bevorzugte Tanz der Wiener Walzer, die bevorzugte Kostümierung Wiener Biedermeiertracht, Dirndl und Loden.

Auch in den flotten Aufbaujahren der bundesdeutschen Wirtschaftswunder-Nachkriegszeit wird österreichisches Ambiente die Kulisse erfolgreicher Spielfilme sein.

Noch in den neunziger Jahren des 20. Jahrhunderts wird die nachkakanische Seifenoperette »Ein Schloß am Wörthersee« ein quotenreicher Fernseh-Hit der bereits vom Handy auf Trab gehaltenen Fin-de-millénaire-Kids sein.

Nach zwei verlorenen Weltkriegen und Zusammenbrüchen werden die verbliebenen Rest-Österreicher zwischen Bodensee und Neusiedler See noch immer ihre Vergangenheit in Stellung bringen gegen die Gegenwart. Sie werden die im Grunde dann sinnlos gewordenen Überbleibsel ihrer guten alten Zeit – vom näselnden, langsamen Aristokraten-Tonfall über die immerwährende Burgtheater-Intrige bis zu den Lipizzanern in der Hofburg – um so auffälliger als ihre Identifikationsfaktoren gegen das stromlinienförmige Bundesdeutschtum herausstellen, je mehr sich Austrias Alltag in Wirtschaft, Technik und Tempo dem deutschen oder europäischen Standard angleichen muß. Manchmal wird man den Eindruck gewinnen, daß österreichische Bundeskanzler, von Bruno Kreisky bis Franz Vranitzky, vor ihrem Wahlvolk um so langsamer und gelassener sprechen, je dynamischer sich am Rhein gerade ein deutscher Kanzler vor den Fernsehkameras gebärdet.

Franz Joseph hat also den nicht zu verhindernden Untergang einer überkommenen Staats- und Lebensform nicht nur unglaublich lange aufhalten können, er hinterläßt auch für die Zeit danach eine zählebige Sehnsucht nach einem solchen Bilderbuch-Reich und nach einem Hausvater wie er einer war. Obwohl man, schaut man durch den schönen Schein dieses altmodischen Kakaniens hindurch, spätestens schon im Jahr 1900 das Geschwür deutlich erkennen kann, aus dem alle Grundübel des 20. Jahrhunderts steigen werden. Denn alles, was im 20. Jahrhundert geschehen wird, hat seine Wurzeln in dieser Zeit, in diesem ältesten aller Disneylands.

Um das 20. Jahrhundert verstehen zu können, muß man in das Jahr zurückgehen, in dem der österreichische Kaiser seine 68 Jahre während Herrschaft angetreten hat.

Daß sie so lange gehalten hat, ist nicht nur eine biologische Sensation. Denn bei der Thronbesteigung des 18jährigen im Revolutionsjahr 1848 war das Herrscherhaus bei allen seinen Völkern verhaßt und sein Regiment weder vom Bürgertum noch vom Pöbel und von keinem seiner Völker gewünscht. Sein multinationales Reich war bereits Konkursmasse, und die Monarchie ein überlebtes System, von dem kein Mensch mehr wußte, wozu man es eigentlich noch brauchen konnte. Das Zeitalter der Nationalstaaten und bürgerlichen Freiheiten hatte längst angefangen.

Zwar hatten die Kanonen seiner Heerführer Windischgrätz,

Radetzky, Jellachich und Haynau die Revolutionäre und meuternden Truppen in Wien, die Aufständischen in Ungarn, Italien und Böhmen über den Haufen schießen können, aber nicht das Denken der Liberalen, der Republikaner und der Nationalisten aller seiner Völker. Trotzdem gelang es Franz Joseph, bis ins 20. Jahrhundert hinein die Uhr festzuhalten auf einer Zeit, die eigentlich schon mit dem 18. Jahrhundert hätte zu Ende sein müssen; auf einer Zeit, in der die Interessen des Fürsten noch über den Interessen der Nation standen.

Noch erstaunlicher ist es, daß dieses lange österreichische Nachleben einem Mann zuzuschreiben ist, der zwar sympathisch und auf pedantische Beamtenart fleißig, aber in allem nur durchschnittlich begabt war. Franz Joseph hatte weder Schwung noch Phantasie und auch keine genialen Berater. Fürst Metternich, der Architekt des nachnapoleonischen Europa und der eigentliche Regent Österreichs bis 1848, hatte, um die Revolutionäre zu beruhigen, ins Exil nach England fliehen müssen.

Was Franz Joseph von Anfang an fehlte, war vor allem eine überzeugende Idee für sein Reich. Ein vernünftiger Grund für das Weiterleben seines geschichtlich überholten Vielvölkerstaates. Ein Ziel am Horizont, mit dem den Menschen das Gefühl eingeflößt worden wäre, daß es sich lohnt, sich bei der Arbeit anzustrengen und Frieden zu halten gegen die Obrigkeit und im Zusammenleben mit den anderen Nationalitäten im Reich. Nur zu gern wäre Österreich schon 1848 in Nationalstaaten auseinandergefallen.

Weil es eine überzeugende Reichsidee nicht mehr gab, und das Gottesgnadentum seiner kaiserlichen Herrschaft nur durch Glauben gestützt, aber nicht wissenschaftlich belegt werden konnte, hatte sein Staat keine Richtung, keine Legitimation; es gab keinen lockenden Wurstzipfel am Horizont, sondern nur die kaiserliche Absicht, das Reich irgendwie zu erhalten, so lange es ging. Nie waren die Staatsfinanzen in Ordnung. Nie war das Heer stark genug, um einer ernsten Bedrohung durch Rußland oder Preußen standhalten zu können. Nie war die Infrastruktur genügend ausgebaut für den Aufbau einer modernen Industrie wie im Westen. Nie erwirtschaftete die Industrie genug zum Aufbau dieser Infrastruktur.

Da der große einheitliche Plan fehlte, ließ sich Franz Joseph auf eine Politik ein, die man später einmal das »Try-and-Error-Prinzip« nennen wird, die im alten Österreich aber anschaulicher als »Durchwurschteln« bezeichnet wurde. Man probierte etwas aus, und wenn es nicht klappte, dann versuchte man halt etwas anderes.

Zunächst probierte man es mit Härte. Sophie, die Mutter des neuen Kaisers, und Fürst Schwarzenberg, der Ministerpräsident, wollten das alte autokratische Regiment restaurieren. Franz Joseph kippte die 1848 aufgezwungene Verfassung und unterschrieb Todesurteile gegen die besiegten Revolutionäre und Aufständischen. Das Reich sollte wieder nach der alten Metternich-Regel und nicht nach einer Verfassung regiert werden. Metternich glaubte, daß zur dauerhaften Beherrschung eines Reiches vier Heere nötig seien: das stehende Heer der Soldaten, das sitzende Heer der Beamten, das kniende Heer der Priester und das schleichende Heer der Denunzianten.

Nun hatten zwar in ganz Europa die Verlierer der Revolutionen von 1848 die bittere Erfahrung gemacht, daß im Ernstfall die Macht der liberalen, sozialen und nationalen Ideen an der Macht der Bajonette scheitert, doch waren auch die Sieger nicht ohne eine Erkenntnis davongekommen. Nach der amerikanischen Revolution von 1776 und der französischen von 1789 müssen sie nach 1848 begreifen, daß die Untertanen auf ihre Ideen und Träume nicht mehr verzichten wollen und daß die Herrscher ihre Privilegien über kurz oder lang endgültig verlieren werden, wenn sie da oben immer in eine ganz andere Richtung träumen als die da unten.

Franz Joseph, mehr instinktsicher als intellektuell, dämmert, daß Metternichs vier Heere auf die Dauer doch nicht mehr genügen werden gegen das Riesenheer der Träumer.

Die Träumer träumen zwar von bürgerlicher Freiheit und nationaler Selbstbestimmung, aber das läuft im innersten Kern auf eine Hebung der persönlichen Würde jedes einzelnen Bürgers hinaus. Also läßt sich dieser unangenehm konkrete Wunsch nach Freiheit und Selbstbestimmung vielleicht umgestalten in den etwas weniger konkreten Traum von Würde und Größe eines jeden Bürgers durch seinen Staat. Das wiederum liefert

Europas Machteliten den Trick für eine neue Beherrschungsstrategie: Kitzele ein wenig des Bürgers Natinalstolz, und er wird sich mit seiner Obrigkeit verbünden.

In Deutschland und Frankreich verbinden sich nach 1848 die herrschenden Gesellschaftsschichten und die Beherrschten jeweils zum gemeinsamen Traum von nationaler Größe oder wenigstens: nationaler Einheit. Damit kann Franz Joseph seinen Untertanen nicht dienen, denn jedes seiner Völker hat seinen eigenen Nationaltraum. Preußens König läßt als Symbol der Wiederentdeckung der nationalen Identität der Deutschen und als Symbol der Wacht am Rhein gegen den gefürchteten Franzmann in Köln einen unvollendeten alten gotischen Dom fertigstellen, Jahrhunderte nach dem Ende des gotischen Dombau-Zeitalters. Ein Spielzeug für die romantische, biedermeiersche Volksseele, mehr ist es nicht. Womit aber kann Franz Joseph das Selbstwertgefühl seiner tschechischen, ungarischen, lombardischen, slowakischen, kroatischen, venetischen Untertanen heben?

Vielleicht liegt es nicht einmal an Franz Josephs politischem Instinkt, sondern nur an seinem im Grunde doch erkennbar gemäßigten Wesen, dem alles Extreme und Absolute verhaßt ist. Vermutlich ist sein Bedürfnis nach Ausgleich der Punkt, der eine Verbindung schafft zwischen ihm und dem Riesenheer der Träumer in seinem Reich. Er baut keinen altmodischen Märchenland-Dom wie die Preußen in Köln, erobert keine Kolonien jenseits der Meere wie Briten und Franzosen, sondern lenkt die Träume seiner Untertanen auf die kleinen, greifbaren Freuden des bürgerlichen Lebens und des Alltags und bescheint diese mit dem Glanz majestätischer Prachtentfaltung. Walzer statt Trommelwirbel.

Auf diese Weise findet der junge Monarch schon bald nach 1849, als die Revolution endgültig über den Haufen geschossen ist und sich die trügerische, weil vergängliche Ruhe der allgemeinen Erschöpfung über die Donaumonarchie gelegt hat, einen Platz in den Träumen der Träumer. Zwar hat der neue Kaiser bereits Blut an den Händen, aber gegen den Charme eines schönen, blauäugigen, jungen Fürsten ist keine Phantasie gefeit. Wie sehr unterscheidet er sich doch von seinem Vorgänger, dem schwachsinnigen Kaiser Ferdinand! Und klingt da nicht ein neuer Ton? Dieser schöne, junge Kaiser scheint sich nicht mehr als strenger Hauspatriarch aufführen, sondern nur noch der oberste Schiedsrichter sein zu wollen. Gerecht, und allen seinen Völkern gnädig zugetan.

Und wie würdig er ist! Nie ist das spanische Hofzeremoniell der Habsburger strenger und glanzvoller zelebriert worden als jetzt. Der Kaiser steht so gottähnlich und großartig über allem, daß es dem Bürger Schauer der Ergriffenheit über den Rücken jagt, wenn er Zeuge solcher gemeinschaftstiftender und erhöhender Zeremonien wird. Sicher wäre es schön, wenn die Bürger frei wären wie jetzt in Frankreich oder in den angelsächsischen Ländern und niemanden außer Gott mehr über sich hätten, aber hebt es nicht auch die eigene Ehre, in der Welt von einem solch prachtvollen Kaiser repräsentiert zu werden?

Nicht nur der Kaiser und seine Erzherzöge entfalten Glanz und Pomp, sondern auch die Erzbischöfe. Die Kaisermutter und die katholische Kirche wollen dem jungen Kaiser ein Konkordat schmackhaft machen. Österreich verwandelt sich in eine immerwährende Zeremonie. Unentwegt und überall im Reich werden Zepter, Dirigentenstäbe und Weihrauchkessel geschwungen, Paraden und Prozessionen abgehalten. Zwar liefert der Staat mit dem Konkordat die Oberaufsicht über Unterricht, Kultus und Eherecht an die Kirche aus, aber in katholischen Ländern, und das sind nahezu alle Gebiete Österreichs, weiß man auch, daß die Sünde ein um so größerer Genuß wird, je freudloser sich die öffentlich verkündete Moral darstellt. Die Scheinheiligkeit gehört zur Sittenstrenge, so wie die Vergebung zur Sünde gehört, die Lust erst durch das Verbot den letzten Kitzel erhält.

Sicher sind Pracht, Weihrauch und der blühende Tratsch über jedermanns Verfehlungen im beginnenden Industriezeitalter noch kein zukunftsträchtiges Konzept für ein altes Reich. Man muß auch irgendwie nach dem Anschluß an die neue Zeit suchen, den man verpaßt hat. Deshalb reist der Kaiser 1852 nach Berlin und wirbt um Prinzessin Anna, eine Nichte des Königs von Preußen. Preußen, moderner als Österreich und neben Österreich das mächtigste Land im Deutschen Bund, könnte mit seinem Kapital und seinem technischen Wissen die Bodenschätze des von Österreich beherrschten europäischen Südostens heben. Ein österreichisch-deutscher Wirtschaftsverbund könnte Wohlstand für ganz Mittel- und Südosteuropa schaffen.

Franz Joseph findet Prinzessin Anna sehr nett und sehr gut gewachsen. Aber er bekommt sie nicht. Die preußische Monarchie, 1848 gerade noch mal so davongekommen, möchte sich lieber von den national-romantischen Wogen der Deutschen nach oben tragen, sich nicht in die slawischen, italienischen und ungarischen Probleme des Vielvölkerstaates hineinziehen lassen. Preußen denkt da mehr an einen Deutschen Bund, in dem nicht mehr Österreich, sondern Preußen das Sagen haben sollte. Berlin möchte sich Österreich vom Hals halten und legt deshalb dem Kaiser in Wien keine preußische Prinzessin ins Bett.

Schade für den jungen Mann. Nicht nur wegen der Politik. Franz Joseph ist mit 22 Jahren in einem Alter, in dem die Freude eines Mannes an den Frauen und seine Lust auf die Liebe am größten ist. Sein Adjutant Graf Grünne und die diskrete Regie seiner Mutter Sophie haben ihm eine Reihe ansehnlicher, erfahrener und von den Hofärzten als einwandfrei deklarierter »hygienischer Damen« ins Bett gelegt mit dem Auftrag, den jungen Kaiser fit zu machen für die bald auf ihn zukommende Ausübung seiner dynastischen Pflichten. Franz Joseph hat sich im Lernen leicht getan. Er wäre in diesem Alter ein feuriger Liebhaber. Und Prinzessin Anna hätte ihm sehr gefallen. Er trauert ihr nicht weniger nach als der verpaßten Chance auf eine Belebung seines Reiches durch eine langfristige wirtschaftliche Verflechtung mit Preußen.

Aber vergebens war die Reise nach Berlin nicht. Nun wissen er, seine Mutter und seine Berater wenigstens endgültig, daß er vor Preußen auf der Hut sein muß. Also denken sie in eine andere Richtung: Österreich muß seine Verbindung mit eher preußenfeindlichen Ländern im Deutschen Bund stärken. Die Brautschau führt weiter nach Dresden. Das Königreich Sachsen zielt auf der Landkarte wie eine Ramme in den preußischen Unterleib.

Franz Joseph weiß durchaus, daß ein Kaiser nach Verstand und nicht nach Gefühl heiraten sollte, aber diese sächsische Ehekandidatin, Prinzessin Sidonie, wirkt doch sehr kränklich. Dann lieber eine Verbindung mit dem Königreich Bayern.

Die Kaisermutter Sophie arrangiert mit ihrer Schwester Ludovika, Ehefrau des Herzogs Max in Bayern, ein Treffen in Bad Ischl, dem Sommerquartier des Kaiserhauses im Salzkammergut. Ludovika soll doch Helene mitbringen, die älteste und von ihrem Benehmen her aristokratischste ihrer Töchter. Man muß ein wenig aufpassen mit diesem Possenhofener Zweig der Wittelsbacher, denn Ludovikas Mann Max ist ein Sonderling, benimmt sich wie ein Bürger, hurt sich durchs ganze bayerische Oberland, produziert sich im Hof seines Münchner Stadtpalais als Zirkusreiter, geht gern auf abenteuerliche Reisen und entblödet sich in Ägypten nicht, eine Zither auf eine Pyramide zu schleppen und dort oben bayerische Schnaderhüpferl zu singen. Seine vielen Töchter und Söhne verwildern im Schloß Possenhofen, spielen mit den schmutzigen Bauernkindern aus den umliegenden Dörfern herum, ohne sich zu genieren. Von ihren Possenhofener Nichten kennt die Kaisermutter Sophie nur Helene als ein Mädchen, das sich würdig zu benehmen weiß.

Ludovika reist also mit Helene zu ihrer vornehmen Verwandtschaft nach Ischl. Sie hat auch ihre zweitälteste Tochter Elisabeth dabei. Die Familie nennt sie Sisi. Sie ist erst 15, aber die Kleine braucht etwas Ablenkung, denn sie hatte sich in einen angeblichen Grafen namens Richard verliebt, der ein Bediensteter ihres Vaters Max war und als Schwiegersohn so unmöglich, daß Sisis Mutter über den plötzlichen Tod des Grafen Richard sehr erleichtert war. Den Zither-Max selbst hat Ludovika aber sicherheitshalber zu Hause gelassen. Das Treffen in Ischl dürfte auch ohne ihren Mann und seine merkwürdigen Verhaltensweisen heikel genug werden.

Aber die Sache geht gut aus. Der Kaiser entflammt, doch nicht wie vorgesehen für Helene, sondern für deren jüngere Schwester Elisabeth. Ein schmales, edles Gesicht, eine feine gerade Nase, wunderschönes langes Haar. Die ganze Gestalt der 15jährigen ist elfenhaft schlank und doch schon weiblich. Und dann die Augen!

Groß sind sie, ein wenig scheu, aber da ist noch etwas in ihnen. Unübersehbar.

In diesen Augen blitzt es immer wieder auf, irgend etwas zwischen Spott und Abenteuerlust. Es ist sonnenklar: Dieses

Mädchen ist ein Wildfang, ganz anders als die jungen Frauen im Puppentheater der Wiener Ballsäle mit ihrem eingefrorenen Lächeln und ihrem gebügelten Geschwätz. Sisi ist frisch. Von all den ungewohnten und aufregenden Begleiterscheinungen dieses gesellschaftlichen Ereignisses in Bad Ischl wirkt sie zwar beeindruckt, bleibt aber innerlich frei. Elisabeth spricht ihre Tante, die Kaisermutter Sophie, konsequent mit »Du« an, obwohl das Protokoll selbst ihrem kaiserlichen Sohn ein »Sie« vorschreibt.

Franz Joseph ist hingerissen. Die Tage in Ischl werden für ihn zur »göttlichen Séjour«. Offensichtlich entdeckt er in diesem Mädchen den vergessenen Rest jenes freien, wilden Wesens wieder, das auch in ihm einmal gesteckt haben muß, in der Kindheit, bevor seine Erzieher diesen Wesenszug von ihm für immer entfernt haben. Denn in der kaiserlichen Familie werden alle Kinder zweimal gezeugt. Einmal biologisch wie alle Menschen, und bald danach noch einmal durch Erziehung, damit sie sich auf der Bühne des Wiener Herrschaftstheaters emotions- und fehlerlos bewegen können.

Der junge Kaiser trauert nicht um diesen Verlust. Er ist stolz auf seine Zähmung und steht zu der pedantischen Disziplin, mit der er seinen Amtsgeschäften nachgeht. Aber nun hat er in Sisi nicht nur ein schönes Mädchen entdeckt, sondern auch ein Wesen, das ihn an all das erinnert, was nicht mehr in ihm ist und nie mehr in ihm wird sein dürfen. Mit Sisi hat er etwas davon zurückbekommen.

Es ist ein Empfinden, das Franz Joseph nie mehr verlassen wird, so sehr Sisi ihn enttäuschen wird. Er wird diese Frau immer lieben und nicht zuletzt wohl auch deshalb, weil sie stellvertretend für ihn nach Freiheit greift. Niemals wird er sie mit einem Machtwort fesseln, so übel sich ihr Freiheitsdurst auf seine Ehe und auf ihre Aufgabe als Kaiserin noch ausnehmen wird.

Auch Sophie, die Kaisermutter, ist glücklich. Einmal, weil ihr Franzl nun seine Kaiserin gefunden hat, zum anderen, weil sie dieses Kind, so wie es jetzt ist, wirklich liebt. Schöner als Elisabeth kann eine Kaiserin nicht sein. Die Untertanen werden von ihr überwältigt, die Monarchie wird gestärkt sein. Sicher, man muß schon aufpassen wegen des schwierigen Familiencharakters der Wittelsbacher. Sie leben ja alle gern ein wenig gegen den

Strich, vor allem der Possenhofener Zweig. Nicht nur Sisis Vater Max mit seinen republikanischen Anwandlungen nimmt sich Dinge heraus, die einem Herzog nicht zustehen. Auch Sisis Großvater, Herzog Pius, schlug über die Stränge, mischte sich einmal in eine Rauferei ein, lernte deswegen ein Polizeigefängnis von innen kennen und zog sich am Ende als Eremit in die Einsamkeit und damit in die vollkommene Freiheit zurück. Aber deswegen macht sich Sophie keine Sorgen. Sisi ist erst 15, noch formbar, und sie, Sophie, wird schon dafür sorgen, daß sie zu einer großen Kaiserin erzogen wird.

Und Elisabeth? Oh ja, sie mag den Franz sehr. Ein schöner junger Mann, blond, schlank, groß in seiner feschen Uniform. Und so freundlich. Ein Mann wie aus einem Liebesroman. Solche zu lesen war den Töchtern der Herzogin Ludovika strengstens verboten, denn Töchter von Herzögen haben nicht nach Liebe, sondern nach familienpolitischen Interessen zu heiraten, also ist es besser, sie setzen sich gar nicht erst solche Flausen in den Kopf. Doch wenn den Possenhofener Wittelsbachern etwas verboten wird, dann darf man sicher sein, daß sie es erst recht tun.

Nun hat sich Sisi also in einen schönen Mann verliebt und ihn auch bekommen. Ein Märchenprinz. Mehr noch. Ein richtiger, echter Kaiser ist er sogar. Aber das ist eher etwas, was sie an Franz Joseph stört. »Ach, wäre er nur ein Schneider«, sagt sie schon in der kurzen Verlobungszeit, als er bei seinen Besuchen in Possenhofen ihre Gespräche und Spaziergänge immer wieder unterbrechen muß, weil ständig Kuriere mit Depeschen eintreffen.

Elisabeth ahnt bereits, was auf sie zukommen wird. Sobald sie in Wien ist, wird sie keinen Schritt mehr tun können, der nicht beobachtet wird. Kein Wort mehr von ihr, das nicht weitergetragen wird! Man wird ihr vorsagen, was sie zu sagen hat. Vor allem wird man ihr sagen, was sie nicht zu sagen hat. Und daß sie vor allem niemals etwas spontan zu sagen hat.

Das ist schon bei der Hochzeitsfeier wichtig, denn der Sisi-Effekt im Volk ist noch gewaltiger, als man schon vermutet hatte. An dieses schöne frische Mädchen – bei der Eheschließung im Jahr 1854 ist Elisabeth 16 Jahre alt – knüpfen sich mehr Hoffnungen, als eine Kaiserin erfüllen könnte. Die Grußworte der Vertreter der Stände und Völker und die vielen Festschriften sind nur so gespickt mit politischen Bitten. Denn hinter dem Glanz, den das Haus Habsburg nun wieder ausstrahlt, herrscht in diesen Jahren Armut in allen Völkern, Kriegsangst und noch immer Enttäuschung über die nicht erfüllten Hoffnungen von 1848. In einer Festschrift wird an die Kaiserin appelliert: »Dir ist's vom Himmel bestimmt, zu krönen die Versöhnung zwischen Fürst und Volk und die entzweiten Liebenden für immer aneinander zu ketten.«

Die beiden noch nicht entzweiten Liebenden Franz Joseph und Elisabeth werden bereits in der Hochzeitsnacht mit den Martyrien ihrer Ehe belastet. Die Etikette sieht eigentlich eine Entkleidung und Begutachtung der Brautleute vor Zeugen vor, doch beschränkt die sonst überaus protokollbeflissene Kaisermutter mit Rücksicht auf die Empfindsamkeit der jungen Sisi das Zeremoniell auf den kleinen Bettlege-Akt: Mutter und Schwiegermutter führen die Braut zum Schlafzimmer. Die Schwiegermutter bezieht Stellung in einem kleinen Nebenzimmer, die Mutter hilft Sisi beim Auskleiden. Als die Braut im Bett liegt, holt die Schwiegermutter ihren Sohn und führt ihn an die Bettkante. Kaisermutter Sophie beschreibt diese Szene in ihrem Tagebuch so: »Sie versteckte ihr hübsches, von einer Fülle schönem Haar umflossenes Gesicht in ihrem Kopfpolster, wie ein erschreckter Vogel sich in seinem Nest versteckt.«

Sisi, der Wildfang aus Oberbayern, hat auch im verkürzten Zeremoniell erfaßt, daß ihre Lebensaufgabe nicht das aufregende Abenteuer sein wird und auch nicht die Suche nach der blauen Blume ihrer Freiheit, sondern daß sie zur Erfüllung ihrer dynastischen Pflichten für einen biologischen Vollzug bereitzuliegen hat. Die Schwiegermutter hat zum Abschluß der Hochzeitsfeier den Deckhengst zur Stute geführt. Alles rebelliert in ihr in dieser Nacht.

Wäre Franz Joseph nicht ein Kaiser, sondern nur ein ganz gewöhnlicher Ehemann mit der Liebe und ungeduldigen Lust eines 23 Jahre jungen Mannes im Leib, dann hätte bereits die Hochzeitsnacht zur Katastrophe werden können. Aber Franz Joseph hat Geduld. Morgen ist auch wieder eine Nacht.

Die beiden Mütter erscheinen zum Frühstück, studieren neugierig die Mienen ihrer Kinder. Mütter kann man nicht belügen. Die Zofen der Mütter auch nicht. Zofen schweigen nicht, sondern erzählen alles weiter. Innerhalb weniger Stunden erfährt ganz Wien, was nicht geschehen ist. Die zweite Nacht. Wieder ist es nicht geschehen. Es geschieht erst in der dritten. Am Morgen danach will Sisi nicht aufstehen. Sie will sich nicht wieder mustern lassen, sie will im Bett bleiben und den Nachhall dieser Nacht auf sich wirken lassen. Aber Franz Joseph überredet sie. Die beiden gehen nach oben zu seiner Mutter, und der Sohn flüstert Sisis Schwiegermutter die Nachricht vom Vollzug ins Ohr.

Ein Leben lang wird Elisabeth den Gang zur Schwiegermutter am Morgen der dritten Nacht als Schlüsselszene für das Scheitern ihrer Ehe sehen und ihrer Hofdame Gräfin Festetics berichten: »Der Kaiser war so gewohnt, zu folgen, daß auch ich mich darein ergab. Aber mir war es gräßlich. Ihm zu lieb ging auch ich.« Der Wildfang hat seine Freiheit verloren. Verloren an die Schwiegermutter, verloren an ihren Auftrag, und das wird Sisi übelnehmen. Sie wird es der Schwiegermutter übelnehmen, dem dynastischen Auftrag, auch dem Kaiser.

Sie liebt den Kaiser durchaus, aber sie wird die Sexualität hassen und später in einem Gedicht schreiben:

»Für mich keine Liebe,
für mich keinen Wein;
die eine macht übel,
der andere macht spei'n.«

Sie liebt Franz Joseph, wenn es denn sein muß mit Sexualität, aber lieber ohne. Sie möchte ihren Mann gern um sich haben. Doch Franz Joseph hat keinen einfachen Beruf. Der macht ihm gerade jetzt schwer zu schaffen. Denn nicht nur die Ehe erhält in diesen Tagen ihren entscheidenden Schlag, sondern auch die österreichische Außenpolitik.

Franz Joseph will seinem großen Reich, das auf tönernen Füßen steht, Ruhe gönnen. Deshalb mag er im gerade ausgebrochenen Krimkrieg nichts riskieren. In diesem Krieg wollen die Russen wieder einmal die Schwächen des Türkenreiches ausnutzen, sich an der unteren Donau ein paar osmanische Vasallenfürstentümer schnappen und damit ihren Einfluß auf dem Balkan sichern. England und Frankreich sehen dies nur als Vorgeplänkel für die Übernahme des Osmanischen Reiches durch Rußland und darin eine Gefährdung ihrer eigenen Großmachtinteressen. Sie ziehen gemeinsam mit den Türken in den Krieg gegen Rußland.

Österreich hat zwei Optionen. Entweder an der Seite des Zaren, was durchaus Sinn machen würde, denn beim Länderstehlen auf Kosten des dahinsiechenden Osmanischen Reiches sind Österreich und Rußland schon lange Komplizen. Außerdem ist der Kaiser noch in der Schuld des Zaren, dessen Truppen 1848 für das hilflose Haus Habsburg den ungarischen Aufstand niedergeschlagen haben. Oder aber Österreich könnte Rußland verraten und sich mit den Westmächten starke Verbündete für die Zukunft sichern. Franz Joseph jedoch bleibt neutral, was der Westen als Schwäche auslegt und Rußland als Verrat.

Historiker des 20. Jahrhunderts werden in diesem Verhalten die Ursache für Österreichs künftige Isolation sehen, für den späteren Zwang zu einer Allianz mit den aggressiven Abenteurern des wilhelminischen Preußen-Deutschlands, für einen Bündnis-Automatismus, welcher in den Ersten Weltkrieg führen wird – und der wird wiederum zum Ausgangspunkt aller politischen Katastrophen des 20. Jahrhunderts.

Der junge Kaiser ist also stark strapaziert, insbesondere in seinen Flitterwochen. Er findet keinen Rückhalt bei seiner Frau. Sie hat weder gute Ratschläge parat, was sicherlich eine Überforderung für eine 16jährige gewesen wäre, noch gibt sie ihm Wärme oder zeigt Verständnis. Seine Frau quengelt nur.

Sie quengelt jahrein, jahraus. Sie quengelt wegen der geringen Zeit, die der überlastete Herrscher für sie aufbringt. Sie quengelt wegen des Erziehungsanspruchs der Schwiegermutter. Sie quengelt wegen des Lebens am Hof. Sie quengelt über die Belastungen ihrer Schwangerschaften. Sie quengelt zwischen den Schwangerschaften über gesundheitliche Probleme. Sie quengelt über die Aufpasser, die sie von halsbrecherischen Ausritten abhalten wollen, denn die galoppiert gern nach wilder Wittelsbacher Art über Stock und Stein, trotz ihrer angegriffenen Gesundheit. Sie quengelt über die Kaisermutter, weil die ihr die

Kinder weggenommen hat. Aber sie kämpft nicht darum, sie zurückzubekommen und findet sich mit der Entfremdung von ihrem Sohn Rudolf und ihren Töchtern ab. Sie ist lieber beleidigt und schreibt immer wieder Gedichte voller Selbstmitleid wie dieses:

>»Oh, daß ich nie den Pfad verlassen,
Der mich zur Freiheit hätt' geführt.
Oh, daß ich auf der breiten Straßen
Der Eitelkeit mich nie verirrt!
Ich bin erwacht in einem Kerker,
Und Fesseln sind an meiner Hand.«

Verständnis für die Zwänge, die ihren Mann gefangenhalten, hat sie nicht. Sie interessiert sich nicht für den Krimkrieg. Sie interessiert sich nicht für die diplomatischen Drahtseilakte, nicht für die Schwierigkeiten in den oberitalienischen Provinzen. »Kaiser sein ist sowieso etwas, was abgeschafft gehört«, sagt sie einmal.

Das klingt nach republikanischem Geist, ist aber nur Ausdruck des Verletztseins wegen der zeitlichen Vernachlässigung durch Franz Joseph. Denn sie kann nicht verstehen, daß sie nicht das Allerwichtigste im Leben des Kaisers ist. Wenn er nicht Kaiser wäre, sondern nur Schneider, hätte er mehr Zeit für sie. Das einzige, was Elisabeth wirklich interessiert, ist Elisabeth, und so sollen es auch andere halten. Sobald es um ihre eigenen Interessen geht, genießt sie die kaiserlichen Privilegien durchaus ungeniert und strapaziert, weil ihr die eigene Apanage nicht reicht, bedenkenlos Kassen, die ihr nicht gehören. Sie ist doch Kaiserin. Gehört ihr nicht das ganze Reich? Nicht selten wird sie zu einer üblen Despotin. Wenn die Kammerzofe bei der Haarpflege (sie nimmt jeden Tag etwa drei Stunden in Anspruch) patzt, schlägt Sisi ihr schon mal den Handspiegel ins Gesicht.

Die Pflege des eigenen Körpers wird von nicht wenigen Menschen auf fanatische Weise betrieben, als wollten sie ihrer Umgebung mit ihrer Schönheit einen optischen Ausgleich für ihren Mangel an Herzenswärme bieten. Elisabeth quält ihren Körper an Turngeräten. Sie preßt ihren ohnehin gertenschlanken Leib in beängstigend enge Mieder. Sie gönnt ihrem Magen nicht genug Nahrung, und einmal erkennen die Ärzte im Verlauf einer Diät

Anzeichen eines Hungerödems. Magersucht nach Art der Kaiserin Elisabeth wird später einmal von Medizinern häufig in Verbindung mit einer starken Ablehnung der Sexualität beobachtet. Der Kaiser leidet unter dieser Ablehnung; wie viele liebende, aber abgewiesene Männer sucht er Selbstbestätigung auf andere Weise. Franz Joseph, dem Wesen nach ein Friedensmensch, will jetzt Feldherr werden. Im Jahr 1859 führt er die österreichischen Truppen selbst in den Kampf gegen Frankreich und gegen die italienischen Freiheitskämpfer – die Schlacht von Solferino endet als Debakel, und er verliert die Lombardei samt der Stadt Mailand.

Franz Joseph lernt daraus, überläßt sein Heer künftig wieder seinen Generälen und kompensiert seine Niederlage bei der geliebten Frau nun auf eine vernünftigere Weise: bei ungeliebten Frauen. Generaladjutant Günne schaut sich für seinen Herrn wieder nach »hygienischen Damen« um.

Weniger lernfähig zeigt sich das österreichische Heeresministerium. Es zieht keine Lehren aus der Schlacht von Solferino und findet sich mit den Mängeln seiner militärischen Ausrüstung ab. Sieben Jahre später fallen Österreichs Soldaten in der Schlacht von Königgrätz den schnellen preußischen Zündnadelgewehren zum Opfer.

Und wieder einmal wäre die Todesstunde für das Reich gekommen. An die Mauer der Hofburg haben Unbekannte eine Schmähschrift geklebt: »Freiwillige ohne Knöpf / ein Kaiser ohne Hirn / da müssen wir verlier'n.« Die Preußen marschieren auf Wien zu, der Hof denkt an Flucht. Aber wohin?

Nach Ungarn, sagt Sisi. Dem Kaiser wird ganz schlecht bei dem Gedanken. Keines seiner Völker ist widerspenstiger. Seine Mutter haßt die Ungarn wie die Pest. Und sein eigener Name steht unter den Todesurteilen vieler ungarischer Freiheitshelden. Einen davon, den Grafen Gyula Andrássy, hat er begnadigen müssen. Von diesem Grafen schwärmt Sisi, seit sie im Februar 1866 in Ungarn war. Sie schwärmt überhaupt von Ungarn. Schon weil die Ungarn in der kaiserlichen Familie verhaßt sind. Sie erkennt im Freiheitsdrang dieses Volkes ihr eigenes Schicksal, und ihre ungarische Vorleserin Ida von Ferenczy hat die Schwärmerei der Kaiserin nach Kräften gefördert. Was sind das für verwegene Reiter, die ungarischen Magnaten, und wie wunderbar sie ihr den Hof machen! Endlich einmal Männer, die ihr die Aufmerksamkeiten gönnen, die sie verdient. Diese Männer würden ihre Kaiserin beschützen. Und auch ihren Mann, den Kaiser. Doch die Flucht erübrigt sich schließlich. Die Preußen machen in Nikolsburg halt. Denn ihr neuer Chefdenker Bismarck will Österreich erhalten als wichtigen Spielstein im europäischen Machtspiel. Es genügt ihm, Österreich aus dem Deutschen Bund hinauszuwerfen und dort dessen bisherige Führungsrolle zu übernehmen. Damit bleibt das Franz-Joseph-Reich erhalten und der Kaiser in seinem Amt. Aber der Mann, der nur noch selten ins Schlafzimmer seiner Frau darf, ist nun auch politisch entmannt. Er ist nur noch Statist im Spiel der Großmächte, kann kein Akteur mehr sein. Und sein Österreich gehört nicht mehr zu den deutschen Ländern, ist von den Preußen rausgeschmissen worden aus Deutschland. Der österreichische Kaiser ist nur noch Zeremonienmeister und Showstar in einem Balkan-Reich.

Er darf mit Paraden und Bällen, mit Radetzky-Marsch und Walzer, mit Gemütlichkeit und den multikulturellen Gaumenfreuden der Wiener Küche seine Alpindeutschen, die Tschechen, seine Polen, seine acht Balkanvölker und seine Italiener so lange unterhalten, bis es ihnen allen zuviel sein wird – oder bis Graf Bismarck auf eine andere Idee mit dem Museumsstaat Österreich kommt.

Wenn Franz Joseph in seinen späten Jahren an die Krisentage nach der Schlacht von Königgrätz zurückdenkt, dann wird er sich eingestehen müssen, daß er seine Rettung der einzigen politischen Tat seiner Elisabeth verdankt. Was immer es in dieser Ehe auch an Enttäuschungen gegeben hat, Sisi hat ihn gerade dann, als es für ihn am schwersten wurde, nicht im Stich gelassen. Die ganze Nacht lang hat sie in der Hofburg an seiner Seite gesessen, als die Hiobsbotschaften von den böhmischen Schlachtfeldern einliefen. Sie hat ihm beigestanden und mit ihren Verbindungen nach Ungarn den Weg gewiesen, wie seine gedemütigte Herrschaft neu gestärkt werden konnte. Denn Bismarcks gönnerhafte Großzügigkeit hätte nichts genützt. Jeder im Reich hat die Schwächung gespürt, und jedes seiner Völker hätte die Schwächung ausgenutzt, wenn Sisi nicht die Verbindung hergestellt hätte mit seinen ehemaligen Feinden in Ungarn und deren Ideen.

Graf Andrássys Angebot ist zwar reine Erpressung, aber der einzig noch mögliche Weg, das Reich zu erhalten: Aufstieg Ungarns vom Beherrschten und bis dahin aufmüpfigsten Volk des Habsburger-Reiches zum Mitherrscher. Das österreichische Kaiserreich verwandelt sich in die neue kaiserliche und königliche Doppelmonarchie Österreich-Ungarn. Man betreibt eine gemeinsame Außen-, Finanz- und Heerespolitik, ansonsten verwaltet Ungarn sich selbst und die östlichen Reichsteile. Der Kaiser, bisher zwar faktisch schon längst auch König von Ungarn, aber wegen der Abwertung Ungarns nach dem Aufstand von 1848 zum Besatzungsgebiet noch ungekrönt, läßt sich nun endlich auch offiziell die Königskrone aufsetzen und erkennt damit die alten Rechte des ungarischen Adels bis zum Aufstand von 1848 wieder an. Graf Andrássy wird Außenminister des Gesamtreiches.

Damit hat sich das Habsburger-Reich von einem deutschen Teilstaat mit einem Rucksack voller Balkan verwandelt in ein südosteuropäisches Reich mit einer deutschen Minderheit in seiner Nordwestecke. Das Reich steht zwar noch immer auf demselben Platz in der Landkarte, aber es hat nun in den Seelen der östlichen und südöstlichen Völker schon etwas Ähnlichkeit mit einer staatlichen Heimat. Österreichs Balkanvölker sind durch das Drängen der Kaiserin Elisabeth nun nicht mehr nur Untertanen, sondern, wenn sie die Ungarn als Vorreiter für die eigene nationale Freiheit betrachten wollen, schon ein wenig mehr zum Partner geworden als vorher.

Damit hat Kaiserin Elisabeth, deren Energien stets so schnell verpuffen, ihr Interesse an der Politik, am Grafen Andrássy und am Kaiser auch schon wieder verloren. Sie geht wieder auf Auslandsreisen. Schon seit 1860 benimmt sie sich wie eine Kaiserin im Exil, flieht aus Wien, so oft sie kann.

Dem verlassenen Ehemann Franz Joseph genügen die »hygienischen Damen« nicht mehr, er sucht Herzenswärme, winselt um Elisabeths Gunst und unterschreibt seine Briefe an sie mit »Dein armer Kleiner« oder »Dein einsames Männchen«. In den Briefen, die sie zurückschreibt, wird deutlich, daß sie ihren Mann

(»mein lieber Kleiner«) noch immer sehr mag und auch gern mit ihm scherzt. Noch einmal läßt sie sich von ihm schwängern. Danach erhört sie ihn nicht mehr.

Der zurückgewiesene Liebhaber sucht Halt in seinen beruflichen Pflichten, wie alle Männer, wenn sie seelisch am Ende sind. Franz Joseph wird ein noch strengerer Pedant, als er ohnehin schon war. Er ist der Oberbeamte des Reiches, steht morgens um vier Uhr auf und setzt sich dann sofort an seinen Schreibtisch.

Das macht sich gut gegenüber seinen Untertanen. Denn eines der wesentlichen Dinge, die alle seine Völker im Reich als Vorzug anerkennen, ist die zwar langsame, aber doch ordentliche und zuverlässige österreichische Verwaltung. Der Beamtenapparat der Habsburger ist ein ziemlich solider Garant für Gerechtigkeit, eine wirksame Hilfe gegen zuviel Schlendrian und gegen die Spezl-, Korruptions- und Privilegienwirtschaft, die viele seiner Völker als Stammestraditionen pflegen. Dazu kommt noch, daß der gerechte Oberbeamte Franz Joseph auch der einzige österreichische Beamte ist, der den einfachen Bürgern freundlich gegenübertritt und nicht so anmaßend hoheitsvoll wie jeder seiner Dorfgendarmen und Grundbuchverwalter.

Das Bild von Franz Joseph hat sich im Laufe seiner langen Regierungszeit vom unsicheren, wenig kompetenten Vollstrecker seiner knochenharten Mutter in einen liebenswürdigen, geduldigen Hausvater verwandelt, dem letztlich alle seine Völker vertrauen können. Mochte er als junger Herrscher sich mit dem Blut der Freiheitskämpfer befleckt haben, jetzt ist er ein bescheidener Mann mit einer einfachen Ethik nach katholischer Hausvaterart, nach der ein Mensch nicht töten, lügen, stehlen darf und seinen Nächsten lieben muß, wenn er nicht in die Hölle kommen will.

Möglicherweise findet der überfällige Sturz der Monarchie, die Modernisierung des Lebens und der Zerfall des Reiches in Nationalstaaten nur deshalb erst nach dem Ersten Weltkrieg statt, weil man dem braven Mann in der Hofburg diesen Prozeß nicht mehr hat antun wollen.

Denn Grund für eine große Rebellion hätte es auch nach der 1867er Umwandlung Österreichs gegeben. Die Aufwertung Ungarns hat ja bei den anderen Völkern nicht nur die Hoffnung geweckt, bald dem Beispiel der Ungarn folgen zu dürfen und ebenfalls Teilautonomie gewährt zu bekommen. Die deutschsprachige Bevölkerung zum Beispiel ist tief verletzt, weil sie nicht mehr das maßgebende Staatsvolk ist. Die Tschechen fühlen sich zurückgesetzt, weil nicht sie, sondern die wirtschaftlich bedeutend schwächeren Ungarn Wiens Doppelpartner geworden sind.

Man streitet sich zwar, und die slawischen Völker werden auch immer ungeduldiger, aber man hält letzten Endes doch still. Auch im Osten, wo die Ungarn nicht zimperlich sind im Umgang mit den von ihnen verwalteten Völkern und Minderheiten.

Man wird für den Ärger überall im Reich entschädigt durch herrliche Paraden und Standkonzerte, mit Festen und Zeremonien und mit den gepflegten alltäglichen Freuden eines geruhsamen, genußfreudigen Lebens. Den größten Pomp gibt es natürlich in Wien, das ein Schmelztiegel der Nationalitäten geworden ist. Dort zieht es alle hin, die in ihrer Heimatregion kein wirtschaftliches Auskommen mehr finden, aber auch Verfolgte aus fremden Ländern, wie die Juden aus Rußland. In den überfüllten Elendsquartieren der Stadt brechen abwechselnd Cholera, Typhus, Tuberkulose und die Blattern aus. Geschlechtskrankheiten aller Art machen die Runde. Das ist kein Wunder: Ein Polizeiarzt hält im Jahr 1872 fest, daß in einem Haus in der Leopoldstadt 40 Personen in fünf Kammern, 64 Personen in vier Kammern und 63 Personen in drei Zimmern leben. Schlafplätze werden stundenweise vermietet.

Trotz allem steht der Kaiser, der kurz vor seiner Hochzeit einmal bei einem Attentat mit einem Messerstich verletzt worden war, jetzt so hoch in der Meinung der Bevölkerung, daß er keinen Leibwächter mehr benötigt, wenn er im öffentlich zugänglichen Teil des Schloßparks von Schönbrunn spazierengeht. Dort flaniert im Jahr 1875 auch eine junge Frau. Sie heißt Anna, ist blond, erst 15 Jahre alt, aber schon verheiratet. Nicht dick, aber doch ein süßer, kleiner Wonneproppen.

Anna ist aus gutbürgerlicher, wenn auch verarmter Familie und durch ihre Ehe einigermaßen versorgt. Sie leistet sich sogar ein Dienstmädchen, wie jede anständige Wienerin, sobald das Einkommen des Ehemannes das Existenzminimum überschritten hat. Aber Annas Mann ist ein Herumtreiber und Trinker. Mit dem Treusein hat er es nicht. Deshalb empfiehlt er auch seiner Frau Zerstreuung durch außereheliche Liebe, damit er nicht länger unter ihren Vorwürfen leiden und sich mit einem schlechten Gewissen herumplagen muß.

Am 8. Mai 1875 gegen sechs Uhr morgens – in ihrem Tagebuch verrät Anna nicht, wie sie um diese Tageszeit mit ihrem Dienstmädchen in den Park gekommen ist – begegnet ihr ein nicht mehr ganz junger Offizier, der sie verwundert anstarrt »und sich an mir nicht sattsehen konnte«. Der Offizier geht ihr nach, biegt dann ab, behält sie aber im Auge und richtet seine Wege so ein, daß er Anna noch einmal entgegenkommt. Die beiden finden Gefallen an diesem Spiel und setzen es fort. Immer wieder begegnen sie einander. Das Dienstmädchen kichert und sagt zu Anna: »Das ist der Kaiser.«

Franz Joseph ist jetzt 45 Jahre alt, sein von Sisi so selten gestreicheltes Gesicht wird jetzt von einem buschigen Backenbart eingerahmt. Die Bartform bringt dem Kaiser einen neuen Spitznamen ein; Elisabeth nennt ihn nun *póka*. Das ist ungarisch und heißt Truthahn. Inzwischen ist Franz Joseph zwar schon Großvater, aber als Anbandler auf der Erfahrungsstufe und Hemmschwelle eines Sekundaners. Er will und will und traut sich nicht. Fast täglich umkreist er Anna im Park von Schönbrunn, am 24. Juni faßt sich der Herrscher über 40 Millionen Menschen endlich ein Herz und sagt zu ihr: »Sie gehen aber fleißig spazieren.« Dann salutiert er.

Der Kontakt ist hergestellt. Der Kaiser balzt noch ein paar Tage, dann geht er Anna in einem abgelegenen Parkteil an die Wäsche. Die junge Frau wehrt sich, und der Kaiser fügt sich seufzend. Es ist gut, wenn in seinem Reich einfache Untertanen ihre Ehre auch gegen den Kaiser verteidigen können. Doch was die Wahrung ihres Rufes als ehrenwerte Ehefrau angeht, hat Anna einen Vorschlag: Sie müsse halt »vollkommen gesichert« und »unabhängig« sein. Außerdem hätte sie ja eine Wohnung in der Nähe des Schlosses.

Der Kaiser hat verstanden und ist zufrieden. Anna bekommt nun regelmäßig ein Kuvert mit Geld, und er regelmäßig einen Termin zwischen vier und fünf Uhr morgens. Um Zeitverluste zu vermeiden, bittet der Kaiser: »Wenn ich komme, werden Sie das lästige Mieder nicht haben.« Und: »Wenn Sie mich lieben, erwarten Sie mich im Bett.«

Der Kaiser ist glücklich. Anna ist lieb und weich und bietet ihm nun jede Woche oder spätestens jede zweite Woche die süße Wärme, die Sisi ihm nicht geben will und die hygienischen Damen ihm nicht geben können. Der Kaiser hat endlich wieder eine feste Beziehung. Gut für die Lust. Gut auch für das Herz. Anna mag den Kaiser, er ist so nett zu ihr. Sie spürt auch, daß er sie mag. In ihrem Tagebuch steht: »Er kniet zu meinen Füßen, gräbt sein Gesicht in meinen Schoß.«

Doch als Anna ihn fragt, ob er sie auch liebe, schweigt er erst einmal und sagt dann: »Das kann und darf ich Ihnen nicht sagen. Ich darf Sie ja nicht lieben.«

Die Besuche des Kaisers ziehen sich über fast 14 Jahre hin, bis ins Jahr 1888. Franz Joseph, der sein Leben und sein Reich so regieren will, daß alles langsam, ruhig und gleichmäßig abläuft, schätzt die Pedanterie dieser morgendlichen Liebesstunden. Hinterher gibt es bei Anna Milchkaffee und Kipferl, und auch eine Virginia liegt immer bereit.

Integriert in diese Ordnung ist auch Annas zweiter Mann, ein Eisenbahner. Vom ersten, dem trinkfreudigen Herumtreiber, hat sie sich inzwischen scheiden lassen. Der Eisenbahner Nahowski macht keine Schwierigkeiten, denn welcher gehörnte Ehemann kann von sich schon sagen, daß sein Nebenbuhler der Kaiser von Österreich-Ungarn ist? Außerdem lohnt sich die Toleranz des Eisenbahners Nahowski auch ganz konkret. Die Kuverts, die Anna empfängt, summieren sich, und nach zehn Jahren besitzen die Nahowskis eine luxuriöse kleine Villa in der Nähe von Schönbrunn mit einer geheimen Tür, durch die der Kaiser unbemerkt kommen und gehen kann.

Man darf sich vorstellen, daß zu diesen kaiserlich-königlichen Schäferstündchen auch Kindergeplärre im Haus gehören und der Duft gefüllter und kochender Windeln. Denn in diesen Jahren bekommt Anna Nahowski drei Kinder. Eines, das Mädchen Helene, sieht dem Eisenbahner Nahowski überhaupt nicht ähnlich, gleicht aber sehr den Bildnissen des jungen Franz Joseph. Diese Helene wird später den Komponisten Alban Berg heiraten und 1976 sterben. In ihrem Nachlaß werden die Erben die versiegelten Tagebücher der Anna Nahowski finden mit dem testamentarischen Vermerk, daß sie erst nach Helenes Tod veröffentlicht werden dürfen.

Vielleicht hätte es noch mehr Kinder mit Habsburg-Design gegeben. Aber in den 14 Jahren, die das Verhältnis dauert, erleidet Anna fünf Fehlgeburten.

Es ist nicht bekannt, ob Elisabeth von dieser Beziehung ihres Mannes je erfahren hat. Sie weiß von früheren Affären Franz Josephs nach der Schlacht von Solferino, und damals war sie sehr verletzt und eifersüchtig auf die »hygienischen Damen«. Das hat sich inzwischen aber gelegt. Sie weiß, daß der Kaiser nur sie liebt und daß er immer sehr glücklich ist, wenn sie zwischen zwei Reisen wieder einmal Station in Wien macht. Nur hat sie eine etwas merkwürdige Art, ihrem Mann für seine endlose Zuneigung zu danken: Im Jahr 1879 ist das Kaiserhaus so beliebt, daß die Silberhochzeit des Paares ein gigantisches Volksfest wird, zu dem Franz Joseph und Elisabeth gar nichts beitragen müssen. 10 000 Wiener Bürger organisieren einen Riesenumzug, stecken sich in selbstgeschneiderte historische Kostüme und huldigen dem Paar. Aber Sisi läßt das alles nur mißgelaunt über sich ergehen und sagt: »Es ist schon genug, 25 Jahre verheiratet zu sein. Es ist unnötig, deshalb Feste zu feiern.« Bei der Soiree am Vorabend des Festes verschwindet sie schon nach einer Viertelstunde und läßt den Silberhochzeiter allein zurück.

Vermutlich ist ihr schlechtes Benehmen ihre Art des Bekennens einer Schuld. Das Fest ist ihr wohl vor allem deshalb peinlich und zuwider, weil das schlechte Gewissen sie drückt. Sie weiß, daß sie ihrem Mann eine miserable Ehefrau gewesen ist in diesen 25 Jahren und daß sie ihm auch keine gute Frau mehr werden wird. Auch wenn sie ihn nie betrogen hat. Geflirtet hat sie viel. Sie hat auch gern mit Franz Josephs Eifersucht gespielt, aber auf ein Schäferstündchen mit einem anderen Mann hat sie sich offensichtlich nie eingelassen. Das wäre auch kaum zu verheimlichen gewesen. Denn das glanzvolle Wiener Gesellschaftsleben bringt es mit sich, daß bei allen Ereignissen auch die Kammerzofen der Damen zusammenkommen, und diese vertreiben sich die Wartezeit abseits der Ballsäle fast ausschließlich mit dem Frage- und Antwortspiel: »Sag mir, was bei deiner Herrschaft passiert ist und ich verrat dir was von meiner.« Von Elisabeth ist so gut wie alles bekannt, aber es gibt keinen Beleg für einen Seitensprung. Was nicht unverständlich wäre angesichts ihrer Distanz zur Sexualität.

Die Affäre Franz Josephs mit der Eisenbahnersehefrau Anna Nahowski endet mit immer häufigeren Terminschwierigkeiten Seiner Majestät und dem Eingeständnis, daß er nun doch schon sehr alt sei und nicht mehr so häufig kommen werde. Gleichzeitig bemerkt Anna aber verdächtige neue Eitelkeiten an ihrem hochgestellten Freund. Er hat sich jetzt die Warzen beim Auge und am Nasenflügel und eine Talggeschwulst an der Stirn wegmachen lassen.

Ende 1888 bekommt Anna eine Aufforderung, sich in der Hofburg beim Generaldirektor des habsburgischen Familienfonds einzufinden. Das ist der Freiherr von Mayr, und mit dem handelt Anna eine Abfindung von 200000 Gulden aus. Davon wird 150000 der Eisenbahner Nahowski einsacken, denn irgendwie muß er doch entschädigt werden für sein schreckliches Leiden unter seinem ehebrecherischen Weib.

Kaiserin Elisabeth hat offensichtlich nie etwas erfahren von Anna. Obwohl sie sich immer nur um sich selbst gekümmert hat, sorgt sie sich seit einigen Jahren auch um ihren Mann. Sie will fort sein von Wien, je häufiger und länger desto besser. Aber kann sie ihn allein zurücklassen? Er hat keinen Menschen, mit dem er reden kann. Keine Seele, die ihn tröstet. Mit dem Sohn versteht er sich nicht. Der Kaiser, auf dem Weg ins Altmännerdasein, hat, so muß Elisabeth es sehen, niemals eine Frau gehabt, an deren Seite er sich ausruhen konnte. An ihrer Seite am allerwenigsten. Sie ist entschlossen, ihren lieben alten *póka* von seiner Einsamkeit zu erlösen. Sie sucht für den Truthahn eine liebe Truthenne und hat da auch schon eine Idee.

Schon vor langer Zeit ist ihr aufgefallen, daß ihr Mann eine kleine Schwäche für die Burgschauspielerin Katharina Schratt hat.

Die Burg ist ein familieneigener Kulturtempel der Habsburger, der Kaiser im Prinzip der Vorgesetzte des Ensembles. Zu den Selbstverständlichkeiten gehört deshalb der Antrittsbesuch jedes neu angestellten Schauspielers, jeder neuen Schauspielerin beim

Kaiser. Als im Jahr 1883 die Schratt erstmals empfangen wird, ist sie 30 Jahre alt, der Kaiser 53. Die Schauspielerin hat sich für die Audienz von ihrem Freund Paul Schulz, dem Präsidenten des Patentamtes, präparieren lassen. Brav macht sie ihren Hofknicks und legt dann los:

»Euer Majestät geruhten…«
»Gnädige Frau, wollen Sie sich nicht setzen?«
»Danke, Majestät. Euer Majestät geruhten…«
»Ja, warum wollen Sie sich nicht setzen?«
»Der Paul Schulz hat's mir verboten.«

Solche Szenen liebt Franz Joseph: Alles Gestelzte, die ganze Etikette, bricht plötzlich zusammen, und auf einmal geht es ganz einfach und natürlich weiter: Der Paul Schulz hat's mir verboten.

Nie mehr müssen die beiden gestelzt miteinander reden. Die Schratt, schön mollig und einfach wie Anna Nahowski, aber im Wesen doch reifer, hat auf Anhieb einen Draht zum Kaiser gefunden, an dem entlang Sympathie ranken kann, später Freundschaft, und schließlich entsteht daraus eine schöne Altersliebe. Aber das dauert noch.

Franz Joseph ist noch nie ein flotter Frauenverführer gewesen, und mit 53 will er es auch nicht mehr werden. Außerdem hat er zu dieser Zeit noch die Anna Nahowski. Aber er geht von nun an gern ins Theater, wenn die Schratt spielt, und von 1885 an wird die Kaiserin spüren, *wie* gern er die Schratt sieht.

Im Mai 1886 nimmt Elisabeth schließlich die Dinge selbst in die Hand, bestellt die Schauspielerin in die Hofburg. Sie soll doch bitte dem Hofmaler Angeli Modell stehen für ein Bild, das sie dem Kaiser schenken will. Dann überredet sie ihren Mann zu einem Besuch im Atelier und macht so den Kaiser noch einmal mit Katharina Schratt bekannt. Diesmal aber fungiert diese als Freundin der Kaiserin, und damit hat die Sache nach außen hin ihre Ordnung. Die Schratt hat wegen des Modellstehens Zugang zur Hofburg und als Freundin der Kaiserin auch Zugang zum Kaiser. Als Freundin der Familie bezieht die Schratt dann bald in Ischl, der Sommerresidenz der Habsburger, ein Haus direkt neben der Kaiservilla mit einer diskreten Gartentür zwischen den beiden Grundstücken.

Elisabeth ist sehr zufrieden mit dieser Entwicklung. Endlich hat sie einmal ihrem póka etwas Gutes tun können. Doch Sisi wäre nicht Sisi, wenn sie darüber nicht auch ein paar bissige Spötteleien loswerden würde. Ein bisserl eifersüchtig ist sie natürlich auch. Wie immer schreibt sie Gedichte darüber:

>Achtundfünfzig Winter zogen
Spurlos an deinem Herz vorbei,
Schlägt es doch wie ein verliebter
Kuckuck heut, im Monat Mai.«

Und, frei nach Heinrich Heine, in Anspielung auf einen legendären indischen König, der sich in eine Kuh verliebt hatte:

>Der König Wiswamitra
Kehrt heim von seiner Kuh
O König Wiswamitra,
O welch ein Ochs' bist du!«

Im Grunde jedoch ist sie mit dieser Liebschaft zufrieden, und es schmeichelt ihrer Eitelkeit, wenn sie sieht, daß die geborene Bäckerstochter Katharina Schratt rührende Versuche unternimmt, die Kaiserin zu imitieren. Offensichtlich sieht sie in Elisabeth ein Vorbild, dem sie ein wenig näherkommen möchte. Sogar Abmagerungskuren macht sie jetzt, obwohl der Kaiser gerade Katharinas Molligkeit schätzt.

Aber der Kaiser genießt die Formen seiner Freundin offensichtlich nur mit den Augen. Er ist in die Jahre gekommen. Sein Geständnis gegenüber Anna Nahowski im Jahre 1888, daß er schon sehr alt geworden sei, war vermutlich keine Lüge. Auch wenn der Wiener Historiker Heinrich Benedikt einmal sagen wird: »Ich laß auf unseren alten Kaiser nichts kommen: Natürlich hat er was mit der Schratt gehabt!«

Doch dafür gibt es keinen Beleg, keinen auch nur halbwegs glaubhaften Zeugen. Denkbar aber ist, daß Franz Joseph einfach in das Alter gekommen ist, in dem es einem gläubigen Katholiken wie ihm leichter fällt, seines Nächsten Weib nicht mehr fleischlich zu begehren, auch wenn er den Baron Kiß, den Ehemann der Schratt, von dem sie schon seit langem getrennt lebt, in den österreichischen Botschaften in Caracas, Buenos Aires und Teheran beschäftigen läßt, wo er weit genug weg ist.

Katharina gibt im Jahr 1888 dem Kaiser zu verstehen, daß sie, wenn er es wünsche, ihm auch als Mätresse im Bett gehören würde, aber er will es offenbar lieber platonisch haben. In einem Brief an sie heißt es:»Unser Verhältnis muß auch künftig das gleiche sein wie bisher, wenn es dauern soll.« Dauern soll es aber, »denn es macht mich ja so glücklich«. Er glaubt vielleicht, daß auf die Dauer nur die Entsagung den Reiz und die Phantasie erhalten kann. Wer weiß, ob der Zauber dieser späten Liebe nicht zerstört werden würde durch einen faltigen nackten alten Mann im Bett. Und wenn nicht jetzt, dann sicher ein paar Jahre später. Zu den Ängsten alternder Liebender gehört die Vorstellung, daß mit dem langsamen Dahinscheiden der Lust und den Verletzungen, die man in dieser Zeit dem Partner zufügt, auch die Seelenliebe sterben könnte. Bis ans Ende seiner Tage wird er Katharina Schratt auch in vertrautesten Stunden mit Sie ansprechen. Seine Briefe an sie beginnen mit den Worten»Meine liebe, gute Freundin!«

So ist es ihnen beiden recht und Elisabeth auch. Sie fühlt sich nun frei von Schuld und schreibt ihrer Schwägerin Marie José: »Ich muß fort. Aber Franz allein lassen – ausgeschlossen. Doch er hat die Schratt, die sorgt für ihn wie sonst niemand und gibt auf ihn acht.« An anderer Stelle schreibt sie:»Bei der Schratt kann er sich ausruhen.«

Auch diese Beziehung ist nicht ohne Komplikationen. Die Schratt braucht Geld. Sie hat sich einen etwas aufwendigeren Lebensstil zugelegt. Und ihr Mann, der Baron Kiß, hält ebenfalls die Hand auf, will entschädigt werden wie der Eisenbahner Nahowski.

Das ist noch kein Problem für Franz Joseph. Sein Onkel und Vorgänger als Kaiser hat ihm ein beträchtliches persönliches Vermögen hinterlassen, so daß er und auch Sisi ihre privaten Geldsorgen endlich los sind. Da kann der Kaiser auch dann aushelfen, wenn seine Freundin Katharina wieder einmal auf der Spielbank zuviel verloren hat.

Problematischer ist es schon, daß zu ihren Freunden auch der deutsche Botschafter Fürst Eulenburg gehört. Der forscht Katharina aus. Die Schnüffeleien – was hat er denn schon zu verbergen – machen dem Kaiser weniger zu schaffen als der Verdacht, daß es eine Liebesbeziehung zwischen seiner Freundin und dem Eulenburg geben könnte.

Einmal geht die Liebe zwischen ihnen beinahe in die Brüche. Katharina Schratt ist durch ihre Verbindung zum Kaiser im Ensemble ihres Theaters sehr herrisch und unbeliebt geworden. Als sie einmal wegen läppischer Urlaubsprobleme den Burgtheaterdirektor Paul Schlenther erpressen will und ihren Vertrag kündigt, nimmt dieser die Chance gleich wahr und die Kündigung an. Die Schratt glaubt, daß der Kaiser die Sache für sie bereinigen wird, aber er gibt wieder einmal ein Beispiel für seine Unbestechlichkeit als Oberschiedsrichter des Reiches: Er hält Privates und Amtliches auseinander, mischt sich nicht ein. Seine Geliebte ist damit ihr Engagement los und zutiefst beleidigt. Sie geht nach dem Muster ihres Vorbildes Elisabeth auf eine lange Auslandsreise und läßt Franz Joseph traurig zurück.

Als wäre die Welt außerhalb Österreichs nur für Frauen da, die Reißaus nehmen wollen vom Kaiser in Wien.

Doch wie schon nach früheren Streitigkeiten – nicht selten vermittelt Elisabeth zwischen ihrem Mann und dessen Geliebter – kehrt die Schratt zurück.

Kathi begibt sich auch im Jahr 1900 wieder an die Seite des unglücklichen, verlassenen Franzls, obwohl – entgegen der frechen Anzeige in der »Neuen Freien Presse« – gar nichts geregelt ist, was den neuen Status der Beziehung des Kaisers zu Katharina Schratt nach dem Tod der Kaiserin betrifft. Jedenfalls hat Franz Joseph wieder eine Begleiterin für die Spaziergänge in Schönbrunn und für sein Nachmittagsziel in Ischl. Jetzt kann er wieder von der Kaiservilla zu ihr hinübergehen zu Kaffee und Kipferl, zu einem kleinen ruhigen Plausch bei einer langsam gerauchten Virginia.

Es sind keine intellektuellen Höhepunkte, diese Gespräche und Briefe, aber eine Wohltat für den Kaiser. Auch er braucht seine österreichisch-spezifische Verdrängungsdroge Gemütlichkeit. Denn in die große behagliche Lebensfreude, die von seiner Existenz und von seinen öffentlichen Auftritten illuminiert wird und die letzten Jahrzehnte des Habsburger-Reiches kennzeichnet, brechen die Todesboten herein. Man schaut weg, aber man spürt sie überall. Jeder gibt sich heiter, gelassen und beschwingt, aber man lebt in einer Welt, die es gar nicht mehr gibt.

Nach außen hin geht im Reich alles seinen gewohnten Gang. Die Nationalitätenstreitigkeiten, insbesondere zwischen Deutschen und Slawen, werden auf Regierungsebene ausgetragen in Form einer Dauerkrise und immer neuen Regelungen über die offiziellen Amtssprachen; das Kaiserhaus darf noch über den Dingen stehen, wird von allen verehrt. Die neue Partei der Sozialdemokratie hat von Anschlußträumen ans Deutsche Reich abgelassen und sich zu einem multinationalen Austro-Marxismus durchgerungen; sie stützt auf diese Weise die Reichsstruktur des Vielvölkerstaates. Doch das wird nicht genügen. Österreich-Ungarn fällt wirtschaftlich immer weiter hinter die modernen Industriestaaten zurück. Melancholie und Erstarrung legen sich über alle Provinzen. Nichts geht mehr vorwärts.

Die allgemeine Lähmung erlaubt nur in der Kunst, die schon immer schlechte Zeiten benötigt, um Kraftvolles aufblühen zu lassen, den Durchbruch von Größe. Es schreiben Arthur Schnitzler und Karl Kraus, es komponiert Gustav Mahler, es malt Gustav Klimt.

In der Wirtschaft kommen vor allem Schieber zu Vermögen. Der Anschluß an moderne Technik und Fertigungsmethoden ist weitgehend verpaßt. Es gibt in Österreich-Ungarn zwar im Vergleich zu vielen Industriestaaten im Westen humane Sozialgesetze und auch Rechte für die Arbeiter, aber es gibt kaum Arbeit für sie. Zwischen 1876 und 1910 sind 3,5 Millionen Untertanen des Kaisers nach Übersee ausgewandert. Hunderttausende überleben als Saisonarbeiter außerhalb der Reichsgrenzen.

Die Landwirtschaft, von der noch immer weit mehr als die Hälfte aller Menschen im Reich leben müssen, sichert den Bauern gerade das Existenzminimum und bringt den Pfründeninhabern inzwischen weniger ein, als ihr gewohnter Lebensstil verlangt. So flüchten sich der Adel, der Großgrundbesitz, aber auch schon der städtische Mittelstand verzweifelt in Spekulationsgeschäfte und enden im Bankrott.

Die Söhne aus der Elite lernen und studieren zu wenig. Sie langweilen sich im Leutnantsrang in Garnisonstädten an der Grenze oder in der Provinz, wo ihre jugendlichen Energien bei unpassenden Liebschaften mit den Ehefrauen ehrenwerter Kleinstadt-Notabeln, bei hazardischen Glücksspielen und in dummen Duellen verpuffen. Die Waffen, an denen sie üben für den bevorstehenden großen Krieg zwischen dem ehrgeizigen Deutschen Reich und den mißtrauischen Westmächten, in den Österreich unvermeidlich mit hineingezogen werden wird, taugen nicht viel. Österreichs Armee hat kein Geld, nur schöne Uniformen und schöne Marschmusik.

In der Politik ist der Weg nach oben reserviert für die Seilschaften der Durchschnittlichen; kluge Köpfe sind verdächtig, werden in die Provinz versetzt. Neidisch schielt man hinüber ins neue Deutsche Reich und ist davon überzeugt, daß die Karriere eines Bismarck in Österreich im Amt des Bezirkshauptmanns in Oberhollabrunn steckengeblieben wäre und daß man einem Moltke allenfalls gestattet hätte, Kommandant des Monturdepots in St. Pölten zu werden.

Während sich noch immer alles im Walzer dreht, als wäre nichts geschehen, bricht unter den Menschen der Wahnsinn aus wie anderswo der Schnupfen. Die Psychiatrie ist eine Wissenschaft, die in Wien geradezu erfunden werden muß.

Jeder spürt, daß sich hier etwas Ungeheuerliches zusammenbraut. So versammeln sich in den ersten Jahren des neuen Saeculum in Wien denn auch nahezu komplett jene Männer, mit denen sich nahezu alle Utopien, Heilslehren und Katastrophen der nächsten hundert Jahre verbinden werden. Als erwarteten sie ein noch nie gesehenes Schauspiel. Wien ist, wie Karl Kraus es genannt hat, die Versuchsanstalt für den Weltuntergang geworden.

Lenin, Trotzki, Stalin, nach 1917 das Dreigestirn des monströsen Menschenexperiments Kommunismus, schauen sich als Exilanten und Konspirateure alle irgendwann einmal in Österreich um. Von 1907 bis zum Kriegsausbruch 1914 lebt der spätere Schöpfer der Roten Armee, der politische Flüchtling Leo Trotzki, mit seiner Geliebten Natalia Sedowa und ihren beiden kleinen Söhnen in Hütteldorf und im Arbeiterbezirk Sievering. Er spielt im Café Central Schach mit den Spitzen der österreichischen Sozialdemokratie, wundert sich über deren unrevolutionäre Selbstzufriedenheit. Die k. u. k. Austromarxisten reden einander mit »Genosse Herr Doktor« an.

Trotzkis Rivale und späterer Mörder Josef Stalin kommt im Winter 1913 nach Wien. Lenin, der um diese Zeit an der russischen Grenze auf österreichischer Seite Quartier nimmt, wo er Besucher aus Rußland empfangen und die bolschewistische Verschwörung organisieren kann, hat Stalin im Jahr 1912 nach Krakau zitiert und ihn mit einer Abhandlung »Nationale Frage und Sozialdemokratie« beauftragt. Er schickt Stalin weiter nach Wien zum Studium des österreichischen Nationalitäten-Experiments. Stalin zieht in der Schönbrunner Schloßstraße in Meidling ein, nur einen Katzensprung von Kaiser Franz Joseph entfernt.

Weitaus schlechter behaust ist zwischen 1908 und 1913 der als Künstler gescheiterte Adolf Hitler. Er ist mal Anstreicher, mal Postkartenmaler, lebt mal in Billigzimmern, mal im Obdachlosenasyl, am Ende in einem Männerheim. Für sein persönliches Scheitern macht er das Scheitern des Reiches verantwortlich. Der Abstieg seiner deutschen Volksgruppe vom einstigen Staatsvolk zum Teilvolk Österreichs weckt seinen Haß auf die Slawen und auf alles Jüdische.

Seine alldeutschen Träume vom Aufstieg zum Herrenmenschen garniert Hitler mit völkisch-romantischen Hirngespinsten. Denn auch der germanisch-nordische Bluthokuspokus ist eine Wiener Sumpfblüte: Der entlaufene Zisterziensermönch Jörg Lanz, der sich Jörg Lanz von Liebenfels nennt, hat auf der Burgruine Werfenstein eine okkultistische Ordensburg für nordisch reine Menschenzucht gegründet, auf der 1907 erstmals eine Hakenkreuzfahne aufgezogen wird.

Als ahne er bereits, was auf die Juden bald zukommen wird als traditionelle Sündenböcke für alles, was in Europa seit tausend Jahren und mehr mißlingt, propagiert der Anwalt und Journalist Theodor Herzl von Wien aus die Gründung eines jüdischen Staates und wird damit zum entscheidenden Wegbereiter des Zionismus, des Staates Israel, damit der palästinensischen Vertreibung und aller Nahostkonflikte.

Zum Verkünder einer spektakulären neuen Heilslehre wird in diesen Jahren in Wien aber auch der Mann, auf den jene setzen, denen man mit politischen Utopien nicht helfen kann und die angesichts der allgemeinen Sinn- und Zukunftslosigkeit der guten alten Zeit in ihrem ganz persönlichen Wahn- oder Irrsinn versinken. Sigmund Freud weckt den Glauben, die Wissenschaft oder die Illusion – es ist noch immer nicht ganz heraus, was die Psychoanalyse eigentlich ist – könne eine kranke Seele von ihrem Leiden erlösen, wenn man nur gründlich genug nach der verborgenen Ursache des Leidens forsche.

Immer schneller läuft es nun auf den Zusammenbruch zu; die Uhr kann für Österreich nicht mehr zurückgestellt werden. Zu viele Züge in die Moderne sind verpaßt worden. Ein halbes Jahrhundert vorher hätte Kaiser Franz Joseph die Weichen vielleicht noch anders stellen können. Aber damals war er noch zu jung, und danach wäre er auch mit Sicherheit kein Kaiser mehr gewesen. Jetzt ist er zu alt, und es hat auch keinen Sinn mehr. Nichts ergibt mehr einen Sinn in dieser Zeit in diesem Land. Er kann für sein Reich nur noch die Rolle des beruhigenden Seelsorgers spielen, der den Delinquenten auf dem Weg zur Hinrichtung begleitet. Und seine eigene Seele bei Katharina Schratt besänftigen. Denn der gewaltsame Tod, der als Folge politischer Versäumnisse über sein Reich kommen wird, ist bereits ständiger Gast in seiner eigenen Familie.

Sein jüngerer Bruder Maximilian, der besondere Liebling der Mutter, hatte sich von den Franzosen überreden lassen, Kaiser von Mexiko zu werden, und dabei versäumt, die Mexikaner zu fragen, ob es ihnen recht wäre. Es war ihnen nicht recht, und sie exekutierten ihn. Das war 1867.

Zwölf Jahre lang hat sich Franz Joseph mit der Frage quälen müssen, ob er den Bruder nicht hätte retten können. Dann erschoß sich sein Sohn, der Thronfolger. Rudolf war in der Obhut seiner Großmutter Sophie aufgewachsen, die Beziehung zu seinen Eltern war nicht gut. Ein begabter und kluger Sohn, aber sehr depressiv. Der Vater und er hatten Meinungsverschiedenheiten in den Tagen, bevor der Kronprinz mit der jungen Baroneß Mary Vetsera, eine Gelegenheitsgeliebte nur, nach Mayerling fuhr, die Vetsera erschoß und sich dann selbst den Tod gab.

Neun Jahre hat Franz Joseph sich mit der Frage quälen müssen, was er alles hätte anders machen sollen, um dem Sohn ein besserer Vater oder klügerer Thronvererber zu sein und Rudolf vor einer solchen Verzweiflungstat zu bewahren. Dann wurde

Elisabeth, die große Liebe und das größte Unglück seines Lebens, in Genf vor dem Hotel Beau Rivage von einem Anarchisten erstochen. Das war 1898.

16 Jahre hatte er sich noch mit der Frage quälen müssen, was er hätte anders machen sollen, damit aus diesem Possenhofener Wildfang eine glückliche Kaiserin hätte werden können. So viele gute Eigenschaften! Eine solche Schönheit! Ein solches Blitzen im Auge! Eine solch gescheite Inspiration in der Krise nach Königgrätz. So viel Liebe zwischen ihnen beiden, trotz allem – und eine solche Traurigkeit! Dann wird sein Neffe Franz Ferdinand, nach Rudolfs Tod der Thronfolger, mit seiner Frau in Sarajewo von einem serbischen Nationalisten erschossen.

Zwei Jahre noch, bis zu seinem Tod im Jahr 1916, kann sich Franz Joseph mit der Frage quälen, ob er diese gefährliche Reise nach Bosnien, eine Provokation für die aufgeputschte serbische Seele, nicht hätte verhindern müssen.

Denn nun hat der letzte Akt für Österreich-Ungarn begonnen, auch für die beiden anderen europäischen Kaiserreiche, Deutschland und Rußland. Auch für das Osmanische Reich. Nicht nur die letzten Autokraten und Relikte des feudalen Zeitalters werden untergehen, sondern auch die bürgerliche Epoche. Denn nach den Schüssen von Sarajewo treiben die Bündnissysteme die europäischen Völker in einen Krieg hinein, wie es einen schrecklicheren nie zuvor gegeben hat. Ein Krieg, der die Gesellschaften und Wirtschaftssysteme durcheinanderwirbeln und der 1918 mit dem Waffenstillstand noch lange nicht zu Ende sein wird, denn an den Folgen von Sarajewo, an den Folgen des Untergangs der alten Zeit, werden Menschen noch bis zum Ende des 20. Jahrhunderts einander totschießen. Nicht zuletzt auch in der Stadt, wo das alte Österreich aufgehört hat, in Sarajewo.

Mit all dem kann die Wiener Bäckerstochter, Schauspielerin und ehemalige Kaiser-Geliebte Katharina Schratt nicht viel anfangen. Sie glaubt, daß das Leben, die Einsamkeit und das Alter am besten zu ertragen sind, wenn man sich wie ein Uhrwerk benimmt und gewisse Dinge einfach regelmäßig tut, ganz gleich, was die Zeit gerade bringt. Bis ins Dritte Reich hinein, als der Zweite Weltkrieg Europa schon wieder in Flammen legt, sieht man sie an jedem 21. November morgens mit Blumen vor der Kapuzinerkirche stehen. Dann begehrt sie Einlaß in die Kaisergruft. Jedes Jahr, am Todestag Seiner Majestät, besucht sie ihren lieben alten Freund.

WLADIMIR ILJITSCH LENIN

Geboren: 22. April 1870. Gestorben: 21. Januar 1924.
Revolutionär
Die besondere Lebensleistung: Schöpfer des
Sowjetkommunismus und damit des gigantischsten
gesellschaftlichen Experiments aller Zeiten, mit
weltweit mehr als einer Milliarde Versuchspersonen.
Sein Liebesleben: Ein prüder Bürgersohn mit
viktorianischer Moralerziehung verfängt sich
in einer delikaten Dreier-Beziehung.

Zwei Frauen im Zug nach St. Petersburg

Zu den historisch noch wenig erforschten Fragen dieses Jahrhunderts gehört die, ob nicht die eigentliche Ursache der Oktoberrevolution der Rettich gewesen sein könnte. Und ob die Welt um den Kommunismus herumgekommen wäre und Osteuropa nur eine nette, kleine Sozialdemokratie hätte auf sich nehmen müssen, wäre da im Jahr 1901 einem exilrussischen Ehepaar in München nicht ein prägendes Erlebnis widerfahren.

Der Mann heißt Wladimir Iljitsch Uljanow, später besser bekannt unter seinem journalistischen Pseudonym Lenin. Aber das weiß man in München noch nicht. Dort kannte man ihn zunächst nur als Herrn Meyer, der in Untermiete in einem Hinterhofzimmer des Gastwirts Georg Rittmeyer in der Kaiserstraße 54 hauste. Jetzt – im Frühjahr 1901 ist ihm seine Frau Nadeschda Krupskaja ins Exil nachgereist – leben die beiden mit einem falschen bulgarischen Paß, ausgestellt auf Dr. Jourdan und Maritza Jourdanoff, bei der Arbeiterfamilie Kaiser im Haus Schleißheimerstraße 106. In Kürze beziehen sie dann im Haus Siegfriedstraße 14 eine Drei-Zimmer-Neubauwohnung.

Das prägende Erlebnis ist die Kundgebung der Münchner

Arbeiter zum 1. Mai 1901. In ihren Erinnerungen wird die Krupskaja schreiben:

»In jenem Jahr war es der deutschen Sozialdemokratie zum erstenmal gestattet worden, einen Umzug zu veranstalten, aber nur unter der Bedingung, daß man Ansammlungen innerhalb der Stadt vermeide und die Feier außerhalb veranstalte. Und nun zogen die deutschen Sozialdemokraten in ziemlich großen Kolonnen, mit Kind und Kegel und mit den üblichen Rettichen in der Tasche, schweigend im Eilmarsch durch die Stadt, um später in einem Vorstadtrestaurant Bier zu trinken. Es gab keinerlei Fahnen oder Plakate. An eine Demonstration aus Anlaß des Weltfeiertages der Arbeiterklasse erinnerte die ›Maifeier‹ in keiner Weise. In das Vorstadtrestaurant, das die Prozession aufsuchte, gingen wir nicht mit. Wir blieben zurück und schlenderten nach alter Gewohnheit durch die Straßen Münchens, um das Gefühl der Enttäuschung zu betäuben, das unwillkürlich unser Herz bedrückte.«

Die Enttäuschung der beiden Revolutionäre aus Rußland mündet in der Erkenntnis, daß es mit dem Klassenbewußtsein der Arbeiterklasse und deren umstürzlerischem Elan nicht weit her sein kann, wenn sogar in Deutschland, dem Land, das mit der SPD die mächtigste marxistische Partei und die bestorganisierte Arbeiterschaft der Welt hat, die Arbeiter an ihrem großen Tag nicht die Fäuste gegen den Kapitalismus schwingen, sondern lieber einer kleinbürgerlichen Idylle in der Menterschwaige zustreben, um dort hoch über der Isar zu bayrischer Blasmusik Bier zu trinken und gesalzenen Rettich zu essen.

Möglicherweise ist dieses Erlebnis nur die endgültige Bestätigung, vielleicht aber das Damaskus-Erlebnis für den Leninismus schlechthin. Jedenfalls schreibt Uljanow anschließend, vom Mai 1901 bis Februar 1902, seine folgenschwere Arbeit »Was tun?«. Dieser Text leitet die Abspaltung der Bolschewiki (»Mehrheitler«) aus der Sozialdemokratischen Arbeiterpartei Rußlands (SDAPR), ein, und damit die Geburt des Kommunismus sowjetischer Prägung. Uljanow-Lenin ist nach dem Versickern der Münchner Mai-Kundgebung im Biergarten der Ansicht, daß nun nicht mehr länger gewartet werden soll, bis die Arbeiterschaft von alleine das notwendige Klassenbewußtsein erworben hat, um den von Marx als zwangsläufig erachteten Sieg des Sozialismus über den Kapitalismus einzufahren. Von jetzt an soll eine Speerspitze in Gestalt einer soldatisch straff organisierten, konspirativen Kaderpartei aus Berufsrevolutionären das alte System stürzen. Danach, wenn die Diktatur des Proletariats errichtet ist, kann diese konspirative Kaderpartei als intellektuelle Vorhut der Arbeiterklasse noch immer das sozialistische Bewußtsein in die Arbeiterschaft hineintragen.

Nun ist der Herr Uljanow keineswegs ein Verächter der Münchner Biere; er mag sie sogar sehr gern und tadelt gelegentlich seine Frau und Genossin, wenn sie bei ihren Schwabinger Biergarten-Besuchen nur Wasser bestellt. Aber die Sache am 1. Mai 1901 ist für ihn auch ein persönliches Aha-Erlebnis und ein Anlaß zur Bilanzierung seines bisherigen politischen Lebensweges: Er assoziiert, so wird es die Krupskaja in einem ihrer vielen Bücher über Lenin niederschreiben, die Neigung der bayerischen Arbeiterschaft zu Bier, Rettich und Kleinbürger-Gemütlichkeit mit den lateinischen Initialen des Münchner Hofbräu, HB. Diese Initialen stehen in der russisch-kyrillischen Schrift für die Laute NW – und diese sind wiederum die Initialen von »Narodnaja Wolja«. Das bedeutet »Volkswille«. Die Gedankenverbindung Bier = Volkswille = Narodniki ist nur durch den Lebensweg des Wladimir Iljitsch Uljanow verständlich.

»Narodnaja Wolja« stellt die Urzelle der russischen Revolution dar. Narodnaja Wolja war der Name einer terroristischen, volkstümelnden, romantischen, bäuerlichen russischen Bewegung, die noch immer dem uralten osteuropäischen Traum von der fürsten- und klassenfreien Dorfgemeinschaft nachhing, wie sie unter den slawischen Stämmen jahrhundertelang üblich war. Aus der »Narodnaja Wolja« haben sich unter dem Einfluß von Karl Marx Teile der russischen Intelligenz, darunter Wladimir Iljitsch Uljanow, gelöst.

Die Narodniki waren im Kampf gegen das Zarentum die erste Generation russischer Revolutionäre. Zu ihr gehört auch Wladimir Iljitsch Uljanows älterer Bruder und erstes Vorbild Alexander. Der hatte mit anderen Verschwörern ein Attentat auf Zar Alexander III. geplant und endete deswegen am Galgen.

Die Hinrichtung des Bruders war das Ereignis, das auch Wladimir Iljitsch und alle seine Geschwister zu Revolutionären machte, obwohl sie eigentlich aus gutbürgerlicher Familie stammten: Der Vater, Ilja Nikolajewitsch Uljanow, russisch-kalmückischer Abstammung und damit Vererber eines leicht mongolischen Augenschnitts, war als fähiger Leiter des Schulwesens des Gouvernements Simbirsk an der mittleren Wolga in den erblichen Adel erhoben worden. Er starb 1886, als Wladimir Iljitsch, das vierte von acht Kindern des Schulinspektors, 16 Jahre alt war.

Die Mutter, Maria Alexandrowna Blank, deutsch-schwedischer Abstammung, war Teilerbin eines riesigen Gutes im Bezirk Kasan. Mit dem Erlös aus dem Verkauf ihres Anteils und der Hinterbliebenen-Pension ihres Mannes konnte sie die große Familie ordentlich über die Runden bringen, den Kindern eine gute Bildung ermöglichen, in Samara ein Haus und in der Nähe von Samara sogar noch ein kleines Gut mit 225 Morgen Land und einer Mühle kaufen – was jedenfalls für Lenins Nachfolger Stalin ausgereicht hätte, alle Uljanows, wären sie nicht die Familie Lenins und damit Parteiheilige, als Mitglieder der ausbeuterischen Klassen der Großgrundbesitzer und Kulaken zu liquidieren.

Daß in der Familie eines in den Adelsstand erhobenen regierungstreuen Beamten, eines religiösen und strengen Hausvaters wie Ilja Uljanow die Kinder revolutionäre Träume haben, gehört Ende des 19. Jahrhunderts im zaristischen Rußland zum Leben der bürgerlichen Gesellschaft. Rebellische Träume werden auch von konservativen Vätern nicht weiter übelgenommen. Diese Toleranz liegt sicher auch am russischen Volkscharakter, der in jenen Jahren noch sehr stark ausgeprägt ist und sehr viel Verständnis für vollkommene Hingabe an kühne Träume aufbringt, sei es der Traum von der Anarchie der Narodniki, sei es der Traum von der klassenlosen, das Eigentum aufhebenden Gesellschaft der Marxisten. Um das Leben ertragen zu können, braucht ein Russe nun einmal entweder einen großen Traum oder eine kleine Flasche Wodka, am besten beides.

Die Liebe zum ganz großen Traum ist die Brücke, die im Reich des Zaren die konservativen Stützen des Systems und die Revolutionäre insgeheim verbindet. Außerdem weiß ohnehin jeder, daß die feudale alte Autokratie des Zaren, die sich erst 1861 zur Abschaffung der Leibeigenschaft hat durchringen können, von der historischen Entwicklung draußen in der Welt abgehängt worden ist. Deshalb kann es nicht schaden, wenn die Jungen gründlich über die Zukunft nachdenken. Und wenn dann einer wie Wladimir Iljitsch Uljanow daherkommt, der später als Lenin nicht nur die Kirche und die Religion abschaffen will, sondern – die russische Seele ist monumental und gibt sich mit halben Sachen nicht zufrieden – gleich aufs Ganze gehen und verkünden wird:»Gott ist abgeschafft!«? Na wenn schon, jeder Russe hat ein Recht auf eine kühne Verrücktheit! Ein leidenschaftlicher junger Russe ist besser als ein langweiliger junger Russe. Nur die großen, kühnen Träume haben den Russen die Kraft gegeben, die Jahrhunderte des Mongolen-Terrors als Christenmenschen zu überstehen und danach Sibirien bis an die Küste des Pazifischen Ozeans zu erobern.

Aus diesen Gründen sind nicht nur Väter, sondern auch Polizeichefs häufig großzügig, wenn bürgerliche oder adelige Mütter für ihre revolutionären Söhne und Männer um Erleichterungen in der Haft oder in der Verbannung bitten. Man hat ja in allen Familien die gleichen Probleme mit den wilden jungen Leuten. Auch Maria Uljanowa, die Witwe des Schulinspektors, kann auf diese Weise einiges für ihre häufig eingesperrten Söhne und Töchter erreichen. Sogar ihr Sohn Alexander wäre wie viele seiner Mitverschwörer vom Galgen verschont worden, hätte er nur ein wenig Reue gemimt. Aber Sascha, der romantische Narodnik, wollte lieber als Held sterben – und dies war der Punkt, der Wladimir Iljitsch Uljanow lehrte, daß es bei einem Umsturz nicht auf romantische und edle Gefühle ankommt, sondern auf den Erfolg, und daß man Systeme nicht durch Terror und Attentate allein überwinden kann, sondern daß man sich vor allem ein anderes System für die Zeit nach dem Umsturz ausdenken muß. Um ein Alternativsystem entwickeln zu können, löst er sich von den volkstümlerischen Narodniki. Er bereitet sich durch Selbststudium – wegen seiner umstürzlerischen Tätigkeiten hat man ihn von der Universität Kasan gefeuert – auf die Prüfungen der juristischen Fakultät in St. Petersburg vor.

Er besteht dort im Jahr 1891 glänzend – mit einem Diplom, das dem eines Doktortitels entspricht. Nun ist er Rechtsanwalt.

Wladimir Iljitsch Uljanow ist von Frauen geprägt, behütet und zum Teil auch verwöhnt worden. Er ist ein Mann, der nicht leben kann ohne die Nähe der Frauen. Bis zu ihrem Tod wird er, ein harter, durchtriebener, zynischer, zum Mitleid kaum fähiger und egoistischer Mann, außerordentlich herzliche und liebevolle Briefe an seine »Milaja Mama« (»Geliebte Mama«) schreiben. Auch im Exil müssen ihn immer wieder seine Schwestern besuchen. Als er 1917 nach seiner spektakulären Zugfahrt im fiebernden St. Petersburg ankommt, wird er am Tag nach seiner Ankunft erst einmal das Grab seiner Mutter und seiner Lieblingsschwester Olga aufsuchen – und sich erst danach um seine Revolution kümmern.

Bis 1893 genügen ihm offensichtlich Mama und die älteren Schwestern. Olga lebt wie er in St. Petersburg. Sie stirbt dort im Mai 1891 an Typhus. Nach seinen Prüfungen verläßt Uljanow die Stadt, in der er bleiben wollte, und fährt erst einmal heim zu seiner Mutter nach Samara.

Als er im Herbst 1893 nach St. Petersburg zurückkehrt, ist er reif, sich endlich um das zu kümmern, was ihm mit seinen 23 Jahren am meisten am Herzen liegen muß: die Revolution und die Frauen, die nicht aus der eigenen Familie sind. Offiziell arbeitet er nun als Gehilfe in der Kanzlei des Rechtsanwalts M. F. Wolkenstein, inoffiziell arbeitet er für die Gewinnung neuer Marxisten aus den Reihen der Narodniki. Er betreibt damit auch seine persönliche Abnabelung vom »Volkswillen« und wird mit seiner grenzziehenden Kampfschrift »Was sind die Volksfreunde und wie kämpfen sie gegen die Sozialdemokraten?« schnell ein wichtiger Mann für die neue Petersburger Modephilosophie des Marxismus.

Oppositionspolitik ist 1893 im Riesenreich des Zaren eine Domäne der Intellektuellen, und weil deren Zahl im rückständigen Rußland gering ist, bilden vor der Jahrhundertwende den Zirkel derer, die sich mit der politischen Zukunft ihres Landes befassen, im flächenmäßig größten Land der Erde kaum mehr Menschen, als hundert Jahre später beispielsweise die politische Szene der Stadt Kassel bestimmen.

In Kassel wird man dann nur einen Bruchteil dessen lesen können, was die politischen Denker aller Couleur an Gedrucktem verbreiten. Im Jahr 1893 aber warten in St. Petersburg die Intellektuellen noch auf jede Zeile, die einem der ihren aus der Feder fließt. Über jedes Wort wird ausführlich diskutiert. Es sind die Gebildeten, nicht die Proletarier, die den Sieg des Proletariats vorbereiten. Anders wäre es auch kaum möglich, denn die Industrialisierung hat im Zarenreich gerade erst angefangen. In Lenins Geburtsjahr gab es etwa 700 000 Arbeiter zwischen Ostsee und Pazifik, alle anderen – Fürsten, Kaufleute, Gutsbesitzer, Beamte, Soldaten und Intellektuelle – lebten noch von der Arbeit und Ausbeutung bettelarmer und größtenteils analphabetischer Bauern. Das Leben der Petersburger Arbeiter ist zudem zermürbend, sie wären nach einem langen Maloche-Tag den eifernden Wortgefechten der Gebildeten nicht gewachsen.

Aber politisch engagierte Frauen gibt es bereits in den marxistischen Zellen. Sie sind die Verbindung zwischen den bürgerlichen Linksintellektuellen und dem Proletariat, denn sie lassen sich ihr Herz nicht so leicht vom Verstand einfrieren wie die gebildeten Genossen, sind mitfühlend, haben für die Ungerechtigkeit und für das Leid der Ausgebeuteten feinere Antennen. Außerdem sehen sie auch in ihrer persönlichen rechtlichen Zurücksetzung als Frauen gegenüber den Männern eine Parallele zur Unterdrückung der Arbeiter und Bauern.

Die erste Liebe, die in den Lenin-Biographien auftaucht, gilt der Lehrerin Appolinaria Jakubowa. Dafür gibt es von ihm, der im Lauf seines Lebens zehn Millionen Wörter schreiben wird, zwar keinen einzigen Hinweis, doch geht aus den Aufzeichnungen seiner späteren Frau Nadeschda Krupskaja hervor, daß Wladimir Iljitsch Uljanow dieser Appolinaria einen Heiratsantrag gemacht haben muß.

Appolinaria Jakubowa ist wie die Krupskaja Lehrerin an einer Schule besonderer Art. Diese liegt im Arbeiterbezirk hinter dem Newski-Tor und hat nur am Sonntagabend geöffnet. Dann kommen jedesmal bis zu sechshundert wissenshungrige Arbeiter, um sich in dieser Schule über Gott und die Welt, aber auch im Lesen und Schreiben unterrichten zu lassen. Eine gute Gelegenheit für die Intellektuellen, die Petersburger Arbeiterschaft zu ideologisieren. Umgekehrt aber auch eine Institution, mit deren Hilfe die bebrillten und bärtigen Anzugträger etwas über die Realitäten des Arbeiterlebens erfahren können.

Uljanows ungeduldige Energie ist sicher nicht jeder Frau Geschmack. So handelt er, der trotz seiner schon haarlos gewordenen Schädeldecke im Balzen noch ein Anfänger ist, sich einen Korb ein. Appolinaria heiratet lieber den Professor Tachtarew, den Herausgeber der Zeitschrift »Arbeiter-Gedanke«. Ein Glück für Wladimir Iljitsch Uljanow, daß in dieser Zeit Appolinarias Kollegin und Freundin Nadeschda Krupskaja nicht nur politisches Interesse an ihm erkennen läßt. Das erspart dem Abgewiesenen den Absturz seines Selbstwertgefühls.

Es wird später einmal viel darüber spekuliert werden, ob Lenin die Krupskaja wirklich jemals geliebt hat oder ob er von ihr im Zustand psychischer Wehrlosigkeit einfach weggeheiratet worden ist. Aber Jugendbilder der Krupskaja aus jenen Jahren lassen keinen Zweifel, daß sie noch keineswegs der gedrungene bäuerliche glotzäugige Matronentyp war, der sie später, insbesondere unter den Folgen ihrer Basedow-Krankheit, wird. Die junge Lehrerin Krupskaja hat nicht nur allgemein eine starke erotische Ausstrahlung, sie ist auch genau der Typ von Frau, der Uljanow-Lenin ein Leben lang besonders fasziniert: Große, weit auseinanderstehende Augen, ein breiter, sinnlicher Mund mit stark ausgeprägten Lippen. Der marxistischen Idee dient die Krupskaja mit der kompromißlosen Hingabe einer Heiligen. Noch hundert Jahre später werden Journalisten, die als Korrespondenten längere Zeit in Moskau gelebt haben, schwören können, daß es im Leben eines Mannes keine größere Sensation geben kann, als in einem weiblichen Körper eine russische Seele zu entdecken. Die junge Krupskaja ist eine sehr russische Seele in einem sehr weiblichen Körper.

Es muß für den jungen Marxisten Uljanow ein durchaus überwältigendes Erlebnis gewesen sein, wenn auch nicht gleich am ersten Tag ihres Kennenlernens in der Wohnung des Ingenieurs Klasson. Eine der vielen sozialistischen Strategie-Debatten, an diesem Abend getarnt als Fastnachtsessen mit gebackenen Plinsen. Wladimir Iljitsch Uljanow fällt der Lehrerin Nadja Krupskaja bei diesem ersten Zusammentreffen als arroganter Schnösel auf, weil er das Werben eines Genossen für verstärkte Arbeit in einem Verein für Elementarbildung herablassend belächelt. Der ungeduldige Uljanow will nicht über Arbeiter-Bildungsprogramme reden; er will lieber eine handfeste Verschwörung anzetteln. Alles andere scheint ihm Zeitvergeudung zu sein.

Dabei benötigt er selbst noch eine Menge Zeit für seine eigene Entwicklung. Es ist ja nicht nur die Liebe zu Appolinaria und Nadja, die ihm Schwierigkeiten bereitet.

Da ist vor allem noch das Problem mit der Anpassung seiner alten bürgerlichen Gewohnheiten an sein schwaches Einkommen. In einem Brief an seine Mutter gesteht er, daß er auf der Rennbahn zuviel Geld ausgegeben habe, daß er aber vermute, bald mit weniger auszukommen, wenn er sich erst einmal in seine neue Lage eingelebt habe. Nach einer Lungenentzündung reist er zur Erholung in die Schweiz und beklagt sich in einem Brief an die Mutter, daß dort die Dienstboten zu teuer seien und außerdem auch »sehr gutes Essen bekommen« müßten.

In der Schweiz, in Paris und in Berlin besucht er die damaligen Götter der marxistischen Bewegung, die vom westeuropäischen Exil aus die intellektuelle Basis für das künftige Rußland zimmern. In einem Koffer mit doppeltem Boden bringt er neue Schriften nach Hause, setzt seine Rundreise jetzt innerhalb Rußlands fort, wird nun auch mit allen führenden Marxisten in Moskau und Wilna bekannt, gründet den »Petersburger Kampfbund zur Befreiung der Arbeiterklasse«, wird verhaftet und nach 14 Monaten Gefängnis in die Verbannung geschickt.

Die bürgerlichen Reflexe funktionieren bei ihm noch immer. Uljanow reist nicht zusammen mit den ärmeren Verbannten zum Nulltarif im staatlichen Sammeltransport nach Sibirien, sondern auf eigene Kosten. In einem bequemen Zugabteil über Moskau nach Krasnojarsk, von dort auf einem Schiff den Jenissej hinauf nach Minussinsk, und von dort mit dem Pferdewagen zum Dorf Suschenskoje. Das liegt nah an der chinesischen Grenze. Uljanow bezieht ein Zimmer in einer Bauernkate, schreibt viel, geht viel spazieren und manchmal auf die Jagd. Besucher kommen von weit her, um sich von ihm juristisch beraten zu lassen. Der Pope und der Dorfschulmeister meiden ihn. Manchmal fährt er ins 90 Kilometer entfernte Nachbardorf, wo andere Verbannte leben.

Dann kommt der Winter und die Krise. Uljanow langweilt sich entsetzlich, wird fett. Wünscht sich in seinen Briefen nach Hause einen Hund. Statt eines Hundes kommt Nadeschda Krupskaja.

Auch sie ist verbannt worden, soll nach Ufa. Sie will aber lieber zu Iljitsch. Die Behörden sagen, nur Verheiratete dürfen in der Verbannung zusammenleben. Also heiratet man.

Für Uljanow und Nadja beginnt der schönste Sommer ihres Lebens. Er bricht im Süden Sibiriens von einem Tag auf den anderen aus. Gestern noch alles weiß, froststarr und still – heute gleißendes, warmes Licht, tiefblauer Himmel, glucksende Bäche, balzende Vögel, frühlingsgrüne Sträucher, und die Luft prickelt wie Krimsekt.

Die Krupskaja hat zu Uljanows Freude eine halbe Bibliothek mitgebracht und zu Uljanows Leid auch ihre Mutter. Jelisaweta Wassilewna hat eine scharfe Zunge. Sie wird später ihre Tochter und Wladimir Iljitsch ins Exil begleiten – und immer wird sie an ihrem Schwiegersohn etwas auszusetzen haben, wird sie in bitteren Worten vor allem seine Gottlosigkeit beklagen. Aber die Schwiegermutter hat auch ihre Vorzüge. Sie kocht ordentlich, jedenfalls besser als ihre Tochter. Man bezieht zusätzliche Räume, legt einen Gemüsegarten an. Damit Nadja als Sekretärin ihrem unermüdlich schreibenden Mann zur Verfügung stehen kann, leistet man sich ein sibirisches Dienstmädchen.

Es ist ein herrlicher Sommer. Die Krupskaja genießt auch den anschließenden Winter, und sie, die Sozialistin, versteigt sich in der Beschreibung des südsibirischen Winters zu der feudal-royalistischen Formulierung: »…als lebte man in einem verzauberten Königreich«. Alles wird dann blütenweiß: das Land, die Flüsse, die Felle der Hasen, die Sonne. Sogar die Schatten erscheinen ihr weiß.

Aber auch die lauschigsten Winterabende in Nadjas Armen werden einem Mann langweilig, der die Welt aus den Angeln heben will. Von Sibirien aus kann man keine Revolution machen. Als seine Verbannungszeit abgelaufen ist, verläßt er Nadeschda, verläßt Rußland, taucht unter sorgfältiger Verwischung seiner Spuren unter – und in München auf. Hier will er mit prominenten anderen russischen Marxisten die Zeitschrift »Iskra« (»Funke«) herausgeben.

Das Blatt soll illegal in Rußland vertrieben werden, die Arbeit der Marxisten koordinieren und das Proletariat mit dem Zünd-funken für die Revolution ausstatten. Noch ist die Arbeiterbe-wegung nicht gespalten, und die deutschen Sozialdemokraten helfen ihren russischen Genossen wo sie können. Sie beschaffen ihnen Verstecke, Unterkünfte, errichten Nebelwände gegen die allgegenwärtige zaristische Geheimpolizei Ochrana, die nur zu gut mit den bayerischen Polizeibehörden zusammenarbeitet. In Nürnberg läßt sich Uljanow im Sommer 1900 von Adolf Braun, dem Chefredakteur der sozialdemokratischen Zeitung »Fränki-sche Tagespost«, in journalistischen und drucktechnischen Fra-gen beraten. Außerdem besorgt Braun in Nürnberg über den Zigarrenhändler Philipp Roegner eine Deckadresse für Uljanows Korrespondenz mit Rußland.

Über eine Kette von anderen Deck- und Anlaufadressen fragt und konspiriert sich Nadeschda Krupskaja – auch ihre Verban-nungszeit ist nun abgelaufen – über Prag nach München durch. Sie findet ihren Mann, der sich nun »Herr Meyer« nennt, in einem Zimmer über dem Wirtshaus »Zum Onkel«. Das Haus gehört dem Sozialdemokraten Georg Rittmeyer. Sein Unter-mieter Uljanow ist polizeilich nicht gemeldet, aber in ein paar Tagen wird er einen falschen bulgarischen Paß bekommen und Dr. Jourdan heißen.

Uljanow ist zwar in der russischen Exilszene Westeuropas schon seit seiner ersten Westreise bekannt, aber noch kein Star. Nicht einmal in München. Hier haben sich einige Genossen bereits ganz gut in der Schwabinger Bohème eingelebt, insbe-sondere die Genossin Wera Sassulitsch. Sie ist nicht mehr die junge Schönheit, die sie einmal vor 25 Jahren war, als sie den Petersburger Polizeichef, General Trepow, niederschoß. Sie ist im Exil alt und dick geworden, tausend Falten umgeben ihre mon-golisch geschnittenen Augen. Im Café Luitpold, dem Lieblings-treff der Münchner Russen, verehrt man sie als eine besonders interessante Exzentrikerin. Die Politik nimmt Wera Sassulitsch so sehr in Anspruch, daß sie nicht den geringsten Gedanken an die Pflege ihrer Wohnung verschwendet oder sich gar in die Künste des Kochens einweisen läßt. Man hat sie schon zu Hause beobachtet, wie sie ein Steak mit der Schere zerschnitt.

Mit Wera Sassulitschs Hilfe setzt Uljanow durch, daß die »Iskra« in München herausgegeben wird und nicht in Genf. Damit will er das Redaktionskollektiv ein wenig dem Einfluß des in der Schweiz lebenden Georgij Plechanow entziehen, der sich als Lordsiegelbewahrer der russischen Sozialisten versteht.

Kämpfe um die wahre Lehre und Richtung des Blattes bleiben der »Iskra« natürlich nicht erspart. Aber Uljanow setzt sich und seine Linie mehr und mehr durch, nicht zuletzt auch durch das Geschick seiner Redaktionssekretärin Nadeschda Krupskaja. Von nun an gilt sein Wort etwas in Rußland. Dieses Wort verkündet er jetzt unter seinem neuen Kriegsnamen: Lenin.

Im Mai, wenige Tage nach der Rettich-und-Bier-Erkenntnis auf der Münchner Maifeier, erscheint unter seiner Feder in der »Iskra« erstmals das Wort »Berufsrevolutionär«. Lenin läßt aus der sozialdemokratischen Arbeitnehmerbewegung die kommunistische Verschwörung herauswachsen.

Das Problem der Münchner Konspiration aber liegt in ihrer Geschwätzigkeit und in ihrem unvorsichtigen Auftreten in der liberalen Schwabinger Szene. Lenin hält sich zwar zurück, aber im Café Luitpold, wo die armen Emigranten bei einer einzigen Tasse Kaffee bis elf Uhr Zeitungen aus aller Welt lesen und diskutieren dürfen, tauchen nun unbekannte Russen auf, die das Gespräch suchen und neugierig herumfragen. Als dann plötzlich in Rußland Transport-Organisationen des geheimen »Iskra«-Vertriebs hochgehen, wird endgültig klar, daß die Geheimpolizei des Zaren die Münchner Verschwörung voll im Blickfeld hat und daß demnächst der Ärger mit der bayerischen Polizei beginnen wird.

Die Redaktion setzt sich im Mai 1903 nach London ab. Beginn einer Odyssee, die Lenin und die Krupskaja weiter über Genf nach Rußland zurückführen wird, gerade als dort, infolge der Entbehrungen durch den russisch-japanischen Krieg, die Revolution von 1905 ausbricht: Unter der Führung eines Popen wollen Arbeitervereine in Petersburg mit Frauen und Kindern für eine Petition zum Zaren ziehen, werden von dessen Polizei zusammengeschossen, worauf im ganzen Land Streiks und Aufstände ausgerufen werden. Dazu Meutereien auf dem Panzerkreuzer Potemkin und in der Garnison Kronstadt. Es ist eine lupenreine Arbeiter- und Soldatenrevolte, aber nicht Lenins Revolution.

Er tut wenig für ihr Gelingen, der Kampf seiner Bolschewiki (»Mehrheitler«) gegen die Menschewiki (»Minderheitler«) innerhalb der russischen Arbeiterpartei interessiert ihn mehr. Er kommt erst mit einem halben Jahr Verspätung in Rußland an, mischt ein wenig mit, schaut aber in der Hauptsache nur zu, findet die Idee mit den Selbstverwaltungs-Sowjets (»Räte«) der Revolutionäre ganz interessant als Herrschaftsinstrument seiner Partei in einer künftigen Staatsordnung und macht sich wieder aus dem Staub, als die Revolution von 1905 zusammenbricht.

Die zweite Emigration führt Lenin über Finnland nach Schweden, wo er die Krupskaja wiederfindet. In St. Petersburg hatten sie sich aus Sicherheitsgründen trennen müssen. Eine zweite Trennung bietet Nadja ihrem Mann zwei Jahre später in Paris an, aber diesmal sind die Gründe nicht politisch-verschwörerischer Natur, sondern haben einen erotischen Hintergrund: Lenin hat die große Liebe seines Lebens gefunden.

Inès Elisabeth Armand ist im Jahr 1910 erst 35 Jahre alt und hat schon ein Leben hinter sich, wie es abenteuerlicher hätte kaum sein können. Sie ist in Paris geboren, Tochter des französischen Varieté-Gesangskomödianten Pécheux d'Herbenville, Künstlername Stéphen. Ihre Mutter Natalie Wild ist Französin mit schottischem Stammbaum. Sie arbeitet als Musiklehrerin und begleitet ihren Mann gelegentlich bei seinen Bühnenauftritten musikalisch.

Der Vater stirbt früh, hinterläßt drei Töchter, aber kein Vermögen. Die überforderte Witwe schickt ihre schottische Mutter mit Inès nach Moskau. Denn dort lebt Natalie Wilds Schwester. Sie ist Privatlehrerin für Französisch und Klavier im Haus des immens reichen Textilfabrikanten Eugène Armand. Ein Russe französischer Abstammung.

Armand ist großzügig. Er nimmt die Mutter und die Nichte seiner Hauslehrerin in seinen Haushalt im Villenvorort Puschkino auf. Inès ist glücklich. Endlich hat sie die enge schmuddelige Welt der kleinen Bühnen verlassen dürfen, ist auf eine große Reise gegangen, hat in ihrer Tante eine Lehrerin gefunden, die sie fit machen kann für die Einheirat ins Großbürgertum. Inès spielt wunderbar Klavier; sie spricht Französisch, Englisch, bald auch Russisch und ein flüssiges Deutsch. Mit 17 beendet sie ihre Ausbildung als Lehrerin und findet mit 18 Jahren in Alexander Armand, einem Sohn des Hausherrn, ihren Ehemann. Alexander ist ein junger Liberaler, der ein Selbstverwaltungsprojekt unterstützt.

Inès ist keine klassische Schönheit, aber mit ihren großen Augen in ihrem breiten Gesicht, mit dem kräftigen, kastanienbraunen Haar über ihrer hohen Stirn und den sinnlichen, aufgeworfenen Lippen eine faszinierende Erscheinung. Sie zieht mit Alexander Armand in ein schönes Landhaus, unterrichtet in der Dorfschule, die ihr Mann gegründet hat, bringt in den ersten zehn Jahren ihrer Ehe zwei Söhne und drei Töchter zur Welt – und bricht 1903 aus. Die Ehe mit Alexander scheint glücklich gewesen zu sein, aber Inès hält diese Geborgenheit und Langeweile nicht mehr aus. Sie sucht das Abenteuer, beginnt mit Wladimir Armand, dem jüngeren Bruder ihres Ehemannes, eine Liebesbeziehung und zieht 1903 mit ihren fünf Kindern zu ihm. Der Ehemann toleriert die Beziehung und unterstützt die Liebenden großzügigerweise auch finanziell.

Doch auch dieser kühne Schritt läßt sie nicht zur Ruhe kommen. Ein Jahr später geht sie nach Schweden und studiert in Stockholm bei Ellen Key, einer Freundin des Dichters Rainer Maria Rilke. Ellen Key ist eine der bekanntesten Frauenrechtlerinnen ihrer Zeit. Doch Inès ist die Befreiung der Frau zu wenig. Ihre russisch und damit monumental gewordene Seele will es nicht mehr unter der Befreiung der gesamten Menschheit machen. Sie sucht in Stockholm Anschluß an bolschewistische Emigranten. Diese geben ihr Lenins Schrift »Was tun?« zu lesen, mit dem Aufruf zur konspirativen Aktion.

Das ist es. Das ist der Stoff, aus dem das ganz große Abenteuer ihres Lebens sein müßte. Futter für eine hungrige Seele.

Als 1905 die Revolution ausbricht, kehrt Inès Armand nach Rußland zurück. Sie will dabeisein, wird aber schon nach ein paar Tagen verhaftet. Man findet bei ihr einen Revolver und Munition. Doch eine Amnestie des Zaren, der seinen Frieden mit dem Volk machen will, öffnet ihr nach knapp vier Monaten wieder das Gefängnistor. Anschließend Kurierdienste für die Bolschewiki, im April 1907 die nächste Verhaftung und Verbannung nach Archangelsk, hoch oben im arktischen Rußland. Ihr Liebhaber Wladimir begleitet sie, ihr verlassener Ehemann Alexander unterstützt die beiden weiterhin.

Man lebt oben am Weißmeer mit anderen Verbannten in einer Kommune, was Inès durchaus amüsiert, bis ihr Geliebter und Schwager Wladimir an Tuberkulose erkrankt und Heilung in der milden Luft des Genfer Sees suchen muß. Vermutlich wieder mit der Hilfe oder zumindest mit finanzieller Unterstützung ihres betrogenen Ehemannes taucht Inès schließlich mit zweien ihrer Kinder, Andreij und Ina, bei ihrem Geliebten in der Schweiz auf. Sie findet einen Sterbenden vor. Schon zwei Wochen nach ihrer Ankunft ist Wladimir tot.

1909 sieht man sie in Brüssel, ein Jahr später nimmt sie an der Pariser Sorbonne ihre Studien wieder auf und trifft dort den Mann, von dem sie schon so viel gelesen hat: Lenin.

Er ist nun 40 Jahre alt. Nadja Krupskaja ist 41 und kinderlos geblieben. Sie ist so vernarrt in die Kinder der Inès Armand, daß sie zunächst offensichtlich kein Auge hat für das, was sich zwischen ihrem Mann und der neuen Bekannten anbahnt. Jedenfalls fährt die Krupskaja mit ihrer Mutter in aller Seelenruhe in den Sommerurlaub an die Atlantikküste und überläßt der Rivalin das Feld. Als sie zurückkommt, duzen sich Lenin und die Armand.

Niemals zuvor hat der wohlerzogene Bürgersohn Lenin einen Menschen geduzt. Nur die Mitglieder seiner engsten Familie, Nadeschda Krupskaja und seinen alten Freund und Kampfgefährten Julij Martow. Inès hat inzwischen in Paris eine Wohnung in der gleichen Straße bezogen, gleich gegenüber der Lenins.

Wenn es dem Bolschewismus jemals gelungen sein sollte, einen neuen Menschen zu schaffen, dann muß er in seinem Verhalten Nadeschda Krupskaja sehr nahe gekommen sein. Sie gibt sich die größte Mühe, ihre bourgeoise Eifersucht zu unterdrücken und fügt sich in die Menage à trois. Es wird behauptet, die Krupskaja habe ihm nach ihrer Rückkehr aus dem Atlantikurlaub angeboten, ihren Platz in seinem Bett zu räumen, nur noch als Sekretärin und Kampfgenossin in seiner Nähe zu bleiben. Er aber habe abgelehnt, habe Nadja weiterhin als seine Frau und Inès nur als Geliebte haben wollen. Denn Lenin, der wie so viele Russen prüde ist, findet seine eheliche Untreue im Grunde unmöglich.

Fünf Jahre später will Inès für eine Broschüre der Frauenbewegung etwas über die Liebe schreiben und schickt Lenin einen Entwurf, in dem sie sich (und ihn) noch einmal für die freie Liebe erwärmen will. In dem Entwurf der Armand heißt es unter anderem: »Selbst eine flüchtige Leidenschaft und Verbindung ist poetischer und reiner als Küsse ohne Liebe zwischen Eheleuten.«

In seinem umfangreichen Antwortschreiben wird Lenin das Thema zwar auf die Klassenkampf-Ebene ziehen, aber zum Verteidiger der Institution Ehe werden: »Wäre es für eine populäre Broschüre nicht besser, die kleinbürgerlich-intelligenzlerisch-bäuerlich spießige und schmutzige Ehe ohne Liebe der proletarischen Zivilehe mit Liebe gegenüberzustellen?«

Der Bürgerschreck Lenin ist ein Gefangener seiner bürgerlichen Erziehung. Er selbst entstammt ja der Bourgeoisie und hat mit der Muttermilch noch das Moralverständnis des Viktorianischen Zeitalters eingesogen. Dies hat bis 1910 allen Anfechtungen standgehalten. So viele schöne Genossinnen verehren ihn. Es sind zumeist sehr aufregende und gebildete Frauen, die für ihn arbeiten und kämpfen. Wie etwa die Generalstochter Alexandra Kollontai, die später Volkskommissarin für das Wohlfahrtswesen und später in Norwegen erster weiblicher Botschafter der Welt sein wird. Oder wie Angelica Balabanoff, eine gute Kennerin der sozialistischen Bewegungen Europas, insbesondere Italiens. Später wird sie einmal Volkskommissarin für Auswärtige Angelegenheiten der Ukraine, Botschafterin der Sowjetunion in Schweden, eine Freundin Mussolinis sein, als der noch Sozialist ist, und nach Lenins Tod eine entschiedene Antikommunistin werden. Niemals hat sich Lenin mit diesen Verehrerinnen auf etwas eingelassen, was nicht Politik war. Und nun geschieht ihm dies. Er will sich nicht gegen Inès wehren, aber er will seine Nadja auch nicht verlassen. Nur ein Wunder kann dieses Problem lösen.

Das Wunder geschieht: Nicht einmal die Krupskaja kann sich

dem Charme und dem sprühenden Feuer der russischen Französin entziehen. Und schon gar nicht dem Charme ihrer Kinder. Von nun an zieht Lenin mit zwei Frauen, einer Schwiegermutter und zwei, manchmal drei Kindern der Geliebten durch die Welt.

Inès, zunächst Lehrerin für politische Ökonomie an einer bolschewistischen Partei- und Revolutionsschule in Paris, taucht auch im österreichisch-russischen Grenzgebiet um Krakau auf, wo sich die Lenins 1912 niederlassen, um von dieser durchlässigen Grenze aus besser nach Rußland hineinwirken zu können. Zwischenzeitlich war Inès, die vom Abenteuer und von aufregenden Kurierdiensten nicht lassen kann, in Rußland verhaftet worden und hat unter falschem Namen in einem russischen Gefängnis gesessen. Die Krupskaja ist glücklich, daß sie wieder bei ihnen ist. Glücklich über das Wiedersehen mit den Kindern von Inès Armand, glücklich über Beethovens »Appassionata« und »Pathétique«, die Inès an den Abenden am Klavier spielen muß. In ihren Erinnerungen wird Nadeschda Krupskaja einmal schreiben: »Wir alle, die ganze Krakauer Gruppe, hatten Inès sehr gerne. Es wurde gemütlicher und heiterer, sobald Inès ins Zimmer trat.« Man geht in der Gegend von Zakopane viel spazieren, meistens Lenin und Inès, manchmal aber auch die Krupskaja mit Inès.

Es liegt in diesen Wochen aber ein Hauch von Endzeitstimmung über diesem Dreigestirn. Lenin scheinen die Dinge aus der Hand zu gleiten. Die Industrialisierung Rußlands schreitet dank westlicher Finanzhilfe jetzt stürmisch voran, die Agrarreform von 1906 greift zwar langsam, aber sie greift – und nährt die Hoffnung der russischen Bauern. Wenn die Revolution gegen die Zaren-Autokratie kommen wird, dann könnte sie jetzt auch als eine bürgerlich-kapitalistische enden, was Lenin bisher als unmöglich erachtet hat. Die ehemaligen Terror-Romantiker der Narodnaja Wolja haben sich zur Partei der Sozialrevolutionäre (SR) verändert, gelten aber eher als bäuerliche Herz-Jesu-Marxisten. Die marxistische Sozialdemokratische Arbeiterpartei Rußlands (SDAPR), noch immer erst ein paar tausend Mitglieder stark, ist mehr zerstritten denn je; die Fraktion der gemäßigten Menschewiki ist jetzt zahlenmäßig stärker als die der Bolschewiki, und die Bolschewiki sind auch untereinander nicht so einig, wie sie sein sollten. Spitzel der Ochrana umschwirren Lenin wieder einmal. Ein Dienstmädchen redet zuviel, und sein Vertrauter Roman Malinowski wird als Maulwurf der zaristischen Geheimpolizei enttarnt.

Hinzu kommen persönliche finanzielle Probleme. Noch immer weigert sich Lenin, ein Gehalt von der Partei zu beanspruchen wie die anderen Berufsrevolutionäre. Dieses Geld stammt häufig von »Expropriationen«. Das Wort bedeutet »Enteignungen«, gemeint aber sind Banküberfälle, bei denen sich zum Beispiel in Georgien ein gewisser Josef Wassirionowitsch Stalin hervortut. Lenin läßt sich lieber Geld von seiner Mutter schicken, aber deren Vermögen geht allmählich zur Neige. Er lebt jetzt in der Hauptsache von der Erbschaft einer Tante der Krupskaja. Diese war Lehrerin und hat Nadja 4000 Rubel hinterlassen. Außerdem hält Lenin gegen Honorar Vorträge. Denn von linksextremen Zeitungsartikeln allein wird man niemals gut leben können.

Man ist in all den Jahren des Exils fast immer knapp bei Kasse gewesen. Wenn es einmal sehr eng wurde, hat Nadja auch Schreibarbeiten für Firmen angenommen und Kuverts für Reklamesendungen nach Rußland beschriftet. Aber man war nicht geizig. Wenn wieder Geld hereinkam, dann gab Lenin es auch aus und fuhr mit Nadja zur Erholung an den Atlantik oder in die Schweiz. Oder er besuchte den Dichter Maxim Gorki auf Capri und spielte mit ihm Schach.

Nicht nur die Politik und das Geld machen Sorgen. Es streift bereits der Schatten des Todes die Großfamilie Lenin.

Die alt gewordene Schwiegermutter fängt an, wirres Zeug zu reden. Inès spürt Anzeichen einer beginnenden Tuberkulose. Eine Folge der Haft. Dennoch verläßt sie das österreichisch-russische Grenzgebiet wieder, will von Paris aus mit Vortragsreisen die Bindungen zwischen den Auslandsgruppen der Bolschewiki festigen. Lenin, schon immer hochgradig nervös, lebt nun ständig am Rande des Nervenzusammenbruchs.

Bei der Krupskaja rebelliert der ganze Körper gegen die Entbehrungen, Ängste und Enttäuschungen ihres Lebens. Sie hat Herzklopfen, die Hände zittern; sie kann nachts nicht mehr schlafen. Sie wird so krank, daß Lenin sie zu einem Spezialisten in die Schweiz bringt. In Bern wird Nadja am Kropf operiert, bald darauf kehren sie zurück in die Hohe Tatra.

Alle haben sich über viele Jahre hinweg verausgabt, und der Erfolg scheint gleich null zu sein. Lenin ist seinem Ziel in all den Jahren im Grunde keinen Schritt näher gekommen.

Aber nun bricht im Jahr 1914 der Erste Weltkrieg aus, und in Rußland werden die Karten neu gemischt.

Der Zar kämpft als Verbündeter der Westmächte gegen die Mittelmächte Deutschland, Österreich-Ungarn und Osmanisches Reich. Lenin ist als einer der wenigen politischen Köpfe Europas offensichtlich völlig überrascht vom Kriegsausbruch, insbesondere auch von der Tatsache, daß Rußland nicht auf Seiten der anderen altmodischen Fürsten kämpft. Er hat es versäumt, diese brisant gewordene Grenzlinie bei Krakau rechtzeitig zu verlassen und wird von den österreichischen Militärs als möglicher russischer Spion verhaftet.

Seine Genossen informieren sofort den österreichischen Sozialdemokraten Victor Adler. Der geht in Wien zum zuständigen Minister, klärt ihn über die wahre politische Rolle Lenins auf. Der Minister fragt Adler, ob Lenin wirklich ein Feind des Zaren sei. Adler antwortet: »Ein viel schlimmerer Feind als Eure Exzellenz.«

Lenin darf mit seiner Familie in die Schweiz ausreisen, gibt sich dort einer tiefen Depression hin. Er, der die Partei gespalten hat in demokratische Sozialdemokraten und revolutionäre Vorhut, in Menschewiki und Bolschewiki, leidet nun auch unter den nationalen Aufspaltungen der marxistischen Philosophie. Er hat von den sozialistischen Parteien aller Länder erwartet, daß sie diesen Krieg verhindern oder gleich im Ansatz abwürgen oder den Krieg zwischen den Nationen in einen Krieg zwischen den Klassen verwandeln würden. Statt dessen stellen sich Europas Marxisten nun hinter die Kriegsziele ihres jeweiligen Staates.

Man läßt sich zunächst in Bern nieder. Lenin findet diese behäbige Stadt langweilig, aber es lebt sich hier weniger teuer als in Zürich oder in Genf, wo er mit Nadja schon 1908 einmal war, bevor sie nach Paris gegangen sind. Im März 1915 stirbt

Nadjas Mutter, was das Ehepaar als eine Erleichterung empfindet. Die Tyrannei der alten Dame ist zu Ende, und das Leben der Lenins nimmt nun sogar einige bohèmehafte Züge an. Aber nicht lange, denn die Zimmerwirtin kündigt ihnen. Mit solch gottlosen Leuten will die brave Schweizerin nicht länger unter einem Dach leben.

Der Gesundheitszustand der Krupskaja verschlechtert sich wieder. Sie hat die Basedowsche Krankheit, der Arzt empfiehlt Höhenluft. So zieht man in ein billiges Hotel nach Sörenberg ins Oberland. Inès kommt nach. Man nimmt für einen Sommer noch einmal das Leben zu dritt auf.

Bald braucht Lenin wieder Bibliotheken und internationale Zeitungen um sich, 1916 zieht er mit Nadja und einigen Getreuen nach Zürich. Im Haus Spiegelgasse 12 sind sie Untermieter des Schuhmachers und Sozialdemokraten Kammerer. Lesen, Schreiben, Vorträge – ihr Leben scheint als Nachhall einer nicht stattgefundenen Revolution auszuklingen. Weil man kein Geld hat, denkt man darüber nach, ein Tuberkulose-Sanatorium zu eröffnen. Aber auch dazu braucht man Geld. Also macht man, was man bisher immer gemacht hat. Lesen, Schreiben, Vorträge. Business as usual. Lenin redet und schreibt, mal wild entschlossen wie ein alter Schwadroneur über niemals stattfindende Schlachten, mal tief deprimiert. Einer Jugendversammlung im Züricher Volkshaus verkündet er – es ist sein erster Vortrag in deutscher Sprache – seufzend: »Wir, die Alten, werden vielleicht die entscheidenden Kämpfe dieser kommenden Revolution nicht erleben.«

Aber nur sechs Wochen später ist die Revolution da. Zunächst als Februar-Revolution.

Der Krieg hatte seine eigene Dynamik entwickelt. Die Anfangserfolge der Armee des Zaren waren nicht viel wert. Der militärische Bewegungskrieg ist längst im Stellungskrieg erstarrt und dabei zum volkswirtschaftlichen Abnützungskrieg verkommen. Militärisch geht nichts voran, alles andere geht kaputt. Die noch immer schwache Industrie Rußlands ist bei der Beschaffung von Rüstungsmaterial und Nachschub völlig überfordert. Das Wirtschaftsleben bricht zusammen, das Bürgertum wird nervös. Das Land hungert, weil die Bauern nutzlos in Schützengräben herumliegen, während zu Hause ihre Äcker verwildern. In den Schützengräben können die Bauern nichts machen, als auf den Tod zu warten. Sie wollen raus aus den Gräben, nach Hause, aber das können sie nur, wenn der Zar verjagt wird. Also unterstützen sie die Revolution der Arbeiter in Petrograd.

Auch das ist nicht die Revolution, die Lenin gepredigt hat. Sie geht zwar von Arbeitern aus, aber die Arbeiter alleine können den Zaren nicht zum Abdanken zwingen. Es bildet sich eine Doppelherrschaft aus Bürgerlich-Liberalen und Petersburger Arbeiterräten. Die Arbeiterräte bestehen aus romantischen Narodniki-Sozialrevolutionären, Marxisten der eher demokratischen Art wie den Menschewiki, und Lenins marxistischen Kader-Bolschewiki, die innerhalb der Arbeiterräte keineswegs die Mehrheit haben. Aber anders als 1905 weiß Lenin jetzt, daß er diesmal entschlossen handeln muß. Es ist seine letzte Chance.

Doch Lenins Statthalter in St. Petersburg haben keinen Biß. Sie taktieren und geben sich gegenüber den Gemäßigten versöhnlerisch, ignorieren ihren Meister in der Schweiz. Seine verzweifelten »Briefe aus der Ferne« werden in Rußland nicht veröffentlicht, nicht einmal im bolschewistischen Parteiblatt »Prawda«. Er muß jetzt unbedingt heim nach St. Petersburg. Aber wie? Er sitzt hier in Zürich fest, tobt wie ein gefangener Bär im Käfig.

Die Wege nach Rußland führen über Deutschland oder Österreich-Ungarn, aber diese Staaten sind mit Rußland im Krieg. Da gibt es kein Durchkommen. Und die anderen Wege werden von der Entente kontrolliert, aber die ist nicht interessiert an der Beförderung des Kriegsgegners Lenin zur russischen Lunte. Da kommt er genausowenig durch.

Während er verzweifelt nach Routen, Helfern und falschen Pässen sucht, denken in St. Petersburg die Bürgerlich-Liberalen unter dem Druck und den Lockungen finanzieller Hilfsangebote der Westmächte an die Fortsetzung des Krieges gegen Deutschland und Österreich-Ungarn. Lenins Gefolgsleute in St. Petersburg zögern, zeigen sich angesichts ihrer Minderheit in den Arbeiterräten kompromißbereit.

Deutschland möchte den Krieg im Osten endlich beenden,

damit es alle seine Truppen nach Verdun, auf die Schlachtfelder im Westen werfen kann. Das Deutsche Reich möchte aus dem Zwei-Fronten-Krieg schnell einen übersichtlichen Ein-Front-Krieg machen und ist deshalb daran interessiert, das Russische Reich vollends kriegsunfähig zu machen. Das aber könnte keiner besser besorgen als Lenin. Man nimmt Kontakt zu ihm auf.

Am 9. April 1917 rollt von Zürich aus ein Zug zur deutschen Grenze. Dort werden an einem Waggon alle Türen bis auf eine einzige verriegelt. Diese wird von deutschen Militärs bewacht. Der Waggon ist der Sonderzug der Revolution. Zwischen den Türwächtern und den Reisenden in diesem Waggon markiert ein Kreidestrich exterritoriales Gebiet. Die ersten international anerkannten Quadratmeter eines kommunistischen Rußlands rollen durch das deutsche Kaiserreich. Der Waggonteil jenseits des Kreidestrichs ist reserviert für Lenin und 31 Kampfgefährten, darunter seine Frau Nadeschda Krupskaja und seine Geliebte Inès Armand. In Saßnitz verlassen die Deutschen den Waggon, die Reise der Russen geht weiter über Schweden, Finnland nach Rußland. Am 16. April steigt Lenin in Petrograd, das bald Leningrad heißen wird, aus. Der Revolutionär ist jetzt im Zentrum des Vulkans. Der Tanz kann beginnen.

Seine Bolschewiki sind nur eine Minderheit von 105 der 1000 Delegierten des 1. Gesamtrussischen Kongresses. Aber Lenin hat endlich eine Situation vor sich, in der er seine größte Gabe, seine rednerische Kraft, voll ausspielen kann. Nicht mehr vor Intellektuellen-Zirkeln, sondern vor den Massen. Nicht mehr im fernen Exil, sondern im brodelnden Petrograd.

Die Wirkung dieses Redners beschreibt der Dichter Maxim Gorki, der ihn im Jahr 1907 auf dem 5. Parteitag der SDAPR in London zum ersten Male erlebt. Vor der Rede hatte Lenin ein paar persönliche Worte mit Gorki gewechselt. Der schreibt dann darüber: »Ich hatte erwartet, daß Lenin anders ist. Irgend etwas fehlte mir an ihm. Er schnarrt das ›r‹, steckt die Daumen in den Ärmelausschnitt der Weste, steht herausfordernd da. Und überhaupt, der ganze Mensch ist zu einfach, man fühlt nichts von einem Führer.« Aber dann die Rede: »In seinem etwas mongolisch geschnittenen Gesicht glühten und funkelten die scharfen Augen eines Lüge und Elend des Lebens unermüdlich verfolgenden Jägers, zugekniffen, ironisch lächelnd oder zornig blitzend. Der Glanz dieser Augen machte seine Rede noch flammender und unheimlich klar. Manchmal war es, als spräche die unbändige Energie eines Geistes in Funken aus diesen Augen. Seine Rede erzeugte stets ein fast physisches Einvernehmen unwiderlegbarer Wahrheit – und obwohl diese Wahrheit für mich oft nicht annehmbar war, konnte ich mich doch dem Einfluß ihrer Wucht nicht entziehen.«

Nun ist Lenin in seinem Element. Die Bolschewiki hören wieder auf sein Kommando. Und er beansprucht für seine Partei die volle Macht. Der Putschversuch der Bolschewisten scheitert zwar zunächst einmal, weil die Militärführung sich auf die Seiten der Bürgerlich-Liberalen stellt, und Lenin muß noch einmal abtauchen. Aber nur für kurze Zeit. Die Mitgliederzahlen seiner Bolschewiki steigen nun sprunghaft an, mit der Hilfe seiner Partei kann ein Putsch des rechten Generals Kornilow niedergeschlagen werden, der versuchen wollte, die provisorische Regierung unter dem Ministerpräsidenten Alexander Kerenski zu stürzen.

Kerenski!

Rußland ist groß und klein zugleich: Ministerpräsident Alexander Kerenski, Mitglied der bäuerlich orientierten Partei der Sozialrevolutionäre, ist der Sohn eines Gymnasiallehrers, der einst den jungen Wladimir Iljitsch Uljanow in Simbirsk unterrichtet hat.

Dieser Alexander Kerenski wird nun, ohne daß er es beabsichtigt hat, der wichtigste Helfer Lenins. Denn Kerenski will mit einer ehrenvollen letzten Offensive aus dem Krieg ausscheiden und liefert damit Lenin, der sich so lange vergeblich bemüht hat, in der »Iskra« und in der »Prawda« den entscheidenden Funken mit der Schreibfeder zu schlagen, das zündende Argument: Schluß mit dem Krieg – alle Macht den Sowjets!

Arbeiter und Soldaten stellen sich nun in der Oktoberrevolution hinter die Führung des vor Monaten noch kleinen Häufchens der Bolschewiki, und Lenin siegt.

Nach dem Sturm auf das Winterpalais resümiert er mit seinem Kampfgefährten Leo Trotzki den Weg von den Versteckspielen der Emigration zum Sieg in der Revolution und fügt, weil er in russischer Sprache gerade keinen passenden Ausdruck für seine Gefühle findet, in deutscher Sprache hinzu: »Es schwindelt einen.« Nach jahrzehntelangem erfolglosem Kämpfen, Reden, Schreiben, Konspirieren und Intrigieren hat er innerhalb weniger Wochen eine politische Minderheit zur Macht über eines der größten Länder der Erde geredet und organisiert.

Es muß ihn zu Tode schwindeln. Denn was nun kommen soll, wird das abenteuerlichste gesellschaftliche Experiment in der Geschichte der Menschheit sein. Eine Gesellschaft ohne Fürsten, Priester, Grundbesitzer, Eigentümer und Fabrikherren. Ein von Gott verlassener Himmel auf Erden, in dem allen alles gehört.

Mehr als 70 Jahre lang wird der von Lenin eingerichtete Großversuch dauern. Weit mehr als eine Milliarde Menschen werden in Europa, Asien, Afrika und Lateinamerika unter dem grundlegenden Widerspruch des Leninismus darben, der darin besteht, daß man die Klasse der Lohnabhängigen nicht befreien und ihre Energien entfesseln kann, wenn man sie durch die Funktionäre dieser Befreiungspartei in allen Lebenslagen – im Staat, am Arbeitsplatz, in den eigenen vier Wänden – bevormundet und bespitzelt, in Fesseln legt. An den Lähmungen und Deformationen dieses Experiments werden Menschen noch jenseits der Jahrtausendwende leiden, wenn das Gesellschaftsmodell Lenins in Rußland endgültig gescheitert ist.

Lenin selbst erlebt nur noch die ersten sechs Jahre seiner neuen Zeit. Der Schwung des Umsturzes, die Härte seiner Berufsrevolutionäre, das militärische Talent seines körperlich schmalbrüstigen intellektuellen Helfers Leo Trotzki, die Gnadenlosigkeit seiner neuen Geheimpolizei, die jetzt nicht mehr Ochrana, sondern Tscheka heißt, sichern seinen Sieg in einem schrecklichen Bürgerkrieg. Dann trifft ihn eine Serie von Schlaganfällen und das makabre Los, als konservierte Leiche in einem gläsernen Schneewittchensarg in einem Mausoleum vor der Kremlmauer ausgestellt zu werden. Als Ersatzgott für ein um seine Heiligen gebrachtes, zutiefst religiöses Volk.

Ein paar Schritte hinter dem Mausoleum liegt an der Kremlmauer das Grab von Inès Armand, der Geliebten.

Nach der Revolution war Inès im Zentralkomitee Leiterin für Frauenfragen geworden, in der Hauptsache aber Beraterin in den abendlichen Plauderstunden im Kreml. Doch die Tuberkulose machte ihr zunehmend zu schaffen. Auf einer Kur im Kaukasus erkrankte sie im Spätsommer 1920 zudem noch an Typhus und starb.

Dieser Tod war auch der Anfang vom langen Sterben Lenins. Seine Lebenskraft war erschöpft. Eine andere alte Freundin und Kampfgefährtin Lenins, die Generalstochter Alexandra Kollontai, erzählt ihrem Biografen Marcel Bondy von Inès' Beisetzung: »Als ihre Leiche vom Kaukasus gebracht wurde und wir im Trauerzug gingen, war Lenin nicht wiederzuerkennen. Er ging mit geschlossenen Augen, und wir glaubten jeden Moment, er werde zu Boden stürzen.«

Auch Angelica Balabanoff, eine andere Kampfgefährtin, schreibt darüber: »Seine ganze Erscheinung, nicht nur sein Gesicht, drückte einen solchen Kummer aus, daß ich nicht einmal wagte, ihn mit einem Kopfnicken zu begrüßen. Es war klar, daß er mit seiner Trauer allein sein wollte. Er schien kleiner geworden zu sein, die Mütze bedeckte sein Gesicht, die Augen schienen in den mühsam verhaltenen Tränen unterzugehen. Und jedesmal, wenn durch eine Bewegung der Anwesenden unser Kreis sich verschob, ließ auch er sich herumschieben ohne jeden Widerstand, so als sei er dankbar, wenn man ihn der Toten näherbrachte.«

Nadeschda Krupskaja widmet nach dem Tod ihres Mannes im Jahr 1924 ihr Leben der schriftstellernden Erinnerung an Lenin und der Erziehung der drei jüngsten Kinder von Inès Armand. Sie stirbt 1939.

Mustafa Kemal Atatürk

Geboren: An einem unbekannten Tag im März 1881.
Gestorben: 10. November 1938.
Staatsgründer
Die besondere Lebensleistung: Der erste
militärische Sieger aus der Dritte-Welt-Klasse über
westliche Großmächte; der bisher einzige Staatsmann,
der es wagte, einem orientalischen Land die
islamischen Wurzeln abzuschneiden.
Sein Liebesleben: Er war der möglicherweise
bedeutendste männliche Befreier der Frauen
im 20. Jahrhundert, aber er konnte ihre Nähe
nicht lang ertragen.

Ein grauer Wolf heult zum Mond

Es wird erzählt, daß er Eltern und Nachbarn um ihren Nachtschlaf brachte mit seinen Wutausbrüchen, Heulkrämpfen und später, als er schon stehen konnte, mit cholerischen Stampftänzen.

Mustafa ist kein sympathisches Kind, sieht mit seinem aschblonden Haar und seinen eisgrauen, schmalen Augen auch nicht so anheimelnd kulleräugig aus, wie türkische Eltern es bei Kindern gewöhnt sind. Das Kosewort, mit dem die Mutter ihn zu besänftigen und in den Schlaf zu wiegen versucht, heißt auch nicht »Mein kleiner Prinz«, sondern: »Mein kleiner, grauer Wolf.«

Man müßte das alles mit Ausnahme der unwiderlegbar eisgrauen Augen nicht unbedingt glauben, denn zu gut passen diese Berichte über den Lebensbeginn des Atatürk (»Vater der Türken«) zu den Geburtsmythen aller großen Khane jener Hirtenvölker, die – wie auch die Vorväter der Türken – aus den

Steppen Asiens gekommen sind. Den Mongolenherrscher Dschinghis Khan zum Beispiel haben sie »Der Blaue Wolf« genannt, und bei seiner Geburt soll er als Zeichen seiner künftigen Unerbittlichkeit einen Klumpen Blut in der rechten Faust gehalten haben.

Vielleicht aber dient es dem Verständnis dieser Lebensgeschichte, wenn wir den Mythos vom kleinen bösen grauen Wolf trotzdem glauben. Denn zum einen paßt er nahtlos in die Charakterbeschreibungen, die seine Lebensbegleiter, kritische wie unkritische, von Atatürk hinterlassen haben. Zum anderen würde das Problemkind Mustafa ein gutes Beispiel dafür abgeben, welch überdimensionierter psychischer Druck schon auf einem Kind lasten kann, welche heftigen Aggressionen dieser Druck freisetzt, welch bizarre familiäre Deformationen entstehen, allein dadurch, daß ein einst stolzes Reich zusammenbricht.

Möglicherweise brüllt, stampft und tobt der kleine Mustafa, Sohn des Ali, deshalb, weil ihm seine Eltern nicht die Geborgenheit geben können, die ein kleines Kind grundsätzlich benötigt. Möglicherweise können Vater Ali und Mutter Zübeyde diese Geborgenheit ihrem kleinen Sohn nur deshalb nicht vermitteln, weil in jenen Jahren ihre Finanzen und ihr Wertegefühl zusammenbrechen. Ihnen entgleitet jeder Halt, weil die Ordnung des Osmanischen Reiches, die Hunderte von Jahren Sicherheit oder zumindest Orientierung und ein Gefühl des Behaustseins gegeben hat, dahinschwindet wie die Sonne im Herbstnebel. Das Reich und seine Organisation bestehen nur noch auf dem Papier.

Dieses Reich ist trotz umfangreicher Beamtenschaft nicht einmal imstande, das genaue Geburtsdatum dieses im März 1881 geborenen Mustafa festzuhalten. Es gibt eine große Vergangenheit für dieses Reich. Was die Gegenwart in diesem Reich ist, kann niemand mehr erklären. Und eine Zukunft kann sich für dieses Reich kein Mensch auf der ganzen Welt mehr vorstellen.

Politik ist noch nie eine Angelegenheit gewesen, die nur ein paar Leute an der Spitze betrifft. Politik schlägt immer, im Guten wie im Bösen, bis nach ganz unten durch. In diesem Fall dringt das Übel dieser Zeit bis in den Kehlkopf eines zwar ehelich geborenen, aber im Grunde unbehausten Kindes ein.

Die Wiege des kleinen Mustafa steht in Saloniki, im Jahr 1881 keine griechische Stadt, sondern noch immer eine Stadt des Osmanischen Reiches mit einem Bevölkerungsgemisch, das in der Hauptsache aus Griechen, Makedoniern, Thrakern und Türken besteht. Dazwischen gestrandete kleinere Einsprengsel und Mischformen aller anderen Nationalitäten des Osmanenreiches, also Albaner, Armenier, Kaukasier, Kurden, Iraker, Syrer, Araber sowie Nachkommen von Menschen aus jenen Ländern, die das Reich schon verloren hat: Kroatien, Serbien, Bosnien-Herzegowina, Montenegro, Ungarn, Rumänien, Bulgarien, Südrußland, Westpersien, Ägypten, Algerien und Tunesien. Dazu Nachkommen von Sklaven und Haremsfrauen aus Schwarzafrika und Südeuropa. Es gibt auf der Welt kaum ein ethnisches Genom, das nicht irgendwann einmal auf dem Völkermarkt des Reiches aufgetaucht und integriert worden wäre in dieses wundersame Gesellschaftssystem der Dynastie Osman aus dem Stamm der Kayi.

Die Kayi waren im Mittelalter ein kleines Turkvolk, das im Streit mit anderen Nomadenstämmen unterlegen war, seine Weidegründe in den Steppen Mittelasiens aufgeben und unter seinem Khan Ertogrul über den Kaukasus ziehen mußte. In Anatolien fanden die Kayi Aufnahme im Seldschukenreich. Auch die Seldschuken waren ein eingewandertes Turkvolk. Sie wiesen den Kayi ein Siedlungsgebiet westlich der heutigen Stadt Eskisehir zu, an der damaligen Grenze zum Oströmischen Reich.

Die Grenzkriege machten die Kayi fit. Sie änderten unter ihrem Anführer Osman ihren Namen, nannten sich fortan Osmanen, vergrößerten ihr Gebiet sowohl auf Kosten des Kaisers in Konstantinopel als auch auf Kosten des Seldschuken-Sultans. Schließlich übernahmen sie beide Reiche, dehnten sich immer weiter aus und beherrschten bald ein Gebiet, das vom Persischen Golf bis zu den Stadtmauern Wiens reichte, von Nordafrika bis in die Ukraine.

Es war in seiner Blütezeit ein recht eigenwilliges Herrschaftssystem für ein großes Reich, unvergleichbar mit anderen Universalreichen. Denn es wurde nicht regiert nach dem Prinzip des Interessenausgleichs, sondern nach dem Prinzip der Viehweide; die Osmanen übertrugen einfach die Regeln des Nomadenbetriebes auf die Reichsregierung. Der Khan, der sich jetzt Sultan nannte, war der oberste Hirte, despotisch und auf berechnende Weise fürsorglich zugleich.

Ihm zur Seite standen die strengen Hütehunde in Gestalt von Staatssklaven. Diese hatten als Eigentum des Sultans keine Familienangehörigen, konnten also nicht wie die in Stammes- und Sippenkategorien fühlenden Türken in Loyalitätskonflikte geraten. Am besten dafür geeignet waren Eunuchen. Männer, die um die Zeugungs- und Familiengründungsfähigkeit gebracht worden waren und nur noch eine Bezugsperson hatten, die sie beschützen konnte: den Sultan.

Zu den Hunden des herrschenden Hirten gehörten auch die Soldaten der Elitetruppe der Janitscharen. Das waren Männer, die schon im frühesten Kindesalter christlichen slawischen Eltern entrissen und in Internaten zu fanatischen moslemischen Anhängern des Sultans erzogen wurden.

Mit diesen Hütern herrschte das Haus Osman über seine Menschenherden. Als Khane eines ehemaligen Hirtenvolkes wußten die osmanischen Herrscher, daß man Pferde anders pflegen muß als Schafe und daß man mit Ziegen anders umgehen muß als mit Rindern. Dem Sultan kam es darauf an, daß jede seiner Völkerherden die ihnen eigentümlichen besonderen Fähigkeiten erhalten und möglichst noch steigern konnte. So durften lange Zeit die Griechen nach anderen Gesetzen leben als die Araber, die Slawen nach anderen als die Kurden, die Bulgaren nach anderen als die Georgier. Auf diese Weise gab es eine merkwürdige Mischung aus brutalem Despotismus und feinsinniger Toleranz im Osmanischen Reich. Auch in religiöser Hinsicht, trotz der klaren Vorrangstellung des Islam. Zwar war der Sultan zugleich auch der Kalif und damit Kaiser und Muselmanen-Papst in einer Person, aber wer Christ bleiben wollte, durfte Christ bleiben. Der griechisch-orthodoxe Patriarch von Konstantinopel und der Oberrabbiner der Juden gehörten zu den höchsten Würdenträgern in der Hauptstadt Istanbul, dem früheren Konstantinopel, einstige Hauptstadt des Oströmischen Reiches.

Viele Amtssprachen hatte das Osmanen-Reich. Behördensprache war Türkisch, die gebildete Hofsprache war Persisch, die Sprache in den Moscheen und Koranschulen Arabisch, in der

Flotte wurde – eine Respektbekundung gegenüber den venezianischen und genuesischen Handelspartnern – Italienisch bevorzugt, die Lingua Franca der Vielvölkerarmee war Serbokroatisch.

Die Menschenherden des Sultans entwickelten eine erstaunliche Vitalität und wirtschaftliche Prosperität. Das Reich, vom 14. bis ins 17. Jahrhundert durch blutige Feldzüge geschaffen, sollte schließlich bis ins Industriezeitalter hinein Bestand haben, trotz eines verhängnisvoll geringen Interesses des Staates an modernen westlichen Ideen und Techniken. Das Reich der Osmanen nährte sich bis in den Ersten Weltkrieg hinein hauptsächlich von den unerschöpflichen Fähigkeiten seiner Menschen im Handeln und Aushandeln von Waren und Leistungen.

Seinen Zenit allerdings hatte es schon im 16. Jahrhundert erreicht. Danach wurde der Anschluß an die entfesselnde geistige Entwicklung Europas, an die Aufklärung und deren Folgen für Wissenschaft und Technik, verpaßt. Die irgendwann dann doch unumgänglich gewordenen Reformen wurden zu zaghaft auf den Weg gebracht und von den Traditionellen in den Provinzen blockiert. Der kranke Mann am Bosporus hätte sein Leben schon Mitte des 19. Jahrhunderts ausgehaucht, wären sich die abendländischen Staaten bei der Aufteilung des daniederliegenden Morgenlandes einig gewesen.

Da aber die europäischen Staaten einander mißtrauten und eifersüchtig auf die Machtbalance zwischen den Großmächten Rußland, Frankreich, England, Deutschland, Österreich-Ungarn achteten, konnte der Sultan als Konkursverwalter der eigenen Firma seinen Laden noch bis ans Ende des Ersten Weltkrieges behalten. Die Menschen in seinem Reich aber, wie der Zollbeamte Ali Rhiza aus Saloniki, mußten sehen, wie sie sich in diesem Sumpf aus Verfall, Intrigen, Rückständigkeit und Korruption über die Runden bringen konnten.

Ali Rhiza, der Vater des zornigen Kindes Mustafa ibn Ali, war in seinen jungen Jahren Soldat im Rang eines Oberleutnants gewesen und nach seinem Ausscheiden aus der Armee mit einem Posten beim Zoll im Hafen von Saloniki bedacht worden. Er diente dem tyrannischen Herrscher Abdul Hamid II. Dessen Schreckensherrschaft sollte nur die persönliche Macht des Sultans stützen, wurde aber nicht zur Aufrechterhaltung der staatlichen Organisation und zur Überlebensfähigkeit seiner unteren Beamtenschaft eingesetzt. Ein kleiner Staatsdiener wie Ali Rhiza konnte nur zuschauen, wie die Bestechungsgelder an ihm vorbei zu den höheren Instanzen flossen, während er selbst mit seinem Hungergehalt seine Frau und seine Kinder nicht ernähren konnte.

In dem Wissen, die besten Jahre seines Lebens einem System gedient zu haben, das seine Diener vergessen hatte, lag nicht der einzige Frust des Vaters. Da war auch der zunehmende Minderwertigkeitskomplex des Orientalen, der in einer weltoffenen Hafenstadt wie Saloniki erleben mußte, wie die Methoden, Wertvorstellungen und Fähigkeiten seines Gesellschaftssystems immer blamabler scheiterten im Wettbewerb mit den Methoden, Wertvorstellungen und Fähigkeiten des Westens.

Und da ist auch der Nationalismus, der nun auch die Menschenherden des Sultans erfaßt und Ali Rhiza die demütigende Erfahrung aller Türken im Umgang mit den reicheren und angesehenen anderen Volksgruppen des Reiches beschert. Es ist in diesem Vielvölkerstaat nicht so, daß die Türken, der alte ethnische Kern des Osmanischen Reiches, das Herrschaftsvolk bilden. Im Gegenteil. Die Peripherie ist bedeutender als das Zentrum. Die türkische Bevölkerungsgruppe sitzt mehrheitlich nach wie vor in Kleinasien fest, als wäre seit der Einwanderung aus Zentralasien nichts passiert. Sie ernährt sich im Hochland zwischen den Ketten des Taurus- und des Pontusgebirges. Dort ist es im Sommer zu trocken und im Winter zu kalt. Die anatolischen Bauern sind nicht einmal in der Binnenwirtschaft konkurrenzfähig gegen die Landwirtschaften der meisten anderen Reichsregionen. Mit Verachtung sehen in den Hafenstädten die Griechen auf alles herab, was türkisch ist. Ebenso die Araber auf den Karawanenwegen des Indienhandels und die Armenier in den kaukasischen Talstationen der Seidenstraße.

»Türke« ist für nahezu alle Völker des Osmanischen Reiches ein Synonym für »dummer Hinterwäldler«, obwohl nach dem Verlust der serbokroatischen Provinzen und ihrer kampfstarken jungen Männer der türkische Bauer zumindest als Soldat des Sultans wieder die Hauptlast des Reiches trägt.

Man kann sich vorstellen, daß in dieser Lage der Zollbeamte Ali Rhiza nicht gerade das Urbild eines seelisch ausgeglichenen, Ruhe, Kraft und Geborgenheit vermittelnden Vaters abgibt. Zumal der Holzhandel, in dem er sich nach der Quittierung seines unersprießlichen Dienstes beim Zoll versucht, unaufhaltsam der Pleite entgegensinkt. Zumal auch innerhalb der Familie die Grundfesten brechen und seine Frau Zübeyde keinem Zank aus dem Wege geht.

Die europäische Vorstellung, der türkische Mann sei zumindest im Osmanenreich ein polygamer Pascha gewesen, in dessen Anwesenheit seine vielen Frauen zu schweigen und den Blick zu senken hatten, gilt allenfalls für reiche Männer, die sich mehr als eine Frau leisten und auch mehr als eine Ehefrau nervlich durchstehen konnten. Die Mehrzahl der orientalischen Männer aber hat schon immer monogam gelebt, und weil in jeder nichtreichen Familie die Ehefrau einen harten Arbeitsanteil zu leisten hat für den gemeinsamen Lebensunterhalt, haben sich diese Ehefrauen auch hinten in der fernen Türkei nicht den Mund verbieten lassen.

Mustafas Mutter Zübeyde – von irgendwem muß der böse kleine graue Wolf schließlich seine Hartnäckigkeit geerbt haben – scheut sich jedenfalls nicht, mit ihrem Mann heftig darüber zu streiten, auf welche Schule ihr Sohn kommen soll. Der Vater will aus dem Jungen einen Kaufmann machen und plädiert mit Blick auf die große Gefahr aus dem Westen für eine moderne weltliche Schule, was immer man darunter im Osmanischen Reich zu jener Zeit verstanden haben mag. Die Mutter dagegen will das wilde Gemüt ihres Sohnes durch geistlich-ethische Erziehung dämpfen und besteht auf dem Besuch der Koranschule.

Die ersten Schultage geben Aufschluß über das Hü und Hott zwischen Ali und Zübeyde: Mustafa wird feierlich in die Koranschule eingeführt, nach ein paar Tagen holt der Vater ihn von dort weg und schreibt ihn in der weltlichen Schule ein.

Kurz darauf stirbt der Vater, und weil die Familie zahlungsunfähig ist, zieht Zübeyde mit ihren Kindern – Mustafa hat noch eine ältere Schwester – zu ihrem Bruder aufs Land. Der Onkel ist Bauer. Mustafa und seine Schwester gehen nicht zur Schule, arbeiten als Knechte, vertreiben die Krähen von den eingesäten Feldern, hüten das Vieh.

Der Verlust des Vaters bringt den kleinen grauen Wolf der Mutter nicht näher. Er ist zunächst heilfroh, als sich eine Tante in Saloniki seiner annimmt und er wieder in eine Schule zurück darf. Auch das dauert nicht lange, denn Mustafa, noch immer hochgradig jähzornig, löst mitten im Unterricht eine Massenschlägerei unter den Schülern aus. Der Arabischlehrer haut ihm eine herunter, Mustafa schlägt zurück, wird deshalb grün und blau geprügelt, worauf er die Schule verläßt und laut schimpfend die zwanzig Kilometer zurückläuft in das Dorf zu seiner Mutter.

Der Onkel will den unnützen Kostgänger loswerden, die Mutter fühlt sich überfordert und ist froh, daß er bald erneut nach Saloniki zurückkehrt. Was er dort macht, ist ihr mehr oder weniger gleichgültig geworden, wenn er nur nicht beim Militär landet. Denn dort werden die Soldaten von ihren Offizieren geschlagen und geschunden, bis sie irgendwo am Ende der Welt bei irgendeinem Krieg oder Aufstand massakriert werden.

Vermutlich ist es genau diese Bitte der Mutter, die Mustafa dazu bewegt, sich heimlich um die Aufnahme an der Militärschule in Saloniki zu bewerben. Er wird sofort angenommen. Wer will denn im Jahr 1893 für dieses morsche Reich als Soldat noch den Kopf hinhalten? Nur arme Teufel wie Mustafa ibn Ali, deren Seele durch die selbstzerstörerischen Kräfte dieses morschen Reiches schon ausreichend Schaden genommen haben.

Mustafa ist 12 Jahre alt, als er den Soldatenrock annimmt und seine Kindheit beendet. Er ist psychisch bereits schwer angeschlagen und für immer unfähig geworden, tiefe persönliche Bindungen zu einzelnen Menschen aufzunehmen. Selbst seine größten Bewunderer und Gefolgsleute werden später seine Kälte beklagen, seine Unnahbarkeit und seine Scheu vor Vertraulichkeiten.

Zwei Frauen wird er einmal lieben, aber er wird sie auch bald wieder verlassen. Noch mehrmals wird sein Lebensweg den seiner Mutter kreuzen, aber er hält es nicht mit ihr aus. Was er an Liebe geben kann – und er will auch geben, wie jeder Mensch –, widmet er abgehobenen Objekten wie der Nation oder dem Volk, der Befreiung der Frau. Also Ideen oder Institutionen und nicht einzelnen Menschen, die aus Fleisch und Blut sind, ihm zu nahe kommen und ihn so verletzen könnten, wie ihn offensichtlich Vater und Mutter durch ihre nervöse Verunsicherung verletzt haben, als sie im Fluß des allgemeinen Niedergangs den Boden unter den Füßen verloren hatten.

Der graue Wolf will nie mehr heulen, und deshalb will er sich niemals mehr einem Menschen so ausliefern, wie er als kleines Kind seinem Vater und seiner Mutter ausgeliefert war und ihrer Unfähigkeit, einem außerordentlich klugen und wohl auch außerordentlich empfindsamen Kind die Sicherheit zu geben, die es vom Tage seiner Geburt an benötigt hätte.

Mustafa wird niemals einen engen Freund haben und keinen Sohn. So wird niemand ihn verraten können. Er wird einmal eine Geliebte haben, aber diese Geliebte wird nicht seine Frau sein. Er wird eine Frau haben, aber diese Frau wird nicht seine Geliebte sein. Er wird auch keine Tochter haben, und damit kann er auch dem Schicksal aller Töchterväter entgehen, selbst bedingungslos lieben zu müssen. Da adoptiert er lieber später einmal im Dutzend Töchter und Söhne gefallener Kameraden. In so großer Zahl, daß sie als Einzelwesen nicht weiter auffallen, daß er sie sich vom Hals halten kann.

Er ist ein schmallippiger Mann mit hellwachen eisgrauen Augen und kantigen Gesichtszügen. Ein Mann, der darunter leidet, daß er wenig bekommen hat, und der diese Niederlage für sein Selbstwertgefühl verdrängen muß durch Großzügigkeit im Geben.

Doch zurück zu diesem Einschnitt im 12. Lebensjahr, der alles mit einem Schlag ändert.

Mustafa ist jetzt in eine andere, größere Familie eingetreten. Er nennt sie Nation. Sein Loyalitätsbedürfnis hat einen Rahmen gefunden. Jähzorn und Ungeduld sind zwar nach wie vor in ihm, aber im engen Uniformrock besser gebändigt. Die Energien des grauen Wolfes haben jetzt eine Chance, sich gezielt entladen zu können. Er ist körperlich stark belastbar, vor allem wird seine beachtliche Intelligenz endlich erkannt. Überhaupt wird er zum ersten Male richtig respektiert. Eine völlig neue Erfahrung für Mustafa ibn Ali.

Im Osmanenreich ist es üblich, Menschen nur mit einem Vornamen und einem Vaternamen auf die Welt kommen zu lassen.

Der Beiname, der einen der unzähligen Mustafas ibn Ali von den vielen anderen Mustafas ibn Ali unterscheidet, hat man sich erst nach der Kindheit bei anderen Menschen zu verdienen. In diesem Fall ist es der Mathematiklehrer der Militärschule von Saloniki, der diesen Mustafa mit dem Beinamen Kemal veredelt. Das ist arabisch und heißt »Der Vollkommene«.

Mustafa Kemals Aufstieg beginnt. Auf der Höheren Militärschule Monastir in Mazedonien wird er vorbereitet für die Kriegsschule in Istanbul. Der Aufstieg in den Generalstab ist vorgezeichnet. Auch der Einstieg in die Politik, denn Mustafa Kemal konspiriert mit den Jungtürken, einer Vereinigung von Offizieren und Intellektuellen, die eine radikale Modernisierung des Reiches unter Führung der türkischen Nation anstrebt.

Schon jetzt ist in diesem jungen Mann wie in einem Schlangenei all das bereits vollständig ausgebildet, was ihn befähigen wird, eine bis dahin in dieser Art nie erlebte historische Leistung zu vollbringen: Intelligenz, dazu ein unerschrockenes Gefühl für militärische Machbarkeit. Vor allem aber der Zorn und die Erbarmungslosigkeit einer verletzten Kinderseele. Dazu die Entschlossenheit des Unbehausten, sich ein riesiges, neues, eigenes Haus zu schaffen mit all den anderen Türken, die wie er die Demütigungen ihrer Nation nicht ertragen können.

Es scheint in der ersten Hälfte des 20. Jahrhunderts nicht so zu sein, daß Männer Geschichte machen. Es scheint vielmehr die Geschichte zu sein, die in den dramatisch untergehenden Kaiserreichen der Deutschen, Österreicher, Russen und Osmanen den jeweils geeigneten Mann bäckt, um ihn nach dem Untergang an die Spitze zu schieben für den Marsch in die Zukunft oder in ein noch schlimmeres Verderben. Die passende psychische Deformation eines Mannes zum passenden Unglück der passenden Gesellschaft – und fertig ist ein neuer Gott. Es kommen jedenfalls in St. Petersburg, in Berlin und hinter der Hohen Pforte am Bosporus drei Männer nach oben, die in anderen Zeiten wohl keinerlei Bedeutung erlangt hätten, die in anderen Zeiten vermutlich auch andere Charaktere entwickelt hätten:

Im rückständigen bäuerlichen Rußland, einem weihrauchgeschwängerten, postmittelalterlichen, wundergläubigen Wintermärchen, muß es nach dem Ende von Väterchen Zar eine totale Kontrastgestalt sein, nämlich ein federschwingender, radikal utopistischer Intellektueller wie der Gesinnungsjournalist Lenin, von dem sich die Geschundenen zu neuen Träumen inspirieren lassen können.

In Deutschland und später auch in Österreich schart sich das um seine Selbstachtung gebrachte gedemütigte Volk um den haßerfüllten gescheiterten Kunstmaler und kleinbürgerlichen Rassenromantiker Hitler, um sich von ihm zu neuen Dünkeln führen zu lassen.

Und hinten in der fernen Türkei heult am Abend des 10. August 1920, als die Zerstückelung und Aufteilung des im Ersten Weltkrieg geschlagenen Osmanischen Reiches in Kolonien für die Siegermächte England, Frankreich, Griechenland und Italien bekanntgegeben wird, vor der stillgelegten Landwirtschaftlichen Hochschule in Ankara ein grauer Wolf den Mond an.

Auf diese merkwürdige Weise bekundet General Mustafa Kemal vor seinen Getreuen dem Mond seinen Schmerz und erfleht nach Art der Steppenwölfe seinen Beistand für seinen hoffnungslosen Kampf.

Mustafa Kemal, so bekunden es später einmal seine Freunde und Kampfgefährten von damals, habe nach dem Friedensvertrag von Sèvres, der osmanischen Variante des Vertrages von Versailles, tatsächlich zusammen mit seinem Schäferhund einen langgezogenen, wolfsähnlichen Klagelaut zum Himmel geschickt.

Er ist auch ein gejagter Wolf, dem nur noch eine kleine persönliche Leibgarde in die Guerilla gefolgt ist.

Gejagt von den Häschern des Sultans, der in ihm bereits seinen zukünftigen Vertreiber erkannt hat.

Gejagt von den Agenten der Alliierten, die seine Überfälle auf die europäischen Besatzungstruppen unterbinden wollen.

Gejagt von den Freiheitskämpfern der Kurden und Armenier, die nur noch in ihm ein ernsthaftes Hindernis sehen können für die eigenen Nationalstaaten, die den Kurden und Armeniern von den europäischen Siegermächten versprochen sind.

Gejagt auch von der Geisel des Alkohols. Denn schon seit den Zeiten der Militärschule kühlt Mustafa Kemal die Hitzewallungen seiner Seele mit mörderischen Mengen von Raki, dem türkischen Anisschnaps.

Gejagt von den unberechenbaren Fieberschüben einer Malaria.

Gejagt von den Schmerzen in seinen Nieren. Er hat sie beschädigt durch hohe Dosen von Medikamenten gegen seine venerischen Leiden.

Denn Mustafa Kemal, der große Kriegsheld von der Dardanellenschlacht, der einzigen Schlacht, die das Osmanische Reich als Verbündeter Deutschlands und Österreich-Ungarns im Ersten Weltkrieg gewonnen hat, hat sich auch als der meistbewunderte türkische Mann jener Jahre nicht auf die Liebe einlassen wollen. Er entscheidet sich wie in seinen Jünglingsjahren an den Militärschulen noch immer für die schnelle Triebentsorgung bei Huren der billigen Art.

Seine Geschlechtskrankheit – vielleicht ist es auch die hartnäckigste von mehreren Infektionen in diesem Bereich – hatte er sich 1913 oder 1914 als Militärattaché in Bulgarien in einem Bordell in Sofia geholt, nachdem er von einer bulgarischen Generalstochter, in die er verliebt gewesen war, abgewiesen worden ist.

In der Nacht, in der der graue Wolf gegen den Friedensvertrag von Sèvres anheult, ist er ein mit Unglück und Mängeln aller Art beladener Mann. Das einzige, worauf er sich jetzt noch stützen kann, ist sein Nimbus als Dardanellensieger. Die Schlacht um die Halbinsel Gallipoli hat ihm den Titel Pascha eingebracht. Mustafa ibn Ali hat sich über Mustafa Kemal zu Kemal Pascha verbessert. Es soll nicht seine letzte Namensmetamorphose sein.

Auf der Halbinsel Gallipoli hat er 1915 dank seiner Gabe, Männer zu motivieren und verwirrende Situationen blitzschnell zu erfassen, mit seinem 19. Infanterieregiment die entscheidenden Siege errungen. Er hat die Landetruppen der Briten und Franzosen ins Meer zurückgeworfen und damit die Einfahrt der Europäer ins Marmarameer und die schnelle Einnahme der wehrlosen Hauptstadt Istanbul verhindert. Die Entente hat noch drei Jahre lang auf den Zusammenbruch Deutschlands warten müssen, um dann die Kerngebiete des Osmanischen Reiches nahezu kampflos kassieren zu können. Bis dahin bestanden die Erfolge der Entente gegen das Osmanenreich nur in den Araber-Erhebungen unter dem englischen Abenteurer Thomas Edward Lawrence (»Lawrence von Arabien«) und in dem Marsch des englischen Generals Allenby von Kairo nach Damaskus, also auf peripheren Kriegsschauplätzen der Hohen Pforte.

Mustafa Kemals Ruhm aus der Schlacht um Gallipoli verbindet diesen Türken nun mit all den anderen Reichsbürgern türkischer Nation. Dieser Mann ist seitdem der lebende Beweis, daß Türken mehr sein müssen als die degenerierten Versager, die die anderen Nationalitäten des untergegangenen Reiches und nun auch die europäischen Siegermächte in ihnen sehen.

Das Reich ist jetzt bis auf Anatolien und die kleine Dependance auf der europäischen Seite des Bosporus amputiert, aber das stimmt die Türken nicht traurig, am wenigsten Kemal Pascha. Man ist froh, die anderen Völker mit all ihren Problemen losgeworden zu sein. Sehr bitter ist aber, daß sich die Europäer nun auch die Kernsiedlungsgebiete der türkischen Nation in Anatolien geraubt haben. Die Griechen verleiben sich die Ostküsten des Marmarameers und der Ägäis ein, die Italiener das südliche Anatolien um Antalya, die Franzosen die Provinz Kilikien im Südosten, die Briten haben die Ölfelder von Mossul dem Irak und damit sich selbst zugeschanzt.

Wie sollen die Türken mit den mächtigsten und reichsten Ländern Europas fertigwerden? Die bettelarmen Bauern im anatolischen Hochland gegen die Besieger der riesigen Heere der Kaiser von Deutschland und Österreich-Ungarn? Eigentlich gibt es nicht die geringste Chance. Es bleibt aber für die Türken kein anderer Weg, als diesen Kampf aufzunehmen. Es geht um nichts mehr als um den letzten Rest von Selbstachtung. Doch der ist unabdingbar, denn kein Mensch kann überleben, wenn er eine schlechte Meinung über sich selbst hat. Auch Gesellschaften überleben nicht, wenn sie sich selbst verachten müssen. Der Kampf erscheint in dieser Lage als die einzige Möglichkeit, um zu verhindern, daß sich das Ego eines jeden Türken in eine Sklavenseele verwandelt.

Im Zorn des zum Mond heulenden Mustafa Kemal erkennt jeder Türke seinen eigenen heiligen Zorn.

Dieser Zorn stattet den vom Sultan abgesetzten General mit allen politischen und militärischen Machtbefugnissen der türkischen Rebellen in Anatolien aus.

Dieser Zorn füllt seine Einheiten mit neuen Männern auf.

Dieser Zorn läßt seine Männer in drei schweren Schlachten dreimal gegen die Überzahl der Griechen siegen.

Dieser Zorn verdirbt den kriegsmüden anderen Europäern die Freude an ihren neuen türkischen Kolonien und bewegt sie schließlich zur Abreise aus Kleinasien.

Es ist aber auch ein Zorn, der die türkischen Sieger zu erbarmungslosen Massakern an den zurückgebliebenen griechischen Besatzern und vor allem an den Armeniern hinreißt. Schon mit den Ausrottungen von 1915 hat die Regierung der Jungtürken das Zeitalter der Genozide und ethnischen Säuberungen eingeleitet. Damals sind zwischen 800000 und 1,2 Millionen Armenier systematisch umgebracht worden. Mustafa Kemal war an den Verbrechen von 1915 nicht beteiligt. Als aber 1920 zu Beginn der türkischen Freiheitskämpfe die Massaker auf den Schlachtfeldern fortgesetzt werden, nimmt er dies zumindest billigend und ohne Mitleid in Kauf.

Auf dem Gebiet der heutigen Türkei leben am Ende des 20. Jahrhunderts nur noch 70000 Armenier. Sie leben verstreut im ganzen Land, die meisten von ihnen im Schutz der großen Städte.

Während in Anatolien das Blut in Strömen fließt, wird es Kemal Atatürk im Angesicht des kommenden Sieges noch einmal warm um das versteinerte Herz. Die Große Nationalversammlung in Ankara, so heißt der Gegenstaat zum machtlos gewordenen Sultan in Konstantinopel, hat ihm den Ehrentitel *Ghazi* verliehen. Das ist arabisch, heißt Sieger und stellt eine Auszeichnung dar, die man früher auch in der Bedeutung »Christenvernichter« verliehen hat. Ein wunderbarer Balsam; er dringt offensichtlich sogar durch die Verkrustungen seiner Seele. Er wagt nun – mittlerweile 40 Jahre alt – letzte Versuche, so etwas wie eine private, persönliche Familie um sich zu versammeln.

Er holt wieder seine Mutter zu sich. Er hat dies schon einmal 1917 getan. Damals hatte er aus Ärger über die Bevormundung der türkischen Militärs durch deutsche Instrukteure sein Kommando an der syrischen Front niedergelegt. Kaiser Wilhelms Generaloberst von Falckenhayn hatte die Briten in Arabien beschäftigen wollen und war bereitgewesen, für diese Entlastung der deutschen Front in Frankreich den letzten türkischen Soldaten zu opfern. Kemal Paschas Rückzug aus dem Krieg kam einer Fahnenflucht gleich und war als spektakulärer Protest gegen die Politik seiner einstigen jungtürkischen Mitverschwörer gedacht. Die Jungtürken hatten seit dem Putsch im Jahr 1908 das Reich mit einer Mischung aus Naivität, Dummheit und Brutalität geführt. Sie waren um keinen Deut besser oder klüger als der abgesetzte tyrannische Sultan Abdul Hamid.

Nach diesem Abschied aus der Armee war Mustafa Kemal in Konstantinopel mit seiner Mutter zusammengezogen. Zübeyde Hanim war inzwischen keine arme Frau mehr. Denn sie hatte in zweiter Ehe einen vermögenden Mann geheiratet, der dann bald unter Hinterlassung einer kleinen Erbschaft gestorben war.

Aber Mutter und Sohn waren nicht miteinander ausgekommen. Mustafa Kemal mochte nach Gallipoli zwar der größte Kriegsheld des Osmanischen Reiches sein, aber was wiegt das schon gegen den Anspruch einer Mutter, das Leben ihres Sohnes bestimmen zu wollen. Mit dem konservativen Weltbild einer moslemischen Bauerntochter hatte sie Anstoß an Mustafas harten Trinkgewohnheiten genommen, an der charakterlichen Qualität seiner Zechgenossen. Vor allem aber hatten ihr die schmutzigen Istanbuler Hafenhuren mißfallen, bei denen er seine Anisschnaps-Nächte beendete.

Später wird er in seinen Erinnerungen über das Zusammenleben mit seiner Mutter bekennen: »Ich habe schon von Kindheit an eine gewisse Abneigung dagegen gehabt, mit meiner Familie und meinen Freunden zusammen zu wohnen.«

Mustafa war dann bald von seiner Mutter weggezogen, hatte Quartier im Pera-Palace-Hotel genommen, bevor er zurück an die Palästina-Front ging, zum Schlußakt des Ersten Weltkrieges.

Nun ist dieser Krieg schon seit vier Jahren vorbei, und bald wird auch der Krieg gegen die Besatzer zu Ende sein. Jetzt ist er der Ghazi. Er hat außerhalb der Stadt Ankara das Landhaus Çankaya verehrt bekommen, und dieses Haus soll ihm nun eine eigene Familie füllen. Er hat eine entfernte Verwandte als Geliebte zu sich genommen. Ein einfaches, hingebungsvolles Wesen mit dem Namen Fikriye. Auch seine Mutter ist nun wieder bei ihm.

Doch kommen die Frauen nicht miteinander aus. Zübeyde Hanim nimmt der Geliebten ihres Sohnes ihre Armut übel. Ein Pascha sollte sich mit einer reichen Frau zusammentun. Sie wird ganz krank vor Ärger bei dem Gedanken, Fikriye als Schwiegertochter zu bekommen. Und auch Fikriye wird krank davon; ihr macht eine Tuberkulose zu schaffen.

In diese Schlacht zwischen zwei Frauen wagt sich Kemal Pascha nicht hinein. Er muß jetzt ohnehin nach Westen, zum militärischen Schlußakt seines Befreiungskrieges. Die flüchtenden Griechen fluten zurück zur Küste der Ägäis. Noch am Strand machen türkische Verfolger die Flüchtenden nieder. Die wichtigste und letzte griechische Stadt in Kleinasien, Smyrna, fällt in Kemal Paschas Hände. Als sie in Flammen steht, schaut er dem Brand tagelang in aller Ruhe zu. Aus der Asche des griechischen Smyrna will er die türkische Stadt Izmir entstehen lassen.

Während über der brennenden Stadt der Geruch vom verkohlten Fleisch der massakrierten Griechen hängt, wartet in Kemal Paschas provisorischem neuen Hauptquartier eine junge Frau. Als sie endlich vorgelassen wird, zeigt sie ihm ihr Medaillon. Es trägt ein Bild Kemal Paschas. Sie sagt, sie sei eine glühende Verehrerin des Generals, und sie bitte ihn im Namen ihres Vaters, der ein sehr vermögender Mann sei, einstweilen in seinem Haus im Vorort Bornova zu wohnen.

Kemal Pascha nimmt an. Sie ist eine Frau, wie er in der Türkei noch keine gesehen hat. Sie heißt Latife, senkt den Blick nicht wie andere türkische Frauen in Gegenwart eines Fremden, sondern blickt ihm, dem fremden Mann, offen und ohne Scheu in die Augen. Sie ist intelligent und gebildet, hat in Frankreich Jura studiert, kann mit ihm über Politik reden, über Staatsphilosophie. Kennt sich auch in der Philosophie des Franzosen Auguste Comte aus, der das Weltbild Kemal Paschas stark beeinflußt hat. Wie Comte sieht Kemal Pascha den Menschen in eine Entwicklung gestellt, die vom theologischen Denken zum schon etwas freieren metaphysischen Denken hinführt, zum technisch und moralisch orientierten Menschen des 19. Jahrhunderts, welcher dann im 20. Jahrhundert endgültig frei werden muß von Aberglauben, unrealistischem Ethik-Klimbim und nur noch seiner Stärke folgt.

Eine im 19. Jahrhundert sehr populäre Philosophie, mit deren Energie ein Mensch in der ersten Hälfte des 20. Jahrhunderts noch immer ein liberaler Selbstverwirklicher werden kann, aber auch ein vulgär-darwinistischer Faschist. Man kann damit ein messerscharf denkender Rationalist und skrupelloser ethnischer Säuberer wie der Nationalist Kemal Pascha werden, aber auch ein Frauenbefreier wie der Reformer Kemal Pascha.

Von dem vulgär-darwinistischen Alptraum verfolgt, die von ihm geschaffene, trotz des Siegeszuges von Ankara nach Smyrna noch immer schwache neue türkische Nation könnte im Lebenskampf-Wettbewerb von stärkeren Nationen bald wieder gefressen werden, bringt ihn die Begegnung mit Latife auf einen Gedankengang dieser Art: Wenn in einer Frau wie Latife so viel Verstand, Bildungsfähigkeit, Tatkraft, volkswirtschaftlich nutzbare Energie und Kreativität steckt, dann steckt in allen Frauen die Fähigkeit zu Intelligenz, Bildung und volkswirtschaftlich nutzbare Schaffenskraft. Man müßte sie nur aus den abgeschotteten Innenhöfen und aus den verschwiegenen Haremsmauern herausholen ins öffentliche Leben, in die Schulen und Universitäten stecken, und schon verdoppelt sich die Kraft der türkischen Nation.

Er ist tief beeindruckt von Latife. Seit er sie kennt, kann er die Stutenbeißerei der zwei kranken Frauen in seinem Haus nicht mehr ertragen. Er lebt nicht im Serail von Stambul, sondern im Landhaus Çankaya. Der Führer der neuen Türkei will in seinem Haus eine selbstbewußte, kluge Frau haben und keine gehässigen Haremsintrigen zwischen einer alten Frau, die sich wie eine Sultansmutter aufführt, und einer jungen, die sich als Favoritin des Sultans fühlt.

Er schickt Fikriye in ein Sanatorium nach Europa und seine Mutter, die inzwischen auf den Tod krank ist, nach Izmir. Er hat keine Zeit für sie. Latife, seine neue Geliebte, will sich um Zübeydes Pflege kümmern. Sie fällt ihr nur ein halbes Jahr lang zur Last, dann stirbt Zübeyde. Nach einem weiteren halben Jahr heiratet Kemal Pascha die gebildete junge Frau und holt sie in sein leer gewordenes Haus in Çankaya. Fikriye, die Lungenkranke, ist zutiefst bestürzt und nimmt sich das Leben. Im Schatten des Bedeutenden war sie so unbedeutend geblieben, daß niemand um sie trauert. In den Büchern über Kemal Atatürk ist nicht einmal zu erfahren, auf welche Weise sie sich den Tod gegeben hat.

Bis dahin hat Kemal Atatürk bereits eine Leistung vollbracht, die seinen Namen zu einer Wendemarke in der Weltgeschichte macht. Er ist, obwohl noch in einem Reich mit bedeutender Vergangenheit aufgewachsen, der erste Sieger aus der nichtabendländischen, noch nicht industrialisierten Dritten Welt über die imperialen Mächte des Westens.

Er hat bei seinem Kampf nicht auf Zeit gesetzt, auch nicht dem moralischen Gewissen der Welt vertraut wie Gandhi, der seinen Freiheitskampf für Indien ebenfalls um diese Zeit begann, sondern allein auf die Macht der Waffen. Er hatte sich an die Spitze einer nicht mehr vorhandenen Nation gesetzt und vier europäische Mächte aus dem kompakten kleinasiatischen Rechteck und dem kleinen Dreieck auf der europäischen Seite des Bosporus vertrieben. Diese Gebiete betrachtet er als den historisch gewachsenen Kernsiedlungsraum der Türken, als die exklusiv reservierte Heimat der vergessenen und wiedergeborenen Gründernation des untergegangenen Osmanischen Reiches.

Es ist ein Gebiet, das in den Augen der Siegermächte des Ersten Weltkriegs nur noch eine ganz gewöhnliche Koloniallandschaft hätte sein sollen, mit einer ganz gewöhnlichen eingeborenen Heloten-Bevölkerung: Ein minderwertiges Sklavenvolk, aus der britische, französische, italienische und griechische Kolonialoffiziere Boys zum Cocktail-Mixen und Dienstmädchen zum Hemdenbügeln rekrutieren können, wenn sie sauber und anstellig sind. Den Rest kann man dann zum Toilettenreinigen und als Landarbeiter für Getreide- und Melonenplantagen hernehmen.

Die Türken waren in Sèvres zu einem Helotenvolk degradiert worden; doch zum ersten Male war es den Heloten gelungen, die Spartaner zu vertreiben. Kemal Atatürk wäre allein durch diese Tat bereits ein spektakulärer Platz in der Geschichte zu reservieren, trotz der durch nichts zu verzeihenden Massaker gegen

Griechen, Armenier und auch Kurden, für die er die Verantwortung trägt.

Aber er ist noch lange nicht fertig. Was jetzt folgt, ist eine radikale Kulturrevolution, vergleichbar allenfalls mit dem Beschluß des japanischen Kaisers Mutsuhito im Jahr 1869, die westliche Lebensform zu übernehmen. Wobei aber die Japaner Grundpfeiler ihrer angestammten Kultur wie Religion, Schrift und Gesellschaftsordnung behielten oder geschickt den neuen Gegebenheiten anpaßten. Atatürk aber läßt nicht eine einzige Wurzel gelten. Er schneidet sie alle ab. Daß seine Reformen seinen Tod mehr als ein halbes Jahrhundert überdauern, ist so etwas wie ein geschichtliches Wunder. Ein unvergleichlicher Ausnahmefall.

Es ist mit dem Denken des Westlers nur schwer zu erfassen, was das für einen Orientalen bedeutet. Im Westen mag man es vielleicht spektakulär finden, daß er Sultan Mehmet VI. ins Exil schickt, den letzten Sproß des Hauses Osman. Viel einschneidender aber ist für die Türken, daß er kurz darauf dessen Neffen Abdul Medschid von einem Polizisten abholen und über die bulgarische Grenze verfrachten läßt. Denn Abdul Medschid hatte nach der Absetzung des Sultans dessen Würde als Kalif übernommen und ist damit das geistliche, zumindest symbolische Oberhaupt aller sunnitischen Muslime. Es ist ein Akt vergleichbar vielleicht mit der Vorstellung, der italienische Regierungschef ließe von einem Carabinieri-Leutnant den Papst aus dem Vatikan holen, zum Brenner fahren und ihn dort über den Schlagbaum nach Österreich schubsen.

Empörungen gläubiger Moslems, angeheizt von den Hodschas, den Dorfgeistlichen, kontert Kemal Pascha mit Maßnahmen, die nicht nur althergebrachte Symbole abschaffen, sondern jedem Moslem die Grundfesten seiner Seele erschüttern. Er verbietet den Fez und verordnet den Kleiderhändlern den Verkauf breitkrempiger Hüte oder Schirmmützen westlicher Mode als einzig mögliche Kopfbedeckungen in seinem Land. Kopfbedeckungen sind wichtig in Breitengraden, in denen die Sommersonne fast senkrecht auf die Schädeldecke brennt. Doch die Krempe spendet im Verständnis des Moslems nicht Schatten, sondern trennt sie von Gott.

Der Fez ist zwar bereits eine fast auf westliche Weise verein-
fachte Form des einst kompliziert gewundenen, schweren Tur-
bans, aber er unterscheidet sich von westlichen Kopfbedeckungen fundamental durch die Abwesenheit einer Krempe. Denn der
Moslem lebt in dem Bedürfnis, jederzeit von seinem Gott gesehen werden zu können. Aus diesem Grunde versucht er, zu jeder
Tages- und Nachtzeit ein gottgefälliges Leben zu führen. Eine
Hutkrempe aber versperrt den Blick vom Himmel auf das
Gesicht des Menschen. Die Hutkrempe ist für Muslime der
sichtbarste Beweis dafür, daß die europäischen Ungläubigen sich
vor Gott verstecken und in Sünde leben wollen.

Mustafa Kemals Fez-Verbot, von Polizeikontrollen rigoros
durchgesetzt, trennt die Türken symbolisch von Allah, und
Atatürk sorgt dafür, daß diese Trennung auch real wird. Er macht
aus seiner Verachtung für den Islam keinen Hehl, verhöhnt ihn
und seinen Propheten Mohammed öffentlich: »Seit mehr als 500
Jahren haben die Regeln und Theorien eines alten Araber-
Scheichs und die abstrusen Auslegungen von Generationen von
schmutzigen und unwissenden Hodschas in der Türkei sämtliche Zivil- und Strafgesetze festgelegt. Sie haben die Form der
Verfassung, die geringsten Handlungen und Gesten eines Bürgers festgesetzt, seine Nahrung, die Stunden für Wachen und
Schlafen, den Schnitt der Kleider, den Lehrstoff der Schule, Sitten und Gewohnheiten und seine intimsten Gedanken. Der
Islam, diese absurde Gotteslehre eines unmoralischen Beduinen,
ist ein verwesender Kadaver, der unser Leben vergiftet. Der Islam
ist höchstens gut für verweichlichte Araber, aber nicht für Türken, die Eroberer und Männer sind.«

Das ist ein ungeheuerlicher Angriff auf die Grundfesten des
östlichen Lebens. Denn der Islam versteht sich nicht nur als eine
Lehre, die über eine Kirchenorganisation ein spirituelles Ange-
bot macht. Der Koran und die Scharia legen die Regeln für alle
Bereiche des Lebens fest, bis hinein in die Bankgeschäfte und die
Art und Weise, wie der Mensch seinen Körper zu reinigen hat.
Er bestimmt auch die Strafen und das Strafmaß für die Verstöße
gegen diese Regeln. Ein Moslem ist es gewohnt, sich ganz in die
Hände Allahs zu begeben und sich seinen Gesetzen zu fügen. Es
ist ihm nicht gestattet, ein autonomes Leben in persönlicher

Freiheit zu wählen. Und nun kommt Atatürk und zieht den Türken nicht nur den Boden unter den Füßen weg, sondern entwindet ihnen auch die Haltegriffe, baut die Wegweiser ab, reißt ihnen den inneren Kompaß aus der Seele.

Natürlich gelingt es ihm nicht, die Türken zu Atheisten zu machen. Die überwiegende Mehrheit bleibt dem Islam ergeben, aber der Glaube verliert jeden Einfluß auf das öffentliche Leben. Die Derwisch-Klöster werden geschlossen, die Hodschas und ihre Predigten zum Freitagsgebet in der Moschee von der Polizei überwacht. Was Gesetz ist, bestimmt jetzt der Staat, und der orientiert sich nicht mehr an der Scharia, sondern übernimmt die Gesetzbücher Europas: Das Handelsrecht der Deutschen, das Strafrecht der Italiener, das Zivilrecht der Schweizer.

Auch der Kalender wird von der islamischen Tradition abgekoppelt. Die Numerierung der Jahre beginnt nicht mehr mit dem Jahr der Flucht Mohammeds nach Medina, sondern wie im Westen bei Christi Geburt. Die Tagesstunden werden nicht mehr von Sonnenaufgang bis Sonnenuntergang gerechnet, sondern wie im Westen von Mitternacht bis Mitternacht. Das System der orientalischen Maße und Gewichte wird vom europäischen Dezimalsystem abgelöst.

Nichts, was einmal eine ewig gültige Wahrheit hatte, besteht weiter. Die Schrift wird von arabischen auf lateinische Zeichen umgestellt. Das ist nicht unpraktisch, denn die vokalreiche türkische Sprache kann durch die Schrift des vokalarmen Arabisch nur unklar wiedergegeben werden. Vor allem aber bricht die Schriftreform die Brücken zur Vergangenheit ab. Wer nicht mehr die arabische Schrift lesen kann, kann auch nicht mehr die Weisheiten aus der Zeit vor der Modernisierung studieren.

Um die neue Schrift zu lernen, muß das Volk noch einmal in die Schule gehen. Für die Kinder wird die allgemeine Schulpflicht eingeführt. Sie sollen an Bildung den Europäern nicht mehr nachstehen. Beim Einüben der neuen Schrift kann man dem Volk zudem die neuen Lebensregeln der türkischen Nation einpauken.

Und weil er schon einmal dabei ist, läßt Atatürk auch gleich die türkische Sprache neu erfinden. Sie hat im Laufe der letzten Jahrhunderte viele Elemente des Griechischen, des Persischen und des Arabischen übernommen und viele andere Formen aus den Idiomen des Mittelmeerraumes, des Balkans und der Kaukasus-Region. Nun führen Sprachforscher die vergessenen alttürkischen Wörter und Sprachregeln wieder ein.

Natürlich soll sich auch das Bewußtsein der Menschen sich selbst betreffend ändern: Die Standesämter führen türkische Vornamen ein. Der Staatschef macht aus seinem arabischen Ehrennamen Kemal (»Der Vollkommene«) einen türkischen Kamal (»Festung«). Außerdem werden Familiennamen eingeführt, die sich wie in Europa in männlicher Linie von Generation auf Generation vererben sollen. Ghazi Kamal Pascha, vormals Kemal Pascha, vormals Mustafa Kemal, vormals Mustafa ibn Ali läßt sich von der Großen Nationalversammlung den Nachnamen Atatürk (»Vater der Türken«) verehren.

Auch die Städte sind bereits umbenannt: So wie aus Smyrna Izmir geworden ist, wird nun aus Angora Ankara, aus Nikomedien Ismit, aus Adrianopel Edirne, aus Caesarea Kayseri, aus Trapezunt Trabzon.

Erst mit diesen Umbenennungen ist das Oströmische Reich der Griechen, als dessen Nachfolger sich das Osmanische Reich gesehen hatte, wirklich aus den Landkarten verschwunden. Istanbul, das alte Konstantinopel, vormals Byzanz, hat inzwischen seinen Hauptstadt-Status verloren. Atatürk hat sich für Ankara entschieden, für die geographische Mitte seines Landes.

An das Gefährlichste wagt er sich zuletzt. Der Mensch läßt sich vielleicht seine Wurzeln abschneiden. Denn die verbinden ihn nur mit der Vergangenheit. Er läßt sich vielleicht sogar die Religion abwerten, denn die kann für ihn erst in der Zukunft wichtig werden, vielleicht. Er läßt sich auch einen neuen Namen und neue Rechtsvorschriften gefallen, eine neue Kalenderordnung, denn das sind Dinge, an die man sich gewöhnen kann. Wie aber reagiert ein Mann, wenn seiner Ehefrau vom Staatschef in Ankara eine ganz neue Bedeutung, ein ganz neues Verhalten verordnet wird, eine gänzlich andere Meinung über sich selbst und ihre Rolle im Leben, ihr also ein ganz neues Auftreten gegenüber ihrem Ehemann erlaubt?

Die Frau ist das Wichtigste im Leben eines Mannes. Seine Leidenschaft, seine Trösterin, seine Dienerin, seine Mahnerin, die

Mutter seiner Kinder. Der einzige Hafen im Leben des Mannes, in dem er immer anlegen kann, wenn es stürmt. Er muß sich dieses Besitzes sicher sein. Und nun kommt Atatürk, verkündet ein neues Familiengesetz und erklärt, daß die Frau sich selbst gehört, daß sie nicht Eigentum ihres Mannes ist, daß sie die gleichen Rechte hat wie er, daß sie nicht gehorchen muß, daß kein Mann mehr als eine Frau heiraten darf.

Atatürk selbst reist durch das Land, verkündet das neue Gesetz, und an seiner Seite steht seine Frau Latife. Sie spricht, wenn er seine Rede beendet hat, zu den Menschen und sagt den Frauen, was sie sich von nun an alles erlauben können.

Es ist die vollkommene Erschöpfung durch die vielen Reformen, die verhindert, daß die türkischen Männer nicht rebellieren gegen dieses Gesetz. Und natürlich auch die Erkenntnis, daß sich ihre Frauen an ihr neues Rollenverständnis so schnell nicht gewöhnen werden. Latife aber, die in Frankreich studiert hat, kann es. Doch ihr Mann, der große Frauenbefreier, hat Probleme damit. Mit dem Kopf findet Atatürk seine Familienreform richtig und vernünftig, aber in der Seele ist er noch immer Orientale und kann es nicht ausstehen, wenn Latife, eine Frau, ihm, dem Ghazi, nun mit Ratschlägen auf allen Feldern der Politik kommt. Die Ehe, im Jahr 1924 geschlossen, ein halbes Jahr nach dem Tod seiner Mutter, endet bereits im August 1925.

Der graue Wolf kehrt zurück zu den Huren und zu den Rakiorgien mit seinem anrüchigen Männergesindel, das man in Ankara die »Desperados« nennt. Es sind unbedeutende Männer, teilweise aus der Leibgarde. Mit ihnen verbindet Atatürk nichts als die exzessive Freude am Saufen, Huren und an derben Scherzen. Er achtet aber darauf, daß die Desperados keinerlei Bedeutung im Staate gewinnen. Als einer von ihnen sich politische Macht anmaßen will, bezahlt er dies mit dem Leben. Umgekehrt hat Atatürk nicht die geringste Lust, sich in Gesellschaft seiner politisch kompetenten Kampfgefährten zu vergnügen. Er lebt in zwei völlig getrennten Welten.

Sein Lebenswerk ist längst geschaffen, als die Zirrhose seiner Säuferleber ihm am 10. Oktober 1938 den Tod bringt.

Auch wenn er noch zehn Jahre länger gelebt hätte, wäre es bis vor wenigen Jahren sehr schwer gewesen, sein Lebenswerk zu bewerten. Das ist es auch heute noch. Doch ist es erstaunlich genug, daß seine Reformen bis ans Ende des Jahrhunderts gehalten haben. Aber damit ist die Türkei noch lange nicht über den Berg. Ungestraft schneidet man einem Volk nicht alle seine Wurzeln ab.

Wer häufiger in den Orient reist, stellt heute manchmal ein Vitalitätsdefizit der Türken gegenüber den weniger radikal reformierten Menschen der nahöstlichen Länder fest. Auch diese haben sich inzwischen viele westliche Gewohnheiten und Denkweisen zueigen gemacht, behalten aber ihre seelischen Rückzugsgebiete in der alten Kultur. Dies macht sie selbstsicherer, lebhafter. In Istanbul und Ankara aber beschleicht den Europäer manchmal der Eindruck, daß die Türkei zwar vor einem Dreivierteljahrhundert im Osten abgesprungen, aber im Westen niemals richtig angekommen ist. Ein Leben im Niemandsland macht nicht selbstsicher.

Am Ende des 20. Jahrhunderts sind die Türken hin- und hergerissen zwischen der verführerischen Lockung, über den islamischen Fundamentalismus heimzukehren in die Geborgenheit der orientalischen Seele, und der neuen, doch wieder sehr stolz machenden Erfahrung, daß die von Atatürk modernisierte Türkei das Vorbild geworden ist für die Turkvölker auf dem Gebiet der früheren Sowjetunion.

Atatürks schlimmste Verbrechen und zugleich sein größter politischer Fehler waren die Vollendung der Ausrottung der Armenier, die totale Vertreibung der Griechen und die auch von seinen Nachfolgern fortgesetzte Unterdrückung der Kurden. Seine der darwinistischen Evolutionslehre entlehnte Vorstellung, daß verschiedene Nationen nicht auf einem gemeinsamen Staatsgebiet zusammenleben können, sondern im Kampf gegeneinander siegen oder untergehen müssen, bekam der türkischen Nation nicht gut.

Ein Zusammenleben mit kulturell autonomen Minderheiten hätte dem Land zweifellos etwas mehr Inspiration, Vitalität und Kraft gegeben. Die Geschichte zeigt, daß es mitunter zwar schwierig, ökonomisch und für die geistige Entwicklung der Menschen aber doch lohnend ist, mit einer anderen Kultur und anderen Wertvorstellungen zu koexistieren. Denn für jeden Fall eines gewalttätigen Zusammenstoßes zwischen zwei unterschiedlichen Lebensformen liefert die Geschichte dutzendweise Beispiele für wertvolle gegenseitige Befruchtung und entscheidende Vorsprünge gegenüber den Entwicklungen monokultureller Regionen. Oder würde Nord- und Mitteleuropäern ein Leben als mettrinkende Waldschrate gefallen? Ein solches müßten sie noch immer führen, hätten sich ihre germanischen Vorfahren nicht von den Römern inspirieren lassen.

Gegenseitige kulturelle Befruchtung reicht bis in die banalsten Kleinigkeiten unseres Alltags hinein. Ohne Griechen und Italiener in Deutschland wüßten wir kaum, wie Gyros und Pizza schmecken. Ohne Deutsche in Südamerika gäbe es kein gutes brasilianisches Bier. Seit es kaum noch Juden mit ihrer Tradition des Querdenkens in Mitteleuropa gibt, verarmt die deutschsprachige Literatur, verknöchert und banalisiert sich der deutsche Journalismus. Hätten sich nach Atatürks Reformen das Geschick und die Verbindungen armenischer und griechischer Händler in der türkischen Wirtschaft entfalten können, hätte dies möglicherweise Millionen anatolischer Bauern die Auswanderung nach Mitteleuropa erspart.

Der völkische Darwinismus ist keine Erfindung Atatürks gewesen. Er war eine politische Modephilosophie des späten 19. und frühen 20. Jahrhunderts. Der gefährlichste Völkermörder dieser Art sollte Adolf Hitler werden, ein Bewunderer Atatürks. Man hat in den 30er Jahren die beiden Männer häufig miteinander verglichen, was Atatürk als eine schwere Beleidigung empfand. Er sah den entscheidenden Unterschied zu Hitler so: »Ich habe ein versklavtes Volk in die Freiheit geführt, während Hitler ein freies Volk versklavt hat.«

ADOLF HITLER

Geboren: 20. April 1889. Gestorben: 30. April 1945.
Deutscher Reichskanzler 1933–1945.
Die besondere Lebensleistung: Er erhob
die niedrigsten Affekte bedrohter Kleinbürger zum
höchsten Regierungsprinzip, fügte damit den
europäischen Juden das größte aller denkbaren
Verbrechen und damit der deutschen Geschichte
die größte denkbare Schande zu.
Sein Liebesleben: Er liebte nur,
was sich widerstandslos beherrschen ließ –
eine naive Nichte, eine unterwürfige Frau
und die Schäferhündin Blondi.

In Denkmalspose kopuliert sich's schlecht

Der junge Oberösterreicher, der Adolf Hitler heißt, rührt dem jungen Juden den Milchreis. Der Name des russisch-polnischen Rabbinersohns ist für deutschsprachige Zungen so unaussprechlich, daß sie ihn im Männerheim in der Wiener Meldemanngasse nur Grill nennen.

Grill und Hitler haben wieder einmal zu lange diskutiert über Gott und die Welt. Grill, der davon lebt, daß er für Firmen Adressen tippt und diese termingerecht abliefert, hat nun keine Zeit mehr, sich um sein Mittagessen zu kümmern. Er muß endlich an die Schreibmaschine. Also kocht Adolf Hitler den Reis für den Juden, für sich und für ihren gemeinsamen Freund Josef Greiner.

Das Männerwohnheim in der Meldemanngasse hat 544 Zellen für wohnungslose Geringverdiener. In jeder Zelle gibt es ein Bett, einen kleinen Tisch, einen Kleiderhaken und einen Spiegel. Sonst nichts. Im Erdgeschoß stehen Kochherde, ein Speisesaal und ein Leseraum zur Verfügung. Dieses Männerheim beherbergt im Jahr 1910 soziales Strandgut der sterbenden Donau-monarchie.

Der Widerspruch zwischen den erhabenen Gefühlen und den romantischen Träumen einerseits, die der spätbarocke Glanz Österreich-Ungarns in pubertierenden Jugendlichen weckt, und der geringen geistigen und ökonomischen Tragfähigkeit dieses Systems andererseits produziert in dieser Generation zu viele zynische Opportunisten und zu viele Priester ohne Kirche. Von beiden Sorten ist das Männerhaus übervoll, und die beiden Charaktere vermischen sich in manchen Persönlichkeiten, wie zum Beispiel in Josef Greiner.

Greiner, der jetzt in der Meldemanngasse Hitlers engster Freund nach dessen Scheitern als Künstler geworden ist, sprang kurz vor der Priesterweihe ab ins irdische Leben. Er würde jetzt gern einen technischen Beruf ausüben, kann dort aber nicht Fuß fassen. So schlägt er sich als Zeichner und Maler durch und kommt auf diese Weise wenigstens an Frauen, an Modelle, heran. Er wird – als eine Art Vorgänger der später von dem Kabarettisten Helmut Qualtinger geprägten Wiener Kunstfigur des opportunistischen Herrn Karl – auf jeder Gesinnungswelle schwimmen, die ihn nach vorne spülen könnte. Nach dem Ersten Weltkrieg wird Greiner im Kielwasser des ihm davoneilenden Jugendfreundes Hitler ein gehätschelter Klein-Nazi und Wiener Stammtischheld sein. Unmittelbar nach dem Zweiten Weltkrieg wird er seine Erinnerungen an seinen alten Männerwohnheim-genossen in einem distanzierenden Buch vermarkten und diese Erinnerungen so verbiegen, wie er und sein Verleger glauben, daß es ihm und dem Verkauf des Buches gut tun würde. Danach wird er sich als geläuterter Sozi präsentieren und schließlich als ehrenwerter Herr Diplom-Ingenieur Greiner in Vergessenheit geraten.

Erst zehn Jahre nach dem Krieg, als seine Karriere und sein Leben gelaufen sind, wird Greiner gegenüber dem penibel fragenden und prüfenden Soziologen und Psychologen Dr. Wilfried Daims die kleinen, aber bezeichnenden Details der Jahre im Männerheim herauslassen. Zum Beispiel auch die Sache mit Hitler und dem Juden und dem Milchreis.

Auch Hitler hat in seiner frühen Jugend eine Zeitlang dem

Gedanken nachgehangen, Priester zu werden. Ein aus der Masse herausgehobener Mittler zu sein zwischen der Himmelsmacht und den gewöhnlichen Menschen, war eine faszinierende Lockung, zumal die Auftritte eines Priesters mit Glockengeläut, Weihrauch, dröhnenden Orgeln und kniendem Volk verbunden sind. Allein ihm fehlt der Glaube, und bald ist die Kirche für ihn ein dekadentes Relikt wie die Habsburger-Dynastie. Aber das Pompöse und das Weihegefühlige eines katholischen Hochamts wird er konsequenterweise dann auch auf seinen NS-Staat übertragen.

Ein Herr Karl wie Greiner ist Hitler nicht. Er will jetzt zwar nicht mehr ein Priester Roms werden, und auch der Traum von Adolf Hitler als genialstem Maler und Architekten seit Leonardo da Vinci ist geplatzt; aber ein ganz gewöhnlicher Mensch zu sein, das ist für diesen Mann undenkbar. Niemals. Was er jetzt braucht, ist ein gewaltiger geistiger Überbau, auf den er sich stellen kann. So hoch über die Niederungen seiner Abstammung und der niederschmetternden Gegenwart muß er hinaus, daß sein bisheriges Versagen dort unten bedeutungslos werden wird.

Adolf Hitler ist in diesem Männerhaus nicht der einzige junge Romantiker, der zu Großes erträumt hat und nun zwischen Bett und Kleiderhaken mit zerschelltem Selbstbewußtsein herumhängt, gescheitert, beschämt, erniedrigt, auf der Suche nach einer neuen Illusion. Der konvertierte Jude Grill ist in einem katholischen Kloster erzogen worden und tatsächlich auch Priester geworden. Erst nach der Weihe – jede Religion wird in ihrem Inhalt von den Konvertiten etwas ernster genommen als von den in dieser Religion Aufgewachsenen – hatte sich Grill von den Kirchenorganisationen gelöst und ist nun entschlossen, eine neue Kirche, eine ehrlichere, die endgültige, wahre Religion zu gründen.

Im Männerheim verfaßt er »Belehrungen«, hektografiert und verteilt sie. Seine Lehre geht von einem Gott aus, der allein die Formel und das innerste Gesetz des Weltraums kennt. Deshalb könne kein Mensch, auch kein Priester, Macht über die Gesetze des Lebens bekommen. Der Anspruch der Priester, durch ihre Verbindung zu Gott Einfluß auf den Lauf der Welt nehmen zu können, sei eine verlogene Anmaßung. Der Mensch sei nur ein unbedeutendes Staubkörnchen im All, ohne jede Wirkung auf Gott und seine Gesetze; das einzige, was der Mensch für sein Seelenheil tun könne, sei, seinen Nächsten zu lieben, damit auch er geliebt werden könne.

Adolf Hitler will nicht lieben. Er will hassen. Er weiß nur noch nicht so ganz, was er hassen will. Es ist der ganz normale ziellose Haß des Kleinbürgersohns, der gespeist wird vom unerfüllten Traum vom gesellschaftlichen Aufstieg und dem nur zu leicht wahr werdenden Alptraum vom Absinken ins Proletariat. Natürlich ist er bereits Antisemit. Aber es ist noch der ganz normale österreichische Wald- und Wiesen-Antisemitismus der damaligen Zeit. Man ist in der deutschsprachigen Bevölkerung verletzt über die Erhebung der fremdsprachigen Provinzbevölkerungen zu gleichberechtigten Nationalitäten, und weil all diese Nationalitäten bei aller gegenseitigen Abneigung in Österreich noch immer einen gemeinsamen Nenner benötigen, schimpfen sie alle zusammen über die Juden, allen voran Politiker wie der populistische Wiener Bürgermeister Karl Lueger oder der Alldeutsche Georg Ritter von Schönerer.

Greiner vermutet zwar später in seinen Gesprächen mit Dr. Daims, daß Hitler den jüdischen Hintergrund Grills nicht gekannt hat, aber es hätte wohl an den Diskussionen zwischen den beiden nichts geändert, wenn Hitler es doch gewußt hätte. Sein genereller Antisemitismus erlaubt noch Ausnahmen im persönlichen Bekanntenkreis und hindert Hitler nicht daran, in Briefen an den jüdischen Arzt seiner verstorbenen Mutter »ergebenst dankbare Grüße« zu schicken und ihm selbstgeschaffene Bilder zu schenken. In seinen Wiener Jahren ist er auch dem jüdischen Bilderrahmenmacher Morgenstern verbunden, der Hitler in seinen Ambitionen als Maler ermutigt, und auch dem jüdischen Rechtsanwalt Dr. Josef Feingold, der Hitler-Aquarelle sammelt. Er zeigt sich ihnen gegenüber dankbar und gerührt über ihre Anerkennung. Für einige Zeit ist er ein geradezu schwärmerischer Bewunderer eines anderen jüdischen Mitbewohners im Männerheim. Der heißt Josef Neumann. Er hat sich nicht ohne Erfolg um den Verkauf von Hitlers Postkarten-Bildern gekümmert und damit in kritischen Monaten Hitlers Existenz gesichert.

Greiner und die beiden Juden Neumann und Grill sind offensichtlich die einzigen Menschen, an die sich Hitler im Frühjahr 1910 noch halten kann. In den Streitgesprächen mit Grill prüft er die Tragfähigkeit einer neuen Idee, die ihn seit 1908 vor dem vollkommenen Zusammenbruch seines Selbstwertgefühls bewahrt.

Diese Idee geht von der Zeitschrift »Ostara« aus. Hitler sammelt sie. Der Herausgeber ist ein entlaufener Zisterziensermönch, der eine Burg hoch über dem Donaudurchbruch zwischen den Ausläufern der Alpen und des Böhmerwaldes erworben hat. Auf dem Bergfried dieser Burg Werfenstein wehte an Weihnachten 1907 zum ersten Male in Europa eine Hakenkreuzfahne. Der entlaufene Mönch und Burgbesitzer heißt Josef Adolf Lanz. Er nennt sich jetzt aber Jörg Lanz von Liebenfels, manchmal auch Dr. Jörg Lanz. Er hat einen Orden für blonde und blauäugige Menschen gegründet und erwartet das Heil der Welt von der Rückzüchtung der weißen Rasse zur Blutreinheit ihrer Vorfahren.

Alle Übel der Gegenwart haben nach der Ideologie von Lanz von Liebenfels ihre Ursache in der Verwässerung der einst mit einer besonderen elektrobiologischen Ladung ausgestatteten götterähnlichen Herrenmenschenrasse der blonden Arioheroiker durch die Kreuzung mit dem schwächenden Blut minderrassiger Äfflinge. Je dunkler Augen und Haare eines Menschen, desto höher der äffische Blutanteil. Durch das eingekreuzte Arioheroiker-Blut seien die Äfflinge intelligent und gefährlich geworden, am gefährlichsten in ihrer Ausprägung als Juden.

Über eine Tabelle in einem »Ostara«-Heft kann Hitler sich an Hand seiner Körpermaße und seiner Physiognomie ausrechnen, daß bei ihm trotz seiner Gedrungenheit, Dunkelhaarigkeit, trotz der äfflingsartig gewulsteten Partie über den Augenbrauen und dem wenig edlen Nasenhöcker die arischen Blutanteile das Übergewicht über die äfflingsartigen haben. Er gehört damit zu jenen, denen es Lanz von Liebenfels aufgetragen hat, die Erlösung der Welt von allen Übeln zu betreiben, die von den Minderrassigen ausgehen.

Ein phantastischer Blödsinn. Aber wie bei jeder Ideologie und Religion kommt es nur auf den Glauben an, und jede Zeit bekommt die Art von Sekten, Ideologien und Wahnsinnigen, die zu ihr passen. In Österreich-Ungarn sind die Deutschsprachigen nicht mehr das staatstragende Herrenvolk, was als tiefe Erniedrigung empfunden wird. Man greift nach jedem Unsinn, der belegen könnte, daß allein schon das Blut, die Rasse, die Deutschen wertvoller mache als die anderen Nationalitäten.

So hat auch ein verrückter Spinner wie Lanz von Liebenfels Konjunktur. Sein Heft liegt in allen Wiener Zeitschriftenläden aus. Hitler hat seine erste »Ostara« in der Tabak-Trafik in der Felberstraße gekauft. Damals war gerade sein Traum von einer akademischen Ausbildung als Maler endgültig gescheitert, und aus Scham war er heimlich aus der Wohnung in der Stumpergasse ausgezogen, die er bis dahin mit seinem alten Linzer Schulfreund, dem späteren Musikstudenten August Kubizek, geteilt hatte. Er hatte weder Kubizek noch seiner in Wien verheirateten Halbschwester Angela Raubal die neue Adresse in der Felberstraße mitgeteilt. Lieber wollte er für immer aus den Augen der Familie und seines Freundes verschwinden, als sein Scheitern vor dem Aufnahmegremium der Akademie zu gestehen.

Er stand am absoluten Tiefpunkt seines Lebens. Das einzige, was er wirklich konnte, war, der Wirklichkeit nachgemalte Bilder von Gebäuden und Landschaften zu schaffen. Doch diese Bilder, so glaubten sie an der Akademie, ließen keinerlei schöpferische Fähigkeiten erkennen. Aus ihm könne niemals ein Künstler werden.

Also konnte er überhaupt gar nichts werden. Er, Sohn eines Mannes, der es immerhin zum Zollamtsoberoffizial gebracht hatte, war mittellos, ein abgebrochener Realschüler, ohne erlernten Beruf, ohne Talent für praktische Arbeiten. Er war nichts wert, er war jetzt der letzte Dreck.

Als der 19jährige die »Ostara« entdeckt, kommt dies einer rettenden Bluttransfusion gleich. Das Sektenblatt läßt arisches Blut in sein todkrankes Herz träufeln; er kann fortan wieder an seinen besonderen Wert glauben. Diese Quelle gibt ihm nicht nur sein Selbstbewußtsein zurück und versorgt ihn mit entschuldigenden Erklärungen für sein persönliches Scheitern. Sie liefert ihm auch die Gründe für den Niedergang der österreichischen Gesellschaft, für die industrielle und finanzielle Stärke der unwürdigen, durch jüdischen Einfluß materialistisch denkenden westlichen Demokratien, welche in den Augen der mitteleuropäischen Kaiserreiche abstoßend seelenlos sind und chaotisch regiert werden.

In der Realschule zweimal sitzengeblieben, zum Architekturstudium wegen fehlender Matura nicht zugelassen und von der Kunstakademie zweimal wegen fehlenden Talentes abgewiesen? Kein Wunder, legt es dieses verschwörerische Juden- und Slawenpack doch darauf an, jedes arisch-deutsche Genie im Keim zu ersticken!

Der blonde Engel Stephanie, für den er in seiner Linzer Schulzeit jahrelang geschwärmt hat. Warum er sich ihr nie erklärt hat? Wie sollte er es wagen können, wenn doch alle Welt verdorben ist vom jüdischen Geld und deshalb eine Tochter aus besten Linzer Kreisen wie Stephanie niemals den Sohn eines einfachen Zollamtsoberoffizials erhören würde!

Die Donaumonarchie treibt ihrem Untergang entgegen? Kein Wunder, wenn die von so vielen fremdländischen Blutströmen degenerierte Dynastie Habsburg das Reich den Deutschen wegnimmt und an die slawische Untermenschenrasse ausliefert!

Noch will Hitler sich auf diese neuen Erklärungsmuster nicht voll verlassen. Er klopft sie nach seinem Einzug ins Männerheim Meldemanngasse bei seinen Diskussionen mit Grill ab. Der Grill meint, daß der Liebenfels spinnt. Auch Hitler kommt manches, was in den »Ostara«-Heften steht, konfus und nebulös vor. Aber das geht ihm auch mit anderen Wissenschaften so, die in diesen Jahrzehnten auf die unglaublichsten Entdeckungen stoßen und Erfindungen machen. Zumindest an die Grundidee von einer blonden arisch-nordisch-germanischen Herrenrasse und dem verderblichen Blut der Juden und Slawen will er glauben. Hat sich nicht auch dieser Biologe Charles Darwin dahingehend geäußert, daß im natürlichen Überlebenskampf der Natur die Starken sich nicht mit den Schwachen einlassen dürfen, wenn sie dem Untergang entgehen wollen? Und von dem Philosophen Nietzsche soll man auch so etwas in dieser Art lesen können!

Mit Hitlers umfassender Halbbildung läßt sich jede Idiotie zu einer großen Wahrheit verbiegen.

Grill meint, daß Lanz von Liebenfels ein Idiot sei. Weil das Wesen aller Menschen gleich sei. Daß es zwar Hasen mit blauen Augen gäbe und Hasen mit roten Augen, daß sie dennoch aber alle Hasen blieben. Hitler sagt, das stimme nicht. Es gäbe bessere Hasen und schlechtere Hasen. Greiner hört seinen beiden Freunden zu und lacht über diese in seinen Augen sinnlosen Haarspaltereien. Greiners Sinn geht mehr ins Praktische.

Grill will Hitler von seinem wachsenden Antisemitismus heilen. Er führt ihn in Wien zu Rabbinern, um ihn von der Herzensgüte, Harmlosigkeit und praktischen Intelligenz dieser braven Männer zu überzeugen. Hitler mag die Rabbiner nicht. Der Zug in den Rassenwahnsinn ist bereits abgefahren. Er wird an der Rampe vor den Gaskammern von Auschwitz enden. Die wilden Affekte dieses rundum frustrierten jungen Mannes aus dem bedrohten Kleinbürgertum haben einen ideologischen Rahmen gefunden, einen in sich geschlossenen Schaltkreis aus Argumenten, die sich – wie in jeder noch so absonderlichen Ideologie – zu einer in sich logischen Kette verbinden.

Der Anlaß für den ersten cholerischen Ausbruch des bis dahin noch harmlosen Allerwelts-Antisemiten Hitler heißt Gretl. Das ist ein offensichtlich recht hübsches und nicht uneitles, blondes Wiener Mädchen. Es steht für Josef Greiner Modell und wird dabei auch mit Hitler bekannt. Einige Zeit verträgt man sich gut. Hitler mag das Mädchen sehr, wirbt um sie. Sie ist offensichtlich die Art von blonder Maid, die Lanz von Liebenfels als Muttertier zur Rückzüchtung des arischen Herrenmenschen empfiehlt.

Hitler ist im Umgang mit Frauen ein linkischer Mann, kann seine Unsicherheit nicht verbergen. Greiner berichtet, daß er sich nicht in Geschäfte hineintraute, wenn viele Frauen darin waren. Bei einem Zug mit seinem ersten Jugendfreund Kubizek durch das Bordellviertel hat er keine der Huren anzusprechen gewagt. Jetzt ist Hitler schon ein paar Jahre älter und vermutlich noch immer ohne sexuelle Erfahrung.

Auch Gretl, das Modell, entzieht sich ihm. Aber diesmal will sich Hitler mit der Ablehnung nicht abfinden und kann es nicht fassen, daß Gretl sich mit einem besser situierten, getauften Halbjuden verlobt. Hitler stellt die beiden in der Nähe der Oper zur Rede und inszeniert vor neugierigen Passanten einen öffentlichen Skandal. Was er dabei sagt, wird nicht überliefert, aber es dürfte im Kern das gleiche sein, was Hitler den beiden auch in einem Brief mitteilt. Diesen Brief hat Gretls Verlobter Josef Greiner gezeigt. Darin hat Hitler die Behauptung aufgestellt, Gretl sei bereits seine Geliebte gewesen. Und daß »ein deutsches Mädel, das des schnöden Mammons willen eine alte Freundschaft aufgibt, um sich einem stinkenden, borstigen, schwarzen Saujuden anzubieten, ein Schandfleck« sei. Einem Juden zieme es nur, »eine artgleiche jüdische Rebekka oder eine Ganseljüdin« zu freien. Der Brief endet mit der düsteren Ankündigung an den Bräutigam, daß er noch Wunder deutschen Heldentums kennenlernen werde.

So berichtet es Greiner. Dem muß man nicht alles glauben, aber es ist derselbe Stil, in dem Hitler später immer wieder das anprangert, was er »Rassenschande« nennt. In seinem Buch »Mein Kampf« schreibt er von der »Verführung von Hunderttausenden von Mädchen durch krummbeinige, widerwärtige Judenbankerte«. Eine andere Kostprobe: »Der schwarzhaarige Judenjunge lauert stundenlang, satanische Freude in seinem Gesicht, auf das ahnungslose Mädchen, das er mit seinem Blute schändet und damit seinem, des Mädchens, Volke raubt.«

Lange wird es psychoanalytische Mode sein, Hitlers Affekte und Rassenpsychosen als eine Folge seiner sexuellen Probleme zu sehen. Doch schienen Hitlers sexuelle Probleme eher das Ergebnis der Frustrationen zu sein, die Hitlers ganze Kindheit und Jugend geprägt haben. Wenn Männer schwanken zwischen Minderwertigkeitskomplexen und rachsüchtigen Allmachtsphantasien wie der junge Hitler, dann wirken sie aufgeregt, jähzornig, unangenehm. Sie finden nicht den heiteren Moment, der den Blick eines Liebenden sicher macht, die Bewegung unwiderstehlich, das Spiel der Hände betörend. Der junge Hitler wird von Zeugen aus Linzer und Wiener Tagen als bleich, verschreckt, zappelig geschildert.

Die seelische Verformung, die Hitler mit sich herumschleppt, rührt zunächst von einer nicht sehr ehrenwerten Familiengeschichte aus dem Kleine-Leute-Milieu her. Zwar hatte es der Vater bis zum Zollamtsleiter gebracht, aber da gab es Gerede über die Identität des Großvaters und erotische Verirrungen bei den Vorfahren. Hitlers Vater Alois war vermutlich der Halbbruder seiner eigenen Schwiegermutter und der Onkel seiner Ehefrau. Ein Beziehungswirrwarr, über den man im katholischen Land- und Kleinstadtmilieu gehörig die Nase rümpft. Das Gerede war möglicherweise eine nicht unwesentliche Mitursache für viele Umzüge der Eltern Hitlers innerhalb Oberösterreichs.

Die Mutter, Klara, kam in Alois' Haushalt, als dieser gerade das zweite Mal verheiratet war. Sie fing als Hausmagd an, wurde Kindermädchen und mit 16 Jahren die Geliebte des Hausherrn und schließlich dessen dritte Ehefrau, nachdem die zweite verstorben war. Mutter Klara litt unter der Herrschsucht ihres Mannes. Als fromme Katholikin litt sie aber noch mehr unter ihrem schlechten Gewissen und empfand die gelegentlichen Züchtigungen, die ihr der Herr Gemahl und Oberoffizial aus Erziehungsgründen angedeihen ließ, wohl als durchaus gerechte Strafe des Himmels für die fleischlichen Sünden ihrer Jugendzeit. Ihre ersten drei Kinder starben, das vierte, Adolf, überlebte und wurde ihr Augapfel.

Es war eine sehr enge Beziehung zwischen Mutter und Sohn. Der Junge litt darunter, daß er sie vor dem herrschsüchtigen Vater nicht beschützen konnte. Sie war wegen ihrer Liebe zu ihrem Kind eine Heilige für ihn. Für immer wird Hitler in Frauen die kinderschützenden, kinderliebenden Gebärerinnen verehren. Gleichzeitig aber sah er, dank der Familiengeschichte der Hitlers, in seiner Mutter – und damit in allen Frauen – auch die schwache, leicht zu verführende, ekelerregende Hure.

Das wäre allein noch nicht deformierend gewesen, denn mit dieser Verwirrung über die Rolle der Frauen verlassen fast alle jungen Männer ihre Kindheit, um sich danach in der Pubertät von der Wirklichkeit aufmischen zu lassen, bis das Bild, das sie sich von ihrer Mutter gemacht hatten, überhaupt nichts mehr zu tun hat mit dem Bild, das sie sich von den Frauen in ihren Betten machen. Es sind deshalb wohl mehr die anderen Beschädigungen, die Hitler bei den Frauen nicht zum Mann werden lassen.

Den autoritären Vater ertrug er halb bewundernd, halb verängstigt. Er muß sich ihm sehr schmerzhaft ausgesetzt gefühlt haben, denn seine zunächst sehr guten Schulnoten verschlechterten sich von Jahr zu Jahr, vor allem nach der Pensionierung des Oberoffizials Alois Hitler. Trotzdem hat der Dreizehnjährige geweint, als der Vater starb. Es können aber auch Tränen über sich selbst gewesen sein, denn sein Hang zum Selbstmitleid wird bis ans Ende seiner Tage einer seiner auffälligsten Charakterzüge bleiben.

Die Befreiung vom Vater ist für ihn auch die Befreiung von Zwängen. Nun ist er der älteste, erste, einzige Mann in der Familie. Er hat keinen anderen Mann mehr über sich. Er übernimmt den bisher für den Vater reservierten Hang zur Besserwisserei, ersetzt Lernen durch Schwadronieren, die täglichen Pflichten durch kühne Tagträume. Bis an sein Lebensende wird er leben wie ein Bohèmien. Spät aufstehen, lesen, bummeln, lesen, abends in die Oper gehen, lesen.

Er liest und studiert nicht systematisch, er sammelt nur Mosaiksteinchen. Seine Literatur, eine Mischung aus Schund und bürgerlicher Erbauung, ergibt keine geschlossene Bildung. Er kann lesen, so viel er will, das Gelesene wird nicht einmal seine bemerkenswert fehlerhafte Rechtschreibung verbessern. Aber das Lesen nährt seinen Glauben an sein Genie und an eine Bedeutung, die mit bürgerlichen Maßstäben eben nicht zu messen ist. Es ist einfach so viel Großes in ihm angelegt. Schon in Linz berauscht er sich an immer neuen Rollen für sich und richtet sich Scheinwelten ein.

Von der Wagneroper »Rienzi« in Linz tief berührt, sieht er sich erstmals selbst als künftigen Volkstribun nach Art des Rienzi. Später auch als genialen Komponisten wie Wagner. Er notiert die Grundzüge einer Melodie und meint, sein Freund Gustl Kubizek brauche diesen genialen Wurf nur ein bisserl »in die rechte Form« zu bringen. Genies können sich mit Kleinarbeit nicht aufhalten. Schließlich will er ja auch ein großer Maler werden, ein großer Architekt und ein großer Städtebauer.

Aber das Wesen der Scheinwelten ist es nun einmal, daß es sie nicht gibt. Alle seine Träume sind aufgeschäumtes Nichts, lassen nichts zurück als das Gefühl des Versagens, das verdrängt werden muß durch den nächsten Traum.

So verbringt er seine Schulzeit in Linz, so verbummelt er seine Jugend in Wien. Finanziell geht es ihm nur gelegentlich schlecht, denn der Kaiser von Österreich-Ungarn versorgt die Kinder seiner verstorbenen Beamten mit Waisenrenten und Ausbildungsunterstützung. Hitler betrügt diesen Staat, indem er sich nach der zweiten Ablehnung durch die Akademie noch immer als »Student« ausgibt und damit unberechtigt Ausbildungsförderung kassiert. Außerdem halten ihn und seine jüngere Schwester Paula kleine Hinterlassenschaften seiner Mutter und seiner Tante Johanna über Wasser.

Nicht das Geld ist das Problem, obwohl er später die Legende des bettelarmen jungen Genies pflegen wird. Von einem Versagen zum nächsten fällt es ihm schwerer, die Hoffnung zu erhalten, eines Tages ganz groß herauszukommen. Er ist zwar ein routinierter Verdränger, aber alles, was der Mensch verdrängt, brodelt als heißer Affekt in seiner Seele weiter, verkrampft seine Bewegungen, läßt seinen Blick flattern. Es sind inzwischen zu viele Niederlagen, die er verdrängen muß. Zu viele Wirklichkeiten, vor denen er davonlaufen muß. Zu viele Orte und Plätze in Wien, wo er gescheitert ist, gedemütigt worden ist, wo er mit seinen Bildern nicht angekommen ist, wo ihn junge Frauen abgewiesen haben.

Er bricht im Jahr 1913 seine Zelte in Wien ab, geht nach München. Österreich-Ungarn kann ihm gestohlen bleiben. Im Deutschen Reich sieht er die Zukunft. Das sehen auch die österreichischen Alldeutschen so, die sich schon in seiner Linzer Realschulzeit blaue Kornblumen ins Knopfloch gesteckt haben zum Zeichen dafür, daß sie die Zukunft Österreichs nicht in Österreich-Ungarn, sondern in einem wiedererstandenen Alldeutschen Reich sehen.

München gefällt ihm. Eine Stadt der Künstler und Lebenskünstler wie Wien, aber eine Stadt, die über ihre Bräuhäuser und Biergärten die Verbindung zwischen Reich und Arm nicht abreißen läßt. Der Untermieter des Schneidermeisters Popp in der Schleißheimer Straße 34 stellt sich nun zwar dar als ein in Wien ausgebildeter Künstler und Architekturmaler, aber das verbessert weder seine finanzielle noch seine gesellschaftliche Position. Eine Geliebte findet er auch hier nicht; er sucht nicht einmal mehr nach einer Frau.

So kann es nicht bleiben. Irgendetwas Großes muß geschehen. Etwas, das alles verändern wird. Nicht nur er wartet auf ein solches Ereignis. Auch die vielen kleinbürgerlichen Handwerker, Ladenbesitzer und Angestellten hoffen verzweifelt auf etwas, das sie befreien könnte von ihren Zukunftsängsten. Von ihrer Sorge, zerrieben zu werden zwischen den Niedrigpreisen der industriellen Konkurrenz und der Großkaufhäuser einerseits, und den Machtansprüchen des sozialdemokratischen Proletariats andererseits.

Alle warten auf das große Zeichen am Firmament. Auf den Untergang des Abendlandes. Oder auf das Auftauchen eines mächtigen Übermenschen von mystischer Kraft. Auf die rettende, gewaltige technische Erfindung zur Erlösung der Menschheit. Auf das große Durcheinander, dem eine neue heilige Ordnung folgen wird.

Was kommt, ist der große Krieg gegen Frankreich, England und Rußland – und er wird nicht nur von Hitler mit großem Jubel als Erlösung begrüßt.

Der Krieg bringt die bis dahin besten Jahre des Adolf Hitler. Die Verantwortung für sich und sein Leben ist er los. Zum ersten Male seit seiner Kindheit hat er wieder so etwas wie eine Familie. Auf Urlaub verzichtet er in den ersten Kriegsjahren, er bleibt lieber in seinem Haufen an der Westfront. Hitler ist ein tapferer Soldat, dient in der bayerischen Armee als Meldegänger zwischen dem Regimentsstab und den Frontlinien. Er ist bei seinen Kameraden nicht unbeliebt, gilt aber wegen seiner pathetischen Kampfversessenheit als Spinner. Man dekoriert ihn mit Auszeichnungen, aber man befördert ihn nicht weiter als bis zum Gefreiten. Seine Vorgesetzten mißtrauen seinem Fanatismus; sie fürchten, daß er als Unteroffizier zu viele Soldaten verheizen würde.

Der Krieg kann Hitler nicht mehr verändern. Aber der Krieg, und vor allem die Nachkriegszeit, verändern die Deutschen so, daß sie zu Adolf Hitler passen werden. Der plötzliche Zusammenbruch der Front im Jahr 1918, die Revolutionswirren nach der Abdankung des Kaisers und der deutschen Fürsten, vor allem aber der Friedensvertrag von Versailles, mit dem die Sieger den Deutschen die Rolle eines unmündig gewordenen Erfüllungsknechts zuweisen, welcher wirtschaftlich nie mehr auf einen grünen Zweig kommen darf. Das alles macht aus Millionen Deutschen kleine Hitlers.

Jetzt hat das ganze Volk, das mit dem wilhelminischen Anspruch, am deutschen Wesen solle die Welt genesen, in den großen Krieg gezogen war, dieselbe tiefe Demütigung erfahren, die Hitler seit seinem Scheitern als Künstler kennt. Jetzt, nach dem Niedergang der alten Ordnung, haben Millionen Halt und Orientierung verloren – wie Hitler einst in den Wiener Armenunterkünften. Jetzt suchen sie einen Sündenbock für alles, was in ihrem Leben schiefgegangen ist – wie einst Hitler, als er Gretls halbjüdischem Verlobten seine deutschen Heldentaten androhte. Jetzt, da niemand mehr weiß, ob man für einige Millionen Mark noch einen Laib Brot kaufen kann, flüchten sich Millionen in kühne Tagträume und Allmachtsphantasien – wie Hitler nach seinem Scheitern an der Realschule in Linz.

Hitler ist der Mann, der diese Empfindungen der Massen in Worte fassen kann. Er hat das Argumentieren gelernt bei den endlosen Debatten im Wiener Männerwohnheim, in den Schützengräben der Westfront. Er kann den Verlierern des großen Völkerkrieges und des wirtschaftlichen Niedergangs mit seinem völkischen Wortgebräu den Stolz zurückgeben, so wie ihm einst das Arierblut aus den »Ostara«-Heften den Stolz zurückgegeben hat. Die Menschen haben Angst vor der kalten Macht des großen Kapitals, Angst vor der Unübersichtlichkeit der ungewohnten neuen Demokratie, Angst vor dem Chaos einer sozialistischen Revolution russischer Art. Hitler faßt diese Ängste der kleinen Leute zusammen, heizt den ziellosen Haß der frustrierten Deutschen an und gibt ihm eine Richtung: Schuld an allem sind die kapitalistischen Plutokraten und die bolschewistischen Linken im Inland wie im Ausland, und hinter allem steckt eine jüdische Weltverschwörung gegen das im Felde unbesiegte Deutschland, und dieser Weltverschwörung müsse nun durch einen erbarmungslosen, starken Mann begegnet werden.

Er redet mit dem Pathos des begeisterten Opernbesuchers; er zelebriert seine Auftritte mit dem Seelendonner, der ihn in der Kindheit bei katholischen Messen und Prozessionen, als Jüngling in Wien bei Militärparaden beeindruckt hat. Er befreit mit seinen Ausbrüchen die Münchner Kleinbürger, aber auch Teile der um ihr Überleben kämpfenden Arbeiterschaft von ihren Selbstzweifeln, erklärt die Verlierer einer historischen Zeitenwende zu Opfern einer gigantischen Verschwörung, bündelt die Schwäche der einzelnen in der Masse zu Stärke und setzt die freigesetzte Wut der Massen für seine Ziele ein.

Die Zeit hat den Mann gefunden, der zu ihr paßt, und spült ihn nach oben. Noch ist er erst ein Münchner Lokalmatador, der die Biersäle füllt, da laufen ihm auch schon Leute nach, die ihn früher nicht einmal mit der Kneifzange angefaßt hätten: Vermögende politische Drahtzieher wie die Herren von der völkisch gesinnten verschwörerischen Thule-Gesellschaft. Die würde jetzt gern ein völkisches Proletariat gegen das kommunistische Proletariat in Stellung bringen, hält deshalb Ausschau nach einem Mann, der eine rechte Arbeiterschaft anführen könnte. Gebildete junge Männer aus besten Kreisen werden auf Hitler aufmerksam und erliegen in ihren sozialmasochistischen Angstvorstellungen seinem Gänsehaut erzeugenden Charme. So etwa auch der weltmännische Ernst »Putzi« Hanfstaengl, Harvard-Student, Sohn eines Kunstverlegers und einer Amerikanerin, die zwei US-Generäle unter ihren Vorfahren hat.

Auf einmal wird der Vielverschmähte bemuttert von reichen vornehmen Damen der besten Münchner Gesellschaft. Darunter von der Mutter Hanfstaengls. Auch Hanfstaengls Ehefrau hat einen Narren an Hitler gefressen. Helene Bechstein, die Frau des Pianofabrikanten, und die aus dem europäischen Hochadel stammende Verlegersgattin Elsa Bruckmann öffnen ihm ihre Salons und machen damit den Weg frei in die Welt der Geschäftsleute und Industriellen.

Schon immer haben Salonlöwinnen des Münchner Großbürgertums eine Schwäche für ungehobelte Außenseiter aus den Tiefen der Gesellschaft gehabt. Der Duftmix aus Macht und selten gewechselter Wäsche muß auf verwöhnte Damen in gesicherten Verhältnissen erotisierende Wirkung haben. Hitler, der bis dahin so wenig Talent und Sicherheit im Umgang mit der weiblichen Psyche gezeigt hatte, weiß offensichtlich von dieser Wirkung und verstärkt sie durch ein merkwürdiges Räuberzivil.

Als ihn noch keiner kannte, hatte er sich in Wien und in München einfach, aber nicht ohne Geschmack gekleidet. Nun aber legt er eine schräge Theaterkluft an. Der Freikorpsführer Pfeffer von Salomon, sein späterer SA-Führer, vermeidet bei der ersten Begegnung die Begrüßung dieses Mannes, der da in einem alten Cutaway, gelben Lederschuhen und einem Rucksack auf dem Rücken daherkommt. Hanfstaengl sieht ihn einmal in blauem Anzug, violettem Hemd, mit knallroter Krawatte und brauner Weste. In dieser Zeit trägt Hitler, der noch nie auf einem Pferd gesessen hat, auch gern eine Reitpeitsche zu Schlapphut, Knickerbockern und Trenchcoat, darunter einen Gürtel mit Revolver, welchen er in den Garderoben der ihn bemutternden Damen nicht ohne Theatralik ablegt.

Elsa Bruckmann macht den Wagner-Begeisterten Hitler mit der verwitweten Wagner-Schwiegertochter Winifred bekannt. Winifred Wagner wird niemals aufhören, ihn zu verehren. Und während der Bayreuther Götterdämmerung wird er viele Jahre lang ihre Hand drücken. Wilden Klatsch über die Symbolik eines Schmuckstückes wird einmal ein goldenes Herz auslösen, das Winifred Wagner bei einem Besuch Hitlers in Bayreuth trägt. Das Herz hängt an einer sehr langen Kette und baumelt nicht, wie es sich für angekettete Herzchen gehört, an der Brust, sondern vor Winifred Wagners Schritt.

Hitler rührt bei den Münchner Gesellschaftslöwinnen alle Beschützerinstinkte, und es bleibt nicht aus, daß die Damen sich seiner Kleidung und seiner Manieren annehmen. Der ungeschliffene Diamant aus dem Wiener Männerheim soll auch in der Reichshauptstadt Berlin funkeln können. Hitler zeigt sich ihnen gegenüber als gelehriger, dankbarer Schüler mit Anwürfen von Wiener Charme.

In diesen Aufstiegsjahren führt er abseits der großbürgerlichen Salons ein anrüchiges Zweitleben, umgeben von Rausschmeißern wie dem fetten Pferdehändler Christian Weber, dem Metzger Ulrich Graf und dem drahtigen Saalschlacht-Experten Emil Maurice. Sie dienen ihm als Leibwächter, Maurice auch als Chauffeur und Gehilfe auf einem Gebiet, auf dem sich der nun erfolgreich gewordene Nachwuchspolitiker Adolf endlich auch einmal ausprobieren will: auf dem Lager der Lust.

Hitler besucht mit Emil Maurice nachmittags Malerateliers

und die Kunstakademie, wo es nackte Modelle zu beschauen gibt. Den Abend verbringen sie mit den Kumpanen in Kaffeehäusern und Bierlokalen, nach Mitternacht zieht Hitler einige Male mit dem Chauffeur durch Nachtlokale und stellt sich den Damen als »Herr Wolf« vor. Einige dieser Bekanntschaften sollen auch den Weg in Hitlers Zimmer in der Thierschstraße 41 gefunden haben.

Großen Eindruck hinterläßt keine der Besucherinnen. Auch keine der Damen wird sich später, als sich nach dem Krieg solche Erinnerungen ausgezahlt hätten, an irgend etwas erinnern. Namen merkt man sich in diesem Gewerbe ohnehin nicht. Es sind wohl nur rückstandsfrei vergeßbare Eine-Nacht-Erlebnisse.

Putzi Hanfstaengl, einer der wenigen männlichen Bekannten, die Hitler in der Thierschstraße empfängt, sieht dort einen kleinen Raum, in dem das Bett das halbe Fenster verdunkelt, einen Tisch, einen Stuhl, ein grob zusammengeschreinertes Bücherregal mit General Ludendorffs »Geschichte des Ersten Weltkriegs«, mit Treitschkes »Deutsche Geschichte des 19. Jahrhunderts«, mit einer Biografie Friedrichs des Großen, dazu Clausewitz, die Wagner-Biographie Houston Stewart Chamberlains, die Kriegserlebnisse von Sven Hedin, eine populäre Weltgeschichte, die Sagen der Antike – und als Gute-Nacht-Lektüre für den einsamen Spätpubertisten die »Illustrierte Sittengeschichte« des jüdischen Schriftstellers Eduard Fuchs, dazu eine »Geschichte der erotischen Kunst«.

Den wahren orgiastischen Rausch der Sinne können ihm weder die erotische Literatur noch die Besucherinnen bescheren, sondern die Masse, wenn er als Redner vor ihr steht. Hitler selbst vergleicht immer wieder Menschenversammlungen mit einer Frau, die man unterwerfen müsse. Hanfstaengl wird einmal darüber schreiben: »Die Rednerbühne war ihm gleichsam das Ersatzbeilager, auf dem er die Kopulation mit der Masse vollzog.«

Die Orgasmen in den Biersälen erfahren nach dem gescheiterten Putsch vom November 1923 eine Unterbrechung durch die Festungshaft in Landsberg. Es fällt ihm 1925 nicht leicht, die Partei wieder zu reorganisieren, denn nun findet er auch Geschmack am Genuß der Früchte seines Aufstiegs. Er läßt sich von den Bechsteins, die ein Landhaus auf dem Obersalzberg bei Berchtesgaden haben, in deren Nähe das Haus Wachenfels vermitteln und holt seine inzwischen verwitwete Halbschwester Angela Raubal als seine Haushälterin auf den Obersalzberg.

Angela bringt ihre Kinder mit, und Adolf Hitler ist hingerissen von seiner Nichte Geli. Sie ist 17 und damit in dem aufregenden Zwischenalter, in dem kindliche Naivität, zarte Weiblichkeit und erotische Neugier eine entzückende Verbindung eingehen. Er nimmt Geli mit nach München, wo er jetzt am Prinzregentenplatz eine repräsentable bürgerliche Wohnung bezogen hat.

Die Art dieser Verbindung zwischen Geli Raubal und ihrem Onkel »Alf« wird ein großes Geheimnis bleiben. Zweifellos ist Geli ein Mädchen, bei dem der nun 36 Jahre alte Hitler auf einige seiner Gestelztheiten verzichten kann. Geli ist eine Verwandte, kein Teil der Öffentlichkeit, die er als Politiker beeindrucken muß; er kann sich persönlicher, menschlicher benehmen. Imponieren muß er Geli nicht weiter; sie ist von ihrem Onkel ohnehin so tief beeindruckt, wie es ein junges Mädchen nur sein kann, wenn es von einem stadtbekannten Mann ausgeführt wird in die Oper, zu großen gesellschaftlichen Ereignissen. Manchmal nimmt er Geli auf Reisen mit; in Münchner Cafés zieht sie an seiner Seite die Blicke auf sich; er schenkt ihr schicke Stiefelchen und hübsche Kleider; sie erlebt, wie die Massen in den überfüllten Sälen brüllen vor Begeisterung über ihren großen Beschützer.

Leicht möglich, daß sich in einer solchen Situation die Gefühle verwirren können. Sowohl bei dem jungen Mädchen, als auch bei Hitler. Denn er sieht sich zum allerersten Male an der Seite einer jungen Frau vollkommen akzeptiert, bewundert, und außerdem ist er ihrer Reinheit sicher. Sie ist ein Mädchen, das ihm keiner wegnimmt. Sie ist seine Nichte, sein Eigentum. Niemand darf es wagen, sie zu berühren; er hütet sie wie seinen Augapfel.

Einige Biographen spekulieren auf eine inzestuöse Beziehung und vergessen dabei nie den Hinweis, daß so etwas in Hitlers Familie ja nicht ungewöhnlich wäre.

Gegen den Verdacht eines blutschänderischen Verhältnisses spricht, daß Hitler im Herbst 1929, als Geli noch in seiner Wohnung lebt, sein Verhältnis mit Eva Braun aufnimmt. Zu einer Frau, für deren Wesen er sich nicht besonders erwärmen kann, und die er offensichtlich nur als sexuelle Entsorgungsmöglichkeit in Betracht zieht. Da Hitler hier nicht anspruchsvoll ist, erscheint es zweifelhaft, daß er gleich mit zwei Frauen intim wird. Also dürfte seine Liebe zu Geli zwar flirrend, aber doch platonisch gewesen sein.

Dennoch wird für die nun erwachsen werdende Nichte die Liebe ihres Onkels allmählich erdrückend. Er gewährt ihr keine Freiheit, keinen Auslauf, gleichzeitig überfordert er sie und nötigt ihr Gesangsunterricht auf, weil seine Phantasie die Nichte als eine dereinst gefeierte Wagner-Sängerin sehen möchte. In einem Alter, in dem junge Menschen Cliquen bilden, um im Schutze von Freundschaft, Vertrauen und gegenseitigem Verständnis erste sexuelle Gehversuche zu wagen, ist sie am Prinzregentenplatz nur umgeben von Hitlers schaftgestiefelten braunen Katern. Also schnurrt sie um die herum, und Hitler ist außer sich, als er im Frühsommer 1928 seinen Chauffeur Emil Maurice in Geli Raubals Zimmer entdeckt. Er soll Maurice mit der Reitpeitsche zum Sprung aus dem Fenster getrieben haben. Der Chauffeur wird durch einen neuen Fahrer ersetzt. Hitlers Liebe zu Geli bleibt, aber die Spannung zwischen den beiden steigt nun stetig.

Als sich die volkswirtschaftliche Situation in Deutschland dank hoher ausländischer, insbesondere amerikanischer Investitionen bessert, geht es vorübergehend abwärts mit der Hitlerei. Die Nationalsozialisten verlieren bei den Reichstagswahlen 1928 von ihren 32 Sitzen 20. Doch dann kommt der Schwarze Freitag von 1929, damit die große Weltwirtschaftskrise und über Deutschland eine furchtbare Arbeitslosigkeit. Eine neue Welle Entwurzelter, Frustrierter, Verängstigter läßt sich von den Nationalsozialisten aufheizen; Hitler setzt zum Sprung an die Macht an.

Am 17. September 1931, beim Aufbruch zu einer Reise nach Hamburg, gibt es einen bitteren Streit zwischen Onkel und Nichte. Sie fühlt sich einsam und alleingelassen, möchte für einige Zeit nach Wien gehen.

Wien! Wenn er das schon hört! Er verbietet es ihr, bricht unversöhnt auf nach Hamburg. Hinter Nürnberg erfährt er, daß sich Geli Raubal in seiner Wohnung mit einer seiner Pistolen erschossen hat.

Ein Ereignis mit Folgen. Man weiß nicht, wie groß der Schmerz darüber wirklich ist für ihn. Außer Geli und seiner Mutter hat es keinen Menschen gegeben, dem er über Jahre hinweg wirklich nahegewesen ist. Gelis Selbstmord hat ihn zweifellos erschüttert. Ob diese Tragödie für ihn aber wirklich so überwältigend ist wie der Trauerkult, den er fortan um Geli betreibt, kann bezweifelt werden. Es mag auch sein, daß er diesen Schmerz als Beleg für tiefe Menschlichkeit zelebriert, um auf diese Weise sich und anderen zu bekunden, daß seine künftige Erbarmungslosigkeit nicht Ausdruck von Seelenkälte, sondern politische Notwendigkeit ist. Denn er wird auf die Macht nicht mehr lange warten müssen.

Der Mann, der 1933 Reichskanzler wird, wird das Reich mit Konzentrationslagern überziehen, durch Krieg der Herr Europas werden und seinen Terror zwischen Brest und Stalingrad, Narvik und Tunis verbreiten. Er wird den einst in Wien von den »Ostara«-Heften des Lanz von Liebenfels gepflanzten Rassenwahnsinn ausleben und Millionen Juden ermorden lassen, als handele es sich dabei um eine Insektenvernichtung. Er wird für seine Terrortruppe SS mit der Institution Lebensborn Zuchtklöster zur Erzeugung blonder Edelgermanen errichten lassen. Am Ende wird er ein untergegangenes Reich und ein Volk hinterlassen, dem durch den *Holocaust* die größte Schande anhaftet, die eine Kulturnation je auf sich geladen hat. »Der Nationalsozialismus«, sagt der Wiener Soziologieprofessor Dr. August Knoll, »ist jene Bewegung, die das preußische Schwert einer österreichischen Narretei zur Verfügung gestellt hat.«

Dieser Mann wird in derselben Stunde, in der er von Geli Raubals Selbstmord hört, zum Vegetarier. Als habe ein Heiliger ein Gelübde gemacht, wird er niemals mehr Fleisch anrühren. Er lebt wochenlang am Rand des Nervenzusammenbruchs, denkt darüber nach, aus der Politik auszusteigen oder sich selbst das Leben zu nehmen. Er wird später bei allen Wien-Besuchen seine pompösen Auftritte auf dem Höhepunkt unterbrechen, um dann ganz allein auf dem Zentralfriedhof an Gelis Grab zu verweilen. Er wird in dem Raum in seiner Münchner Wohnung, in dem sie sich das Leben genommen hat, ihre Büste aufstellen lassen. Er wird Gelis Zimmer auf dem Berghof unberührt lassen bis zu dem Tag, an dem alliierte Bomber den Obersalzberg zerpflügen. Wann immer später einer seiner Gefährten von einst an Geli erinnert, wird man Tränen in seinen Augen sehen.

In all diesen Jahren bis zu seinem Ende gibt es noch eine andere Frau. Eva Braun, die am vorletzten Tag ihres Lebens Frau Hitler heißen wird. Er hat sie im Oktober 1929 im Geschäft seines Leibphotographen Heinrich Hoffmann kennengelernt. Hoffmann ist ein wichtiger Mann für die Karriere Hitlers. Das Zeitalter der Massenmedien hat begonnen, und die Hitler-Fotos, die Hoffmann von München aus im ganzen Reich in den Zeitungen und Zeitschriften und auf Postkarten und Sammelbildern verbreitet, prägen das Bild des Anführers der nationalsozialistischen Bewegung. Hoffmann ist Hitlers Image-Ingenieur, und Eva Braun, 17 Jahre alt, ist seit kurzem Hoffmanns Angestellte.

Sie ist blond, schlank, hat lange Beine und ist aus dem Stoff, aus dem man einmal Blondinen-Witze machen wird: ein bisserl gefallsüchtig, ein bisserl nett, ein bisserl dumm. Von Politik weiß sie nichts, ihre Interessen beschränken sich auf Mode und Ausgehen und auf die Wirkung, die sie auf Männer ausübt. Das ist wichtig für sie, denn sie will einen Mann finden, der gut für sie sorgen kann und ihr Ansehen gibt. Einem solchen Mann wird sie auch mit ganzem Herzen ergeben sein, ihm dienen und ihn lieben, wie das eben Mädchen in dieser Zeit von ihren Erzieherinnen und Erziehern lernen. Ein Frauenbild, das in ihren Kreisen überhaupt nicht in Frage steht. Ein Frauenbild, das davon ausgeht, daß der Mann der Frau an Geist und vielen anderen Dingen überlegen ist und deshalb als verantwortlicher Beschützer betrachtet werden muß.

Der Mann, der sich nun sichtlich um sie bemüht, und um den sich wiederum ihr Chef bemüht, heißt Hitler oder so. Eva Braun hat keine Ahnung, wer Hitler ist. Sie fragt zu Hause ihren Vater, einen Lehrer, und der sagt ihr, wer Herr Hitler ist, und damit ist es auch schon um sie geschehen. Sie hat den Mann ihrer Mädchenträume gefunden.

Der Mann ist zwar schon vierzig, aber er hat bessere Manieren als die jungen Schnösel, die sonst hinter ihr herpfeifen. Dieser Hitler macht ihr den Hof auf die charmante österreichische Art, und das findet sie sehr angenehm. Er führt sie ins Kino aus, ins Café Luitpold. Ein richtiger Herr, kein Brunfthirsch; er bedrängt sie nicht, nimmt immer einen Adjutanten mit. Alles hat seine Schicklichkeit.

Eva Braun hält ihren Verehrer für einen Romantiker, der sich für eine große Sache einsetzt. Sie versteht, daß er sie oft alleine lassen muß. Sie ist bereit, ihm und seiner Sache zu dienen und Geduld zu haben. Aber schön wäre es schon, wenn sie eine größere Rolle in seinem Leben spielen könnte. Vielleicht kommt es noch. Manchmal ist er zwar kühl und abweisend, aber trotzdem muß er ein gutes Herz haben, sonst könnte er doch nicht gar so furchtbar trauern über den Tod seiner Nichte. Er wird sicher einmal ein guter Ehemann und Vater werden. Und er hält auch zu ihr. Immer wieder versucht Magda, die Frau von dem Goebbels, den Adolf mit schönen jungen Frauen zu verkuppeln. Aber der Adolf mag das nicht. Er läßt sich von der Goebbels keine Frau andrehen.

Ob er um sie auch so tief trauern würde wie um Geli? Manchmal ist es schon zum Verzweifeln. Sie liebt ihn, aber er zeigt nie, wie sehr er sie liebt. Jetzt ist sie schon zwanzig, und nichts geht voran zwischen Adolf und ihr. Eva Braun setzt leichten Kummerspeck an und bekämpft ihn mit Diät.

Hitler ist mit dieser Art von Beziehung vollauf zufrieden. Er hat es gern, wenn reifere Salondamen von Walkürenformat ihn bemuttern. Die junge Eva Braun will er nur dann sehen, wenn ihm danach ist. Ihm ist nicht oft danach. Denn inzwischen sieht er sich als künftigen Diktator, als Führer einer Bewegung, die die ganze Welt verändern wird. Er sieht sich als einen Mann von geschichtlicher Größe. Seine Posen bei seinen öffentlichen Auftritten und in Hoffmanns Fotoatelier gewinnen allmählich erhabenen Denkmals-Charakter. Männer, die sich bereits in Bronze gegossen sehen, können wohl nur schwer die Vorstellung ertragen, daß ein anderer Mensch, eine Frau, eine Betrachterin seiner öffentlichen Posen und zukünftigen Denkmäler, ihn wie einen Hasen rammeln sieht. Es reicht ihm, wenn er Eva Braun gelegentlich trifft.

Die Geliebte kann die Mißachtung nicht ertragen. Am 1. November 1932 nimmt sie wie Geli Raubal im Jahr davor eine Pistole, schießt sich in den Hals. Sie überlebt. Hitler und seine Gefährten sind beunruhigt. Was, wenn Eva Braun gestorben wäre? Zwei Selbstmorde von zwei jungen Frauen aus Hitlers Umgebung! Die gegnerische Presse hätte ihn unmöglich gemacht bei den Wählerinnen. Was würde geschehen, wenn die Braun es noch einmal versucht?

Hitler beruhigt seine Männer: »Es ist doch klar, daß ich jetzt für sie sorgen muß.«

Sie soll bei ihrer Schwester wohnen, dann ist sie nicht allein. Hitler liebt zwar den öffentlichen Auftritt so pompös wie möglich, aber er ist in seinen privaten Lebensansprüchen bescheiden. Er gönnt auch der Geliebten wenig. Trotzdem muß er jetzt ihren Status verbessern. Wenn er mit seinen Leuten in die Osteria Bavaria geht, nimmt er sie nun mit. Doch soll sie gefälligst den Mund halten, wenn die Männer reden.

Einmal beklagt sie sich, daß sie bei einem Abendessen im Münchner Hotel »Vier Jahreszeiten« zwar drei Stunden lang neben ihm sitzen, aber kein einziges Wort sagen durfte. Als er aufbrach, habe er ihr ein Kuvert mit Geld zugesteckt.

Immerhin wird sie finanziell ein wenig besser gestellt, kann sich auch modischer kleiden. Sie will schön sein an der Seite Adolfs, der nun seit 1933 Reichskanzler ist. In Gegenwart Fremder muß sie ihn jetzt mit Sie ansprechen. Hitler legt Wert darauf, daß nur der engste Kreis über diese Beziehung etwas weiß. Die Öffentlichkeit soll ihn als den einsamen Führer lieben, dessen Frau Deutschland heißt. Also will er keine Braut haben. Und ein Genie wie er darf auch keine Kinder haben. Sie würden zwangsläufig unglücklich werden angesichts der Erwartungen der Menschen, daß solche Kinder die Größe des Vaters erreichen müßten. Sagt er.

Für das alles hat Eva Braun Verständnis. Aber warum kann er nicht ein wenig liebevoller zu ihr sein? Im Februar 1935 schreibt sie in ihr Tagebuch: »23 Jahre bin ich nun glücklich alt geworden, das heißt, ob glücklich, ist noch eine andere Frage. Augenblicklich bin ich's bestimmt nicht.«

Fünf Tage später schreibt sie: »Jetzt ist er da... Er hat nicht einmal gefragt, ob ich einen Geburtstagswunsch habe.« Dabei hat sie sich von ihm »ein Hunderl« gewünscht, »um nicht so allein zu sein«. »So wunderschön wäre das.« Sie drückt auf seine Mitleiddrüsen, aber Mitleid hat der Führer nur mit sich selbst. Und was soll ein Hunderl? Eva Braun ist für ihn Hunderl genug, eine Art Luxusausführung des Deutschen Schäferhundes. Gehorcht aufs Wort und freut sich über jede freundliche Geste – vor allem, wenn Herrchen mit freundlichen Gesten sparsam ist.

Eva Braun läßt sich gut abrichten. In allen Dingen folgt sie Adolfs Befehlen und versteht Drohungen wie diese: »Wenn ich merken würde, daß Eva raucht, würde ich sofort Schluß machen.« Es schmeichelt ihr sogar, wenn er seinen Freunden sagt: »Es gibt nichts Schöneres, als sich ein junges Ding zu erziehen. Ein Mädel mit achtzehn, zwanzig Jahren ist biegsam wie Wachs. Einem Mann muß es möglich sein, jedem Mädchen seinen Stempel aufzudrücken. Eine Frau will es nicht anders.« In diesem Glauben über die Rolle der Frau ist Eva Braun erzogen worden, sie glaubt selbst daran.

Hitler schreibt ihr kaum Briefe, und wenn, dann sind sie unpersönlich wie von einem Fremden. Er rechnet damit, daß solche Briefe eines Tages öffentlich zugänglich sein könnten. Und was soll er einer Frau wie Eva auch schon schreiben? Was er der Nachwelt über diese Beziehung mitzuteilen hat, verkündet er lieber in Tischgesprächen mit Männern seiner Umgebung. Zum Beispiel dieses: »Sehr intelligente Menschen sollten sich eine primitive und dumme Frau nehmen. Sehen Sie, wenn ich nun eine Frau hätte, die mir in die Arbeit reinredet! In meiner freien Zeit will ich meine Ruhe haben.«

Drei Monate lang, so vertraut sie im Frühjahr 1935 ihrem Tagebuch an, habe er ihr »kein gutes Wort« gegeben. Jemand hat ihr zugetragen, daß sich in Berlin neuerdings wieder eine Walküre in seiner Nähe aufhält. Eva Braun schreibt:

»Ich wünsche mir nur eines, schwer krank zu sein und wenigstens 8 Tage von ihm nichts mehr zu wissen. Warum passiert mir nichts, warum muß ich das alles durchmachen? Hätte ich ihn doch nie gesehen. Ich bin verzweifelt. Ich kaufe mir wieder Schlafpulver, dann befinde ich mich in einem halben Trancezustand und denke nicht so viel darüber nach.«

Und: »Warum holt mich der Teufel nicht. Bei ihm ist es bestimmt schöner als hier. 3 Stunden habe ich vor dem Carlton gewartet und mußte zusehen, wie er der Ondra Blumen kaufte und sie zum Abendessen eingeladen hat. Er braucht mich nur zu bestimmten Zwecken, es ist anders nicht möglich.«

Und: »Wenn er sagt, er hat mich lieb, so meint er das nur in diesem Augenblick. Genauso wie seine Versprechungen, die er nie hält. Warum quält er mich so und macht nicht gleich ein Ende.«

Ende Mai erinnert sich Eva Braun an die vorübergehende Verbesserung der Beziehung nach ihrem Selbstmordversuch im Jahr 1932. Nun nimmt sie 25 Schlaftabletten und wird von ihrer Schwester Ilse gefunden. Möglicherweise eine inszenierte Geschichte mit dem Hintergrund einer leichten Erpressung. Sie funktioniert.

Ihr Status wird weiter aufgebessert. Eva Braun bekommt jetzt eine Villa im vornehmen Münchner Stadtteil Bogenhausen, gleich in der Nähe von Heinrich Hoffmanns Domizil. Damit jemand ein Auge auf sie hat. Nun ist sie so etwas wie die offizielle Mätresse des Führers. Sie muß zwar weiterhin zurückgezogen leben, aber wenn sie in die Öffentlichkeit geht, dann zieht man respektvoll den Hut vor ihr. Aber in Berlin, wo er jetzt die meiste Zeit lebt, will er sie nicht sehen.

Wenn es ihr in München zu langweilig wird, dann kann sie jetzt auch auf dem Obersalzberg wohnen. Hitlers Halbschwester Angela Raubal, Gelis Mutter, heiratet 1936 in zweiter Ehe einen Arzt und überläßt Eva Braun die Rolle der Hausfrau auf dem Berghof. Allerdings muß sie sich sofort auf ihr Zimmer verdrücken, wenn offizielle Gäste kommen.

Sie darf auch ihre Schwester und manchmal eine Freundin ins Berchtesgadener Land mitnehmen. Hitler schenkt ihr eine Schmalfilmkamera, die Mädchen filmen einander beim Turnen, beim Ballspielen, beim Nacktbaden im Wildbach. Es ist herrlich auf dem Berghof. Jetzt, da Hitler an der Macht ist, ziehen auch andere wichtige Leute aus der Partei auf den Obersalzberg, bringen ihre Frauen mit, die immer wieder mal für ein paar Wochen dort leben.

Nun ist Eva Braun nicht mehr so allein. Ein Hunderl ist auch da. Albert Speer, der Architekt für die neuen Monumentalbauten, ein schöner junger Mann, kümmert sich rührend um Eva Braun. Sie kann auf dem Obersalzberg mit Frauen reden, die auch viel allein gelassen werden. Wenn Adolf da ist, darf sie abends im Speisesaal zur Linken des Führers sitzen und erleben, wie bedeutend ihr Geliebter geworden ist, wie die anderen ihn alle bewundern.

Aber warum kann er nicht auch sie ein wenig bewundern?

Von der Zukunft seiner Beziehung zu Eva Braun hat er genaue Vorstellungen. In einem Tischgespräch erklärt er, wieder in Männerrunde, er habe gut daran getan, Junggeselle zu bleiben. Eine Frau würde von Natur aus nicht verstehen, daß ein Mann ihr nicht soviel Zeit widmen könne, wie sie es ersehne. Das Schlimme an der Ehe sei, daß sie Rechtsansprüche schaffe. »Da ist es schon viel richtiger, eine Geliebte zu haben. Die Last fällt weg, und alles bleibt ein Geschenk.«

Man muß nur daran glauben können. Doch an Glauben fehlt es Eva Braun nun nicht mehr. Der Führer opfert sich auf für sein Volk. Sie muß sich dann eben für den Führer opfern.

Die Jahre gehen dahin. Hitler macht Krieg. Hitler beherrscht ganz Europa, um Auslauf zu schaffen für die künftige Herrenrasse, die er in Himmlers Lebensborn-Heimen auf altnordische Reinheit zurückzuzüchten beginnt; er läßt den Völkermord an den Juden Europas organisieren. Und er richtet sich, als sein Krieg verlorengeht, auf die Götterdämmerung ein, im Bunker der Reichkanzlei, unter 14 Metern Erde und drei Metern Stahlbeton.

Die Russen feuern im Frühjahr 1945 aus 41 000 Geschützen, 6250 Panzern, 7560 Flugzeugen und aus den Gewehren von 2 500 000 Soldaten auf Berlin. Bald werden sie über seinem Bunker stehen.

Im Leben hat Hitler Eva Braun allein gelassen. Im Sterben will sie an seiner Seite sein. Am 15. April 1945 kommt sie überraschend nach Berlin und schreibt an eine Freundin: »Grüße alle Freunde, ich sterbe so, wie ich gelebt habe. Schwer fällt es mir nicht. Das weißt Du!« Vorher läßt sie aber an die fensterlose Wand ihres Bunkerschlafzimmers noch Vorhänge anbringen. Sie will es mit Adolf gemütlich haben in ihren letzten Nächten.

Jetzt, da sie entschlossen ist zum großen Schlußpunkt, verändert sich ihr Wesen. Den Besuchern im Bunker fällt auf, daß das brave bayerische Hascherl sich nun als elegante Dame zelebriert und nicht geizt mit theatralischen Gesten und Worten. »Armer, armer Adolf, alle haben dich verlassen, alle haben dich verraten«, klagt sie, als Hitler ihren Schwager Otto Hermann Fegelein einem Exekutionskommando übergibt. Den Mann ihrer Schwester Gretl. Der SS-Gruppenführer Fegelein, Himmlers Verbindungsmann in der Reichskanzlei, muß für den Verrat Himmlers büßen. Radio Stockholm hat verbreitet, der Reichsführer SS versuche, geheime Kapitulationsverhandlungen mit dem Westen aufzunehmen. Eva Braun sagt zu Hitler: »Du bist der Führer. Rücksichten auf die Familie dürfen keine Rolle spielen.«

Es spielt überhaupt nichts mehr eine Rolle an diesem 29. April 1945. Oben in der Reichskanzlei sind die Russen fast schon in Sichtweite. Nachdem das deutsche Volk sich seiner nicht würdig erwiesen, den Krieg erbärmlich verloren hat, kann er auch eine Ehe mit Eva Braun eingehen, bevor er sich umbringt. Seiner Sekretärin diktiert er: »Da ich in den Jahren des Kampfes glaubte, es nicht verantworten zu können, eine Ehe zu gründen, habe ich mich nunmehr vor Beendigung dieser irdischen Laufbahn entschlossen, jenes Mädchen zur Frau zu nehmen, das nach langen Jahren treuer Freundschaft aus freiem Willen in die schon fast belagerte Stadt hereinkam, um ihr Schicksal mit dem meinen zu teilen. Sie geht auf ihren Wunsch als meine Gattin mit mir in den Tod.«

Man holt den Gauamtsleiter Walter Wagner, der oben im Volkssturm auf die Russen wartet, in den Bunker herunter. Er soll eine schnelle Kriegstrauung vollziehen. Doch Wagner muß erst noch einmal mit einem Panzerspähwagen los, um irgendwo Trauungsformulare aufzutreiben. Ordnung muß sein in Deutschland, auch im Untergang.

Adolf Hitler und Eva Braun erklären, daß sie beide rein arischer Abstammung seien und keine Erbkrankheiten hätten. Die Trauzeugen Joseph Goebbels und Martin Bormann flankieren die Hochzeiter, Eva Braun unterschreibt als »Eva B«, dann streicht sie das »B« durch und schreibt »Hitler geb. Braun«. Gauamtsleiter Wagner erklärt die Ehe für geschlossen, dann darf er wieder hinauf zum Volkssturm und zu den Russen.

Unten gibt es etwas zum Trinken. Champagner.

Dann gibt es etwas zum Essen. Belegte Brötchen.

Dann gibt es etwas zum Schimpfen. Das deutsche Volk, wie schändlich hat es in diesem Schicksalskrieg versagt!

Dann gibt es etwas zum Unterschreiben. Das Testament. Es endet mit dem Satz: »Vor allem verpflichte ich die Führung der Nation und die Gefolgschaft zur peinlichen Einhaltung der Rassegesetze und zum unbarmherzigen Widerstand gegen die Weltvergifter aller Völker, das internationale Judentum.«

Dann gibt es etwas zum Sterben. Gift und Revolver. Das Gift wird zunächst an Hitlers geliebter Schäferhündin Blondi ausprobiert. Erfolgreich.

Gegen 5.30 Uhr verabschieden sich die Eheleute Hitler von ihrem Personal. Sie ziehen sich in Evas Schlafzimmer zurück. Nach etwa zehn Stunden ein einzelner Schuß. Der SS-Mann Rattenhuber öffnet die Tür. Hitler sitzt zusammengesackt auf dem Sofa; das Gesicht ist blutverschmiert. Neben ihm seine Frau, einen unbenutzten Revolver im Schoß. Sie hat eine Blausäure-Kapsel zerbissen. In einem Bombentrichter im Garten der Reichskanzlei werden die beiden Leichen mit 200 Litern Benzin verbrannt.

Ein Ende ohne Theaterdonner. Kein letztes Hurra, kein verwegener Sturm Adolf Hitlers ins gegnerische Feuer. Keine Verteidigung bis zur letzten Patrone auf den Stufen zur Reichskanzlei. Kein dramatischer Heldentod. Keine schaurig schöne Götterdämmerung. Hitler, der sich die Welt und das Leben immer nur als Oper vorstellen konnte, war nichts Bombastisches mehr eingefallen.

FRANKLIN DELANO ROOSEVELT

Geboren: 30. Januar 1882. Gestorben: 12. April 1945.
Präsident der Vereinigten Staaten (1933–1945).
Die besondere Lebensleistung: Mit dem New Deal
startete er eine amerikanisch-kapitalistische
Variante des Sozialismus, führte damit Amerika aus
der Weltwirtschaftskrise und zum Sieg über
Hitler-Deutschland und Japan.
Sein Liebesleben: Der bedeutendste US-Präsident
des 20. Jahrhunderts verehrte die bedeutendste
First Lady in der Geschichte Amerikas,
liebte und begehrte aber andere Frauen.

Amerikas alter Adel

Als der neu gewählte Präsident Franklin Delano Roosevelt im
Januar 1933 mit seiner Mannschaft nach Washington kommt,
liegt dem Kongreß ein Gesetzentwurf vor, der mehr als 60 Jahre später, als den Volkswirtschaften auch in Konjunkturauf-
schwüngen die Arbeit ausgeht, wieder einen gewissen Charme
haben wird. Eingebracht hat diesen Entwurf Senator Hugo L.
Black aus Birmingham in Alabama mit Unterstützung vieler
Politiker und Wissenschaftler aus allen Teilen der Vereinigten
Staaten. Er sieht die Einführung der 30-Stunden-Woche für alle
Arbeitnehmer vor, als Konsequenz einer seit dem Börsenkrach
am Schwarzen Freitag des Jahres 1929 anhaltenden Diskussion
über die Zukunft der Wirtschaft, der Arbeit und der Technik.

Im Verlauf des vierjährigen Nachdenkens von 1929 bis 1933
waren Experten zu der Ansicht gekommen, daß der Gipfel des
kapitalistischen Systems überschritten sei. Daß zudem nach
Dampfmaschine, Eisenbahn, Auto, Flugzeug, Elektromotor und
Schreibmaschine alle wesentlichen Erfindungen gemacht wor-

den seien, daß deshalb die allgemeine Entwicklung zu einem Ende gekommen sei und die wenigen Neuheiten, die die Technik künftig noch nachliefern könne, die menschliche Arbeit allenfalls noch weiter abbauen würde. Und daß es deswegen nur noch darauf ankommen könne, die wenige Arbeit, die noch übrigbleibe, breit zu verteilen, um wieder möglichst viele Amerikaner auf Lohn- und Gehaltslisten zu bringen. Die 30-Stunden-Woche wäre damals in etwa die Halbierung der in jenen Jahren üblichen Arbeitszeit in der wenig kontrollierten Industrie der Vereinigten Staaten gewesen.

Der utopische Gesetzentwurf des Senators Black aus Alabama zeigt, daß die Irrungen und Wirrungen nach dem Zusammenbruch des bürgerlichen Zeitalters kein Phänomen allein der untergegangenen Kaiserreiche in Europa waren. Überall stocherte die Politik mit der Stange im Nebel. Man wußte zwar, was nicht mehr ging, aber man wußte nicht, was in Zukunft gehen würde.

In den westlichen Demokratien und selbst jenseits des Atlantischen Ozeans stand fest, daß es zu Ende gegangen war mit der Zeit der ehrbaren kleinen und mittelständischen Hersteller und Kaufleute. Man wußte, daß sie keine Chance hatten gegen die Billigpreise der industriellen Massenproduktion, gegen die Handelsgiganten in den Kaufhäusern und Ladenketten.

Man wußte, daß es für die im 19. Jahrhundert noch tonangebende Klasse des gebildeten und wohlhabenden Bürgertums sehr eng geworden war zwischen den neureichen Parvenüs des Kapitalismus und dem immer zorniger werdenden Proletariat der Industriearbeiter.

In Amerika wurde der Glaube der kleinen Leute an den Kapitalismus als wunderbare, allen Menschen zugängliche und segenbringende Geldvermehrungsanlage zerstört, als sich 1929 beim Börsenkrach in der New Yorker Wall Street die schönen Aktien, die den kleinen wie den großen Leuten goldene Eier hätten legen sollen, als tote Hühner erwiesen, aus denen man nicht einmal mehr ein paar Federn rupfen konnte.

Niemand in Europa und Amerika konnte wissen, wie eine große Gesellschaft, wie ein Staat, wie ein Wirtschaftssystem in Zukunft geordnet werden mußte. Wird die Diktatur des Proletariats kommen wie in Rußland? Wird die Diktatur der Faschisten kommen wie in Italien und Spanien und demnächst wohl auch in Deutschland? Warum sollte das Heil der Menschen – oder wenigstens ein bißchen Zeitgewinn – nicht auch durch eine so praktisch anmutende Methode herbeizuführen sein, wie sie Senator Black und die Technokraten empfehlen?

Paßt denn die 30-Stunden-Woche nicht auch perfekt zu der Verheißung des *New Deal*, des neuen Aufteilens, mit dem der Gouverneur des Staates New York die Phantasie der Amerikaner beflügelt und im November 1932 die Präsidentschaftswahlen gewinnt? Was ist der *New Deal* eigentlich?

Genau hat es Franklin Delano Roosevelt nicht gesagt im Wahlkampf. Aber er hat das ausgesprochen, was alle dachten, nämlich daß es doch irgendwie einen Weg aus dem Schlamassel geben müßte. Dieser Mann hat seinen Wählern das Gefühl eingeflößt, daß er diesen Weg kennt und daß er aus dem Unglück genauso schnell hinausfinden könnte, wie Amerika und die Welt in den Schwarzen Freitag hineingeraten sind. »Das einzige, was wir fürchten müssen, ist die Furcht selbst«, hat er gesagt und damit die geistige Bereitschaft geschaffen für ein Experiment wie den *New Deal*, für die amerikanisch-kapitalistische Version des Sozialismus. Einen neuen Ausgleich zwischen Arm und Reich hat er versprochen, mehr Rechte für die Gewerkschaften. Eine solidarische Gesellschaft, die den Erfolgreichen Mitverantwortung für die Erfolglosen aufbürdet und damit Kräfte bündelt für einen neuen gemeinsamen Aufstieg.

Hätte Roosevelt eine solche Politik erst am Ende des 20. Jahrhunderts verkündet, die Neo-Liberalen hätten ihn als räudigste Nachgeburt des Kommunismus gesteinigt. Im Jahr 1933 aber erhebt der *New Deal* die Familie Roosevelt endgültig in den Stand eines für das Gemeinwohl verantwortlichen, weit über die eigenen Klassengrenzen hinausdenkenden Adelsgeschlechts. Dies in einem adelsfreien Land wie Amerika und zu einer Zeit, in der Europas alte Aristokratie so weit heruntergekommen ist, daß man ihre jungen Männer nur noch als Gigolos in Tanzcafés einsetzen kann.

Nur Amerikas altreiche Ostküsten-Familien können noch die Größe entwickeln, die nötig ist, um den Reflexen der eigenen

Einkommensklasse zu mißtrauen. Die Neureichen sind noch zu sehr verliebt in den eigenen Aufstieg und in ihre Rolle als reißende Wölfe. Und die Nichtreichen sind noch Gefangene ihrer eigenen Bitterkeit. Die Altreichen jedoch können am besten über den eigenen Tellerrand hinausschauen.

Soll also der neue Präsident Franklin Delano Roosevelt die 30-Stunden-Woche des Senators Black durchgehen lassen? Er ist nicht festgelegt und offen für jede interessante Idee. Sein *New Deal* ist ja vorerst noch kein Programm, sondern zeigt nur die Richtung an. Aber etwas gefällt ihm an der Sache mit der 30-Stunden-Woche nicht. Je länger er darüber nachdenkt, desto klarer wird es ihm: Senator Black geht von einer zum Stillstand gekommenen Entwicklung aus.

Geht es nur noch darum, einen Mangel zu verwalten? Ist die Wirtschaft, ist der Kapitalismus ein Zustand geworden und kein Prozeß mehr?

Wirtschaft wird doch von Menschen gemacht! Und Menschen sind dem Leben unterworfen! Das Leben aber kennt Roosevelt nur als einen ständig fortschreitenden Prozeß, der erst durch den Tod zum Stillstand kommt, und dann auch nur für den Sterbenden und nicht für die Hinterbliebenen. Im Leben bleibt niemals etwas so, wie es im Augenblick gerade ist. Und mit dem Leben verändern sich die Umstände, verändern sich die Menschen selbst.

Alles, was Franklin Delano Roosevelt in seinem eigenen Leben widerfahren ist, hat ihn verändert. Er ist jetzt 51 Jahre alt. Die Politik, die Krankheit, die Ehe mit Eleanor, seine Beziehung zu Frauen – alles hat sich immer wieder verwandelt, die Erlebnisse und Erfahrungen haben aus ihm einen vollkommen anderen Menschen gemacht. Er hat kaum noch etwas gemeinsam mit dem jungen Franklin Delano Roosevelt, der in Harvard Jura studierte.

Er ist schon allein deshalb anders geworden, weil ein Roosevelt noch lange kein Roosevelt ist, nur weil er als Roosevelt geboren worden ist. Wer als Roosevelt auf die Welt kommt, muß erst noch ein Roosevelt werden. Er ist einer geworden, das weiß er. Aber er will auch einer der ganz großen Roosevelts werden.

Wie wird man so einer?

Geboren werden die Roosevelts als »Knickerbockers«. So nennt man in New York die Nachkommen jener holländischen Pelzhändler, die im 17. Jahrhundert auf der Halbinsel Manhattan die Stadt Neu Amsterdam gegründet hatten, welche dann ein paar Jahrzehnte später englisch wurde und zu New York mutierte. Mit welchen Gütern die Roosevelts später auch handelten, sie hatten immer eine Nase für die richtige Investition zur rechten Zeit. Das erwirtschaftete Vermögen legten sie umsichtig, zukunftssicher und breit gefächert an, so daß der Clan wachsen konnte und alle Mitglieder seiner Familienzweige in gesicherten Verhältnissen wußte.

Im 20. Jahrhundert hätte es kein Roosevelt mehr nötig gehabt, selbst für seinen Unterhalt zu sorgen, aber süßes Nichtstun wurde nur im Falle von Invalidität oder Trunksucht entschuldigt. Es war Ehrensache, daß jeder Gesunde durch Arbeit dazu beitrug, die Sippenehre zu heben. Sinn der Arbeit war nicht unbedingt das Geldverdienen, denn auf diesem Gebiet hatten die Roosevelts schon genug geleistet, sondern etwas zu schaffen, was dem Land dient, der Stadt oder dem Staat New York, dem Recht oder der Gesellschaft oder sonst irgendeinem höheren Prinzip. Es durfte auch ruhig ein wenig exzentrisch sein.

Manchmal war es gar nicht so einfach, ein Betätigungsfeld zu finden, das sinnvoll und exzentrisch zugleich war. Vor allem wenn man ein wenig kränkelte, wie es viele Roosevelts taten, etwa an einer schwachen Lunge wie der Jurist Theodore (»Teddy«) Roosevelt, ein Verwandter fünften Grades und das große Vorbild von Franklin Delano Roosevelt.

Teddy kompensierte sein Handicap durch Boxtraining, Tennis, Jagd, anstrengende Studienreisen nach Europa, Ägypten und Palästina. Er hatte bei einer Dresdner Gastfamilie Deutsch gelernt, war an Naturwissenschaften, Literatur und Philosophie interessiert. Das alles war nichts Besonderes für einen Roosevelt. Auch nicht, daß er in die Politik ging. Reichlich skurril aber war, daß Theodore Roosevelt in die Politik nicht über den Honoratiorenweg eingestiegen war, wie es seiner Herkunft nach angemessen gewesen wäre, sondern ganz unten im Parteigefüge der New Yorker Republikaner, wo er sich am Korruptionssumpf der unteren und mittleren Parteigliederungen vorbei durch direkte Appelle an die Wähler einen Ruf als mutiger, unabhängiger, reformfreudiger Saubermann erwarb, auch wenn er zwischenzeitlich mal den ganzen politischen Krempel hinwarf, um im Wilden Westen eine Rinderfarm aufzubauen.

1897 wurde Theodore Roosevelt von Präsident McKinley zum Unterstaatssekretär im Marineministerium ernannt, wo er im Jahr darauf den Sieg der amerikanischen Pazifik-Flotte über die spanische Flotte organisierte. Weil er inzwischen die Wirkung spektakulärer Taten bei den Wählern erkannt hatte und bald selbst Präsident werden wollte, ließ er sich für den amerikanisch-spanischen Krieg noch etwas besonders Spektakuläres einfallen: Er stellte ein eigenes Freiwilligen-Bataillon auf, und zwar aus den beiden besten Männer-Kategorien, die Amerika seiner Ansicht nach zu bieten hatte: Gut erzogene Ostküsten-Dandies und Draufgänger aus dem Wilden Westen. Die beiden ungleichen Gruppen seiner »Rough Riders« schlugen sich mit Theodore Roosevelt an der Spitze bei der Vertreibung der spanischen Kolonialherren aus Kuba prächtig. Der Weg für Theodore Roosevelt ins Weiße Haus war frei.

Theodore Roosevelt war ein äußerst populärer Mann. Präsident eines Landes, das durch die endgültige Vertreibung der spanischen Kolonialmacht aus der westlichen Hemisphäre zur Weltmacht avanciert war. Ein Präsident, der die Presse für sich einzunehmen wußte. Ein Präsident, der die finanziellen Interessen seiner Gesellschaftsklasse weniger wichtig nahm als die Wohlfahrt der ganzen Gesellschaft. Ein Präsident, unter dem die Arbeiter und die Armen nicht länger als Angehörige einer minderwertigen Rasse betrachtet wurden, sondern als vernachlässigte Mitglieder der Gemeinschaft, auf deren Talente und Fähigkeiten Amerika nicht verzichten wollte.

Dieser Mann setzte Maßstäbe für andere Roosevelts. Einen Maßstab, der sich für Teddys kleinen Bruder Elliott als zu hoch erwies. Elliott wurde Trinker und erfüllte damit ebenfalls einen Teil der Familientradition. Elliott starb früh, seine schöne Frau auch; ihre Tochter Eleanor war mit zwölf Jahren Vollwaise geworden. Ein häßliches langes Entlein mit Doppelkinn, schüchtern, in ihrem fleischigen Mund einen Golddraht, der ihre Zähne in eine etwas bessere Form zwingen sollte.

Eleanor wuchs mit ihrem kleinen Bruder im Haus ihrer Großmutter auf. Dort schufen eine düstere Architektur, eine Reihe gnadenloser Gouvernanten und trinkfreudige junge Verwandte ein unruhiges Umfeld, in dem auch der kleine Bruder zum Trinker werden sollte. Die junge Eleanor, traurig und altmodisch gekleidet, wurde in diesem Haus »Granny« gerufen. Großmütterchen. Schon als Teenie war sie zu groß für die meisten Männer. Doch schließlich rang sie sich zu der Erkenntnis durch, daß ein vom Pech verfolgtes Mauerblümchen wie sie nur eine Chance hatte: Wenn die Natur und das Leben sie im Stich gelassen hatten, dann konnte nur noch sie selbst etwas aus sich und ihrem Leben machen. Hatte doch schon die schöne Mutter vor ihrem Tod gesagt: »Eleanor, ich weiß wirklich nicht, was aus dir werden soll! Du bist so häßlich, daß du dazu prädestiniert bist, gut zu sein.«

Drei Jahre Internat in England, und Theodore Roosevelts Nichte kam 1903 zurück nach New York als eine kultivierte Frau mit einem am europäisch-klassischen Geist geschulten Verständnis für geschichtliche und gesellschaftliche Entwicklung, angetrieben aber vom amerikanischen Schwung und dem besonderen Ehrgeiz der Roosevelts. Eine radikale Freidenkerin, besessen von der Idee, den Hilflosen zu helfen, die Ungebildeten zu belehren, Verantwortung zu tragen. Ihre Augen senkten nicht mehr wie in früheren Jahren den Blick, sondern funkelten frisch und selbstbewußt. Sie arbeitete für Wohlfahrtsorganisationen, gab Deutschunterricht und Bibelstunden. Es tat ihr gut zu erleben, daß Menschen ihr dankbar waren.

Ein Mädchen, auf das auch der große Onkel im Weißen Haus stolz sein konnte. Und es auch war.

Theodore Roosevelt führte sie in die Gesellschaft ein. Lang und dünn taucht sie 1903 in der Präsidentenloge auf, neben ihr ein junger Harvardstudent. Auch ein Verwandter des Präsidenten, ebenfalls ein Roosevelt, wenn auch etwas entfernter verwandt mit Teddy und Eleanor – Franklin Delano Roosevelt.

Auf das Delano legt der Vetter wert, denn so heißt die Familie seiner Mutter Sara. Die Delanos waren Geschäftspartner und Nachbarn der Roosevelts in Hyde Park am Hudson River, hatten zusätzliches Geld in die Familie gebracht. Mutter Sara, inzwischen verwitwet, würde es gern sehen, wenn Franklin, ihr einziger Sohn, sich ins Privatleben zurückziehen würde, nachdem er mit seinen 21 Jahren in Harvard doch schon ausreichend Geist und Kultur bewiesen hat. Ein Mann mit Stil sollte seine Zeit nicht durch Arbeit vergeuden, sondern sich lieber der Kunst, den Musen, dem Sport, der Jagd, dem Landleben und all den anderen Freuden des Lebens widmen, vor allem der Gesellschaft seiner Mutter.

Es ist schwer zu ergründen, weshalb die beiden in der Präsidentenloge Feuer fangen, denn sie sind auf den ersten Blick ein ungleiches Paar: Franklin, 21, ein ausgesprochen schöner und munterer Prince-Charming-Typ mit deutlichen Anflügen von Arroganz und Unernsthaftigkeit. Dagegen Eleanor, lang, dürr, doppelbekinnt, mit einem Mund, als wäre sie gerade aus einer Schlägerei gekommen, und in diesen Jahren auch noch vollkommen humorlos.

Vielleicht ist es von seiner Seite ein Akt der Rebellion gegen seine Mutter Sara, die ihn bis zu seinem fünften Lebensjahr in Mädchenkleider gesteckt hat, und der er sich nahezu immer fügen und beugen muß.

Vielleicht ist es auch die traditionelle Freude der Roosevelts an exzentrischen Taten: Wie werden sie staunen, die Freunde und Freundinnen, die alle damit rechnen, daß der schmucke und reiche Franklin Delano Roosevelt den schönsten Schwan der Welt suchen und kriegen würde, sich aber für ein häßliches Entlein entscheidet!

Vielleicht ist es aber auch die intuitive Erkenntnis dieses Sunnyboys, daß seine Arroganz und seine Eitelkeit ihm den Weg in die Ruhmeshalle der Roosevelts versperren wird, wenn er nicht ergänzt, animiert, angestachelt und unterstützt wird von einer energischen, gebildeten, eigenständigen und politisch interessierten Frau wie dieser Eleanor.

Frauen dieser Art gibt es im puritanischen Amerika noch nicht viele, insbesondere in seinen Kreisen, und bei Eleanor kann er sicher sein, daß sie auch noch den besonderen Ehrgeiz der Roosevelts im Leib hat. Sie wären ein starkes Team. Außerdem findet er ihre klugen und lebendigen Augen schön, und sie hat wunderbar dichtes Haar. Außerdem ist Franklin Delano ein Muttersöhnchen, auf Frauen fixiert und damit in der Lage, jede Frau zu verehren. Auch wenn er, wie bei seiner Mutter, gelegentlich ausbrechen muß, um nicht erdrückt zu werden. Er ist und bleibt aber Zeit seines Lebens ein Mann, der Frauen um sich braucht.

Zwei Jahre nach der ersten Begegnung in der Präsidentenloge heiraten die beiden, gegen den Widerstand von Franklins Mutter Sara Delano. Als Sara nachgibt und ihrem Sohn und der Schwiegertochter ein Haus baut, gleich neben dem ihren, ist auch Franklins Widerstandskraft erschöpft: Er erlaubt seiner Mutter, das Haus seiner Frau einzurichten und es mit dem ihren durch einen Trakt zu verbinden.

Vom Einfluß Eleanors auf Franklin ist lange nichts zu spüren. Der junge Ehemann widmet sich in den ersten Ehejahren seinen Studien in Harvard und Columbia. Eleanor ist zunächst voll damit beschäftigt, ihre Kinder aufzuziehen, den Tod eines Sohnes zu beweinen und erschöpft nach dem bißchen Luft zu schnappen, das die herrschsüchtige Schwiegermutter ihr gerade noch gönnt. Ihre sozialen und politischen Aktivitäten beschränken sich auf ein Mindestmaß. Es reicht gerade noch aus, um die Verbindung zu den Institutionen, Freunden und Weggefährten der sozialen Reformbewegung nicht abreißen zu lassen.

Franklin unternimmt nach dem Studium einen kleinen Ausflug ins Berufsleben, damit ihm später niemand vorwerfen kann, er habe im Leben niemals eigenes Geld verdient. Er tritt in eine Anwaltsfirma ein, die auf Wirtschaftsfragen spezialisiert ist. Dann beginnt er im letzten Abendlicht der Präsidentschaft seines großen Onkels Theodore Roosevelt mit der eigenen politischen Karriere im Stadtparlament von New York. Um nicht allzu deutlich im Schlepptau des Präsidenten mitzuschwimmen, ist er nicht der Partei des berühmten Verwandten, den Republikanern, beigetreten, sondern den Demokraten. Eleanor findet dies in Ordnung, denn bei den Republikanern ist das soziale Gewissen Theodore Roosevelts nur eine Ausnahme gewesen. Sozialpolitik ist eine Domäne der Demokraten geworden, nicht zuletzt durch den Eintritt der bis dahin noch losen Reformbewegungen, zu denen auch Eleanor Roosevelt gehörte.

Noch aber ist Sozialpolitik etwas, das Franklin Delano kaum interessiert. Er gibt sich auch wenig Mühe, den Arbeitern New

Yorks den Eindruck zu vermitteln, daß ihm ihr Schicksal wirklich am Herzen liegt. Frances Perkins, seine spätere Arbeitsministerin, erinnert sich der allerersten Begegnung mit dem Nachwuchspolitiker Franklin Delano Roosevelt. Der ist im Jahr 1910 noch immer derselbe arrogante, selbstgefällige Pinkel von 1903, noch kein bißchen der kraftvolle, sympathische, offene, freundliche und selbstironische Pfundskerl, der 1933 Präsident wird.

Frances Perkins sieht ihn 1910 bei einem Tanztee im Salon einer Mrs. Brown. Er ist gerade ins New Yorker Stadtparlament gewählt worden und verteidigt in dem Salon, wo es weniger um Tee und Tanz als um Politik geht, die Ehre seines großen Verwandten gegen die Angriffe eines Dandys aus der Besitzbürgerklasse. Franklin Delano ist ein schlanker, schöner, junger Mann mit einem Nasenzwicker und einer auffälligen Macke, die er im Jahr 1933 in eine Geste des unbezwingbaren Optimismus umgestalten wird, die aber im Jahr 1910 noch abstoßend hochnäsig wirkt: Ein ruckartiges Hochreißen des Kinns, als wolle er über alle Anwesenden angewidert hinwegsehen wie über niederes Geschmeiß. Das hinreißende Lächeln dazu hat er damals noch nicht gelernt. Er selbst wird später, als Präsident, einmal sagen: »Wissen Sie, ich war ein schrecklich unausstehlicher Kerl, als ich mit der Politik anfing.«

Immerhin, er ist munter, wachsam, lernfähig, und da er einen sehr guten Namen hat, freut sich bei der Kampagne für die Präsidentenwahl von 1912 der Kandidat und Sieger Wodrow Wilson über die Unterstützung des New Yorker Knickerbocker-Kids Franklin Delano Roosevelt. Als Wilson dann 1913 ins Weiße Haus einzieht, fragt er den jungen Mann, welchen Posten er denn in Washington haben wolle. Roosevelt will denselben haben, mit dem auch Onkel Theodore in Washington angefangen hatte: Unterstaatssekretär im Marineministerium.

Niemand ist glücklicher über den Umzug nach Washington als Eleanor. Sie kann der Schwiegermutter entfliehen. Sie ist auch entschlossen, sich wieder mehr um ihre sozialen, politischen und journalistischen Anliegen zu kümmern und stellt zu ihrer Unterstützung eine Gesellschaftsdame ein. Drei Vormittage in der Woche erledigt Lucy Perce Mercer Schreibarbeiten, organisiert Terminpläne, koordiniert zwischen dem Haus der Roosevelts im schicken Washingtoner Prominentenviertel Georgetown und dem Büro Roosevelts im Ministerium.

Lucy Mercer entstammt der angesehenen, aber verarmten Carroll-Sippe aus Maryland. Eine reizende junge Schönheit des Typs English Rose, sehr weiblich, sehr warmherzig, katholisch, blitzgescheit und ausgestattet mit dem Charme und den Manieren einer europäischen Baronesse. Kein Wunder, denn Lucy Mercer ist in Österreich erzogen worden, im Österreich des Kaisers Franz Joseph. Sie beherrscht eine Reihe Fremdsprachen, Deutsch so sicher wie ihre Muttersprache. Jeder, der sie kennt, liebt sie. Aber nur einen erhört sie: Franklin Delano Roosevelt.

Mrs. Roosevelt ahnt von dem Verhältnis nichts. Sie ist sehr zufrieden mit Lucys Arbeit. Denn dank ihrer Hilfe findet sie in den Jahren 1914 bis 1916 vor, zwischen und nach den Geburten ihrer jüngsten Kinder noch die Zeit, eine Menge interessanter Leute zu einem Netz zu verknüpfen, das ihren Mann und ihre Anliegen nach oben tragen kann.

Daß Franklin Delano Roosevelt in diesen Jahren deutlich nach links rückt und im Umgang mit Menschen zunehmend an Charme gewinnt, liegt nicht nur am Eigeninteresse dieses cleveren New Yorkers, der es noch weit bringen will und erkannt hat, daß die meisten Wählerstimmen in den unteren Gesellschaftsschichten zu holen sind und nicht in den oberen. Es stellt sich im Umgang mit den klugen, idealistischen und aufregenden Leuten, die Eleanor ihm ins Haus schleppt, heraus, daß der nun 32 Jahre alte Franklin Delano Roosevelt ein wahres Genie im Zuhören, Aufnehmen und Dazulernen ist. Die pubertäre Arroganz seiner jungen Jahre hat er verloren. Er ist jetzt ein außerordentlich sympathischer Mann, der allen Gesprächspartnern das Gefühl gibt, ernstgenommen zu werden. Er weckt in ihnen den Wunsch, diesen Mann zu unterstützen.

Was er in seinen ersten Washingtoner Jahren im Umgang mit Eleanors Gästen lernt, kommt nicht nur seiner Persönlichkeit zugute, sondern auch seinem Job als Unterstaatssekretär im Marineministerium. Das Amt klingt wie ein politisches Nebenfach, bietet aber eine Schlüsselrolle, eine ideale Plattform für den Überblick über alle Bereiche amerikanischer Politik. Der Unterstaatssekretär des Marineministeriums gehört zum innersten Kreis der Militärpolitik. Die US Navy ist aber auch ein Schlüsselinstrument der außenpolitischen Interessen der Vereinigten Staaten, weshalb der Marine-Unterstaatssekretär auch zum innersten Kreis der außenpolitischen Planung gehört. Und weil die Marine Schiffsbau- und Ausrüstungsaufträge erteilt, ist der Unterstaatssekretär Franklin Delano Roosevelt mit der Industrie in Verbindung, kommt bei Betriebsinspektionen auch mit Gewerkschaften zusammen, kann ein besseres Gespür entwickeln für Stimmungen und Entwicklungen in der amerikanischen Gesellschaft. Er ist einer der ersten Politiker, der genau Einblick in die Arbeitswelt der Fabriken nimmt.

Roosevelt macht seinen Job gut. Als die Vereinigten Staaten im Jahr 1917 auf der Seite der Entente in den Ersten Weltkrieg eintreten, ist seine Marine bestens gerüstet. Er kann in kürzester Zeit riesige Mengen Waffen, Nachschub und Soldaten nach Europa verschiffen; das Heer des deutschen Kaisers geht in die Knie.

Doch vorher setzt Eleanor ihm die Pistole an die Brust: Sie hat von seinem Verhältnis mit Lucy erfahren, hat Liebesbriefe gefunden. Sie ist tief verletzt. Ein doppelter Vertrauensbruch. »Der Boden stürzte aus meiner Welt.« So beschreibt sie ihren Zustand in der Stunde der Wahrheit.

Erst flüchtet sie aus Washington. Auf der Insel Campobello vor der Küste von Maine denkt sie einen Sommer lang über ihre Lage nach, läßt ihren Kummer in einen Brief an ihren Mann einfließen. Sie fühlt sich unerwünscht. Er schreibt zurück: »Du bist ein dummes Gänschen, wenn du dir einbildest, daß ich dich hier nicht haben wollte. Du weißt, daß ich dich brauche! Du warst es, die sich volle sechs Wochen in Campobello vergraben hat.« Und ein paar Zeilen weiter unten schreibt er dann fröhlich von einer Segeltour auf dem Potomac mit ein paar Freunden und Lucy…

Lucy!

Eleanor will Klarheit. Sie reist zurück nach Washington und fordert eine verbindliche Entscheidung: Lucy oder sie. Ehe oder Scheidung, aber kein Dreiecksverhältnis.

Franklin liebt Lucy, ist zur Scheidung bereit. Aber Lucy ist eine Katholikin, die ihren Glauben ernst nimmt. Sie hat geliebt und gesündigt, aber der Geliebte ist der Mann einer anderen Frau. Niemals wird sie einen geschiedenen Mann heiraten. Sie verläßt Washington, zieht als Freiwillige des Marine-Hilfsdienstes in den Krieg, heiratet danach Winthrop Rutherford, einen reichen, gebildeten Witwer, einen Abkömmling Peter Stuyvesants, des berühmtesten aller New Yorker Knickerbocker. Lucy ist Rutherfords fünf Kindern eine bezaubernde Stiefmutter, wird auch selbst Mutter einer Tochter.

Eleanors Wunde ist nicht geheilt. Ihr Mann hat sich nicht für sie entschieden, er ist nur auf ihr sitzengeblieben. Der Schmerz vergeht auch durch Rache nicht: Sie betrügt Franklin mit einem Leibwächter, dem Boxer Earl Miller, aber es macht ihm nichts aus. Er ermuntert sie zu Affären, um sich auf diese Weise Freiheit für neue Amouren zu schaffen. Zum Beispiel mit Marguerite (»Missy«) LeHand, seiner neuen Sekretärin.

Eleanor hat keine Freude am Seitensprung. In einem Gespräch mit den Schriftsteller Gore Vidal wird sie sich Jahrzehnte später als Sex-Hasserin offenbaren. Sie wird auch nie mehr mit ihrem Mann schlafen. Sie wird überhaupt nicht mehr mit Männern schlafen. Schöne Frauen können einen Ehebruch verzeihen, häßliche Entlein nicht. Eleanor ist durch die Lucy-Affäre wieder schmerzhaft daran erinnert worden, daß sie keine schöne Frau ist. Aber innen drin, im Spiegel unsichtbar, da steckt in dem häßlichen Entlein ein schöner Schwan. Dieser Schwan will leben. Und diesen Schwan liebt, auf seine Weise, auch Franklin.

Die Ehe wird mit neuen Regeln ausgestattet. Man heißt Roosevelt und hat, verdammt nochmal, im Leben mehr auf die Beine zu stellen als nur eine harmonische Ehe. Sie wollen ein politisches Team werden, wie es noch keines gab in Washington. Die Nominierung Roosevelts 1920 als Vizepräsidentschaftskandidat ist erst der Anfang, das Scheitern des Gespanns Cox-Roosevelt gegen Warren Harding hat keine Bedeutung.

Sie fängt sofort an, an seinem Comeback zu stricken; sie wird schon bald Anhänger auf allen Ebenen finden; sie wird Frauen für die Politik der Demokraten werben, als Wählerinnen, Wahlhelferinnen, Politikerinnen. Zuerst in New York, der heimatlichen demokratischen Hochburg, später im ganzen Land. Sie wird in Vortragsreihen und als Journalistin so viel neues politisches Bewußtsein in die Köpfe der amerikanischen Frauen pflanzen, daß die Bundespolizei FBI sicherheitshalber schon mal ein Dossier über sie anlegt.

Sie bringt Geld zusammen zur Errichtung von Fabriken in landwirtschaftlichen Notstandsgebieten, um dort die Familieneinkommen zu stärken und die Landflucht zu bremsen. Bei einer Veranstaltung in Alabama wird sie von einem Sheriff aufgefordert, sich in die Reihe der Weißen zu setzen. Es herrscht im Süden noch Rassentrennung; und Eleanor, die sich nicht zu den Schwarzen setzen kann, wenn sie nicht verhaftet werden will, stellt ihren Stuhl demonstrativ in den Mittelgang zwischen den Weißen und den Schwarzen.

Die Jeanne d'Arc der amerikanischen Vorstädte und Provinznester ist zugleich eine der interessantesten Gastgeberinnen in Washington und New York. Sie öffnet vielen ihrer linken Freunde Türen zu wichtigen Männern und öffnet das Bewußtsein dieser wichtigen Männer für gesellschaftliche Fragen. Am besten gelingt ihr dies bei ihrem eigenen Ehemann.

Doch dann geschieht etwas, das alle Träume zerstört. Bei einem Urlaub in Campobello befällt Franklin der Polio-Virus. Kinderlähmung. Arme, Hände und Beine gehorchen nicht mehr. Ein Kampf auf Leben und Tod folgt. Die Beweglichkeit der Arme und Hände kehrt zurück, die Beine bleiben gelähmt.

Ein Krüppel.

Niemand wird einen Krüppel in ein wichtiges Amt wählen.

Pech gehabt.

Die Roosevelts kehren heim nach Hyde Park am Hudson River. Mutter Sara hat den Sohn jetzt da, wo sie ihn immer haben wollte. In ihrer Nähe, endlich wieder unter ihrer vollen Kontrolle.

Franklin droht ein Opfer seiner besten Charaktereigenschaft zu werden. Sie besteht darin, daß er sich ohne Bitterkeit mit Dingen abfinden kann, die nicht zu ändern sind. Er nimmt sein Leiden mit Demut an und macht das Beste daraus. Das Beste sieht er darin, Autos und Motorboote so umbauen zu lassen, daß er sie allein mit Handbedienung fahren kann. Er ist sehr stolz darauf, daß es ihm gelingt, und hat einen Heidenspaß, seine Familie und seine Freunde damit herumzukutschieren. Selten hat man einen kranken Mann gesehen, den eine Aura von solcher Kraft und Demut zugleich umgibt.

Er bekommt Besuch von einem alten Freund und politischen Weggefährten: Louis Howe. Louis ist ein Parteiapparatschik mit Trüffelschwein-Qualitäten. Ein genialer Strippenzieher mit Gespür für politische Talente, aber ohne Ehrgeiz für sich selbst. Louis schaut sich den Patienten an, wechselt Blicke mit Eleanor, und beiden ist klar: Dieser Mann ist zu schade für einen Platz auf Mutter Saras Schoß; er muß in die Politik zurück.

Howe bittet Franklin, ihn doch als seinen Sekretär einzustellen, er werde sich schon irgendwie nützlich machen können. Außerdem habe er zur Zeit ohnehin keinen vernünftigen Job.

Okay. Warum nicht. Sein Haus und Mutters Haus nebenan sind groß genug. Je mehr Leute unter dem Dach weilen, desto interessanter sehen die Tage aus. Auch Eleanors kleiner Bruder wohnt jetzt bei ihnen. Versoffenes Genie, wunderbarer Kerl! Und was Eleanor an Abendgästen und Weekend-Besuchern anschleppt! Philosophen, Maler, Schriftsteller, Journalisten, Geistliche, Forscher. Großartiges Leben, auch wenn man nicht mehr laufen kann. Wie schön, daß jetzt auch Louis Howe da ist!

So zieht der Trainer bei seinem zukünftigen Champion ein und beginnt zu baggern. Hier ein kleines Gespräch über Politik, dort ein gemeinsamer Besuch bei einer Versammlung. Eleanor strickt fleißig mit. So wird das Interesse wieder geweckt, die wichtigen alten Verbindungen bleiben erhalten. Der Horizont wird erweitert, die Lust am Machen gekitzelt. Freunde wie Gouverneur Smith suchen seinen Rat.

Und plötzlich ist dann auch Missy LeHand wieder da, die frühere Sekretärin. Frisch, hübsch, knackig wie damals beim Kampf um die Vizepräsidentschaft. Eleanor hat nichts dagegen, wenn Missy ihn ein wenig bei seinem körperlichen Rehabilitationsprogramm betreut. Missy und Franklin fahren nach Warm Springs, an einen mythischen Ort in Georgia. Die dortigen Thermalquellen waren einmal so etwas wie ein indianisches Olympia. Mochten ringsum die Stämme Krieg haben, die zu den Quellen gekommenen verwundeten Krieger aller Parteien waren unantastbar und durften sich in Frieden kurieren.

Von der Wärme und von der Tragfähigkeit des Wassers von Warm Springs erhofft sich Roosevelt Kräftigung und am Ende Beweglichkeit der Beine. Was die Quellen noch nicht schaffen, soll Eisen bewirken. Schwere Metallschienen ermöglichen ihm aufrechtes Stehen, mit Hilfe von Stöcken inzwischen sogar vorsichtiges Gehen.

Noch weiß Roosevelt nicht, daß Eleanor und Louis Howe sein politisches Comeback längst beschlossen haben. Seine Pläne gehen eher dahin, wieder richtig gehen zu lernen und Warm Springs zu einem wichtigen Kurort aufzubauen. Er investiert Geld in die Quellen. Ihm schwebt eine neue Art von Heilbad vor. Kein elegantes Reichen-Refugium mit Spielcasino wie die europäischen Kurorte, sondern eher ein Camp, in dem Menschen aus allen Gruppierungen der Gesellschaft zusammenkommen, ungezwungen miteinander umgehen, einander beim Fitwerden unterstützen und eine Menge Spaß haben.

Als ihm dann 1928 die Kandidatur der Demokraten für das Amt des Gouverneurs des Staates New York angetragen wird, ist es ihm zunächst gar nicht recht. Er will noch ein Jahr Zeit haben, um die Lähmung in den Beinen zu bezwingen. Aber dann packt er es doch an – in einem Wahljahr, in dem die Demokraten überall in den Vereinigten Staaten gewaltig gerupft werden.

Die Wirtschaft boomt. Amerika ist das reichste Land der Erde geworden. Fast jede amerikanische Familie hat ein Auto. Der Kapitalismus und die Republikaner sind die Größten. Man kauft Aktien auf Pump und zahlt aus den Gewinnen die Kredite zurück. Was soll das linke Genörgel der Demokraten! Schön, sollen sie ein paar neue Gesetze zur Erleichterung der Arbeits- und Einkommensbedingungen der Arbeiter durchsetzen dürfen, aber regieren sollen die Republikaner. Und so wählen sie auch. In Washington, und überall, wo wichtige Ämter zu vergeben sind, gewinnen Republikaner. Im Bundesstaat New York aber macht das Rennen ein Demokrat. Franklin Delano Roosevelt. Der Krüppel.

Ein starker Zauber geht aus von diesem Mann, der sich bei seinen Versammlungen mit Anstrengung aus seinem Rollstuhl zum Rednerpult hochzieht und dann, wenn er es geschafft hat, das Auditorium mit einem hinreißenden Lächeln begrüßt, als hätten er und das Publikum gemeinsam soeben einen phantastischen Sieg errungen. Kinn nach oben! Leute, es gibt nichts, was uns kleinkriegen könnte! Das Leben ist großartig, glaubt es mir!

Im Jahr darauf ist das Leben überhaupt nicht mehr großartig. Der Schwarze Freitag, der in Amerika noch ein Donnerstag ist, der furchtbare 24. Oktober 1929, ist der Tag, der die hoffnungsschwangere Nachkriegswelt ruiniert, der die Goldenen Zwanziger beendet. Europa, das gerade dabei war, sich mühsam aus den Folgen des Ersten Weltkriegs hochzurappeln, fällt nach dem New Yorker Börsenkrach ins Elend zurück. Der Kapitalismus war also doch nicht der große Trick, bei dem sich das Geld, wenn man es erst einmal investiert und Aktien gekauft hat, wie durch Zellteilung automatisch vermehrt. An einem einzigen Tag fällt der auf Pump gemachte Boom in sich zusammen wie ein Kartenhaus. Die Spirale, die sich in den letzten Jahren immer höher dem allgemeinen Reichtum entgegengeschraubt hat, drückt nun alles immer tiefer nach unten.

Von den Wolkenkratzern in Manhattan springen Manager aus den Fenstern. Die Arbeitslosigkeit steigt sprunghaft an. Banken schließen, oder sie pfänden ihren Kunden die Häuser, ihr Hab und Gut unter dem Hintern weg. In New York, in Amerika, in der gesamten industrialisierten Welt.

Die Weltwirtschaftskrise wird die Bewährungsprobe für den neuen Gouverneur von New York. Franklin Delano Roosevelt geht das Problem in dem Bewußtsein an, daß kein Mensch weise genug sein kann, ganz allein die verborgenen Ausgänge aus dieser Hölle zu entdecken. Und daß deshalb möglichst viele über die Probleme, über Lösungs- und Verbesserungsmöglichkeiten nachdenken müssen. Also installiert er zunächst einmal ein System für umfassende Informationserhebung, Informationsaustausch und Gesprächszirkel, bei denen Unternehmer, Gewerkschaftler, Wirtschaftswissenschaftler zusammenkommen nach der alten Teamwork-Regel, daß eine Mannschaft mehr ist als die Summe ihrer Einzelspieler. Es ist die Geburtsstunde des politischen Hearings.

Das Ergebnis seiner New Yorker Bemühungen ist eine von ihm einberufene Konferenz von Gouverneuren interessierter

Bundesstaaten. Dort überzeugt er Amtskollegen und die Nation davon, daß zunächst einmal eine Arbeitslosenversicherung eingeführt werden muß. Unternehmer, Staat und Arbeitsplatzbesitzer helfen Arbeitslosen. Mit dieser Versicherung soll nicht nur die Not Millionen Amerikaner gelindert werden. Mit den Zuwendungen aus der Versicherung und mit staatlichen Finanzspritzen können die Kaufkraft des Millionenheers der Arbeitslosen belebt, die Arbeitslosenzahlen reduziert und die Volkswirtschaft vor der Gefahr eines totalen Stillstands bewahrt werden. Den Grundgedanken, den Roosevelt den Gouverneuren und der Nation einhaucht, ist der eines antizyklischen und solidarischen Umgangs mit Geld: In schlechten Zeiten die Wirtschaft ankurbeln mit finanziellen Mitteln, die man in guten Zeiten zurückzahlt oder anspart.

Die Konferenz entdeckt Roosevelts Qualitäten als Überzeuger und Führungspersönlichkeit. Dieser Mann entzündet die Hoffnung der Amerikaner auf eine Zukunft, in der Unternehmer und Arbeitnehmer wieder einen guten Deal, den *New Deal* machen könnten. Der Weg nach Washington wird frei, denn dort sitzt mit Präsident Hoover ein Mann, dem nichts mehr einfällt. Roosevelt aber sagt: »Wir haben nur eines zu fürchten – die Furcht selbst.«

Im Jahr 1933, ein paar Wochen bevor Hitler in Berlin an die Macht kommt, ziehen Franklin und Eleanor Roosevelt ins Weiße Haus ein. Er fragt seine Ratgeber, was von Senator Blacks 30-Stunden-Woche zu halten ist. Jeder Amerikaner auf halbe Arbeitszeit gesetzt? Würde auch die Kampfkraft von Kriegern steigen, wenn sie ihre Schwerter auf halbe Länge reduzierten? Man ist doch nicht nach Washington gekommen, um hier einen Stillstand zu regieren oder einen Rückzug zu organisieren oder einen Mangel zu verwalten! Man will eine neue Dynamik entfachen!

Aber wie? Bis dahin hat der Kapitalismus das Auf und Ab der Wirtschaft ergeben hingenommen wie Naturereignisse. Amerika hat einen geradezu physischen Ekel vor dem staatlichen Eingriff in den freien Lauf der wirtschaftlichen Prozesse, in die Freiheit des Unternehmers, in die Arbeitswelt des einzelnen. *Independence* (Unabhängigkeit) ist ein mystisches Schlüsselwort der amerikanischen Seele. Die Amerikaner sind in diesen Kontinent gekommen – oder stammen von Menschen ab, die in diesen Kontinent gekommen sind – aus einem einzigen Grund: Frei und unabhängig, independent, zu werden von fürstlichen oder staatlichen Reglementierungen. Aber all das, was Roosevelt und seiner Administration vorschwebt, sind Eingriffe in diese Freiheit.

Er will Wirtschaftsgesetze erlassen, die den Unternehmen statt des schnellen Dollars langfristig regelmäßige Einnahmen verheißen. War bisher das kapitalintensive Cash- and Carry-System üblich, wenn Fabriken ihr Rohmaterial und Händler ihre Waren einkauften, wird nun kontinuierlich in Teilmengen geliefert und gezahlt. Das schafft Luft und Planungssicherheit, bietet auch den Arbeitnehmern langfristige Beschäftigungsaussichten. Aber es ist natürlich ein schwerer staatlicher Eingriff in die Freiheit des Handels und des Produzierens.

Er will mit dem Material aus den staatlichen Magazinen und Vorratslagern, mit dem Eingemachten der amerikanischen Nation für Kriegszeiten und Unwetterkatastrophen, neue Straßen, Brücken und Staudämme bauen und die Arbeiter mit geliehenem Geld entlohnen. Das bringt Kaufkraft unter die Leute und verbessert die Infrastruktur. Aber es ist natürlich ein staatlicher Eingriff mit Risiken für die Finanzstabilität.

Er will die Firmen, die staatliche Aufträge bekommen, zur Zusammenarbeit mit den Gewerkschaften und zur Einhaltung von Mindeststandards für Löhne und Arbeitsbedingungen zwingen. Das ist zwar ein Deal, aber ein schwerer Eingriff in die Freiheit des Unternehmers.

Er will junge Männer, die trotz allem keine Arbeit gefunden haben, gegen ein Taschengeld zum Eintritt in freiwillige Arbeitsdienste zum Aufbau des Landes überreden. Das reißt zwar Millionen Arbeitslose aus ihrer Lethargie und gibt ihnen wieder das Gefühl, etwas zu leisten und wichtige Mitglieder der Gemeinschaft zu sein, ist aber ein schwerer staatlicher Eingriff in die Regeln des freien Wettbewerbs auf dem Arbeitsmarkt.

Alles also verstößt gegen die amerikanischsten aller Regeln. Wie sagt es Roosevelt seinen Landeskindern?

Er liefert das absolute Meisterstück zur Verführung und Umgestaltung einer Nationalseele. Es gelingt ihm mit den drei

Buchstaben »ter«, die er in das mystische Wort »Independence« einfügt: »Interdependence.« Seine neue Lieblingsvokabel legt sich auf die amerikanische Seele fast genauso anheimelnd wie das gute alte Independence, bedeutet nun aber fast das Gegenteil: nicht »Unabhängigkeit«, sondern »Zusammengehörigkeit« oder gar »Gegenseitige Abhängigkeit«. Roosevelts große neue Botschaft: Jeder von uns ist durch viele Fäden mit dem Schicksal der anderen verknüpft, und deshalb wird keiner von uns sein Glück machen können, wenn er nicht auch das Glück der anderen im Auge behält.

Das ist sein Credo für eine neue amerikanische Gesellschaft. Seine Grundphilosophie für den *New Deal*.

Ein Reporter fragt ihn: »Herr Präsident, sind Sie Kommunist?«

Roosevelt: »Nein.«

»Sind Sie Kapitalist?«

»Nein.«

»Sind Sie Sozialist?«

»Nein.«

»Nun, was für eine Philosophie haben Sie dann?«

Roosevelt: »Philosophie? Ich bin Christ und Demokrat – das ist alles.«

Vor allem ist er ein Politiker, der glaubt, daß Amerikas Bürger nicht in Utopien denken wie die Europäer, sondern einfach nur ein bißchen besser leben wollen.

Er läßt sein Programm vom Stapel. Eine Fülle von Maßnahmen, die unerprobt und ohne große Gesamtplanung auf die Nation und die amerikanische Volkswirtschaft losgelassen werden.

Nicht alle taugen etwas, manche sind gut. Manche sind gut, aber nur für eine Weile. Manche bringen am Anfang nichts, entwickeln sich aber. Das Problem für den Mann im Weißen Haus ist: Wie bekomme ich ehrliche Informationen über den Fortgang der Dinge? Berater, Minister, Beamte, Arbeitgeberverbände und Gewerkschaften verfolgen eigene Interessen und könnten Lügen oder Täuschungen nach oben weitergeben. Er braucht unbestechliche Augen und Ohren. Er weiß, wer sein Botschafter an der Front des *New Deal* sein soll: seine Frau.

Eleanor ist in eine leichte Krise geraten nach dem Einzug ins Weiße Haus. Als First Lady aller Amerikaner kann sie nicht mehr parteipolitisch und allzu provokativ in der Öffentlichkeit wirken wie die Frau eines Gouverneurs. Aber nur Repräsentationsaufgaben wahrzunehmen, das ist ihr zu langweilig. Sie will teilhaben an der Politik und sich zu ihrem Mann ins Vorzimmer setzen. Sie könnte sich um seine Post kümmern, sagt sie ihm.

Er sagt: Nein, Eleanor, das würde Missy verletzen. Missy hat das schon immer gemacht mit der Post. Missy, Roosevelts langjährige Sekretärin und Geliebte. Eleanor versteht. Er will sie nicht in seiner unmittelbaren Nähe haben. Er kann auf Krücken wieder gehen; er ist wieder hinter den Frauen her. Ist nicht so schlimm. Nur Lust, keine Liebe. Es sind nur Missy und zwischendurch mal eine andere, aber keine Lucy Mercer. Männer sind manchmal ekelhaft, aber offensichtlich sind sie nun einmal so.

Eleanor ist bemüht, sich mit ihrem politischen Abseits abzufinden. Sie hat ja auch einiges erreicht. Immerhin hat sie ihm geholfen, ins Weiße Haus zu kommen. Immerhin ist die Politik eingeleitet, die sie gut findet. Immerhin kann sie dem Präsidenten auch weiterhin mit Ratschlägen oder als Zuhörerin zur Seite stehen. Warum soll sie sich jetzt nicht ein paar Wochen lang um sich selbst kümmern und dabei vielleicht auf neue Gedanken kommen. Sie fragt eine Frau, mit der sie sich in den ersten Washingtoner Wochen angefreundet hat, ob sie sie nicht zu einer vergnüglichen Autoreise in den Nordosten, hinauf nach Maine und Kanada, begleiten wolle. Die Freundin ist Laurena Hickok, Reporterin von Associated Press.

Eleanor Roosevelt, verschmähte Ehefrau ihres politischen Teamgefährten Franklin Roosevelt, Mutter von fünf Kindern, ist jetzt 49. Sie sucht und findet in Laurena Hickok noch einmal eine große, elementare und gefühlige Bestätigung. Die Beziehung zwischen der First Lady und der Journalistin wird in den genaueren Biographien als lesbisch eingestuft.

Es wird ein schöner Sommer. Ruhig und entspannt kehrt sie nach Washington zurück. Der Präsident will alles wissen, was auf der Reise war. Nein, nicht das mit Miss Hickok. Roosevelt will wissen, was sie auf der Reise gesehen hat, wie die Leute reden, was sie tun, wie der Zustand der Häuser ist in Maine. Ob und wann die Leute lachen. Wie dieses und jenes Programm, das er gestartet hat, sich vor Ort auswirkt. In seinen Details. Er will alles ganz genau wissen. Er will wissen, was die Politik an den Menschen anstellt und was die Programme, die er gestartet hat, im Alltag der Amerikaner bewirken.

Damit ist Eleanors neuer Auftrag gefunden. Sie ist ab sofort seine Spezialkundschafterin, fährt durchs Land für ihn. Offiziell und inoffiziell. Sie ist sein Auge und sein Ohr. Und er ist der genaueste und neugierigste Interviewer, den sie je traf. Neugieriger und präziser fragt er als alle Journalisten Washingtons. Jede Einzelheit will er wissen. Weil sie schon so viel unterwegs ist, berichtet sie darüber auch in Zeitungen. Eine Agentur verkauft ihre Erlebnisse über die Jahre hinweg als eine Art Tagebuch der First Lady. Das macht die Roosevelts noch populärer, gibt Eleanor aber auch die Möglichkeit, den Bürgern die Politik ihres Mannes deutlich zu machen und zu werben für seine verwirrenden Maßnahmen.

Was sie ihrem Mann von ihren Reisen zu berichten hat, klingt gut. Viele seiner Programme sind Flops, aber manche greifen. Bringen Geld unter die Leute, der wirtschaftliche Kreislauf kommt wieder in Gang. Die Staatsverschuldung steigt, aber die Steuereinnahmen aus der sich abzeichnenden neuen Belebung werden die Schulden schon wieder kleinkriegen.

Die Wiederwahl für 1937 ist gesichert, danach nimmt die Außenpolitik Roosevelt immer mehr gefangen. Die Welt treibt dem Zweiten Weltkrieg entgegen. Amerika ist ein mächtiges Land, das nicht zuletzt davon lebt, daß es seine Überschüsse in alle Welt verkaufen kann. Aber die Welt teilt sich auf in riesige Blöcke, die sich alle abschotten vom Weltmarkt und damit von amerikanischen Exportgütern. Die russischen Kommunisten arbeiten auf ein eigenes Imperium hin, die faschistischen und nationalistischen Länder Europas wollen von Importen unabhängig werden. Jenseits des Pazifiks schließen die japanischen Truppen die ostasiatischen Märkte von der Welt ab. Schließlich beginnt Hitler die Eroberung Europas.

Die amerikanischen Bürger wollen sich nicht in diesen Krieg hineinführen lassen. Roosevelt aber hält den Krieg gegen

Deutschland und Japan für notwendig, wenn Amerika nicht eines Tages als eine große, aber abgeriegelte Insel zwischen zwei Ozeanen enden will. Wieder packt er sein Zauberwort Interdependence aus. Zusammengehörigkeit, gegenseitige Abhängigkeit. In seinen Reden, in seinen populären Kamingesprächen im Radio, in seinen Plauderstunden mit Journalisten pflanzt er den Amerikanern allmählich ein außenpolitisches Verständnis von einer Welt ein, in der keine Nation unberührt bleiben kann von den Problemen anderer Nationen.

Er will, daß das neutrale Amerika das bedrohte England unterstützt und umgeht die Neutralitätsgesetze durch die kostenlose Überlassung amerikanischer Schiffe für England über einen Pacht- und Leihvertrag, bei dem die Pacht darin besteht, daß England die Schiffe nach dem Krieg zurückgibt. Den Schwindel erklärt er seinen Landsleuten so: »Wenn es bei meinem Nachbarn brennt und ich verhindern will, daß sein Brand auf mein Haus überspringt, dann leihe ich ihm ganz schnell meinen Gartenschlauch und feilsche nicht lang um die Bedingungen.«

So lange dieser Krieg dauert, will Amerika keinen neuen Präsidenten haben. Roosevelt darf das ungeschriebene Gesetz vom Rückzug eines Präsidenten spätestens nach der zweiten Amtszeit als erster und – bis ans Ende des Jahrhunderts – einziger durchbrechen und 1941 für eine dritte und 1945 – Amerika ist in diesem Krieg nun auch als kämpfender Teilnehmer dabei – sogar für eine vierte Periode antreten.

Die vierte bringt er nicht zu Ende. Schon am Ende der dritten zeigt er sich physisch nicht mehr auf der Höhe und psychisch über die Maßen harmoniebedürftig. Er hat keine Kraft mehr für lange, harte Diskussionen und läßt sich nach Ansicht vieler Historiker in den Verhandlungen über die europäische Nachkriegsordnung von Stalin zu weit über den Tisch ziehen. Die lange Amtszeit durch zwei äußerst schwierige Phasen der Geschichte, vor allem aber der energieverschleißende Kampf gegen seine Krankheit und deren Folgen haben seine Kräfte aufgezehrt.

Das Ende des Krieges erlebt er nicht mehr. Aber die Kapitulationen von Deutschland und Japan sind seine Siege. Er hat gewonnen dank der enormen Materialmengen, die Amerikas Wirtschaft – vom *New Deal* und vom Krieg selbst auf Hochtouren gebracht – an alle Fronten, auch an die Front der Russen, bringen kann.

Am 12. April 1945 streckt ihn in Warm Springs, wo er in Begleitung seiner Kusinen Laura Delano und Margaret Suckley Erholung sucht, ein Schlaganfall nieder. Er sitzt gerade einer Malerin für ein Porträt Modell, als es geschieht. Eleanor eilt aus Washington herbei. Sie kommt zu spät. Der Todeskampf ist zu Ende.

Sie erfährt, daß kurz vor ihrer Ankunft jemand aus Warm Springs abgereist ist. Sie hört, daß außer den Kusinen und der Malerin noch eine Frau in Roosevelts Haus war: Lucy Rutherford.

Lucy!

Ihre ehemalige Gesellschaftsdame Lucy Mercer! Sie hat dem Sterbenden die Hand gehalten.

Lucy!

Es ist der zweite Betrug, und er wiegt noch schwerer als der erste. Denn Eleanor Roosevelt hatte angenommen, daß die Beziehung ihres Mannes zu Lucy nach ihrem Ultimatum im Jahr 1917 zu Ende gegangen war. Und nun, 28 Jahre später, an der Totenbahre ihres Mannes, erfährt Eleanor Roosevelt, daß die Beziehung nie abgebrochen war, daß Lucy ihn immer wieder besucht hat. In Washington. In Warm Springs. Und daß er bei seinen Reisen durchs Land seinen Sonderzug häufig hat heimlich umleiten lassen nach New Jersey, zum Landsitz der Rutherfords. Eleanor Roosevelt erfährt, daß die Beziehung zwischen ihrem Mann und Lucy kein Verhältnis war, sondern eine große, tiefe Liebe.

Lucy Mercer wird drei Jahre nach ihrem Geliebten sterben, als einsame, vergessene Frau, im Alter von nur 57 Jahren. Nicht einmal ihre Tochter hat zu Lucys Lebzeiten erfahren, daß sie 30 Jahre lang die Geliebte des bedeutendsten Präsidenten des 20. Jahrhunderts war.

Fünf Tage nach seinem Tod räumt die Präsidentenwitwe das Weiße Haus für den nachrückenden Präsidenten. Aber es ist für sie kein Abschied aus der Politik. Im Gegenteil. Der Nachfolger ihres Mannes, Präsident Truman, ist dieser Frau nichts schuldig. Aber er gibt ihr ein bedeutendes Amt. Einen großen und wichtigen Job, kein Ehrenamt. Von 1946 bis 1952 gehört sie der amerikanischen Delegation bei der UN-Vollversammlung an. Sie ist von 1947 bis 1952 Vorsitzende der UN-Kommission für Menschenrechte und setzt dabei internationale Maßstäbe für den Schutz der Würde des Menschen durch. Diese werden zwar in vielen Ländern nicht eingehalten, bieten aber noch am Ende dieses Jahrhunderts ein wirksames moralisches Druckmittel und die wichtigste Rechtsgrundlage, auf die sich Anwälte und Hilfsorganisationen aller Art berufen und sich damit um das Schicksal Verfolgter kümmern können.

Aber bis ans Ende ihrer Tage blitzt giftige Eifersucht aus ihren wachen, klugen Augen, wenn Lucys Name fällt.

Eleanor Roosevelt stirbt am 7. November 1962 in New York im Alter von 78 Jahren. Sie ist begraben an der Seite ihres Mannes im ehemaligen Landsitz der Roosevelts in Hyde Park am Hudson River.

JOSEF STALIN

Geboren: 21. Dezember 1879.
Gestorben: 5. März 1953.
Generalsekretär der Kommunistischen Partei
der Sowjetunion (1922–1953).
Die besondere Lebensleistung: Er veränderte
eine revolutionäre Partei, die sich die Befreiung
der Menschheit vorgenommen hatte, dahingehend,
daß er mehr als 200 Millionen Menschen zu
Staatssklaven machen und davon schätzungsweise
30 Millionen umbringen konnte.
Sein Liebesleben: Der kälteste aller Männer
schaute nach den wärmsten aller Augen.

Klosterschüler Ioso wird Gott

Der Mensch ist nicht vollkommen gut, und er ist nicht vollkommen böse. In jedem ist beides angelegt. Das Gute wie das Böse. Auch in Josef Stalin, dem Unheimlichen, dem neben Hitler grauenvollsten Mann des 20. Jahrhunderts. Aber manchmal taucht in einer Biographie ein einzelner, ganz bestimmter Tag auf, an dem das eine über das andere endgültig die Oberhand gewinnt. Bei dem ehemaligen Priesterseminaristen und jetzigen Berufsrevolutionär Iossif Wissarionowitsch Dschugaschwili, dem späteren Josef Stalin, ist es der 10. April 1907. An diesem Tag stirbt seine junge Frau Jekaterina Swanidse.

Man weiß nicht genau, woran Jekaterina gestorben ist. In der Stalin-Literatur ist meist von Tuberkulose oder Lungenentzündung die Rede. Es dürfte also kein plötzliches Dahinscheiden gewesen sein, sondern ein Tod, auf den sich der Ehemann zumindest einige Zeit innerlich vorbereiten konnte. Als man dann Jekaterina hinaus auf den Kirchhof trägt und sie mit der ganzen pompösen Feierlichkeit des griechisch-orthodoxen Ritus ins Grab legt, ist die letzte Hoffnung des jungen Bolschewiken, daß das Leben doch etwas anderes sein könnte als eine Umklammerung bösartiger Kräfte, dahin. Zwei Jahre lang hat er gehofft und manchmal geglaubt, daß es doch eine kleine Nische geben könnte, in der auch er Ruhe, Liebe und Frieden finden könnte. Er hat sich getäuscht. Jekaterinas Madonnenaugen können ihn nie mehr ansehen; ihre Seele ist ins Nichts zerfallen, und ihr schönes, weiches Fleisch wird in der Erde verfaulen.

Auf dem Friedhof sieht ihn ein Freund aus seinen Kindertagen, Iossif Iremaschwili. Mit ihm hat er einst in Gori unter der Burgruine romantische georgische Räuber- und Ritterlegenden nachgespielt. Mit ihm zusammen hat er erst die Klosterschule in Gori, dann das Priesterseminar in Tiflis besucht. Gemeinsam sind sie Marxisten geworden. Mit ihm hat er zuweilen gegen die zaristische Polizei konspiriert.

Inzwischen aber haben sich die Wege getrennt. Iremaschwili ist Lehrer geworden und gehört als Menschewik dem gemäßigten Flügel der Sozialdemokratischen Arbeiterpartei an. Dschugaschwili arbeitet im Untergrund unter seinem Jugend-Spitznamen Koba – so heißt ein berühmter Räuber und Held der georgischen Literatur – für die radikalen und verschwörerischen Bolschewiki.

Iremaschwili ist überrascht. Von Kindheitstagen an hat er Koba nur als einen knochenharten Jungen in Erinnerung. Ungezählte Demütigungen hatten ihn schon als Knaben wortkarg gemacht. Die Verachtung für die Welt, die ihm der Vater eingeprügelt hatte, stach aus leicht zusammengekniffenen Augen. Der anmaßend nach hinten geneigte Kopf hatte bereits dem Knaben Dschugaschwili die Aura eines Menschen gegeben, der sein Gegenüber durchschaut; der gefährlich und vorsichtig und vollkommen beherrscht ist. Jetzt, auf dem Friedhof, erkennt Iremaschwili seinen früheren Freund kaum wieder. Koba, jetzt ein erwachsener Mann von 28 Jahren, ist um seine Fassung gebracht. Die Schritte wirken unkontrolliert; er kann sich kaum auf den Beinen halten. Er ist kreidebleich, wirkt vollkommen niedergeschmettert.

Am Tor des Kirchhofs entdeckt auch Koba den alten Freund, ergreift seine Hand und sagt, so hat es Iremaschwili aufgeschrieben: »Sie war der einzige Mensch, der mein steinernes Herz erweicht hat. Jetzt ist sie tot, und mit ihr ist mein letztes warmes Gefühl für die Menschheit gestorben.« Er legt die Hand auf sein Herz und sagt: »Es ist alles so öde da drinnen, so unsagbar leer.«

Wenn man solche Worte liest, dann will man sie eigentlich nicht glauben. Viel zu dickes Pathos für einen Stalin. Aber Iremaschwili ist ein ehrenwerter Mann, der durch sein Leben beweisen wird, daß er kein Hochstapler ist, kein Lügner, kein Übertreiber, sondern einer, der immer eingestanden ist für das, was er gedacht, getan und erlebt hat. Er wird nicht vergessen, daß Stalin einmal sein Freund war. Er wird aber auch nicht übersehen, was Stalin verbrochen hat. Er wird zu Stalins Machtzeit niemals versuchen, Vorteile aus dieser alten Freundschaft zu ziehen, sondern lieber still und leise das Weite suchen. Seine Erinnerungen bringt er 1932 in Berlin im Selbstverlag heraus.

Aber warum diese theatralische Papiersprache? »Jetzt ist sie tot, und mit ihr ist mein letztes warmes Gefühl für die Menschheit gestorben.« Spricht so ein richtiger, lebender Mensch? Spricht so ein Mensch zu einem vertrauten alten Freund? Spricht so ein Stalin? Ein Stalin, der normalerweise entweder schweigt oder Worte wie vergiftete Pfeile abschießt oder auf ordinärste Weise pöbelt? Sagt ein solcher Mann wirklich »Sie war der einzige Mensch, der mein steinernes Herz erweichen konnte«?

So spricht man nur in Opern.

Und in Georgien. Denn Georgien ist eine Oper.

Alles, was im Leben vorkommen kann, findet in Georgien als Übertreibung statt. Ereignisse, die ganz besonders heftig berühren, treiben georgische Zungen ins Pathos.

Um verstehen zu können, was am 10. April 1907 auf dem Friedhof des Ortes Didi-Lilo geschieht und wie ein Mann wie Stalin entstehen konnte und was in Rußland nach der Oktoberrevolution von 1917 und in Osteuropa bis 1989 geschehen wird, muß man etwas über Georgien wissen, eine der ganz großen Streßzonen der Erde.

Ein kleines Land, kleiner noch als Bayern, umfaßt Berge, die höher und eisiger sind als die Alpen. Die terrassierten Hügel und die Ebenen am Schwarzen Meer sind heiß und fruchtbar wie

Andalusien. Sogar kleine Wüsten gibt es. Und Bären, Leoparden, rote Vipern. Die Geschichte reicht zurück ins antike Kolchis, das mit Athen Handel trieb. Georgiens Sprachen stammen meist aus vorindogermanischer Zeit und enthalten viele Lehnwörter aus dem Türkischen und Persischen; die georgische Schrift ist wie die armenische aus der aramäischen abgeleitet, welche zu Jesu Zeiten im Heiligen Land gebräuchlich war. Die Fruchtbarkeit des Landes und die Möglichkeit, die Handelswege zwischen Asien und Europa zu kontrollieren, lockten immer neue Eroberer und Einwanderer an. Griechen kamen, die Römer. Germanische Goten und Alanen kamen vorbei, die Araber, die Mongolen, die Türken. Die Perser waren dreimal da. Die Hauptstadt Tiflis ist in ihrer 1500jährigen Geschichte 40mal zerstört worden. Wer kam, der hinterließ mehr, als er fortnahm, vor allem hinterließen die Invasoren Menschen mit immer neuen, das Alte herausfordernden Denkweisen und Lebensformen.

In Georgien ringen seit der Antike in der Seele des Menschen der attisch-rationale Geist des mediterranen Europas mit den Tiefen der slawischen Seele und dem Fieber Asiens.

Weil der Wandel der einzige Dauerzustand Georgiens ist, hat sich eine großzügige, leidenschaftlich wilde, auf das Hier und Jetzt bezogene Lebensweise ausgeprägt. Für Gäste und Feste opfert man seine letzte Habe, denn Georgier glauben, daß sie im Jenseits nur das bekommen werden, was sie im Diesseits an andere verschwendet haben. Sie sind Christen, auch wenn sie Gott »Allah« nennen wie die Moslems. Um sich aber gegen die Moslems, insbesondere gegen die Türken, als Christen behaupten zu können, mußte Georgien 1783 Zuflucht im Reich des russischen Zaren suchen.

Die Russen erweisen sich für die georgische Seele als ein wahrer Segen in vielfacher Hinsicht. Die Soldaten des Zaren sind nicht nur eine gute Hilfe gegen die Überfälle der Türken. Sie geben jetzt auch ein gemeinschaftsstiftendes Feindbild ab. Denn Georgien selbst ist ja ethnisch nur ein fiktiver Begriff. In Wirklichkeit haben die Geschichte, die unterschiedlichen Landschaften, Klimaverhältnisse, Lebensgewohnheiten in der nur fünf Millionen Menschen umfassenden Bevölkerung Georgiens 80 unterschiedliche Stämme und Nationalitäten geschaffen.

Mit den Russen haben alle georgischen Stämme ständig einen Menschenschlag vor Augen, von dem sie alle gemeinsam sagen können: Die sind anders als wir, und, Gott sei Dank, sind wir nicht so wie die!

Mit Rußland gibt es aber auch einen riesigen und willkommenen Auslauf für all die psychischen, politischen und wirtschaftlichen Energien, die sich in der Streßzone Georgien aufbauen und nach Entladung suchen. Georgier können sich untereinander noch im 20. Jahrhundert in Blutrache bekämpfen, aber alle georgischen Stämme sind sich einig, daß sie berufen sind, den langweiligen, kohlfressenden Slawen draußen in den phantasietötenden Weiten Rußlands Weltläufigkeit und Ideen, Mandarinen und Melonen, Schönheitssinn und Lebensart nahezubringen. Entsprechend halten außerhalb Georgiens die Georgier zusammen, halten sich für die Größten und gehen mit ihrer Arroganz den Russen zuweilen schwer auf die Nerven.

So wie sich die Texaner als das Salz in der Suppe Amerikas empfinden; so wie die Bayern den Anspruch erheben, bei allem, was Deutschland betrifft, das letzte Wort haben zu müssen; so wie der Korse Napoleon zunächst Korsika von Frankreich befreien wollte, bevor er sich dann doch dafür entschied, erst Frankreich und dann ganz Europa zu beherrschen, so paßt es auch zu dem Georgier Iossif Wissarionowitsch Dschugaschwili, daß er als Jüngling von einem georgischen Freiheitskampf gegen Rußland träumt und später als Mann von Moskau aus die Georgier blutiger unterdrücken wird als jede andere Nationalität der Sowjetunion.

Gerade dieser Brutalität wegen werden ihn hinterher viele Georgier auch dann noch bewundern, wenn andere nichtrussische Völker der Sowjetunion, aber auch die Russen auf Stalins Namen spucken. Ein Georgier im Kreml, das kann eben nur ein ganzer Kerl sein! Die meisten Georgier haben, wie Stalin, mandelförmige kaukasische Augen und leiten deshalb eine ihrer genetischen Wurzeln stolz von Dschingis Khan ab.

Ganze Kerle dieser Art entstehen aber eher durch gebrochene Seelen als durch den Samen des Dschingis Khan. Mehr zersplittert als die georgische Seele kann eine Seele nicht sein. Der größte Held der georgischen Mythologie heißt Tariel, der Ritter im

Leopardenfell, der Siegfried des Kaukasus. Das Epos stammt aus dem 12. Jahrhundert. Im Wesen des Ritters Tariel erkennen die Menschen Georgiens die gegeneinander streitenden Kräfte in ihrer Seele. Tariel ist kräftiger als ein Löwe und zugleich schwächer als ein Weib. Er ist einfühlsam und grausam, leidenschaftlich und tückisch. Er kann Blut weinen. Er dürstet nach Freiheit und leidet unter seiner Einsamkeit. Er kann urplötzlich und überall auftauchen und kann in der Welt doch keine Spuren hinterlassen. Er träumt von einer verschwundenen Prinzessin und davon, Gott, der ihn von der Liebsten getrennt hat, den Hals umzudrehen, den Himmel zu zertrümmern. Tariel ist der Edelmut und die Rachsucht zugleich. Er will Gutes tun und sieht sich eingeschlossen in einer Welt, in der jeder die Hand gegen ihn erhebt.

Der georgische Romanheld Koba ist eine moderne Ausgabe des Tariel, im Wesen aber gleich. Und Koba ist Stalin.

Noch heißt er Iossif Dschugaschwili. Die Kräfte, die in seiner Seele wüten, sind noch übersichtlich, aber mächtig.

Da ist das Elternhaus. Der Vater Wissarion Dschugaschwili, ein Schuhmacher, und Mutter Jekaterina Geladse stammen aus Didi-Lilo, einem kleinen Dorf bei Gori. Das Dorf kann die beiden Bauernkinder nicht ernähren. Sie ziehen nach Gori, der letzten Eisenbahnstation vor Tiflis. Am Stadtrand macht der Vater eine kleine Werkstatt auf.

Das Haus, in dem die Familie lebt, ist kein Haus, sondern ein windschiefer Schuppen an einer abschüssigen Gasse. Es riecht überall nach Lehm, Staub, zertretenem Hühnerdreck und nach dem Abwasser, das in einem Bach am Haus vorbeifließt. Es gibt eine Menge Ratten, eine Menge Krankheiten. Nur mit Mühe überlebt der kleine Iossif Wissarionowitsch die Blattern; seine Gesichtshaut bleibt von Narben entstellt.

Die Werkstatt bringt dem Schuhmacher gerade so viel ein, daß er die schrecklichen Abgründe in seiner Seele mit Alkohol zuschütten kann. Zum Essen reicht es selten. Die Mutter muß Schulden machen, bringt ihren Jungen und ihren Mann nur mühsam durch mit Näh- und Putzarbeiten bei mitleidenden Nachbarn und Fremden.

Das geschädigte Selbstbewußtsein stabilisiert der Vater, der für seine kleine Familie nicht sorgen kann, dadurch, daß er Frau und Sohn regelmäßig verdrischt. Manchmal sucht er für seine Bestrafungsaktionen nach einem Anlaß, manchmal auch nicht. Dann prügelt er einfach so, gegen die Langeweile oder gegen den Überdruck im Herzen.

Iossif ist das vierte Kind seiner Eltern. Drei Geschwister sind vor ihm geboren worden und sehr früh gestorben. Niemand weiß, ob an einer Krankheit, aus Armut oder als Opfer der väterlichen Gewalt. Niemand wird von Iossif Wissarionowitsch auch genau erfahren, wie er zu seinem um acht Zentimeter verkürzten linken Arm kam. Es hängt wohl mit einer Verletzung in seinem zehnten Lebensjahr zusammen, einer Blutvergiftung. Der Ellbogen blieb krumm, die Hand kraftlos und die Schulter steif. Vielleicht überlebt Iossif auch nur deshalb, weil sein Vater sterben wird, bevor der Junge zwölf Jahre alt ist. Vielleicht zieht der Alkohol dem Alten in seinen letzten Jahren doch schon einige Kraft aus den Armen.

Der Schuhmacher ist ein derber Mann. Dichte schwarze Augenbrauen, mächtiger Schnurrbart. Immer in Stiefeln. Drei schwarze, dicke Striche im Gesicht – eine furchterregende Erscheinung. So lange der Vater noch lebt, sieht Iossif Iremaschwili immer Striemen am Körper seines Freundes. Er schaut auch einmal zu, wie der Vater seinen Sohn verdrischt. Und er ist tief beeindruckt, daß Koba dabei keinen Laut von sich gibt, die Schläge mit ausdruckslosem Gesicht erträgt. Der Geschlagene begegnet der Gefühllosigkeit des Schlagenden durch eigene Gefühllosigkeit. Er schaltet Geist und Seele ab, als könnten auf diese Weise die Schmerzen nicht durch die Haut dringen.

Die Fähigkeit, die Seele abzuschalten, ist sein Schutz, sein Leopardenfell. Der kleine Ritter Koba hat nun die Rüstung gefunden, mit der er die Welt ertragen wird. Er wird sie nie wieder ablegen. Sie wird ihn zwischen Beringstraße und Elbe zum schrecklichsten Herrscher seit Dschingis Khan machen.

Aber noch gibt es da eine Gegenkraft, und diese brennt mit ihrer unverständlichen Liebe immer wieder neue Löcher in seinen Seelenpanzer. Die Mutter lebt offensichtlich nur für ihn. Warum? Warum tut sie das? Für ihn, den Narbigen, den Krüppel, den häßlichen, kleingewachsenen Jungen, den sie alle meiden und den der Vater ein paarmal schon fast totgeprügelt hat? Warum prügelt nicht auch sie ihn? Mit seinem kaputten Arm könnte er sich auch gegen sie nicht wehren. Warum schlägt sie ihn nicht tot und haut sich mit dem Geld, das sie verdient, selbst endlich mal den Bauch voll?

Aber die Mutter kocht für ihn, versorgt seine Wunden, lächelt ihm zu, schlägt nicht. Jekaterina Geladse, die in ihren schlimmsten Tagen mit allen Zeichen beginnenden Wahnsinns, mit wirrem Haar, singend, weinend und betend, manchmal auch in laute Selbstgespräche vertieft, durch die Gasse gewandert ist, hat sich gefangen und ist nun, da es mit ihrem Mann immer weiter bergab geht, entschlossen, ihr letztes überlebendes Kind zu schützen und es für die Welt jenseits der Gewalt zu erschließen.

Sie nimmt den Sohn mit in die Kirche. Iossif ist beeindruckt von der Erhabenheit, der Pracht und der Schönheit der griechisch-orthodoxen Liturgie, insbesondere von den Gesängen und von den Geheimnissen, die sich bei den Zeremonien im verborgenen hinteren Altarraum abspielen. Hier fühlt er sich wohl. Hier schlägt ihn niemand, hier demütigt ihn niemand. Hier darf er mitsingen im Kirchenchor. Hier findet etwas Besonderes statt. Er weiß nicht genau, was es ist, aber irgendwie haben die Leute – die anderen mehr als er selbst – das Gefühl, als würden die Gesänge, die Rituale, der Rhythmus der Gebetstexte, die Bilder, die Beschwörung eines unsichtbaren Gottes dem alltäglichen Leiden der Menschen eine geheimnisvolle und erhebende Bedeutung geben.

Er wird später mit seiner eigenen Liturgie die Menschen in Ehrfurcht erschauern lassen, mit den Maifeiern, mit den Paraden, mit den Ikonen für die Heiligen der Oktoberrevolution, mit den Höllenhunden seiner Geheimpolizei – und er wird sich selbst zum Gott machen, entrückt von den gewöhnlichen Sterblichen, aber doch sichtbar auf der obersten Plattform des Lenin-Mausoleums.

Durch die Fürsprache des Popen darf Iossif Wissarionowitsch die Klosterschule in Gori besuchen.

Er ist bei seinen Mitschülern nicht beliebt. Sie finden ihn schroff, abweisend. Eine eisige Kälte geht von ihm aus; er benimmt sich stolz, unnahbar, als hätte er seinen Kameraden etwas voraus. Dabei ist er ein Krüppel und außerdem noch kleiner als die meisten Schüler seiner Klasse. Nur mit Iossif Iremaschwili hält er Freundschaft.

Die Mönche sind mit seinen Leistungen zufrieden. Keiner hat so spät mit dem Lesen und Schreiben begonnen wie er. Keiner hat so spät Russisch gelernt wie er. Aber er lernt schnell, liest sich wie ein Hungriger durch die Schulbibliothek.

Nach vier Jahren erwirken die Mönche der Klosterschule für ihn ein Stipendium am Theologischen Seminar in Tiflis. Die Mutter ist glücklich über die Aussicht, daß ihr Junge einmal Priester, vielleicht sogar ein Kirchenfürst werden könnte, legt auf der Stelle ihre Vorliebe für farbenprächtige georgische Stoffe ab und hüllt sich fortan für den Rest ihres Lebens in eine Art Schwesterntracht, obwohl sie niemals Nonne wird.

Aber der Sinn des Theologischen Seminars ist nicht unbedingt die Ausbildung zum Priester. Sie ist einfach nur eine von der Kirche geführte höhere Schule, in der man sowohl Priester als auch Lehrer werden oder sich für ein Studium und für Aufgaben im Staatsdienst qualifizieren kann.

Was den nun 15 Jahre alten Iossif Wissarionowitsch betrifft, so hat das kirchliche Leben seinen Reiz inzwischen wieder verloren. Insbesondere wegen der strengen und freiheitsberaubenden Hausordnung des Theologischen Seminars. Durch den blödsinnigen Ärger, den das Lesen verbotener Literatur macht. Durch die Engstirnigkeit der kirchlichen Verwaltung. Das hier sind nicht mehr die idealistischen naiven Mönche der Klosterschule in Gori, hier hat er es mit verknöcherten und selbstgerechten Amtspopen einer obrigkeitstreuen Staatskirche zu tun.

Wie er sind auch die meisten Mitschüler weniger an der Bibel interessiert als an den Lehren eines Charles Darwin oder Karl Marx, an georgischer Geschichte und an revolutionärer russischer Literatur. Nicht ohne Erfolg versucht sich der künftige Stalin mit Gedichten. Die Zeitschrift »Iweria« des Fürsten Ilja Tschawtschawadse veröffentlicht seine pubertierenden Gesänge auf den georgischen Nationalismus. Die hören sich zum Beispiel so an:

»Blühe, o herrliches Land!
Freu Dich, o Land Iweria!
Und auch ihr, o Gelehrte Georgiens,
    mögt dem Land Glück und Freude bringen!«

Mit patriotischer Schwärmerei sucht er offensichtlich verzweifelt einen Ersatz für die Behausung, die ihm ein paar Jahre lang die kirchlichen Rituale gewährt haben und die er inzwischen verloren hat. Aber es gelingt nicht. Nicht nur die Riten und Gesänge der Popen erreichen die Seele nicht mehr. Georgien umschließt, wenn er sich sein schönes Vaterland genau anschaut, nichts anderes als das komplette Elend seiner Kindheit und seiner gefesselten Gegenwart.

Ritter Tariel findet keine Erlösung, Ritter Tariel hat wieder einmal nur einen schönen kurzen Traum gehabt, Ritter Tariel ist wieder der Wirklichkeit ausgeliefert und damit auch dem Haß, den das Elend seiner frühen Jahre ihm ins Herz gepflanzt hat.

Jetzt aber ist er älter, klüger geworden und belesen. Nun hat er die Fähigkeit, etwas aus diesem Haß zu machen. Er muß nicht mehr alles ohne Gegenwehr ertragen, wie einst die Hiebe des versoffenen Vaters. Jetzt kann er zurückschlagen. Doch anders als seine hitzköpfigen Alterskameraden ist er bereits in der Lage, seine Rachsucht kalt zu genießen. Der Vater hat ihm die Fähigkeit zum Abschalten des Schmerzes eingeprügelt. Das gleiche Gehirn ist nun auch in der Lage, seine heiße Wut in eiskalte Pläne umzusetzen.

Daß er kurz vor der Abschlußprüfung vom Theologischen Seminar relegiert wird, empfindet er nicht als Strafe, sondern als Befreiung. Man ist kurz vor der Prüfung bereit, über seine heimlichen nächtlichen Ausflüge zu den umstürzlerischen Geheimtreffs hinwegzusehen, weil man einem jungen Mann wegen einer kleinen Jugendverirrung nicht gleich die Chance für sein ganzes zukünftiges Leben verbauen will. Aber Iossif Wissarionowitsch muß gefeuert werden, weil er nicht nur die Prüfung schwänzt, sondern auch die Sitzung, zu der er geladen wird, um ihm eventuell die Chance zu einer Nachprüfung zu gewähren.

Nun ist er 20 Jahre alt, offiziell Angestellter für kleines Geld beim Observatorium in Tiflis, in Wirklichkeit Drahtzieher für eine Reihe verschwörerischer marxistischer Zirkel. Die rebellischen Arbeiter in der georgischen Hauptstadt sind sich ihrer Bildungsmängel bewußt und vertrauen sich blind seiner Führung an. Zumal dieser junge Mann, der sich Koba nennt, nicht nur das theoretische Wissen der sozialdemokratischen Gesellschaftsphilosophie gelesen hat. Er ist auch in den logistischen Problemen der Verschwörungsarbeit ein raffiniertes Bürschchen. Die Tricks und die Finten schüttelt er nur so aus dem Ärmel. Er geht auch in schwierigen Situationen kaltblütig vor wie ein alter georgischer Abrek. Abreken nennen sie die Räuber und Rebellen in den Bergen des Kaukasus. Er ist der Abrek der Keller, Dachböden und Hinterhöfe von Tiflis.

Das gefällt ihm gut. Er ist nicht mehr der, der immer nur einstecken muß, jetzt darf er auch austeilen. Er hat eine zynische Freude am Austeilen und provoziert Demonstrationen so, daß sie in Gewalttätigkeiten der Polizei gegen unbeteiligte Neugierige ausufern. Er will, daß die Nagaijka, die Peitsche der zaristischen Polizei, den georgischen Stolz der Opfer anstachelt und sie in die Reihe der Revolutionäre treibt.

In seinem ersten Beitrag für eine revolutionäre Zeitung schreibt er im Dezember 1901 ganz offen und nicht ohne sadistischen Genuß: »Der neugierige Zuschauer läuft nicht vor dem Pfeifen der Nagaijka davon, sondern es zieht ihn immer näher heran, und bald können die Peitschen nicht mehr unterscheiden, wo der neugierige Zuschauer aufhört und der Demonstrant beginnt. Die Peitsche leistet uns gute Dienste, denn sie beschleunigt die Revolution des neugierigen Zuschauers.«

Er selbst bleibt außer Reichweite. Er lenkt die Demonstrationen aus der Ferne. Er zettelt in Batum an der türkischen Grenze einen Generalstreik an und beobachtet aus sicherer Distanz den Marsch der streikenden Arbeiter von Batum auf das Amtsgebäude des Militärgouverneurs, bei dem unter den Schüssen der Soldaten fünfzehn Arbeiter getötet und dreiundfünfzig verwundet werden.

Er wird dennoch in Batum verhaftet und nach eineinhalb Jahren Gefängnis nach Sibirien verbannt. Aus dem Gefängnis kann er nicht fliehen. Aber seine Gedanken durchbrechen immer wieder seinen Panzer aus Gefühllosigkeit und kalter Rachsucht und enden bei Jekaterina, der Schwester seines Genossen Alexander Swanidse.

Jekaterina ist nicht die klassische kaukasische, schlanke, langnasige Schönheit, wie sie die Herrscher des Osmanischen Reiches so sehr schätzten, daß sie sich jahrhundertelang zu besonderen Gelegenheiten von der Sultansmutter eine Kaukasierin für ihren Harem schenken ließen.

Betrachtet man die wenigen Fotografien, die es von ihr gibt, dann rührt der Zauber Jekaterina Swanidses von den riesengroßen Pupillen her, die aus dem Schutz dunkler Augenhöhlen heraus die Welt in eine weiche Wolke zu hüllen scheinen. Der Blick wirkt unter dem Schwung ihrer Augenbrauen ein wenig wissend-melancholisch und steht in einem verwirrenden Gegensatz zum heiteren Schwung ihrer Mundpartie. Das sanfte, breite Gesicht, der kräftige gesunde Körper müssen wie eine Verheißung vollkommener Ruhe und Friedens auf die inneren Narben des Iossif Wissarionowitsch Dschugaschwili wirken.

Da ist sie wieder. Die Frage, die ihn schon einmal als Buben umgetrieben hat. Worin besteht die Merkwürdigkeit von Frauen wie seiner Mutter und Jekaterina Swanidse? Wenn die ganze Welt gegen Männer wie ihn und den Ritter mit dem Leopardenfell die Hand erhebt, warum schinden ihn dann diese beiden Frauen nicht? Warum sind ihre Augen so gut zu ihm? Zu ihm, dem verkrüppelten, pockennarbigen, kleingewachsenen, schweigsamen und mißtrauischen Kerl, den keiner wirklich mag, auch jene nicht, die ihm jetzt gehorchen. Sehen denn die Augen dieser beiden Frauen nicht, wer er ist?

Doch, sie wissen es. Sie ermahnen ihn zu einem anderen Leben. Sie wissen um seine Gefährlichkeit, um seine Kälte, um seinen Haß gegen die Welt. Trotzdem lieben sie ihn.

Was soll er tun?

Er will und kann gegen seine Natur nicht ankämpfen, aber vielleicht findet er mit Jekaterina Swanidse ein schönes Gegengewicht für all das Böse, das er tun wird.

Vermutlich hat Dschugaschwilis Mutter diese Verbindung hergestellt. Denn die Swanidses leben in Didi-Lilo, ihrem Geburtsort. Es ist anzunehmen, daß die Mutter ihrem Sohn zuredet, dieses wunderbare Gefühl der Liebe zu befestigen und möglichst schnell in den Rahmen einer Ehe zu stellen. Denn sie hofft natürlich, daß ihr Ioso endlich aufhört mit dem gefährlichen Abrekenleben und unter dem Schutz und den Verbindungen der Swanidse-Sippe den Zugang findet in ein ordentliches, gesichertes Leben.

Die Swanidses gehören, das sagt ihr Name, dem stolzesten aller georgischen Stämme an. Die Swanen, vom Typ her oft blond, blauäugig und mittelgroß, hatten einmal in ihren besten Zeiten Heere von einer Größe bis zu 200 000 Mann auf die Beine stellen können. Dann waren sie schon einmal fast ausgerottet, hatten nur überlebt, weil sie sich in ihren Hochtälern im westlichen Kaukasus neben ihren Bauernhäusern vier- bis fünfstöckige steinerne Wohntürme bauten. Dort hatten sich die letzten Swanen tapfer behauptet, bis sie wieder hinunter konnten in die fruchtbaren Täler, Ebenen und Vorgebirge. Jetzt, zu Beginn des 20. Jahrhunderts, stellen die verbliebenen 25 000 Stammeszugehörigen der Swanen so etwas wie eine intellektuelle Aristokratie in Georgien dar. Noch immer sind die Swanen begeisterte Jäger, suchen Abenteuer und Herausforderungen auf allen Ebenen der Wirtschaft, der Kultur und der Politik, wenn es sein muß, auch in Moskau und im westeuropäischen Exil.

Die Swanidses in Didi-Lilo haben wie alle orientalisch-südländischen Machos bestimmte Vorstellungen von der Überlegenheit des Mannes gegenüber der Frau, respektieren aber, weil die Swanen einst eine matrilineare, also mutterrechtliche Ordnung hatten, die Überlegenheit oder zumindest die Eigenständigkeit ihrer Frauen auf bestimmten Gebieten.

Jekaterina Swanidse, der das versteinerte Herz des Iossif Wissarionowitsch leidenschaftlich verfallen ist, ist bereit, dem Geliebten in allem zu dienen, auch in seiner Revolution. Aber, und das sehen auch ihre Verwandten so, Frauen sind die Fachleute für die herzlichen, für die intuitiven und für die spirituellen Bereiche, also für Bereiche wie Familie, Gefühl und Religion. Ein Mann mag auf diesen Gebieten zwar anderer Meinung sein als seine Frau, aber er schuldet ihrer Kompetenz Respekt und hat ihr hier zumindest nicht dreinzureden. Außerdem hat er ihre Ehre als Frau zu schützen. Voraussetzung für die Ehre einer Frau ist entweder Jungfräulichkeit oder die Ehe. Dazwischen gibt es nichts.

Dschugaschwili will nicht heiraten, denn er ist Revolutionär, muß im Untergrund leben. Muß ungebunden sein, kann eine Familie nicht beschützen. Er wäre eine Gefahr für eine Ehefrau.

Jekaterina will von ihm nicht ihr Leben geschützt haben, sondern ihre Ehre. Sie will die Ehe. Und sie will für diese Ehe den himmlischen Segen, also hat er, bei allem Respekt für seine Weltanschauung, sich mit ihr auch von einem Popen trauen zu lassen. Wenn er sich vor seinen atheistischen Genossen dafür schämt, dann eben nur heimlich.

Es gibt offensichtlich zwei Eheschließungen zwischen den beiden. Die erste datiert Jugendfreund Iremaschwili ins Jahr 1903. Das ist durchaus möglich, obwohl im Jahr 1903 Dschugaschwili durchgehend Gefangener ist. Bis in den Herbst hinein in der Tifliser Festung Metech, danach kommt er nach Sibirien in die Verbannung. Es ist nicht unüblich, daß Revolutionäre im Gefängnis eine Ziviltrauung vollziehen lassen.

Der junge Ehemann wird in das Gouvernement Irkutsk verbannt und bricht dort mitten im Winter aus. Über Tausende von Kilometern narrt er die zaristische Polizei, zweifellos mit Hilfe der guten Organisation der Revolutionäre, die auch im Personal der Transsibirischen Eisenbahn ihre Helfer haben.

Im Frühjahr 1904 ist er wieder zu Hause, am 22. Juni gibt es einen zweiten Trauungstermin in Gori. Vermutlich eine heimliche Hochzeit, denn er wird gesucht und kann eine solche Trauung nicht publik machen. Da aber die Ziviltrauung schon im Vorjahr stattgefunden hat, kann es sich eigentlich nur um eine heimliche kirchliche Trauung durch einen verschwörerischen Popen handeln.

Im Untergrund geht Koba wieder seiner revolutionären Wühlarbeit nach, aber in diesen Wochen offensichtlich ohne Schwung. Er sorgt im aserbeidschanischen Baku dafür, daß dort eine menschewikische Parteileitung durch eine bolschewikische abgelöst wird, aber als Lenin im Herbst 1904 das Ehepaar Bobrukowski in den Kaukasus schickt, um dort den Fortgang der Revolutionsarbeit zu inspizieren, taucht in ihrem Bericht der Name Dschugaschwili nicht auf. Er hat in diesem Monaten nicht viel geleistet, und sein späterer Konkurrent Leo Trotzki mutmaßt in seinen Memoiren, daß der Genosse Dschugaschwili den größten Teil des Jahres 1904 seinem jungen Eheglück widmete.

Das Glück ist nicht von langer Dauer. Es wird ihnen zwar ein Sohn geboren. Jakow. Ein schönes Kind mit dem sanften Charakter und dem dunklen Teint der Mutter und den Mandelaugen des Vaters. Dann scheint die Krankheit einzusetzen. Es gibt ein Foto, das eine deutlich ausgezehrte Jekaterina Swanidse zeigt.

Sie scheint plötzlich um ein Jahrzehnt gealtert zu sein, hat Traurigkeit im Blick. Am 10. April 1907 stirbt sie, und Jugendfreund Iremaschwili sieht seinen früheren Freund zum ersten Male außer sich.

Iremaschwili schreibt: »Von dem Tag an, an dem er seine Frau begrub, verlor er die letzten Spuren menschlichen Empfindens. Seine Seele war von dem unaussprechlich bösen Haß erfüllt, den sein grausamer Vater ihm schon als kleines Kind einzuimpfen begonnen hatte. Er wurde gleichgültig gegen sein eigenes Los steter Armut und unterdrückte seine immer seltener auftretenden moralischen Anwandlungen mit beißendem Hohn. Erbarmungslos gegen sich selber, wurde er erbarmungslos gegen alle Menschen.«

Ritter Tariel hat seine Prinzessin Nesthan-Daredschan verloren. In der Sage sagt der Ritter mit dem Leopardenfell: »Mich zu heilen schien selbst ihm, der mich schuf, zu schwer – darum streife ich wild durch die Felder.«

Der Sohn interessiert Iossif Dschugaschwili nicht. Er überläßt ihn Alexandra Semjonowna, einer Schwester seiner Frau. Er wird ihn erst viele Jahre später auf Vorhaltungen seines Schwiegervaters Swanidse in seinen Moskauer Haushalt aufnehmen und ihn, den Sanften und Nachdenklichen, mit Verachtung kränken. Er wird den Sohn Jekaterinas in einen Selbstmordversuch treiben und den Davongekommen auch noch verhöhnen: »Danebengeschossen, hahaha!«

Später wird er, als im Verlauf des Krieges gegen Hitler der Oberleutnant Jakow Dschugaschwili von den Deutschen gefangengenommen wird, einen Austausch ablehnen. Der Sohn, der von seinem Vater nur Übles hat erdulden müssen, steht in den Verhören durch die Deutschen tapfer zu ihm, widersteht Verlockungen, benimmt sich edel und stolz und stirbt kurz vor Kriegsende im KZ Sachsenhausen vor den Augen seiner Bewacher durch einen entschlossenen Sprung in den elektrisch geladenen Lagerzaun.

Auch Jakows Halbschwester Swetlana kann sich keinen Grund für die Mißhandlung des ebenso gut aussehenden wie anständigen und sympathischen ersten Sohnes Dschugaschwili durch den Vater erklären. Da man die genaue Todesursache von Jekaterina Swanidse nicht kennt, scheint es nicht unmöglich, daß ihre Krankheit im Zusammenhang mit der Geburt Jakows steht oder unmittelbar nach der Niederkunft ausbrach und daß Iossif Wissarionowitsch Dschugaschwili seinen Sohn für ihren Tod verantwortlich macht. Vielleicht handelt es sich auch nur um den häufig zu beobachtenden Fall, daß die Opfer von Prügelvätern selbst Prügelväter werden, als könnten sie das Leid, das ihnen angetan wurde, nur durch Grausamkeiten gegen das eigene Kind löschen.

Vom Jahr 1907 an, dem Todesjahr Jekaterinas, wird die Sprache des Iossif Dschugaschwili vulgärer, seine Ressentiments gegen Juden, Intellektuelle und Exilrevolutionäre giftiger. Gleichzeitig geht er mit noch größerer Verschlagenheit vor. Die Aktionen, die er plant und an denen er sich beteiligt, werden immer spektakulärer. Der Höhepunkt ist der Überfall auf einen Geldtransport der Staatsbank mitten im Zentrum von Tiflis. Zwei Kosaken sterben, fünfzig Menschen werden verletzt. Den Bolschewiki fallen 375 000 Rubel in die Hände. Das geschieht am 26. Juni 1907, nur wenige Wochen nach Jekaterinas Tod. Überfälle dieser Art nennen die Bolschewiki-Expropriationen: Enteignungen.

Die Menschewiki, die in der georgischen Parteiorganisation die Mehrheit über die Bolschewiki haben, finden Expropriationen empörend und schließen Dschugaschwili aus der Partei aus. Dies wiederum macht ihn populär bei den Exil-Bolschewiki, vor allem bei Lenin. Dieser Koba scheint ihm genau die Art von Berufsrevolutionär zu sein, auf die er setzt. Entschlossene Männer, die aus der Illegalität heraus den staatlichen Machtapparat stürzen und übernehmen werden, während die Menschewiki noch immer über einen legalen Weg an die Macht herumphilosophieren.

Umgekehrt ist Lenin der einzige unter den intellektuellen Exil-Marxisten, den Dschugaschwili schätzt: Dieser kleinadelige Bürgersohn hat ein wildes Herz und will mehr erreichen als nur die Erzeugung von Geschwätz.

Nun führt der Weg ihn aus Georgien hinaus. Zunächst wieder nach Baku, dann taucht er in St. Petersburg auf. Kein anderer Revolutionär wird so häufig verhaftet wie er. Kein anderer flüchtet so häufig aus dem Gefängnis oder aus der Verbannung wie er.

Haft- und Verbannungszeiten sind Ruhezeiten. Dschugaschwili ist ein geduldiger Gefangener. Nie beteiligt er sich an Gefängnisrevolten, nie befällt ihn der Haftkoller. Er plant seine Fluchten eiskalt, und deshalb muß er die Aufmerksamkeit seiner Bewacher einlullen und nicht auf sich ziehen.

Wenn sich gerade keine Fluchtmöglichkeit ergibt, nutzt er die Zeit zur Korrespondenz, zu Veröffentlichungen in der illegalen Parteipresse. Seine Theoriebeiträge gelten nicht als das Gelbe vom Ei, seine Briefe sind manchmal ordinär. Leseprobe aus einem Brief an Lenin, in dem er sich über Spitzen-Bolschewiki aufregt: »Ich lebe wie zuvor, kaue mein Brot, die Hälfte meiner Zeit ist um. Es ist langweilig hier, aber da kann man nichts machen. Wie stehen die Dinge bei Ihnen? Ich habe vor kurzem Kropotkins Artikel gelesen – der alte Narr hat vollständig den Verstand verloren. Ich habe auch den kurzen Artikel von Plechanow gelesen – ein unverbesserlicher alter Schwätzer. O je! Und die Liquidatoren mit ihren Deputierten als Agenten der Freien Wirtschaftsgesellschaft! Und niemand da, um ihnen eine auf die Schnauze zu geben, zum Teufel damit! Ist es möglich, daß sie ungestraft davonkommen? Hoffentlich erleben wir bald die Freude, daß eine Zeitung erscheint, wo man diesen Leuten nach Herzenslust ins Gesicht haut, unaufhörlich...«

Ein affektgeladener, böser Grobian, dieser Dschugaschwili. Eigentlich müßte er für einen gebildeten Menschen mit so guten Manieren wie Lenin ein Brechmittel sein. Aber Lenin ist ein Revolutionär, der nicht in Sympathiekategorien denkt, sondern nur an den Nutzwert eines Genossen. Er, der mit seinem verhältnismäßig kleinen Verschwörerhaufen ein großes Reich übernehmen will, weiß, daß es unter seinen Bolschewiki genügend geschliffene Intellektuelle gibt, daß es auch an romantisch-idealistischen Verschwörern und Drahtziehern nicht fehlt, ebensowenig wie an Sympathisanten, die man für illegale Botendienste, Transporte und Quartierbeschaffungen rekrutieren kann. Aber woran es mangelt, sind richtig böse Burschen für die Drecksarbeit. Drecksarbeit, die vor, während und nach der Revolution auch ganz oben verrichtet werden muß. Außerdem ist der Georgier ein zuverlässiger und umsichtiger Organisator.

Lenin will erreichen, daß Dschugaschwili im Führungskreis

der Bolschewiki akzeptiert wird. Er muß etwas für seinen Ruf tun, damit er in der Partei mehr darstellen kann als nur einen dreisten Provinzräuber und Fluchtexperten. Aber das geht nur über die Schriftstellerei.

Darin gibt sich Koba bereits einige Mühe. Seine Beiträge werden auch in der Parteizeitung »Prawda« gedruckt. Er hat – das hat er im Theologischen Seminar gelernt – einen eindringlichen liturgischen Stil, setzt zur Bekräftigung seiner Aussagen als Stilmittel die ritualisierte Wortwiederholung ein. In einem seiner besten Beiträge beginnt jeder Absatz mit den Worten »Unter dem Joch stöhnen…«. Seine Sprache hat, selbst wenn er pöbelt, Rhythmus und Kraft. Das wäre an sich alles schon sehr schön. Auch sein neues Pseudonym, Stalin, der Stählerne, hat Klang. Das Problem seiner Texte ist die Substanz. Stalin schreibt gut, er schreibt auch bissig, aber er hat nichts wirklich Neues zu sagen. Man liest ihn, man findet es akzeptabel, was er schreibt – und hat seinen Text im selben Augenblick auch schon wieder vergessen.

Lenin meint, Stalin sollte über etwas schreiben, worüber in der Partei noch nicht richtig nachgedacht worden ist, so daß die anderen Spitzengenossen staunen und »Aha« sagen können. Er zitiert Koba im Januar 1913 zu sich nach Krakau, an die russisch-österreichische Grenze. Man beschnuppert sich. Wie sieht denn er, der Nichtrusse, das Nationalitätenproblem in einem revolutionären, sozialistischen, nachzaristischen Reich? Wie wäre es, wenn er das Problem in einem anderen Vielvölkerreich studieren würde? Könnte er nicht für eine Weile nach Wien gehen und in den Bibliotheken und Archiven nachforschen, was man in Österreich-Ungarn an Methoden, Ideen, Gesetzen, Fehlern und Problemen hinsichtlich des Zusammenlebens der Völker entwickelt hat? Könnte er seine Wiener und georgischen Erkenntnisse dann zusammenfassen für ein zündendes revolutionäres Nationalitätenpapier?

Ein paar Tage später verläßt auf dem Wiener Nordbahnhof ein Mann in schweren russischen Bauernstiefeln den aus Krakau eingetroffenen Zug. Er schleppt eine kleine Holzkiste als Kofferersatz. Josef Stalin, wie er sich jetzt nennt. Der Mann hinkt, denn ein paar Tage vorher hat Lenin ihm das Radfahren beibringen wollen, was mit einem Sturz und einem aufgeschlagenen Knie geendet hat.

Stalin wohnt in der Schönbrunner Schloßstraße, nur ein paar Steinwürfe von Kaiser Franz Joseph entfernt, im Haus Nummer 30, bei den Trojanowskis. Alexander und Elena Trojanowski sind Revolutionäre, aber besten Kreisen entstammend; ihr Russisch ist in Tonfall und Wortwahl aristokratisch, ihre Manieren weltmännisch. Ihr neuer Gast zieht es vor zu schweigen. Er tut seine Arbeit, läßt sich deutsche Texte übersetzen und kümmert sich auch nicht um die Besucher seiner Gastgeber. Auf diese Weise haben der Exil-Revolutionär Leo Trotzki und Josef Stalin, deren Rivalität später den Kommunismus weltweit spalten wird, ihre erste Begegnung.

In seinen Memoiren schreibt Trotzki später: »Ich war zum Tee bei einem Genossen. Mitten im Gespräch kam plötzlich, ohne zu klopfen, aus einem anderen Zimmer ein Mann herein, mittelgroß, hager, mit einem schwärzlich-grauen Gesicht, das Spuren von Pockennarben aufwies. Als ob ihn meine Gegenwart überraschte, blieb der Fremde an der Tür einen Augenblick stehen und gab einen grollenden Laut von sich, den man für eine Begrüßung halten konnte. Dann ging er mit einem leeren Glas in der Hand zum Samowar, füllte das Glas mit Tee und ging dann wortlos fort.«

In der »Prawda« hatten die beiden schon einige Male gegeneinander polemisiert, aber sie kannten einander nicht. Die Begegnung ist nicht so, daß auch nur einer von den beiden Lust verspüren könnte, den anderen kennenzulernen. Trotzki kann sich noch nicht vorstellen, daß dieser häßliche Bauerntölpel das größte Unglück für Rußland seit den Mongolen werden wird. Und Stalin kann sich nicht vorstellen, daß dieser schmächtige eitle Lackaffe in wenigen Jahren die Rote Armee schaffen, den Bürgerkrieg gewinnen und die Invasionsarmeen der Westmächte aus Rußland vertreiben wird.

Es ist die Zeit des großen Unterschätzens. Zwar behält die österreichische Polizei diesen Emigranten Leo Trotzki, der im Café Central mit den österreichischen Sozialdemokraten Schach spielt und plauscht, stets im Auge, doch als dann im Jahr 1917 ein Sekretär dem damaligen österreich-ungarischen Außenminister Graf Ottokar Czernin meldet, daß in Rußland Revolution sei, sagt der Graf, ohne den Blick von seinen Akten zu nehmen: »Gehn S', wer soll denn da a Revolution machen? Vielleicht der Herr Trotzki aus dem Café Central?«

Was Leo Trotzki am Samowar beobachtet hat, ist die spezielle Strategie des Josef Stalin: Zufällig und unauffällig irgendwo auftauchen, still beobachten, schweigen, diskreter Rückzug, abwarten – und dann plötzlich und gnadenlos zuschlagen.

Unscheinbares Vorgeplänkel und dann die große Überraschung. So schickte er bei Demonstrationen in Tiflis die Neugierigen vor die revolutionierenden Peitschen der zaristischen Polizei. So zettelte er in Batum und in Baku Streiks und Unruhen an. So organisierte er die Expropriationen. So verschwand er aus den Gefängnissen und Verbannungsorten. So wird er nach der Revolution im Führungszirkel der Partei auftauchen. So wird er den sterbenden Lenin beerben. So wird er ganz Rußland und halb Europa seiner Despotie unterwerfen.

Seinem Freund Roman Malinowski, von dem er nicht weiß, daß er im Zentralkomitee ein Spitzel der zaristischen Polizei ist, schreibt er: »Lieber Freund! Ich sitze noch in Wien und… schreibe allerhand Quatsch.« Bevor er am 17. Februar 1913 die österreichische Hauptstadt mit seinem Holzkoffer verläßt, baut er Wien als Koordinationsstelle für bolschewikische Zentren in Europa auf, organisiert eine straffere Nachrichtenübermittlung von Wien nach Krakau und verpflichtet eine preiswerte und diskrete Druckerei zur Herstellung von Flugblättern und Rundbriefen.

Das Papier, das er verfaßt hat, heißt: »Der Marxismus und die nationale Frage.« Im Kern kommt er zu der Aussage, daß es Nationen gibt und daß diese deshalb das Recht hätten, sich von fremden Staatsverbänden zu lösen. Das genügt, um viele Nationalitäten für die Bolschwiki-Revolution einzunehmen.

Wer dann weiterliest, erfährt bei Stalin, daß es eigentlich keine zuverlässigen Kriterien gibt, woran sich eine Nationalität genau festmachen ließe, daß Nationen eigentlich nur noch provisorische Lehen des alten, absterbenden Bourgeois-Systems seien, weshalb die Loslösung überflüssig sei. Das genügt, um nach der Revolution den Nationalitäten kräftig aufs Haupt zu hauen, wenn sie es wagen sollten, die Herrschaft des Kreml abzuschütteln.

Bevor sein Papier veröffentlicht ist, wird er in St. Petersburg verhaftet und in den hohen Norden Sibiriens verbannt. Vier eisig kalte Jahre. Nach der bürgerlichen Februar-Revolution von 1917 kehren alle Verbannten zurück. Stalin fährt nach St. Petersburg und übernimmt dort zusammen mit Leo Kamenew – Lenin und Trotzki stecken noch im Exil fest – die Leitung der Redaktion der »Prawda« und die Parteiführung.

Auf einmal ist alles in Bewegung gekommen; die Zukunft steht offen. Wie soll er vorgehen? Vorsichtig und keine Fehler machen? Oder alles auf eine Karte setzen, wie Molotow es will und Lenin es in seinen zornigen Briefen aus der Schweiz fordert? Denn das im Februar, das war doch gar keine richtige Revolution, nur der Zusammenbruch des alten autokratischen Systems, das sich durch den Ersten Weltkrieg übernommen hatte. Nun sind die Bürgerlichen mit einer Provisorischen Regierung am Ruder. Ihnen war das Reich in den Schoß gefallen. Ihnen kann man es auch wieder wegnehmen. Aber wie? Sofort? Oder Zug um Zug?

Stalin widerstrebt der schnelle Durchmarsch. Er war vier Jahre lang aus dem Spiel. Sein Geist ist noch tiefgefroren von den endlosen Winternächten im Norden.

Er beschließt, diesen Abschnitt im großen Schachspiel um die Macht als Eröffnungsphase zu betrachten: Laßt die Bauern hüpfen, behaltet sie im Auge und hebt die entscheidenden Züge für das Endspiel auf. Es ist noch Zeit, sich um anderes zu kümmern. Es genügt vorerst, Kontakt zu halten mit den anderen Teilnehmern im großen Spiel.

Ein wichtiger Treffpunkt der Bolschewiki – und zeitweilig ein Versteck des im April nach Rußland zurückgekehrten Lenin – ist die Wohnung des Schlossers Sergej Allilujew. Stalin kennt Allilujew von verschiedenen Gefängnisaufenthalten und Aktionen in den kaukasischen Ländern. Allilujew ist in diesen Tagen ein Aktionist, organisiert mit seiner roten Armbinde Streiks und Demonstrationen, doch in diesem Schachspiel ist er nur ein Bauer. Aber er ist ein angenehmer Mann, ein Revolutionsromantiker, ein Draufgänger, ein zuverlässiger Freund in Notlagen.

Seine Frau hatte Stalin Post und Pakete in die Verbannung geschickt. Nun ist Stalin zurück und erzählt im Familienkreis seine Geschichten.

Geschichten aus der Verbannung. Geschichten über Sibirien und den Norden. Geschichten aus der Vergangenheit. Er ist kein guter Geschichtenerzähler. Man muß sie ihm aus der Nase ziehen. Und er sagt so gut wie gar nichts über die Revolution, die draußen auf den Straßen stattfindet.

Es ist ein aufregendes und geheimnisvolles Kommen und Gehen bei den Allilujews; am aufregendsten findet es die Tochter des Hauses, die 15 Jahre alte Nadeschda Allilujewa, das Nesthäkchen der Familie. Sie hat noch zwei Brüder und eine Schwester. Die Revolution wird für sie ein großes Abenteuer. Sie fällt zusammen mit ihren ersten erotischen Stürmen. Nadeschda ist fasziniert von diesem schweigsamen Freund ihres Vaters. Von seinem kühlen Blick, den nichts überraschen kann. Von den Narben in seinem Gesicht, den Spuren der Verwundungen und Härtungen eines Abrekenlebens. Von der gebändigten Explosivität seines Wesens. Die Eltern sagen, daß Stalin in Baku, als Nadeschda noch im Krabbelalter war, das kleine Mädchen vor dem Ertrinken gerettet hat. Sie ist damals vom Kai in den Hafen gefallen. Jetzt ist Stalin 38 Jahre alt und auf dem Weg, ein mächtiger Mann zu werden.

Die Art und Weise, wie er in diesen wilden Tagen um diese Macht kämpft, empört einige Genossen, vor allem Lenin. Statt alles auf eine Karte zu setzen, taktiert Stalin, paktiert mit den Bürgerlichen, gönnt der provisorischen Regierung einen Burgfrieden. Er taucht auf Räteversammlungen auf, sagt wenig. Läßt sich in schwierigen Augenblicken und Versammlungen gar nicht erst sehen.

Der Journalist Nikolaj Suchanow, der bedeutendste Chronist des Revolutionsjahres, schreibt: »Stalin machte den Eindruck von etwas Grauem, Verschwommenem, das undeutlich flimmerte und keine Spur hinterließ.« Nur selten ist er auf den Schauplätzen der Revolution zu sehen. Er weiß, daß es genügt, sich bereitzuhalten. Sollten Lenin, Trotzki und die anderen im Sturm der Ereignisse einen Fehler machen, dann wird er als neuer Führer der Bolschewiki und Vollender der Revolution bereitstehen. Sollten Lenin und Trotzki siegen, dann wird es auch sein Sieg sein. Denn dann sind die Bolschewiki an der Macht und müssen Ämter vergeben, müssen Lenin und Trotzki ihre Macht teilen.

Also weiter abwarten und die Verehrung genießen, die ihm Allilujews Töchterchen entgegenbringt. Nadeschda ist ein südslawischer Typ. Das Gesicht ist oval, flächig, ebenmäßig, die Nase groß, die Haut dunkel. Die Augen leuchten in der Größe, Wärme und gelegentlich auch in der entspannten Melancholie, wie er sie schon von Jekaterina Swanidse kennt. Dennoch ist es nicht die große Leidenschaft, die ihn diesmal in die Ehe drängt. Auch nicht ein allerletzter Versuch, seinem Leben noch einmal ein Gegengewicht zu geben zu den Grausamkeiten, die in ihm lauern und auf ihre Stunde warten. Die Initiative geht wohl von dem Mädchen aus.

Für Nadeschda ist mit der Revolution eine neue Zeit angebrochen, die neue Verhaltens- und Umgangsformen notwendig macht. Weg mit dem alten moralischen Plunder, weg mit den konventionellen Benimmregeln. Sie schreibt an eine Freundin der Familie: »Unser Familienleben hat sich vollkommen verändert. Mama lebt nämlich nicht mehr zu Hause, denn wir sind jetzt groß geworden und möchten tun und denken, was wir selber wollen, anstatt nach der elterlichen Pfeife zu tanzen, also recht anarchistisch, und das geht ihr auf die Nerven... Jetzt liegt die ganze Hauswirtschaft bei mir. Ich bin in diesem Jahr sehr gewachsen und völlig erwachsen geworden, was mich sehr freut.«

Die sehr erwachsen gewordene Nadeschda ist noch 16 und bereits schwanger, als sie ihren georgischen Abreken Josef Stalin am 24. März 1919 heiratet. Sie ist jetzt die Ehefrau eines inzwischen sehr mächtigen Mannes, denn das Kalkül des großen Drückebergers der Revolutionstage ist aufgegangen.

Die Bolschewiki haben am 7. November 1917 gesiegt, am 9. November wird Stalin – das Echo auf seine Wiener Studien – zum Volkskommissar für die Nationalitätenfrage ernannt. Weil man ihn trotz seines unentschlossenen Taktierens im Sommer 1917 als grundsätzlich guten Organisator kennt und es nach dem Chaos der Revolution viel zu organisieren gibt, wird er in die

Viererspitze aufgenommen und als Leiter der Lebensmittelbeschaffung nach Südrußland geschickt. Er darf Lenin während eines Urlaubs als Vorsitzender des Rates der Volkskommissare vertreten.

Er wird mit immer neuen Vollmachten ausgestattet. Und während Trotzki vollauf damit beschäftigt ist, die konterrevolutionären Armeen der Weißen und der Westmächte zu besiegen, nimmt Stalin sich mit Hilfe des Chefs der neuen Geheimpolizei Tscheka des inneren Feindes an. Nun darf er, der so lange den Terror von unten nach oben genossen hat, den Terror von oben ins Volk bringen und die Dreckarbeit verrichten, für die ihn Lenin schon vor der Revolution auserkoren hat.

Am schlimmsten wütet er in seiner Heimat Georgien, das sich 1918 unabhängig erklärt hat und jetzt von einer menschewikischen Regierung regiert wird, von alten Genossen und Gegnern aus seiner Jugendzeit. Er beschimpft sie als »soziale Schankwirte«, konzentriert Soldaten an der georgischen Grenze, zettelt durch die Bolschewiki Unruhen in Tiflis an, dann schickt er seinen Adlatus Ordschonikidse mit der Roten Armee los. Sie plündert, mordet, vergewaltigt. Der Georgier Stalin wird die größte Heimsuchung der georgischen Hauptstadt Tiflis seit der Mongolenzeit.

Als Lenin nach einer Serie von Schlaganfällen kurz vor seinem Tod endlich erkennt, daß er und die ganze Führung der Partei vollkommen umstellt sind von den Apparaten und Spitzeln Stalins, ist es schon zu spät. Sein Testament, in dem er die Partei vor Stalin warnt, wird nicht veröffentlicht. Stalin stopft den toten Helden der Oktoberrevolution am Roten Platz aus wie eine Jagdtrophäe, legt ihn als neuen Oberheiligen des Sowjetreiches auf dem Roten Platz vor der Kremlmauer in einem Mausoleum ab. Der Priesterseminarist Stalin weiß, daß Rußland nicht existieren kann ohne seine Heiligen. Nun hat er dem Volk eine neue Ikone gegeben und mit sich selbst einen neuen Gott, der sich an den großen Feiertagen der neuen Religion zeigt, und zwar auf der obersten Ebene des Lenin-Mausoleums. Die Gotteshäuser der alten Religion läßt er schließen.

Nun hat Stalin freie Hand. Er rechnet ab mit seinen Feinden und vor allem mit seinen Freunden, die zuviel wissen über ihn und gefährlich werden könnten. Trotzki wird ins Exil geschickt und dort, in Mexiko, ermordet. In einer Serie von Schauprozessen vernichtet er die Parteispitze. Ihnen folgen Millionen in die Erschießungskeller und sibirischen Lager, bis von der stolzen, tapferen, idealistischen Partei nichts mehr übrig ist als ein Heer von Speichelleckern und hündisch ergebenen Sklaven ihres Herrn. Sicherheitshalber werden per Gesetz schon Zwölfjährige der Todesstrafe für würdig befunden.

Gleichzeitig treibt er mit einer Brutalität, die alles übertrifft, was beim Bau der ägyptischen Pyramiden und der Chinesischen Mauer stattgefunden haben kann, die Industrialisierung des Sowjetreiches und die Kollektivierung der Landwirtschaft voran. Der Bau des 227 Kilometer langen Kanals von der Ostsee zum Weißen Meer dauert tausend Tage und frißt jeden Tag im Durchschnitt siebenhundert Menschenleben. Die Verluste stören ihn nicht, denn seine Geheimpolizei liefert immer neue Sklaven nach. Die Kollektivierung der Landwirtschaft kostet nicht nur Millionen Kulaken, das sind selbständige Bauern, das Leben, sie liefert auch den Beweis, daß Arbeit ohne Eigennutz nicht effektiv ist: Die Knechte der neuen Staatsfarmen ernten so wenig, daß Millionen verhungern. Für Stalin nur ein Grund mehr, neue Schuldige zu benennen, sie einzufangen und abzuurteilen.

Es ist für Nadeschda, die zweite Ehefrau Stalins, nicht leicht, in der Abgeschiedenheit der Kremlwohnung und der eingezäunten Datscha am Stadtrand zu erkennen, was draußen im Lande vor sich geht. Sie ist mit revolutionärem Elan in diese Ehe gegangen, hat mit revolutionärem Elan im Sekretariat Lenins gedient und dessen Terminkalender für ihren Mann ausgeschnüffelt. Sie bereitet ihrem Mann ein behagliches Familienleben, gestaltet heitere und fröhliche Tage, Wochenenden und Abende für ihn mit ihren beiden Kindern Wassilij und Swetlana, mit Menschen, die ihm nahestehen.

Sie hat auch Jakow, Stalins Sohn aus erster Ehe, bei sich aufgenommen und seine Freundschaft gewonnen. Sie hat die Verbindung Stalins zu den Swanidses neu geknüpft und ist eine intime Freundin der Familie seiner ersten Frau geworden.

Sie achtet darauf, daß die Kinder normal erzogen, nicht verwöhnt werden und keine Privilegien in Anspruch nehmen bei ihren Lehrern. Sie selbst ist entschlossen, ihren Beitrag am industriellen Aufbau der Sowjetunion zu leisten und studiert nun, da Wassilij und Swetlana auch von einer Kinderfrau versorgt werden können, unter einem Decknamen an der Industriellen Akademie, ohne ihrem Mann davon etwas zu sagen. Sie will Chemie-Ingenieur werden.

Als er es erfährt, ist er wütend, aber Nadeschda weiß sich durchzusetzen. Ihre Kommilitonen sehen in ihr zunächst nur eine zurückhaltend scheue, fleißige Studentin von 27 Jahren, die zu den Vorlesungen als letzte kommt und danach als erste verschwindet. Erst nach einigen Monaten erfahren sie von ihrer wahren Identität. Sofort schotten sie sich mit Zeichen der Furcht von ihr ab.

Nun ist sie es, die die Isolation durchbricht und sich am Leben der Studenten außerhalb der Vorlesungen beteiligt. Natürlich geht man vorsichtig mit ihr um, denn es ist nicht zu übersehen, daß Stalin ihr Spitzel nachschickt. Es ist nicht viel, was Nadeschda von den Studenten über das Leben und den Alltag der Menschen im Land erfährt, aber sie ist intelligent und kann die Zeichen und Anspielungen deuten.

Sie erkennt auch immer klarer die Bedeutung des unheimlichen Lawrentij Berija, dieses schleimerischen Geheimpolizeichefs, der sich überall breitmacht, auch in den Privaträumen, und der ihrem Mann am Ohr hängt und ihn mit Informationen über Feinde und mit Namen von Verrätern versorgt. Sie erkennt, daß Berija in ihr eine Feindin sieht und einen Keil treiben will zwischen Stalin und seine Familie.

Sie erkennt, daß ihr Mann hungrig ist nach Feinden, Saboteuren und Verrätern und wie ein Süchtiger mit immer neuen Namen gefüttert werden muß. Er kann sich nicht vorstellen, daß es einen Menschen gibt, der ihn nicht verraten würde.

Nun senkt sich das Grauen auf ihre Seele. Das ist nicht der kühne georgische Abrek, den sie 1917 in ihren romantischen Mädchenphantasien gesehen hat. Das ist nicht der weise revolutionäre Erneuerer der menschlichen Gesellschaft. Der Mann an ihrer Seite ist Dschingis Khan!

Warum spinnt Berija Intrigen gegen die Familie? Weil die

Familie vielleicht doch einigen Einfluß auf Stalin haben und Berijas Macht bedrohen könnte! Also nimmt Nadeschda den Kampf auf. Sie sucht das Gespräch mit Stalin, warnt ihn, beschwört ihn, stellt Fragen.

Er wird ungnädig, reagiert auf Vorhaltungen und Ratschlägen mit Jähzorn, geht ihr aus dem Weg.

Im Herbst 1932, drei Wochen vor Nadeschdas Abschlußprüfung an der Akademie, stellt er sie, betrunken wie er ist, auf einem Fest zu Ehren des 15. Jahrestages der Oktoberrevolution durch einen Flirt mit Rosa Kaganowitsch bloß, der Schwester seines Apparatschiks Lasar Kaganowitsch. Vor versammelter Mannschaft hält er, am Arm von Rosa Kaganowitsch hängend, seiner Frau ein Glas hin und sagt: »He, trink!« Nadeschda sagt: »Ich bin keine, zu der man ›He!‹ sagt.« Er antwortet mit einem Schwall unflätigster Zoten.

Nadeschda verläßt das Fest, geht nach Hause und erschießt sich mit einer Pistole.

Stalin reagiert darauf, wie Tariel darauf hätte reagieren können: verzweifelt und zwiespältig. Er bricht zunächst zusammen. Tariel weint blutige Tränen. Stalin sagt, daß er nicht mehr leben wolle. Man läßt ihn nicht alleine, denn jeder sieht, wie groß seine Erschütterung ist. Niemand hat geahnt, daß er Nadeschda wirklich geliebt hat.

Das geht einen Tag so, eine Nacht und noch einen Tag.

Dann kommt die Wut. Stalins Tochter Swetlana, zu dieser Zeit noch ein kleines Kind, forscht später bei ihrer Kinderfrau und wird erfahren, daß es einen Abschiedsbrief ihrer Mutter gegeben hat. Die Stalin-Tochter schreibt in ihren Memoiren: »Er muß furchtbar gewesen sein, voll von Anklagen und Vorwürfen. Es war kein persönlicher Brief, sondern teilweise ein politisches Schreiben. Und Vater mußte, nachdem er den Brief gelesen hatte, annehmen, daß Mama nur zum Schein neben ihm gelebt, in Wirklichkeit aber auf seiten der damaligen Opposition gestanden habe.«

Zu Swetlana Stalina, die sich später für den Mädchennamen ihrer Mutter, Allilujewa, entschieden hat, ist zu sagen, daß sie ihren Vater sehr geliebt hat, zumindest in den prägenden Jahren als Kind, und sehr beglückt darüber war, daß der Vater ihr gegenüber viele Jahre lang wirklich warmherzig und nachgiebig war, bevor er seinen Argwohn und seine Menschenverachtung auch auf sie übertrug.

Die Wut des Josef Stalin wird für viele Menschen sichtbar am Tag der offiziellen Trauerfeier, an dem er am offenen Sarg Abschied von Nadeschda nimmt: Er tritt an die Tote heran, hält sich am Sarg fest und schiebt sich dann zornig, mit einer heftigen und angewiderten Bewegung ab, dreht sich um, geht, nimmt an ihrem Begräbnis nicht teil. Er hat nicht Abschied genommen von einer Frau, die ihm Liebe und Ruhe gegeben hat, sondern von einer Verräterin. Nun ist er zum zweiten Male Witwer geworden und damit endgültig frei zum Ausleben aller bösen Kräfte des Ritters Tariel oder des geschundenen Jungen Iossif Dschugaschwili.

Nadeschdas Tod ist der Auftakt einer Verhaftungswelle, die nun auch die Familie erfaßt. Ein Mann, der sich von seiner Frau verraten glaubt, hält jeden für einen Verräter, und die gefährlichsten Verräter müssen jene sein, die ihn am besten kennen. Viele der nächsten Verwandten, sowohl aus der Familie Allilujew wie aus der Familie Swanidse, auch Freunde, die ihm über all seine Untaten hinweg die Treue gehalten haben, kommen in die Lubjanka, in das Moskauer Gefängnis der Geheimpolizei, enden in einem Erschießungskeller durch einen Genickschuß oder in einem der vielen Lager des Archipel Gulag.

Berija hat jetzt freie Hand. Sogar gegen den guten Aljoscha Swanidse, den alten georgischen Kampfgefährten und Schwager Stalins, gegen den Lieblingsonkel seiner Kinder. Nikita Chruschtschow, später Generalsekretär, zu dieser Zeit im engeren Zirkel um Stalin, überliefert die Geschichte vom Ende des Altbolschewiken Alexander Swanidse so:

Berija sagt, er habe belastendes Material bei Alexander Swanidse gefunden. Stalin befiehlt die Erschießung. Berija führt seine Menschlichkeit vor und seine Bereitschaft, auf Stalins familiäre Empfindungen Rücksicht zu nehmen, und gesteht Stalin, er habe Swanidse gesagt, er werde Milde walten lassen, wenn er Stalin um Verzeihung bitte. Swanidse, sagt Berija, habe gesagt: Warum soll ich um Verzeihung bitten. Ich habe kein Verbrechen begangen. Also hat Berija ihn erschießen lassen. Und Stalin hat zufrieden gelächelt und gesagt: Seht, wie stolz mein Aljoscha war!

Das Hauspersonal, das Nadeschda noch ausgesucht hat, wird

ersetzt durch Frauen und Männer, die Berija unterstehen. Er hat jetzt alles unter Kontrolle. Er ist der einzige, dem Stalin traut. Und Stalin weiß auch warum: Berija hat nicht das Zeug, Macht aus eigener Kraft zu gewinnen und zu halten; er lebt durch geliehene Kraft, durch die Kraft Stalins. Er weiß – und auch Berija weiß das –, daß Berija sterben muß, wenn sein Beschützer und Meister Stalin nicht mehr ist. In der Tat wird auch die erste Handlung, auf die sich die verschreckten Diadochen nach Stalins Tod im Jahr 1953 einigen können, die Entmachtung und Hinrichtung Berijas sein. Notfalls hätten sie ihn mit den Händen zerfetzt.

Nach Nadeschdas Tod wird Stalin endgültig zum lebenden Schreckgespenst des Sowjetreiches. Allein zwischen 1936 und 1938 läßt er 104 von den 142 Mitgliedern des Politbüros und des Zentralkomitees umbringen und ein Drittel aller 800 000 sowjetischen Parteimitglieder. Je weiter es nach unten geht, desto mehr versuchen die Leute, durch Beschuldigungen ihrer Verwandten, Freunde, Kollegen, Nachbarn die eigene Haut zu retten.

Der Schrecken verbreitet sich nicht nur durch das immer weiter wachsende Millionenheer der liquidierten oder im Gulag ausgesetzten Menschen, er kriecht tief hinein in die Seelen der noch nicht Verhafteten, er zeugt das Mißtrauen eines jeden gegen jeden, gebärt Unehrlichkeit über Generationen hinweg. Der Schrecken wird in der Stalin-Zeit auf gespenstische Weise auch in den langen Moskauer Nächten sichtbar.

Wenn es Abend wird, wird es mucksmäuschenstill in den Straßen. Wenn es Abend wird, löschen die Bürger die Lichter und lauschen. Sie lauschen auf Autos, die in ihre Straße einbiegen. Sie lauschen auf Schritte im Treppenhaus. Sie lauschen auf Klopf- und Klingelzeichen an der Wohnungstür. Sie hoffen, daß die Schritte nicht vor ihrer Zimmertür enden. Denn nachts, wenn die Menschen in ihren Wohnungen sind, gehen Berijas Geheimpolizisten auf Fang.

Wenn es Abend wird, strahlen alle Ministerien und Amtsgebäude im vollen Lichterglanz. Stalin, der Nachtaktive, schläft bis in den Nachmittag hinein, trödelt herum, ißt am Abend, schaut sich danach einen Kinofilm an – alles mit gesamter Mannschaft, denn jeder, der fehlt, macht sich verdächtig –, dann, kurz vor Mitternacht, beginnt er zu denken. Hat Fragen. Die Mannschaft richtet die Fragen weiter an die Experten in den Ministerien und an die Abteilungen des Zentralkomitees. Keiner wagt es, seinen Arbeitsplatz zu verlassen, ehe der Generalsekretär schlafen gegangen ist. Erst wenn in seinen Räumen im Kreml die Lichter ausgehen, was meist erst gegen drei Uhr morgens geschieht, verlöschen auch in den umliegenden Bürogebäuden die Lichter und geben damit das Zeichen für den allgemeinen Dienstschluß. Dann gehen auch in der Lubjanka die Lichter aus, und die Menschen in Moskau müssen bis zum nächsten Abend nicht mehr nach den Autos lauschen und nach Schritten im Treppenhaus.

Niemals mehr seit der Mongolenherrschaft hat Rußland so furchtbar gelitten wie unter Stalin. Aber Rußland ist ein so häufig von der Geschichte geschundenes Land, daß viele Russen auch nach der Sowjetherrschaft noch glauben werden, daß nur böse Herrscher das Zeug haben, Rußland zu retten. So sieht man am Ende des 20. Jahrhunderts, wenn der Kommunismus in Rußland abgeschafft sein wird, Demonstrationszüge, auf denen ältere Menschen Stalin-Bilder wie Ikonen vor sich her tragen.

Für sie zählt, daß Stalin das rückständige Rußland mit Brachialgewalt industrialisiert hat. Und daß Stalin den Krieg gegen Hitler gewonnen hat. Und daß er Rußland mächtig gemacht hat.

Es spielt für sie keine Rolle, daß Rußlands Industrie heute vielleicht erheblich stärker und moderner wäre, hätte Stalin in seinem Wahn nicht eine ganze Generation hochmotivierter, fähiger Ingenieure und Technokraten als Saboteure liquidiert. Es spielt für sie auch keine Rolle, daß Rußland den Krieg vielleicht ein wenig leichter oder schneller gewonnen oder überhaupt Hitlers Angriff verhindert hätte, wenn Stalin nicht unmittelbar davor aus Vorsorge gegen einen Putsch den größten Teil des höheren Offizierskorps umgebracht und damit die Rote Armee um ihr militärisches Know-how gebracht hätte. Es spielt für sie keine Rolle, daß Rußland heute mächtiger wäre, wenn Stalin den Menschen ihren revolutionären Schwung gelassen und ihre Eigeninitiative nicht erstickt, sondern entfesselt hätte.

Ein Schlaganfall setzt am 5. März 1953 seinem Leben ein Ende. Denn dem traurigen und bösen Ritter Tariel ist es auch in seiner Inkarnation als Iossif Wissarionowitsch Dschugaschwili, genannt Stalin, nicht gelungen, Gott den Hals umzudrehen.

Konrad Adenauer

Geboren: 5. Januar 1876. Gestorben: 19. April 1967.
Erster Kanzler der Bundesrepublik Deutschland
(1949–1963).
Die besondere Lebensleistung: Er hat
trotz interessanter anderweitiger Verlockungen
den größeren Teil Deutschlands unwiederbringlich
mit dem Westen und dessen rationaler Denkschule
verbunden. Damit ist er der Mann geworden, der den
romantisierenden deutschen Sonderweg der
vorangegangenen Jahrhunderte beendet und
Weichen für den längsten Frieden in der Geschichte
Europas gestellt hat.
Sein Liebesleben: Für zwei Frauen kein schlechter,
aber ein lebensgefährlicher Ehemann,
als Witwer perfekt.

Verrat am Tag der Silberhochzeit

Es war nicht seine Schuld, daß die letzten Jahre seiner Ehe mit Gussie leidvoll geworden sind.

Und wenn es denn nicht seine, sondern ihre Schuld war, dann hat er ihr die Sache aus dem Herbst 1944 nicht lang nachgetragen. Wenn er sie ihr überhaupt jemals hat übelnehmen können. Denn in dem ethischen Gerüst, mit dem Konrad Adenauer sein Leben so überaus erfolgreich stützt, daß er auch jetzt, im Jahr 1948, in seinem 73. Lebensjahr, noch aufrecht durch die Gegend schreiten kann, als wäre er ein zum Leben erwachter Besenstil, hat zweifellos auch die Vorstellung Platz, daß es eine vollkommen natürliche und ethisch begründete Handlungsweise ist, wenn eine Mutter ihren Mann opfert, wenn sie damit ihre Kinder retten kann.

Vielleicht hat er in Auguste Adenauers Tat, bewußt oder unbewußt, auch eine ausgleichende Gerechtigkeit gesehen oder eine Buße für die eigene Schuld. Denn hat nicht auch er einen solchen Verrat begangen? Hat er nicht seine erste Ehefrau, Emma, geopfert für das Leben seiner Kinder?

Die Vorstellung von der Unausweichlichkeit eines solchen Schuldigwerdens zugunsten des Lebens hat ihm schon seine religiöse Grundeinstellung eingeben müssen. Wenn diese nicht, dann doch die Einsicht des erdverbundenen Gärtners in naturgegebene Verhaltenszwänge. Und wenn auch diese nicht, dann doch zumindest seine Skepsis hinsichtlich der Fähigkeiten des Menschen zu heiligmäßigem Verhalten. Denn es gibt ja nicht wenige Leute, die Konrad Adenauer für einen ausgemachten Menschenverächter halten. Warum sollen also Auguste und Konrad Adenauer keine Verräter sein dürfen, wenn eine üble Lage sie dazu macht.

Allerdings ist er jetzt, im Jahr 1948, wohl ein Verächter, der längst gelernt hat, hinzunehmen oder zu spotten über das Wesen des Menschen, aber nicht jene Art von Verächter, die sich auf ewig rächen müssen für jeden Schmerz und jeden Verrat, der ihnen angetan worden ist. Was in der dramatischsten Stunde der Ehe zwischen Konrad und Auguste Adenauer geschehen ist, trieb Adenauer sicher nicht in diese zweite Kategorie.

Es ist ein und dasselbe Nebenereignis der deutschen Geschichte, eine bösartige kleine Angelegenheit. Sie wird beide verändern. Auguste Adenauer wird daran zerbrechen, und Konrad Adenauer wird im Zustand seiner größten Demütigung und Verlassenheit – er steht im gefährlichsten Augenblick seines Lebens buchstäblich ohne Hemd und Hose da – die allerletzte Sicherheit gewinnen für seine Überzeugung, daß der einzige Schutz eines besiegten Opfers gegenüber einem übermächtigen Feind ein unverfrorener, aber einfacher und damit eindrucksvoller Stolz ist.

Das Ereignis findet im Spätsommer des Jahres 1944 statt. Der Zweite Weltkrieg geht in seine letzte Runde. Die lange Schlacht, die den ganzen Sommer über in der Normandie, noch sehr nahe hinter den Invasionsstränden, getobt hat, ist für die deutsche Wehrmacht endgültig verloren; die Alliierten streben nun zügig durch Nordfrankreich und Belgien den Reichsgrenzen entgegen. Die Nazis machen sich mit dem Gedanken an ihren Untergang vertraut. Sie sehen sich in einer Art Götterdämmerung und verspüren offensichtlich das Bedürfnis, ganz schnell jene in den Tod vorauszuschicken, die ihnen nachfolgen könnten. Bei der Polizeiaktion »Gewitter« wird systematisch Jagd auf alle noch überlebenden Repräsentanten der Weimarer Demokratie gemacht.

Der Zentrumspolitiker Konrad Adenauer, ehemaliger Oberbürgermeister von Köln, der damals drittgrößten Stadt in Deutschland, hatte sich und seine große Familie mit einem Gemisch aus Glück, Geschick, Chuzpe, Ruhigverhalten und mit dem Hinweis auf sein nun doch schon hohes und für politische Aktivitäten ungeeignetes Alter – 1944 war er immerhin schon 68 Jahre alt – so schlecht und recht durch die politischen Minenfelder des Dritten Reichs gelotst. Nun aber ist er ernsthaft in Gefahr, obwohl ihm keinerlei Verbindung zu den Attentätern des 20. Juli nachgewiesen werden kann. Er wird am 25. August 1944 in ein Auffanglager auf dem Kölner Messegelände in Deutz gebracht und soll ins Todeslager Buchenwald weiterverfrachtet werden.

Mit der Hilfe des kommunistischen Mithäftlings Eugen Zander und eines simulierten Herzanfalls wird er aber statt dessen in das Kölner Krankenhaus Hohenlind verlegt. Inzwischen, es ist Ende September, stehen die Alliierten schon vor Aachen, und die Nazis haben gerade andere Sorgen, kümmern sich weiter nicht mehr um Adenauer. Gussie und die Kinder dürfen ihn jederzeit besuchen, bei einem Aufenthaltswechsel müßte er allerdings die Gestapo informieren.

Aber in keiner Phase einer lang andauernden Gefahr fühlt sich ein gefährdeter Mensch so hilflos und bedroht wie kurz vor seiner Erlösung, in diesem Fall unmittelbar vor der Befreiung von den Nazis durch die Alliierten. Adenauer verliert die Nerven und heckt mit Hilfe des befreundeten Majors Hans Schliebusch einen idiotischen Fluchtplan aus, der nicht nur ihn, sondern auch seine ganze Umgebung in Lebensgefahr bringt.

Schliebusch kommt mit einem Auto zum Krankenhaus, gibt vor, er habe den Befehl, Adenauer nach Berlin zu bringen. Er packt ihn in den Wagen, in dem bereits Gussie wartet, und fährt mit den Adenauers weg. Der Major wird für dieses nicht zu Ende gedachte Abenteuer mit seinem Leben bezahlen. Er wird im Gefängnis an Flecktyphus erkranken und nach der Befreiung daran sterben.

Die Billigkeit dieses Fluchttricks ärgert die Gestapo so sehr, daß sie Adenauer, den sie in Hohenlind beinahe schon vergessen hatte, nun unbedingt wiederhaben will.

Zunächst verhaftet sie in seinem Haus auf dem Faulen Berg in Rhöndorf seine Frau Auguste. Sie wird in die Kölner Gestapo-Zentrale gebracht und dann ins Gefängnis Brauweiler in eine Gemeinschaftszelle mit Prostituierten und allerlei Abschaum gesteckt. Für Auguste Adenauer, 49 Jahre alt und von Kindheit an ein behütetes Kind des Bürgertums, eine entsetzliche Lage. Für die Prostituierten dagegen wohl eine fabelhafte Gelegenheit, dieser feinen Herrschaft, eine Oberbürgermeistersgemahlin soll sie sein, einmal vorzuführen, daß hinter Gittern eine Dame auf dem Zellen-Pißpott keine bessere Figur machen kann als jede billige Vorstadtnutte. Eine Situation, auf die gutbürgerlich erzogene und an tausend kleine und große Aufmerksamkeiten gewöhnte Frauen wie Auguste Adenauer in keiner Weise vorbereitet sind. Und auch nicht auf solche hygienischen Verhältnisse. Sie erkrankt an einer Darminfektion.

Und dann das Verhör.

Wo ist Konrad Adenauer?

Auguste Adenauer schweigt.

Wo ist Ihr Mann?

Keine Antwort.

Der vernehmende Gestapomann kann erkennen, daß er schnell am Ziel sein wird. Auguste Adenauer ist keine Frau, die ein solches Spiel gegen Profis durchhalten kann. Der Blick in die Familienpapiere kann dem Vernehmer auch sagen, wie er dieses Spiel gewinnen wird. Denn da sind zwei Töchter. Lotte, 19 Jahre jung. Und Libeth, erst 16. Die Gestapo droht damit, auch die beiden Adenauer-Töchter zu verhaften, sie in dieses Dreckloch zu stecken und den Prostituierten in der Gemeinschaftszelle als Spielzeug vorzuwerfen. Es sei denn, Frau Adenauer sage endlich, wo sich ihr Mann versteckt.

Was immer eine Frau in einer solchen Not denkt, unter dem

Strich läßt das Leben immer nur dieses Ergebnis herauskommen: Hier ein alter Mann, der seine Lebensleistung vollbracht hat – und hier zwei Kinder, die noch so viel Leben vor sich haben. Frau Adenauer kann sich mit Leugnen nicht mehr helfen. Sie sieht keine andere Wahl, als ihren Mann zu verraten. Sie tut es in der Nacht zum 25. September, in der Nacht vor dem Tag ihrer Silbernen Hochzeit.

Konrad Adenauer dürfte schon in der Sekunde, als die Häscher in seinem Versteck an die Tür klopfen, wissen, von wem die Gestapo die Information hat. Nur seine Familie weiß, daß er sich die abgelegene Nistermühle im Westerwald als Versteck ausgesucht hat. Diesen Unterschlupf hat Tochter Lotte ausbaldowert. Sie war dort einmal als Arbeitsmaid untergebracht. Seit die Nazis ihn 1933 aus dem Kölner Rathaus gejagt hatten, haben die Adenauers jede Landschaft vorbeugend auf mögliche Schlupflöcher hin untersucht, wo immer sie sich gerade aufhielten. Die Nistermühle ist ein einsames Haus nahe am Waldrand. Hier hatte sich Adenauer nach der Flucht aus dem Krankenhaus unter dem Namen »Dr. Weber« als erholungsbedürftiger Feriengast eingetragen.

Nun, am Morgen dieses 15. September, kommen die Fänger so früh, daß sie Adenauer überraschen können. Erst das Pochen an der Tür hat ihn geweckt. Er berichtet später ohne Hemmungen, daß er in dieser Lage vollkommen die Nerven verlor. »Ich raffte meine Sachen zusammen, die auf dem Schemel vor dem Bett lagen, jagte mit nackten Füßen die hölzerne Bodentreppe hinauf und versteckte mich hinter dem Schornstein. Ich hoffte, sie würden, wenn sie mich in meinem Schlafzimmer nicht fanden, wieder abziehen, in der Meinung, ich sei durch die Hintertür in den Wald entkommen.«

Natürlich finden sie ihn sofort. Einer der Gestapo-Männer beschaut sich genüßlich den hochgewachsenen Hemd- und Hosenlosen, schüttelt in gespielter Entrüstung den Kopf und sagt: »Aber, Herr Oberbürgermeister!«

Es ist genau dieser Augenblick. In diesem Augenblick verwandelt sich der 68 Jahre alte Pensionär, dieses überlebte Weimarer Fossil aus einer vor tausend Dritte-Reich-Jahren zu Ende gegangenen Zeit; dieser verängstigte alte Mann, der zu nichts mehr nütze war als zu einem Opfer für die Rettung seiner Töchter; dieser Mann verwandelt sich nach elf Jahren der Furcht, nach den Panikzuständen der letzten Wochen und den Augenblicken einer schlotternden Todesangst hinter dem Schornstein wieder in den starken Typ zurück, der er sein ganzes Leben lang war und bis ans späte Ende seiner Tage sein wird.

Jetzt, da er die Situation nicht mehr kontrollieren und keinen Einfluß mehr nehmen kann auf sein Schicksal; jetzt, da ihm niemand mehr etwas nehmen kann, was er nicht längst schon verloren hat; jetzt ist er wieder frei für jene Art von Würde, ohne die ein Mensch nicht sterben will. Konrad Adenauer hat seine Angststunde am Ölberg gehabt, jetzt ist er ruhig und bereit für sein Golgatha. Die Angst macht keinen Sinn mehr. So schwingt er sich nun auf zu jener Kopf-hoch-und-jetzt-erst-recht-Haltung, an der sich die Mehrheit der deklassierten und verachteten Deutschen der Nachkriegszeit bis in die sechziger Jahre hinein aufrichten wird.

Konrad Adenauer, noch immer ohne Hemd und Hose, tritt vor den Schornstein und sagt seinen Häschern: »Meine Herren, bevor wir gehen, könnten wir doch zusammen eine schöne Tasse Kaffee trinken. Dies ist heute nämlich der Tag meiner Silbernen Hochzeit.«

Es ist aber offensichtlich auch ein Tag, an dem Nazis und Häscher rheinischer Machart bereits angefangen haben, über den bevorstehenden Untergang nicht mehr nach den Regeln der germanischen Götterdämmerung nachzudenken, sondern nach der in vielen Zeitenwenden gewachsenen Tradition dieser alten abendländischen Kulturlandschaft am Rhein. Diese Tradition weiß aus vielen vorangegangenen Untergängen: Es gibt immer ein Leben danach, und in dieses neue Leben muß man sich irgendwie hinüberklüngeln.

Man steckt Adenauer ins Gefängnis Brauweiler. Und läßt ihn dort in Ruhe. Adenauer wird später in seinen Erinnerungen schreiben: »Der Kommissar, dem das Gefängnis unterstand, sagte mir bei der Einlieferung, ich möchte mir doch, darum bitte er, nicht das Leben nehmen, er hätte dadurch nur Unannehmlichkeiten. Ich fragte, wie er zu der Idee komme. Er erwiderte, ich sei jetzt fast siebzig Jahre, ich hätte vom Leben doch weiter nichts mehr zu erwarten, und es läge dann nur nahe, daß ich meinem Leben ein Ende mache. Ich erwiderte ihm, er könne beruhigt sein. Ich würde ihm keine Unannehmlichkeiten machen.«

Inzwischen ist es Tochter Libeth gelungen, ihre Brüder Max und Paul zu alarmieren. Sie sind beide wie ihr ältester Bruder Konrad bei den Soldaten. Max ist Leutnant an der Westfront. Libeth schickt ihm ein Telegramm: »Rückkehr nach Rhöndorf dringend erforderlich... da jetzt beide Eltern fort.« Max bekommt Urlaub, interveniert in Köln, Berlin und Brauweiler, erreicht zunächst die Freilassung der Mutter.

Es wird wohl weniger Max Adenauers Status als Frontsoldat gewesen sein, der auch den Vater rettete, sondern mehr der Gedanke unter den Bütteln, daß es an der Zeit sei, Adressen zu sammeln, von denen man sich später, nach der Götterdämmerung, einen Persilschein erhoffen könnte. Man wird Konrad Adenauer am 26. November 1944 aus dem Gefängnis Brauweiler entlassen, er darf in Rhöndorf auf die Armeen des Generals Eisenhower warten. Eisenhower, sein späterer politischer Partner im Weißen Haus, wird ihn dann vom gegenüberliegenden Rheinufer aus durch eine Granate begrüßen, vor deren Einschlag sich Adenauer im Garten seines Rhöndorfer Hauses gerade noch zu Boden werfen kann.

Bevor er das Gefängnis Brauweiler verlassen darf, nutzt sein Sohn Paul eine Dienstfahrt zu einem kleinen Urlaub vom Militär, um zu Hause nach dem Rechten zu sehen. Er kommt abends in Rhöndorf an, weckt seine Mutter und entdeckt, daß sie ein anderer Mensch geworden ist. Gussie Adenauer, die schon geschlafen hat, wird bei Pauls Ankunft geweckt, erkennt aber ihren Sohn nicht gleich. Er erinnert sich später: »Sie sagte: Was wollen Sie denn? Allmählich erst bekam sie mit, wer ich war. Aber es lag ein Schatten über ihr.«

Im Schatten ihres Mannes zu verschwinden ist zumindest in der ersten Hälfte dieses Jahrhunderts ein Grundproblem fast aller Frauen, nicht nur der Frauen großer Männer. Sie sehen sich als Anhängsel. Aber in Wirklichkeit sind sie selbstverständlich immer viel mehr gewesen. Eine Gussie Adenauer hätte die Leiden ihrer letzten Jahre nie gehabt, hätte sie sich nur als Anhängsel gesehen und nicht als innerfamiliäre Spenderin von Behaglichkeit für einen in außerfamiliärer Kälte wirkenden Partner. Ihr Problem war: Wie kann sie, die ihn verraten hat, diesem Mann noch die Wärme zuführen, die er braucht?

Der Schock der Haft, die Ruhrerkrankung und ihre Folgen und der Verrat an ihrem Mann treiben Auguste Adenauer in ein seelisches Leiden, aus dem sie nicht mehr herausfinden wird. Nichts kann ihr helfen. Weder der Zuspruch ihres Mannes noch die Fürsorge ihrer Kinder. Nicht der Glaube ihrer zweiten Kirche, der katholischen, welche doch für jede Art von Schuld eine gute Aussicht auf Vergebung gewährt, sofern dieser erpreßte Verrat in Brauweiler überhaupt eine Schuld war. Aber Gussie leidet unheilbar daran. Sie leidet daran nach der strengen Art einer evangelischen Christin, die sie bis zu ihrer Heirat vor 25 Jahren mit Konrad Adenauer war. Jeder mag ihr vergeben, auch Gott, aber sie selbst kann es sich nicht verzeihen, daß sie ihren Mann verraten hat.

Wer in einer Zeit wie dieser, da so viele Menschen so viel Böses gesehen, erlebt, erduldet und geduldet haben und an Verrat aller Art eigentlich tagtäglich gewöhnt worden waren, wer in einer solchen Zeit so schlimm leidet wie Auguste Adenauer, muß den Verratenen sehr geliebt haben. Womit hat aber der Mann Adenauer diese Liebe verdient?

Es fällt auch denen, die die Adenauer-Zeit noch erlebt haben, schwer, sich in diesem Patriarchen einen Mann vorzustellen, der einmal jung gewesen sein könnte. Jung. Spontan. Wild. Leidenschaftlich. Man könnte sich leichter vorstellen, daß Adenauer schon zu Kaiser Barbarossas Zeiten gelebt hat. Und daß er damals schon ein alter Mann war. Aber Adenauer ein Mann, für den sich Frauen in Liebe verzehren?

Auguste war ja nicht die einzige Frau, die von Adenauer fasziniert war.

Es gibt ein Foto aus Adenauers Studentenzeit. Ein Ulk-Foto aus dem Jahr 1897, das, wenn man es ein wenig auf sich wirken läßt, mehr über den Liebhaber Adenauer verraten kann als all die spröden Kargheiten, die er in seinen späten Jahren über seine frühen Jahren gesagt hat. Das Foto zeigt Adenauer auf einer Art Landpartie mit zwei weiblichen Ferienbekannten.

Der damals 23 Jahre alte Jurastudent steckt mit den zwei jungen Frauen in einem Heuhaufen. Von den dreien ragen nur die Köpfe aus dem Heu, dazu Adenauers schlanke Hand, welche den Betrachter gelangweilt-huldvoll und siegessicher grüßt. Zu seiner Rechten eine vollmundige junge, zweifellos aber schon erwachsene Dame mit einem kecken Hütchen. Zu seiner Linken ein freches frisches Ding mit Grübchen, vielleicht die jüngere Schwester der anderen.

Die beiden jungen Damen lachen. Sie genießen die Situation offensichtlich. Die Frau mit dem Hütchen neigt ihren Kopf Adenauer zu. Es ist deutlich, daß sich beide in Adenauers Nähe sehr wohl fühlen und dieses auch dokumentieren wollen vor der Kamera, vor der man in diesen Jahren einige Sekunden stillhalten muß in der Haltung, die man bekunden will. Adenauer beherrscht die Szene vollkommen:

Zwischen einer schmalkrempigen Melone und einem Oberlippenbart ragt ein Blick heraus, von dem Buster Keaton noch etwas hätte lernen können. Pokerface total. Keine der zeitüblichen wilhelminisch-selbstgefälligen Es-ist-erreicht-Visagen. Sondern das Gesicht eines jungen Mannes, der sich seiner Wirkung auf die beiden Frauen vollkommen sicher ist: Ich bin der Boß, Mädels, alles klar. Einen solchen Blick erzeugen und halten zu können in diesem Alter ist zweifellos ungewöhnlich für einen Mann seiner Zeit und seiner Herkunft.

Denn Adenauer gehörte dem dialektsprechenden Kleinbürgertum an. Dem von permanenten Zukunftsängsten gebeutelten, finanziell kurzgehaltenen devoten Lakaienstamm des Großbürgertums. Sein Großvater war Bäcker, sein Vater war aufgrund besonderer Tapferkeit in der Schlacht von Königgrätz in den preußischen Staatsdienst übernommen worden, als Justizbeamter des unteren, später mittleren Dienstes. Anders als dem arbeitenden Proletariat der wilhelminischen Zeit leuchtete dem Kleinbürger-Sohn im Jahr 1897 als Verheißung auf die Zukunft kein sozialistisches Utopia, sondern bestenfalls eine kleine Amtsstubenkarriere im Dienste der Obrigkeit.

Diese Obrigkeit würde die intelligenteren Söhne des besitzlosen Kleinbürgertums wie etwa den Studiosus Konrad Adenauer im Falle von Wohlverhalten mit einer Existenz dicht oberhalb der Armutsgrenze belohnen und mit dem Recht auf ein bißchen dünkelndes Nasenrümpfen gegenüber jenen ausstatten, die in den Fabriken schweißtreibende Arbeit verrichten müssen. Aber mehr war nicht drin. Also keinerlei Gründe dafür, daß ein Mann mit diesen Zukunftsaussichten mit einem derart gelassen-selbstsicheren Blick aus einem damenbespickten Heuhaufen schaut.

Aber es war seine Art. Eine unsichtbare Mauer trennte schon den jungen Studenten Konrad Adenauer von seinen Altersgenossen. Im Beisein von Damen gefiel er sich durch einen leicht ironischen Unterton, und den Damen hat das sogar gefallen, auch seiner späteren ersten Frau Emma.

Was könnte das Geheimnis der Wirkung dieses jungen Mannes auf Frauen gewesen sein? Wo lag der Urgrund dieser Selbstsicherheit jenseits seiner Klassenzugehörigkeit?

Frauen schimpfen über Machos, aber sie lieben sie gerade wegen der Unverschämtheit ihrer Kraft – denn die lange Entwicklungsgeschichte der Evolution hat ihnen ein Programm eingegeben, das sie nach starken, selbstsicheren und mächtigen Partnern Ausschau halten läßt. Denn Liebe ist für die Natur ja nur ein Trick, um dem genetischen Code eines Individuums eine Verbindung mit einem möglichst optimalen anderen genetischen Code zu verschaffen, also mit einem Partner, der stark genug erscheint, dem dann gemeinsamen genetischen Gesamtcode den Weg in die Zukunft zu sichern. Das alles läuft im Unbewußten, aber zielstrebig ab. Wichtig für einen Macho ist nur, daß seine Kraft und Selbstsicherheit überzeugend wirken. Ist er als Angeber durchschaut, fällt er bei den Frauen sofort durch.

Adenauer aber wirkte schon damals nicht als Angeber. Er kam bei den Frauen an als ein Mann von großer Gelassenheit. Als ein Mann von jener Sorte, die nur ein Fitzelchen ihrer Kraft sehen, dabei aber ahnen lassen, daß noch einiges mehr davon in ihnen steckt. Die bescheidene Herkunft dieses Mannes lieferte nur den Kontrast zu seiner selbstbewußten Ausstrahlung und ließ ihn noch eindrucksvoller erscheinen.

Es war eine Gelassenheit in ihm, die nur zum Teil durch die katholische Schicksalsergebenheit seines Elternhauses erklärt werden kann. Im Hause Adenauer war man der Meinung, daß der Mensch zufrieden zu sein habe mit dem Platz in der Gesellschaft, auf den Gott ihn gestellt hat, daß der Mensch nicht von

Revolution träumen, sondern innerhalb seiner von Gott gesetzten Grenzen das Beste aus sich und der Welt machen soll. Katholisch, konservativ und gegen die Revolution immun waren im Rheinland viele Kleinbürger, ohne daß sie das besonders selbstsicher oder gelassen gemacht hätte. Adenauer mußte sich darüber hinaus ein philosophisches Grundkonzept erworben haben.

Tatsächlich konnte er sich bis ans Ende seiner Tage auf zwei Schlüsselerlebnisse aus Kindheit und Jugend berufen, die sein Denken und seinen Charakter geprägt hatten. Beide hatten mit seinem Faible für Botanik zu tun und mit seinem Vater:

Da war einmal die Sache mit den Radieschen. Die hatte der achtjährige Konrad im Garten hinter dem kleinen elterlichen Haus in der Kölner Balduinsstraße gesät. Kaum waren die ersten Blätter zu sehen, hat der kleine Adenauer sie auch schon aus der Erde gerupft, um das Zwischenergebnis seiner schöpferischen Arbeit zu prüfen. Die wieder eingesetzten Pflanzen welkten, und so war es Zeit für den ersten der beiden Hauptlehrsätze seines Vaters: »Siehst du, mein Junge, man muß alle Dinge geduldig reifen lassen.«

Den zweiten Hauptsatz der väterlichen Erziehung empfing er ein paar Jahre später, als Adenauer, ein Leben lang ein ebenso unermüdlicher wie erfolgloser Erfinder, bei dem Versuch scheiterte, Stiefmütterchen und Geranien zu kreuzen: »Siehst du, mein Junge, man soll nicht versuchen, dem Herrgott ins Handwerk zu pfuschen.«

Eigentlich zwei Banalitäten, aber es waren offensichtlich zwei Einsichten, die sich ihm auf entscheidenden Stufen seiner Persönlichkeitsentwicklung eröffneten, denn in seinen Erinnerungen wird der greise Konrad Adenauer schreiben: »...Wie denn überhaupt die Weisheiten der Erde und die Lebensregeln meines Vaters mir bei der Bewältigung schwieriger Situationen im politischen und privaten Leben immer geholfen haben.«

Die beiden Schlüsselerkenntnisse verbanden sich für den jungen Mann zu der befreienden Erkenntnis, daß es keinen Sinn macht, die eigenen Kräfte durch zu große Eile oder für Träume außerhalb der gerade stattfindenden Wirklichkeit zu erschöpfen, und daß es klüger ist, seine Kräfte immer erst dann voll zu entfalten, wenn einem das Schicksal gerade wieder eine günstige

Gelegenheit unter die Nase hält. Adenauer war somit schon in jungen Jahren ein Mann, der dem Glück nicht nach Art der jungen Männer aufgeregt nachjagte, sondern einer, der dem Glück geduldig, aber wachsam auflauerte.

Dies gab dem jungen Mann offensichtlich eine Aura von Reife, die um einiges über sein Alter hinausging. Und bei Frauen eine Ausstrahlung, die seinen beruflichen und gesellschaftlichen Hintergrund deutlich überragte. Denn mit der Karriere ging zunächst manches schief. Sein Assessor-Examen machte er im Jahr 1901 nur mit der Note »Ausreichend«, weshalb er für die erhoffte Richterlaufbahn im Preußischen Staatsdienst nicht in Frage kam. Er kam zunächst als Assistent bei der Staatsanwaltschaft unter.

Zwei Jahre später trat er in die Kölner Anwaltskanzlei Kausen ein. Ein junger Assessor mit deutlichem rheinischem Dialekt und kargem Wortschatz. Nicht gerade das Rüstzeug für einen künftigen Staranwalt. Aber das Lächeln der Kollegenschaft über diesen Anfänger legte sich bald. Ein Kölner Gerichtsprofi wird sich ein halbes Leben später noch erinnern: »Er war kein Anwalt, der durch Brillanz der Rede geglänzt hätte, aber er wirkte auf die Richter wie ein Landregen, der sanft und stetig alle gegnerischen Einwände aufweicht.«

Immerhin war er jetzt Anwalt und damit akzeptabel für die Aufnahme zum wichtigsten Heiratsmarkt des Kölner Bürgertums, dem Tennisclub »Pudelnaß«. Daß er für jede Art von Sport ungeeignet war, störte weder ihn noch den Club. Es dauerte nicht lange, und der nun 28 Jahre alte Konrad Adenauer war mit einem der nettesten und interessantesten Mädchen der besseren Kölner Gesellschaft verlobt: Emma Weyer. Hohe Stirn, frische Augen, ein fröhlich bis spöttisch lächelnder Mund, immer gut gelaunt. Ihr Großvater, Johann Peter Weyer, war Stadtbaumeister und besaß eine große Galerie. Ihre Mutter stammte aus der Familie Wallraf, in der es einen Ferdinand Franz Wallraf gab, den Begründer des Wallraf-Richartz-Museums.

So heiratete sich Adenauer 1904 in den Bürgeradel der Stadt ein. Und zwei seiner drei Geschwister taten es ihm nach. Sein Bruder August und seine Schwester Lilly schlossen Ehen mit Partnern aus bestem Kölner Klüngel.

Konrad Adenauer suchte nach einer neuen beruflichen Orientierung. Doch der Versuch des jungen Ehemannes, eine Notarskanzlei zu übernehmen, scheiterte, und statt der erhofften Selbständigkeit bekam er nur das schlecht bezahlte Amt eines Hilfsrichters in Köln.

Keine Panik. Einer wie er war ja dank seiner prägenden Erfahrung mit Radieschen sicher, daß das Leben schon noch reife Früchte an ihn herantragen würde.

Die Gelegenheit zum Zugreifen kam. Eines Tages war die Zeit für die Radieschen reif. Adenauers Einstieg in die Politik begann, als sein früherer Arbeitgeber, der Anwalt Kausen, einen Beigeordneten suchte. Kausen war Vorsitzender der Zentrumsfraktion im Kölner Rathaus. Ein Beigeordneter ist ein wichtiger Gehilfe des Oberbürgermeisters. Kausen hatte für dieses Amt eigentlich einen Richter aus Saarbrücken im Auge, aber dann meldete sich Konrad Adenauer, und der sagte: »Warum nehmen Sie eigentlich nicht mich, Herr Justizrat? Ich bin bestimmt genauso gut wie der andere.« Es war das erste, aber nicht das letzte Mal, daß Adenauer sich für eine Wahl selbst vorschlug.

In Köln hätten die Stimmen des Zentrums – die Partei des politischen Katholizismus hatte ihre Wähler in der mittleren und unteren Einkommensklasse – allein nicht genügt, um Adenauer durchzuboxen. Also mußte die vornehme Verwandtschaft der Weyer-Wallraf-Linie die Liberalen bearbeiten, die Partei des vermögenden Großbürgertums. Das reichte. Adenauer wurde mit 35 von 37 Stimmen zum Beigeordneten gewählt.

Von nun an war er ein wichtiger Mann in Köln, nicht nur ein angeheirateter Advocatus des Weyer-Wallraf-Clans. Er war zuständig für Steuern, für die Markthallen und für die Statistik. Als ein Jahr später Emmas Onkel Max Wallraf Oberbürgermeister wurde, bekam Adenauer auch die Zuständigkeit für das Personalwesen übertragen, wurde zum Ersten Beigeordneten und damit zum Stellvertreter des Oberbürgermeisters befördert.

Konrad und Emma bewohnten noch eine Etagenwohnung im Stadtteil Lindenthal, später eine nach eigenen Plänen gebaute Villa in der Max-Bruch-Straße. Das erste Kind wurde 1906 geboren, im zweiten Ehejahr. Es war ein Sohn und hieß wie der Vater und der Großvater Konrad. Erst der zweite Sohn, vier Jahre später geboren, wurde nach dem großen Onkel und Gönner Wallraf Max benannt. Auf diese Weise machte Adenauer deutlich, daß in seinem Hause er das Sagen hatte und die hochgestellte Verwandtschaft erst danach eine Rolle spielen durfte. Adenauer sah sich vom ersten Tag seiner Ehe als Hausvater und Patriarch eines im Entstehen begriffenen neuen Familienstammes. Auch der jung verheiratete Adenauer dachte nicht in der Kategorie Ehe, sondern in der Kategorie Familie.

Emma, das höhere Töchterlein, fügte sich widerstandslos und verwandelte sich vom fröhlichen Mädchen der Kölner Jeunesse dorée in eine geduldige und liebevolle Hausmutter. Das wäre nichts besonderes gewesen, denn das weibliche Rollenverständnis sah auch noch lange nach der Jahrhundertwende eine solche Entwicklung als völlig normal an. Es entsprach auch ganz der Zeit, daß der junge Ehemann schnell zum Patriarchen wurde und für seine Ehefrau die Vaterrolle mit übernahm. Bemerkenswert aber ist, daß Emma auch die für sie ungewohnte und sicherlich quälende Sparsamkeit ihres Mannes ohne Murren hinnahm.

Sohn Konrad (»Koko«) wird sich später erinnern: »Vater trank nicht, rauchte nicht, und seine Garderobe war denkbar einfach. Seine Schuhe trug er so lange, bis sich die Spitzen nach oben bogen. Alle 14 Tage erschien ein städtischer Angestellter, der einmal Inhaber eines Frisörgeschäftes gewesen war, und schor Vater und uns beiden Jungen die Köpfe ratzekahl. Das ist hygienisch und billig, stellte Vater fest. Ein eigenes Auto kam nicht in Frage.«

Sparsamkeit, hart am Rande des Geizes, war nach der Wahl zum Beigeordneten eigentlich keine Notwendigkeit mehr, denn mit Dreistigkeit und Hartnäckigkeit hatte Adenauer eine Reihe außergewöhnlicher Gehaltsaufbesserungen für sich herausgeschlagen. Doch Verdienen und Ausgaben waren für ihn zwei völlig verschiedene Dinge, und Sparsamkeit hielt er für ein sittliches Gebot. Allerdings nur für den privaten Bereich. Was das Ausgeben öffentlichen Geldes betrifft, erwarb sich der Kölner Beigeordnete, Geldverwalter und spätere Oberbürgermeister Konrad Adenauer den Ruf eines ultrakühnen Investors. Die Nazis beschimpften ihn später sogar einmal als leichtsinnigen Verschwender.

Aber das mag wohl daran gelegen haben, daß er am Vorabend des Ersten Weltkriegs bereits instinktiv erfaßt hatte, daß es mit diesem preußisch regierten Deutschen Kaiserreich bald zu Ende gehen würde und daß es Sinn macht, das Geld eines sterbenden Reiches in eine Zukunft zu investieren, die jenseits dieses Reiches liegt. Denn später, als erster Hausvater der Bundesrepublik, galt Adenauer keineswegs als Verschwender von Staatskapital. Es gab unter seiner Kanzlerschaft so gut wie keine öffentliche Verschuldung, gemessen am Finanzstil seiner Nachfolger.

Es ist wohl die unglaubliche Selbstsicherheit dieses Mannes gewesen, deren Faszination Emma noch immer erlag und der auch seine Kinder erlagen. Sein Sohn Konrad schreibt: »Andere zu überzeugen war Vaters Stärke, und er übte diese Kunst selbst im engsten Familienkreise. Er hielt bei uns Kindern immer die Fiktion völliger Freiheit aufrecht, denn alle seine Maßnahmen waren wohlbegründet. In Wirklichkeit aber herrschte er so absolut wie ein biblischer Erzvater.«

Was ihn ein Leben lang so überzeugend machte bei Menschen, auch als skrupelloser Verleumder seiner politischen Gegner, waren ja nicht gerade ein eleganter Sprachstil oder auch nur die Andeutung intellektueller Brillanz, sondern seine Fähigkeit, die Vorgänge und Dinge auf einen einfachen Kern zu reduzieren, den seine Zuhörer und er selbst leicht verstehen konnten.

Der begeisterte Hobbygärtner wußte, daß alles, was leben und wachsen soll, sein richtiges Umfeld haben muß. Und mit den Menschen, Städten, Staaten und Völkern ist das im Grunde nicht anders als mit den Radieschen. Der Gärtner Adenauer spürte von Anfang an mit allen Sinnen, daß seine Heimat, das Rheinland, in einen Rahmen gestellt war, der nicht paßte.

Mochte sein Vater, der brave Bäckersohn, Kriegsheld und kleine Justizbeamte, auch glauben, daß er alles dem preußischen Staat verdankt. Der Sohn aber sah hier einen katholischen, seit römischen Zeiten auf Flexibilität, Toleranz, Vernunft, Weltoffenheit und Genußfreude geeichten westlichen Menschenschlag eingepreßt in die Schablone eines protestantischen, prinzipienreiterischen, militaristischen und jetzt auch noch germano-nationalistischen östlichen Preußenstaates, der mit seinen protestantischen Junkern das katholische Rheinland beherrschte wie britische Kolonialoffiziere Indien beherrschten. Direkt vor der Nase Kölns, auf der anderen Seite des Rheins, hatten sich die Preußen mit dem Ruhrgebiet eine Industrie-Domäne aufgebaut, in der Rheinländer so gut wie off limits waren. Das Ruhrgebiet war nach Gutsherrenart beherrscht von protestantischen Schlotbaronen und bevölkert von katholischen Kulis aus Polen; Rheinländer hatten hier nichts zu melden und kaum etwas zu verdienen.

Da mochten die Linksrheinischen mit ihrer Freude am Spektakel sich zwar von Zeit zu Zeit mal ganz gern ein wenig fluten lassen von nationalen Begeisterungswogen und wilhelminischem Dschingdarassabumm, im Kern aber waren sie nicht preußisch und nicht nationalistisch, sondern auf eine sehr alte abendländische Weise zugleich europäisch und provinziell. Um das zu spüren, benötigten die Rheinländer und auch Adenauer kein besonderes historisches Wissen. Man empfand es einfach so. Durch tausend Verhaltensweisen, die von der Geschichte den Vorfahren eingeprägt worden sind und von den Kindern durch Abschauen, Nachmachen und Gewohnheit übernommen wurden.

Auf abendländische Weise zugleich europäisch und provinziell. Das heißt: Man gehörte vor allem zu einer Region. Und man gehörte auch 2000 Jahre lang zu einem europäischen Universalreich, ob es nun das Imperium Romanum war oder das Heilige Römische Reich Deutscher Nation. Aber Preußen? Oder Deutschland? Was war das? Irgend etwas Wurzelloses aus unausgegorener neuerer Zeit. Das Wasserstraßensystem des Rheins schuf einträgliche Verbindungen nach Holland, nach Frankreich, nach Baden, in die Schweiz, nach Württemberg, nach Hessen und ins Mainfränkische. Preußen aber war ein Geschöpf des Ostens, weit weg von den Wurzeln und weit weg von den Geschäften der Linksrheinischen.

Der Kölner Klüngel einflußreicher Bürger, in den Adenauer über die Familie seiner Frau Emma gestoßen war, ist ein Ausdruck dieser alten Geschichte. Köln hatte immer fremde Herren in weit entfernten Hauptstädten wie Rom oder Berlin, und deshalb kam es den Alteingesessenen darauf an, mit einer Mischung aus Diplomatie, Verschwörung und Geschäften stetig an einem Netzwerk zu knüpfen, das unterhalb der Obrigkeit oder an der

Obrigkeit vorbei den Freiraum für gute Geschäfte und für die eigene Lebensart verschafft. Adenauer war zutiefst vom Segen des Klüngeltums überzeugt und wird auch später als Bundeskanzler seinem Ministerkabinett ein Kölner Klüngelkabinett vorschalten, in dem der Kardinal Frings und der Bankier Pferdmenges Adenauer beim Strippenziehen diskret beraten und sein Ministerkabinett zu einer Statistenriege herabstufen werden.

Im Jahr 1914, kurz vor Ausbruch des Ersten Weltkriegs, ließ sich Adenauer von Onkel Max, dem Oberbürgermeister, auch die Zuständigkeit für die Ernährung der Stadt übertragen. Das war ein weiser Entschluß. Denn während alle noch dachten, daß dieser Krieg nur ein paar Wochen dauern würde, ahnte Adenauer bereits, daß dieser Krieg gegen die Westmächte ein längeres Ereignis werden würde, an dem der altmodische Junkerstaat Preußen mit samt seiner Währung ausbluten könnte. Es kam ihm darauf an, die Stadt und sich selbst möglichst gut durch das drohende Chaos zu bringen. Schon am ersten Kriegstag machte er bei den Stadtverordneten sechs Millionen Mark los und kaufte dafür Nahrungsvorräte für die Bevölkerung: Hülsenfrüchte, Karotten, Fett, Salz, Sauerkraut aus dem Umland, Fleisch und Wurst aus Holland, dazu lebende Schafe, Rinder und Schweine. Die Kölner Festhalle wurde in einen Stall umgebaut, das übrige Vieh wurde vor der Stadt auf gepachteten Flächen bei Oldenburg, Waldbröl und Gummersbach geweidet. Eine in Köln entwickelte Dörranstalt fütterte Adenauers Vieh getrocknete Küchenabfälle zu.

Er wollte seine Bürger vor Hunger verschonen und an der Abwendung dieses Hungers nach Möglichkeit auch reich werden. Adenauer gefiel sich in seinen Mußestunden zu Hause bei Emma und den Kindern als Erfinder und mixte in Emmas Küche und in der Rheinischen Brotfabrik der Brüder Jan und Josef Oebel das »Kölner Brot«. Es sollte länger sättigen als normales Brot, nicht krümeln und teures Getreide durch Mais, Kleie, Reis oder Kartoffeln strecken. 1915 ließ er sein Kölner Brot patentieren, und 1916 wurden davon täglich 10 000 Stück in Köln gekauft und gegessen. Doch reich wurde Adenauer davon dann doch nicht; aus Gründen der politischen Schicklichkeit hatte er auf die Erfinder-Tantiemen verzichten müssen.

Aber die Kölner Bürger zollten ihrem Ernährungsdezernenten Respekt für die Vorsorge, auch für die Beschlagnahme und öffentliche Verteilung der Kartoffelernte in den Vor- und Schrebergärten der Stadt nach der Mißernte von 1916 und für die Einrichtung von Großküchen für Massenspeisungen. Die Kölner adelten ihren städtischen Ernährer mit dem Spitznamen »Graupenauer«.

Mit dieser Popularität im Rücken konnte er es sich leisten, seinen Onkel Max Wallraf auf einen Staatssekretärsposten in Berlin abzudrängen oder wegzuloben und sich selbst für das Oberbürgermeisteramt bewerben.

1916 und 1917 waren Jahre gigantischer Aktivität des Kommunalpolitikers Konrad Adenauer. Er betäubte mit Arbeit und guten Taten den Schmerz über den Tod seiner Frau Emma. Vielleicht auch die Vorwürfe, die er sich hätte machen können. Denn Emma Adenauer hatte seit der Geburt ihres ersten Kindes Konrad (»Koko«) gekränkelt.

Das Kinderkriegen war für sie gefährlich. Was für Adenauer sicherlich eine herbe Enttäuschung bedeutete, denn er, der selbst drei Geschwister hatte, sah sich gerne in der Rolle eines Jakob und wollte Stammvater werden, mit einer ganzen Reihe von Söhnen und Töchtern. Nach der Geburt des ersten Kindes am 21. September 1906 mußten sich die Adenauers vier Jahre Zeit nehmen, dann wurde – wieder war es der 21. September – der zweite Sohn geboren: Max. Zwei weitere Jahre später, 1912, kam Tochter Ria zur Welt. Von dieser Geburt erholte sich Emma nie mehr. Sie wurde kränker und kränker.

Adenauer pflegte seine Frau auf rührende Weise. Aber ihre Kräfte schwanden. Im Herbst des Jahres 1916, sie war erst 36 Jahre alt, vertrugen die von Medikamenten geschädigten Nieren eine leichte Pilzvergiftung nicht mehr. Am 5. Oktober 1916 hatten die Adenauer-Kinder keine Mutter mehr.

Kein halbes Jahr später, im März 1917, mußten sie sich an einen neuen Vater gewöhnen. Konrad Adenauers Gesicht wurde bei einem schweren Autounfall entstellt. Sein Fahrer hatte eine Straßenbahn gerammt. Adenauer flog vom Rücksitz durch die Trennscheibe. Jochbein gebrochen, Nase gebrochen, Kiefer zerschmettert, Oberlippe gespalten. Als sein geflickter Kopf aus den

Bandagen gewickelt wurde, wollte sein Sohn Konrad davonlaufen: Der Vater, der bis dahin wie ein gewöhnlicher Vater ausgesehen hatte, hatte sich verwandelt. Sein lebhaftes Gesicht war zu einer Indianer-Maske erstarrt: Die Backenknochen wirkten jetzt höher und markanter; die Augen waren nun schräg eingesetzt, ständig gerötet und seltsam unbeweglich; das Gesicht hatte eine gelbliche Tönung angenommen, die es nie mehr ganz verlieren wird. Das Bild, das die Welt von Adenauer einmal im Kopf haben wird, ist das Ergebnis eines Fluges durch eine Glasscheibe.

Der einzige, der sich an seinem neuen Äußeren nicht störte, war er selbst. Er wußte ja, wer er war, daran änderte auch der Blick in den Spiegel nichts. Als eine Delegation Kölner Kommunalpolitiker an sein Krankenbett kam, um in einem zweistündigen als Verhör gedachten Plausch zu prüfen, ob die Kandidatur dieses Mannes zum Oberbürgermeister aufrechterhalten werden konnte, beendete Adenauer den Test mit den Worten: »Meine Herren, anormal bin ich nur äußerlich.«

Wenn er litt, dann nicht unter seinem neuen Gesicht, sondern unter Emmas Tod. Der Witwer Adenauer trug schwer an diesem Unglück. Mehr als ein Jahr später, am Silvestertag 1917, vertraute er, der sonst niemals über seine Gefühle sprach oder schrieb, seinem Tagebuch an: »Das ganze Jahr ist erfüllt von Schmerz und Leid und Sehnsucht nach meiner teuren Frau. Sehr schwer lastet auf mir die Sorge um die Erziehung meiner geliebten Kinder, der ich mich kaum widmen kann; mutterlose Kinder – das ist etwas unendlich Trauriges… In jungen Jahren zu einer großen Stellung berufen, bin ich ein viel beneideter Mann, und dabei arm, bitterarm!«

Seit dem Unfall nervten ihn Schlafstörungen. Er wird bis ans Ende seiner Tage den größten Teil der Nacht wach im Bett liegen.

Im September 1917 machten die Kölner ihren Indianer Old Graupenauer zu ihrem neuen Stadtoberhaupt. Auf zwölf Jahre. Wählen durften ihn nur die Stadtverordneten der Liberalen und des Zentrums. Aber Volk und die in Köln noch machtlose Sozialdemokratie – das preußische Dreiklassenwahlrecht bevorzugt die Besitzenden und Steuerkräftigen auf Kosten der Arbeiter und Habenichtse – waren damit sehr einverstanden. Das SPD-Parteiblatt lobte das »soziale Gefühl und soziale Verständnis« ihres städtischen Futterbeschaffers.

Mit 41 Jahren war Konrad Adenauer der jüngste Bürgermeister im Reich, und Köln war immerhin die drittgrößte deutsche Stadt. Er war plötzlich so etwas wie der zivile politische Superstar im untergehenden Kaiserreich.

Gegen den persönlichen Untergang legte der neue Oberbürgermeister im Frühjahr 1918 im Garten seines Hauses in der Max-Bruch-Straße einen Kartoffelacker an. Bevor er morgens ins Rathaus fuhr, hackte er den Boden locker, zog die Furchen nach. Sein Nachbar tat es ihm gleich. Am Zaun grenzten die beiden Kartoffeläcker aneinander.

Die Nachbarn hießen Zinsser. Man kannte sich seit Jahren und vertrug sich gut. Ferdinand Zinsser, Professor für Dermatologie, und seine Frau waren als Rückwanderer aus den Vereinigten Staaten nach Köln gekommen. Ihre beiden Töchter waren schon etwas größer als die Adenauer-Kinder. Die Ältere, Auguste, die sie alle nur Gussie nannten, verstand etwas von Musik und war deshalb oft von Emma Adenauer herübergebeten worden, um den Kleinen etwas vorzuspielen und deren Interesse an der Musik zu wecken.

Nun war Emma tot, Adenauer bearbeitete morgens vor Dienstbeginn seinen Kartoffelacker – und auf dem Nachbargrundstück geschah auf einmal etwas, was unter jungen Mädchen höchst selten vorkommt: Auguste entwickelte sich zu einer begeisterten Frühaufsteherin und stand immer zur selben Zeit wie Adenauer auf der anderen Seite des Zaunes im Kartoffelacker und hieb auf die Erde ein. Sie tat es ohne jede Begabung, und Adenauer zeigte ihr, wie man die Hacke halten muß, um nicht zu schnell zu ermüden, und wie man sie in die Erde haut, ohne die wachsenden Knollen zu treffen.

Auguste war ein sehr feminines Wesen mit intellektueller Ausstrahlung. Hohe Stirn, kluge Augen, weicher Mund, sanfte Züge. Dazu großgewachsen wie er – und im Äußeren Emma nicht unähnlich. Männer sind im Prinzip treue Wesen. Sie können sich auch dreimal scheiden lassen – und verlieben sich dann meist wieder in eine Frau, die in Wesen und Aussehen der Vorgängerin nahekommt.

Irgendwann entdeckten Gussies Eltern, was sich da anbahnte. So sehr sie ihren Nachbarn auch schätzten, aber die Aussicht, daß ihre Tochter sich von einem um 19 Jahre älteren Witwer mit drei Kindern einfangen ließ, konnte sie nicht begeistern. Gussie wurde auf ein halbes Jahr zu ihren Verwandten nach Wiesbaden geschickt. Aber schon nach ein paar Wochen kam sie zurück und erklärte ihren Eltern, daß sie den Nachbarn zum Mann haben wolle und keinen anderen.

Adenauer sah sich von seinem Witwerleid erlöst. Aber, das war er entweder sich selbst oder seiner Partei, dem Zentrum, schuldig: Erst mußte die lutherische Gussie katholisch werden, um ihn heiraten zu können. Gussie Zinsser nahm bei Adenauers Bruder Hans, der Pfarrer geworden war, Religionsunterricht, wurde katholisch, und am 25. August 1919 hatte Konrad Adenauer wieder eine Frau. Und seine drei Kinder hatten wieder eine Mutter, was aber wiederum zumindest am Anfang nicht so einfach war, denn der älteste Sohn war ja nur elf Jahre jünger als seine Stiefmutter.

Während der private Adenauer sich nun also wieder dem Aufbau seines eigenen Stammes widmen konnte, plünderte der öffentliche Konrad Adenauer nach dem Weltkrieg den Leichnam des untergegangenen Kaiserreiches aus und putzte damit Köln heraus. Er nahm noch mehr Schulden auf als schon vor und während des Krieges und dachte gar nicht daran, sie jemals zurückzuzahlen. Seinem Stadtbaumeister Fritz Schumacher vertraute er an: »Wer heute über Geld nachdenkt, denkt über etwas nach, was es gar nicht mehr gibt.«

Mit dem Geld, von dem er ahnte, daß es wegen der Kriegsschulden und Reparationslasten über kurz oder lang wertlos werden würde, baute er den Kölner Rheinhafen aus, beschäftigte Arbeitslose mit der Schleifung des Festungsrings um die Altstadt und legte darauf Grünanlagen an, was ihn zu einer Art Proto-Grünen machte, denn er war der Meinung, daß eine Stadt nicht an ihrer Enge und Naturferne ersticken dürfe. Er baute eine Rheinbrücke, gründete die Kölner Universität und lockte mit einem neuen Messegelände Industrielle aus ganz Europa in seine Stadt.

Dem Kaiserreich weinte er keine Träne nach. Mit der bei den

Konservativen populären Dolchstoßlegende von dem im Felde unbesiegten und von der politischen Linken in der Heimat ermeuchelten Reich konnte er nichts anfangen. Mit dem von seinem Vater geschulten erdverbundenen Verstand stellte er in einer öffentlichen Rede klar: »Wenn im Herbst der Wind die Blätter von den Bäumen fegt, so ist nicht der Wind der Anstoß, denn die Blätter waren alt und müde, und wenn der Sturm die Äste und Bäume bricht, so war nicht der Sturm der Anstoß, denn die Äste und Bäume waren morsch und lebensschwach. Denn wären sie nicht morsch und lebensschwach gewesen, so hätten sie den Sturm überdauert.«

In einem demonstrativen Bekenntnis zur neuen Republik schnippelte er seinen hochgezwirbelten Kaiser-Wilhelm-Bart in einen Friedrich-Ebert-Schnauzer um und verkündete fröhlich: »Zeiten einer politischen Katastrophe sind besonders geeignet, etwas Neues zu schaffen!«

Daß er mit seiner hazardischen Schuldenpolitik auch kräftig mit am Grab für diese neue Republik schaufelte, störte ihn wenig. Denn es genügte ihm nicht, das Kaiserhaus gestürzt zu wissen; er wollte Preußen, das auch in der neuen Republik die Vormacht war, kleinkriegen und in Köln ein westdeutsches Gegengewicht zum ostdeutschen Berlin schaffen.

Drei Monate nach Kriegsende, im Februar 1919, schlug er die Bildung einer Westdeutschen Republik im Verband des Deutschen Reiches vor. Im Kölner Rathaus sprach er vor rheinischen Oberbürgermeistern und den neuen Reichtstagsabgeordneten aus den von den Siegermächten besetzten Teilen des Rheinlands: »Preußen ist der böse Geist Europas, der Hort des kulturfeindlichen, angriffslustigen Militarismus, Preußen ist dasjenige Land gewesen, das zu diesem Krieg getrieben hat... Preußen wurde von einer kriegslüsternen, gewissenlosen, militärischen Kaste und dem Junkertum beherrscht, und Preußen beherrschte Deutschland, beherrschte auch die in Westdeutschland vorhandenen, nach ihrer ganzen Gesinnungsart an sich den Entente-Völkern sympathischeren Stämme.«

Vorübergehend hatte er auch – was heute seiner Partei, der CDU, peinlich ist – Sympathien für die rheinischen Separatisten. Die Rheinbündler wollten nicht nur von Preußen, sondern gleich auch vom Reich unabhängig werden. Freilich wäre ein von Deutschland getrennter Linksrhein-Staat zu schwach gewesen, um mehr zu werden als ein halbkoloniales Anhängsel an Frankreich. Adenauer löste sich deshalb schnell von der Los-vom-Reich-Idee und dachte mehr an den Ausbau der westlichen Regionen des Reiches zu einem machtvollen, an den Westmächten und deren Werteordnung orientierten Gegenpol zu den östlichen Reichsteilen – um dann allmählich auch den wirtschaftlich schwächeren und industriell rückständigen Osten zu verwestlichen.

Preußen war für ihn so sehr die Verkörperung eines lebensfernen, intoleranten, aufgeblasenen, menschenunwürdigen und schlechtnachbarlichen Prinzips, daß er sogar die unschuldige ostelbische Landschaft dafür verachtete. Als Oberbürgermeister Kölns war er automatisch Mitglied des Preußischen Staatsrates und bald sogar dessen Präsident, aber wenn er dann mit der Bahn zu Sitzungen nach Berlin reisen mußte, zog er die Vorhänge zu und begründete das gegenüber seinen Mitreisenden so: »Ich kann den Anblick der asiatischen Steppe nicht ertragen.«

Daß die Macht eines Oberbürgermeisters von Köln zu beschränkt ist für eine Neuorientierung der politischen Kultur in Deutschland, war ihm klar. Er hätte aber durchaus in der Reichspolitik mitmischen können. Sogar als Reichskanzler. Einladungen nach Berlin zur Führung von Koalitionsregierungen hat es gegeben. Aber Reichskanzler zu sein in der Weimarer Republik schien ihm nicht die Art von Gelegenheit zur rechten Zeit zu sein, auf die zu warten schließlich Adenauers wichtigste Karrierestrategie war. Denn Reichsregierungen waren in diesen Zeiten schneller zu stürzen als zu bilden. Und ein gestürzter Reichskanzler Adenauer hätte dann überhaupt keine Macht mehr. Das Amt in Köln dagegen war ein solider sicherer Aussichtspunkt zur Ausspähung der erhofften Gelegenheit und eine sichere Pfründe, um eine wieder wachsende Familie zu ernähren – und ein Job, der einen nun durch und durch erwachsen gewordenen Mann auch ein wenig Zeit ließ für das Leben mit seiner jungen zweiten Ehefrau.

Die Enttäuschung nach Gussies erster Schwangerschaft – der Sohn Ferdinand starb 1920 am dritten Tag nach der Geburt in den Armen des Vaters – legte sich schnell. Die Mutter erholte sich vom Kindbettfieber, und drei Jahre später gebar sie ohne Probleme einen gesunden Jungen: Paul. Es folgten Lotte (1925), Libeth (1928) und Georg (1931). Eltern, vier Söhne, drei Töchter – macht zusammen neun Adenauers; der Stamm war gegründet, das Haus voll.

Keine schlechte Zeit zum Warten für einen Politiker, der davon überzeugt war, daß das morsche alte Preußen-Deutschland schon noch einknicken, daß dann die Zeit reif sein würde für seine eigene Vorstellung von Deutschland. Von einem Deutschland, das frische Zweige aus seinem alten Stamm treiben würde, die sich sanft im Westwind wiegen.

Daß 1933 die Nazis an die Macht kamen und ihn aus dem Rathaus jagten, warf ihn zunächst nicht um. Er hielt das für eine vorübergehende Sache, wie eben alle Regierungen der Weimarer Republik von rasch vorübergehender Art gewesen waren. Die Nazis mit ihrem Germanen-Spleen und ihren primitiven Kleinstadt-Ressentiments paßten einfach nicht zu den Erfordernissen der Zeit und der Moderne. Sie konnten Gott nicht ins Handwerk pfuschen, würden schnell im Räderwerk der natürlichen Abläufe zerquetscht werden. Die Gesetze der Natur, dachte Adenauer, würden die Braunhemden null komma nichts abstoßen, so wie einst in seinem botanischen Experimentierbeet die Geranien-Gene die Stiefmütterchen-Gene abgestoßen hatten.

Aber Adenauer hatte unterschätzt, wie groß die Kraft ist, die Menschen aus Wut und Enttäuschung erwächst. Die Nazis, denen es gelungen war, die Wut der Deutschen über die noch nicht verschmerzte nationale Demütigung durch den Versailler Vertrag, über die wirtschaftliche Not, über die Entwurzelung breiter sozialer Schichten, insbesondere des Kleinbürgertums, über ihre Mühlen zu leiten, konnten mit dieser von negativen Gefühlen gespeisten Kraft fast ganz Europa und Nordafrika in Schutt und Asche legen und die bis dahin in der Geschichte wohl abscheulichste Form des Völkermords organisieren, ehe sie zwölf Jahre später endlich auf dem Misthaufen der Geschichte landeten.

Nach Hitlers Aufstieg zum Reichskanzler 1933 verbarg sich Adenauer vor den gelegentlichen Nachstellungen der Kölner

SA-Prügelgarde zunächst einmal in der Berliner Dienstwohnung des Preußischen Staatsrats, danach in der Abtei Maria Laach und in einem katholischen Krankenhaus. Zwischendrin kämpfte er von zu Hause aus, nicht ohne Erfolg, um eine Pension. Bis dahin lebte die Familie vom Verkauf der Bilder und der Schmuckstücke, die Adenauers erste Frau Emma mit in die Ehe gebracht hatte, und von der Differenz, die sich aus dem Erlös der repräsentativen Villa in Köln und dem Erwerb des abgelegenen, von der Straße nicht erreichbaren Hauses auf dem Faulen Berg über Rhöndorf ergab, sowie von den Gemüsebeeten des Gartens. Seine umfangreichen Bemühungen als Erfinder brachten keinen Pfennig ein.

In hektischen Wochen, wie etwa kurz vor dem Ausbruch des Zweiten Weltkrieges, wenn die Nazis besonders aufgeregt waren und eine neue Verfolgungswelle zu befürchten war, setzten sich die Adenauers durch Urlaubsreisen an schwer erreichbare Ziele ab. Daß er aber die zwölf Jahre überlebte, verdankte er nicht nur seinem Glück, seiner Chuzpe, seiner konsequenten politischen Abstinenz in dieser Zeit (die Zeit für neue politische Anstrengungen schien ihm ganz und gar nicht reif), auch nicht seinem Mißtrauen gegenüber der Geschwätzigkeit und Umständlichkeit der Verschwörer des 20. Juli, denen er sich verweigerte, oder seinem allmählich unverdächtig werdenden fortgeschrittenen Alter, sondern vielleicht einer klammheimlichen Sympathie, die ein gewisser Adolf Hitler für ihn hegte.

Dessen Rüstungsminister Albert Speer schrieb nach dem Krieg in seinen »Spandauer Tagebüchern«: »Ich erinnere mich noch, daß Hitler ihn, es war wohl im Jahr 1936, beim Tee im Nürnberger ›Deutschen Hof‹ einen fähigen Mann genannt hatte... Ihm imponiere noch heute die Voraussicht und der Mut, mit denen Adenauer die Stadt in Schulden gestürzt habe. Was bedeuteten schon ein paar lächerliche Millionen angesichts einer kühnen städtebaulichen Konzeption. Er bedaure geradezu, diesen Mann wegen seiner politischen Unvernunft nicht heranziehen zu können. Hitler lobte Adenauer seiner Starrköpfigkeit wegen.«

Adenauers Einsatz für den Bau der ersten deutschen Autobahn (1928 bis 1932, von Köln nach Bonn) und Adenauers Idee von 1932, die Arbeitslosigkeit in Köln durch eine Art Arbeitsdienst für Männer und Frauen unter 25 Jahren zu mildern, sind wohl Quellen der Inspiration auch für Hitler gewesen.

Dennoch war Adenauers Leben im Dritten Reich ständig gefährdet, und nur die Behaglichkeit seiner Ehe machte es erträglich. Als 1935 Gauleiter Grohé ihm ein Aufenthaltsverbot für den Regierungsbezirk Köln verpaßte, zog er in ein Priestererholungsheim ins nahe Unkel. Er litt unter der Trennung von seiner Familie, die ihn zwar jeden Tag besuchen konnte, aber aus Kostengründen in Rhöndorf wohnen bleiben mußte. In dieser Zeit dachte er, dem es bis dahin nie an Selbstbewußtsein und Gottvertrauen gefehlt hatte, an Selbstmord.

Am Buß- und Bettag desselben Jahres sah man Konrad Adenauer am Rheinufer stehen. Der Fluß führte Hochwasser, und er starrte Stunde um Stunde auf die vom großen Strom entwurzelten und fortgespülten Bäume im Wasser. Er sah in ihnen die Spiegelung seiner eigenen Lage. Er, nun im 60. Lebensjahr stehend, war herausgerissen aus dem Grund, auf dem er so lang gestanden hatte, hilf- und ziellos trieb er dahin, niemandem konnte er, der ein Patriarch für eine große Familie, für eine große Stadt und gern auch noch für sein Land gewesen wäre, noch einen Halt geben.

Diese Stunden im November 1935 brachten auch die zweite große Glaubenskrise Konrad Adenauers. Die erste hatte er in seiner Studentenzeit durchlitten. Ein Kommilitone mit dem Namen Schlüter, ein enger Freund Adenauers, Sohn einer armen westfälischen Bauernfamilie und Träger des ganzen Stolzes und der Hoffnungen dieser Familie, hatte geheiratet und war noch am Tag seiner Hochzeit an einer bis dahin unerkannten Krankheit gestorben. Die Sinnlosigkeit und Bösartigkeit dieses Todes hatte in dem jungen Adenauer die naive Unbekümmertheit seiner bisherigen Religiosität zerstört. Erst die Lektüre des protestantischen Schweizer Moraltheologen Carl Hilty half damals über seine Zweifel hinweg.

Und nun stand er, fast 60 Jahre alt, am Ufer des Rheins und überlegte, ob es nicht besser sei, hineinzuspringen in die Hochwasserstrudel und im Nichts zu versinken. Und wieder war es die Lektüre Hiltys, die ihm Halt gab. Wieder stabilisierte der Protestant aus der Schweiz den Katholiken Adenauer für ein Credo, das Adenauer später einmal in einer Erwiderung auf einen Glückwunsch zu seinem 80. Geburtstag, offenbaren wird: »Aber meine Damen und Herren, man denkt, man überlegt sich, und eine andere Kraft greift einen dann und führt einen. Ich glaube, der Mensch kann nichts Besseres tun, als sich dieser Führung zu überlassen, um auf alle Fälle die Aufgaben, mögen sie groß oder klein sein, zu erfüllen, die ihm aufgetragen sind. Das ist das Wesentliche für den Menschen, und das ist auch das Wesentliche für den Christen. Es ist aber auch das Wesentliche für den Politiker, obgleich die Politiker nach meinen Erfahrungen schlechte Christen sind. Ich schließe mich ein und schließe keinen von uns aus.«

Die Aufgabe, mag sie groß oder klein sein, die Adenauer zu erfüllen sich aufgetragen sah, war nun einmal, da ihm die Hände gebunden waren, Gussie und den Kindern das Leben zu erleichtern. Und sich bedeutende Erfindungen auszudenken wie das von innen beleuchtete Stopfei. Keine seiner Ideen und Produkte brachte Geld ein, aber es lenkte ab, ebenso wie die Gartenarbeit. Gussie war es recht so, hatte sie doch schon kurz nach ihrer Hochzeit 1919, als er noch Oberbürgermeister in Köln war, gemeint: »Manchmal wünschte ich mir, Konrad wäre Gärtner geworden.«

Der Patriarch, der nach einem Jahr Verbannung in Unkel wieder zurückkehren durfte nach Rhöndorf, war, da er nur noch für seine Familie Sorge trug, ein sehr einfühlsamer Mann und besorgter Vater. Dem Sohn Paul, der im Zweiten Weltkrieg wegen seiner labilen Gesundheit zum Arbeitsdienst auf die Nordseeinsel Sylt eingezogen war, riet er in einem Brief: »Wenn Nase und Stirnhöhle es nicht mehr tun: Keine falsche Scheu, jeder kann krank werden.«

Er kündigte Paul ein Paket an, das Mutters Katzenjacke enthalte, Ohrenschützer und pelzgefütterte Fausthandschuhe. Er empfahl ihm für den Umgang mit Kameraden: »Es ist besser, zu mißtrauisch als zu vertrauensvoll zu sein.« Und er schickte ihm eine Flasche Schnaps und schrieb dazu: »Ich hoffe, daß Du Dich den weltlichen Freuden doch nicht zu sehr entziehst. Der Mensch und namentlich ein junger wie Du, braucht auch diese.« Paul wird nach dem Krieg Priester werden und bei seinem Vater im Rhöndorfer Haus wohnen, wenn alle seine Brüder und Schwestern ausgezogen sind.

Um Konrad und Auguste Adenauer mögen die politischen Stürme brausen, und sie gelegentlich in Flucht und Gefahr treiben, doch alles scheint an der Innenbeziehung der beiden abzuprallen. Es ist eine vollkommen ruhige, undramatische und stabile Verbindung. Adenauer hängt sehr an dieser Frau. Gussie geht mit ihrem Mann durch dick und dünn, begibt sich 1944 bei der dummen Flucht aus dem Krankenhaus durch ihre Anwesenheit im Fluchtauto selbst in Gefahr – und wird ihn wenige Tage später verraten. Doch mit diesem Verrat zerstört sie ihre eigene Lebenskraft.

Während nach dem Krieg Konrad Adenauer seine Zeit gekommen sieht und als alter Mann eine Frische zurückgewinnt, die sich gegen jedes Gesetz der Natur zu richten scheint, dämmert seine noch immer junge und schöne Auguste in Traurigkeit dem Tod entgegen. Ihr Arzt macht Adenauer auf einen Mangel an weißen Blutkörperchen aufmerksam. Augustes Knochenmark weigert sich, eine ausreichende Immunabwehr gegen kommende Krankheiten aufzubauen.

Ihre Depressionen führen zu Schlafstörungen, gegen beides betäubt sie sich mit Tabletten, was ihren Körper weiter schwächt. Mit Mühe übersteht sie im Herbst 1946 eine Lungenentzündung. Aber auch die dreiwöchige Urlaubsreise im Sommer darauf mit ihrem Mann in ihr traditionelles Feriengebiet bei Chandolin in der Schweiz bringt nicht die erhoffte Wende. Im September 1947 muß sie ins Bonner Johannesspital. Adenauer, der nun politisch wieder voll im Geschäft ist und Großes auf sich zukommen sieht, richtet ein kleines Büro an ihrem Bett ein. Mit Freunden und Mitarbeitern konferiert er in einem Besucherzimmer des Krankenhauses.

Am 3. März 1948 stirbt Auguste Adenauer. Sie ist 54 Jahre alt geworden, ihr Mann ist mit 72 zum zweiten Male Witwer. Libeth, die Tochter, führt ihm jetzt den Haushalt, und das Abhören der Vokabeln von Georg, mit 17 Jahren der Jüngste der Adenauer-Kinder, ist nun die Feierabendbeschäftigung des Vaters. Er hat eine Menge zu tun mit dem Aufbau einer gemischtkonfessionellen bürgerlichen Partei, es gibt viel zu verhandeln mit den drei Westalliierten, mit dem Parlamentarischen Rat, aber es ist ihm wichtig, daß sich seine beiden Jüngsten im Rhöndorfer Haus nach dem Tod der Mutter nicht verlassen fühlen. Er erscheint jeden Mittag zum gemeinsamen Essen.

Auch später, als Georg aus dem Haus ist und Libeth heiratet und nur noch eine Haushälterin für ihn und seinen Sohn Paul, den Priester, sorgt, legt er Wert darauf, daß ihn an jedem Wochenende zumindest eines der Kinder mit seiner Familie besucht. Er redet sich bei diesen Besuchen erst ein wenig seinen aktuellen politischen Ärger von der Seele und erkundigt sich dann ausgiebig nach den Entwicklungen seiner Nachkommen, albert mit den Enkeln herum. Wenn er in Urlaub fährt, muß ihn eine der Töchter, meistens Libeth, begleiten.

Er sucht in seiner Familie im Rhöndorfer Haus auch Beruhigung für die eigene Seele. Denn da wirkt nun einiges in ihm nach. Nicht nur der leidvolle Tod auch seiner zweiten Frau hat ihn verwundet. Es rumoren unterhalb der von ihm zelebrierten Version rheinischer Leichtigkeit noch die bitteren Erinnerungen an im Grunde belanglos gewordene Treulosigkeiten alter Freunde und Mitarbeiter während der Nazizeit. Und auch der Ärger bei seiner zweiten Entlassung als Kölner Oberbürgermeister ist noch lange nicht verraucht. Es verletzt ihn dabei nicht so sehr, daß 1945, nur wenige Monate nach seiner Wiedereinsetzung als Kölner Stadtoberhaupt, der englische Militärgouverneur John Barraclough ihn wieder gefeuert hat, denn auf die Intelligenz von Militärs hat Konrad Adenauer nie viel gegeben. Vielmehr ärgert ihn, daß dieser Abschied keinem der Menschen, denen er in Köln doch so viel Gutes getan hatte, nahegegangen ist. In seinen »Erinnerungen« wird Adenauer schreiben: »Als ich Köln verließ, sagte mir niemand Lebewohl. Es war eine Atmosphäre um mich, sehr ähnlich derjenigen, die mich umgab, als die Nationalsozialisten mich verjagt hatten.«

Im Anschluß an eine Sitzung des Parlamentarischen Rates sagt er dem Sozialdemokraten Carlo Schmid: »Entscheidend zwischen uns ist nicht der Unterschied der Generationen. Entscheidend ist etwas anderes: Sie glauben an die Menschen, ich nicht.« Auf Carlo Schmids Frage, warum er, der an die Menschen nicht glaube, dann seine Aufgabe in der Politik als Christ sehe, antwortete Adenauer: »Was das betrifft, so bin ich bei der ältesten Firma als Kunde eingetragen, da wird man am reellsten bedient.«

Adenauer, der praktizierende Katholik, zählt noch zu einer Generation, die aus dem Glauben Kraft ziehen kann. Zu den ständigen religiösen Übungen gehören das tägliche Gebet, die Gewissenerforschung und damit der regelmäßige Rückzug in die Meditation. Die Riten, denen er sich unterwirft, zwingen ihn jeden Tag zu Phasen der Stille und des intensiven Nachdenkens, zum Abrücken von den Aufgeregtheiten der aktuellen Geschäfte und zum Nachjustieren des eigenen täglichen Handelns, damit dieses zu der großen Linie paßt, die er sich vorgenommen hat.

Adenauer erkennt, daß nun die Zeit endlich gekommen und tatsächlich reif geworden ist, Deutschland, wenn auch nur den westlichen, aber doch größeren und wirtschaftlich wichtigeren Teil, wieder dem Hauptstrom der europäischen Zivilisation anzuschließen. Und sein Land zu einem berechenbaren, vertrauenswürdigen, vernunftgesteuerten Nachbarn und Partner der westeuropäischen Mächte zu machen, den gefährlichen deutschen Sonderweg durch die Geschichte zu beenden.

Ein Sonderweg, von dem er schon 30 Jahre vorher angenommen hatte, daß er mit den seelischen Blähungen des geschichtlich noch weitgehend wurzellosen, gesellschaftlich aber bereits altmodischen Ostens jenseits der Elbe zu tun gehabt habe. Hatte doch Adenauer schon nach dem Ersten Weltkrieg mit einem stark am Westen ausgerichteten Rheinland dem Preußentum die Zähne ziehen wollen. Jetzt, nach dem Zweiten Weltkrieg, ist seine Zeit dafür gekommen. Der kalte Krieg teilt die beiden Deutschländer zwei Interessensphären zu; die Anbindung des deutschen Westens an die politische Kultur der Vereinigten Staaten, Englands und Frankreichs ist ein politischer Selbstgänger.

Die Westanbindung nach dem Krieg macht denn auch nicht die geschichtliche Leistung Konrad Adenauers aus, denn dazu wäre Ende der 40er Jahre wohl auch jeder andere bundesdeutsche Regierungschef verpflichtet. Wie leicht aber wäre es schon Mitte der 50er Jahre, nach dem Scheitern der Europäischen Verteidigungsgemeinschaft (EVG) in der französischen Nationalversammlung, geworden, diese Politik zu ändern!

Es wäre für die so gern auf Selbstbestimmung und Freiheit pochenden Amerikaner so gut wie unmöglich, eine Bundesrepublik mit Gewalt in vorderster Front des westlichen Lagers zu halten, wenn diese ihr Heil und ihre Chance auf nationale Wiedervereinigung mit dem Ostteil dadurch suchen wollte, daß sie sich Stück um Stück einem neutralen Status nach österreichischem, finnischem, schwedischem oder schweizerischem Muster nähern würden. Die Russen zeigen sich manchmal nicht uninteressiert an einer neutralen Schneise oder Knautschzone quer durch Europa. Selbst Stalin hat Köder in diese Richtung ausgelegt.

Ein wiedervereinigtes neutrales Deutschland als selige Insel der Ruhe im kalten Krieg: Das könnte in den 50er Jahren durchaus ein Stoff sein, aus dem sich Träume machen ließen. Doch bevor die Deutschen der Bundesrepublik überhaupt zum Nachdenken kommen, verstrickt und verwebt Adenauer, den das Scheitern der EVG tief getroffen hat, sein Land wirtschaftlich, militärisch und auch in der Seele so schnell und eng mit dem Westen, daß nach ihm nichts mehr rückgängig gemacht werden kann. Seine historische Weichenstellung wird irreversibel sein, auch wenn er das bis zu seinem Tod im Jahr 1967 nicht glauben will.

Die Bindung, die er so lang gesucht hat, hält. Und wenn sich Deutschland, Jahrzehnte nach Adenauers Tod, zu Beginn der neunziger Jahre wiedervereinigen darf, dann wird kein Rheinbund ins Reich zurückkehren, vielmehr muß dann der deutsche Osten um Aufnahme in den von Adenauer hinterlassenen Rheinbund bitten, um der D-Mark, der EG, der Nato, der Werteordnung der liberalen Demokratie und dem Denksystem des westlichen Rationalismus angehören zu dürfen. Der Osten nimmt dafür eine Menge Probleme in Kauf. Aber anders geht es nicht mehr. Deutschland hat unter Adenauer angefangen, eine ganz normale, berechenbare und zuverlässige westeuropäische Macht zu werden.

Bis ans Ende seiner Tage hat Konrad Adenauer ernste Zweifel, ob er die Dinge weit genug vorangebracht hat. Das Entspannungsklima, das sich 1962 nach der Kubakrise entwickelt, weicht den Druck auf, unter dem er Deutschland in den Westen hat treiben können. Adenauer wird ein unglücklicher Rentner, als er sich 1963, mit fast 88 Jahren, aus dem Kanzleramt zurückziehen muß. Seinem Nachfolger Ludwig Erhard mißtraut er, fühlt sich von ihm geheimdienstlich überwacht. Der Patriarch, der bis ans Ende seiner Tage gewisse Schwierigkeiten haben wird, sich persönlich an das Prinzip Demokratie zu gewöhnen, glaubt weder an die einer Demokratie innewohnenden dynamischen Entwicklungskräfte noch an die Fähigkeiten einer Nation, auch ohne väterliche Zuchtmeister erwachsen werden oder erwachsen bleiben zu können.

Es ist ein langer Todeskampf, das Herz des 91jährigen will und will nicht aufgeben. An seinem Bett hören Sohn Paul und seine Sekretärin Anneliese Poppinga die Phantasien des Fiebernden. »Der Schnee, das Eis, es schlägt mir ins Gesicht«, sagt er. Der Adenauer-Biograph Peter Koch beschreibt die Szene in seinem Buch so:

»Sie reden mit ihm: Welcher Schnee? Er glaubt sich auf dem Weg nach Straßburg, zu einer Sitzung des Europarates… Er will, daß dieser Weg weitergegangen wird, trotz aller Schwierigkeiten. Immer wieder sagt er: Das muß festgehalten werden. Der Sohn sagt: Ja Vater, wir sorgen dafür, daß Fotografen und das Fernsehen es aufnehmen. Der Sterbende: Nein, das ist es doch nicht, sondern das Eis und der Schnee, das muß festgehalten werden.«

In seiner Todesstunde am 19. April 1967 kommt er noch einmal zu Bewußtsein. Seine sieben Kinder sind um ihn versammelt. Von den Weinenden verabschiedet er sich in breitestem kölschen Dialekt: »Do jitt es nix zu kriesche.« Kein Grund zum Weinen.

In seinem Grab auf dem Rhöndorfer Waldfriedhof ist Konrad Adenauer wieder bei seinen beiden Frauen. Er liegt zwischen Emma und Gussie Adenauer.

Mahatma Gandhi

Geboren: 2. Oktober 1869.
Gestorben: 20. Januar 1948.
Befreier Indiens.
Die besondere Lebensleistung: Er führte
das Ende des Kolonialismus herbei
mit einem Kampfstil, der ihn zu einer Art
multireligiösen Heiligen machte.
Sein Liebesleben: Ein triebhaftes Kind, das sich im
besten Mannesalter für die Keuschheit entschied
und im Alter die Körperwärme junger Frauen schätzte.

Erleuchten durch Heimleuchten

Der junge Ehemann Mohandas Gandhi hat ein Problem. Es rührt von seinem Alter her, denn er ist erst 13 Jahre alt und geht noch zur Schule.

Allerdings ist die Schwierigkeit nicht sexueller Art, denn der Breitengrad der nordwestindischen Städte Rajkot und Porbandar, der das Paar ausgebrütet hat, bringt die Drüsen der Menschen schnell zur Reife. Auch Kasturbai, die Ehefrau, hat erst ihren 13. Geburtstag hinter sich gebracht. Der Junge ist mit allen seinen Sinnen für das Mädchen entflammt, und wenn in den Nächten einer von beiden die Lust des Partners überfordert, dann ist er es.

Aber sie ist ihm zu Willen, wie es von einer indischen Ehefrau erwartet wird. Kasturbai weiß auch, daß sie in der Großfamilie ihres Mannes ganz unten in der Hierarchie steht. Deshalb gehorcht sie widerspruchslos dem Schwiegervater. Sie gibt sich auch Mühe, dem Beispiel ihrer Schwiegermutter in jeder Hinsicht zu folgen, wie es ihr Ehemann von ihr fordert. Denn sie akzeptiert – auch das wird von einer jungen Ehefrau erwartet – ihren Ehemann als Lehrer und Erzieher. Selbst wenn es schwerfällt, denn der Ehemann ist noch ein Kind. Er sieht in seiner jungen Frau eine Spielkameradin, mit der er tagsüber herumtoben und an der er nachts seine Lust genießen kann.

Die Ehefrau ist über ihr Los in ihrer neuen Umgebung nicht unglücklich wie so viele junge indische Frauen. Denn die Schwiegermutter ist ein sehr freundliches Wesen, von allen wie eine Heilige verehrt. Der Schwiegervater ein gutherziger, würdiger Herr. Ihr Mann ist ein netter, kleiner Bursche, zwar etwas schüchterner und weniger kräftig als seine Brüder und auch nicht besonders hübsch mit seinen dürren Beinen und seinen enorm abstehenden Ohren. Doch hat er gute Augen, ein nettes Lächeln, und er ist, wenn ihn nicht gerade die Lust zu einem Tier macht, auch ein zärtlicher Ehemann. Nur in seiner Erzieherrolle ist er manchmal unangenehm barsch, unterstreicht bei jeder Kleinigkeit seine Stellung als ihr Gebieter.

Kasturbai spürt, daß ihr Mann sich an seine neue Rolle noch nicht gewöhnt hat und in ein großes Durcheinander geraten ist. Seine Leistungen in der Schule lassen stark nach. Bei Dunkelheit ist er ängstlich wie ein Kind. Sobald es finster wird, fürchtet er sich, fühlt sich von Schlangen, Dämonen und Dieben verfolgt, sucht Schutz in ihren Armen. Die ganze Nacht muß ein Licht in seiner Nähe brennen.

Damit sind wir bei dem Problem des jungen Gatten. Ein 13 Jahre alter Ehemann mag in Indien ein sexuell vollwertiger Mann sein, aber in seiner Seele ist er wie überall sonst auf der Welt noch ein nervenstrapazierend unfertiges Wesen zwischen Tür und Angel. Gandhi ist dazu noch ein besonders ängstliches und schüchternes Kind, niedergedrückt von tausend Ängsten. Diese Ängste will er überspielen durch aggressive Sexualität und Herrschsucht.

Das Kind ist der Vater des Mannes. So heißt eine alte Regel zum Deuten von Persönlichkeiten. Aber dieser magere kleine Angsthase, der nicht lügen und nicht schwindeln kann, der in der Schule weder das Spicken noch das Abschreiben wagt und sich nicht gern an Streichen beteiligt und den deshalb seine Mitschüler als Spielverderber verachten und als möglichen Verpetzer meiden, ist nichts weiter als ein verhätscheltes Muttersöhnchen.

Überhaupt nichts ist an ihm zu entdecken von dem Mann, der ein paar Jahre später als machtloser farbiger Gastarbeiter in Südafrika die Kraft haben wird, die rassistische Regierung vor der Weltöffentlichkeit zu blamieren und zu Kompromissen zu zwingen. Niemand könnte in ihm den Kern eines Mannes vermuten, der das große Britannien aus Indien vertreiben und dem Kolonialismus das Ende bereiten wird. Nicht einmal die Hindus, die doch an die Allgegenwart heiliger Männer gewöhnt sind, könnten ahnen, daß ernsthafte Abendländler diesen kleine Gandhi einmal so tief verehren werden, daß er im dritten Jahrtausend weltweit die spirituelle Nummer eins werden könnte, falls Jesus von Nazareth und der Prophet Mohammed aus der Mode kommen sollten.

So etwas wie der multikulturelle Sohn aller Götter aller Religionen wird er bereits am Ende des 20. Jahrhunderts sein, also schon bevor der Schleier der Zeit für die nötige Unschärfe sorgen kann, welche die für Religionsgründer unabdingbare Verklärung ihrer wahren Lebensgeschichte ermöglicht.

Noch liegt sein Lebensweg überschaubar kurz zurück, ist also noch nachprüfbar und deshalb besonders erstaunlich. Doch wenn man genau hinschaut, stimmt auch bei ihm, dem kleinen Angsthasen, die Regel, daß das Kind der Vater des Mannes ist. Man muß nur die in ihm angelegten Kräfte nicht als ererbte oder erlernte Fähigkeiten sehen, sondern als einen brisanten Mix von Spannungen, wie er sich nur in dieser Zeit, in dieser indischen Landschaft, in einem Menschen dieser Gesellschaftsschicht, in dieser Familienkonstellation, in diesem religiösen Umfeld, an der Seite des Mädchens Kasturbai aufbauen kann.

So viele unterschiedliche Kräfte raufen in dem Dreizehnjährigen, machen ihn furchtsam, sensibel. Sie entladen sich in ekstatischen sexuellen Erruptionen, panischen Ängsten, lähmenden Minderwertigkeitskomplexen, Sprachhemmungen und tyrannischen Anwandlungen. Im Jahr 1882, dem Jahr seiner Hochzeit, könnten die Spannungen Mohandas Gandhi noch zerreißen und auf den großen menschlichen Müllhaufen werfen, auf dem so viele arme Teufel landen, die ihren Entladungen keine Richtung geben können, keine schöpferische Ordnung.

Bei Gandhi aber bündeln sich die peinlichen wie peinigenden

Handicaps seiner Kindheit und Jugend zu einer Kraft, die im Jahr 1893 in Südafrika in eine generelle Lebenserkenntnis münden werden, in eine plötzliche Erleuchtung, die ihn zur kreativsten politischen wie spirituellen Gestalt des 20. Jahrhunderts machen wird. Was immer Mohandas Gandhi auf seinem weiteren Lebensweg noch tun wird, es kann alles zurückverfolgt werden. Die Spuren enden stets in den besonderen Reizzonen seiner Kindheit in Porbandar und Rajkot. Nichts wird man an Gandhi verstehen können, wenn man den Blick nicht zurückwirft auf die kleinen Zwergfürstentümer auf der Halbinsel Kathiawar im Nordwesten Indiens.

Eines davon wird geführt vom Radscha von Porbandar. Der Fürst lebt von den Steuern der kleinen Hafenstadt Porbandar und vom Wohlwollen der britischen Kolonialherren, die in Rajkot, im Rückraum der kleinen Fürstentümer der Halbinsel, die Fäden in der Hand halten. Davon lebte viele Jahre auch Mohandas Gandhis Vater Karamchand Gandhi, denn er war lange der Premierminister des Fürsten von Porbandar, bevor er im Jahr 7 nach Mohandas' Geburt in die Dienste des Fürsten von Rajkot tritt. Er und seine Familie werden aber immer Porbandar als ihre Heimatstadt betrachten.

Porbandar hat im Geburtsjahr Mohandas Gandhis etwa 15 000 Einwohner; in ihren Mauern leben wie in Rajkot und überall auf der Halbinsel auf engstem Raum Hindus und Moslems zusammen, aber auch Parsen und christlich missionierte Inder sind hier zu Hause. Die Parsen sind Nachkommen geflüchteter Perser, die noch dem vorchristlichen Glauben des Zarathustra angehören, welcher der einst ganzheitlichen Weltvorstellung Europas und des Mittleren und Nahen Ostens die zweipolige Ordnung gab, indem er das Gute vom Bösen, das Licht von der Finsternis, den Himmel von der Hölle trennte und damit den Menschen vom einflußlosen Spielball willkürlich handelnder Götter zu einem selbstverantwortlichen Teilnehmer in einem geregelten, durch die Polarisierung klar geordneten Kräftefeld beförderte.

Das Friedenhalten ist also nicht einfach in einer Stadt, in der die unverzichtbaren Dogmen des eigenen Lebens ständig von Nachbarn durch deren Lebensstil mißachtet und in Frage gestellt werden. Was dem einen heilig, ist dem anderen eine entsetzliche Sünde. Das Seelenheil des einzelnen erfordert hier schon sehr viel Hingabe an die eigene Religion und starken inneren Widerstand gegen die Anfechtungen und Verführungen der anderen Religionen, die es in Porbandar gibt. Deshalb können das entlaufene Schwein eines christianisierten Inders, das auf dem Markt einen betenden Moslem über den Haufen rennt, oder der Tritt eines Moslems gegen eine heilige Kuh der Hindus jederzeit eine Straßenschlacht auslösen. Der allgemeine Friede aber ist nur durch Toleranz gegenüber den andersgläubigen Nachbarn zu halten.

Also ein im Grunde unüberwindbarer Widerspruch. Denn nur Heilige können fest im Glauben und zugleich tolerant gegen den andersgläubigen Nachbarn sein. Bei Mohandas Vater Karamchand kommen regelmäßig weise Männer aller indischen Religionen zusammen und suchen nach einer gemeinsamen Wurzel. Es gehört großes diplomatisches Geschick und viel Disziplin dazu, solche Gespräche nicht in Feindschaft und Gewalt enden zu lassen. Denn üblicherweise neigen Menschen bei ständiger Mißachtung ihrer innersten religiösen Prinzipien durch Anhänger anderer Religionen entweder zum gegenseitigen Schädeleinschlagen oder zur Vertagung der eigenen Frömmigkeit auf die Zeit kurz vor dem Sterben.

Letzteres ist an der Schwelle zum 20. Jahrhundert aber nur aufgeklärten Abendländlern möglich, und auch das nur in wenigen Ländern; nicht aber in Indien, denn hier kann das materielle Leben nur als eine unbedeutende kleine Ergänzung zum spirituellen Leben empfunden werden. Weshalb hier der Atheismus als eine schreckliche Verarmung des Lebens betrachtet wird, als der unsinnigste aller Aberglauben. Also müssen die Menschen auf der Halbinsel Kathiawar einen anderen Weg finden, der das Schädeleinschlagen zwischen den Anhängern der verschiedenen Religionen verhindert. Die Zusammenkünfte der Weisen unterschiedlicher Religionen im Hause Karamchand Gandhis sollen helfen, diesen Frieden zu halten.

Gefährlich ist in der Stadt Porbandar vor allem die Spannung zwischen Hindus und Moslems. Denn sie leben in diagonal entgegengesetzten philosophischen Entwürfen: Hindus mit ihrem sehr weitgefaßten Bild vom Universum und seinen unzähligen

Gottheiten sind religiös sehr weitherzig, aber gesellschaftlich engstirnig. In ihrem weltlichen Leben sind sie nach Kasten getrennt und beschränken Solidarität und Mitgefühl nur auf Mitglieder der eigenen Kaste. Die Moslems dagegen neigen zuweilen zu Unbarmherzigkeit in Glaubensdingen, dafür aber sind sie im alltäglichen Zusammenleben untereinander brüderlich und weitgehend klassenlos. Die Verantwortung der Reichen für die Armen gehört zu den wichtigsten Eckwerten des Islam, während die Hindus Armut und die Angehörigkeit zu einer niederen Kaste als gerechte Strafe für sündiges Verhalten im vorangegangenen Leben bewerten, also keinerlei Grund und auch kein Recht zum Eingreifen in diese als heilig erachtete Ordnung sehen.

Mit den fundamentalen Widersprüchen werden die Menschen in Porbandar und Rajkot von frühester Kindheit an konfrontiert. Kinder mögen damit spielerisch umgehen können. Heranwachsende aber kommen um ernstes Reflektieren nicht mehr herum. Sie müssen sehen, wie sie in ihrer eigenen Seele die Unterschiede in den Betrachtungsweisen und Wertesystemen der diversen alleinseligmachenden Religionen verarbeiten und vor allem die Zweifel ertragen können.

Die Konflikte toben in dem sensiblen jungen Gandhi gewaltig, verlangen nach Experimenten und Prüfungen, und diese führen ihn schon bald nach seiner Verheiratung über die Grenze seiner sicheren Hindu-Welt hinaus: Von einem moslemischen Schulfreund läßt er sich überreden, heimlich Fleisch zu essen. Der Freund sagt, daß Fleisch einem Menschen gewaltige geistige, seelische und körperliche Kräfte verleihe, denn anders sei es doch nicht erklärbar, daß hunderttausend Engländer 350 Millionen Inder beherrschen könnten.

Das ist nicht ungefährlich für den jungen Gandhi, denn er muß diese Nascherei als einen verhängnisvollen Verrat an seinen Eltern und deren Karma empfinden. Hindus betrachten sich nicht als freie Wesen. Sie sehen sich als Mitverursacher für das Schicksal ihrer Familienangehörigen in diesem Leben und auch in kommenden Inkarnationen. Ein Hindu wie Mohandas Gandhi darf sich nicht als eigenverantwortliche Einzelperson betrachten; er ist nur Glied einer Kette vieler Existenzen, die in unendliche Zeiten reicht.

So hat es auch sein Vater gesehen, als er eine vierte Ehe ein-
gegangen ist und seine Söhne schon im Kindesalter verheiratet
hat.

Vater Karamchand Gandhi hat nach dem Tod seiner zwei
ersten Frauen ein drittes Mal geheiratet, weil er bis dahin nur
Töchter gezeugt hatte. Weil die dritte Ehefrau ganz kinderlos
geblieben ist, hat er von ihr die Erlaubnis zu einer vierten Ehe
erbeten, und die vierte Frau hat ihm dann endlich die Söhne
geboren, die notwendig sind, damit sie eines Tages nach seinem
Tod die notwendigen Verbrennungsriten am Scheiterhaufen
vollziehen können. Nur wer von seinem Sohn verbrannt wird,
kann dem Nirwana näher und von schweren Störungen in
seinem Karma, der Folge seiner Wiedergeburten, verschont
werden.

Wenn dieser Vater dafür gesorgt hat, daß auch sein Sohn
Mohandas gleich nach der Geschlechtsreife verheiratet wird, also
noch weit vor einer Altersstufe, in dem Mohandas für seinen
Lebensunterhalt oder den seiner Frau und Kinder hätte auf-
kommen können, dann aus Sorge darüber, daß der Sohn sterben
könnte, noch bevor dieser einem Sohn für seine Beisetzungsri-
ten das Leben gegeben hat.

Der Sohn eines Hindu schuldet also dem Karma seines Vaters ein weitgehend sündenfreies Leben. Mohandas heimliches
Fleischessen ist ein schwerer Frevel nicht nur gegen das eigene
Heil. Doch mehr noch als der Verrat am Vater ist Mohandas
Gandhis Verkostung von Ziegenfleisch ein Verrat an seiner Mutter. Denn Karamchand Gandhis vierte Ehefrau Putlibai ist die
Heilige der Familie. Die große, heitere Friedensstifterin im Haus
ihres Mannes und Managerin eines Haushalts, zu dem in Porbandar auch die fünf Brüder ihres Mannes und deren Familien
gehören.

Putlibai ist des Lesens und Schreibens nicht kundig, aber alle
bewundern ihre ungewöhnliche Klugheit. Die Fürstin läßt sie
häufig in den Palast rufen und erbittet ihren Rat. Auch der Vater
hat keine besondere Schulbildung; im Indien jener Tage ist man
noch immer der Auffassung, daß nur das Leben und nicht die
Schule einen Menschen weise machen könne. Die religiöse Weisheit der Putlibai ist geprägt vom Jainismus. Die Jains hatten im

sechsten vorchristlichen Jahrhundert eine gefühligere Richtung des Hinduismus eingeschlagen. Sie glauben, daß alle Lebewesen, auch die kleinsten, eine Seele haben. Deshalb sei jegliches Töten, jedes Essen von Fleisch ein schwerer Frevel gegen die Heiligkeit des Lebens. Putlibai wagt sich nach Sonnenuntergang nicht aus dem Haus in der Sorge, sie könnte in der Dunkelheit ein Insekt zertreten. Für sie ist Ahimsa, das Gesetz der Gewaltlosigkeit gegenüber Mensch und Tier, das Gesetz aller Gesetze.

Verständlich, daß Mohandas Gandhi vor einem solch bedeutungsschweren Hintergrund das Fleisch nicht geschmeckt hat. Er würgt schwer und lange an seiner Sünde. Aber er wehrt sich auch gegen seine eigene Bewertung dieses Versuchs als Sünde. Er rebelliert innerlich gegen den Vegetarismus, gibt das Fleischessen nicht auf, vertagt es aber auf die Zeit nach dem Tod seiner Eltern, wenn er keinen Schaden mehr an ihrem Karma anrichten kann. Dennoch wird die jainistische Betrachtung des Lebens ein wichtiger Baustein für seine Zukunft werden. Er weiß es nur noch nicht.

In Gandhis idealer Welt dürfen dann die Individuen, Kasten, Völker, Religionsgemeinschaften und Kulturen verschieden bleiben und müssen einander so wenig gleichen wie der Käfer auf der Straße und der Fuß seiner Mutter Putlibai. Damit in dieser Welt die Menschen einander nicht gegenseitig tottreten müssen, sondern heiter und weise bleiben können wie Putlibai, muß jede Seele jede andere Seele als heilig respektieren und schonen wie Putlibais Fuß den Käfer.

Nicht jetzt, sondern erst ein paar Jahre später, im bösartigen kalten Rassenkrieg Südafrikas, wird Mohandas Gandhi die Erkenntnis gewinnen, daß seine Heimatstadt Porbandar im Kern bereits ein Modell für seine neue Welt sein könnte: Lassen dort die Menschen einander nicht doch ihr Eigenleben, trotz aller Verletzungen und Kränkungen? Betrachten sie nicht doch die Seelen der Andersgläubigen als heilig, so wie Putlibais Fuß die Käfer als heilig respektiert? Und ist die Erwirtschaftung des Auskommens aller Menschen in Porbandar nicht eine göttliche Gemeinschaftsleistung aller Menschen, aller Religionen, aller Kasten?

In der Tat ist die Arbeit die entscheidende Schnittstelle zwischen den religiösen Gruppen. Das Wirtschaftsleben ist der Punkt, an dem alles in einer Art olympischem Frieden zusammenkommt. Jedes Ergebnis menschlicher Arbeit, jedes Produkt, jeder geleistete Dienst, jede gehandelte Ware gilt als rein, kann also von jedem Menschen, egal, welcher Religion oder Kaste er angehört, angefaßt, angenommen, weiterveredelt und weitergereicht werden. Jeder spielt in der Gesamtwirtschaft des Staates Porbandar seine Rolle, und vom gemeinsamen Ergebnis profitieren alle.

Es ist in dieser engen, ummauerten Stadt am Arabischen Meer eine Arbeitsteilung besonderer Art: Die Hindus produzieren oder veredeln als Handwerker die Waren, doch den Verkauf ihrer Produkte nach Arabien, Afrika und Europa besorgen die moslemischen und parsischen Seefahrer. Hindus ist es aus religiösen Gründen untersagt, die »Schwarzen Wasser« zu überqueren.

Der Handel mit dem indischen Hinterland ist auch den Hindus möglich, vorausgesetzt, sie gehören wie die Familie Gandhi den Vaishyas an, der Kaste der Händler, Gewerbetreibenden und Bauern. Daß in Porbandar der jeweils älteste Mann der Familie Gandhi – der Name bedeute »Krämer« – nicht im Handel tätig ist, sondern seit Generationen in einer Art Erbpacht dem Radscha von Porbandar, aber auch benachbarten Fürsten als Premierminister dienen darf, hat gute Gründe:

Leute aus den Händler-Dynastien sind für das Regierungsgeschäft schon allein deshalb geeignet, weil die Händler ihre Söhne über Jahrhunderte hinweg auf klassische Kaufmannstugenden hin erziehen. Sie schulen das Auge für die richtige Ware zur richtigen Zeit zum richtigen Preis, wecken also Fähigkeiten, die auch für das Regierungsgeschäft nützlich sind, insbesondere in Stadtstaaten, die vom Handel leben.

Weil Arbeit vom Prinzip her nicht unrein sein kann, durfte die Vaishya-Familie Gandhi ins Regierungsgeschäft aufsteigen, obwohl die Vaishyas nur der dritten Kaste und damit der vorletzten Stufe vor den Unberührbaren angehören. Daß die drittkastigen Gandhis für diesen Aufstieg dankbar sind und ihren fürstlichen Herren gute Regierungsarbeit abliefern, steht außer Frage und ist eine Sache der Familienehre.

Ihr Leitbild ist der verstorbene Großvater Uttamchand Gandhi. Der hatte sich in einem Konflikt zwischen der Loyalitätspflicht gegenüber den Interessen der regierenden Fürstin von Porbandar und der Gerechtigkeit für die Gerechtigkeit entschieden. Deshalb mußte er aus der Stadt fliehen. Daraufhin wurde Mohandas Gandhis Großvater vom Fürsten des benachbarten Staates Junagadh empfangen. Uttamchand begrüßte den Fürsten dreisterweise mit der unreinen linken Hand und der Erklärung: »Meine rechte Hand ist Porbandar verpflichtet.«

Diese Begegnung mit einem Mann, der sich zum eigenen Nachteil so entschieden für die Gerechtigkeit eingesetzt hat und zum anderen trotz des ihm angetanen Unrechts gegenüber seinem Herrscherhaus treu ergeben geblieben ist, hat den Fürsten von Junadagh so stark beeindruckt, daß er Uttamchand Gandhi als seinen Premierminister einstellte. Als zehn Jahre später in Porbandar die Fürstin die Regentschaft ihrem nun volljährig gewordenen Sohn übertragen mußte, holte dieser Gandhis Großvater in seine Heimatstadt zurück. Uttamchand Gandhi aber verzichtete auf das ihm erneut angetragene Amt des Ersten Ministers zugunsten seines Sohnes Karamchand.

Karamchand Gandhi ist der Dreh- und Angelpunkt für das zweite große Spannungsfeld in Mohandas Gandhis Seele. Der nicht mehr ganz junge Vater ist zweifelsohne ein anständiger Mann. Er ist gut und freundlich zu seiner Familie, bescheiden in seiner Lebensführung und sich nicht zu schade, den Frauen beim Gemüseputzen zu helfen. Als sie noch in Porbandar lebten, hat er sich, um im Haus Platz zu schaffen für seine fünf Brüder und deren Familien, mit seiner Frau, seiner jüngsten Tochter und seinen drei Söhnen auf nur ein einziges Zimmer mit 24 Quadratmetern beschränkt, dazu noch eine kleine Kammer und eine winzige Küche. Er bereicherte sich nicht an den vielen kleinen und großen Geschäften, die in der Stadt getätigt wurden und die er für den Fürsten überwachen mußte.

Auf der anderen Seite aber kann der junge Gandhi nicht verstehen, warum ein solch edler Vater in seinem Haus eine Menge schleimerisches Gesindel empfängt, ihnen sein wachsames Ohr leiht und eifrig mitspinnt an den unedlen politischen Intrigennetzen von Porbandar und Rajkot.

Und wie kann es sein, daß dieser Vater, der seine Söhne zu

Wahrheitsliebe, Bescheidenheit und zur Befolgung ihres Dharmas, ihrer vom Schicksal auferlegten Lebensaufgaben, erzieht, den schweren Frevel begangen hat, seine dritte Frau zu verlassen für eine vierte Ehe? Und wie kann er, der Sohn aus dieser vierten Ehe, dem Vater böse sein für diese Heirat, der er doch sein eigenes Leben verdankt?

Und warum hat der Vater den Sohn in eine Ehe geschubst in einem Alter, in dem er doch noch viel zu jung ist für die Erziehung einer Ehefrau? Aber wie kann er dem Vater böse sein für diese frühe Verheiratung, da er doch Kasturbai liebt und begehrt wie nichts anderes auf der Welt?

Die Fragen machen dem sensiblen Jungen zu schaffen. Die Antworten liegen noch in weiter Ferne, aber er wird sie finden und dann fügen sie sich alle zu einem sehr einfachen und doch phantastischen Bild – und werden eine politische Entwicklung bewirken, wie sie die Welt bis dahin in dieser Weise noch nie gesehen hat.

Das dritte Spannungsfeld tut sich dem Jungen in Rajkot auf, dem regionalen britischen Verwaltungszentrum im staubigen Hinterland der Halbinsel Kathiawar. Die englischen Kolonialherren verblüffen ihn mächtig. In ihrer Gegenwart erlebt er seinen sonst immer sehr würdevollen und selbstbewußten Vater zum ersten Male als einen eingeschüchterten, gehemmten Mann voller Minderwertigkeitskomplexe.

Alles ist bei den Briten anders als in der Welt, aus der er kommt:

Seine Eltern haben den Schwerpunkt seiner Erziehung auf Charakter und Weisheit gelegt; aber die Schule der Europäer, in die er nun geht, bildet nicht Charakter aus, sondern Fähigkeiten. Sie vermittelt nicht Weisheit, sondern Wissen.

Die Briten halten sich weder an die Ordnung der Hindus noch an die der Moslems, sondern ziehen mit ihren wenigen Leuten, die sie in Indien haben, eine eigene Ordnung auf, der sich Hindus wie Moslems ohne große Widerstände fügen. Die Ordnung der Briten schafft so etwas wie einen Rahmen für allgemeine Gerechtigkeit, in der persönliche Verbindungen und Privilegien keine so entscheidende Rolle spielen wie bei den Indern.

Das Verblüffendste an den Briten aber ist die Möglichkeit, im

Laufe ihres Lebens die eigenen Kastenschranken zu überschreiten und je nach ihren individuellen beruflichen Fähigkeiten oder Fehlern auf- oder abzusteigen in ihrer Gesellschaft. Diese Nichtendgültigkeit in der Zugehörigkeit zu ihrem jeweiligen Stand scheint in den Europäern einerseits gewaltige Willenskräfte freizusetzen, aber auch eine nervöse Angst, die den schicksalsergebenen Hindus und Moslems fremd ist. Die Weißen sind Leute, die ihr Dharma, ihre standeseigenen Lebensregeln, ändern dürfen. Sie leben so, als hätten sie kein Karma, keinen Platz auf dem endlosen Rad der Wiedergeburten.

Bei den Hindus ist das ganz anders. Jeder hat zur Pflege und Verbesserung seines Karmas sein Dharma zu befolgen, die kastenüblichen Regeln und Pflichten, egal ob er als Mitglied der Priesterkaste, der Brahmanen, geboren wurde oder als Mitglied der Kriegerkaste, der Kshatriya. Oder als Händler, Gewerbetreibender oder Bauer in der Vaishya-Kaste. Oder als Lohnempfänger oder Diener in der Kaste der Shudra. Oder als Unberührbarer, der ganz außerhalb der Gesellschaft lebt und nur für ekelerregende Arbeiten in Frage kommt. Ein Aufstieg ist im Verlauf eines Menschenlebens überhaupt nicht denkbar, auch nicht in die nächsthöhere Unterkaste, denn die Kastenzugehörigkeit erwirbt der Mensch durch Geburt. Wohin er geboren wird, bestimmt sein Karma, und dieses wiederum belohnt oder bestraft ein Lebewesen durch eine Wiedergeburt auf höherer oder niedrigerer Stufe, je nachdem ob er im vorangegangenen Leben sein Dharma gut oder schlecht erfüllt hat. Auf diese Weise ist das Kastenwesen ein Werk der Götter und nicht Menschenwerk, kann also für die Betroffenen kein Grund zur Auflehnung sein.

Daß Gandhi sich in späteren Jahren zwar stark für eine menschenwürdigere Behandlung der Unberührbaren einsetzt, aber das Kastenwesen im Prinzip nicht angreift, bleibt ein Widerspruch bis an sein Lebensende. Einerseits wird er bei seinem Kampf für die Unberührbaren den modernen europäischen Standpunkt der Gleichheit aller Menschen akzeptieren, andererseits wird er die Unüberschreitbarkeit der Kastengrenzen offensichtlich für einen unabdingbaren Eckpfeiler der Idee des Karmas halten. Das Kastenwesen ist der Preis für die Wohltat der tröstenden Aussicht auf Wiedergeburt, auf den nächsten Versuch oder Schritt auf dem Weg zur angestrebten Erlösung im Nirwana. Der Glaube an die Wiedergeburt schenkt dem Hindu die Möglichkeit, das so leicht nicht zu behebende Elend des Daseins gelassen zu ertragen und dem Tod das Grauen zu nehmen. Das schenkt seiner Seele Frieden auch in übelsten Lebenslagen.

Der Unterschied zwischen der europäischen und hinduistischen Lebensbetrachtung, dieses dritte große Spannungsfeld in seiner Seele, macht ihn zu einem schwachen Schüler. Der Vater, der nie etwas über Geschichte und nichts über die Naturwissenschaften gelernt hat, der nur die regionale Landessprache Gujarati spricht, weiß, daß künftige Minister der Kleinfürstentümer mehr lernen müssen, vor allem Englisch und die Umgangsformen der Europäer. Er will, daß sein jüngster Sohn, den er für seinen begabtesten hält, dort anfängt, wo der Vater aufgehört hat. Die Alfred High School in Rajkot, in der Mohandas Gandhi unterrichtet wird, wäre genau die richtige Vorbereitung auf ein Studium und auf eine würdige berufliche Tätigkeit.

Diese Schule verfolgt die Ziele, die der Gouverneur von Agra, Lord Macauly, einmal so formuliert hat: »Wir müssen alles tun, um eine Klasse zu formieren, die zwischen uns und den Millionen von Menschen vermittelt, über die wir herrschen; eine Klasse von Personen, Inder in Blut und Farbe, aber Engländer im Geschmack, in den Meinungen, in den Moralvorstellungen und im Intellekt.«

In dieser Hinsicht versagt das britische Erziehungssystem, denn es macht die von ihm erzogenen Inder zu effizienten Kämpfern für die Unabhängigkeit Indiens. Aber auch der Schüler Mohandas Gandhi versagt. Trotz eines guten Gedächtnisses und seines munteren Verstandes hängt er durch. Sein Englischlehrer hält ihn für dumm.

Mohandas Gandhi aber ist nicht dumm, sondern verwirrt, und als er dann auch noch heiratet, zerrt ein viertes Spannungsfeld an seinen Nerven.

Er ist leidenschaftlich verliebt in die Frau, die der Vater für ihn ausgesucht hat, die Tochter eines befreundeten Kaufmanns aus Porbandar. Er kann sich überhaupt nicht mehr konzentrieren und wird sich später an diese Zeit so erinnern: »Selbst in der

Schule mußte ich an sie denken, und die Aussicht, daß es bald Abend würde und ich dann bei ihr sein könnte, ließ mich alles andere vergessen. Ich habe schon gesagt, daß Kasturbai des Lesens und Schreibens unkundig war. Ich hätte sie gerne darin unterrichtet, aber Lust und Liebe ließen mir dazu nie Zeit.«

Gandhi wird später berichten, daß immer er es war, der die Verführung begann, niemals sie. Er spürt von ihrer Seite Distanz und verfolgt sie mit rasender Eifersucht und häßlichen Szenen. Manchmal sprechen die beiden tagelang kein Wort miteinander. Kasturbai ist dann doch immer wieder enttäuscht von ihrem Ehemann und von ihrer Ehe und nimmt wochen- und manchmal auch monatelang Urlaub von ihrem Mann in ihrem Elternhaus in Porbandar.

Das Wesen einer hinduistischen Ehe wird aus dem Vermählungsritual deutlich. Das Paar geht mit sieben Schritten um ein Feuer. Bei jedem Schritt wird die Braut von ihrem Mann auf ein gemeinsames Ziel verpflichtet, und sie antwortet auf jede Aufforderung mit einem Versprechen.

»Geh einen Schritt, auf daß wir die Kraft des Willens in uns aufnehmen«, beginnt der Bräutigam.

»Bei jedem deiner würdigen Wünsche werde ich deine Gehilfin sein«, sagt die Braut.

»Geh den zweiten Schritt, damit Lebenskraft in uns einströmt«, sagt er.

»Jedem deiner Schritt werde ich folgen«, antwortet sie.

»Geh den dritten Schritt, auf daß wir stets in wachsendem Wohlstand leben werden«, sagt er.

Sie: »Ich werde Freude und Leid mit dir teilen.«

Er: »Geh den vierten Schritt, auf daß unsere Herzen stets voller Freude sind.«

Sie: »Ich weihe dir mein Leben. Ich werde Worte der Liebe zu dir sprechen und für dein Glück beten.«

Er: »Geh den fünften Schritt, auf daß wir den Menschen dienen.«

Sie: »Ich werde stets hinter dir stehen und dir helfen, dein Versprechen zu halten und den Menschen zu dienen.«

Er: »Geh den sechsten Schritt, auf daß wir unseren religiösen Gelübden und Verpflichtungen folgen.«

Sie: »Ich werde dir folgen, indem ich unsere religiösen Gelübde und Verpflichtungen beachte.«

Er: »Geh den siebenten Schritt, auf daß wir stets als Freunde leben werden.«

Sie: »Es ist die Frucht meiner Taten, dich als meinen Ehemann zu haben. Du bist mein bester Freund, mein Herr und Gebieter.«

Nach dem siebten Schritt schieben die beiden Vermählten einander süßen Weizenkuchen in den Mund.

Mit diesem Zeremoniell liefert sich die Frau ihrem Mann als gehorsame Dienerin aus. Das jedoch setzt die Eignung zur Führerschaft ihres Mannes voraus. Kasturbai aber hat keinen Beschützer bekommen, sondern ein geiles Kind. Weil beim siebten Schritt die Braut es als die Frucht ihrer Taten bezeichnet hat, diesen Ehemann bekommen zu haben, muß sie die Ursache für seine sexuellen Aggressionen, für seine Kindlichkeit, für seinen barschen Gebieterton auch noch bei sich selbst, vielleicht in einer Schuld in einem früheren Leben, suchen.

Diese Schuldgefühle werden verstärkt, als erst der Kindersegen ausbleibt und das im dritten Ehejahr endlich geborene Kind nach wenigen Tagen stirbt. Störungen der Fruchtbarkeit, der Tod von Kindern oder Ehemann sind in der hinduistischen Auslegung die Folgen schwerer Vergehen in einem früheren Leben, sind göttliche und damit gerechte Strafen.

Aber schlimmer noch wüten die Schuldgefühle nun in Mohandas Gandhi. Denn wenige Tage vor der Geburt seines Kindes ist sein Vater gestorben. Es war ein langer Todeskampf, und der Sohn hatte in der entscheidenden Stunde den Vater verlassen. Mohandas hatte Wache am Bett Karamchands gehalten, hatte ihm wie in den Tagen davor die Beine massiert, hat sich dann aber von seinem Onkel ablösen lassen, um zur hochschwangeren Kasturbai ins Bett schlüpfen zu können.

Er schreibt darüber später: »Meine Frau, das arme Ding, war fest eingeschlafen. Doch wie durfte sie schlafen, wenn ich da war? Ich weckte sie auf. Nach fünf oder sechs Minuten klopfte der Diener an der Tür.« Der Vater war tot. Gandhi schreibt: »Ich konnte nur die Hände ringen. Ich empfand tiefe Scham und Elend. Ich stürzte in Vaters Zimmer. Ich sah ein, daß ich, hätte mich nicht tierische Lust blind gemacht, meinem Vater in seinen letzten Augenblicken die Qual der Trennung hätte ersparen können.«

Diese Nacht wird für ihn zu einem Schlüsselerlebnis und Ausgangspunkt für sein späteres Keuschheitsgelübde.

Aber noch ist er nicht so weit. Noch kämpft er in der Schule um den Anschluß und um einen Abschluß. Seinen Berufswunsch Arzt will er unbedingt durchsetzen und dafür sogar gegen die Kastenregeln verstoßen, die einem Vaishya das Zerlegen von Leichen verbieten; aber er fällt durch alle Zwischenprüfungen. Statt dessen soll er nun Anwalt werden wie sein ältester Bruder Laksmidas, das neue Oberhaupt und der Ernährer der großen Familie.

Mohandas Gandhi könnte auch in Indien studieren. Indisches Recht. Aber er hat einen kühnen Wunsch: Er will nach England. Einmal weg von allem, was ihn belastet, vom Krieg der Religionen und Kulturen in seinem Inneren, von seiner Ehe. Abstand gewinnen und Ordnung in seinem Kopf schaffen, vielleicht mit den Werkzeugen des Abendlandes.

Der Bruder ist unentschieden, die Mutter dagegen, und auch der Kastenrat verweigert ihm die Fahrt über das »Schwarze Wasser«. Schließlich vermittelt ein Jain-Mönch: Er gelobt seiner Mutter, in England kein Fleisch zu essen, keinen Wein zu trinken und keine Frauen zu berühren. Kurz vor seiner Abreise wird ihm endlich ein gesunder Sohn geboren. Die Götter haben Kasturbai verziehen; die Ehe ist vom größten Druck befreit.

Der Mann, der knapp vier Jahre später zurück nach Indien kommt, ist ein am High Court in London zugelassener Anwalt, ein überzeugter Anhänger der aufgeklärten Ordnungsmacht Großbritannien; er hat in England die ihm bis dahin noch nicht bekannte Bhaghavadgita gelesen, eine siebenhundertstrophige Urliteratur des Hinduismus, und das Neue Testament, in dem ihn die Bergpredigt des Jesus von Nazareth tief beeindruckt hat. Aber die Idee, daß ein allumfassender Gott, der fähig ist, Menschen zu zeugen, nur einen einzigen Menschen und nicht alle gezeugt haben könnte, findet er albern. Er schreibt später:

»Wenn Jesus gottgleich oder Gott selbst war, dann waren wir alle gottgleich und konnten selbst Gott werden. Meine Vernunft war nicht bereit, buchstäblich zu glauben, daß Jesus durch seinen Tod und durch sein Blut die Sünden der Welt abgebüßt habe. Metaphorisch möchte darin freilich einige Wahrheit stecken. Ferner hatte nach christlicher Auffassung nur der Mensch eine Seele, nicht aber die anderen Lebewesen, für die der Tod völlige Vernichtung bedeutete; während ich das Gegenteil glaubte. Ich konnte Jesus als einen Märtyrer annehmen, als Verkörperung des Opfers und als göttlicher Lehrer, nicht aber als den vollkommensten Menschen, der je geboren sei. Das fromme Leben der Christen konnte mir nicht geben, was das Leben von Menschen anderen Glaubens mir nicht gegeben hätte. Vom philosophischen Standpunkt aus gab es in den christlichen Grundsätzen nichts Außerordentliches. Vom Standpunkt des Opfers aus schienen mir die Hindus das Christentum weit zu übertreffen.«

Mit anderen Worten: Gandhi fand das Christentum ein wenig dürftig gegen die Botschaft des Gottes Krischna, der in der Bhaghavadgita sagt: »Die Seele ist ungeboren, wird nie geboren werden, auch niemals nicht mehr sein, sie ist ungeboren ewig, unaufhörlich, uralt und wird nicht mit erschlagen, wenn der Körper fällt. So wie ein Mann die abgetragenen Kleider abwirft und andere statt dessen aufnimmt, die neu sind, so wird der Verkörperte den abgenutzten Körper ablegen und einen anderen, neuen anlegen.«

Gandhi ist bei seiner Rückkehr nach Indien in der Seele mehr Hindu als vor seiner Reise nach Europa, im alltäglichen Gebaren aber will er nun Engländer sein. Er kleidet sich jetzt europäisch. Tadelloser Anzug, tadelloses Hemd, tadellose Krawatte. Auch seine Frau muß den traditionellen Sari gegen englische Kleider tauschen.

Die unbequeme Verkleidung mißfällt Kasturbai zwar, aber insgesamt hat sich die Ehe stabilisiert. Mohandas ist in Europa erwachsen geworden, ein richtiger Mann, dem man auch wirklich gehorchen kann. Vor allem aber hat Kasturbai gelernt, ihn mit weichen Waffen zu besiegen. Wenn sie in einer Angelegenheit nachgeben muß, von der sie überzeugt ist, daß er Unrecht hat, gestaltet sie den Rückzug so, daß er seinen Eigensinn bloßgestellt sieht und bei ihm ein schlechtes Gewissen zurückbleibt. Damit zwingt sie seinen Starrkopf zu neuem Nachdenken und zur Wiedergutmachung. Auch das nimmt er, vorläufig noch unbewußt, in sich auf. Er wird aus dieser Erfahrung mit der neuen Taktik seiner Frau ein paar Jahre später die Strategie des gewaltfreien Widerstands entwickeln, die wiederum der Eckpfeiler seines Lebenskonzeptes Satayagraha sein wird.

Noch immer aber hat Mohandas Gandhi seinen Lebensstil nicht gefunden. Im Grunde ist bei ihm nach wie vor nichts geklärt. Er hat nur das ganze Tohuwabohu in seiner Seele mit einer englischen Maskerade verhängt. Und er ist als Anwalt vor Gericht eine Katastrophe. Im indischen Recht kennt sich der am Londoner High Court zugelassene Anwalt nicht aus. Noch immer unfähig, frei und überzeugend zu sprechen, bringt er einmal in einer kleinen Sache, die ihm übertragen worden ist, im Gerichtssaal kein Wort heraus und muß den Fall einem Kollegen übergeben.

Der Bruder kann den Versager nur in seiner eigenen Kanzlei unterbringen und überträgt ihm juristische Such- und Schreibarbeit. Dabei stellt sich Mohandas allerdings recht geschickt an, so daß der Bruder ihn nach Südafrika sendet, als die indische Firma Dada Abdulla & Co. für ihre Filiale in Südafrika einen juristischen Beistand sucht. Gandhi soll dort bei einem Rechtsstreit um 40 000 Pfund helfen.

Die Inder nehmen in Südafrika einen unglücklichen, isolierten Standort zwischen der weißen europäischen Herrenrasse und den von den Weißen kaum als Menschen betrachteten Schwarzafrikanern ein. Eigentlich sollen die Inder dort überhaupt keine Rolle oder nur eine vorübergehende spielen. Man hat mit Fünf-Jahres-Verträgen vor allem aus Südindien kleine Kontingente Arbeitskulis für die Zuckerrohrfelder geholt. Weil sie fleißig waren, holte man noch mehr, verlängerte die Kontrakte, wollte aber weiter nichts mit ihnen zu schaffen haben. Aber wie das mit Arbeitskraft-Importen so ist: Man wollte sich Gastarbeiter holen und bekam Menschen. Menschen aus einer anderen Kultur, mit speziellen Bedürfnissen für die tausend kleinen Dinge ihres Lebens, die von den weißen Gastgebern nicht erfüllt werden konnten. Also kamen indische Händler nach, um diese Bedürfnisse zu erfüllen. Diese indischen Händler haben auch weißer Kundschaft Interessantes anzubieten, geraten in Probleme und ziehen für die Lösung dieser Probleme andere Leute aus

Indien nach – wie zum Beispiel den jungen Rechtsanwalt Mohandas Gandhi.

Im April 1893 bricht der Paulus des 20. Jahrhunderts zu seinem Damaskus-Erlebnis auf.

Die Erleuchtung kommt in zwei Phasen über ihn. Die erste weist ihm das Ziel, die zweite den Weg zum Ziel.

Gandhi, gebacken in der schwülen Weitherzigkeit Indiens und poliert von der kühlen Höflichkeit eines aufgeklärten Englands, hat nicht die geringste Ahnung von der angstvollen Bösartigkeit, die in weißen Südafrikanern allein aus der Tatsache wächst, daß um sie herum so viele nichtweiße Menschen leben.

Am siebten Tag nach seiner Ankunft in Durban schickt ihn Shet Abdulla, der Filialleiter von Dada Abdulla & Co., nach Pretoria, wo eine Verhandlung in der 40 000-Pfund-Angelegenheit ansteht. Gandhi hat sich mit dem Fall vertraut gemacht, sich in feinen englischen Zwirn gesteckt und, wie es sich für einen am High Court in London zugelassenen Anwalt gehört, standesgemäß eine Erste-Klasse-Fahrkarte gekauft. Der Aufforderung des Schaffners, als Farbiger gefälligst in den Gepäckwagen zu verschwinden, kommt er mit dem Hinweis auf seine Erste-Klasse-Fahrkarte, auf seinen ehrenwerten Beruf und auf die Tatsache, daß es sich hier um ein Land des nicht minder ehrenwerten Britischen Empires handelt, nicht nach. Worauf er bei der nächsten Station, Pietermaritzburg, samt Gepäck aus dem Zug geworfen wird.

Pietermaritzburg, die Hauptstadt der Provinz Natal, liegt hoch über dem Meeresspiegel, und es ist Winter in diesem Land. In dieser kalten Nacht auf dem Bahnhof erkennt Mohandas Gandhi die Wahrheit über Südafrika. Jetzt kennt er auch die Wahrheit über den kurzen Arm der britischen Ordnung. Jetzt erkennt er, daß Würde nur dann ein Wert an sich sein kann, wenn die Menschen diese Würde schon in diesem Leben einfordern und sie nicht erst irgendwann im Nirwana erhoffen können. Er erkennt, daß es eine Schande für die Einsichtigen ist, wenn sie die Uneinsichtigen nicht bewahren vor unwürdigen Taten, wie sie zum Beispiel die Rassendiskriminierung darstellt.

Es wird nicht genau überliefert, ob er bei der Hinausbeförderung aus dem Zug hart aufgeschlagen ist. Aber es ist, als hätte ein bis in die Grundfesten erschütternder Schlag all die seit seiner Kindheit chaotisch umhertosenden Gedanken in seinem Kopf plötzlich geordnet und zusammengefügt zu einem fertigen Bild. Zu dem Bild, an dem er sich endlich mit allen Fasern seiner Existenz orientieren kann.

Jetzt weiß er, wohin er den fünften Schritt seiner Hindu-Heiratsformel, »auf daß wir den Menschen dienen«, lenken wird. Er, der so gern Arzt geworden wäre und nicht werden konnte, will nun ein Arzt besonderer Art werden. Als Anwalt wird er nicht das Fleisch, sondern die gestörten Beziehungen in der Gesellschaft heilen.

Das ist der erste Teil seiner Erleuchtung: Es kann im Umgang mit Menschen, Religionen und Institutionen nicht darum gehen, recht zu haben, sondern darum, Gerechtigkeit zu schaffen. Gerechtigkeit auf der Basis ewiger Wahrheiten. Gerechtigkeit, die sich im Bewußtsein der Menschen festsetzen kann und keine Gerechtigkeit, die nur vom Gesetz erzwungen wird.

Eine Woche nach diesem Erlebnis, dem auf dieser Reise weitere schockierende Demütigungen wegen seiner Hautfarbe folgen, versammelt er in Pretoria Inder zu einem Vortrag über die inneren Ursachen der Rassenvorurteile. Es ist seine erste öffentliche Rede. Er stellt Einverständnis zwischen Muslime und Hindus her und ist überrascht, daß er auf einmal nicht nur frei, sondern auch überzeugend sprechen und in einfacher Sprache verborgene Geheimnisse aus den Tiefen der menschlichen Seele erklären kann. Seine Zuhörer hatten sich von diesem Vortrag einen Anstoß zur Eröffnung des farbigen Gegenterrors gegen die Weißen erhofft. Nun aber gehen sie nach Hause mit der Absicht, den eigenen Charakter zu verbessern, um fit zu werden für die Schlacht um die Herzen der Menschen.

Auf einmal ist Mohandas Gandhi klar, warum er in seinen ersten Anwaltsjahren ein so großer Versager war, weshalb er stotterte und abbrechen mußte bei der einzigen öffentlichen Gerichtsverhandlung, an der er als Anwalt teilnahm: Er hat darunter gelitten, Partei sein und im Interesse seines Mandanten der Gegenpartei Schaden zufügen zu müssen. Das wird er ändern, und es gelingt ihm glanzvoll in dem Rechtsstreit, für den er von Abdulla & Co. nach Südafrika geholt worden ist. Gandhi

kann den Prozeßgegner davon überzeugen, daß Abdulla & Co.
den Prozeß gewinnen würde, erklärt gleichzeitig seinem Auftraggeber, daß sich die Sache aber noch lange hinziehen könnte,
daß dann die Gerichtskosten den größten Teil der 40 000 Pfund
auffressen würden, daß der Gegner Konkurs anmelden und viele Abhängige ins Unglück stürzen müßte, wenn er die Summe
auf einmal zu zahlen hätte. So knüpft Gandhi einen Vergleich,
der auf der Basis von Ratenzahlungen den Prozeßgegner am
Leben, seinen Auftraggeber zu seinem Geld kommen läßt und
den Frieden in der indischen Geschäftswelt Südafrikas erhält.

Das ist dann auch gleich der zweite Teil seiner Erleuchtung:
Konflikte dürfen nicht Sieger und Verlierer hinterlassen, sondern sollen beide Parteien auf eine höhere Stufe der Einsicht
führen.

Gandhis Job in Südafrika ist erfüllt. Doch beim Abschiedses-
sen vor seiner Rückreise nach Indien wird er von seinem neuen
Freundeskreis zum Bleiben überredet. Sein Auftreten in den
Rassenkonflikten und die Weisheit, mit der er Abdullas Rechts-
sache erledigt hat, hätten ihm hohes Ansehen eingebracht, nicht
nur in den Kreisen der Inder, sondern auch bei den nichtrassi-
stischen Weißen, insbesondere unter christlichen Kirchenleuten.
Ob es denn nicht sinnvoll wäre, sich als Rechtsanwalt in Südafrika niederzulassen, wo man ihn kennt und braucht und wo er
seinen Landsleuten eine große Hilfe wäre?

Gandhi bleibt, holt seine Frau, seine beiden Söhne und den
Sohn seiner verwitweten Schwester aus Indien ab und macht den
Kampf der südafrikanischen Inder für Gerechtigkeit zur Gene-
ralprobe für den Kampf um die Befreiung Indiens.

Für die Strategie dieses Kampfes führt er all das, was sich
in den chaotischen Jahren seiner Kindheit in seiner Seele ab-
gespeichert hat, die religiösen Spannungen, die ehelichen Lektionen durch seine Frau Kasturbai, den Widerspruch zwischen
dem moralischen Anspruch und dem intriganten Getuschel in
der Arbeit seines Vaters, die Unterschiede zwischen indischen
und britischen Wertvorstellungen zu einem sinnvollen System
zusammen und bezeichnet es mit dem Sanskrit-Wort »Satyagraha«.

Das Wort läßt sich nicht griffig übersetzen. Er selbst formuliert es im Englischen als »passive resistance«, als »passiver Widerstand«, um es den Briten halbwegs verständlich zu machen. Aber es bedeutet erheblich mehr. Es ist abgeleitet von Sat oder Satyam, was man sowohl als Sein als auch als Wahrheit, Licht, Unsterbliches und Göttliches bezeichnen kann. Die Kampfstrategie Satyagraha bedeutet also, der Gewalt die ethisch-moralische Urwahrheit des einfachen Lebens entgegenzusetzen, den von den Göttern gelegten positiven Urgrund der Seele.

Damit wird Gandhi der Mann, der den Befreiungskrieg auf eine andere Ebene verlagert. Wenn die Gewalt der Mächtigen auf die Körper der Ohnmächtigen eindrischt und schießt, dann antworten die Ohnmächtigen durch Satyagraha und träufeln ätzende Scham in die Seelen der Mächtigen – auf ähnliche Weise, wie das Kasturbai bei ihren scheinbaren Rückzugsgefechten in den Streitigkeiten mit ihrem Ehemann macht. Die Heimleuchtungen, die Kasturbai ihm angedeihen hat lassen, sind Teil seiner Erleuchtung.

In der Praxis sieht die Satyagraha Gandhis in Südafrika so aus:

Wenn die weiße Anwaltsvereinigung seine Zulassung für die Anwaltsliste des High Court der Provinz Natal verhindern will, weil er ein Farbiger ist, dann stellt er die Gegenfrage: Warum wird Justitia grundsätzlich mit einer Augenbinde dargestellt? Und antwortet: Weil Justitia die Menschen nicht nach ihrer äußeren Erscheinung, sondern nach ihrem Inneren bewerten soll!

Wenn er einen Weißen anzeigt, der seinem indischen Kuli ein paar Zähne ausgeschlagen hat, bittet er das Gericht, auf eine Bestrafung zu verzichten. Es käme dem Verprügelten nicht auf die Strafe an, sondern auf die Einsicht des Prüglers.

Wenn er selbst, von einem weißen Mob verfolgt, nur knapp dem Lynchmord entgeht, weil sich eine Weiße, die Frau des Polizeiinspektors Alexander, gerade noch rechtzeitig vor ihn stellt und seine Wunden verbindet, verweigert er seine Mithilfe bei der Überführung seiner Peiniger mit dem Argument, nicht die Täter seien anzuklagen, sondern die Gesellschaft, die Menschen zu solchen Taten aufhetzt.

Wenn im Burenkrieg Weiße gegen Weiße kämpfen, stellt er der englischen Armee eine indische Sanitätseinheit aus Freiwilligen zur Verfügung, welche die Verwundeten auf beiden Seiten vom Kriegsschauplatz holt und rettet. Er präsentiert damit den Zeitungslesern in aller Welt die indischen Sanitäter als die anständigsten Beteiligten an diesem barbarischen Krieg und blamiert damit den Anspruch auf moralisch-ethische Überlegenheit des weißen Mannes gegenüber den Farbigen.

Wenn die Regierung von Transvaal die Inder durch ein Gesetz kränkt, das sie zur Zwangsregistrierung mit Abgabe aller zehn Fingerabdrücke zwingt, als wären sie Verbrecher, motiviert er seine Landsleute, sich in solchen Massen zu verweigern und sich verhaften zu lassen, daß der Regierung angst und bange wird. Er selbst bittet um die höchstmögliche Strafe für sich in dieser Angelegenheit. Der Regierung wird die Sache peinlich. Sie bietet Gandhi einen Kompromiß an: Die Inder lassen sich freiwillig registrieren, die Regierung besteht nicht auf der gesetzlichen Verankerung einer Registrierungspflicht. Brav lassen sich die Inder ihre Fingerabdrücke nehmen, aber die Regierung bricht ihr Wort, das diskriminierende Gesetz bleibt. Daraufhin schafft Gandhi Reporter herbei und inszeniert eine öffentliche Verbrennung der neuen Ausweispapiere. Nun stehen in der Öffentlichkeit die Inder als tapfere Ehrenmänner da, die weiße Regierung aber sieht sich in der Weltpresse als eine Bande schäbiger Lügner und Roßtäuscher bloßgestellt.

Inzwischen hat er sich auch intensiv mit westlichen Befreiungstheorien befaßt. Er ist stark beeindruckt von John Ruskin, der die Arbeit als moralische, den Menschen adelnde Verpflichtung und nicht als Ware betrachtet wissen will und deshalb Volkshochschulen und Gartenstädte für Arbeiter fordert. Im Gefängnis, er sitzt öfter mal wegen »bürgerlichen Ungehorsams«, liest Gandhi das Buch »Bürgerlicher Ungehorsam« des Amerikaners Henry David Thoreau und fühlt sich bestätigt in seinem Glauben an die unwiderstehliche Kraft der höheren Ethik mit dem bereits im frühen 19. Jahrhundert geschriebenen Satz von Thoreau: »Wenn nur ein Ehrenmann in dem Staat von Massachusetts aufhören würde, Sklaven zu halten und seine Teilnahme kündigen und ins Landesgefängnis eingeliefert werden würde, dann würde das das Ende der Sklaverei in Amerika bedeuten. Es ist dabei gar nicht von Bedeutung, wie klein der Anfang sein mag. Was gut getan wird, besteht für immer.« Bei all seinen späteren Verhaftungen werden sich Gandhi und andere an das Wort Thoreaus erinnern, daß in unständigen Zeiten der einzig anständige Aufenthaltsort das Gefängnis sei.

Den Marxismus lehnt er wegen seiner rein materialistischen Betrachtungsweise ab, er ödet ihn wegen des Fehlens jeder spirituellen Basis an. Lieber korrespondiert Gandhi mit dem russischen Dichter Leo Tolstoj, der auf seine alten Tage sein gesellschaftliches Leben und den Luxus aufgegeben und sich einem bedürfnislosen Dasein als Bauer zugewandt hat, um wenigstens in seiner eigenen Person Glauben und Tun zu verbinden.

Auf diesem Gebiet entdeckt auch Gandhi ein persönliches Problem. Er wohnt in einer teuren Villa in Durban, genießt sein Einkommen aus seiner florierenden Kanzlei und ist gegenüber Kasturbai, die ihm in Südafrika einen dritten Sohn geboren hat, nach wie vor ein dickschädeliger indischer Befehlshaber. Sie hat zum Beispiel Probleme mit seiner Anordnung, wie jeder andere im Haus auch den Nachttopf ihres indischen Angestellten zu leeren, wenn sie mit dem Nachttöpfe-Ausleeren an der Reihe ist. Denn dieser Angestellte ist ein Unberührbarer, auch wenn er diesem Mangel seiner Geburt durch eine christliche Taufe glaubt entkommen zu sein. Gandhi ist über ihre Weigerung so erbost, daß er brüllt: »Ich werde diesen Unsinn in meinem Haus nicht dulden!«

Darauf Kasturbai: »Dann behalt dein Haus für dich!«

Gandhi wirft sie hinaus, so wie er einst in Pietermaritzburg aus dem Erste-Klasse-Waggon geworfen wurde.

Sie weint und sagt: »Schämst du dich nicht? Wo könnte ich hingehen? Ich habe in diesem Land keine Familie, die mich aufnehmen könnte.«

Gandhi selbst erzählt diese Geschichte später einmal als Beleg dafür, wie weit er in den ersten Kampfjahren in Südafrika noch entfernt war vom Einklang zwischen öffentlichem und privatem Handeln. Satyagraha ist in den eigenen vier Wänden das Kampfmittel seiner Frau ihm gegenüber. Sie beschämt ihn, stellt seine selbstgerechte Ungeduld bloß und erreicht bei diesem Streit, daß er ihr für einige Zeit wieder mehr Respekt zollt. Dafür ist sie wiederum bereit, seinen Anspruch auf gleiche Rechte und Pflichten für alle zu respektieren und den Nachttopf des Unberührbaren zu leeren, wenn sie damit an der Reihe ist.

Das Beispiel Tolstojs macht ihm klar, daß er Satyagraha nicht weiterführen kann, wenn er sich nicht selbst auf ein bescheidenes Leben auf der Grundlage von Wahrheit, Einfachheit und Gleichheit mit den Ärmsten zurückzieht. Nachdem er und seine Mitarbeiter seit 1904 auf einer 100 Morgen großen »Phönix-Farm«, einer Art Kloster mit Landwirtschaft und einer Druckerei für ihre Zeitung »Indian Opinion«, experimentiert hatten, macht er 1910 ernst und gründet eine »Tolstoj-Farm«. Das Areal ist ein Geschenk eines ergebenen weißen Anhängers Gandhis, des deutschen Architekten Dr. Hermann Kallenbach. Dieser Mann wird Gandhi als treuer Gehilfe, Schreiner und Koch auch nach Indien begleiten.

Gandhi gibt seine Anwaltskanzlei auf, verzichtet feierlich auf sein Privatvermögen, erfüllt sich mit seiner Familie und seinen Jüngern nur noch jene Bedürfnisse an Kleidung und Nahrung, die sie durch ihrer Hände Arbeit gemeinsam erwirtschaften können nach dem Prinzip: Alles, was man nicht selbst herstellen kann, ist unnötig. Als Grundlage für den Tagesablauf und für den Wechsel zwischen körperlicher Arbeit, geistiger Erbauung und Entspannung dient der Tolstoj-Kommune die Hausordnung des Gefängnisses von Pretoria, die Gandhi für vorbildlich und ideal für die Bedürfnisse des Menschen hält.

Auf der Tolstoj-Farm experimentiert er als Hobbyarzt auch medizinisch, mit Fastenkuren und Naturheilverfahren auf der Basis von Erdpackungen und Wassergüssen. Die Kinder sind im Arbeitsprozeß integriert und werden von ihm auf indische Weise erzogen mit dem Schwerpunkt auf Charakter und Weisheit. Offensichtlich ist er für seine eigenen Kinder kein überzeugender Lehrer, denn keiner seiner Söhne wird später eine bedeutende Rolle spielen können. Der Älteste wird volltrunken ans Sterbebett seiner Mutter und zu spät zur Verbrennung seines Vaters kommen.

Mohandas Gandhis neuer Lebensstil kann auch nicht jedermanns Sache sein. Bei der Beobachtung der Kriege gegen die

Buren und gegen die aufständischen Zulus ist Mohandas Gandhi der Gedanke gekommen, daß alle Gewalt letzten Endes von den Begierden, der Hab- und Genußsucht des Menschen ausgeht und daß es eine weise Tradition der indischen Religionen, aber auch des Christentums sei, die Begierden zu dämpfen und umzuwandeln in positive Kräfte. Schon 1906, im Alter von 37 Jahren, hat er mit Kasturbai über eine Einstellung ihrer geschlechtlichen Beziehungen gesprochen. Er hat schon ein paar Versuche in dieser Art begonnen, ist aber immer wieder überwältigt worden von seiner Lust. Jetzt macht er ernst, und Kasturbai lehnt sich nicht dagegen auf. Offensichtlich wirken noch immer traumatische Erlebnisse aus ihren Kinderjahren mit dem 13jährigen Sexlümmel Mohandas Gandhi nach. Sie fühlt sich von seinem Keuschheitsgelübde eher befreit als zurückgesetzt.

Tatsächlich kehrt nun mehr Ruhe und Gelassenheit in ihre Ehe ein. Er wird von nun an ein sehr aufmerksamer Ehemann sein und sie spüren lassen und vor allem selbst erkennen, daß er ihre Nähe braucht. Ihr fällt es wiederum nicht mehr so schwer, seine Dienerin zu sein. Daß er bis ans Ende seiner Tage umschwirrt sein wird von jungen Anhängerinnen, stört Kasturbai nicht, auch wenn sie ein Gespür dafür hat, daß die philosophisch-spirituelle Begeisterung junger Frauen, die ihr Leben einem berühmten Mann weihen, auch eine erotische Komponente haben muß. Tatsächlich werden die Schmetterlinge, die Gandhi umgeben, um so schillernder und schöner, je älter und dürrer er wird.

Am Anfang ist es nur Miss Schlesin, die 17jährige Sekretärin seiner Anwaltskanzlei in Durban, die ihm ergeben über die Dienstzeiten hinaus zu Füßen sitzt. Später, in seinen indischen Ashrams, wird Kasturbai bei der Pflege ihres Mannes unterstützt von der Dichterin Saronjini Naidu, Tochter einer reichen Brahmanenfamilie, und von Madeleine Slade, Tochter eines englischen Admirals. Bis über seinen 60. Geburtstag hinaus wird er mit nächtlichen Samenergüssen zu kämpfen haben und seine Entschlossenheit, gegen seine Begierden zu kämpfen, damit herausfordern, daß er jungen Anhängerinnen gestattet, nackt an seiner Seite zu schlafen und ihn während seiner Hungerstreiks mit ihren Körpern zu wärmen. In seinen letzten Jahren wird er sich beim Gehen auf die Schultern von Abha und Manu stützen, den schönen Frauen seiner Großneffen, und die beiden Begleiterinnen seine »Spazierstöcke« nennen. Manu wird während seiner Fastenzeiten seine Körperfunktionen überwachen und ihm die notwendigen Klistiere verabreichen. Raihana Tyabi, eine Gandhi-Schülerin, wird über die vielen jungen Frauen in seiner Umgebung sagen: »Je stärker sie sich bemühten, sich zurückzuhalten und ihre sexuellen Triebe zu unterdrücken, desto heftiger wurde ihr sexuelles Verlangen.«

Der Versuchung zu widerstehen, sein Jammern über nächtliche Samenergüsse bis ins hohe Alter, das alles wird vom Jahr 1906 an nun sein Problem sein, nicht mehr das Problem Kasturbais.

Im Jahr 1914 ist es an der Zeit, die Tolstoj-Farm und Südafrika zu verlassen und seinen Ashram in Indien aufzuschlagen. Politisch kann er in diesem verbohrten Rassistenstaat, in dem die Weißen zu leicht die Inder gegen die Schwarzen und umgekehrt ausspielen können, nur langsam vorankommen. Er hat den Kampf hier angefangen, hat seinen Landsleuten, auch manchen Schwarzen ein Gefühl für ihre eigene Würde und auch nicht wenigen gutwilligen Weißen ein neues Denken eingegeben. Jetzt können andere in Südafrika weitermachen.

Sein Kampf bis zur Unabhängigkeit Indiens wird 33 Jahre dauern und die intelligenteste und ungewöhnlichste Selbstbefreiung eines großen Volkes sein, den die Geschichte kennt. Aber er wird Stufe um Stufe, Kampagne um Kampagne nichts anderes auf den Weg schicken als das, was er einst in Porbandar und Rajkot wahrgenommen, ins Durcheinander seiner Kinderseele eingebracht und in Südafrika geordnet und ausprobiert hat.

Das einzige, was nun anders ist, ist seine Kleidung. Die europäische Kluft wird abgelegt. Er kommt in Bombay in einem weißen Gewand und mit Turban an, von einer großen Menschenmenge und vielen Würdenträgern der sich nach Unabhängigkeit sehnenden indischen Oberschicht begrüßt, denn Gandhi ist durch seine Aktionen in Südafrika ein weltberühmter Mann und ein indischer Volksheld geworden. Der im Volk hochverehrte Dichter Tagore gibt ihm einen neuen Namen: Mahatma. Die große Seele.

Bevor er sich und seine Popularität vereinnahmen läßt von den großzügigen politischen Gelegenheitsdieben unter den indischen Arrivierten, gründet er, um eine eigene Basis zu haben, bei Ahmedabad, der Hauptstadt seiner Heimatprovinz Gujarat, am Rande eines öden trockenen Flußbettes einen Ashram. Er soll seine Schulungsstätte für die Satyagraha werden auf der Basis der wirtschaftlichen Selbstversorgung der Schüler und Lehrer durch Arbeit auf den Feldern und am Webstuhl. Er will kein Kostgänger sein, keinem Menschen zur Last fallen – und unabhängig sein.

Da er nach jahrzehntelanger Abwesenheit weder mit den neuen Verhältnissen in Indien vertraut ist noch erkennen kann, wo die Fettnäpfchen aufgestellt sind, in die er hineintreten könnte oder soll, nimmt er den Rat des Gelehrten und Politikers Gopal Krischna Gokhale an und legt sich ein Schweigejahr auf. Er tut nichts anderes als kreuz und quer durch Indien zu fahren, zu schauen, zu verstehen.

Was er sieht, ist Armut.

Dann meldet er sich zurück, mit einem Paukenschlag:

Einweihung der Hindu-Universität am 4. Februar 1916 in Banares. Die in großer Zahl versammelten Fürsten fordert er auf, ihre Juwelen abzulegen und sie der armen Landbevölkerung zur Verfügung zu stellen. Denn die Rettung Indiens könne nicht von den Fürsten kommen und nicht von den Anwälten, sondern von den Bauern.

Die Veranstaltung endet mit einem Tumult. Gandhi wird das Wort entzogen, und damit gewinnt er das Ohr der ganzen Nation. Nun kann es losgehen.

Gandhi verfolgt zwei Ziele: Erstens das eigene Volk zu Selbstbewußtsein zu erziehen. Nur wenn alle Inder selbstbewußt sind, werden sie die Kraft finden können für ein friedfertiges und respektvolles Zusammenleben der Hindus mit den Moslems und zwischen den Hindu-Kasten. Zweitens will er den Nerv der Kolonialmacht Großbritannien so treffen, daß sie sich ihrer Anwesenheit in Indien schämt und verschwindet.

Er verbindet das eine Ziel mit dem anderen, erklärt die Satyagraha zur Grundregel für das Zusammenleben der Menschen und macht gleichzeitig Satyagraha zum Kampfmittel gegen die Briten: Nicht Gewalt und Terror gegen England, sondern Darlegung der unwiderlegbaren Urwahrheit des Lebens, der ewigen Seele.

Für die Briten wird dies eine ausweglose Falle, denn wie jede Macht, so ist auch die britische in Indien eine Macht weniger Menschen über viele Menschen. Und wie jede nicht vom Volk gewählte Macht muß sie ihren Herrschaftsanspruch mit einer überlegenen ethischen Eigenschaft begründen. Die Briten legitimieren sich mit der höheren Entwicklungsstufe der abendländischen Zivilisation. Deren Segen den Indern zu vermitteln sei ihre edelste Aufgabe neben der Beaufsichtigung des nur von Briten zu garantierenden Friedens zwischen Hindus und Moslems.

Gandhi zielt darauf ab, den Indern, der Welt und vor allem den Briten selbst nicht nur in Worten, sondern vor allem in unwiderlegbaren spektakulären Ereignissen vor Augen zu halten, daß die britische Definition für ihren Herrschaftsanspruch in Indien reine Heuchelei ist und verbergen soll, daß es nur um Abschöpfung des indischen Wohlstands zugunsten Großbritanniens und um den vor ausländischer Konkurrenz geschützten Verkauf englischer Industrieprodukte nach Indien geht.

Ihm gelingen zwei geniale, publikumswirksame Kampagnen, symbolisiert durch ein Spinnrad und durch einen Brocken Meersalz.

Die Spinnrad-Kampagne: Eines Tages tritt Gandhi vor einer großen öffentlichen Versammlung nur mit einem Lendentuch bekleidet auf. Er sagt, er trage von nun an nur noch das am Leibe, was er selbst herstellen könne. Das indische Textilhandwerk sei von den Briten systematisch ruiniert worden, damit das Land abhängig werde von den Produkten der englischen Textilindustrie. Wenn jede indische Bauernfamilie in den für Feldarbeit zu heißen indischen Sommermonaten daran ginge, ruhig im Schatten sitzend, mit einem einfachen Spinnrad aus ihren eigenen Produkten Wolle und Fäden zu spinnen, dann wären die Inder nicht mehr abhängig von englischen Tuchimporten. Dann würden die Inder auch in den heißen Monaten einer sinnvollen Tätigkeit nachgehen können, würde jeder indische Bauer seinen Selbstversorgungsgrad erhöhen, die Wirtschaftskraft des indischen Volkes stärken, und England würde einen wichtigen Grund für seine Herrschaft in Indien verlieren.

Die Kampagne bringt zwar wirtschaftlich nichts ein, denn das Spinnrad ist im 20. Jahrhundert nun einmal kein produktives Arbeitsgerät mehr, aber sie stärkt das Selbstvertrauen der Inder in ihre eigene Kraft, stellt das Wesen der kolonialen Ausbeutung bloß und erzeugt ein brennendes Fanal: Gandhis Zuhörer reißen sich bei dieser Veranstaltung ihre englischen Tücher vom Leib, werfen sie auf einen großen Haufen und stecken diesen in Brand.

Von jetzt an bekommen die Briten keine Ruhe mehr. Die Inder haben sich zur Nicht-Zusammenarbeit entschlossen. Mit allem, was die Kolonialherren tun, laufen sie ins Leere, werden sie als moralisch fragwürdig bloßgestellt. Sie erhöhen die Quoten der an ihrer Herrschaftsarbeit beteiligten Inder deutlich, aber es nützt nichts. Immer wieder Streiks, dann ein Generalstreik, den Gandhi als »Tag des Betens und Fastens« deklariert. Steuerstreiks. Lahmlegungen des Transport- und Informationswesens. Gandhi führt mit seinen Aktionen des zivilen Ungehorsams den weißen Häuptlingen vor, daß sie ohne Indianer nicht regieren können, daß nicht die Indianer von den Häuptlingen abhängig sind, sondern die Häuptlinge von den Indianern. Wenn die Dinge aus der Kontrolle geraten und Gewalt gegen Briten aufflammt, bricht Gandhi die Aktion ab, demonstriert gegen Gewalttaten seiner Landsleute mit einen Bußfasten.

Dann die Salz-Kampagne von 1930: Zur Finanzierung ihrer nun deutlich erhöhten Ausgaben für Indien führt die britische Kolonialregierung eine Salzsteuer ein, die vor allem die Ärmsten trifft. Denn deren Körper benötigen für ihre schweißtreibende Arbeit mehr Salz als die Reichen. Jeder Inder, der Salz kaufen muß, muß an die Briten Steuern zahlen. Gandhi kündigt an: Ich gehe ans Meer, um mir mein Salz selbst zu holen. Das Meer ist für alle da, nicht nur für die Briten, also ist auch das Salz für alle da. Ich werde mir mein Salz holen.

Er bricht zu einem langen Marsch an die Küste auf. Jeden Tag schließen sich ihm mehr Menschen an. Die Zeitungen berichten über jede Einzelheit, über jede Rede, die er in jedem Dorf auf der Strecke hält.

Die Briten stehen vor der Wahl: Entweder sie lassen es zu, dann ist Indien für sie kein Geschäft mehr –, oder sie greifen hart durch, dann präsentieren sie sich der Welt als Schurken, die mit Soldaten gegen abgemagerte indische Bauern vorgehen, nur weil diese kostenlos ein wenig Meersalz schlecken wollen, um bei Kräften bleiben zu können für ihre harte Arbeit.

England entschließt sich, Gandhi einzusperren. Aber dieser sichere Gewahrsam bewahrt die Briten nicht vor einem entscheidenden Ansehensverlust, den sie sich selbst beim spektakulären zweiten Salzmarsch zufügen. Unter der Führung der Gandhi-Jüngerin Sarojini Naidu, der Dichterin, marschieren 2500 unbewaffnete indische Demonstranten auf eine Saline zu, vor der Polizisten mit Knüppeln warten. Die begleitenden Frauen errichten ein Notlazarett, dann geht es vor den Augen der eingeladenen Weltpresse los. Webb Miller, Korrespondent der United Press, schreibt:

»Eine ausgewählte Schar löste sich aus der Menge, watete durch den Graben und näherte sich dem Stacheldrahtzaun. Plötzlich ein Kommando, und Polizisten stürzten sich auf die herandrängenden Demonstranten und ließen Schläge mit ihren stahlbewehrten Lathis auf ihre Köpfe regnen. Nicht einer der Demonstranten erhob auch nur den Arm, um die Schläge abzuwehren. Sie fielen um wie Kegel. Dort, wo ich stand, hörte ich die krankmachenden Schläge der Keulen auf ungeschützte Schädel. Die wartende Menge stöhnte und zog bei jedem Schlag den Atem ein im leidenden Mitgefühl. Die Niedergeschlagenen fielen mit ausgebreiteten Armen hin, bewußtlos oder sich krümmend mit gebrochenem Schädel oder Schultern. Da gab es keinen Kampf, kein Handgemenge, die Demonstranten marschierten einfach vorwärts, bis sie niedergeschlagen wurden. So ging es tagelang.«

Mehr noch als bei dem Massaker von Amritsar, als der entnervte englische General Reginald Dyer auf einem Platz, von dem es keine Fluchtmöglichkeit gab, zehn Minuten lang auf eine demonstrierende Menge schießen ließ, bis 379 Inder tot und 1516 verwundet liegen blieben, führt die Knüppelei gegen unbewaffnete, disziplinierte, aber zur Selbstaufopferung entschlossene Salz-Marschierer die Legitimation der britischen Kolonialmacht als hochzivilisierte Beschützerin unterzivilisierter Orientalen ins Absurde. Hier sind die Briten die Barbaren, und Gandhis Satyagraha ist eine reine, geheiligte Moral.

Es sind die Knüppelschläge vor den Salzpfannen von Surat, die der Kolonialmacht England in Indien endgültig das Genick brechen. Auch wenn die Briten zum Begreifen und zum Aushandeln der Übergabebedingungen noch 17 Jahre benötigen.

Als dann Indien endlich unabhängig ist, im Jahr 1947, kommt Gandhi allerdings nicht um die bittere Erfahrung herum, daß Satyagraha eine Waffe war, die nur gegen eine aufgeklärte und den Menschenrechten verpflichtete Macht wie Großbritannien taugte. Bei Leuten wie Hitler oder Stalin wäre ein Mann wie Gandhi spurlos in einem Konzentrationslager oder Erschießungskeller umgekommen, bevor noch jemand außerhalb der Geheimpolizei von ihm gehört hätte.

Auch für die Inder ist Satyagraha bereits in der Stunde seiner Unabhängigkeit kein Thema mehr. Denn dann fallen Hindus und Moslems in ungezügelter Bestialität übereinander her, zwingen einander zum größten Bevölkerungsaustausch, zur größten Massenflucht aller Zeiten, teilen das Land in einen Moslem- und in einen Hindustaat auf.

Die Hindus machen Gandhis Harijans (»Kinder Gottes«) wieder zu Unberührbaren, und ein orthodoxer Hindu beendet mit einer Handfeuerwaffe am 20. Januar 1948, kein halbes Jahr nach der Entlassung Indiens in die Freiheit, das Leben des Mahatma.

Keiner weiß, in welchem Körper die Große Seele denn nun wiederkommen soll, um den Menschen zu zeigen, daß Satyagraha zwar keine unbesiegbare, aber noch immer die vernünftigste Grundlage für das Zusammenleben der Menschen ist. Zumindest wäre die Wiedergeburt von Satyagraha wünschenswert in einer Zeit, in der die Kulturen, Gesellschaften, Wertesysteme und Wirtschaftsinteressen einander überall in der Welt so dicht auf den Leib gerückt sind wie damals in der kleinen engen Stadt Porbandar in Nordwestindien.

HERBERT WEHNER

Geboren: 11. Juli 1906. Gestorben: 19. Januar 1990.
Parteisoldat.
Die besondere Lebensleistung: Er verstrickte sich
ein halbes Leben lang in einen verhängnisvollen Irrtum
und brachte dennoch Gutes auf den Weg.
Sein Liebesleben: Ein schlechter Liebhaber,
ein treuloser Lebensgefährte und dennoch von
drei Frauen geliebt.

Doppeltes Spiel und dreifaches Lottchen

Es ist eine Situation, aus der das Kino Happy-Ends macht: Da
treffen sich im Mai 1947 in der Viersektorenstadt Berlin in
unauffälliger Umgebung auf einem Bahnsteig ein Mann und
eine Frau nach jahrelanger Trennung wieder. Sie hatten einander mehr als zehn Jahre geliebt. Sie hatten einander in Todesangst festgehalten, damals in den Alptraumnächten im Moskauer Emigranten-Hotel Lux, zur Zeit der großen Tschistka, der
stalinistischen Säuberungen. Lotte Treuber und Herbert Wehner. Sechs Jahre nach dem Abschied in Moskau. Sechs Jahre,
nachdem die Geliebte den Geliebten angefleht hatte: »Laß mich
nicht allein in diesem Land zurück.«

Zwei arme Menschenkinder, die ihre Jugend geopfert, ihr
Leben aufs Spiel gesetzt hatten für ihre Ideale. Sie hatten Gefahren aller Art auf sich genommen, sich jeden Komfort versagt,
die eigene Persönlichkeit verleugnet – alles im Dienste einer Idee
zur Befreiung der Entwürdigten und Verdammten dieser Erde.
Nun stehen sie da, am Bahnsteig, und sind unter all den hin und
her eilenden Reisenden allein mit sich und ihrer Vergangenheit.

Ihre Religion war der Kommunismus. Zwei Menschen mit
geschundenen Seelen. Zwei Menschen, die das Leben nur noch

hinter einem unsichtbaren Panzer aushalten. Sie lassen, um weiterleben und weiterarbeiten zu können im Dienste dessen, was von ihren heiligen Idealen noch übriggeblieben ist, das Leid nur noch in kleiner Dosierung durch diesen Panzer ins Herz. So stehen sie nun da, am Bahnsteig, und suchen nach einem Text, der nicht gar so weh tut.

Es gibt an diesem Tag im Mai des Jahres 1947 zu dieser Liebesgeschichte kein Happy-End, sondern einen spröden Dialog:

Lotte Treuber: »Du wolltest mich sprechen.«

Herbert Wehner: »Na, ist das ein Wunder?«

Lotte Treuber: »Wolltest du mich holen?«

Herbert Wehner: »Ja.«

Lotte Treuber: »Aber Herbert, du hast eine Frau.«

Herbert Wehner: »Ja, das stimmt.«

Lotte Treuber: »Und ich habe einen Mann.«

Lotte Treuber heißt inzwischen Lotte Wendt. Sie hatte, nachdem Herbert Wehner sie im Hotel Lux in Moskau zurückgelassen hatte, den späteren DDR-Politiker und Unterhändler Erich Wendt geheiratet. Wendts erste Ehefrau, die ebenfalls Lotte hieß, war die Frau des Moskauer Wehner-Intimfeindes und späteren DDR-Staatsratsvorsitzenden Walter Ulbricht geworden.

Nun erzählen Herbert Wehner und Lotte Treuber einander, was mit ihnen seit dem Abschied im Hotel Lux geschehen ist, dann fährt Herbert Wehners Zug ein. Ein kurzer Gruß, Wehner macht auf dem Absatz kehrt, steigt ein und wird nie mehr ein Wort mit Lotte Treuber sprechen.

Fast ein halbes Jahrhundert nach dieser Szene im Bahnhof sitzt Lotte, inzwischen eine weißhaarige, schlanke, zerbrechliche Altersschönheit mit noch immer großen, sanften Rehaugen, dem Fernseh-Dokumentarfilmer Heinrich Breloer gegenüber. Sie kann nur mit einem Zittern in der Stimme schildern, was damals geschah. Sie hat wohl weder den Moskauer Abschied im Jahr 1941 noch die Verabschiedung von 1947 in Berlin verwinden können: »Das war das Schrecklichste, das war so furchtbar...«

So war er, der Herbert Wehner. Ein Mann, den man liebte, aber eigentlich nicht lieben konnte. Der meistgehaßte Bonner Nachkriegspolitiker und als »Onkel Herbert« doch auch das meistverehrte Wesen im Parlament. Und jene, die ihn liebten, waren meist auch dieselben, die ihn haßten. Ein Politiker-Typ, wie er heute nicht mehr denkbar ist. Immer zielorientiert, nicht karriereorientiert. Opferbereiter Idealist und hemmungsloser Schuft im Dienst seiner Sache. Kühler Stratege und Emotionsbombe zugleich. Ein stiller Helfer und Retter für Tausende politisch Verfolgte in aller Welt, aber auch ein erbarmungsloser Beleidiger im parlamentarischen Streit. Ein selbstloser Diener seiner Vorsitzenden und Kanzler und gleichzeitig ihr gnadenloser Richter.

Die vielen Wunden in der Seele haben ihn – schon lange bevor er in Bonn eine Rolle spielen kann – schroff gemacht. Er ist schroff auch zu denen, die er liebt. Die Kehrtwende auf dem Absatz ist die Flucht eines Mannes, der weiß, was er Lotte Treuber angetan hat; der weiß, daß er nichts ungeschehen machen kann; der weiß, daß er für sie nichts wiedergutmachen kann und deshalb glaubt, daß die einzige Liebe, die er ihr noch erweisen kann, nur ihre schnelle Befreiung von seiner Gegenwart ist. Auf dem Absatz kehrt, hinein in den Zug und weg aus ihrem Leben!

Er hat geliebt und gelitten unter zwei Parteien, unter den Kommunisten und unter den Sozialdemokraten. Er hat geliebt und gelitten in der Verbindung mit drei Frauen.

Daß diese drei Frauen alle Lotte heißen, ist ein Zufall und doch keiner. Alle drei waren, wie Wehner selbst, ein paar Jahre nach der Jahrhundertwende geboren und Kommunistinnen geworden. Ihre Namensgebung darf als Nachhall eines träumerischidealistischen Zeitalters betrachtet werden. Lotte, die Kurzform von Charlotte, war der beliebteste Frauenname des Sturm und Drangs und der deutschen Romantik.

Lotte hießen die Angebeten der Dichterfürsten in Weimar und Jena. Lotte hießen die reinen, schönen, edlen Frauengestalten der deutschen Literatur des 19. Jahrhunderts und ihres populären Nachklatsches in den Gartenlauben-Kitschromanen. Lotte war ein Synonym für Frauen mit großer Seele und edlen Träumen. Eltern, die noch zu Beginn des 20. Jahrhunderts ihre Töchter auf den Namen Lotte tauften, hofften als Nachlese des Sturm und Drangs wohl nicht selten auf eine frühlingsfrische Zukunft und werden ein wenig mehr als der Durchschnitt aller Eltern dafür gesorgt haben, daß sich diese Töchter an der Gestaltung einer verheißungsvollen neuen Zeit beteiligten.

Weder Herbert Wehner noch die drei Lotten, die ihn durch die Morgenröte der neuen Zeit begleitet haben auf seinem langen Schreckensmarsch, können für sich in Anspruch nehmen, daß sie zu denen gehören, die diesem Jahrhundert ihren Stempel aufgedrückt haben wie die anderen Männer und deren Lebensbegleiterinnen, die in diesem Buch beschrieben werden. Vielmehr ist es in diesem Kapitel umgekehrt. Das Jahrhundert hat Herbert Wehner, Charlotte Loebinger, Charlotte Treuber und Charlotte Burmester seinen Stempel aufgedrückt – und zwar so heftig, daß es eigentlich ein Wunder ist, daß sie dabei nicht zermalmt wurden.

Das Kapitel des Herbert Wehner und der drei Lotten soll auch nicht einen der großen Gestalter dieses Jahrhunderts beleuchten; dieses Kapitel soll für die namenlosen, idealistischen, mißbrauchten, verirrten und bis ans Ende tapfer gebliebenen Parteisoldaten des Kommunismus stehen, für Millionen Mönche und Nonnen der erloschenen Erlösungsreligion dieses Jahrhunderts. Herbert Wehner und die drei Lotten sind nach dem Ersten Weltkrieg als Mittäter im Dienst dieser Idee mehr und minder schuldig geworden an der Gemeinschaft der Menschen und haben sich – jeder auf seine Weise – mehr oder minder entschuldigt durch fleißige Reparaturarbeit nach der schmerzhaften Erkenntnis ihres Irrtums.

Wehner und die drei Lottchen treten in den zwanziger Jahren an, um der neuen Zeit, die mit dem Zusammenbruch des bürgerlichen Zeitalters heraufgekommen ist, die blaue Blume der Romantik anzustecken: Indem sie die Menschheit befreien wollen von der Macht des Kapitals, des Obrigkeitsstaates und den Fesseln tausend schlechter alter Gewohnheiten.

Ihre Idee ist nicht so ganz neu. Der Sozialismus spukt als Erlösungsplan gegen das Elend der Lohnsklaverei schon seit einem halben Jahrhundert in den Köpfen herum; die deutsche Sozialdemokratie ist bereits eine ehrwürdige alte Partei. Allerdings hat die SPD Ansehen verloren in der sächsischen Linken, seit am 29. Oktober 1923 die von ihr mitgetragene Berliner Reichsregierung die Reichswehr nach Sachsen geschickt hatte, um dort die kommunistisch-sozialdemokratische Landesregierung per »Reichsexekution« abzusetzen. Das ging nicht ohne Blutvergießen ab.

Insgesamt aber hat die marxistische Idee durch das Massenelend der Nachkriegszeit eine explosive Brisanz erreicht. Die Sozialdemokraten sind zwar endlich eine politische Macht geworden, stehen aber treu zur Republik. Doch zwei andere linke Gruppierungen sind zu Beginn der 20er Jahre davon überzeugt, daß ihnen die Zukunft gehört und daß die verpatzte Revolution von 1918 schon in Kürze in die zweite Runde gehen kann: Die Kommunisten wollen die Massen durch verschwörerische, von autoritären Führern straff gelenkte Kader entfesseln und auf die Straße bringen; die antiautoritären Anarchisten, zu denen der junge Herbert Wehner gehört, mißtrauen sowohl dem Staat wie den Parteien und wollen statt der Revolution auf den Straßen die Revolution in den Köpfen ausbrechen lassen, wollen den Staat durch kleinzellige Selbstverwaltung frei denkender und frei handelnder Bürger ersetzen.

Noch ist im Jahrmarkt der Utopien alles denkbar, noch ist nichts ausprobiert und deshalb auch nicht widerlegt. Das einzige, was wirklich erledigt zu sein scheint, ist die Welt, in der man noch lebt. Eine Welt, in der ein Brot ein paar Milliarden Mark kostet. So blühen die Heilslehren auf und konkurrieren leidenschaftlich miteinander.

Würden die drei kommunistischen Lottchen im Jahr 1926 lesen, wie der 20jährige Anarchist Herbert Wehner über die Kommunisten herzieht, es würde ihnen nicht gefallen: »Staat heißt Unterdrückung der Freiheit und des Lebens, sei es nun eine Sowjetrepublik oder ein Kaiserreich.« Er kritisiert die dogmatische Wissenschaftsgläubigkeit der Kommunisten und hält ihnen den 1876 verstorbenen russischen Anarchisten Bakunin unter die Nase: »›Der Mensch ist nicht nur, was die Natur und die Verhältnisse aus ihm gemacht haben, sondern auch das, wozu er sich auf dieser gegebenen Grundlage selbst macht‹, so sagt Bakunin, und dieser Satz ist so wichtig, daß ihn jeder kennen sollte. Er steht in scharfem Gegensatz zu der bequemen Weisheit, daß der Mensch nichts ist als das Produkt seiner Verhältnisse. Wer alles den ›Verhältnissen‹ überläßt, wer glaubt, der Fortschritt gehe ohne unser Zutun vonstatten, der irrt. Selbständigkeit, Tatkraft, Freiheitsdrang fehlen unseren Arbeitern, ein Eindringen in Bakunins Gedankenwelt würde ihnen helfen.«

Natürlich weiß er, daß die Arbeiter seinen Bakunin nicht lesen werden. Arbeiter lernen anders. Sie lernen vom Leben, müssen durch Taten überzeugt werden, nicht durch Schriften. Herbert Wehner ist erst 20 Jahre alt, aber kein romantischer Verklärer des Proletariats. Dazu kennt er es zu gut. Er ist schließlich der Sohn eines sozialdemokratischen Schuhmachers und einer nicht minder sozialdemokratischen Schneiderin und war bis zu den Schüssen von Freiberg, wo im Jahr 1923 im Rahmen der Reichsexekution 27 Arbeiter getötet und mehr als 50 verwundet wurden, noch Mitglied der Sozialistischen Arbeiterjugend. Er stammt aus dem Milieu, auch wenn er eine Realschule abgeschlossen hat, Verbindungen mit Künstlern der Dresdner Schule wie Otto Dix pflegt und sich auf einen Beruf als kaufmännischer Angestellter vorbereitet.

Anders als die vielen intellektuellen Schwärmer in den Linksparteien weiß er, daß das Proletariat vor allem an seinem darniederliegenden Selbstwertgefühl leidet, daß es weg will vom Bodensatz der Gesellschaft und vom Aufstieg ins Kleinbürgertum träumt. Daß es deshalb verführbar ist durch Leute, die ihm die Aufnahme in eine nationale Volksgenossenschaft anbieten. Der junge Herbert Wehner weiß, daß diese Verführung vor allem unter den Jungen viele Opfer finden wird, wenn diese Aufnahme in eine höhere Gemeinschaft verbunden ist mit einer Uniform und der Lockung: Wir machen dich stark und zeigen dir, an wem du dich für alles Unrecht rächen kannst. Wehner warnt 1926:

»Die Lust am Soldatenleben, die Sehnsucht nach dem ›starken Mann‹… treiben immer neue Scharen in die Reihen der Nationalisten. Es ist nicht richtig, daß man diese Bewegung unterschätzt, und es sind nicht immer lediglich finanzielle Motive, die so viele Arbeiter zu den Rechtsradikalen gehen ließen. Seht euch die Proletarier in ihrem meist schäbigen Uniformen an! Den meisten schaut die Rauflust und das Vergnügen am Stechschritt aus den Augen.«

Die Verführung, die er und seine Freunde in Dresden den

Lockungen der Nazis entgegensetzen wollen, ist die Verführung zur vollkommenen Freiheit. Die Anarchisten erkennen Autoritäten nicht an, verstoßen gegen Konventionen, denken und leben gegen den Strich. Hinter ihrer schwarzen Fahne wandern Jungen und Mädchen mit Klampfe und Mundharmonika hinaus in die Natur, übernachten zusammen in Zelten, baden gemeinsam nackt in Seen und Flüssen und scheren sich nicht um die allgemeine Sexualmoral, die in dieser Zeit noch immer eine Sexverhinderungsmoral ist.

Wehner und die Jungen und Mädchen seiner Anarchistengruppe strotzen vor Selbstsicherheit. Sie haben nicht den geringsten Zweifel, daß sie die Avantgarde einer neuen Lebensform sind und daß die ganze Welt ihrem Beispiel folgen wird. Über die Kommunisten mit ihrem Kadavergehorsam gegenüber der Parteileitung, mit ihrer Selbstunterdrückung, mit ihrer Bereitschaft, sich nicht nur von einem Staat, sondern auch noch von einer Partei beherrschen zu lassen, können sie nur lachen. Die Befreiung der Menschen, auch die Befreiung von Lohnsklaverei und Zinsknechtschaft, muß im Kopf des Individuums beginnen und nicht durch einen Parteitagsbeschluß.

Erst im Jahr 1926 setzt für Herbert Wehner ein neuer Lernprozeß ein. Er und seine Freundinnen und Freunde erkennen, daß ihre große anarchistische Aktion ein Akt der Impotenz ist, zu dem Wehner die Mundharmonika spielt. Da geht nichts voran. Auch dann nicht, wenn er seine Ansichten über eine eigene Zeitschrift verbreitet, die »Revolutionäre Tat« heißt. Wenn er sich den Schriftsteller Erich Mühsam, den Gottvater der deutschen Anarchistenszene, anschaut, dann kann bei der anarchistischen Revolution – sollte sie jemals die Köpfe der naiven Wandervögel und selbstgefälligen Bohèmiens verlassen und im wirklichen Leben stattfinden – nichts anderes herauskommen als Chaos, Selbstbetrug und eitle intellektuelle Spiegelfechterei.

Dieser Erich Mühsam war im Jahr 1919 einer der Träger der anfangs mehr anarchistischen als kommunistischen Münchner Räterepublik. Er hat sich nach seiner Haftentlassung Wehner als Sekretär nach Berlin geholt. Der junge Sachse soll Mühsam bei der Arbeit für dessen Zeitschrift »Fanal« helfen.

Da Mühsam einerseits kein Geld hat und andererseits Gotteslohn keine Bezahlung für einen Anarchisten darstellt, beschränkt sich die Entlohnung Wehners im wesentlichen auf freie Kost und Logis und die Gunstbeweise der nun schon etwas welkenden Mühsam-Ehefrau Zenzl, welche sich durch das Nähen von Russenhemden und durch aufmunternde kleine Zärtlichkeiten ausdrücken. Letztere erinnern daran, daß Zenzl Mühsam die Frau eines Mannes ist, der einmal für die freie Liebe eingetreten war. Mit den bequemen Russenhemden hat Wehner keine Probleme, mit Zenzls Berührungen schon mehr, denn im erotischen Bereich ist der junge Anarchist aus Sachsen trotz einschlägiger Erfahrungen mit Kameradinnen in den Wandervogel-Jahren noch immer nicht ganz auf der Höhe anarchistischer Freiheit, sondern ein Gefangener kleinbürgerlicher Angst vor der Lust.

Was Mühsams Zeitschrift »Fanal« betrifft, so erfährt Wehner schnell, daß diese publizistische Bannerträgerin der antiautoritären Revolution voll auf die Autorität Mühsams ausgerichtet ist. Der Dichter will alleiniger Autor seines Blattes sein. Wehner darf Erich Mühsam nur als Handlanger dienen. Und da die Anarchisten außer Lesen, Denken und Reden nichts tun für die Revolution, denkt Wehner immer intensiver über das nach, was in einem anderen Zimmer der Mühsam-Wohnung die Untermieterin Lotte Loebinger für die Revolution tut.

Lotte Loebinger, Arzttochter aus Kiel, ist eine junge Schauspielerin. Typ Wildkatze. Schwarze Haare, dunkler Teint, feurige Augen, fleischige, sinnliche Lippen. »Fest und knusprig«, beschreibt sie ein Theaterkritiker. Das Mädchen hat mehr als genug an und in sich, um einen jungen Mann von 20 Jahren voll zu entflammen. Lotte Loebinger lebt hier nicht als Verehrerin des Anarchisten Mühsam, sondern als Verehrerin des Bühnenautors Mühsam. Lotte Loebinger spielt an der Berliner Volksbühne. Und sie ist Kommunistin.

Wehner ist fasziniert von ihrer Arbeit bei Gustav von Wangenheim in der Agitproptruppe »Rotes Sprachrohr« der KPD. Demnächst wird sie sich dem Kollektiv des berühmt-berüchtigten Theatermannes Erwin Piscator anschließen, welcher sagt, daß das Theater keine Stätte der bürgerlichen Erbauung mehr sein dürfe, sondern daß das Theater eine politische Anstalt zu sein habe. Das imponiert Wehner. Hier ist ein fröhliches, schönes Mädchen, das für die Revolution etwas ganz und gar Praktisches tut. Während er nur Papier produziert und in Gaststätten Reden hält für Leute, die er sowieso nicht mehr überzeugen muß, trifft sie mit ihrer Truppe auf gewöhnliche Menschen, auf Neugierige, Schaulustige, auf Unvorbereitete – und kann etwas in ihre Köpfe pflanzen. Sie bereitet die Revolution wirklich vor, auf eine direkte Weise; die Anarchisten aber beschreiben nur Papier und pusten in den Wäldern in die Mundharmonika.

Im Winter des Jahres 1926/27 beginnt die Hinwendung Wehners zu den Kommunisten. Ein halbes Jahrhundert später wird er es so begründen: »Mich hat es damals gedrängt, etwas zu tun und nicht nur zu reden und nicht nur zu deklamieren.« Der Anarchist Wehner, dessen Vorbehalte gegen die Kommunisten inhaltlich zweifellos nicht aufgehoben sind, verläßt den Bereich der reinen Lehre und entschließt sich zur praktischen Tat. Besser mit anderen die zweitbeste Revolution machen, als mit den Gleichgesinnten die Revolution ganz zu verschlafen.

Was immer Herbert Wehner jetzt und für den Rest seines Lebens tun wird, alles, auch der spätere Bruch mit dem Kommunismus ordnet sich nun in seine neue, im Winter 1926/27 begründete pragmatische Philosophie ein: Durch eine Vielzahl von kleinen und großen Detailarbeiten Fakten schaffen, deren Quantität eines Tages in Qualität umkippen kann. Jetzt gilt für ihn: Mit den Kommunisten die Sache durch konkrete Detailarbeit auf den Weg bringen, dann sieht man weiter.

So wird aus dem Dogmatiker der Anarchie zunächst ein kommunistischer Pragmatiker der Revolution. Wenn Herbert Wehner nach dem Krieg die Kommunistische Partei ebenso wie die Revolution aufgeben wird, dann wird er im Dienste der Sozialdemokratie, des Parlamentarismus, der deutschen Wiedervereinigung und vor allem im Dienste der Freiheit für Verfolgte und Unterdrückte weiterhin Quantitäten schaffen und als politischer Mosaiksteinchenleger beitragen zur Entstehung des Bildes einer Gesellschaft, in der es sich leben läßt. Diese bleibt zwar am Ende seiner Tage ein ganzes Stück hinter seinen anarchistischen Jugendträumen zurück, ist aber auch ein ganzes Stück besser als die Gesellschaft von 1926. Mit der Erkenntnis vom Nutzen der kleinen Schritte, die Lotte Loebingers Beispiel in ihm bewirkt hat, gewinnt Wehners Weg Kontinuität über alle Brüche seiner politischen Karriere hinweg.

Allerdings gibt es im Leben eines gerade erst volljährig gewordenen Mannes eine Kraft, die stärker ist als jede Philosophie: Herbert Wehner ist so heftig in Lotte Loebinger verliebt, daß sogar die Politik zweitrangig für ihn wird. Er bekundet es mit einem Gedicht des amerikanischen Poeten Walt Whitman. Er schreibt es ihr als Widmung auf die Rückseite eines Fotos von ihm. Darin heißt es: »Ich gebe dir meine Liebe, teurer als Gold. Ich gebe dir mich selbst, mehr als Predigt und Gesetz...« Es ist unterschrieben mit »Meinem Lottelieb zum Beginn von 1928. Herbert.«

Auch sie ist angetan von ihm, beschreibt ihn noch viele Jahrzehnte später, als sehr alte Dame, so: »Hübsch war er nicht, dazu war seine sächsische Mundpartie zu ausgeprägt. Aber dekorativ.« Der junge Wehner ist groß, kräftig und gut gewachsen, hat rotblondes Haar, blaue Augen, ist etwas mürrisch und wortkarg. Sie nennt ihn Fuchs und ist überzeugt, daß aus diesem Mann etwas Großes wird. Lotte Loebinger fühlt sich stark zu ihm hingezogen, auch wenn er als Liebhaber eher eine Enttäuschung ist. Im Bett ist er zwar keineswegs enthaltsam, aber sie vermißt an ihm die Fähigkeit, sich loszulassen und das »Durch-und-durch-genießen-können«.

Zu Beginn des Jahres 1928 liegt ein aufregendes Jahr hinter Lottelieb und dem Fuchs. Im März sind sie aus der Wohnung der Mühsams ausgezogen. Er tingelt mit Lotte in der Agitproptruppe übers Land. Keine schlechte Übung für einen öffentlichen Redner. Ein unbeschwerter Sommer. Aufnahme in die KPD, am 18. Juli Heirat im Haus seiner Eltern. Der Vater schenkt Lotte selbstgemachte Schuhe, und die Braut kichert: »Einer Braut soll man nicht Schuhe schenken, sonst läuft sie damit weg.« Herbert Wehner wird in der Hochzeitsnacht schlecht. Sein Magen rebelliert; er spuckt die ganze Nacht.

Lotte muß gleich nach der Hochzeit zurück nach Berlin, ans Theater. Er arbeitet für die Partei.

Die Dresdner KPD-Führung ist sehr froh über ihren Neuerwerb. Sie ist zwar eine Massenpartei, und es fehlt unter den

Genossen weder an draufgängerischen Kämpfern und Volkstribunen noch an geschliffenen Intellektuellen. Was aber eine zentralistisch geführte Kaderpartei wie die KPD am dringendsten benötigt und woran es ihr am meisten fehlt, sind disziplinierte, intelligente, umsichtige Männer mit Organisationstalent wie der gelernte Kaufmann Herbert Wehner, der sogar die Stenografie, die Schreibmaschine und das Klartext-Reden beherrscht.

Zwar hat Wehner gerade seine neue Arbeit als Kontorist bei Zeiss-Ikon in Dresden gleich wieder verloren, wegen politischer Agitation im Betrieb, aber das macht der Partei nichts, nun kann sie ihn als hauptamtlichen Funktionär beschäftigen und nutzen. Sie hat Arbeit genug für ihn: Intensivierung der Roten Hilfe der Ortsgruppe Groß-Dresden, also der Fürsorge und Betreuung politischer – nicht nur kommunistischer – Gefangener und ihrer Familien, und damit eine Stärkung der Position und des Ansehens der Partei nicht nur bei den Gefangenen, sondern auch bei den Angehörigen, Freunden, Nachbarn. Es ist Rekrutierungsarbeit für die Revolution. Wehner macht seine Sache so gut, daß er schnell aufsteigt zum hauptamtlichen Sekretär der Roten Hilfe für Ostsachsen.

Die Partei ist das einzige, woran er sich festhalten kann, als durch einen vertauschten Brief die Katastrophe über ihn hereinbricht. Lotte in Berlin und er in Dresden hatten ausgemacht, daß sie einander täglich schreiben. Sie tun es auch. Es sind sehr liebevolle Briefe. Aber Lotte schreibt nicht nur ihm. Eines Tages steckt sie versehentlich den falschen Brief in das Kuvert. Darin sieht sich Herbert Wehner als »Mein Liebgutier« angesprochen und erkennt, daß der Brief zwar ein Liebesbrief, aber nicht an ihn gerichtet ist, sondern an einen Schauspielerkollegen. Liebgutier ist Heinrich Greif, wie Lotte ein Mitglied in Piscators roter Theatertruppe. Ohnmächtig auf der Erde liegend, den Brief in der Hand, so findet Mutter Wehner ihren Sohn.

Lotte Loebinger sagt ein halbes Jahrhundert später in Heinrich Breloers Wehner-Dokumentarfilm: »Ich wollte etwas erleben. Und ich war den Männern gut.«

Herbert Wehner verbeißt sich in die Parteiarbeit. Er ist ein überaus tüchtiger Funktionär. Er führt seine alten Freunde, Dresdens Anarchisten, fast geschlossen der KPD zu. 1929 ist er

Sekretär der Revolutionären Gewerkschaftsopposition, 1930 der stellvertretende politische Sekretär der KPD für ganz Sachsen, dazu mit 24 Jahren der jüngste sächsische Landtagsabgeordnete und wegen seiner Rednergabe stellvertretender Fraktionsvorsitzender.

In der Berliner KPD-Zentrale wird man auf dieses Talent aufmerksam. Man erkundigt sich, erfährt von seinem privaten Problem mit der Genossin Lotte Loebinger und tut etwas für ihn. Die Zentrale schickt eine Fraktionssekretärin nach Dresden: Lotte Treuber, zart, Rehlein-Typ, gutherzig, gutmütig. Ein Mädchen, das einem enttäuschten Liebhaber den Glauben an sich selbst und sein männliches Selbstwertgefühl wiedergeben kann.

KPD-Chef Teddy Thälmann will, daß Herbert in Dresden allmählich wieder glücklich wird, aber er will nicht, daß er in Dresden Wurzeln schlägt. Er will ihn in die Zentrale holen. Weil er ihn dort brauchen kann und weil er den jungen Mann auf diese Weise endgültig an die Partei binden kann.

Wehner geht ungern nach Berlin. Bis dahin konnte er sich noch als Mann mit eigenem Recht definieren; denn er war ein Politiker, den das Volk gewählt hat. Als Funktionär in Berlin aber wird er Angestellter der Partei sein, der Partei mit Haut und Haaren gehören.

Doch seit dem Schwarzen Freitag des Jahres 1929 stehen die Zeichen auf Sturm. Massenarbeitslosigkeit. Der entscheidende Kampf gegen den Nationalsozialismus zeichnet sich ab, und Herbert Wehner wird später einmal dem Interviewer Günter Gaus den schweren Gang nach Berlin und in die Abhängigkeit von der Partei so erklären: »Ich konnte nicht weggehen, wenn es auf Leben und Tod ging. Ich wollte nicht feige sein.«

Es ist gut, daß Lotte Treuber ihn begleitet. Sie wird für die nächsten zehn Jahre das Seelenpflaster sein für die Wunden, die ihm die Politik zufügt. Dieses zarte kleine zweite Lottchen wird in gefährlichsten Lagen eine unerschrockene, treue Kameradin sein. Als hätte er seine Scheu, sie nach seinen Erfahrungen mit Lotte Loebinger bei ihrem Vornamen anzureden, nennt er Lotte Treuber »mein Kleiner«, was als höchste Anerkennung zu werten ist, die Herbert jemals einem Menschen für Tapferkeit vor dem Feind zollen wird.

Da er innerhalb der Partei keiner Fraktion und keiner Seilschaft angehört, ist er allein auf das Wohlwollen des KPD-Vorsitzenden Ernst Thälmann angewiesen, auch als Mitglied des Zentralkomitees. Thälmann weiß, daß Wehner von ganz anderer Art ist als er selbst. Offensichtlich will er seine eigenen, charismatischen Wesenszüge mit dem ernsten, fleißigen und zielstrebigen Wesen Wehners kombinieren, um auf diese Weise die Partei umfassender in den Griff zu kriegen.

Der Hamburger Strahlemann, den sie alle zärtlich *Teddy* nennen, ist ein Volkstribun, der Paradeprolet der Kommunisten. Die Leute mögen ihn, seine öffentlichen Auftritte sind ein Ereignis. Seine Schwäche ist das Führen einer Organisation. Er ist keineswegs frei von Eitelkeiten, genießt mit Wonne und gelegentlich auch ausbeuterisch seinen Aufstieg von einer Hamburger Hafenratte in die bolschewistische Weltklasse. Ruth von Mayenburg, Ehefrau des österreichischen KP-Chefs Ernst Fischer, Oberst und Spionin der Roten Armee im Hitler-Deutschland, berichtet in ihrem Buch »Hotel Lux – Das Absteigequartier der Weltrevolution«, wie sich in den frühen zwanziger Jahren im hungernden Moskau anläßlich eines Kongresses der Kommunistischen Internationale viele Frauen der abgestiegenen Klasse den Delegierten der aufgestiegenen neuen Klasse als Huren anboten und der damals noch sehr junge Teddy Thälmann im Hotel Lux stolz beim Frühstück erzählte: »Wat sagt ihr – heut hab ich für 'ne Dose Kondensmilch mit 'ner Großfürstin gepennt!«

Wehner, der Asket und präzise Organisator, steigt unter Thälmann auf zum »Technischen Sekretär« des Politbüros. Er kommt viel in Deutschland herum als Schulungsredner, Parteizellengründer, Netzwerkstricker, Kanalisator. Sein phänomenales Gedächtnis für Namen, Personen und Orte bescheren ihm eine Schlüsselstellung bei der Koordination der Basis. Aus den Kämpfen und Intrigen in der Parteispitze zwischen den letzten Nationalbolschewiken und den von Moskau Gesteuerten, zwischen den Arbeiter-Charismatikern und den neuen zynischen Karrieretypen vom Schlage des Heinz Neumann hält er sich heraus. Allerdings fühlt er sich, um in Ruhe gelassen zu werden, in immer stärkerem Maß genötigt, seine bis dahin präzisen und kraftvollen Reden mit den nun überall üblich gewordenen moskowitischen, pseudo-wissenschaftlichen Worthülsen zu verdünnen, mit personenkultischen Lobhudeleien auf Stalin, Molotow und Thälmann und mit Schmähungen gegen Trotzkisten aller Art auszustatten.

Während sich die Spitzenfunktionäre im sicheren Glauben auf den baldigen Sieg der Linken um den Spitzenplatz im künftigen Deutschland balgen, um die besondere Gunst Stalins buhlen und ihre Hauptkonkurrenten nicht in den Nazis, sondern in der Sozialdemokratie sehen, baut Wehner den Maschinenraum der Partei zum Bunker für den beginnenden Überlebenskampf aus. Als Hitler dann im Januar 1933 an die Macht kommt, ist Herbert Wehner der einzige Mann, der als Illegaler die Untergrundarbeit der KPD organisieren kann.

Ein grauenvoller Job, denn im Grunde ist die Partei schon nicht mehr vorhanden. Die Führung hat alles falsch gemacht, was falsch gemacht werden konnte. Sie selbst hat die Partei den Nazis ausgeliefert – und zwar schon bevor Hitler an die Macht kam. Denn am 9. August 1931 hatte es einen Mordanschlag auf zwei Berliner Polizeibeamte in unmittelbarer Nähe der KPD-Zentrale gegeben. Bei dieser Mordgeschichte spielte ein Erich Mielke, später Minister für Staatssicherheit in der DDR, eine gewisse Rolle und der ehrgeizige Heinz Neumann aus dem Führungstrio um Thälmann.

Neumann, der Verfechter der Linie »Schlagt die Faschisten, wo ihr sie trefft«, ist ein Experte für das Anzetteln blutiger Unruhen zur falschen Zeit, für das sinnlose Verheizen von Genossen. Er soll bei dem Polizistenmord die Fäden an Thälmann vorbei gezogen haben. Der Tatort gab der politischen Polizei Gelegenheit, zwei Tage lang das Karl-Liebknecht-Haus zu besetzen, die Personalkarteien und Akten der Kaderfunktionäre durchzustöbern. So konnte sie eineinhalb Jahre später den Nationalsozialisten die kompletten Namenlisten, Deckadressen nebst allen Querverbindungen der deutschen Kommunisten überreichen. Hitlers Schergen brauchen den Großteil der KPD-Funktionäre nur noch einzusammeln.

Den Anlaß für das Ermächtigungsgesetz und für die Verfolgung der Kommunisten liefert Hitler wenige Wochen nach seiner Ernennung zum Reichskanzler der Reichstagsbrand, den man als Ergebnis einer bolschewistischen Verschwörung darstellt. Man holt die Kommunisten aus ihren Wohnungen. Man holt sie aus den Verstecken, wie Ernst Thälmann. Ihn hat ein Genosse verraten: Alfred Kattner, Thälmanns Verbindungsmann zu Wehners Sekretariat. Kattner ist möglicherweise ein Gestapo-Agent, denn er hat auch bei der Verhaftung des Politbüromitglieds John Schehr die Hand im Spiel. Der geheime Militärapparat der KPD, die Tarnorganisationen – alles ist bereits zerstört, bevor der Widerstand überhaupt beginnen kann.

Während die übriggebliebenen Führungsgenossen aus ihren Verstecken nach und nach ins ausländische Exil entschwinden, muß Wehner das Netz neu knüpfen. Die Partei versorgt ihn weder ausreichend mit Geld noch mit brauchbaren Papieren, noch mit sicheren Wohnungen. Nicht einmal einem Quartiermacher, dem wichtigsten Mitarbeiter eines Illegalen, kann er sich anvertrauen, denn die Verräter und die Spitzel der Gestapo sitzen überall. Über die Quartiermacher reißen sie die Netze auf. Wehner sucht sein Gedächtnis nach zuverlässigen Namen ab, kommt unangekündigt zu den Genossen, fühlt auf den Zahn, prüft und zieht weiter, zum nächsten Genossen, knüpft sein Netz neu. Unter anderem konspiriert er im noch nicht angeschlossenen und deshalb einigermaßen sicheren Saarland mit einem jungen Genossen namens Erich Honecker. Mit ihm und anderen saarländischen Kommunisten prüft er gegen die bisherige Parteilinie die Möglichkeit einer Zusammenarbeit mit den Sozialdemokraten.

Dazwischen immer wieder heimliche Treffen mit Lotte Treuber in Berlin. Einmal wissen beide nicht, wo er eine sichere Übernachtung finden kann. Er hat in den letzten Nächten kaum geschlafen. Es wird später und später, Wehner kann sich kaum noch auf den Beinen halten, droht aufzufallen. Die beiden wissen nicht mehr weiter. Aber da Mitternacht schon vorbei ist, hoffen sie, daß die Gestapo die Überwachung von Lotte Treubers Wohnung für diese Nacht beendet hat. Wehner schleicht sich über die Gärten in den Hintereingang, schläft sofort ein. Sie sitzt am Fußende vor dem Fenster und beobachtet für den Rest der Nacht die Straße. Er schläft in Anzug, Schuhen und Mantel, um notfalls sofort durch ein Hinterfenster flüchten zu können.

Während er in den Bahnhöfen mit falschen Papieren durch die Kontrollen der SA-Posten kommen und ständige Lebensgefahr auf sich nehmen muß, nur um wieder eine winzig kleine Parteizelle zu aktivieren, verheizen die Spitzengenossen aus dem Exil heraus die Genossen durch leichtfertige Aufrufe zu nutzlosen, aber gefährlichen Widerstandsaktionen. Offensichtlich wollen die Parteiführer in ihrem Kampf um die Nachfolge Thälmanns ihre Stellung in Moskau festigen, indem sie so tun, als hätten sie die Kraft zur Offensive. Als würde in Deutschland die Post nicht von den Nazis kontrolliert, schickt das Politbüromitglied Fritz Schulte vom sicheren Prag aus unverschlüsselte Telegramme an Berliner Adressen und liefert damit wichtige Illegale Hitlers Henkern und Folterknechten aus.

Wenn Herbert Wehner die Parteileitung in Paris besucht, um Bericht zu erstatten, hört man ihm nicht einmal richtig zu. Noch immer tun die Herren so, als wäre der Nazi-Spuk bald vorüber und sie könnten dann allein die Macht erben.

Wehner hat nicht die geringste Hoffnung, mit dieser Partei die Nazis vertreiben zu können. Einem polnischen Komintern-Agenten, der ihm in Deutschland zur Hand gehen soll, eröffnet er, damit der es nach Moskau weitermelde, daß die Hitlerei mindestens zehn Jahre dauern werde, weil die Nazis das Volk Zug um Zug mit ihren alles durchdringenden Organisationen überziehen und schon in Kürze perfekt kontrollieren würden, während die KPD, vor kurzem noch die zweitgrößte kommunistische Partei auf dem Globus, noch einmal von vorne, von ganz unten anfangen müsse.

Er ist ohne Hoffnung, aber er macht sich an die Arbeit, getreu dem Motto, das er sich schon mit 16 Jahren, nach der Reichsexekution in Sachsen, zugelegt hatte: »Es ist besser, als ein Wolf zu sterben, denn als Hund zu leben.«

Aber der Wolf ist schließlich erschöpft. Er und Lotte Treuber werden 1935 in Prag von der tschechoslowakischen Polizei verhaftet und nach Moskau abgeschoben. Sie sind nun raus, erleichtert und haben ein Gefühl, als würden sie in die Heimat kommen. In das Land, das seine Revolution schon gehabt hat. Man schickt die beiden erst einmal für ein paar Wochen zur Erholung ans Schwarze Meer, dann in das Zimmer 252 im sechsten Stock des Hotels Lux in der Moskauer Gorkistraße.

Das Lux ist die Moskauer Herberge für ausländische Spitzengenossen. Offiziell wird es vom neuen Arbeitgeber dieser Genossen, der Kommunistischen Internationalen (Komintern) verwaltet, der Organisation zur Vorbereitung der Weltrevolution. Diese hat aber Stalin zunächst einmal für nicht so dringend erklärt, weil er den Sozialismus zuerst in einem Land, der Sowjetunion, aufbauen und absichern will. In diesem Sinne sind alle Komintern-Genossen verpflichtet, Stalin Gefolgschaft zu leisten. Deshalb stehen das Lux und seine Bewohner voll unter der Kontrolle von Stalins Geheimdienst NKWD.

Genosse Stalin aber ist ein überaus mißtrauischer Herr, insbesondere gegenüber Genossen, insbesondere gegenüber Spitzengenossen, insbesondere gegenüber ausländischen Spitzengenossen, insbesondere zwischen 1936 und 1938.

Diese Konstellation macht das Lux und seine Bewohner zu einem Hotel ganz besonderer Art. Die Gäste kennen einander, sagen einander aber nichts. Sie gehen klammen Herzens durch die langen dunklen Korridore und schließen erleichtert die Tür hinter sich. In ihren Zimmern reden sie leise, damit niemand etwas hört. Wenn sie draußen im Flur Schritte hören, lauschen sie; sie sind dem Wahnsinn nahe, wenn die Schritte vor ihrer Tür stehenbleiben. Denn 1936 hat in Moskau die Zeit der Tschistka, der Säuberungen, begonnen. Die Welt ist wieder voller Trotzkisten, insbesondere die ausländischen Bruderparteien. Deshalb kommen in der Nacht die Verhaftungskommandos ins Hotel und holen die Verdächtigen ab für die Fahrt in die Lubjanka, dem Moskauer Verhör-, Folter- und Erschießungspalast des NKWD.

Die Gäste des Hotels Lux waren einmal angetreten, um die Welt von ihren Unterdrückern zu befreien. Und nun lugen sie im Lux aus der Tür hinaus in den düsteren langen Etagenflur und beobachten schamvoll die selbstbewußten Rattensippen, die sich in diesem Haus tummeln. Sie schämen sich, weil die Ratten mehr Mut und Solidarität im Zusammenleben untereinander und mehr Fluchtbereitschaft und Widerstandskraft in der Gefahr zeigen als die Genossen.

Es fällt den Gästen des Hotels Lux nicht leicht, in ihrem Kopf den alten Anspruch, die Avantgarde der Befreiung aller Unterdrückten zu sein, zu verbinden mit der bitteren Selbsterkenntnis, daß sie keinen Finger rühren, wenn ringsum die alten Kampfgefährten und Freunde angeschuldigt und verhaftet werden. Ruth von Mayenburgs Mann, der österreichische KP-Vorsitzende Ernst Fischer, ein hochgebildeter Mann, sagt später: »Wir hörten in der Komintern die Klopfzeichen aus den Kerkern der ganzen Welt. Nur die aus Moskau, die haben wir nicht gehört.«

Man will sie nicht hören. Keiner wagt es, den Gedanken in den Kopf zu lassen, daß sie sich alle geirrt und für ein abscheuliches System gekämpft haben. Ihr Verstand klammert sich verzweifelt an die Vorstellung, daß die Partei sich nicht irren kann und daß es schon einen Grund haben muß, wenn so viele berühmte Genossen abgeholt werden. Wo gehobelt wird, fallen Späne, sagen sie sich. Selbst die Angeschuldigten sind nicht selten noch im Sterben bereit zu glauben, daß der Fehler bei ihnen liegen und die fürchterliche Strafe gerecht sein muß.

Aber der Bauch weiß es besser als der Kopf. Wenn in einer Komintern-Versammlung wieder einmal ein Genosse angeschuldigt und fertiggemacht wird und keiner der Freunde und Genossen es wagt, dieser ekelerregenden Veranstaltung fernzubleiben, weil ein Fernbleiben als heimliche Solidarisierung mit dem verbrecherischen Abweichler ausgelegt werden könnte, und wenn bei dieser Prozedur keiner seiner alten Freunde es wagt, auf frühere Verdienste und mildernde Umstände hinzuweisen, dann schlägt das nach dem Ende der Versammlung aufs Gedärm. Dann quellen die schnell verstopften Toiletten im Hotel Lux wieder einmal über, so daß der Kot über die Türschwellen schwappt.

Wehner geht mit der neuen Erfahrung auf die gleiche Weise um, wie früher, wenn er mit einer großen Enttäuschung konfrontiert wurde: Er vergräbt sich in der Basisarbeit. In diesem Fall in seine Aufgaben bei der Komintern. Diese arbeitet, was die Weltrevolution betrifft, nach der großen, erfolglosen Offensive der zwanziger Jahre jetzt vor allem in der Defensive. Weltweit werden Kommunisten verfolgt, gejagt, gehetzt. Es gilt Untergrundstrukturen aufzubauen und zu sichern und gegen die faschistischen Bewegungen neue Formen des Widerstands und der Kooperation mit sozialdemokratischen und bürgerlichen Parteien zu entwickeln. Herbert Wehner, der jetzt unter dem

Decknamen Kurt Funk in Moskau lebt, hat in den letzten zwei Jahren in Deutschland konspirative Erfahrung gesammelt und kann der Komintern kompetente Schulungsarbeit anbieten.

Kominternchef Georgi Dimitroff ist von Kurt Funk angetan. Dimitroff kennt die Situation in Deutschland. Er hat dort mit seiner brillanten Verteidigung beim Reichstagsbrand-Prozeß, in dem die Nationalsozialisten eine kommunistische Weltverschwörung für das Abfackeln der deutschen Demokratie verantwortlich machen wollten, einen spektakulären Freispruch erzwungen und die Nazis an den Rand einer Blamage gebracht. Dimitroff ist wie Funk alias Wehner der Meinung, daß es ein Riesenfehler war, die Sozialdemokraten als Sozialfaschisten und Hauptfeind zu bekämpfen. Auch der Kreml hat inzwischen eingesehen, daß die Kommunisten allein zu schwach sind, um den Faschismus wirksam bekämpfen zu können.

Im Winter 1935/36 wird Wehner noch einmal in den Westen geschickt. Von Paris aus inspiziert er die Exilgruppen, reorganisiert die Untergrundarbeit in Deutschland. Im Januar 1937 ist er wieder in Moskau.

Wehner gilt als unbelastet von den alten Fehlern der deutschen KP-Führung. Der noch immer sehr junge Deutsche, keine 30 Jahre alt, erscheint in Moskau als ein Genosse neuer Art. In fast allen Parteien des Kommunismus herrschen zwei Typen vor, die wenig miteinander gemein haben: Entweder handelt es sich bei den Genossen um bärtige, intellektuelle Theoretiker, in sich selbst verliebt und mit wenig Sinn fürs Praktische ausgestattet, oder um kampfentschlossene Arbeiter, die Probleme haben, ihre Emotionen zu zügeln und über die nächste Aktion hinauszudenken. In den letzten Jahren, und nicht erst im Schlepptau des Oberopportunisten Josef Stalin, ist auch noch der gewissenlose und allein auf sein persönliches Fortkommen bedachte Apparatschik hinzugekommen. In dieser Phase der ersten Resignation im Weltkommunismus macht Kurt Funk auf die alten Kämpfer den Eindruck, als wäre der von ihnen erträumte neue Menschentyp schon da. »Ein Mann aus der Arbeiterklasse mit der Geisteshaltung und der Sensibilität eines Intellektuellen«, beschreibt ihn Ruth von Mayenburg. Ein unaufdringlicher, aber entschlossener Kämpfer.

Die adelige Wiener Fabrikantentochter Ruth von Mayenburg und ihr Mann Ernst Fischer unterhalten im Lux eine Paarfreundschaft mit Lotte Treuber und dem Mann, von dem sie nicht wissen, daß er Herbert Wehner heißt. Sie erleben Kurt Funk als einen uneitlen, verschwiegenen Mann, der sich aber dennoch nicht geniert, mit sarkastischen kleinen Bemerkungen die Richtung seiner Empfindungen anzudeuten. Zum Beispiel, wenn er den aufgeblasen-umtriebigen Obertaktierer Walter Ulbricht als »Wulbricht« bezeichnet oder wenn er als Reaktion auf die aufgesetzte Rußland-Seligkeit seiner deutschen Genossen mal kurz ein paar Töne des Deutschlandlieds summt.

Es kann Wehner nicht überraschen, daß in dieser Situation seine deutschen Genossen im Kampf um das eigene Überleben mit dem Finger aufeinander zeigen. Insbesondere jetzt, da Schuldige gefunden werden müssen für das Versagen der Partei im Kampf gegen Hitler. Die KPD-Führung hat den Dimitroff-Schützling Wehner nun zwar zum Kandidaten des Politbüros gemacht und ihn damit auf Platz acht der Partei-Rangliste gehoben, aber diese Anerkennung ist kein Beweis von Sympathie. Sie bedeutet vor allem Einbindung und bessere Beobachtung eines Kritikers. Im Kreise des Politbüros kann man diesen Dimitroff-Günstling besser im Auge behalten und auf seine Schwachstellen abklopfen.

Wehner muß nicht lange warten, bis der Kampf auf Leben und Tod auch gegen ihn losbricht. Er beginnt in einer Februarnacht 1937 auf die übliche Weise. Kurz vor Mitternacht klopft ein Haushandwerker an der Tür zu Zimmer 252 an, muß irgendetwas Technisches überprüfen. Jeder im Lux weiß, daß dies nur ein Vorwand ist. Der Hausdiener hat festzustellen, ob der Zimmerbewohner da ist. Kurz darauf klingelt das Telefon. Der Hoteldirektor bestellt den Mann mit dem Decknamen Kurt Funk in sein Büro. Eine Nachfrage der Organe. So nennt man die Geheimpolizei.

Wehner ist fieberkrank, aber für das Verhör gerüstet. Er sagt Lotte Treuber, daß noch Honorar aussteht für einen Artikel in der Zeitschrift »Neue Demokratie«. Für den Fall, daß es mit seiner Rückkehr etwas länger dauern und das Geld knapp werden würde.

Die Männer vom NKWD bitten Kurt Funk in ihre Limousine. Er möge bei einigen Auskünften behilflich sein, die man in der Lubjanka von ihm haben möchte.

Der Haken, an den ihn zwei Genossen knüpfen wollen, sind die noch ungeklärten Umstände der Thälmann-Verhaftung. Thälmanns Sekretär Erich Birkenhauer und Politbüromitglied Leo Flieg schieben Wehner den Schwarzen Peter zu. Nun will der NKWD wissen, ob der Genosse Kurt Funk der Thälmann-Verräter ist.

Herbert Wehner weiß, daß der Kreml und die Komintern eine Mordswut auf die Versager in der KPD haben. Von den deutschen Genossen hatte man sich einmal den Zündfunken für die Weltrevolution erhofft. Lenin hatte einst in seiner russischen Revolution nur das Vorgeplänkel für die deutsche Revolution gesehen. Deutsch war lange Zeit die Verhandlungssprache der Komintern. Und nun ist im allerersten Ansturm des neuen Diktators Hitler die Partei der deutschen Kommunisten zusammengefallen wie ein Kartenhaus. Wehner ahnt vermutlich, daß er für angesehene Komintern-Führer wie Dimitroff so etwas wie eine langfristige Alternative zu den Maulhelden und Versagern im deutschen Politbüro darstellt und daß es in der Komintern Leute geben müßte, die seine Verteidigungslinie stützen werden. Auch Wilhelm Pieck, der eher gemütliche neue KPD-Chef, mag ihn offensichtlich, wenn auch vielleicht nur als den jungen Mann, der ihm die anderen ehrgeizigen Politbüromitglieder wie den wuseligen Walter Ulbricht vom Hals halten könnte.

Wehners Marschroute bei dem Verhör in der Lubjanka: Den Spieß umdrehen und dem NKWD klarmachen, daß die Oberverdachtschöpfer unter seinen deutschen Genossen nur vom eigenen Versagen ablenken wollen. Wehner wiederholt, was er schon der Komintern gesteckt hat: daß Leo Flieg als Logistikchef ihn einmal für eine Reise durch Deutschland mit einem auffallend untauglichen Paß versorgt hat; daß da überhaupt einige Herren in der Partei – und Wehner nennt auch Namen – viele tapfere Genossen durch Stümperarbeit der Gestapo ans Messer geliefert haben.

Wehner verteidigt sich in dieser Nacht und in späteren Verhören nicht nur; er rächt sich auch. Er rächt sich nicht nur für die Verdächtigungen. Er lebt seine Wut aus, die sich in den Jahren der lebensgefährlichen Untergrundarbeit angesammelt hat. Es ist eine blutige Rache, auch wenn niemand genau sagen kann, wie schwer Wehners Aussagen wiegen gegen die Aussagen anderer Denunzianten. Aber Leo Flieg wird 1939 erschossen, Birkenhauer 1941, Politbüromitglied Heinz Neumann 1937, Politbürokandidat Hugo Eberlein 1939, KPD-Politbüromitglied Fritz Schulte stirbt im Lager, Hans Kippenberger, der Chef des Militärapparates der Partei, wird 1937 erschossen.

Wehner wird auch über Genossen befragt, die er offensichtlich gerne beschützen würde, die aber bereits in die Schußlinie der Russen geraten sind. Das ist gefährlich für ihn; er darf sich nicht als Vertuscher verdächtig machen. Auf dem schmalen Grat, auf dem er wandert, gleicht er vorgetäuschtes oder echtes Nichtwissen bei noch nicht Verurteilten aus durch heftige Beschuldigungen von Genossen, deren Schicksal auch ohne sein Zutun schon besiegelt ist oder scheint.

Besonders düster aber ist das Kapitel, das er im Zusammenhang mit Zenzl Mühsam, der nun ebenfalls im Moskauer Exil lebenden Ehefrau seines in einem deutschen KZ ermordeten früheren Chefs Erich Mühsam schreibt. Zwar weist er den Vorschlag des NKWD, Zenzl persönlich auszuforschen, als ehrenrührig für ein Mitglied des Zentralkomitees der KPD empört zurück, doch steckt er Stalins Geheimpolizei, daß Zenzl zu dem prominenten Exil-Trotzkisten Erich Wollenberg »wahrscheinlich indirekt« Kontakt unterhalten habe.

Wegen dieses Vorwurfs war Zenzl Mühsam schon einmal verhaftet, dann aber nach internationalen Protesten freigelassen worden. Ein Jahr nach Wehners Aussage wird sie erneut verhaftet, für acht Jahre in ein Lager gesperrt, 1949 noch einmal verhaftet und verbannt, in Nowosibirsk als Bettlerin aufgegriffen, ehe sie 1955 als gebrochene Frau in die DDR ausreisen darf. Der Mann, der wie ein Wolf sterben wollte, um nicht wie ein Hund leben zu müssen, ist zum reißenden Wolf unter Wölfen geworden. Ist jedoch auch selbst lückenlos umstellt von Jägern.

Immer wieder wird er zurück zu Lotte Treuber ins Lux entlassen, immer wieder klopft es an der Tür, immer wieder muß er zum Verhör, ausführlichste Selbstauskünfte anfertigen.

Immer wieder neue Protokolle. Herbert Wehner weiß nur zu gut, warum er immer und immer wieder befragt wird. Auf diese Weise sammeln sich in den Protokollen zwangsläufig genügend Widersprüche an. Widersprüche, die von den »Organen« benötigt werden, um bei Bedarf auch ihm den Garaus machen zu können. Der NKWD produziert Verdächtige, Abweichler, Verräter und Trotzkisten auf Vorrat. Wenn es Stalin nach neuen Feinden dürstet, dann kann der NKWD nach Belieben überführte Opfer präsentieren.

Noch lebt Herbert Wehner frei, gehört zum Führungszirkel der KPD, ist aber in Wirklichkeit ein bereits vorbereiteter Todeskandidat der sowjetischen Geheimpolizei, abrufbereit und jederzeit erreichbar für die 9-mm-Kugel im Erschießungskeller der Lubjanka. Die nächste Tschistka wird bestimmt kommen.

Es ist schwer zu ergründen, wer warum auf die Idee kommt, Herbert Wehner ins neutrale Schweden zu schicken. Er soll von Skandinavien aus im Auftrag der Komintern und als Sonderbeauftragter des Politbüros der KPD die illegale Arbeit in Deutschland überprüfen und neu aufbauen, nachdem wieder einmal Hitlers Gestapo in die Organisation eingedrungen ist.

Sind es Feinde, die ihn weghaben wollen aus Moskau? Etwa in der Hoffnung, Wehner würde über kurz oder lang den Faschisten in die Hände fallen? Die Partei hat ihm den Auftrag gegeben, sich selbst nach Deutschland einzuschleichen, sobald er von Schweden aus das Netz wieder geflickt habe.

Oder spielt Komintern-Chef Georgi Dimitroff den Schutzengel in der Absicht, das Leben dieses jungen Mannes in Sicherheit zu bringen oder ihn vor weiteren Schuldverstrickungen zu schützen und aufzubewahren für eine bessere Zeit nach dem Krieg. Jedenfalls ist der Marschbefehl nach Schweden bemerkenswert, denn der Bulgare soll in einem kleinen Kreis einmal geunkt haben: »Der Wehner bleibt nicht bei uns, der denkt zuviel!«

Bevor Wehner Moskau verläßt, besucht er noch einmal Lotte Loebinger, die ihm noch immer angetraute Schauspielerin. Sie hatte sich ebenfalls, mit Piscators Ensemble, in die Sowjetunion abgesetzt. Auch diese illustre Truppe ist von der Geheimpolizei zerschlagen, Kollegen sind ermordet worden. Lotte Loebinger bringt sich als Sprecherin für das deutsche Programm bei Radio Moskau durch.

Dreizehn Jahre sind seit dem Fiasko ihrer kurzen Ehe vergangen. Die Zeit hat die alten Wunden geheilt; gelegentlich waren die Loebinger und ihr Lebensgefährte Heinrich Greif (der »Liebgutier«) Gäste bei Wehner und Lotte Treuber im Lux. Nun erbittet er Lotte Loebingers Brosche. Er will sie einschmelzen und Goldplomben anfertigen lassen, denn an seinen russischen Stahlfüllungen könnten ihn schwedische oder deutsche Geheimpolizisten schnell als russischen Agenten enttarnen. Auf Lottes Anrichte entdeckt er noch die alte Fotografie von sich mit dem Whitman-Gedicht auf der Rückseite. Er zerreißt das Foto und sagt: »Es darf kein Foto von mir geben.« Lotte Loebinger klebt es wieder zusammen.

Dann der Abschied von Lotte Treuber. Er sagt ihr, sie soll sich, wenn es Schwierigkeiten gibt, an Dimitroff wenden, der sie mag. Oder an Wilhelm Pieck.

Sie sagt: »Laß mich nicht allein in diesem Land zurück.«

Dann ein Abschied nach Wehner-Art. Er schiebt sich zur Tür hinaus, entschwindet durch den endlos langen Korridor des Lux und dreht sich nicht mehr um zu Lotte Treuber. Sie weiß in diesem Augenblick: Den seh' ich nicht wieder! Das ist ein Abschied für immer.

Wehner erreicht Stockholm über Leningrad und Reval im Januar 1941. Er quartiert sich bei einem zuverlässigen schwedischen Kommunisten ein und sucht nach Genossen aus Deutschland, die etwas tun wollen, sich aber mit der Widerstandsarbeit bisher kaum befaßt hatten und damit der deutschen Gestapo nicht bekannt sein können. Sie sollen für ihn, und nicht für den Stockholmer KPD-Residenten Karl Mewis, die Lage der Genossen in Hitlers Reich erkunden. Die Kundschafter und Kuriere, die Wehner von Schweden aus nach Deutschland schickt, sind die Altkommunistin Charlotte Bischoff, der Jugendfunktionär Friedel Stein und der Hamburger Emigrant Josef Wagner, ein Lehrer. Sie sollen ganz unten, bei ihren persönlichen Vertrauten, anfangen und sich ein Bild der Lage machen.

In der Zwischenzeit nimmt Wehner die Unterlagen des Stockholmer Leiters der illegalen Arbeit für Deutschland, Karl Mewis, unter die Lupe, erstellt ein Organigramm der Netzhierarchie, markiert die verlorengegangenen und die noch existierenden Netzteile, kombiniert dieses Netz mit den Erfahrungen der davongekommenen Kuriere und kann die Einbruchstellen der deutschen Gestapo orten. In seinem Bericht an die Zentrale in Moskau wird Mewis als schlampig, leichtsinnig und feige dargestellt, sein Finanzgebaren sei unsauber.

Mewis rechnet mit seiner Rückberufung, lernt bereits die russische Sprache, da wendet sich das Blatt für ihn überraschend.

Es beginnt damit, daß Wehners Bericht im Durcheinander nach dem Angriff Hitlers auf die Sowjetunion auf dem Weg nach Moskau verschwindet und daß zwei der Wehner-Kuriere, darunter der Hamburger Lehrer Wagner, bei der Rückkehr aus Deutschland von der schwedischen Polizei geschnappt werden.

Nun tut Wehner etwas, was ein erfahrener Konspirateur wie er niemals machen dürfte. Er besucht am 18. Februar 1942 Wagners Ehefrau, von der er annehmen müßte, daß sie von der schwedischen Polizei beobachtet wird. Prompt wird er in ihrer Wohnung verhaftet, in unwehnerischer Pose, unter ihrem Bett liegend. Seine Erklärung, er sei der Liebhaber von Frau Wagner, wird ihm natürlich nicht geglaubt. Man identifiziert ihn als einen illegalen Deutschen und droht mit seiner Abschiebung nach Deutschland.

Das wäre der sichere Tod. Um dem zu entgehen, gibt Wehner seine Identität preis und nennt als Beleg für seine kommunistische Parteizugehörigkeit und Nazi-Gegnerschaft nach einer gewissen zeitlichen Verzögerung, von der er annimmt, daß sie ausreicht für ein rechtzeitiges Abtauchen seiner Genossen, die Namen von Mitstreitern und solchen, deren Namen der schwedischen Polizei bereits bekannt sein dürften. Wehner wird bis 1944 in schwedischer Haft bleiben.

Es wird noch lange über seinen Tod hinaus darüber spekuliert, ob er diese Verhaftung nicht provoziert hat. Wehner wird zwar in seinen »Notizen« 1946 schon die Reise von Moskau nach Stockholm als den Beginn seiner inneren Abwendung vom Kommunismus beschreiben, was aber sicherlich nicht stimmt. Möglicherweise eilt beim Weg in Frau Wagners Wohnung das Unbewußte in Wehner dem Bewußten in Form eines unerklärlichen konspirativen Anfängerfehlers zwei Jahre voraus. Gut möglich, daß sein innerstes Ich jetzt bereits besser weiß als Wehners Bewußtsein, daß er einen sicheren Schutz vor den drohenden Gefahren in Deutschland oder in Moskau sucht.

Vielleicht ist die provozierte Festnahme von 1942, wenn es denn eine solche ist, Ausdruck der Angst, sich noch einmal einer solchen Hilflosigkeit, Demütigung und Verstrickung in Schuld ausliefern zu müssen wie in den Jahren im Hotel Lux. Vielleicht auch Ausdruck der Angst vor dem 1942 unmittelbar bevorstehenden Weg zurück ins Hitler-Deutschland, wo es seinen Feinden innerhalb der KPD noch immer möglich wäre, ihn durch die Gestapo hochgehen zu lassen. Ein schwedisches Gefängnis ist in dieser Zeit zweifellos der einzig sichere Platz der Welt. Vielleicht hat Wehner unbewußt nach einer schwedischen Falle gesucht, in die er hineintappen konnte.

Der bewußte Wehner aber will auch diesmal nicht feige sein. Er ist es bis dahin nie gewesen. Hat sich immer in die Gefahr begeben. Hat immer Nerven behalten. Hat nie gekniffen. War sehr erleichtert, als ihn Dimitroff und Pieck losgeschickt hatten mit dem Auftrag, den Untergrundkampf gegen Hitler neu zu beginnen; endlich wieder eine richtige Aufgabe. Der bewußte Wehner strebt noch lange nicht die »reinliche Scheidung« vom Kommunismus an, wie er es 1946 in seinen »Notizen«, einem Rechtfertigungsschreiben für seinen Übertritt zu den Sozialdemokraten, behaupten wird.

Er will noch 1944, nach seiner Entlassung aus Gefängnis und Internierung, zur KPD zurück. Offensichtlich glaubt er noch immer, daß nach dem Krieg und nach Stalin ein wie auch immer gearteter und geläuterter Kommunismus weiterhin die entscheidende Kraft der arbeitenden Bevölkerung sein werde. Daß es die Aufgabe einer von der KPD geführten deutschen Nation sein werde, das Land neu aufzubauen und aus der internationalen Isolation zu führen. Er glaubt 1944 offensichtlich noch nicht, daß die SPD allein einer solchen Aufgabe gewachsen sein könnte.

Er sucht in der Viscose-Fabrik in Borås, in der er Beschäftigung gefunden hat, über kommunistische Arbeiter Kontakt zur Partei, gibt Rechtfertigungen und steckt dem entlassenen Sowjetspion

Sergej Sorkin noch einmal einen Bericht mit Anschuldigungen gegen Mewis zu. Der Bericht landet nicht in der Moskauer Zentrale, sondern bei der schwedischen Polizei.

Die KPD aber will Wehner nun nicht mehr haben. Sie legt ihn still. Sie hält nun ihn – da hat der von Wehner als Versager denunzierte Mewis mit seiner Gegendenunziation voll hingelangt – für einen Verräter. Er ist nicht gegangen, man hat ihn ausgeschieden.

Daß bei dem Verschmähten nun die große innere Krise ausbleibt und er die Hinwendung zur SPD ohne Schmerzen schafft, hat möglicherweise etwas mit der Frau zu tun, die ihn im Gefängnis mit Paketen versorgt hat: Die Witwe Charlotte Burmester, die dritte Lotte im Liebesleben des Herbert Wehner.

Ihr Mann Carl war einmal ein enger Freund und als Hafenleiter der KPD in Hamburg ein zuverlässiger Genosse Herbert Wehners im Untergrundkampf gegen Hitler. Carl und Lotte waren im Juli 1934 verhaftet worden; ihre beiden Kinder Greta und Jens-Peter wurden von Genossen versteckt. Zwei Monate lang hielt Carl Burmester den Folterungen stand, verriet keinen. Dann, als seine Widerstandskraft schwand, faßte er alle Energien, über die er noch verfügte, zusammen und sprang während des Verhörs durch ein Fenster in den Tod.

Ein Jahr später entkam seine Frau aus dem Konzentrationslager. Es gelang der Partei, sie ins sichere Schweden zu bringen. In Göteborg wurde sie in der Gewerkschaftsarbeit aktiv, kümmerte sich um den gefangenen Genossen Herbert Wehner.

Charlotte Burmester ist kurzsichtig, keine Schönheit, aber sie hat sehr lebendige Augen, und es geht von ihr eine angenehme Mütterlichkeit aus. Wehner ist jetzt 38 Jahre alt, hat mit zwei Lotten, einer wilden und einer sanften, zusammengelebt, mit zwei Lotten, die über sehr viel erotischen Appeal verfügten. Wenn ein Mann in diesem Alter auf ein eher mütterliches Wesen wie Lotte Burmester mit einem Heiratsantrag reagiert, dann bedeutet dies, daß hier ein Mann seine Sturm- und Drangzeit auf der ganzen Linie beenden will, müde ist oder gar fertig, und daß er nun das sein will, wofür ein Mann um die 38 besser geeignet ist als in jedem anderen Alter: einer Familie ein ordentlicher Vater.

Die beiden ziehen 1944 nach Uppsala, wo sein ehemaliger Kurier Josef Wagner Herbert Wehner eine Anstellung als Archivar an der Universität vermittelt hat. Er heiratet Charlotte Burmester; sie stellt jede Parteiarbeit ein, und als der Krieg zu Ende ist, leben nun auch ihre beiden Kinder bei ihnen in Uppsala. Wehner hat nun eine komplette Familie, lebt in Freiheit, hat ein bescheidenes, aber ordentliches Auskommen. Hat vor allem zum ersten Male seit seiner Jugend Ruhe. Ruhe zum Lesen. Er liest Kierkegaard und andere, justiert seine persönliche Geschichtsphilosophie und sein ideologisches Fundament neu. Er liest in den Zeitungen, wie nach dem Krieg seine Moskauer Genossen nach Berlin zurückkehren, im Schutz der Roten Armee Karriere machen. Auch Genossen wie Mewis, den er für einen Gauner hält. Daß man ihn nicht mehr braucht oder will, schmerzt ihn nicht. Er will endlich seine Ruhe haben.

Aber es ist eine Art von Ruhe, die ein Herbert Wehner nicht lange aushalten kann. Er ist in seiner Jugend für etwas Großes angetreten, und das ist schiefgegangen, aber man kann nacharbeiten.

Sein Heimatland ist jetzt geteilt, aber das muß so nicht bleiben. Die arbeitende Bevölkerung hat auch nach dem Krieg nicht das Sagen bekommen, und die Arbeiter- und Bauernmacht im Osten ist eine stalinistische Farce, aber auch das muß so nicht bleiben. Wenn alles in Deutschland von vorn anfängt, warum soll nicht auch er dort von vorn anfangen; in einer anderen Partei; aber mit der alten Strategie: Stück um Stück kleine politische Quantitäten schaffen, bis daraus ein unumkehrbarer Prozeß entsteht und die Quantität in Qualität umschlagen kann.

Herbert Wehner nimmt über alte Hamburger Freunde Kontakt zur SPD auf. Er, der bei den Kommunisten die Kniffe gelernt hat und erfahren ist in Finten, Taktiken und in der Arbeit auch unter der Oberfläche, will der braven SPD den Biß zur Macht vermitteln. Der SPD-Vorsitzende Kurt Schumacher, ein nationalgesinnter Antikommunist, fühlt Wehner intensiv auf den Zahn, entdeckt in dem Sachsen einen Deutschen, der die Teilung überwinden will; für den der Sozialismus nicht aus Papier besteht, sondern aus unermüdlicher praktischer Detailarbeit. Er nimmt Wehner mit Freuden auf.

Auf die verblüffte Frage seiner Genossen, ob er glaube, die

Kommunisten mit einem Kommunisten besiegen zu können, antwortet Schumacher: »Mit wem denn sonst, denkt ihr vielleicht, das geht mit Sozialdemokraten?«

Wehner will Kurt Schumacher in der Zentrale dienen, als Helfer und uneigennütziger Parteisoldat. Der SPD-Vorsitzende aber will ihn in den Bundestag schicken; nur dort würden die nationalen und gesellschaftspolitischen Weichen für die nächsten Jahrzehnte gestellt. Nur dort könne Politik mit dem Osten und gegen ihn gemacht werden. Nur dort seien das Wissen und die Fähigkeiten von Wehner von Nutzen. Wehner graust es auf dem ersten Höhepunkt des kalten Krieges bei dem Gedanken, wie Freund und Feind sich an seiner Biographie reiben werden. Er wird bereits beobachtet und fühlt sich von einem offensichtlich östlich gelenkten Entführungskommando verfolgt. Er sagt zu Schumacher: »Sie werden mir die Haut vom lebendigen Leib ziehen.« Schumacher sagt: »Und Du wirst das aushalten.«

Er hält es aus. Er darf in Bonn aus der Opposition heraus damit anfangen, seine Quantitäten zu pflanzen, auf daß sie eines Tages in Qualitäten umschlagen können:

Er drängt 1959 die SPD weg von der reinen marxistischen Lehre hinein ins Godesberger Programm und macht damit die SPD vom miefigen Arbeiterwahlverein zu einer weitherzigen, intelligenten und auch für Bildungsbürger interessanten Arbeitnehmerpartei.

Er drängt die SPD zur Anerkennung der Westbindung der Bundesrepublik und macht sie damit auch für aufgeklärte Liberale wählbar.

Er drängt seinen Parteichef Willy Brandt 1966 in die Große Koalition mit dem von Brandt verachteten Ex-Nazi Kurt-Georg Kiesinger und demonstriert damit die Regierungsfähigkeit der SPD, bis die SPD selbst die Regierung bilden und den Bundeskanzler stellen kann.

Damit schlagen die von Wehner gesetzten Quantitäten zum ersten Male in eine sozialpolitische Qualität um; die sozialliberale Koalition kann in den 13 Jahren zwischen 1969 und 1982 mehr soziale Reformen in Gang setzen, als in den nächsten 13 Jahren die christliberale Koalition trotz ständiger Struktur- und Finanzkrisen wird abbauen können.

Um die Sozialliberalen 13 Jahre lang an der Regierung zu halten, bedarf es allerdings schon des konspirativen Geschicks des Ex-Kommunisten Wehner. Denn als 1972 die CDU/CSU glaubt, sie hätte nun genügend Überläufer für ein konstruktives Mißtrauensvotum gegen Brandt rekrutiert, hat Wehner durch seinen Fraktionsgeschäftsführer Karl Wienand heimlich dafür gesorgt, daß auch eine genügende Zahl von Überläufern aus dem CDU-Lager über die bei geheimen Abstimmungen unsichtbare, aber gut geschmierte Grenzlinie zwischen Regierung und Opposition gezogen werden kann. Brandt bleibt Kanzler.

Aber er pflanzt auch Quantitäten, die eines Tages in eine nationale Qualität umschlagen werden. Zur Zeit der großen Koalition hat sich Herbert Wehner ein damals besonders unwichtiges Ministerium geben lassen: das Ministerium für gesamtdeutsche Fragen, zuständig für die damals nicht vorhandene Zusammenarbeit mit der DDR. Für Wehner aber ist es Ausgangspunkt für eines auch nach Osten gerichteten Signals des Quantitätensetzens in Sachen Entspannung, pragmatischer Zusammenarbeit und der in Ostdeutschland besonders ersehnten, staatlichen Anerkennung. Quantitätensetzer Wehner selbst hält sich öffentlich zurück, nimmt aber über seine privaten Verbindungen Kontakt zu den DDR-Führern auf und umgeht damit das vom kalten Krieg zementierte Mißtrauen in den offiziellen Behörden beider Seiten.

Wehner hat unauffällig den Boden bereitet; die sichtbaren Steinchen für das Mosaik der innerdeutschen Zusammenarbeit setzen dann Bundeskanzler Brandt und dessen Nachfolger Helmut Schmidt. Am Ende ist dann auch der CDU-Kanzler Kohl mit dabei, weil der Prozeß unumkehrbar geworden ist: Ein Abkommen nach dem anderen. Über Passierscheine in Berlin und im Grenzgebiet, Verkehrsabkommen, Verträge über Kulturtransfer. Dazu die spektakulären Ostverträge mit den Russen und Polen. Schließlich Handelsabkommen, Milliardenkredite und am Ende die wirtschaftliche Abhängigkeit der DDR von der Bundesregierung und damit der DDR-Führung vom Wohlwollen Bonns. Als dann die Sowjetunion ihre Vasallen in die Unabhängigkeit entläßt, ist die DDR erledigt. Die Quantitäten schlagen in Qualität um.

Wehners Untergrundarbeit, die ersten Steinchen, die Brandt ins Bild eines wiedervereinten Deutschland gelegt hat, sind fast vergessen beim Anblick der großen Steine, die am 9. November 1989 die Berliner Mauerspechte vom Schutzwall der DDR klopfen.

Herbert Wehner sitzt an diesem Tag vor dem Fernsehgerät, sieht sich die Szenen an, und seiner Mimik ist nicht zu entnehmen, was er sich dabei denkt. Er kann seiner letzten Lebensgefährtin Greta Burmester, der Tochter seiner 1979 verstorbenen letzten Lotte, nicht mehr erklären, was er von diesen Bildern versteht. Nach seinem Rückzug aus der Politik im Jahr 1983 haben die Folgen eines schweren Zuckerleidens seine Gehirntätigkeit fortschreitend blockiert.

In jenem Rückzugsjahr 1983 hat er seine Stieftochter Greta geheiratet. Sie hat ihm schon seit ihrer Jugend als Chauffeurin, als Butterbrotschmiererin, als politisch verständige Abschirmerin und Zuträgerin gedient, aber auch als diskrete Botengängerin hinüber in die DDR. Er, der einmal eine Frau im Stich gelassen hatte, im Moskauer Hotel Lux, wollte, daß Greta nach seinem Tod wenigstens eine Hinterbliebenenrente bekäme. Und auch dazu hat sie ihn drängen müssen.

In einer der letzten Fernsehbilder von ihm, heimlich aus der Ferne aufgenommen, sieht man die beiden beim Einkaufen vor einem Supermarkt. Greta, in einem schrecklich billigen, großgeblümten weiten Sommerrock, einen Rucksack umgeschnallt, stapft voran; und er trottet in einer Popelin-Freizeitjacke im C&A-Design der sechziger Jahre ergeben hinterher.

Das letzte Proletarierpaar in diesem schicken rheinischen Vorstadteinkaufszentrum.

John F. Kennedy

Geboren: 29. Mai 1917. Gestorben: 22. November 1963.
Präsident der Vereinigten Staaten (1960–1963).
Die besondere Lebensleistung: Er bewies, daß auch
im Fernseh-Zeitalter ein archaischer Mythos
die wichtigste Waffe eines Politikers ist.
Sein Liebesleben: Ein sexueller Hochleistungssportler
und Alptraum von einem Ehemann.

Camelot im Weißen Haus

Das junge Paar ist von der Geschichte ausersehen, die zweite Hälfte des 20. Jahrhunderts mit einer neuen Version des mittelalterlichen Camelot-Mythos zu illuminieren. Die beiden werden einmal im Weißen Haus in Washington wie einst König Artus und Königin Guinevere eine Tafelrunde um sich versammeln, von der das Edle hinausgehen soll in die Welt, um im Dämmerlicht eines Zeitenwechsels den Heiligen Gral, die Erlösung vom Zweifel, zu suchen. Das Problem ist nur: Das Paar findet sich nicht, als der Politiker John F. Kennedy und die Studentin Jacqueline Bouvier im Jahr 1949 zum ersten Male zusammenkommen.

Der Anlaß ist die Hochzeit des Bruders eines gemeinsamen Bekannten, Charles Bartlett, in East Hampton. Der Ort ist eines der feinen Sommerquartiere der feinen Neuengland-Society. Charles Bartlett, Washington-Korrespondent der »Chattanooga Times«, hat seit einem Jahr eine Schwäche für Jacqueline. Sie ist hier in der Gesellschaft von East Hampton zu Hause und damit ein normaler Gast bei dieser Marriage Party. Aber da Bartlett bei Jacqueline nicht landen kann, hat er seine erotischen Träume in Ritterlichkeit umgewandelt und will ihr auf diskrete Weise bei der Suche nach einem standesgemäßen Ehemann behilflich sein. Auch wenn sie ihn niemals um einen solchen Dienst bitten würde. Bartlett hat zur Hochzeit seines Bruders auch seinen Jugendfreund Jack mitgebracht, den Kongreßabgeordneten des 11. Wahlbezirks von Massachusetts, John F. Kennedy.

Bartlett glaubt, daß sein Freund mit 32 Jahren jetzt in ein Alter gekommen sein müßte, in dem er sich als *womanizer* einigermaßen ausgetobt haben und – Jack muß schließlich an seinen Ruf als Politiker denken – reif sein könnte für die Suche nach einer vorzeigbaren Ehefrau. Jacqueline, 20 Jahre jung, gebildet, interessant aussehend, vom Typ her ein nervöses Rennpferd von Derbysieger-Qualität, stammt aus allerbestem Stall. Sie ist ohne Zweifel hochintelligent, und weil sie weiß, daß Männer eine Scheu vor gescheiten Frauen haben, tarnt sie ihre Intelligenz gekonnt durch eine leicht atemlose Sprechweise und einen aufgeregten Blick, der Beschützerinstinkte weckt.

Ihr Vater John Vernou Bouvier III. ist Börsenmakler, war in seiner Jugend einer der begehrtesten Junggesellen New Yorks. Noch immer gibt er den lebensfrohen Gentleman-Casanova. Eine Inkarnation des vom Winde verwehten Rhett Butler, wenn auch ein wenig dekadent, wie es seiner vornehm erscheinenden Herkunft angemessen erscheint. Obwohl der erste nach Amerika gekommene Bouvier kein französischer Adeliger war, wie die Familie gern verbreiten läßt, sondern ein Möbeltischler. Aber gesellschaftlich gelten in den Neuengland-Staaten die nicht mehr sehr reichen Bouviers noch immer mehr als die viel, viel reicheren Kennedys.

Wegen seines dunklen Teints, seines schwarzen Haares, seiner verführerischen Augen, seines nicht enden wollenden Erfolgs bei Frauen und wegen seines Hangs zu einer gepflegten Selbstironie, wie sie sonst nur Aristokraten aus Europa beherrschen, hat die Ostküsten-Gesellschaft Bouvier III. mit Ehrennamen wie »Schwarzer Prinz« oder »Scheich« belegt. Bekannt aber ist er vor allem als »Black Jack«, denn es ist ihm durch Spiel, Luxus und viele Romanzen gelungen, das ererbte Familienvermögen eindrucksvoll zu dezimieren. Als Jacqueline elf Jahre alt war, nahm ihre Mutter, von unzähligen Seitensprüngen Black Jacks gedemütigt, mit ihren beiden Töchtern Reißaus und ging mit dem erheblich langweiligeren Börsenmakler Hugh Auchincloss eine neue Ehe ein.

Jacqueline litt unter der Trennung vom Vater, aber immerhin hatte auch der Stiefvater einiges zu bieten: ein würdiges Zuhause, Stil, Geschmack, Großzügigkeit, dazu ein eigenes Reitpferd für Jacqueline, eine riesengroße Farm, eine erstklassige Erziehung im Internat und an der privaten Frauenuniversität Vassar. Dazu einen gesellschaftlichen Rahmen, der es Jacqueline ermöglichte, im Jahr 1947 von den Klatschkolumnisten der Hearst-Presse zur »Debütantin des Jahres« gekürt zu werden.

Damit ist Jacqueline so etwas wie eine Prinzessin der Ostküsten-Gesellschaft geworden. Von nun an werden interessante junge Männer bei ihr Schlange stehen. Sie gedenkt auch, sehr wählerisch zu sein, denn das Bild, das sie von ihrem Zukünftigen hat, ist geprägt durch ihre beiden Väter. Der Mann, den sie sucht, soll aufregend, gut aussehend und unberechenbar sein wie ihr über alles geliebter Vater Black Jack, aber reich, großzügig und erfolgreich wie Hugh Auchincloss. Was sie selbst auf keinen Fall werden will ist eine versnobte Frau wie ihre Mutter, die nichts interessiert als die kleine Welt ihrer Partys und Eitelkeiten.

Nach ihrem Debüt geht Jacqueline häufig aus, sucht Männerbekanntschaften, läßt sich aber so gut wie nie auf jemanden ein – oder erzählt zumindest ihren Freundinnen keine Details ihrer Rendezvous, was in diesem Alter selten vorkommt. Die Zimmergenossin ihrer Studienfreundin Charlotte Curtis, Selwa Shokers, die einmal Protokollchefin der Reagan-Regierung wird, erinnert sich später: »Sie offenbarte sich nicht, legte stets großen Wert darauf, ihr Innenleben zu schützen, obwohl sie uns fast jeden Abend im Schlafzimmer besuchte.« Die Verehrer, die Jacqueline im Taxi nach Hause begleiten, wimmelt sie beim Aussteigen elegant mit dem Hinweis an den Taxifahrer ab, er könne das Taxameter ruhig weiterlaufen lassen. Ein flüchtiger Abschiedskuß auf die Wange, mehr gedenkt sie offensichtlich nicht zu gewähren.

Der einzige, mit dem sie etwas länger zusammen ist, ist so alt wie ihr Vater und gilt als New Yorks erfolgreichster Frühstücksdirektor. Fürst Sergej Obolensky ist Weißrusse, war mal Oberst und so etwas wie der Walzerkönig von Manhattan. Er hat durch seine Anwesenheit und durch seine Beratung den Ruf einer Reihe einst renommierter, aber in ihrer Bedeutung vorübergehend abgesunkener Hotels wieder aufpoliert, vom Plaza bis zum St. Regis. Die Ermahnungen Black Jacks, der Oberst könne immerhin schon ihr Großvater sein, beantwortet die 19jährige Jackie mit dem Hinweis, daß Black Jacks Freundinnen immerhin ihre Schwestern sein könnten.

Diese Jacqueline Bouvier, glaubt der Journalist Charles Bartlett, könnte mit ihrer Bildung, ihrem Geschmack und ihren tadellosen Manieren die geradezu angeborenen Stilmängel der Kennedys ausgleichen. Außerdem ist sie noch mit der Portion Entdeckerlust und Querdenkerei ausgestattet, die seinem Freund Jack gefallen könnte. Wenn Charles Bartlett auch noch an den unnachahmlichen Zauber Jackies denkt, der entsteht, wenn der sonst meist ein wenig erschreckte Blick ihrer weit auseinanderstehenden Augen in Freude aufflammt und sie eine Kostprobe ihres intelligenten Bouvier-Humors losläßt, dann fragt sich Charles Bartlett, ob er nicht besser selbst um Jackie weiterwerben soll, statt sie hier auf dem Hochzeitsfest seines Bruders seinem Freund Jack vorzustellen.

Gemessen daran, daß Jacqueline und John F. Kennedy einmal das Traumpaar der ganzen Welt sein werden, mehr vergöttert als jedes Königs- oder Hollywoodpaar ihrer Zeit, müßte bei dieser Gelegenheit nun eigentlich bei beiden der Blitz einschlagen. Aber es tut sich nichts. Überhaupt nichts. Kennedy steht irgendwo in einer Ecke, redet mit Leuten über Politik, zieht vorübergehende Damen mit den Augen aus und flirtet wie üblich mit allem, was lange Haare und aufregende Rundungen hat; nur Jacqueline Bouvier fällt ihm nicht auf. Weder ihre klassisch-schöne Gestalt noch ihre sinnlichen Lippen, noch das Funkeln ihrer geheimnisvollen, scheuen Augen.

Auch er macht auf sie keinen Eindruck. Verglichen mit der Aura ihres Vaters scheint auch dieser junge Politiker wie all die jungen Spitzenschwimmer, Anwälte, Medizinstudenten und Börsengenies, die sie inzwischen kennengelernt hat, nur zu der Kategorie zu gehören, die sie »Langeweiler mit Insektengehirn« nennt. Jacqueline Bouvier plaudert bei dieser Party lieber angeregt mit dem kampferprobten Ex-Schwergewichtsweltmeister Gene Tunney. Das ist wenigstens ein Mann, der sich dem Risiko ausgesetzt hat, kein Schwätzer. Als Charles Bartlett Jacqueline endlich loseist von dem alten Boxer, um sie Kennedy vorzustellen, hat der Politiker die Party schon verlassen. König Artus hat seine Guinevere getroffen – und glatt übersehen.

Es ist eben das Problem mit den Mythen, daß sie nur Idee sind und keine Wirklichkeit. Man kann an der Kennedy-Saga die Lupe ansetzen, wo man will, sobald man näher hinschaut, beginnt eine gnadenlose Desillusionierung, bleibt nicht auch nur ein Fitzelchen übrig von dem Glanz, der diesen Clan umgibt:

Steigt man in die Geschichte der heimlichen Königsfamilie Amerikas hinein, fühlt man sich schnell umstellt von einer Bande kaltherziger, berechnender Grobiane.

Beschaut man sich die Ehe des Traumpaars Jack und Jackie, findet man statt Romantik und Kultur nur Egomanie, Berechnung, Gefühllosigkeit und Rachsucht.

Untersucht man die Politik der 1036 Tage Kennedys, bleibt unter dem Strich das Desaster der Schweinebucht-Invasion auf Kuba; ein tollpatschiges Treffen mit Chruschtschow in Wien, das den damaligen Kreml-Chef zu der Annahme verleitete, diesen unbedarften Jungen aus Boston könne man von Kuba aus ein paar sowjetische Raketen unter die Nase halten; das Hineinschlittern Amerikas in den Vietnam-Krieg; ein halbherziges Herumdoktern an der Gleichberechtigung der Schwarzen im amerikanischen Alltag, das erst von seinem Nachfolger Lyndon B. Johnson, einem Südstaatler, zu einer richtigen Reform gemacht wird; ein spektakulärer Angriff auf Amerikas organisiertes Verbrechen, der aber unterminiert wird durch gleichzeitige heimliche Zusammenarbeit mit dem Mob; der Beginn eines siegreichen Wettlaufs zum Mond, von dem am Ende des Jahrhunderts kein Mensch mehr weiß, was man dort eigentlich gesucht hat.

Dennoch sind Mythen stärker als jede Realität. Sie geben einen unzerstörbaren Traum vor, der die Phantasie entzündet und den unedlen Menschen immer wieder dazu verführt, Edles zu tun oder es wenigstens zu versuchen. In diesem Fall entzündete der uralte keltische Camelot-Mythos zunächst die Phantasie der Kennedys selbst, dann die Phantasie der nach dem Zweiten Weltkrieg abgeschlafften, politischen Klasse des Westens, dann die Phantasie der Intellektuellen, die nicht länger im Elfenbeinturm verharren, sondern als Ritter der Tafelrunde mitstreiten wollten im Kampf für eine lichte Zukunft – und schließlich die Phantasie einer ganzen Generation in Amerika wie in Europa, die sich nicht länger vom Wohlstand der Nachkriegszeit einlullen lassen wollte.

Ohne die Kennedys wäre die Jugendrevolte von 1968 nicht denkbar gewesen. Ohne die Kennedys wäre Amerika in den Augen Europas noch lange ein Panoptikum von naiven Draufgängern und zu Geld gekommener vulgärer Parvenüs mit schlechten Angewohnheiten wie Kaugummikauen geblieben und nicht der neue Fixpunkt der abendländischen Kultur- und Zivilisationsgeschichte. Ohne die Kennedys wären die Gesellschaften des Westens möglicherweise erstarrt in dem Gefühl, der Kapitalismus wäre ein nicht reformierbares Relikt einer sterbenden Zeit. Ohne die Kennedys wäre Politik noch sehr lange ein Spiel für Politiker geblieben und nicht ein Feld, in das sich Bürger auf allen Ebenen einmischen können und wollen.

Das alles bewirkte die Kraft des Camelot-Mythos, einer etwa 1500 Jahre alten keltischen Sage aus der Zeit der sächsischen Invasion Britanniens. In jener düsteren Phase des Niedergangs und des Rückzugs der romanisierten Kelten auf Cornwall, Wales, Irland und die Bretagne entstand die Urfassung der Geschichte von dem edlen Königspaar Artus und Guinevere und ihrer Tafelrunde hochgesinnter Helden, die Artus' Königsburg Camelot zum Ausgangspunkt edler Gedanken und tapferer Taten machten.

Den Mythos von den Rittern der Tafelrunde, die ausreiten, um den von allen Übeln erlösenden Gral zu suchen, haben die Kennedys bereits als keltisch-irisches Gen in ihrem Erbgut, als ihr Vorfahre Patrick Kennedy, ein Bauernsohn aus der Grafschaft Wexford im Südosten Irlands, 1849 in Boston amerikanischen Boden betritt.

Wie alle Iren braucht Patrick Kennedy zum Leben außer Essen und einer leidensfähigen Frau vor allem eine Kneipe, in der er im Verein mit anderen irischen Männern seine anarchische, gefühlige Keltenseele durchspülen kann, sowie eine kleine Kirche mit einem irischen Pfarrer, in der er die mit den Spirituosen gereinigte Seele mit katholischer Spiritualität immer wieder neu aufladen kann.

Aus diesem Grunde können Iren auf die Nähe irischer Zecher und Geistlicher nicht verzichten, können also, um sich nicht zu verlieren, nicht mit anderen Einwanderern auf den Treck nach Westen gehen. Denn diese Engländer, Italiener, Deutschen, Skandinavier, Slawen, Protestanten und all die anderen Neu-Amerikaner würden die Iren ja doch nicht verstehen können. Also macht es Patrick Kennedy wie alle irischen Einwanderer und bleibt gleich dort, wo er an Land gegangen ist, in Boston, im Dunstkreis einer irischen Kneipe, im Einflußbereich eines irischen Geistlichen und an der Seite einer irischen Frau, die er auf dem Schiff kennengelernt und nach der Ankunft in Amerika gleich geheiratet hat. Bridget Murphy stammt wie er aus Wexford.

Wegen dieser Immobilität kommen irische Einwanderer in Amerika in der Regel nicht weit, werden von den erfolgreicheren protestantischen Einwanderern, insbesondere von denen aus England, insbesondere in Boston, verachtet. Aber die Iren sind auch nicht anspruchsvoll. Das sichere Überleben als Hafenarbeiter oder Polizist in Boston oder New York und die Freiheit, nicht mehr vor einem englischen Gutsbesitzer den Hut ziehen zu müssen, ist für die erste Einwanderergeneration schon beinahe gleichbedeutend mit dem Auffinden des Grals.

Patrick Kennedy arbeitet im Bostoner Hafen als Faßbauer, zeugt vier Kinder, stirbt. In der nächsten Generation verläßt ein Patrick Kennedy jr. Mutter Bridgets kärgliche Tafelrunde und geht nun seinerseits auf die Suche nach dem Gral. Er findet ihn in einer Kneipe, die er übernimmt, und tastet sich damit in das Zentralnervensystem der irischen Gemeinschaft in Boston hinein. Denn zu jeder irischen Kneipe gehört ein Hinterzimmer, in dem nicht der Wirt, sondern der »Boss« residiert.

Der »Boss« ist der gute Onkel von der Demokratischen Partei, der sich die Sorgen der kleinen Leute anhört, der politische Verbindungen hat, der Jobs und Darlehen besorgt, der beim Kampf gegen Behörden beisteht, der Ferienausflüge für Kinder organisiert, der Spendensammlungen für Nachbarn anleitet, die durch ein Unglück in Not geraten sind, der Beerdigungen und Hochzeitsfeierlichkeiten veredelt, der Witwen tröstet und kleine Probleme mit der Polizei diplomatisch regelt. Der Boss knüpft in der Kneipe unermüdlich ein Netz von Freunden, Helfern, Seil-schaften und fischt mit diesem Netz Wähler. Der Boss in den iri-schen Stadtviertel ist der Prototyp des modernen westlichen Berufspolitikers. Er beherrscht perfekt jene Technik, die man zu Zeiten des Patrick Kennedy jr. den »fliegenden irischen Wech-sel« nennt: Der Boss schüttelt einem Menschen die Hand, unter-hält sich gleichzeitig mit einem anderen und zwinkert dabei einem dritten vertraulich zu.

Wenn ein Boss gut und noch Wirt dazu ist wie Patrick Ken-nedy jr., dann kommt er zu Wählern, Gästen und Geld. So steigt der zweite Kennedy in Boston, John F. Kennedys Großvater, gleich auf zwei Ebenen auf. Politisch zum Oberboss des zweiten Bostoner Wahlbezirks und in den Senat von Massachusetts, geschäftlich zum Generalimporteur der schottischen Whisky-sorte Haig's und zum Aktionär einer kleinen Bostoner Bank.

Der dritte Kennedy heißt Joseph. Des zweiten Patricks Sohn. Der sucht seine Abenteuer und seinen Gral im Aufstieg aus dem irischen Bodensatz der weißen amerikanischen Gesellschaft hin-auf zu den Gartenpartys der Wasps, den White Anglo Saxon Pro-testants. Deren edelste Spezies in Boston sind die »Brahmanen«, die Nachkommen jener Pilgerväter, die im 17. Jahrhundert mit dem Schiff »Mayflower« gekommen und nahe dem heutigen Boston die Besiedelung Nordamerikas begonnen hatten.

Unser Joseph Kennedy darf die Lateinschule der Brahmanen besuchen und in Harvard studieren, aber deswegen findet er noch lange keine gesellschaftliche Anerkennung. Kein Platz für ihn, den Iren, in den Tafelrunden der vornehmen Bostoner Gesellschaft, trotz seines gigantischen Aufstiegs zu einem der reichsten Amerikaner seiner Zeit.

Zwar hat das Studium der Wirtschaftswissenschaften in Har-vard seine Lernfähigkeit überfordert, seinen Geschäftssinn aber geweckt: Statt zu büffeln, kaufte der Student Joseph Kennedy einen Omnibus, fuhr damit Touristen zu den historischen Schau-plätzen des amerikanischen Unabhängigkeitskrieges, ließ sich dann von seinem in der Politik verankerten Vater den Posten eines stellvertretenden Bankprüfers des Staates Massachusetts vermitteln. Nicht weil er es sich im Staatsdienst bequem machen wollte, sondern weil er erkannt hatte: »Wenn du Geld kriegen willst, mußt du wissen, wo es ist.« Nun hatte er freien Einblick in die Konten und damit Zugriff zu Informationen für eigene Investitionen und Spekulationen. Nun geht es steil nach oben.

Mit 25 Jahren ist er der jüngste Bankpräsident der USA, mit 26 Jahren der Ehemann von Rose Fitzgerald, der Tochter des populären früheren irischen Bürgermeisters von Boston, John F. Fitzgerald. Die Iren haben nun zwar, wie das Beispiel seines Schwiegervaters John Fitzgerald zeigt, in Boston die Brahmanen von der politischen Macht verdrängt und, wie das Beispiel von Fitzgeralds Schwiegersohn Joseph Kennedy zeigt, auch geschäftlich mit den Mayflower-Protestanten gleichgezogen. Aber sie sind noch immer verachtete katholische Iren. In dieser Lage beschließt Joseph, der neue König der Kennedy-Dynastie, dem alten keltischen Artus-Mythos eine neue Variante zu geben: Er, der König, will seine Tafelrunde selbst zeugen und – bis die jungen Ritter groß genug sind – selbst in die Welt hinausziehen, das Abenteuer und den Gral suchen.

Während seine Frau Rose ihren Mädchentraum, Führerin einer emanzipatorischen Politik für Frauen zu werden, endgültig aufgibt, sich in das Los einer traditionellen irischen Ehefrau fügt, fromm wird und ihrem Mann neun Kinder – vier Söhne und fünf Töchter – zur Welt bringt, wird Joe zum König Midas und macht alles zu Gold, was er berührt. Seine Griffe sind zwar in der Regel unanständig, aber höchst erfolgreich. Zu Beginn des Ersten Weltkriegs läßt er sich zum Generaldirektor einer Werft machen und sahnt beim Bau von siebenunddreißig Zerstörern gewaltig ab.

In dieser Zeit beginnt seine Haßliebe zu dem späteren Präsidenten Franklin Delano Roosevelt, der in jenen Jahren Unterstaatssekretär im Marineministerium ist. Als sich Joe Kennedy weigert, zwei fertige Schlachtschiffe für Argentinien auslaufen zu lassen, bevor die argentinische Regierung voll bezahlt hat, schickt Roosevelt Truppen und Schlepper in die Werft und nimmt die beiden Schiffe an den Haken. Öffentlich beschimpfen Joe Kennedy und Franklin Roosevelt einander, in Wirklichkeit aber bewundert jeder die Dreistigkeit des anderen.

Nach Kriegsende verläßt Joseph Kennedy die Werft, steigt wieder ins Geldgeschäft ein und gründet einen Zirkel hartgesottener Finanzhaie. Ihr Motto: »Es ist leicht, an der Börse Geld zu machen. Wir sollten besser mitmischen, bevor sie ein Gesetz dagegen erlassen.« Ihre Geldmaschine nennt sich Pool. Die Herren ziehen sich mit einer Batterie Telefone auf ein Hotelzimmer zurück, inszenieren mit ihren Orders nach Plan und schön koordiniert Kursstürze und Kurssprünge und verdienen dabei Geld wie Heu. Weil Joe Kennedy keine Hemmungen hat, nutzt er auch Insidergeschäfte, schmuggelt während der Prohibitionszeit Haig's Whiskey und Gordons Dry Gin nach Amerika, kommt – ein solches Geschäft braucht schließlich einen Vertrieb – dabei mit dem organisierten Verbrechen in Kontakt.

Dabei scheint er aber darauf geachtet zu haben, daß der Mob ihn als Partner respektiert und nicht als integrierten Bestandteil des Mobs. Den Versuch der Mafia, sich Kennedys Überseeschmuggel unter den Nagel zu reißen, wehrt er blutig, aber souverän ab. Ein Kumpan des East-Side-Paten Meyer-Lansky berichtete einmal von einem Überfall der New Yorker East Side Boys auf ein Schiff, das für Joe Kennedy eine Ladung Schnaps aus Irland nach Boston gebracht hatte. Die irischen Wachen des Schiffes seien aber vorbereitet gewesen und hätten den Angriff erfolgreich abgewehrt, wobei es Tote gegeben habe.

Joe Kennedy hat aber auch ein Näschen für legale Geschäfte und investiert früh in noch kleine, aber zukunftsträchtige Firmen wie Coca Cola und Hertz Autovermietung. Mit den Bostoner Brahmanen macht er inzwischen Geschäfte, die feinen Herren reißen sich um Deals mit ihm, aber sie halten ihn sich ansonsten vom Hals nach ihrem alten Credo: »Geschäfte macht man mit jedermann, doch segeln wollen wir nur mit Gentlemen.« Als sie Joe Kennedys Antrag auf Aufnahme in ihren feinen Chasset Country Club ablehnen, empfindet er dies als die schmerzlichste Niederlage seines Lebens: »Diese engstirnigen, bigotten Hurensöhne haben mich ausgesperrt, weil ich ein irischer Katholik und Sohn eines Barkeepers bin«, tobt er, packt seine Familie in seinen privaten Eisenbahnwaggon und zieht mit ihr 1926 von Boston weg nach New York.

König Artus geht auf neue Abenteuer, während die Kinder noch üben müssen für ihre spätere Rolle als Ritter seiner Tafelrunde. Weil dafür in ihrer Stadtresidenz in Manhattan der Platz nicht reicht, zieht sich die Familie im Sommer zurück nach Massachusetts, nach Hyannis Port bei Cape Code. Das Gelände hat Rose Kennedy von ihrem Vater geerbt, Joe Kennedy erweitert den Grundbesitz, den man sich nun aber weniger als Ort der Erholung vorstellen sollte, sondern als Truppenübungsplatz für die Kennedy-Kinder. Der Vater will einen Clan der Siegertypen schaffen, gibt die Parole aus: »Wir wollen keine Verlierer unter uns haben. In dieser Familie wollen wir nur Gewinner. Werdet nicht Zweiter – das zählt nicht. Ihr müßt gewinnen!«

Und zwar auf allen Ebenen. Die Kennedy-Kinder bekommen die besten Schulen, die besten Sportlehrer, der Vater hetzt sie in einen gnadenlosen Konkurrenzkampf gegeneinander, der nicht die geringste Rücksicht auf eine möglicherweise weichere weibliche Psyche der Töchter nimmt. Joseph jr., der älteste der Söhne, verprügelt seinen jüngeren Bruder John Fitzgerald, wann immer er Lust und Laune dazu hat, und niemand verbietet es ihm. Denn der Vater will harte Jungs haben, da kann auf Gewinsel keine Rücksicht genommen werden, selbst wenn der arme John Fitzgerald kränkelt und häufiger im Bett liegen muß als alle seine acht Geschwister zusammen.

John wagt es nicht, sich Schwäche anmerken zu lassen. Als der große Bruder ihn zu einem Radrennen auffordert, in dem die beiden in jeweils entgegengesetzter Richtung um das Haus strampeln, weicht er, als sie einander entgegenrasen, trotz seiner Zartheit dem robusten Bruder nicht aus und muß, aus klaffenden Wunden blutend, ins Krankenhaus gebracht werden. Der Vater ist stolz auf ihn und die Art, wie er als Segler, Schwimmer, Footballspieler seine Anfälligkeit für Allergien, Rückenschmerzen und ein geheimnisvolles Fieber überspielt, denn der Vater sagt: »Junge, es kommt nicht darauf an, was du bist, sondern wofür dich die Leute halten«. John will, daß man ihn nicht für eine Niete hält, und er will sich nicht einem Schicksal aussetzen, das dem seiner schüchternen und langsamen Schwester Rosemary ähnelt.

Als sich bei Eintritt in die Pubertät bei Rosemary schwere Depressionen und Verhaltensstörungen zeigen, läßt man an ihr eine Gehirnoperation vornehmen, was einen vollkommenen Antriebsverlust zur Folge hat. Solche Kinder kann der Vater nicht um sich haben, Rosemary wird in ein Heim gesteckt und der Obhut katholischer Nonnen überlassen.

Da gefällt Joseph Kennedy John Fitzgerald schon besser. Der kann zwar mit seinem älteren Bruder Joe auf keinem Gebiet mithalten, aber er läßt wenigstens den richtigen Schuß Gemeinheit und Gift im Herzen erkennen, wenn er zum Beispiel dem Vater in einem Brief beschreibt, wie im Internat sein Bruder Joe jr. verprügelt worden ist: »Die Primaner haben ihn vielleicht verdroschen! O Mann, der hatte überall Beulen, die haben ihn fast totgeprügelt. Ich hätte was darum gegeben, Primaner zu sein«.

In einer solchen Familie ist natürlich immer etwas los. Wenn man alle Arten von Sportwettkämpfen und Raufereien durch hat, kämpfen die Kennedy-Kinder gegen die Langeweile mit einem Wettbewerb über Streiche an, auch später noch als Erwachsene. Jacqueline Kennedy wird bei ihrer Verlobungsfeier in Hyannis Port lernen, was das Spiel »scavanger hunt« bedeutet: Jeder Teilnehmer muß etwas Ausgefallenes herbeischaffen, und jeder soll nach dem Kennedy-Hausgesetz versuchen, den anderen zu übertreffen. Die Bande braust los. Robert Kennedy, der spätere Justizminister, und sein Cousin Joey Gargan kommen mit einer Uniformmütze zurück, die sie vom fahrenden Auto heraus einem Polizisten vom Kopf gerissen haben, verfolgt von einer ganzen Geschwader Streifenwagen. Robert verliert aber eindeutig gegen seine Schwester Patricia, die auf dem Bahnhof von Hyannis einen Omnibus geklaut hat, als der Busfahrer mal kurz zum Pinkeln in die Bahnhofstoilette verschwunden war.

Überhaupt scheinen die Kennedy-Schwestern einen noch ungestümeren Bewegungs- und Plapperdrang zu haben als ihre Brüder. Wenn mal gar nichts los war, so berichtet Jacqueline ihrer Schwester Lee, »rannten sie auf der Stelle und fielen übereinander her wie eine Horde Gorillas.« Bei einer kleinen sportlichen Einlage, als die Kennedy-Schwestern ihre künftige Schwägerin in die Geheimnisse des Footballspiels einweihen wollen, werden sie ihr einen Knöchel brechen.

Unter dem väterlichen Gesetz des Wettkampfes und des Sieges auf allen Ebenen kann Weiblichkeit nicht gedeihen. Die Kennedy-Söhne sehen ihre Schwestern und denken, alle Mädchen sind robuste Kumpel für robuste Spiele. Ihre Mutter Rose ist für Spaß und Sport weniger geeignet. Sie zieht sich in ihre Rolle als würdige Anwältin des lieben Gottes, der Jungfrau Maria und aller Heiligen zurück, stellt sich ihren Kindern nicht als liebendes Herz, sondern als strenge Mahnerin dar, die den Familienbetrieb mit einem Bataillon Kindermädchen, Sportlehrer, Köchinnen, Dienstmädchen dirigiert und alle zusammen über einen Karteikasten kontrolliert. Darin ist ganz genau vermerkt, welches Kind wann Geburtstag hat, wieviel es von dieser oder jener Medizin zu nehmen hat, welche Kleider- und Schuhgröße gerade dran ist. Sie läßt Gebete sprechen und verpaßt abwechselnd jedem Kind ein Thema, über das es beim Mittagessen wie in einem klösterlichen Refektorium zu referieren hat. In ihrem Tagebuch vermerkt sie am 30. März 1923 mißbilligend: »Jack war es heute nicht so wichtig, sich einen glücklichen Tod zu wünschen, sondern er meinte, er wolle sich lieber zwei Hunde wünschen. Joe kam ungewaschen in die Kirche.«

Von dieser Mutter geht keine Herzlichkeit aus. Wenn später die Kennedy-Söhne in Frauen nur Spielzeug sehen und kein Gefühl mehr entwickeln können für die Liebe und Zärtlichkeit, die jeder Mensch empfangen muß, um sie zurückgeben zu können, dann liegt das an den Erfahrungen ihrer Kindheit. Zumal ja auch ihr Vater Joseph nach der Devise lebt, daß Frauen für das Vergnügen da sind. Wenn ein Mann Kummer und Sorgen hat, braucht er ohnehin keine Frau, denn dafür gibt es die Kneipe und den Pfarrer.

Vater Joseph ist inzwischen einer der reichsten Männer Amerikas. Er ahnt, daß der gigantische Börsenboom der zwanziger Jahre auf wackeligen Beinen steht, verwandelt kurz vor dem Schwarzen Freitag seine Aktien in Geld zurück, legt es nun nicht mehr wie ein Glücksritter an, sondern krisenfest und wertbeständig wie einer, der seinen Reichtum dauerhaft genießen will. Aktiver Unternehmer ist er jetzt nur noch in einem sehr kleinen Bereich, als Hobby, im Filmgeschäft. Er übernimmt in Hollywood eine Produktionsfirma, inspiziert auf diese Weise eine endlose Reihe hübscher Mädchen auf seiner Besetzungscouch, läßt sich auf eine längere Beziehung mit dem Star Gloria Swanson ein und macht nebenbei wieder fünf Millionen Dollar

Gewinn. Mutter Rose tut zu Hause so, als wüßte sie nichts von seinen Affären, als lese sie keine Zeitungen, als sei das alles unbedeutend gegenüber ihrer Beziehung zu Jesus Christus.

Nun hat Joseph Kennedy einen Berg Geld gemacht, ist eines der größten Hollywood-Stars überdrüssig geworden, legt knusprige Filmsternchen nach Gebrauch ab wie Zahnstocher. Was will ein Mann mehr erreichen können? Der Chasset Country Club kann ihm gestohlen bleiben! Aber hat er den Gral gefunden? Ein Magengeschwür hat er von all der Mühe gekriegt, aber nicht den Gral!

König Artus, um 30 Pfund abgemagert und in der Sorge lebend, bald an Magenkrebs zu sterben, sucht ein Abenteuer, das endlich eines Königs würdig ist. Und auch notwendig zur Erhaltung seines Vermögens. Denn Joseph Kennedy hat unter dem Eindruck des großen Börsenkrachs an der Wall Street, der Weltwirtschaftskrise, des Entstehens einer neuen Gesellschaftsordnung in Rußland und des Interesses der intellektuellen Eliten Europas und auch Amerikas an sozialistischen Ideen das Gefühl, daß sich etwas verändern muß, wenn der Kapitalismus gerettet werden soll. Er glaubt nicht, daß die Geschäftsleute das System retten können, denn die hat er lange genug beobachtet, ihre kurzsichtige Habgier ausgenutzt und sie nach Belieben ausschmieren und schröpfen können. Geschäftsleute sind für ihn »Arschlöcher«. Er glaubt, daß der Kapitalismus nur durch neue Regeln zu retten ist, vielleicht mit dem *New Deal* des Präsidentschaftskandidaten Franklin Delano Roosevelt, dieses Hurensohnes, der ihm einst die beiden argentinischen Schlachtschiffe vor der Nase aus dem Hafen gezogen hat.

Er unterstützt Roosevelts Wahlkampf mit einer Menge Geld und mit seinem Einfluß auf seinen alten Kumpel Hearst, den amerikanischen Zeitungskönig und eigentlichen Präsidentenmacher der Vereinigten Staaten. Roosevelt wird gewählt, und der neue Präsident bedankt sich bei Joseph Kennedy auf geschäftliche und politische Weise. Geschäftlich legalisiert er Kennedys Alkoholschmuggel, indem er die Käufe und Verkäufe des Generalimporteurs von Haig's und Gordons Dry Gin als Besorgung »medizinischer Mengen« deklariert und seinem Förderer somit ein riesiges Depot verschafft, aus dem heraus Kennedy sofort mit dem Verkauf beginnen kann, wenn Roosevelt demnächst die Prohibition ganz aufheben wird. Politisch ernennt Roosevelt Joseph Kennedy 1934 zum Vorsitzenden der Börsenkommission, einem Schlüsselposten für den *New Deal* und Roosevelts Absicht, der inneren Dynamik der amerikanischen Wirtschaft neuen Auslauf zu geben und sie nie mehr zum Spielball von Spekulanten werden zu lassen.

Diese Ernennung läßt die Fachwelt entsetzt aufstöhnen, denn Roosevelt hat den Wolf zum Hüter seiner Schafherde ernannt. Bis zum Schwarzen Freitag gab es keinen übleren und skrupelloseren Spekulanten, Manipulierer und Börsenschurken als Joseph Kennedy. Aber die Entscheidung ist goldrichtig. Joseph Kennedy braucht nur darüber nachzudenken, wie er sich selbst aufs Kreuz legen würde, und schon kann er mit der Hilfe einer glanzvollen, von ihm selbst ausgesuchten Expertenrunde das neue Regelwerk für den Wertpapierhandel und für Betriebsverfassungen zimmern, das zum Dreh- und Angelpunkt des Rooseveltschen *New Deal* wird. Schon nach einem Jahr ist er mit seinem Job fertig, sonnt sich in dem Ruhm, dem Time-Magazin gleich zwei Titelgeschichten wert gewesen zu sein, und in dem Stolz, zu Roosevelt einen Draht gefunden zu haben, der es ihm erlaubt, dem Präsidenten gegenüber Formulierungen zu benutzen wie diese: »Nun hör mir mal zu, mein Junge. Machst du das so, werden wir alle im Scheißhaus enden.«

Nach seiner Wiederwahl revanchierte sich Roosevelt mit dem Scherz, seinen irischen Grobian Joseph Kennedy den blasierten Engländern als Botschafter der Vereinigten Staaten nach London zu schicken. Bevor er abreist, läßt Roosevelt ihn im Oval Office antanzen und bittet ihn, die Hosen herunterzulassen. Joseph Kennedy zögert, tut es und will wissen, was sich Roosevelt dabei gedacht hat. Der Präsident sagt: »Joe, nun sieh' dir mal deine Beine an. Du hast die schlimmsten O-Beine, die ich je gesehen habe. Weißt du nicht, daß der Botschafter am Hof von St. James eine Einführungszeremonie durchlaufen muß, für die er Kniehosen und Seidenstrümpfe anziehen muß?«

Was sein Beinkleid betrifft, macht Kennedy in London eine gute Figur; er läßt sich die Sondererlaubnis geben, in einem Cut mit gestreiften Hosen zu seiner Vorstellungszeremonie im Jahr

1938 zu erscheinen. Die britische Oberklasse sieht in ihm einen einflußreichen Amerikaner und keinen irischen Bastard, hofiert ihn, und er wiederum hofiert den englischen Adel. Seine Tochter Kathleen sieht einer Verlobung mit William Cavendish, Marquess of Hartington und künftiger Herzog von Devonshire, entgegen.

Politisch aber ist der Botschafter Joseph Kennedy eine Katastrophe. Er glaubt nicht an Krieg, bestärkt die britische Regierung in ihrer Beschwichtigungspolitik gegen Hitler und macht sich dadurch mitverantwortlich für die militärische Schwäche Englands in der ersten Runde des Zweiten Weltkriegs. Die Hoffnung, selbst einmal Nachfolger Roosevelts zu werden, kann er aufgeben.

Aber wozu hat er Söhne? Hat er Joe und Jack nicht auf die besten Schulen und Universitäten geschickt? Hat er sie nicht zu Kämpfern und zähen Wettstreitern gedrillt? Hat er sie nicht mit nach England genommen und kreuz und quer durch Europa geschickt, damit sie ein Gefühl für die politische Entwicklung reinkriegen in ihre irischen Schädel? Nun soll es sein Ältester machen: Joe Kennedy jr. Er ist der härteste Junge von allen, der sportlichste, der gesündeste, hat auf der Schule die besten Noten, auf der Universität die besten Beurteilungen. Er hat die meisten Weiber flachgelegt. Und er hat den größten Willen.

John Fitzgerald (»Jack«), der zweite Sohn, ist für den Vater ein Problem. Der Junge ist nicht gesund, hat nicht nur einen Haufen Allergien und einen kranken Rücken. Er leidet auch, das wird man erst im Jahr 1947 diagnostizieren können, an der Addisonschen Krankheit, einer Unterfunktion der Nebennierenrinde. Bei Streß wird er schnell müde, gelb im Gesicht, bekommt Durchfall, Schweißausbrüche, erbricht sich, nimmt rapide ab. Die Liege- und Ruhezeiten zwingen ihn zum Lesen. Das Lesen fördert seine Nachdenklichkeit und eine differenzierte Betrachtungsweise – eine Fähigkeit, die ihn von seinen grobgerasterten Geschwistern unterscheidet, denn diese scheinen alle nur ein einziges Programm abzuspulen, welches heißt: Kämpfen, Gewinnen, guter Stimmung sein, denn wir Kennedys sind die Größten. Jacks Nachdenklichkeit erlaubt ihm eine gewisse Distanz, wenn er seine Familie betrachtet. Soviel Distanz, daß er später einmal sagen und schreiben kann: »Ich strebe keine große

Familie an, da sie ein Leben wie in einer Anstalt bedeutet, Kinder wie in einem Gefängnistrakt.« Oder: »Meine Mutter ist eigentlich ein Nichts.«

Aber Jack ist auch zu sehr ein Kennedy, um sich wirklich lösen zu können vom anerzogenen Kampfgeist. Wenn die Krankheiten Pause machen, stählt er seinen Körper durch Football, Schwimmen, Segeln. Auch er kann sich im Grunde nicht vorstellen, daß das Leben etwas anderes sein könnte als ein immerwährender Wettbewerb auf allen Ebenen gegen alle. Das bedeutet auch Kampf gegen den Bruder. Und wenn es sein muß auch Kampf gegen den Vater. Der Alte findet das vollkommen in Ordnung, das gehört zu seinem Verständnis von Freiheit. Schließlich hat er jedem seiner Kinder ein Treuhandkonto über eine Million Dollar eingerichtet, verfügbar vom Tag der Volljährigkeit an, mit der Begründung: »Ich muß jedem meiner Söhne und Töchter die Chance geben, mir ins Gesicht spucken zu können.«

Als Vater Joseph in Washington unten durch ist wegen seiner falschen Politik als Botschafter in London, schreibt sein zweiter Sohn John Fitzgerald in Harvard seine Abschlußarbeit unter dem Titel »Appeasement in München: Das zwangsläufige Ergebnis der Langsamkeit der britischen Demokratie bei der Abkehr von der Politik der Abrüstung«. Im Grunde eine Ohrfeige für seinen Vater, denn der hat ja zu denen gehört, die Englands Beschwichtigungspolitik über München hinaus am Leben erhalten haben. Aber keiner ist über diese Arbeit mehr begeistert als Daddy. Joseph Kennedy engagiert einen begabten Ghostwriter, der die Abschlußarbeit seines Sohnes zu einem Buch mit dem griffigeren Titel »Warum England schlief« ausbaut. Daddy sorgt mit diskreten Käufen, daß das Buch 1940 auf die Bestsellerliste kommt, Aufsehen erregt, den Scheinwerfer der Öffentlichkeit auf die nächste Generation der Kennedys richtet.

Auf diese Weise ist John Fitzgerald schon ein einigermaßen bekannter Mann, als er im Pazifik-Krieg seinen Ruhm als Kommandant der Torpedobootes PT 109 mehren kann. In der Nacht zum 2. August 1943 wird sein Boot von einem japanischen Zerstörer gerammt. Das Boot explodiert, aber bis auf zwei Männer überlebt die Besatzung. John F. Kennedy schwimmt mit einem verletzten Kameraden im Schlepp auf eine vier Kilometer entfernte Insel. Als die Überlebenden vier Tage später gerettet werden, fragt kein Mensch mehr, wie es geschehen konnte, daß das flinke Schnellboot von einem viel langsameren Dickschiff gerammt werden konnte, und warum der Offizier Kennedy mit den Überlebenden nicht vorschriftsmäßig bei den Wrackteilen an der Unglücksstelle geblieben ist, wo amerikanische Suchflugzeuge die Schiffbrüchigen viel früher hätten entdecken und aufsammeln können. Statt dessen sind die Zeitungen voll von der Heldentat des tapferen Kennedy-Sohnes, der einen Verwundeten durch den Pazifik schleppte.

Zuhause sitzt Bruder Joe, Vaters Präsidentschaftsfavorit und derzeit Marineflieger auf Heimaturlaub. Er kocht vor Neid auf die Popularität seines Bruders. Er sucht einen Weg, Jack zu übertreffen, meldet sich in England für einen besonders heiklen Einsatz. Ein Spezialbomber, gefüllt mit gigantischer Zerstörungskraft, soll in Nordfrankreich die deutsche Abschußrampe für den Marschflugkörper V 1 zerstören, indem die Mannschaft so nah wie möglich an die Stellung heranfliegt, dann rechtzeitig mit dem Fallschirm abspringt, bevor die ungesteuerte Maschine auf die V 1 Abschußrampe stürzt. Der Plan geht schief, das Flugzeug explodiert unterwegs. Von Joseph Kennedys ältestem Sohn gibt es nicht einmal mehr eine Leiche.

Als die Familie in Hyannis Port die Todesnachricht empfängt, fordert der Vater seine Söhne und Töchter auf, tapfer zu sein und keinesfalls die Segelregatta zu schwänzen, die für den Nachmittag angesetzt ist. Doch Jack geht nicht an den Start. Bei einem langen Spaziergang am Meer macht er sich mit dem Gedanken vertraut, daß er Präsident werden muß, wenn er sich die Liebe des Vaters erhalten will.

Der Start in die politische Karriere findet in Boston statt. Vater Joseph überschüttet die Stadt als Wohltäter mit guten Gaben und gibt jenen, denen wohlgetan wird, die Chance sich zu bedanken mit der Wahl seines Sohnes John Fitzgerald Kennedy ins Repräsentantenhaus. Sein Gegner im 11. Wahlbezirk von Massachusetts und Favorit ist der Italo-Amerikaner John Russo. Joseph Kennedy sorgt für die Kandidatur eines dritten Mannes, der John Russo sehr ähnlich ist und somit das Russo-Lager spaltet. Für seinen Sohn engagiert er eine Werbeagentur, ein Novum in der

Geschichte amerikanischer Wahlen, und die Agentur präsentiert den jungen Kriegshelden mit dem Slogan: »Die neue Generation bietet einen neuen Führer.« Die Schwestern arrangieren Tea Partys für die Frauen aller Viertel und Ortschaften, und John F. Kennedy kann erkennen, daß er bei den Damen besonders gut ankommt. Es wird ein gigantischer Sieg. So zieht im Jahr 1947 ein erst 29 Jahre alter Abgeordneter nach Washington.

Nun kann er sich überlegen, was er politisch eigentlich will außer Präsident zu werden. Denn eigentlich hat der Führer der neuen Generation, der zukünftige Held des amerikanischen Liberalismus, überhaupt kein Programm, schon gar kein liberales. Am wohlsten fühlt er sich in der Gesellschaft strammer reaktionärer Südstaatler wie Lyndon B. Johnson oder John Rankin, einem berüchtigten Rassisten aus Mississippi. Auch die rechten Republikaner Richard Nixon und Joseph McCarthy mag er. Als McCarthy zu seiner Hexenjagd nach heimlichen Kommunisten aufbricht und den größten Terror auslöst, dem die Intellektuellen Amerikas je ausgesetzt waren, steht der junge Kennedy ihm zur Seite.

Sein Ruhm in Washington hält sich in Grenzen, sieht man einmal von dem imponierenden Verschleiß an Frauen ab, der jeden Rahmen zu sprengen scheint. John F. Kennedy konkurriert auf diesem Gebiet nicht nur mit anderen Politikern, sondern auch mit seinem Vater, möchte ihm beweisen, daß er die Frauen noch leichter herumkriegen kann als es Joseph Kennedy in seiner Jugend konnte. Und er antwortet mit diesem Hunger nach Lust, Leben und Genuß auf die Diagnosen der Ärzte, die nun die Addisonsche Krankheit erkannt haben und ihm einen frühen Tod prophezeihen.

Bis dahin will John noch etwas für die Familienehre tun und tritt bei den Senatswahlen in Massachusetts gegen den Platzhirsch aller Platzhirsche an: Henry Cabot Lodge, Inbegriff eines Brahmanen. Im abgestuften Gesellschaftssystem Bostons sagt man, daß die Lowells nur mit den Lodges reden, die Lodges aber nur mit dem lieben Gott. Kennedy macht permanent Wahlkampf gegen Lodge, gemanagt von seinem Bruder Robert, finanziert vom Vater, der die Zeitung »Boston Post« aus einer Finanzkrise rettet mit dem Ergebnis, daß diese Zeitung nicht mehr das hohe

Lied auf Cabot Lodge singt, sondern auf John F. Kennedy. Der Sieg im Jahr 1952 ist knapp, aber ein Sieg. Vater Joseph sagt: »Es wird für dich nicht schwieriger werden, Präsident zu werden, als Cabot Lodge zu schlagen.«

Jetzt ist er der Senator Kennedy. Weil die Krankheit durch Cortison unter Kontrolle gebracht worden ist, kann er wirklich daran denken, seine neue Würde als Ausgangspunkt zum Aufbau einer Kandidatur für das Präsidentenamt zu nutzen. Ihm ist klar, daß sein Ruf als fröhlichster Junggeselle Washingtons und Kriegsheld nicht ausreicht. Ist ja ganz nett, wenn eine Menge Leute wissen, daß er die einst von Hitler, Goebbels und Göring als nordische Göttin bewunderte dänische Journalistin, Filmemacherin, Lebenskünstlerin und mutmaßliche, wenn auch niemals überführte Nazi-Spionin Inga Arvad herumgekriegt hat. Und daß ein FBI-Dossier über ihn auch von seinen diskreten Treffen mit den Hollywood-Stars Angie Dickenson, Zsa Zsa Gabor, Susan Hayward, Joan Crawford, Lana Turner und mit der Eiskunstläuferin Sonja Henie berichtet. Schließlich ist er ein Kennedy und würde gern die Liste seines Vaters übertreffen. Wenn man in Washington weiß, daß er es darüber hinaus noch mit Hunderten von Damen und Flittchen weniger bekannter Art getrieben hat, dann ist das auch nicht schlecht. Neider auf diesem Gebiet ehren den Mann. Außerdem setzt ein guter Hahn kein Fett an.

Für einen jungen Abgeordneten aus einem Neuengland-Staat wie Massachusetts mag das ja angehen, aber ein künftiger Präsidentschaftskandidat sollte erstens eine ordentliche Ehefrau haben und zweitens ein interessantes neues Programm.

Zwei Jahre nach dem ereignislosen ersten Zusammentreffen von John F. Kennedy und Jacqueline Bouvier bei Bartletts Hochzeitsparty in East Hampton wird ein zweites Treffen zwischen den beiden arrangiert. Diesmal steckt nicht der Journalist Charles Bartlett dahinter, sondern Martha Buck, die Frau, die Bartlett inzwischen geheiratet hat. Martha macht sich so ihre Gedanken, daß ihr Mann noch immer gelegentlich seine alte Freundin Jacqueline mit nach Hause bringt, wittert Gefahr und will diese Freundin der Familie möglichst schnell unter die Haube bringen und damit aus der Reichweite ihres Mannes ziehen.

Im Mai 1951 lädt sie zu einer großen Dinnerparty im Washingtoner Prominentenviertel Georgetown mehrere feste Paare, außerdem den Abgeordneten John F. Kennedy und Jacqueline Bouvier ein.

Jacqueline ist gerade von einem Studienaufenthalt an der Pariser Sorbonne nach Amerika zurückgekehrt. Im fernen Europa, außerhalb der Sichtweite der feinen amerikanischen Ostküste hat sie sich erotisch ausgetobt, auf die wilde Bouvier-Art. Mit einem ihrer Liebhaber in Paris, dem franko-amerikanischen Adeligen John Philipps Marquand jr., soll sie es sogar in einem Lift getrieben haben, bei einem Stop zwischen zwei Stockwerken, schreibt später einmal der Biograph Ed Klein in seinem Buch »Die Love Story von Jack und Jackie Kennedy«. Nun ist sie wieder in Amerika und zelebriert bei Martha Bucks Party die ungepflückte, junge Ostküsten-Rose.

Martha arrangiert es so, daß Jack und Jackie nebeneinander auf der Couch sitzen. Sie serviert Cocktails. Nach dem Essen versammelt man sich zu einem Spiel, in dem es darum geht, durch Pantomime Begriffe darzustellen, die andere erraten sollen. Charles Bartlett erinnert sich später: »Die Kennedys bewiesen darin ebenso Geschick wie beim Football – und genauso großen Ehrgeiz. Aber Jackie, superschlau und dank ihrer Erziehung auch schauspielerisch erfahren, war eine Klasse für sich.«

Kennedy ist beeindruckt, begleitet nach der Party Jacqueline zu ihrem Auto, lädt sie zu einem Schlummertrunk ein. Doch dann entdeckt er einen Mann auf dem Rücksitz in Jackies Auto. Es handelt sich zwar nur um einen entfernten Bekannten, der Jackies Wagen zufällig entdeckt hatte und sie überraschen wollte, aber Jack Kennedy entschuldigt sich eilig, macht sich fluchtartig aus dem Staub, ruft zwar am nächsten Tag noch einmal bei ihr an, rührt sich dann aber nicht mehr.

Wieder nichts. Jackie besucht danach ihre Schwester in Europa, verlobt sich nach ihrer Rückkehr im Winter mit dem Börsenmakler John Husted, einem braven, zuverlässigen Mann ohne Flair, ist deshalb mit dieser Wahl nicht so recht zufrieden und sehr froh, als die Bartletts sie wieder einmal zu einer Dinnerparty einladen und daß auch der junge Kennedy wieder dabei ist.

Von da an treffen sie sich regelmäßig. Es ist keine leidenschaftliche Romanze. Er ist mit den Gedanken bei seinem Wahlkampf gegen Cabot Lodge, wird entgegen seiner Gewohnheit gar nicht zudringlich, sondern redet mit ihr über Gott und die Welt, vor allem über Politik und Baseball. Aber da er sie immer wieder treffen will, ist ihr klar, daß er sie als zukünftige Ehefrau in Betracht zieht und nicht als Lusthäppchen.

Jackie löst ihre Verlobung mit John Husted, beginnt einen Job als Reporterin beim »Times Herald«, wo sie als Interviewerin zu Allerweltsthemen zwar gute Fragen stellt, aber holprige Texte und unscharfe Bilder liefert. Die Kollegen mögen sie ganz gern, und einer, der Journalist John White, warnt sie vor John F. Kennedy: »Für einen Flirt kann er schon taugen, aber das ist kein Mann, den man zu Hause seiner Mama zeigen sollte.«

Jacqueline Bouvier hat eine andere Empfindung für diese Beziehung. Sie sagt später: »Wir waren zwei einsame Eisberge. Der größte Teil unseres Lebens spielte sich unter der Oberfläche ab. Jeder von uns spürte, daß der andere so war, und das verband uns miteinander.« Sie hilft ihm bei der Ausarbeitung politischer Vorlagen, übersetzt französische Fachliteratur für ihn, begleitet ihn zu politischen Veranstaltungen, nimmt Einfluß auf seine Kleidung. Die Veredelung der irischen Rauhbeinigkeit der Kennedys durch den Geschmack der Bouviers hat begonnen. Aber Jacqueline weiß bereits, daß die Zähmung nicht gelingen wird. John trifft sich weiterhin auch mit anderen Frauen, und Jacqueline Bouvier fragt eine Freundin: »Wie kann man mit einem Ehemann leben, den man zwar liebt, der aber mit Sicherheit untreu sein wird?«

Die Antwort müßte keiner besser kennen als sie selbst: Weil John F. Kennedy der erste Mann ist, der es an Verruchtheit, Abgründigkeit und Faszinationskraft mit Black Jack aufnehmen könnte, ihrem heißgeliebten Vater.

Zur gleichen Zeit, in der Kennedy nicht ohne Druck seines Vaters in die Ehe mit Jacqueline Bouvier getrieben wird, findet er auch den Mann, der ihm seinen politischen Maßanzug schneidern kann, mit dem er sich aus dem Mief der reaktionären Senatoren aus den Südstaaten und der irischen Polittrickser aus den Nordstaaten befreien kann. Der Mann heißt Theodore Sorensen,

25 Jahre jung, Kriegsdienstverweigerer, Rechtsanwalt, dicke Brillengläser. Die Gesichtshaut ist mit vernarbten Akne-Kratern übersät. Er ist der Sohn des Generalstaatsanwalts von Nebraska, linksliberal und als Mann aus dem Mittelwesten zutiefst erfüllt von dem Glauben an den besonderen Auftrag Amerikas, und daß dieser heilige Auftrag nicht von den McCarthys, nicht von faschistoiden Sheriffs wie Edgar Hoover, nicht von den unzähligen reaktionären John-Wayne-Imitatoren ausgeführt werden darf, sondern von den Aufgeklärten, Gebildeten, Besonnenen, von der pragmatischen Linken. Er dient sich Kennedy als Redenschreiber und Berater an.

Die Botschaft, die Sorensen ihm als politisches Programm und Köder für den Wähler ans Herz legt, ist dieselbe, die Kennedys Familie seit Generationen antreibt: Suche den Gral!

Übersetzt in irisch-keltische Mythologie und konkrete politische Ziele würde Sorensens Rat an Kennedy so lauten: Errichte ein Camelot, versammle fähige Männer um dich, sende Licht in das Dunkel der verdämmernden Zeit und suche die Lösung gegen das Übel! Präsentiere ein Programm gegen die Stagnation, die nach dem Zweiten Weltkrieg eingesetzt hat, als sich der westliche Kapitalismus selbstzufrieden, dekadent und behäbig dem Konsum und der Kleingeistigkeit ergab und deshalb dem Expansionsdrang des Kommunismus nicht viel entgegenzusetzen weiß.

Sorensen will mit seiner Camelot-Version Kennedy zur Hebamme für die Geburt einer neuen Welt machen, in der egomanische Schurken und Strippenzieher wie Vater Joseph Kennedy einer war und noch immer ist, nichts mehr verloren haben. Den alten Kennedy aber stört das überhaupt nicht. Wenn das Programm die Chance verheißt, daß sein Sohn ins Weiße Haus kommt, dann dürfte der Bengel jetzt auch das Kommunistische Manifest verkünden.

Sorensens Programm greift. Kennedy, bis dahin ein Politiker ohne Kontur, von dem man nur weiß, daß er jung und hinter den Weibern her ist, wird mit jedem Jahr mehr zum Kristallisationspunkt für Hoffnungen unterschiedlichster Art. Hoffnung auf einen Generationswechsel, Hoffnung auf einen Energieschub. Hoffnung auf Reformen, Hoffnung auf Offensivgeist,

Hoffnung auf eine Lösung des Problems mit den Sowjets, Hoffnung auf Modernisierung der Gesellschaft.

Es scheint nur ein Problem zu geben: Jackie kann die demütigenden Eskapaden ihres Mannes nicht mehr ertragen. Er macht kein Hehl aus seinen Ehebrüchen, die Gefühle seiner Frau sind ihm dabei egal. So ist er nun mal, so sind auch seine Brüder, so war auch der Vater und ist es zum Teil noch immer. Der Schriftsteller Truman Capote sagt über die Virilität dieser Familie: »Die Kennedy-Männer sind alle gleich – wie Hunde, die an jeden Feuerhydranten pinkeln müssen.« Besonders heftig wird es bei Jack nach einer lebensgefährlichen Infektion im Anschluß an eine Operation seiner Wirbelsäule. Er verläßt das Krankenhaus mit einem geradezu krankhaften Hunger auf Vergnügen, als wollte er den Rest seines gesundheitlich ständig bedrohten Lebens als Dauererektion genießen.

Jacqueline, die ihn während der Krankheit rührend umsorgt und gehofft hatte, diese Wochen auf Leben und Tod hätten ihre gegenseitige Liebe endgültig besiegelt und der Beziehung ein neues Gewicht gegeben, hält es nicht mehr aus. Ihre eigenen Seitensprünge mit dem Schauspieler William Holden und dem Regierungsbeamten Roswell Gilpatric sind mehr Rache als Vergnügen. Jetzt will sie die Trennung.

Das wäre das Ende von Johns Ambitionen auf das Weiße Haus. Eine Krisensitzung des um die Bouviers erweiterten Familienrates bringt die Lösung. Jacqueline toleriert seine Promiskuität, ihr Mann verspricht mehr Diskretion in dieser Sache und mehr Respekt gegenüber der Würde seiner Frau. Und Joseph Kennedy, der Jacqueline sehr mag, soll auch ein paar Millionen Dollar Bleibe-Prämie auf Jackies Privatkonto gelegt haben.

Denn was das Finanzielle betrifft, so wird Jacqueline leicht zu einer reißenden Hyäne. Wenn die Selbstachtung gefährdet ist, legt sie sich eine stabilisierende Rüstung aus immer neuen wunderbaren und furchtbar teuren Kleidern an. Trotzdem kann diese Kaufwut nicht so ohne weiteres als Verschwendungslust gewertet werden. In ihrer zweiten Ehe mit dem griechischen Reeder Onassis wird sie noch exzessiver einkaufen, und erst viele Jahre später kommt heraus, daß sie diese teuren Kleider, kaum getragen, heimlich an eine Nobelboutique weiterverkauft, die

Erlöse aus diesen Käufen und die Zuwendungen Onassis' gehortet hat, um von den Kennedys unabhängig zu werden und ihre Kinder Caroline und John jr. abseits vom Clan erziehen zu können. Sie wird einmal ein Privatvermögen von mehr als 200 Millionen Dollar hinterlassen.

Jackie bleibt bei John, die gefürchtete Scheidung bleibt aus. Aber es gibt neue Befürchtungen: Jackies unamerikanische Eleganz könnte Johns Wahl ins Weiße Haus vermasseln.

Doch nun zeigt es sich, daß die Amerikaner keine hausbackene, ewig grinsende First Lady mehr haben wollen, sondern eine Prinzessin, dunkel, geheimnisvoll, schön, mit einem Blick, der auch Traurigkeit verrät. Das junge, städtische, gebildete Amerika ist verliebt in Jack und Jackie, und auch das weibliche Proletariat mag sie in der Endphase ihrer vierten Schwangerschaft nicht im Stich lassen, denn schon zwei ihrer Neugeborenen liegen auf dem Friedhof.

Trotz all der Sympathien bei den Frauen, Jungen und Intellektuellen hätte es bei der Präsidentenwahl nicht gereicht zu dem hauchdünnen 0,1-Prozent-Vorsprung gegen den amtierenden Vizepräsidenten und Gegenkandidaten Richard Nixon, wäre da nicht der ganz knappe, aber von der Sozialstruktur her vollkommen unerklärbare und deshalb besonders überraschende Kennedy-Erfolg in Illinois gewesen, welcher Spekulationen darüber auslöst, ob es in Illinois' größter Stadt, in Chicago, in einigen Wahllokalen Unregelmäßigkeiten gegeben haben könnte.

Doch noch in der Wahlnacht überwältigt der Zauber, der von Jack und Jackie ausgeht, auch jene, die Nixon gewählt haben. So will dann keiner mehr wirklich wissen, ob das Wunder von Illinois etwa darauf zurückzuführen ist, daß der alte Joseph Kennedy vielleicht seine alten Beziehungen zum Mob wieder aufgenommen haben könnte und den Chicagoer Paten Sam Giancana, inzwischen auf dem Weg zum capo di tutti capi, zum Boss der Bosse, vielleicht um eine kleine Wahlhilfe angegangen sein könnte. Der alte Joseph Kennedy hatte von Hyannis Port aus die Fäden der gesamten Wahlkampforganisation gezogen.

Aber es scheint, als leuchte das Wunder von Illinois wie ein Feuer des Bösen durch die 1036 Tage der Präsidentschaft Kennedys. Daß sein Bruder Robert, nun sein Justizminister, einen publicityträchtigen Kampf gegen den Boss des Transportarbeitersyndikats, Jimmy Hoffa, aufnimmt, muß einem Deal zwischen dem Mob und den Kennedys in Illinois nicht widersprechen. Denn die Kennedys haben sich mit Dankbarkeitsbekundungen noch nie lange aufgehalten. Schon deshalb nicht, weil ein Motto des alten Joseph Kennedy lautet: Wenn wir mit dem Mob zusammenarbeiten, dann arbeitet der Mob für uns und nicht wir für den Mob.

Aber so leicht läßt das organisierte Verbrechen sich nicht abschütteln.

Noch Jahrzehnte nach Kennedys Ende kennt keiner genau die Gründe, weshalb Kennedy nach dem Debakel der Schweinebucht-Invasion auf Kuba seinen Geheimdienst CIA mit der Mafia zusammenarbeiten läßt bei der Erstellung von Plänen zu einer Ermordung des mit den Russen kooperierenden kubanischen Staatschefs Fidel Castro.

Keiner kennt genau die Gründe, warum er während seiner Präsidentschaft seine einzige Dauergeliebte, das Hollywood-Partygirl Judith Campbell-Exner, über mehrere Jahre mit Sam Giancana teilt und warum Judith auch noch Botendienste zwischen dem Weißen Haus und dem Paten in Chicago verrichtet.

Ein geheimnisvoller Nebel wabert über den letzten Tagen des Hollywood-Stars Marilyn Monroe, die kurz nach einem Treffen mit ihrem letzten Geliebten Robert Kennedy an einer Überdosis Beruhigungsmittel stirbt oder gestorben wird. Wie so häufig hatte auch hier ein Kennedy-Bruder, in diesem Fall Robert, eine abgelegte Geliebte eines anderen Kennedys, in diesem Fall John F., übernommen. Hat der Mob Marilyn Monroe vergiftet, um Erpressungsmaterial gegen die Kennedys in die Finger zu bekommen, wie Chuck und Sam Giancana, der Bruder und Neffe des später ermordeten Sam Giancana, es in ihrem Buch »Giancana – Der Pate der Macht« vermuten? Oder ermordete der Mob sie im Auftrag der Kennedys, um die frustrierte Marilyn Monroe loszuwerden, die mit Plaudereien über ihre Kennedy-Affären und über ein abgetriebenes Kind die Chancen des Präsidenten auf Wiederwahl gefährdet hätte? Das behaupten Milo Speriglio und Adela Gregory, zwei Hollywood-Detektive und Hobby-Erforscher des Lebens und des Todes von Marilyn Monroe in ihrem Buch »Der Fall Marilyn Monroe«.

Warum kam die Bekanntschaft Marilyns mit den Kennedys wie die Bekanntschaft John F. Kennedys mit Judith Exner jeweils durch Vermittlung des Sängers und Filmstars Frank Sinatra zustande? Und warum ließ sich John F. Kennedy überhaupt so stark auf Sinatra ein, von dem doch geredet wird, daß er dem Mob speziell und Sam Giancana im besonderen gern oder zumindest immer wieder einen Gefallen tat?

Warum wird der Kennedy-Mörder Lee Harvey Oswald, bevor er etwas über eine vermutete Mordverschwörung loswerden könnte, von Jack Ruby, einem Mafia-Mann, erschossen? Sieht sich Ruby, der vier Jahre nach den Schüssen von Dallas an Krebs sterben wird, möglicherweise als ein Mann, der nichts mehr zu verlieren hat, aber noch etwas an bleibendem Ruhm und vielleicht ein wenig Nachsorge für seine Hinterbliebenen gewinnen könnte?

Die knapp dreijährige Präsidentschaft Kennedys ist politisch nicht undramatisch. In diese drei Jahre fällt ein Höhepunkt des kalten Krieges, die Kubakrise, in der sich die Welt nur um Haaresbreite an einen militärischen Schlagabtausch zwischen den Supermächten vorbeizittert. In diesen drei Jahren beginnt die Bürgerrechtsbewegung der Amerikaner afrikanischer Herkunft, der Wettlauf zum Mond, wird die Mauer in Berlin errichtet, eskaliert von Laos aus der zweite Indochinakrieg, wird die längst überfällige und auch von Nixon angestrebte Umstellung der Nato-Strategie von der massiven Vergeltung zur abgestuften Antwort eingeleitet, die Amerika von nun an weltweit in jeden Kleinkrieg hineinzieht.

Was immer Kennedy mit seiner Tafelrunde, einer Versammlung hochkarätiger intellektueller Berater und Minister, auch auf die Beine stellt in dem wundervoll, mit perfekter Geschmackssicherheit von Jacqueline Kennedy entrümpelten und restaurierten Weißen Haus: Es ist nichts dabei, was zwingend an Begriffe wie historische Größe, Geniestreich, beispielhafte Staatskunst denken ließe.

Es sind immer nur Äußerlichkeiten, die in den Menschen die Phantasie entzünden und das Camelot-Image 1036 Tage lang aufrechterhalten: Die Dichter und Musiker, die abends in Amerikas bester Stube ihre Künste vortragen dürfen; die Diskussionsrunden mit den Denkern dieser Zeit; die ungezwungenen Gespräche mit fremden Staatsbesuchern, die glanzvollen Auftritte von Jack und Jackie in den Hauptstädten Europas; der um den Schreibtisch seines Vaters herumkrabbelnde kleine John jr. im Oval Office; und Dialoge wie dieser mit der kleinen Tochter Caroline:

Kennedy: »Caroline, hast du wieder Süßigkeiten genascht?«

Keine Antwort.

Kennedy: »Hast Du genascht?«

Wieder keine Antwort.

Kennedy: »Caroline, antworte gefälligst mit Ja, Nein oder Vielleicht!«

Das Äußerliche scheint entzückend, dahinter verbirgt sich nicht viel. Aber das Äußerliche hätte genügt, um eine sichere Wiederwahl zu garantieren. Die Kampagne für seine zweite Amtsperiode soll am 22. November 1963 mit dem Besuch in Dallas eröffnet werden. Die First Lady hat ihre zweite Ehekrise im Anschluß an eine weitere Fehlgeburt überwunden, ist aus Europa zurückgekehrt, wo sie ihren Mann mit Onassis betrogen hat, auf dessen Yacht im Mittelmeer, unter den Augen eines Roosevelt-Sohnes, den Kennedy ihr als Anstandsdame mitgegeben hatte. Onassis ist ein Typ wie ihr Vater, dunkel, charmant, älter, ritterlich und schrecklich verrucht. Ideal für Vergeltung an einem untreuen Ehemann. Aber auch diese Ehekrise ist vorüber, nun will sie mit Jack für eine zweite Amtszeit kämpfen.

Die texanische Stadt, in der die Kampagne beginnen soll, ist konservativ bis reaktionär und Kennedy im Grunde feindlich gesonnen. Aber der Jack- und Jackie-Mythos treibt die Leute zum Jubeln auf die Straße. Man hat die Innenstadt gerade hinter sich gebracht. Mrs. Conolly, die Frau des Gouverneurs von Texas, sagt zu Kennedy: »Sie können jedenfalls nicht behaupten, daß Dallas Sie nicht liebt, Mister President«, als die Schüsse fallen.

Jacqueline sieht, wie ein Teil der Hirnschale ihres Mannes auf die Straße fliegt. Sie klettert auf den Kofferraumdeckel der offenen Limousine und gibt einem nachrennenden Leibwächter verzweifelt Zeichen, als erhoffe sie sich von dem Schädelstück am Straßenrand Jacks Rettung. Aber Kennedy ist nicht zu retten. Unsterblich ist nur der Mythos, den er hinterläßt.

Vielleicht ist die bedeutendste politische Hinterlassenschaft Kennedys die, daß er sichtbar gemacht hat, in welch hohem Maße die Menschen bereit sind, einen Politiker so zu sehen, wie sie ihn sehen wollen und nicht, wie er wirklich ist. Kennedy war ein opportunistischer Blender, ein vom Vater angetriebener, im Grunde seines Wesens politisch nur mäßig interessierter Mensch, ein Alptraum von einem Ehemann. Aber weil die Zeit danach war und weil der junge Mann und seine Berater es geschickt anstellten, wollten die Leute in ihm nicht den ewig pubertierenden Jungen sehen, sondern den edlen König Artus.

Vom Fernsehen wird behauptet, es lasse auf die Dauer jeden Menschen so erscheinen, wie er wirklich ist. Kennedy bewies, daß dem nicht so ist. Im beginnenden Zeitalter des Fernsehens, das Kennedy jeden Tag in jedem amerikanischen Haus präsent machte, war der archaische Mythos und die Hoffnung, daß es ein neues Camelot geben könnte, so stark, daß er sogar einen scharfäugigen Zyniker wie den Schriftsteller Norman Mailer entflammen konnte. Der sagte nach dem Attentat: »Eine Zeitlang dachten wir, das Land gehöre uns. Jetzt gehört es wieder ihnen.«

So stark ist auch Jahrzehnte später wieder die uneingestandene Sehnsucht nach einem neuen Artus, daß im Frühjahr des Jahres 1996 die Kinder der inzwischen an Krebs verstorbenen Jacqueline Kennedy bei der Versteigerung ihres Nachlasses nicht wie erhofft etwas über fünf Millionen Dollar erlösen, sondern 35 Millionen. Nicht ein einziger der fünftausend angebotenen Gegenstände bleibt übrig. Das kleine Schaukelpferdchen, das einst Caroline und John jr. als Kinder im Weißen Haus geritten hatten, erzielt den Betrag von 86 250 Dollar. Das ist zuviel für ein Schaukelpferd, aber ein vielleicht angemessener Preis, wenn sich darauf ein künftiger Artus oder Ritter der Tafelrunde für seinen Ritt nach Camelot in Stimmung wippen könnte.

Josip Broz Tito

Geboren: 7. Mai 1892. Gestorben: 4. Mai 1980.
Staatspräsident von Jugoslawien (1953–1980).
Die besondere Lebensleistung: Er war der erste
Kommunist, der sich dem Diktat Moskaus widersetzte.
Damit machte er die Weltreligion Kommunismus
spaltbar und schwächte sie entscheidend.
Sein Liebesleben: Ein Macho, mit dem Frauen
Schlitten fahren konnten.

Im Kopf Bolschewik, in der Seele Bourgeois

Die Moskauer Komintern-Herberge Hotel Lux wird im Jahr
1936 um eine Etage aufgestockt. In weiten Teilen Europas wütet
der Faschismus; das Lux muß immer neue ausländische Spitzengenossen unterbringen, die sich aus ihrer Heimat abgesetzt
haben. Auf der Baustelle verbindet hoch oben im fünften Stock
ein schmales Brett ein Erkerfenster mit einem Fenster der
Straßenfront. Auf dem Brett balanciert ein rotblonder Bursche
von 12 Jahren über dem Abgrund.

Der Junge ist der Schrecken aller Mütter im Lux. Er lügt,
stiehlt, prügelt auf Teufel komm raus, geht nicht zur Schule und
ist immer dort der Anführer, wo gerade etwas angestellt wird.
Wenn Stalins Geheimpolizei NKWD anklopft, müssen die
Bewohner des Lux die Tür aufmachen und die Männer herein-
lassen. Wenn dieser Junge anklopft, schlagen die Mütter die Tür
wieder zu. Er nennt sich Zarko, ist im Lux registriert als Neffe
des Genossen Walter, der in Wahrheit aber sein Vater und dessen wahrer Kriegsname Tito ist, hinter dem sich wiederum der
kroatische Schlosser und Revolutionär Josip Broz verbirgt.

Zarko hat das andere Fenster erreicht und ruft seiner Gefolgschaft zu: »Mir nach!« Die Gruppe erstarrt in Bewunderung,

rührt sich aber nicht vom Fleck. Doch ein gut erzogenes 14jähriges Mädchen aus damals allerbesten Kreisen ist von diesem Prachtexemplar eines bösen Buben fasziniert, steigt aufs Brett, knapp 20 Meter über der Gorkistraße, und eilt dem Traum seiner ersten erotischen Aufwallung entgegen. Die Kleine gewinnt damit den Respekt Zarkos. Sie ist nun würdig, seinen Freunden vom jugendlichen Moskauer Abschaum vorgestellt zu werden. Dieser ist in der Bachruschtschenka zu Hause, einem Labyrinth von Durchgängen und Hinterhöfen zwischen der Dmitrowka-Straße und der Golenischtschewskij-Gasse, welches zu durchschreiten die Mütter des Hotel Lux ihren Kindern wegen der Gefahr von Überfällen bis hin zum Mord auch am Tag strengstens untersagen.

Das Mädchen, das zu Zarko über das schmale Brett gegangen ist, heißt Elena Bonner und wird einige Jahrzehnte später als Menschenrechtlerin und Ehefrau des Andrej Sacharow bekannt, des Helden des antikommunistischen Widerstands in den letzten Lebensjahren der Sowjetunion. Im Jahr 1936 ist sie die Stieftochter des sowjetischen Komintern-Spitzenfunktionärs Gework Sarkissowitsch Alichanow. Dieser lebt mit seiner Familie ebenfalls im Lux und spielt manchmal mit dem Genossen Walter alias Tito am Abend eine Partie Schach.

Wie kommt der stille Tito zu diesem schrecklichen Sohn? Wer ist Genosse Tito überhaupt?

Im Lux hält sich aus konspirativen Gründen zwar jeder weitgehend bedeckt, aber aus diesem Mann wird überhaupt niemand schlau. Das einzige, was von ihm zu erkennen ist, sind diverse Garnituren Tarnkappen. Er redet so gut wie nie. Das war schon vor den Säuberungen so. Er halt schon 1935 eisern den Mund, als beim VII. Weltkongreß der Kommunistischen Internationale, einer Art Woodstock der Weltrevolution, den Genossen aus aller Herren Länder die Seele überquillt vor Begeisterung und Kampfbereitschaft.

Nun sind zwar die Jugoslawen innerhalb der Komintern eine besonders abgekapselte Gruppe, die sich noch mehr als die anderen nach außen abschottet, aber auch innerhalb dieses Emigrantenklüngels ist Tito ein Rätsel. Er bleibt ein Rätsel und ein Mann der Widersprüche bis an das späte Ende seiner Tage.

In seiner Heimat vermuten in ihm nicht wenige Genossen einen russischen Agenten, denn nach vielen Jahren im Ausland sind sein Russisch und sein Deutsch besser als seine Muttersprache Serbokroatisch. Er bringt Ausdrücke durcheinander, packt eine Menge russischer Worte in seinen serbokroatischen Sprachschatz und zieht noch sehr lange nach seinen Aufenthalten in Sibirien und Moskau wie ein Russe die Worte lang. Gleichwohl wird er der größte Feind der russischen Kommunisten.

Er scheint im Gegensatz zu den serbischen Genossen eine angeborene und schier unausrottbare Bewunderung für alles zu hegen, was deutsch ist. Dennoch fängt er in Moskau an, die Deutschen zu hassen. Man sagt später, das rühre daher, daß er im Balkan-Sekretariat der Komintern unter deutschen Genossen wie Wilhelm Pieck, dem Leiter dieser Abteilung, arbeitet.

Er wird im Zweiten Weltkrieg alles andere als ein genialer Heerführer sein, und dennoch wird er mit seiner Partisanenarmee einen militärischen Beitrag liefern, der Jugoslawien 1945 als souveränen Staat legitimieren und das Fundament für seine Ernennung zum Staatschef, zuletzt sogar auf Lebenszeit, bilden wird.

Er wird, obwohl ihm am Kommunismus nichts so fern ist wie die ideologische Prinzipienreiterei der Intellektuellen, die linken Intellektuellen entzücken und noch vor dem Chinesen Mao der Mann sein, der die Weltkirche Kommunismus ideologisch sprengen und damit das russische System entwerten wird: vom alleinseligmachenden Weg zur Möglichkeit *mehrerer* Wege zum Sozialismus.

Er wird zum Schutzpatron eines Gesellschaftsprinzips, in dem Privilegien abgeschafft und alle Menschen gleich sein sollen, wird sich dabei aber selbst wie Hermann Göring in der Rolle eines Pomp und Prunk liebenden Operettenfürsten in goldstrotzenden Kitsch-Uniformen gefallen.

Er wird sich als ein großer Weltführer der Einheit der blockfreien Staaten feiern lassen, obwohl er im Grunde bereits wissen müßte, daß nicht einmal die kleine Welt seines eigenen Staates mit seinen einander mißtrauenden Nationalitäten zusammenhalten wird. Denn schon zu seinen Lebzeiten gelingt dies nur mit Hilfe der Magie der allgemeinen Tito-Verehrung und der ununterbrochenen Beschwörung der Erinnerung an den gemeinsamen Partisanenkampf der südslawischen Völker gegen Hitlers Wehrmacht. Also mit zwei luftigen Faktoren, die schneller in den Nebeln der Vergangenheit vergehen werden als die über viele Jahrhunderte gewachsenen Gegensätzlichkeiten in seinem Vielvölkerstaat.

Diesen schillernden Mann zwischen den Welten beschreibt Ruth von Mayenburg in ihren Erinnerungen an das Hotel Lux als eine »unscheinbare Maus«, die sich unbeachtet von ihren Nachbarn durch die langen dunklen Gänge des Hotels bewegt, in der Gemeinschaftsküche Tee und Suppe kocht. In seiner winzigen Kammer im fünften Stock mit dem Fenster hinaus auf eine Seitengasse ist nur Platz für eine Couch, einen Schrank und einen Schreibtisch, auf dem ein Telefon steht.

Wie paßt das alles zusammen? Wie paßt der ideologieferne Protzer und Genießer zu dem spartanischen Revolutionär? Wie der romantische balkanesische Räuberhauptmann zum undurchdringlichen stalinistischen Schweiger? Wie der polternde slawische Wojwod zum unverhohlenen Bewunderer österreichisch-deutscher Lebensart? Wie der ungebildete Bauernsohn zum Helden der linken Intellektuellen? Wie paßt der Mann, der im Kampf um die Macht die Liquidierung Zehntausender politischer Gegner anordnet, zu dem Staatschef, der eine geradezu religiöse Scheu davor hat, persönlich Todesurteile zu unterschreiben und dieses Geschäft anderen zuschiebt? Wie paßt der Mann, der sich von keinem auf der Nase herumtanzen läßt und sich in Gegenwart seiner Frauen gern als Macho gebärdet, zu dem Mann, der sich den Launen und Intrigen dieser Frauen geradezu hilflos fügt? Wie paßt der Mann, der Millionen Männer eines in sich zerrissenen Vielvölkerstaates beherrscht, zu dem Vater, der nicht mit seinem Sohn fertigwird?

Doch wenn man genauer hineinschaut in diese Widersprüchlichkeit, dann paßt doch alles zusammen. Man muß nur dabei berücksichtigen, daß das Leben sich gelegentlich erlaubt, die Dinge anders zu fügen, als es der menschliche Verstand mit seiner Sehnsucht nach aufgeräumten Denk- und Handlungssystemen wahrhaben möchte. Der Mensch plant sein Leben als zügige geradlinige Bewegung in die Zukunft, doch dann stellt sich die Realität in den Weg, und aus dem geordneten Marschtritt in die Zukunft wird mitunter ein Veitstanz, bei dem kein Schritt mehr zu dem vorangegangenen paßt.

Doch auch das Chaos und der Veitstanz sind in sich schlüssige Bewegungsabläufe. Jede Kehrtwendung, jeder Bruch in der Bewegung, jeder Tempowechsel, jeder Knick im Rhythmus ist die logische und unausweichliche Folge eines besonderen Reizes oder Zwanges. So gewinnen denn auch die Disharmonien des Josip Broz ihre Ordnung, wenn man nur seine Entwicklung als den immer weiter fortschreitenden Lernprozeß eines intelligenten, wachsamen und durch und durch vernünftigen Menschen betrachtet.

Vielleicht ergründen wir diesen Mann aus dem letzten Jahrhundert leichter, wenn wir ihn einfach als den Prototyp der allmählich entstehenden und am Ende des 20. Jahrhunderts die modernen Gesellschaften beherrschenden Angestellten-Typus vorstellen. Der sich vorsichtig nach vorne tastende, auf Gelegenheiten wartende, Rückzugsmöglichkeiten immer im Auge behaltende, Bündnisse wechselnde Angestellte oder Funktionär hat den draufgängerischen, tapferen, quellwasserklaren, sturen, romantischen, alles auf eine Karte setzenden, Treue und Freundschaft suchenden und gewährenden Helden als Erfolgstyp abgelöst.

Tito ist zwar nicht einen einzigen Tag in seinem Leben Angestellter gewesen, sondern Arbeiter, Soldat, Berufsrevolutionär und Staatschef, aber seine Ausgangsposition war die eines Angestellten: zwischen Tür und Angel, ohne die Sicherheit eines ererbten Vermögens, ohne den Schutz einer mächtigen, solidarischen Gruppe, Kaste, Gemeinschaft, ohne die Stütze eines stabilen geistigen Fundaments, allein auf sich gestellt und umzingelt von Problemen, Gefahren, Fettnäpfen. Ohne klares Ziel belauert der Angestellte die Welt um sich herum, beobachtet die sich verändernden Konstellationen und wagt, wenn sich eine Gelegenheit bietet, einen vorsichtigen Schritt, dann noch einen, springt mal auf diesen Zug auf, mal auf jenen. Er hat keine klare Richtung, sondern nimmt immer die Gelegenheit wahr, die ihn am schnellsten wegführt von der jetzigen Lage in eine bessere.

Der Held früherer Jahrhunderte ist mit Brachialgewalt direkt gegen die Hindernisse angeritten, der Angestelltentyp der neuen Zeit jedoch ist ein Surfer, der sich den Richtungen der Winde und der Wellen ausliefert.

Die Winde, die Josip Broz den Kurs abgesteckt hatten, waren gefährlich und wechselten häufig die Richtung. Er hat sich auf seiner Höllenfahrt auf den Beinen halten können, weil er die prägenden Lektionen seiner Kindheit vollkommen begriffen und stetig weiterentwickelt hat.

Die erste Lektion: Nichts ist wichtiger als das Überleben.

Was das Kind Josip Broz in seinem Heimatdorf Kumrovec im ersten Licht seiner Bewußtwerdung versteht, ist, daß der Tod jederzeit und überall droht und endgültig ist. Von seinen 14 Geschwistern sterben acht früh. Er ist das siebte Kind, aber von seinen älteren Geschwistern leben nur noch zwei. Der Tod ist Teil seines Lebens von Anfang an, auch ringsum in anderen Häusern und auch in den Ställen seines Vaters Franjo Broz, eines gar nicht so kleinen, aber geschäftlich ungeschickten Bauern, unter dessen Führung die existentielle Bedrohung der Familie ständig wächst.

Persönliche Erkenntnisse: Was immer du tust, riskiere dabei nicht dein Leben, denn der Verlust ist endgültig. Aber du mußt etwas tun für dich und deine Zukunft, denn es gibt keinen väterlichen Beschützer, auf den du dich verlassen könntest.

Die zweite Lektion: Es gibt keine verbindliche Wahrheit.

Kumrovec liegt in Kroatien. Das nächste Dorf, Podsreda, liegt bereits in Slowenien. Dort sprechen die Menschen eine andere Sprache, dort wird anders gedacht, anders gefühlt, anders verwaltet. Der Vater ist Kroate, die Mutter Slowenin. Bis Josip schulpflichtig wird, geben Franjo und Marija Broz ihren Sohn bei den Eltern der Mutter in Podsreda in Slowenien in Pflege, wo er besser ernährt und umsorgt werden und auch ein wenig Deutsch lernen kann, das die Großeltern beherrschen. In dieser Region, in der sich die Kulturen auf engstem Raum reiben, lernt der Kleine, daß das, was im Land der Großeltern unumstößliche Wahrheit ist, im Land der Eltern als dummes Zeug gilt und umgekehrt. Die arbeitsamen und fast wohlhabenden Slowenen, innerhalb der Doppelmonarchie Österreich-Ungarn von Österreich verwaltet, schauen auf die Kroaten herab. Die Kroaten, von Ungarn verwaltet, halten die Slowenen für blutarme Klassenstreber innerhalb der slawischen Völker des Habsburger-Reiches. Die Österreicher und Ungarn schauen auf beide Völker herab. Die stolzen serbischen Nachbarn, die einen eigenen Staat haben, schauen auf alle zusammen verächtlich herab, bieten aber sowohl den Kroaten als auch den Slowenen ihre Freundschaft und Aufnahme in einem gemeinsamen großserbischen Staat der südslawischen Völker an. Aber Kroaten und Slowenen verstehen die Schrift, die Religion, die Sitten ihrer italienischen, österreichischen und ungarischen Nachbarn besser als die Schrift, die Religion und das Denken ihrer serbischen Brüder.

Persönliche Erkenntnis: Wenn es keine Wahrheit gibt, die für alle gilt, bist du frei und kannst dir deine eigene Wahrheit suchen. Aber: Es soll eine Wahrheit sein, für die dich keiner verachten kann.

Dritte Lektion: Die Schule, auf die dich deine Eltern schicken, reicht nicht aus.

Der Kaiser in Wien hat in seiner Eigenschaft als König von Ungarn gnädigerweise zwar schon ein paar Jahre vor Josip Broz' Geburt die allgemeine Schulpflicht in Kroatien eingeführt, aber die Finanzierung der örtlichen Schulen allein den örtlichen Einwohnern überlassen. Die Bauern von Kumrovec können sich erst im Jahr 1899 eine Zwergschule leisten, halten diese aber im Grunde für überflüssig. Sie holen ihre Kinder wie Josip Broz immer dann aus dem Unterricht, wenn auf dem Hof gerade etwas zu tun oder auf den Weiden Vieh zu hüten ist. So benötigt Josip Broz acht Jahre für die vier Unterrichtsklassen der Dorfschule von Kumrovec.

Persönliche Erkenntnis: Die Schule bringt dir nur Lesen und Schreiben bei, liefert nur das Werkzeug zum Lernen aus den Schriften. Aber dieses Werkzeug reicht nicht für das Verständnis aller Schriften. Also mußt du die Augen und Ohren aufmachen und aus allem lernen, was dir das Leben, die Welt und die Menschen zu Gesicht und zu Gehör bringen.

Josip Broz lernt schnell. Vor allem, daß Kumrovec für ein Grab zu groß und für das Leben zu klein ist und nichts bieten kann, was ihm die physische Existenz sichern (Lektion 1) könnte, was ihn über die kleinen und dennoch unklaren Wahrheiten des Lebens im kroatisch-slowenischen Grenzgebiet hinausheben (Lektion 2) könnte, was noch irgend etwas Lernbares liefern könnte, das über das Melken von Kühen und Ziegen hinausgeht (Lektion 3).

Bis zu seinem 15. Lebensjahr muß er auf dem Hof seiner Eltern arbeiten. Denn der Vater muß ein Zubrot als Fuhrunternehmer verdienen, ist deshalb häufig weg und benötigt den Sohn für die Arbeit auf dem Feld und im Stall. Wenn der Vater im Haus ist, muß er bei Verwandten als Knecht aushelfen.

Schließlich besorgen ihm Verwandte eine Lehre als Kellner in einem Gartenlokal in der Kreisstadt Sisak. Später sagt er über diesen Einstieg ins Arbeitsleben: »Da habe ich nichts gelernt. Ich war ein gewöhnliches Mädchen für alles und habe Tag und Nacht gearbeitet, mußte noch bis spät in die Nacht Kegel setzen und so lange herumstehen, bis der letzte Gast gegangen war.«

Einige der Gäste sind Schlosserlehrlinge in der Werkstatt des Nikola Karas, und die vermitteln ihm dort eine Beschäftigung. Das ist schon eher nach seinem Geschmack. Das ist Umgang mit Metall, mit Feilen, mit präzisen Werkzeugen, mit Technik. Das ist der Anschluß an die Welt der Industrie, an die moderne Welt. An die bewunderte Welt der Deutschsprechenden im Habsburger-Reich. An die große Welt, die sich über die kleinen Welten von Kumrovec und Podsreda wölbt. Die Schlosserlehre bei Meister Karas muß die alles entscheidende Befreiung von Kumrovec und Podsreda sein, die Konsequenz aus allen drei Lektionen gleichzeitig: Einstieg in einen lebenssichernden Beruf, Einstieg in die Wahrheiten einer höheren Ebene, Einstieg in das Erlernen noch unbekannter Weisheiten.

Die Weisheit, die ihn am Ende seiner dreijährigen Lehrzeit in Sisak zufällt, ist die, daß sein schöner moderner Beruf nicht ausreicht für die Sicherung seines Lebensunterhalts. Denn die ungarische Verwaltung hält die kroatische Landwirtschaft rückständig, um den ungarischen Bauern ihre Rolle als Hauptversorger der Doppelmonarchie zu sichern, und deshalb hat in Kroatien eine starke Landflucht eingesetzt — mit der Folge eines Überangebots an Arbeitskräften in der nur langsam wachsenden Industrie. Das hat wiederum zur Folge, daß sich Josip Broz, der sich von seinem Schlosserberuf Aufnahme in die moderne Welt der Technik und der Deutschsprachigen erhofft hat, im Kampf um einen Job mehr demütigen lassen muß, als es sein Stolz verträgt.

Nur ein paar Wochen kann er sich in Zagreb in der Schlosserwerkstatt Haramina halten, den Winter über läßt er sich in seinem Heimatort Kumrovec durchfüttern, vergeblich sucht er Arbeit in Laibach und Triest. Dennoch hat Josip Broz bei dieser Odyssee im Jahr 1911 so etwas wie eine große neue Heimat gefunden. Die Gewerkschaft, in die er nach dem Abschluß seiner Lehre eingetreten war, sichert ihm überall in Österreich-Ungarn Unterstützung in der Not, so daß er in Triest nicht hungern und nicht im Freien schlafen muß. Er ist nicht mehr allein, da gibt es eine Gemeinschaft der Arbeiter, die sich um ihn kümmert. Obwohl er nicht einmal das Geld hat, seinen Gewerkschaftsbeitrag zu zahlen.

Es ist ein Erlebnis, das ihn tief beeindruckt. Als er in Zagreb wieder einen Job findet, zahlt er sofort die rückständigen Beiträge nach. Berührt hat ihn diese Erfahrung in der Seele, nicht so sehr im Kopf. Denn er ist noch kein politischer Mensch. Zwar hat er auf diesem Gebiet schon einiges gelesen, seit in seinem dritten Lehrjahr ein wandernder Geselle, ein Volksdeutscher mit dem Namen Smit, den Lehrlingen des Meisters Nikola Karas einiges über Sozialismus und Arbeitersolidarität erzählt und ihnen das Abonnement seiner sozialdemokratischen Zeitung »Slobodna rijec« zurückgelassen hat, aber Josip Broz interessiert jetzt nicht der Aufbau einer neuen Gesellschaft, sondern der Aufbau seiner eigenen Existenz.

Völlig gleichgültig ist ihm auch der einsetzende Balkankrieg, in dem sich die Völkerschaften Südosteuropas um die Beute raufen, die das untergehende Reich der Türken in Europa zurückgelassen hat und in dem der Nationalstolz der Balkanvölker kräftig aufschäumt, auch der Patriotismus der süd(»jugo«)slawischen Völker. Während rings um ihn alles vom Auszug aus dem Habsburger-Reich träumt, zieht es Josip Broz mächtig hin in die Länder der Deutschsprachigen.

Wie Smit geht er nun auf die Walz. Man findet ihn im Juli

1911 im slowenischen Kamnik, im Mai 1912 in der tschechischen Stadt Jince-Cenkov. Im Lauf dieses Sommers arbeitet er bei Skoda in Pilsen, bei Benz in Mannheim, dann im Ruhrgebiet. Er arbeitet immer in Fabriken, lernt dazu – und als er dann im November zur Eisenbrückenfabrik Griedl nach Wien kommt, ist er ein Metallarbeiter, der sich in vielen Techniken auskennt und qualifiziert ist für die High-Tech-Branche seiner Zeit: Er wird in Wiener Neustadt von der Automobilfabrik Austro-Benz als Testfahrer für neue Modelle eingestellt.

Die freien Tage verbringt er in Wien. Während die Intellektuellen dort das Ende der guten alten Zeit verkünden, überall Dekadenz, Verfall, Moder und Staub sehen, und Karl Kraus Wien als Versuchsstation für den Weltuntergang beschreibt, entdeckt und genießt der zukünftige Revolutionär Josip Broz dort die Leichtigkeit des Seins. Er hat einen Beruf, er hat eine gute Position, und er träumt jetzt vom Einstieg in die bürgerliche Welt. Der Zwanzigjährige entdeckt seine Wirkung auf Frauen, sein kantiger kroatischer Schädel steht in einem interessanten Kontrast zu seinen hellen wachen Augen und seinem rotblonden, gewellten Haarschopf. Er ist noch jung, aber schon recht weit herumgekommen in der Welt, kann etwas erzählen. Er kommt gut an bei den Madln in Wien.

Josip Broz wird ein Leben lang unter seinen Bildungslücken leiden, aber er weiß, daß er eine überdurchschnittlich wache Intelligenz hat. Diese hat ihm ein Leben jenseits von Kumrovec verschafft. Warum soll sie ihm nicht auch zu einem Leben jenseits der Fabrikschlote und Werkhallen verhelfen, wo die Menschen bei der Arbeit nicht schmutzig und krank werden? Er nimmt Tanzunterricht, nimmt Fechtunterricht und entschließt sich für das blaue Tuch des Kaisers. Für die Soldatenuniform. Für die Kluft, die Wienerinnen besonders fesch finden. Für die Kluft, die den Arbeitersohn vom Bürgersohn nicht unterscheidet. Für das Tuch, das den Aufstieg in bessere Kreise erleichtert. So meldet sich Josip Broz im Jahr 1913, am Vorabend des Krieges, freiwillig bei der Armee des Kaisers von Österreich.

Sofort erkennt man seine schnelle Auffassungsgabe. Josip Broz hat die Fähigkeit, fremde Sprachen, neue Fertigkeiten und ungewohnte Denkweisen schnell und gründlich aufzusaugen wie ein Schwamm. Ein Mann wie er kann sich mit Soldaten aus allen Teilen des Reiches verständigen. Man schickt ihn gleich auf eine Unteroffiziersschule.

Diese Militärkarriere wird später, wenn er sich als Vaterfigur der Völker Jugoslawiens zelebrieren muß, als peinlich empfunden, zumal er bei Kriegsausbruch an der Südostfront bedenkenlos auf Serben schießt. Deshalb wird in seinen offiziellen Biographien dieses Kapitel geschönt, wird aus der freiwilligen Meldung eine Einberufung zum Wehrdienst, plätschert das aufregende erste Kriegsjahr 1914 merkwürdig ereignislos vor sich hin, ehe er sich 1915 an der Karpatenfront schnell in russische Gefangenschaft begibt, wie es eben guter Brauch zu sein hat unter slawischen Soldaten des Kaisers Franz Joseph.

Die Wirklichkeit sieht deutlich anders aus. Josip Broz ist in den Jahren 1913 bis 1915 offensichtlich einer der letzten Nichtdeutschen im Habsburger-Reich, der nichts von der Weg-von-Österreich-Bewegung hält. Auch darin liegt eine gewisse Logik. Denn die Erfahrungen in seiner Heimat, wo die Nationalitäten-, Religions- und Kulturgrenzen quer durch kleinräumige Landschaften, Dörfer und sogar durch die Familien laufen, sagen ihm, daß die Schaffung ethnisch reiner kroatischer, slowenischer, serbischer, mazedonischer oder bosnischer Nationalstaaten so gut wie unmöglich ist, daß es dann doch nur auf die Schaffung eines südslawischen Vielvölkerstaates hinauslaufen kann. Und da könnte man auch gleich beim Vielvölkerreich Österreich-Ungarn bleiben, zumal dieses wirtschaftlich ein größeres und moderneres Betätigungsfeld bieten kann als ein rückständiger Südslawenstaat – auch für Arbeiter wie ihn.

Josip Broz hängt vor allem noch immer seinem ganz persönlichen Traum nach, in der von ihm so sehr bewunderten Ordnung der Deutschsprachigen noch mehr Anerkennung und weiterhin Aufstieg zu finden. Deshalb bemüht er sich sehr, ein guter Soldat des Kaisers zu sein. Es gibt ein Foto, das zwei seiner Kameraden aufrecht stehend im Schützengraben zeigt, was darauf hindeutet, daß an diesem Frontabschnitt zum Zeitpunkt der Aufnahme keine akute Gefahr herrschte. Der dritte Mann aber auf diesem Foto, Josip Broz, liegt malerisch kampfbereit auf der Brustwehr, mit dem Gewehr entschlossen und eindrucksvoll auf einen unsichtbaren Feind zielend. Das ist keine Pose für einen, der sich in innerer Verweigerung sieht.

Als er dann im Frühjahr 1915 an der Karpatenfront in Galizien schwer verwundet in russische Gefangenschaft gerät, wird gerade in Wien eine Auszeichnung für den Zugführer Josip Broz bewilligt, die Silberne Tapferkeitsmedaille. In der Begründung heißt es: »In der Nacht zum 17. auf 18. März 1915 als Kommandant einer Infanteriepatrouille (4 Mann stark) überrumpelte er eine feindliche Feldwache in Krzywotuly Stare, nahm die ganze (11 Russen) und brachte diese zur eigenen Truppe. Dieser Unteroffizier meldet sich bei jedem gefährlichen Unternehmen als Patrouillen-Kommandant und machte schon öfters in feindlichen Reihen Unordnung.«

Erst nach der Gefangennahme am 22. März 1915, während der Genesung von seiner Verwundung, und danach im Kriegsgefangenenlager von Ardatow begreift er endgültig, daß seine neue Welt untergehen wird, daß es das Reich Österreich-Ungarn bald nicht mehr geben wird und daß die Russen ihn, wenn dieser Krieg zu Ende ist, in irgendeinen kleinen Balkanstaat entlassen werden, wo er dann wieder zwischen Kumrovec und Zagreb in den Schlosserwerkstätten um Arbeit betteln darf. Und wenn es einen übernationalen größeren Südslawenstaat gibt, darf er bei der Arbeitssuche vielleicht noch in Belgrad oder im slowenischen Jesenice Klinken putzen. Aber dann wird dort für ihn die Welt auch schon zu Ende sein.

Tito hat seinen Biographen nicht viel erzählt über die Jahre der Gefangenschaft. Nur, daß er sich in Ardatow freiwillig zur Arbeit gemeldet habe, als Mechaniker für eine Mühle, daß man ihn dann nach einigen Monaten nach Kungur in Sibirien verlegt habe, wo man während der bürgerlichen Februarrevolution die Kriegsgefangenen sicherheitshalber ins Gefängnis steckte, daß er dort aber von revolutionären Arbeitern befreit worden sei. Danach habe er einen Eisenbahn-Ingenieur kennengelernt, zu dessen Sohn er nach St. Petersburg geflüchtet sei, wo er an den Juli-Demonstrationen teilgenommen habe, gefangengenommen und nach Sibirien zurückverfrachtet worden sei.

Unterwegs sei er aber geflüchtet, von revolutionären Arbeitern festgehalten und in das ehemalige Kriegsgefangenenlager nach Omsk gebracht worden, wo er sich wie andere Kriegsgefangene der internationalen Roten Garde anschloß. Die Bolschewiki setzten die Rote Garde aber nicht im Kampf gegen die Weißen ein, sondern nur zur Überwachung und Instandhaltung des Eisenbahnverkehrs. Gewohnt habe er in dieser Zeit in einem Holzhaus am Stadtrand bei einem freundlichen Ehepaar, in dessen Tochter Pelageja er sich dann verliebt habe.

Als die Weiße Armee des Admirals Alexander Koltschak Omsk besetzte, sei er für ein Jahr in die Steppe geflüchtet, wo er sich eine kirgisische Geliebte genommen habe, welche die Tochter eines kleinen Stammes-Khans gewesen sei. Die Kirgisin habe ihm die Läuse aus der Brustbehaarung gepickt und mit den Zähnen zerbissen. Nachdem die Weißen wieder vertrieben waren und er die mit Läuseblut verschmierten Lippen der Kirgisin nicht mehr küssen wollte, sei er nach Omsk und der schönen Pelageja zurückgekehrt, habe sie geschwängert und 1920 in die Heimat mitgenommen und geheiratet.

Ob das mit der läusebeißenden Kirgisin stimmt, mag dahingestellt sein, denn in seinen späteren Jahren hat Tito solche Geschichten gern in Umlauf gebracht, wissend, daß die Balkanvölker von einem richtigen Wojwoden neben polternder Kraft und Trinkfestigkeit auch einen nie enden wollenden Erfolg bei den Weibern erwarten. Gegeben hat es aber Pelageja Beloussowa. Allerdings scheint fraglich, ob er ihr wirklich schon während seiner Kriegsgefangenschaft begegnet ist oder erst bei einem zweiten Rußlandaufenthalt.

Wenig bis gar keine Auskunft gibt Tito über sein politisches Bewußtsein in den Jahren der Kriegsgefangenschaft und über sein seelisches Befinden in dieser Zeit. Man kann wohl davon ausgehen, daß er zunächst ziemlich düster in die Zukunft geblickt, daß er die Oktoberrevolution der Bolschewiki als eine Erlösung empfunden hat.

Diese Revolution zeigt einen gewaltigen großen Rahmen auf. Sie weist in eine Zukunft, die weit über das hinausgeht, was er in einem kroatischen Nationalstaat oder einem südslawischen Kleinvielvölkerstaat erwarten könnte. Selbst den Rahmen eines Großvielvölkerstaates wie den des untergehenden Reiches Österreich-Ungarn sprengt diese Revolution. Das ist der Anfang eines weltweiten Zusammenschlusses, der nur zufälligerweise von Rußland ausgegangen ist und die Befreiung der Arbeiterklasse der ganzen Welt bringen wird, also auch die Entfesselung aller Talente des Josip Broz.

Mit der Schlosserlehre in Sisak hat er Kumrovec hinter sich gelassen. Mit dem Tanzunterricht, dem Fechtunterricht und der Uniform hat er das Proletariat hinter sich lassen wollen. Nun kann er durch die bolschewistische Revolution auch die ganze bürgerliche Welt hinter sich lassen. So wie die Ingenieure und Schlosser bei Austro-Daimler Metalle zusammengeschraubt haben, um neue, nie zuvor gesehene Automobile entstehen zu lassen, so kann nun er, der Schlosser Josip Broz, mithelfen, Menschen und Ideen zur Organisation einer vollkommen neuen, besseren Welt zusammenzufügen.

Für den Sozialismus hat er zwar schon seit seinem letzten Lehrjahr in Sisak Sympathien, aber so ganz hat er ihn bisher nicht ernstgenommen. In der Frage, ob er erst die Verhältnisse ändern sollte, um sich selbst befreien zu können von Arbeitslosigkeit, Not und der Gefahr, wieder in Kumrovec zu versinken, oder ob er sich lieber selbst aus den Verhältnissen heraus befreien sollte, hat er keine Sekunde gezögert, hat sich ausschließlich um sein eigenes Leben gekümmert und die Verhältnisse so gelassen, wie sie sind. Doch nun ist es anders. Nun ist der Sozialismus der neue große Rahmen geworden, das Vehikel seiner Begabungen, das einer wie er, der sich nicht einbinden lassen will in eine der engen, kleinen Ordnungen zwischen Kumrovec und Podsreda, benötigt wie der Fisch das Wasser. Der Sozialismus als die große neue Welt, als die erhabene zukünftige Überwölbung der von ihm inspizierten tausend kleinen slowenischen, kroatischen, ungarischen, österreichischen, deutschen, tschechischen, russischen, katholischen und orthodoxen Welten.

Doch zunächst holt ihn die enge Heimat wieder ein. Zwei Genossen kommen nach Omsk, wo es unter den ehemaligen Kriegsgefangenen und jetzigen Rotgardisten mehr entschlossene südslawische Revolutionäre gibt als in der Heimat. Die zwei Besucher werben Genossen für die neue Kommunistische Partei der Südslawen, darunter Josip Broz. Die neue Partei versteht sich als die südslawische Sektion der »Russischen Kommunistischen Partei (Bolschewiki)«. Der Auftrag der neuen Genossen: Agitation unter den 200000 südslawischen Kriegsgefangenen in Rußland, dann Heimkehr, dann Agitation und Revolution im neuen Staat »Königreich der Serben, Kroaten und Slowenen«.

Dieser Staat besteht im Kern aus dem Vorkriegs-Königreich Serbien, das 1918 auf der Seite der Sieger steht. Die Serben besitzen als einzige der südslawischen Völker eine eigene Armee, können deshalb Slowenien und Kroatien zum Eintritt in ihr Königreich zwingen und erhalten in den Friedensverträgen eine Reihe anderer kleiner Länder und Völkerschaften aus österreichischer, ungarischer und osmanischer Konkursmasse zugesprochen. Dieser Staat, der sich 1929 in »Königreich Jugoslawien« umbenennen wird, ist von rechten Besitzbürgern beherrscht und unterdrückt die Linken, sowohl die Kommunisten als auch die Reformisten.

In diesen neuen Staat seiner alten Heimat kehrt im September 1920 der neue Genosse Josip Broz heim. Seine politische Karriere endet aber bereits, bevor sie in Gang kommen kann. Nach einem kurzen Aufenthalt bei seinen Verwandten in Kumrovec geht er im Oktober nach Zagreb, findet Arbeit in seinem Schlosserberuf, unterstützt die Kommunisten im Wahlkampf für die Verfassunggebende Versammlung. Der Erfolg der Kommunisten ist beachtlich. Mit landesweiten 12,4 Prozent sind sie drittstärkste Kraft im Parlament. Aber sie gewinnen nicht in den von ihnen beackerten industriellen Zentren Kroatiens und Sloweniens, sondern in den bäuerlichen Gebieten Montenegros und Mazedoniens. Mit denen hatten sie gar nicht gerechnet. Nach dem Fahrplan der Partei hätten Bauern allenfalls für eine bürgerliche Revolution getaugt, aus der dann die jugoslawischen Kommunisten mit den Arbeitern nach russischem Vorbild vielleicht eine bolschewistische hätten machen können. Und nun wählen vor allem Bauern die Kommunisten!

Trotzdem setzt die Partei weiter auf die Arbeiter und schürt deren Unzufriedenheit mit den Verhältnissen. Aber der Schuß geht nach hinten los. Aus den Bergarbeiterstreiks in Slowenien und Bosnien wird nicht die erhoffte Revolution, sondern ein Anlaß für die Regierung, jede kommunistische Agitation zu verbieten und Parteifunktionäre einzusperren. Tito verliert wegen politischer Tätigkeit seinen Arbeitsplatz in Zagreb. Die Partei ist organisatorisch und konspirativ der neuen Lage nicht gewachsen. Sie verschwindet ohne sichtbare Gegenwehr von der Bildfläche. Nichts ist es mit der schnellen Revolution in Südslawien.

Nun beginnt der geheimnisvollste Teil der Tito-Biographie, das merkwürdige Loch zwischen 1921 und 1924. Die offizielle Version lautet: Tito kommt mit Pelageja, die er schon im Januar 1920 in Rußland geheiratet hat, im September nach Kumrovec, wo dann ein Kind geboren wird, welches nach zwei Tagen stirbt und namenlos beerdigt wird. Nach den Kommunistenverfolgungen im Winter zieht sich Josip Broz im Januar 1921 mit seiner angetrauten Russin bis 1925 in das Dorf Velika Trojstvo bei Bjelovar zurück, findet dort Arbeit bei einem freundlichen jüdischen Mühlenbesitzer, zeugt zwei weitere Kinder, von denen nur eines, der 1925 geborene Zarko, überlebt.

Auch die späteren Lobgesänge der offiziellen Tito-Biographie seines Mitstreiters Vladimir Dedijer wissen in dieser Zeit von keinerlei politischen Tätigkeiten zu berichten, sieht man von der Entrollung einer roten Fahne bei der Beerdigung eines Genossen im Jahr 1924 auf dem Friedhof von Sveto Trojstvo ab.

Das ist schon sehr merkwürdig: Josip Broz, 30 Jahre alt, im besten Saft stehend, hängt mehr als vier Jahre tatenlos in einem Provinznest herum, nachdem er gerade erst mit einem neuen Glauben beseelt wurde und von der Aussicht fasziniert ist, die Bahn endlich freizukriegen für seine wache Intelligenz und für seine Fähigkeiten. Vier Jahre in einem Provinznest mit einer Genossin, von der man weiß, daß sie ehrgeizig ist und eine glühende, ungeduldige Revolutionärin.

Diese Geschichte ist so merkwürdig, daß man sich mit einer zweiten auseinandersetzen sollte. Und die erzählt später einmal Ante Ciliga, in jenen Jahren, von 1922 bis 1925, Mitglied des Politbüros und Sekretär für Kroatien der Kommunistischen Partei Jugoslawiens. Im Jahr 1971 wird in Italien sein Buch veröffentlicht (»La Crisi di Stato Jugoslavia di Tito«), in dem er behauptet, daß damals in der Partei ein Josip Broz überhaupt nicht registriert gewesen sei. Wenn ein solcher Spitzenmann das sagt, dann hat es Gewicht, denn im Jahr 1923 gab es in ganz

Jugoslawien nur 688 eingetragene Kommunisten, in Kroatien vermutlich kaum mehr als 300, und deshalb müßte der kroatische KP-Sekretär Ciliga damals den kroatischen Genossen und Heimkehrer aus Rußland, Josip Broz, eigentlich gekannt oder zumindest registriert haben.

Ciliga behauptet, daß Josip Broz von 1923 bis zum Sommer 1925 nicht in Velika Trojstvo gewesen sei, sondern eine geheime Ausbildung in Rußland erhalten habe, daß er in erster Ehe auch nicht mit Pelageja Beloussowa verheiratet gewesen sei, sondern mit einer Kroatin. Diese habe ihm die drei Kinder geboren, also auch das einzige Überlebende, den Sohn Zarko. Pelageja habe Josip Broz erst 1925, bei seiner zweiten Rückkehr in die Heimat, aus Rußland mitgebracht. Die verstoßene Kroatin, deren Namen niemand kennt, soll 1971 noch in Zagreb gelebt haben.

Denkbar ist diese Möglichkeit: Josip Broz war 1920 allein nach Kumrovec zurückgekehrt, fand in Zagreb Arbeit und die Liebe einer Kroatin, stellte nach ersten revolutionären Fingerübungen fest, daß die Parteiorganisation ein Witz und noch ein sehr weites Stück von der Revolution entfernt ist, besann sich auf Lektion 1 seiner prägenden Kindheitserfahrungen und sicherte zunächst einmal durch den Rückzug auf die Mühle in Velika Trojstvo sein Leben und die Ernährung seiner schwangeren kroatischen Lebensgefährtin, ehe kundige Genossen in Moskau die Reste ihrer jugoslawischen Partei inspizierten, Josip Broz 1923 für eine geheime Ausbildung zum Berufsrevolutionär in die Sowjetunion holten, aus der er dann 1925 mit der russischen Genossin Pelageja zurückkehrte, die Kroatin verstieß, die sich dann aber nicht mit ihrem Kind belasten wollte oder konnte und Zarko bei Josip Broz und seiner russischen Geliebten zurückließ.

In diesem Jahr 1925 ist Josip Broz 33 Jahre alt, Pelageja ist etwa zehn Jahre jünger. Ciliga, der Spitzenfunktionär der Jahre 1922 bis 1925, wird sie zehn Jahre später in Moskau kennenlernen, als beide dort in die Mühlen der ersten Säuberungen geraten. Er beschreibt sie als eine geschulte, sehr schöne Revolutionärin. Über das Innere der Beziehung zwischen Josip Broz und Pelageja Beloussowa ist nichts bekannt. Die offiziellen Biographien deuten an, daß man zeitweilig getrennt gelebt habe. Tito hat es nach Erfahrungen, die ihn tief verletzt haben müssen, später vermieden, von Pelageja zu sprechen.

Nun, im Jahr 1925, ist er erst einmal erheblich gestärkt. Gestärkt durch den revolutionären Eifer seiner jungen russischen Gefährtin. Gestärkt auch in seinem konspirativen Handwerk. Er agitiert von der gewerkschaftlichen Seite her, zettelt einen erfolgreichen Werftarbeiterstreik in Kraljevica an der Adria an, organisiert die Arbeiter in der Waggonfabrik von Smederevska Palanka, schreibt darüber in Gewerkschaftszeitungen, verändert damit das Bewußtsein vieler Arbeiter, macht sich einen Namen in Gewerkschaft und Partei und wird, damit er seine Erfahrungen schnell an andere Genossen weitergeben kann, in Zagreb Bezirkssekretär der Metallarbeitergewerkschaft. Der Marsch durch die Instanzen hat begonnen.

Daß er, der bis dahin niemals öffentlich geredet hat, eine erfolgreiche Schulung in der Sowjetunion gehabt haben muß, davon zeugen nicht nur neue rhetorische und organisatorische Fähigkeiten, sondern auch auffällig viele Russizismen in seiner Sprache. In jenen Jahren als Agent Moskaus verdächtigt zu werden gilt aber keineswegs als anrüchig, sondern als Auszeichnung. Noch sehen sich Kommunisten in allen Ländern der Erde als Kämpfer für eine große Weltrevolution. Die Sowjetunion ist für sie die zweite Heimat, das Vaterland aller Werktätigen, die legitime Schutzmacht der Arbeiter und Bauern. Moskau ist das Rom der neuen Kirche. Ein von Moskau legitimierter Kommunist ist ein guter Kommunist. Als Josip Broz und einigen Genossen die Streitereien und Rechthabereien innerhalb des Ortskomitees Zagrebs zu bunt werden, ist es noch selbstverständlich, daß sie die Moskauer Komintern um ein Machtwort in dieser lokalen Sache bitten und daß ein in Moskau so angesehener Genosse wie Josip Broz zum Sekretär des Provinzialkomitees der Kommunistischen Partei Jugoslawiens für Kroatien eingesetzt wird.

Damit hat er ein Amt, das ihn in den Augen der Regierung automatisch für verhaftungswürdig erklärt. Bei einer Hausdurchsuchung findet man bei ihm eine versteckte Bombe. Möglicherweise hat die Polizei sie ihm selbst in die Wohnung geschmuggelt. Die Verhandlung nutzt er zu einem politisch-rhetorisch großen Auftritt und die fünf Jahre Gefängnis bis 1934 zur Kontaktpflege und theoretischen Schulung innerhalb der Gemeinschaft eingesperrter Spitzengenossen.

Schon in dieser Zeit zeigt er die Persönlichkeit, die ihn zur späteren Führung der Partei und des Partisanenkampfes der jugoslawischen Kommunisten befähigt. Denn er unterscheidet sich stark von den Genossen im Führungszirkel. Wie fast alle bolschewistischen Parteispitzen leidet auch die jugoslawische unter dem Übergewicht der kopfgesteuerten Intellektuellen. Während diese dazu neigen, sich in eitlen Spitzfindigkeiten zu verrennen, in zickiger Selbstverliebtheit einander auf die Nerven zu gehen, ständig hin und her zu schwanken zwischen zu großer Euphorie und zu vielen Bedenken, zwischen zuviel Vertrauensseligkeit und zuviel Mißtrauen, verkörpert ein Lebenspraktiker wie der Bauernsohn und Arbeiter Josip Broz Gelassenheit, Augenmaß, das Gefühl für die richtige Tat zur richtigen Zeit und jene Mischung aus Vorsicht und Gutmütigkeit, die unter Mitkämpfern Vertrauen schafft. Anders als die Intellektuellen, ist er völlig immun gegen Trugbilder. Zudem verrät er auch einen rustikalen Sinn für die Freuden des Lebens, und das kommt gut an auf einem Breitengrad, auf dem eine warme Sommersonne, die slawische Seele und der Slivovitz den Bauch zum Zentrum des Menschen machen, nicht das Gehirn.

Außerdem hat Josip Broz den Stolz derer, die nicht mehr vor jedem Druck zurückweichen. Keiner unter den Genossen begegnet Anmaßungen und Schikanen der Gefängnisaufsicht mit soviel Selbstachtung und Würde wie er. Wenn ein Wachmann befiehlt, herumliegende Kippen aufzuheben, bücken sich die Intellektuellen, denn die können nur in ihren Reden die Welt aus den Angeln heben. Josip Broz aber bleibt stehen und legt etwas in seinen Blick, was den Wachmann die Sache mit den Zigarettenkippen auf der Stelle vergessen läßt.

Noch aber ist er innerhalb der Parteiführung nur so etwas wie ein Außenseiter, den man nicht fürchten muß. Mit der Zeit aber wird er der ruhende Pol, die alles integrierende Mitte. Ein solcher Mann ist in jeder Organisation wertvoll, ganz besonders aber in einem Staat wie Jugoslawien, in dem alle Politiker, auch die intellektuellen Kommunisten, in jedem Parteifreund heimliche Agenten serbischer, kroatischer, slowenischer oder bos-

nisch-muslimischer Nationalinteressen vermuten. Josip Broz'
Mitkämpfer, Bewunderer und späterer Gegner Milovan Djilas
wird über ihn schreiben:

»Tito besaß einige Eigenschaften, die nicht jeder Politiker
besitzen muß, die ihm aber zweifellos halfen, einen außeror-
dentlichen Erfolg in der Politik zu erreichen. Es sind dies: ein
enormes Gefühl für Gefahren, ein unbeugsamer Wille zum
Leben, ein unauslöschbarer, listiger Drang zur Macht. Tito wurde eigentlich schon als Anführer geboren: als ein Mensch, der
die Veränderung der Verhältnisse mit der Veränderung der eigenen Lage verbindet.«

Natürlich hat ein solcher Mann auch seine Defizite. Tito ist
ein Arbeiter, wird als solcher auch von seinen Genossen betrachtet. In nicht unbeträchtlichem Maß nützt ihm das auch etwas in
dieser Partei der Arbeiter und Bauern. Aber er leidet unter seiner Herkunft und unter seinen Bildungslücken.

Nach dem Gefängnisaufenthalt empfindet er die Freiheiten
des Lebens in der Illegalität als lustvoll. Mit Wonne erfindet er
immer neue Namen, Lebensgeschichten, Identitäten für sich. In
diesen Legenden muß er nicht der kroatische Bauernsohn und
Schlosser sein. In seinen Legenden heißt er »Rudi« oder »Friedrich Walter« wie ein Deutscher, oder »Tito« wie ein Italiener;
er reist mit einem kanadischen Paß, ausgestellt auf einen Spiri-
don Mekas, durch das Land; er gibt als Berufsbezeichnung »Elek-
trotechniker« an oder »Ingenieur«; so etwa in einem Ausweis
des Alpenvereins, den er 1934 beantragt, um sich unverdächtig
im österreichisch-slowenischen Grenzgebiet in den Karawanken
bewegen zu können. Einmal firmiert er gar als »Fabrikdirektor«.

Immer wird er etwas Besseres darstellen wollen, als er nach
seiner Herkunft und Bildung sein kann, obwohl eine aus den
Niederungen der Gesellschaft geholte Tarnung von Josip Broz
sicherlich in kritischen Situationen zuverlässiger, wirksamer und
überzeugender hätte durchgespielt werden können als seine
Maskeraden, bei denen weder Name noch ethnische Herkunft,
noch Beruf, noch der standesgemäße Sprachgebrauch passen, um
einem längeren Verhör standhalten zu können.

Aber vielleicht machen die uneingestandenen Träume eines
Mannes seine eigentliche Identität aus und nicht die Gefangen-

schaft durch die Realitäten seines Alltags und seiner Herkunft. Ein Leben lang wird er, der Schlosser, zu dessen Tracht der ölverschmierte Blaumann gehören müßte, auf peinliche Sauberkeit der eigenen Person und der Umgebung achten, in der er sich aufhält. Er wird sich in eleganter Kleidung gefallen, die jenseits dessen liegt, was ein Arbeiter trägt, wenn auch manchmal jenseits des guten Geschmacks. Später, als Marschall, wird er sich eine hellblaue, goldbestickte Uniform anfertigen lassen und dazu dunkelblau eingefärbte Wildlederschuhe tragen. Er wird Dutzende von Palästen, Villen am Meer und Jagdschlösser bewohnen wie ein Feudalfürst.

Ansehenssteigernde Legenden und Maskeraden bis hinein ins Stutzerhafte hat er nach seinem langen Gefängnisaufenthalt vielleicht deshalb besonders nötig, weil sein Selbstwertgefühl als Mann schwer angeschlagen ist. Daß Pelageja nach seiner Verhaftung über die Rote Hilfe, eine kommunistische Sozialeinrichtung zur Betreuung der Angehörigen verfolgter Genossen, in ihre russische Heimat zurückgekehrt ist, ist in Ordnung. Sie war schließlich allein und ohne Unterstützung in seinem Land. Daß sie Zarko, seinen Sohn, mitgenommen hat, ist auch in Ordnung. Aber sie hat in Rußland nicht auf ihn gewartet, sondern ist dort mit einem anderen Mann zusammengezogen, während er noch im Gefängnis saß. Auch Zarko stand ihr im Weg; sie hat ihn in Moskau einer anderen Frau in Pflege gegeben.

Zu Josip Broz' Trauerarbeit, so berichtet es Ante Ciliga in seinem Buch, gehört auch eine neue Beziehung zu einer »wunderschönen Dalmatinerin«. Diese verläßt er wieder, als er in Maribor die Genossin Herta Has, eine Volksdeutsche, kennenlernt.

Aber auch das ist zunächst nur Episode. Denn es zieht ihn wieder weg aus der Enge der Heimat. Es ist ihm recht, daß die Partei ihn im Herbst 1934 ins Zentralkomitee der Kommunistischen Partei Jugoslawiens beruft, das vom Exil in Wien aus die Strippen zieht. Hier arbeitet er erstmals unter dem Decknamen Tito, rückt in das Politbüro auf, und im Februar 1935 nimmt er als Genosse Walter seine Arbeit bei der Komintern in Moskau auf, holt seinen verhaltensauffälligen Sohn Zarko zu sich ins Lux, den Schrecken aller Mütter im Hotel. Der Junge, der zuletzt in einem Kinderheim gelebt hat, scheint bis zu seinem

12. Lebensjahr einiges mitgemacht und viel Erziehung ausgelassen zu haben.

Rußland ist inzwischen ein anderes Land als jenes, das Josip Broz noch in Erinnerung hat. Der neue Glanz Moskaus und die stürmische industrielle Entwicklung stehen im Kontrast zum Niedergang und zum Elend draußen auf dem Land. Die allgemeine Revolutionsbegeisterung ist einer unbeschreiblichen Verehrung für den Genossen Stalin gewichen, den die Genossen vergöttern und den sie zugleich mehr fürchten als alle Teufel der Hölle zusammen.

Stalin ist ein äußerst strenger Herr. Voller Mißtrauen gegenüber allen Menschen. Mißtrauisch vor allem gegenüber seinen Genossen. Besonders gegenüber den Intellektuellen unter den Genossen. Der Genosse Walter, dessen Familie größtenteils aus Grabkreuzen besteht, ist ein Mann mit dem sicheren Gefühl für tödliche Gefahren. Er hat die Distanz des Praktikers zur reinen Lehre der Ideologie. Er weiß, daß es jetzt nur noch auf das Überleben ankommt. Er spürt mit allen Fasern seiner Seele den wahren Grund des ganzen Terrors. Er weiß, daß die Ursache der Säuberung nicht in Fehlern der Verfolgten liegt, nicht in Irrtümern der Genossen, nicht im Verrat von Parteifreunden, sondern in der Seele Stalins. Tito spürt, daß alles ausgeht von dem Mann im Kreml; der wie er aus kleinsten Verhältnissen kommt; der ganz nach oben gekommen ist, wo er nun aber erschreckt seine Mängel erkennt und entsetzt sein muß bei dem Gedanken, daß es Hunderte, Tausende, Millionen gibt, die auf seine Fehler warten. Josip Broz, der jetzt Walter heißt, fühlt, daß der Wahn Stalins die Beseitigung von allen Menschen verlangen wird, die nach ihm greifen könnten.

Der Genosse Walter weiß, daß es nur eine Verhaltensweise gibt, die ihm das Überleben ermöglichen könnte, und daß dieses Überleben ihm dann auch die Macht in der Kommunistischen Partei Jugoslawiens bringen wird: unauffällig bleiben und keinen Mucks machen, bis Stalins Häscher sich an den Auffälligen und Mucksmachern müde gejagt haben und der Weg frei sein wird für die Stillen und Nichtintellektuellen wie ihn.

Die Tschistka, die Säuberung, erfaßt das Hotel Lux und die jugoslawische Parteiführung. Der Genosse Walter rührt keinen

Finger, als seine Freunde und Mitkämpfer abgeholt werden für die Lager in Sibirien und für den Erschießungskeller in der Lubjanka. Er hilft auch nicht, als 1935 die schöne Pelageja als »Anführerin einer Verschwörung jugoslawischer Trotzkisten« verhaftet wird. Über ihr weiteres Schicksal ist wenig bekannt. Ante Ciliga schreibt, sie sei 1935 erschossen worden. Titos Mitstreiter und späterer Feind Milovan Djilas berichtet, daß Pelageja ins Lager gekommen und nach Stalins Tod wieder freigelassen worden sei. Josip Broz hält die ungerechte Verhaftung offensichtlich für die gerechte Strafe für ihre eheliche Untreue während seiner Gefängniszeit.

Es gelingt ihm, mit Parteiaufgaben betraut zu werden, die ihn außerhalb der Sowjetunion beschäftigen und aus dem direkten Zugriffsbereich des NKWD herausführen. Um den Sohn kann er sich nicht mehr kümmern. Zarko kommt in ein sowjetisches Heim. Später wird er als Offizier der Roten Armee in Stalingrad kämpfen, einen Arm verlieren und den Vater erst nach dem Krieg wiedersehen, um dann in Jugoslawien erneut sein Sorgenkind zu werden.

Josip Broz rekrutiert in Paris, dem neuen offiziellen Sitz der jugoslawischen Exil-KP, jugoslawische Freiwillige für den Bürgerkrieg in Spanien, organisiert den Wiederaufbau der Partei in der Heimat, diesmal aber nach einem Volksfrontkonzept. So kann er sich auch auf Individualisten und linke Kräfte außerhalb der alten Parteiorganisation stützen, bekommt auf diese Weise eine Basis sowohl in den Universitäten als auch bei den Bauern auf dem Land. Er knüpft ein solides, auf seine Autorität zugeschnittenes Netzwerk, das ein paar Jahre später auch den späteren Partisanenkrieg tragen wird. Die meisten der alten Parteigenossen spielen jetzt, nach den Säuberungen, in seiner Partei keine Rolle mehr.

Er selbst ist jetzt nicht mehr Josip Broz, auch nicht mehr der Genosse Walter, sondern wieder und nun endgültig der *Genosse Tito*. Seine Anzüge sind noch eleganter geworden. Besonders gern firmiert er jetzt als »Fabrikdirektor«, wenn er illegal durchs Land reist und die Genossen instruiert. Was am Anfang eine gefährliche Eitelkeit war, ist inzwischen ein guter Schutz geworden. Er hat die Erfahrung gemacht, daß man in dem stetig weiter nach rechts abdriftenden Königreich Jugoslawien am wenigsten in der Rolle und im Habitus des wohlhabenden Geschäftsreisenden kontrolliert wird.

Aber er muß bei seinen Reisedokumenten höllisch auf der Hut sein, denn von Moskau bis Belgrad ist in der Partei eine Liquidationsmethode Mode geworden, bei der man sich nicht mehr selbst die Hände blutig machen muß: Genossen, die man loswerden will, läßt man mit etwas zu schlecht gefälschten Papieren beim Klassenfeind auflaufen.

Was Ausweise und Tarnung betrifft, hat Josip Broz jetzt eine hervorragende Beraterin. Es ist die mit allen Tricks der Konspiration vertraute geheime Parteikurierin Herta Has. Die beiden haben ihre kurze Liebschaft aus dem Jahr 1934, der Zeit zwischen seiner Entlassung aus dem Gefängnis und der Abreise nach Wien und Moskau, aufgefrischt. Nun, im Frühjahr 1937, erscheint er bei einem konspirativen Treffen unter Spitzengenossen auf einem Berg bei Sevnica in Slowenien zusammen mit ihr und macht keinerlei Anstalten zu verbergen, daß sie seine neue Geliebte ist.

In der Regel sind Kommunisten Puritaner, die ihre Partei nicht mit ihrem Privatleben belasten. So sind die Genossen irritiert über diesen Auftritt. Zumal die slowenischen Freunde einige Vorbehalte gegen Herta haben. Denn sie ist eine akademisch gebildete Volksdeutsche, entstammt dem konservativen Bürgertum von Maribor, pflegt bourgeoise Attitüden wie gehobene Sprache, sorgfältige Körperpflege, ist offensichtlich eine Individualistin, denn sie hat eine verdächtige Abneigung gegen kollektivistische Rituale. Unterliegt der Genosse Tito wieder einmal seiner Faszination für Bürgerliches und Deutsch-Österreichisches?

Aber niemand kann der jungen Frau vorwerfen, daß sie keine tüchtige und zuverlässige Genossin wäre. Als Rundfunksprecherin mit regelmäßigem Einkommen hätte sie es nicht nötig, durch gefährliche Kurierdienste Leib und Leben zu riskieren. Aber der Aufbau einer besseren Welt ist ihr eine Herzensangelegenheit. Sie sieht sich selbst trotz ihrer Abstammung auch nicht als Deutsche oder Österreicherin, sondern als Slowenin und gibt deshalb die Schreibweise ihres Namens als »Herta Has«

an, was etwas slawischer aussieht als Hertha Haas. Was Tito zweifellos am meisten fasziniert, ist ihre Schönheit. Ein schmales Gesicht mit hoher Stirn, volles schönes Haar, kräftige Nase, ein breiter Mund mit geschwungenen Lippen – und ein die Seele durchdringender Blick aus großen, klugen Augen.

Es gibt für jeden Mann, so fleißig er auch von einer Frau zur anderen wandern mag, immer einen heimatlichen Frauentyp. Ein Gesicht, eine Gestalt, denen er treu bleibt. Alle Frauen, die Tito geliebt hat und von denen es Fotos gibt, haben eine eher erotische als elegante Körperform, einen kräftigen Haarschopf, eine markante Nase, einen aufregenden Mund und eine Augenpartie mit einem alles beherrschenden Leuchten.

Das Profil, das Tito seiner Partei schnitzt, ist das einer die Grenzen der reinen bolschewistischen Lehre überschreitenden Volksfront aller Südslawen, welche sich dem Auflösungsprozeß des Staates Jugoslawiens entgegenstellen wollen. Denn das nach wie vor alles beherrschende Bürgertum Jugoslawiens zerfällt immer stärker in einzelne Nationalitäten-Bourgeoisien, die bei ausländischen Mächten Rückendeckung suchen: Die Kroaten beispielsweise bei Italien, weshalb der Trend zu faschistoiden Herrschaftsformen immer stärker wird. Nachdem jetzt nicht nur Mussolini direkter Nachbar ist, sondern nach dem Anschluß Österreichs an das Deutsche Reich auch Adolf Hitler, ist die von Tito erneuerte Kommunisten-Partei die einzige Kraft, die den Zerfall Jugoslawiens und damit den Faschismus sowie einen kroatisch-serbischen Bruderkrieg aufhalten könnte.

Aus dem kleinen utopistischen Sektiererhaufen der Kommunisten wird durch diese Umstände eine Art Volkspartei, eine schlagkräftige Kampfgemeinschaft aus Linken, Intellektuellen, Panslawisten, Bauern, Demokraten und Offizieren. Und aus dem Parteiführer Tito ein Volksführer, der nach der blitzschnellen Besetzung Jugoslawiens durch Nazi-Deutschland und Italien im Jahr 1941 als einziger über eine einigermaßen intakte Organisation für den Widerstand verfügt.

Er nutzt sie. Aus lokalen Sabotage-Aktionen werden regionale Partisanenkämpfe, aus befreiten Zonen wächst ein neues Jugoslawien. Am Ende steht der Sieg einer von Tito geführten Volksarmee, der wiederum die Legitimation sein wird für ein unabhängiges, von Tito geführtes Jugoslawien. Er ist im Zweiten Weltkrieg der einzige Armeeführer eines besetzten Landes, der es mit Bordmitteln schafft, den Besatzern einzuheizen und sie schließlich zu vertreiben. Dabei hat er es nicht nur mit Hitler zu tun, sondern auch mit Mussolini und mit der faschistischen kroatischen Ustascha-Regierung. Nebenbei erledigt er auch noch die bürgerlich-serbische Konkurrenz der Tschetniks. Ist Tito ein militärisches Genie?

Er ist es mitnichten. Er benötigt einen übergelaufenen Offizier der alten königlichen Armee, um Generalstabskarten lesen zu können. Er zaudert manchmal zu lange. Sein alter Mitstreiter Milovan Djilas wird einmal schreiben: »Das Talent eines Heerführers besaß er sicherlich nicht, dazu hatte er ein zu heftiges und nervöses Temperament. Allzuoft änderte er seine eigenen Befehle, verwickelte sich in Bagatellfragen. Bei den drei größten entscheidenden Schlachten, in denen er persönlich kommandierte, machte er Fehler.«

Warum setzen ihn seine Kämpfer nicht ab? Und warum siegt ein solcher Mann?

Weil erstens eine Armee eine politische Zielsetzung benötigt, will sie nicht unter dem militärischen Druck des Gegners aufgelöst werden; Tito ist ein Mann, der dieses Ziel aufzeigen kann.

Weil zweitens Tito aus seinen Fehlern lernen kann. Er ist den Einwänden seiner Unterführer zugänglich, kann auch schon mal einen dummen Befehl zurücknehmen, ohne daß ihm ein Zacken aus der Krone fällt.

Weil er drittens den Unterführern vor Ort Entscheidungsfreiheit gewährt und damit ihre ganze Intelligenz fordert.

Und weil er viertens wie kein anderer den großen Überblick behält. Djilas schreibt, daß er allen seinen Mitstreitern einen besonderen Sinn für die strategische Lage voraus hatte: »Er vermittelte seiner Umgebung das Gefühl für die Gefahr, für den Umschwung und für die Geschwindigkeit.«

Er ist eben ein »woschd«, eine Führertyp der slawischen Art. Mögen seine Leute der Partisanen-Romantik erliegen und sich wie Robin Hoods Bande in rustikalem Räuber-Outfit gefallen, so sieht man Tito niemals in unordentlicher Kleidung, niemals in unwürdiger Haltung herumhängen, niemals ungewaschen, unrasiert oder ungekämmt. Mit der Selbstverständlichkeit eines mittelalterlichen Wojwoden nimmt er in seinen Verstecken im Gebirge aufwendige Privilegien in Anspruch, wie ein in diesem Gelände wenig brauchbares edles Reitpferd, eine eigene Milchkuh und eine entsetzlich zickige Kriegsbraut.

Diese heißt Zdenka Paunovic, ist eine serbische Studentin. Tito lernte sie schon vor der Besetzung im Frühjahr 1941 in einer konspirativen Wohnung in Zagreb kennen, bei einem Kurs für Radiotelegraphie. Zu jener Zeit fühlte er sich vernachlässigt, denn seine zweite Ehefrau, Herta Has, hatte eben erst entbunden, brauchte Erholung und widmete ihre ganze Aufmerksamkeit ihrem und Titos Baby, einem Söhnchen mit dem Namen Aleksandar-Mischa. Herta und das Kind fallen nach der Besetzung in die Hände der Deutschen. Tito tauscht die beiden zwei Jahre später gegen deutsche Kriegsgefangene aus, nimmt aber die Ehe mit Herta nicht mehr auf. Sie wird nach dem Krieg einen anderen Mann heiraten, zwei weitere Kinder bekommen und niemals mehr ein Wort über Tito verlieren.

Der hat nur noch Augen für die serbische Studentin, die er zärtlich »Zdenka« nennt und als seine Sekretärin beschäftigt. Sie geht den Partisanen im Hauptquartier mit ihrem anmaßenden Gebaren und ihrem hysterischen Gezeter mächtig auf die Nerven. Sie führt sich auf, als wäre sie in seiner Abwesenheit die militärische Oberbefehlshaberin. Sie kanzelt in Anwesenheit seiner Untergebenen auch ihn ab. Und er läßt es sich gefallen. Denn Tito ist zwar kein besonders treuer, aber gegenüber allen seinen Frauen auch ein nahezu wehrloser Ehemann und Liebhaber.

»Was soll ich mit dieser Frau nur machen«, fragt er eines Tages verzweifelt einen seinen Leibwächter, und der sagt: »Ich würde sie erschießen.« Tito tut es nicht, denn Zdenka ist offensichtlich die Frau, die er liebt wie keine andere in seinem bisherigen Leben. Wenn irgend etwas in diesem Krieg Tito ernsthaft in Gefahr bringt, dann ist es nicht die deutsche Wehrmacht, sondern Zdenka. Oder Titos Rücksicht auf Zdenka. Als im Mai 1944 die Deutschen bei der »Operation Rösselsprung«, einem Kommandounternehmen zur Gefangennahme des Partisanenmarschalls, mit ihren Fallschirmjägern Titos Berghöhle in der Nähe des bosnischen Städtchens Dvar schon umzingelt haben, verzögert Tito den Befehl zum Ausbruch, um die Nerven seiner hysterisch herumschreienden Geliebten zu schonen. Erst im allerletzten Augenblick, als es eigentlich schon viel zu spät ist, verlassen sie die Höhle. Es ist reines Glück, daß die Flucht noch gelingt.

Tito verliert die Geliebte auf natürliche Weise. Sie erkrankt nach Kriegsende an Tuberkulose. Um sie zu retten, läßt Tito sie zunächst zu Experten nach Italien, dann in die Sowjetunion bringen. Vergebens. Die junge Frau stirbt 1946. Tito läßt ihren Leichnam mit einem Sonderflugzeug abholen und bestattet sie im Hof des Weißen Schlosses in Belgrad.

In diesem Haus hat Jugoslawiens letzter König residiert. Nun herrscht im Weißen Schloß ein roter Monarch. Allerdings erweist sich dessen Hofmeister als weitgehend unfähig in der stilgerechten Verwaltung eines solchen Repräsentationsgebäudes. Oberst Obrad Pribic war zwar ein tüchtiger Kriegsmann, aber als Majordomus ist er ein glatter Versager. Als der Oberst bei der Vorbereitung für einen Staatsempfang entdeckt, daß es im kleinen Salon keinen Teppich gibt, läßt er einen der großen wertvollen Orientteppiche aus einem anderen Raum auf passende Größe zurechtschneiden. Das mißfällt Tito, der sich als legitimer Nachfolger eines Königs sieht und in der glanzvollen und prächtigen Repräsentation einen Eckpfeiler des gemeinsamen Staatsverständnisses für seinen ethnisch zersplitterten Vielvölkerstaat.

Titos Freunden und wichtigsten politischen Mitstreitern, Kardelj, Djilas und Rankovic, fällt es deshalb nicht schwer, ihn davon zu überzeugen, daß nur eine Frau ein solches Haus sachgerecht führen könne. Sie hätten da eine begabte und ideologisch einwandfreie Organisatorin. Der Marschall könne sich doch noch sicher an die Genossin Jovanka Budisavljevic erinnern, die Kommissarin der Lazarette im Hauptquartier von Dvar. Nicht? Ein schönes tapferes Mädchen, hat vorher im Kampf bravourös ihren Mann gestanden, in der Schlacht bei Poloj gegen eine weit überlegene italienische Panzereinheit.

Tito, noch immer in Trauer um Zdenka, erinnert sich dunkel. Hatte damals zuviel zu tun, konnte sich nicht jedes Gesicht merken. Aber in Ordnung. Warum soll die Genossin nicht diesen Haushalt organisieren?

Edvard Kardelj, Aleksandar Rankovic und Milovan Djilas aber geht es um mehr als um die Verhinderung weiterer Schnipseleien an wertvollen Teppichen. Djilas schreibt viele Jahre später: »Tito war nun Staatsoberhaupt, und wir konnten nicht zulassen, daß er einfach in die Stadt ging, um sich nach einer Frau umzusehen. Wir fürchteten damals, daß Tito sich von einem der Mädchen aus der Bourgeoisie bestricken lassen könnte – wissen Sie, elegant, mit guten Manieren, Erziehung, Parfum und so weiter.«

Also soll eine zuverlässige, bewährte und schöne Genossin Titos Haus führen und dann, so sieht es Djilas, »soll die Natur ihren Lauf nehmen«.

Sie nimmt.

Tito, der mit einem hartgesottenen Kriegsdrachen gerechnet hat, bekommt in Jovanka Budisavljevic ein außerordentlich weibliches Wesen ins Haus. Langes dunkles Haar, dunkle Augen, braune Haut, kräftig geschwungene Hüften. Sie hat Organisationstalent und das Personal gut im Griff, wie es sich eben gehört für einen Hauptmann der Volksarmee. Aber offensichtlich unterscheiden sich in der neuen Welt der Soldatinnen weibliche Veteranen von männlichen dadurch, daß sie sich nicht in der Erinnerung an ihre harten, alten Kriegserlebnisse aufrichten wollen, sondern dieses Kapitel möglichst schnell wieder zuklappen, um mit ihrem ganzen Wesen zurückkehren zu können in die Sanftheit und Gefühligkeit einer jungen Frau.

Jovanka Budisavljevic' Geschichte ist eine Diaspora-Geschichte. Sie ist eine Serbin aus der mehrheitlich von Serben bewohnten, unterentwickelten kroatischen Provinz Lika. Die Mutter ist bereits gestorben. Der Vater ist ein armer Bauer, der sich zeitweilig als Gastarbeiter nach Amerika hat verkaufen lassen, um seine beiden Söhne und seine drei Töchter über die Runden zu bringen. Vom Kapitalismus erhofft sich die Familie nichts mehr, und ein Auseinanderfallen des Staates Jugoslawien bedeutet für die Diaspora-Serben in Kroatien Verfolgung, Vertreibung oder Tod durch die Ustascha. Also gehen sie alle zu Titos Partisanen. Der Vater und die beiden Brüder fallen. Sie dient als 17jährige im Ersten Frauenbataillon Lika, zeichnet sich in einer Schlacht gegen italienische Panzer durch Kaltblütigkeit aus, wird Kommissarin für das Lazarett im Hauptquartier Dvar und ist nach dem Krieg sehr stolz, dem Genossen Tito in jeder Hinsicht dienen zu dürfen. Darüber hinaus ist sie froh, daß sie ihre beiden kleinen Schwestern Zora und Nada, acht und zehn Jahre alt, die letzten Überlebenden ihrer Familie, zu sich ins Weiße Schloß holen kann.

Tito ist in diesen ersten Nachkriegsjahren besonders dankbar für die Anwesenheit lachender Kinder und vor allem für die Gegenwart dieser warmherzigen, weichen Frau. Denn es sind die Jahre, in denen er sein Gewissen belastet, sich die Hände blutig macht im Kampf um die Sicherung seiner Macht.

Er weiß, daß das Land voll ist von Männern, die eine Wiederherstellung der Vorkriegsverhältnisse anstreben oder den Staat zerlegen wollen in seine ethnischen Bestandteile. Er weiß, daß es nur so wimmelt von Leuten, die auf eine Schwäche warten. Auch im Ausland. Der Marschall weiß, daß in seiner Umgebung Dutzende von Agenten des Westens und Aberdutzende von Agenten Stalins sitzen, die jeden seiner Schritte weitermelden. Vor allem vor Stalin hat Tito eine höllische Angst – aber zugleich ist Stalin auch sein Lehrmeister. Wie Stalin weiß er, daß es ohne Macht keine Möglichkeit zur politischen Gestaltung gibt. Wie Stalin kennt er im Kampf um die Macht kein Erbarmen.

In den Wäldern treiben sich 40 000 antikommunistische Guerillas herum, überfallen staatliche Institutionen, ermorden Kommunisten. Titos Geheimdienst Ozna macht Jagd auf sie, richtet Gefangene und Verdächtige ohne Gerichtsverhandlung hin.

Was immer nach Titos Tod im Rahmen der ethnischen Säuberungen an Grausamkeiten geschehen wird, es wird in allem dem ähnlich sein, was Tito zu verantworten hat bei der politischen Säuberung seines neuen Staates von Separatisten, von serbischen Tschetniks, von kroatischen Ustaschas, von den Trägern und Sympathisanten des früheren Systems, von Antikommunisten.

Die innerjugoslawischen Massaker hatten schon in der Zeit des Partisanenkrieges gegen die deutsche Wehrmacht begonnen. Der Intellektuelle Milovan Djilas, ein Montenegriner, der spätere Dissident und Regimekritiker, war 1941 von Tito nach Montenegro geschickt worden mit dem Auftrag: »Laß jeden erschießen, selbst ein Mitglied der regionalen Parteiführung, wenn er schwankt oder Mangel an Disziplin zeigt.« Djilas erinnert sich: »Schauderhaft und unfaßbar war das Töten eigener Verwandter, deren Körper man einfach in Bergschluchten warf. In der Herzegowina töteten Söhne ihre Väter, um ihre Ergebenheit gegenüber dem Kommunismus nachzuweisen; um die Erschossenen herum wurde getanzt und gesungen.«

Zu erschossenen Tschetniks wirft man tote Hunde ins Grab. In Slowenien spülen unterirdische Karstflüsse Leichen aus geheimen Massengräbern an die Oberfläche – und mit den Leichen kommt die ewige, entsetzliche Logik aller Revolutionen ans Licht: Um Menschen zu befreien, sperrt der Befreier Menschen ein. Um das Leben der Menschen lebenswert zu machen, nimmt er Menschen das Leben. Um der Gesellschaft die Entfesselung ihrer Tugenden und des menschlichen Geistes zu ermöglichen, braucht er Gefängnisse und Häscher und läßt deren sadistischen Trieben freien Lauf.

Es sind die schwärzesten Jahre seines Lebens. Tito ist gereizt wie nie zuvor, seine Nerven sind angeschlagen. Er geht auf seine Genossen mit Wutanfällen los in Situationen, die er früher in gelassener Heiterkeit über sich hat ergehen lassen. Zunehmend machen ihm Gallenprobleme zu schaffen. Der Grund läßt sich denken. Er liegt in einer bösen Erkenntnis, die sich nicht länger verdrängen läßt. Er, der vor Stalin gezittert hat; der stillgehalten hat, als Pelageja und andere Mitstreiter in den Erschießungskellern der Lubjanka und in den Lagern Sibiriens verschwanden; der vor Stalin zurück in den heimatlichen Untergrund ausgewichen ist, um sich vor ihm zu retten und um Stalin keinen seiner Genossen ans Messer liefern zu müssen; er, Josip Broz Tito, ist nun selbst zu Stalin geworden, überall Feinde witternd und sie zerstörend.

Doch was ist er denn überhaupt? Nur ein aufgeblasenes Nichts in der großen weltweiten Organisation des Kommunismus. Eine Laus, die selbst jederzeit von Stalin zerquetscht werden kann. Er weiß, daß Stalin ihn beargwöhnt und Tag und Nacht beobachten läßt. Soll er, Tito, all die Jahre nur für ein System gekämpft haben, das Menschen den Launen und der Willkür eines Tito und eines Stalin ausliefert?

Ende 1945 befiehlt er auf einer Sitzung des Zentralkomitees: »Schluß jetzt mit all dem Töten.«

Aber es ist noch nicht vorbei. Denn Tito muß, um wieder in den Spiegel schauen zu können, die Frage beantworten, warum er dies getan hat und wie er künftigen Terror verhindern kann. Er wird auch weiterhin niemanden in seine innerste Welt hineinschauen lassen, aber es liegt nahe, daß der Denkprozeß so abgelaufen sein könnte:

Wenn der Tod der 50000 Landsleute, den er auf sein Gewissen genommen hat, um seine Macht über Jugoslawien auszubreiten und zu sichern, einen Sinn gehabt haben soll, dann doch nur den, das Land vor Willkür zu bewahren. Wenn er es schon nicht vor dem eigenen Terror bewahren konnte, dann muß er es wenigstens vor der Willkür einer fremden Macht absichern. Vor der Willkür eines Mannes wie Stalin. Der Kommunismus, der ihn 1917 begeistert hatte, war einmal angetreten, eine große, befreite Welt zu schaffen, eine Art klassenloses globales Super-Österreich-Ungarn. Nun aber scheint er eine Welt zu schaffen, die sich den Launen und Ängsten eines einzigen Mannes, Stalin, zu beugen hat. Wenn er, Josip Broz Tito, nicht umsonst gelebt und gekämpft haben will, muß er seinen Traum ändern.

Nur wenn es ihm gelingt, Jugoslawien aus der Reichweite Stalins und seiner Nachfolger im Kreml zu bringen, dann könnten Jugoslawien und vielleicht auch andere Länder der neuen Gesellschaftsordnung eines Tages wirklich frei werden, frei vielleicht auch von Autokraten wie er selbst einer ist oder sein muß in diesem Entwicklungsstadium dieser Gesellschaft.

Die Nervosität, die Magenschmerzen, die Gallenprobleme nehmen zu, als er den Ablösungsprozeß von Moskau, die politisch wohl folgenschwerste Tat seines Lebens, einleitet. Am 29. November 1945 läßt er in Jajce das Partisanen-Parlament erstmals Beschlüsse fassen, für die er nicht vorher die Zustimmung Moskaus eingeholt hat. Es beginnt ein gefährlicher Gang über dünnes Eis. Doch als der Bruch mit Moskau 1948 offenkundig wird, hat Stalin keine Chance mehr, das Problem militärisch zu lösen: Im Machtspiel des kalten Krieges sind Tito und das nun wieder neutrale, wenn auch weiterhin kommunistische Jugoslawien ein zu wichtiger Faktor geworden, als daß der Westen eine Besetzung durch Stalins Rote Armee noch ohne weiteres durchgehen ließe.

Aber Stalin hat noch eine zweite Möglichkeit. Jugoslawien ist ein kommunistisches Land, und Moskau, das Rom der roten Weltkirche, hat Einfluß auf die Kommunisten Jugoslawiens. Der Kampf um den Glauben der Genossen beginnt.

Tito ist immer ein Praktiker gewesen, kein Ideologe. Er hat Fraktionskämpfe gehaßt. Ihm kam es immer auf Disziplin und Einheit an, egal welcher ideologischen Richtung diese Disziplin und Einheit galt. Er wäre in den dreißiger Jahren vermutlich auch Trotzkist gewesen, wenn dies die verbindliche Linie gewesen wäre. Er war nur deshalb gegen den Trotzkismus, weil er Streit in die Partei getragen hatte. Nun aber muß er, den ideologische Spitzfindigkeiten nicht interessieren, sich seinen eigenen Trotzkismus ausdenken. Denn er weiß, daß man nicht gegen eine Weltkirche rebellieren kann, ohne der Lehre dieser Weltkirche eine bessere entgegenzustellen.

Es ist sein alter Freund und Partner Kardelj, der ihm die publikumswirksame neue Formel einflüstert: Selbstverwaltung. Sie bedeutet, daß das Volkseigentum, zum Beispiel eine Fabrik in Belgrad oder ein Urlaubshotel an der Adria, nicht allein von einer großen, fernen zentralen Planungsbehörde organisiert, geleitet und verwaltet werden soll, sondern daß die Beschäftigten des Betriebes, also die Leute vor Ort, die Experten, Frontschweine und Hauptbetroffenen an der Produktionsfront, mitbestimmen und Mitverantwortung tragen sollen.

Übertragen auf das Verhältnis der kommunistischen Parteien zur Zentrale in Moskau heißt das auch: Jedes Land soll sich seinen Weg zum Kommunismus selbst gestalten.

Um dies durchzusetzen, entfesselt Tito seine zweite Terrorwelle. Sie ist nicht weniger abscheulich als die erste, denn diesmal geht er auf alte politische Kampfgefährten los, auch auf Helden des Partisanenkampfes, wenn sie zu den Kominformisten gehören. So heißen die Anhänger des Zentralismus, benannt nach der Kominform, der ganz auf Stalin eingeschworenen Nachfolgeorganisation der Komintern, welche sich nur noch als

Horchposten, Aufpasser und Vollstrecker Stalins in der kommunistischen Welt außerhalb der Sowjetunion versteht. Wie Stalin sind Jugoslawiens Kominformisten der Auffassung, daß die Weltrevolution und der Kommunismus überhaupt verloren sind, wenn diese Kirche auseinanderfällt und nicht mehr alle dem Wort des roten Papstes im Kreml gehorchen.

Die Kominformisten werden recht behalten. Denn nach Jugoslawien werden auch andere kommunistische Länder, zum Beispiel China, später Ungarn, dann die Tschechen und Slowaken, die Polen, die Rumänen, die Eurokommunisten im Westen und sogar die Albaner nach eigener Fasson selig werden wollen und damit den Kreml schwächen. Moskau muß dann seine begrenzten Kräfte so lange überfordern, bis unter Gorbatschow das System nahezu lautlos in sich zusammenfällt und als Gesellschaftsform, Hoffnung und politische Religion verschwindet, als wäre alles nur ein nächtlicher Traum gewesen.

Tito könnte, hätte er diesen Zusammenbruch noch erlebt, mit einigem Recht für sich in Anspruch nehmen, daß er der Mann war, der den Auflösungsprozeß in Gang gesetzt hat. Aber sicher könnte ihn dieser Blick in die Jahre nach 1989 nicht froh machen, denn er wird bis ans Ende seiner Tage im Kommunismus oder wenigstens im Sozialismus einen Weg der Befreiung des Menschen von Ausbeutung, Hunger und Not sehen.

Doch um Jugoslawiens Abhängigkeit von dem großen Strippenzieher in Moskau zu kappen, muß er erst einmal die Kominformisten ausschalten. Er läßt für sie auf der Kahlen Insel in der Nördlichen Adria eine Art Todeslager errichten. Hier werden Stalins Gefolgsleute durch sinnlose Knochenarbeit in backofenheißen Steinbrüchen systematisch durch Hunger, Entbehrung und Schikanen physisch und psychisch zerstört.

Die Hölle, durch die er dabei selbst geht, bei diesem zweiten von ihm inszenierten Massaker, ist zweifellos angenehmer als die, durch die er seine Gegner und alten Freunde treibt. Trotzdem leidet er wie ein Hund und registriert dankbar jedes Mitfühlen, jede Aufmunterung, jeden warmen Blick von Jovanka. Es ist bei Tito nicht Liebe auf den ersten Blick wie bei Pelageja oder Herta oder gar wie bei Zdenka. Er ist inzwischen ja auch schon ein gutes Stück über fünfzig. Aber seine Abhängigkeit zu ihr wächst langsam, stetig, und schließlich wird diese Verbindung länger halten als alle Ehen und Beziehungen zuvor. Im Jahr 1952, nach dem Ende des Tito-Terrors, nach dem Sieg über Stalin, nach dem Aufstieg des ehemaligen Volksbefreiers vom unbarmherzigen Säuberer zum würdigen und gutwilligen Landesvater, heiraten sie, an seinem 60. Geburtstag, im 12. Jahr ihres Zusammenlebens im Weißen Schloß.

Jovanka darf nun öffentliche Auftritte an seiner Seite genießen. Ihren kommunistischen Klassenstolz in allen Ehren, aber als ehemaliges Bauernmädchen sieht sie ihre größten Ruhmestage darin, daß sie mit echten Kaisern und Königen, mit echten Kaiserinnen und Königinnen an einem Tisch sitzen darf. Man liebt sie im Volk, denn sie ist nicht launisch, sondern immer freundlich zu den Leuten. Außerdem stehen beide gut im Fleisch, was beweist, daß Jovanka für den alten Marschall vorbildlich sorgt.

Es sieht für die Leute nicht so aus, als würde sie sich in die Politik einmischen. In einem Interview erläutert Jovanka Broz ihre Rolle als die einer Wand, an der sich der Marschall gefahrlos aussprechen kann, an der er seine Sorgen, Nöte, Träume und Frustrationen abladen kann. Bei ihr müsse er niemanden ins Vertrauen ziehen, der diese Vertraulichkeiten ausnutzen könnte.

Jovanka aber ist eine Wand mit Ohren und einem Mund. Ihr Mann mag ein Macho sein, der wie alle Machos Frauen schätzt, die den Mund halten. Wie alle Machos aber mißt er den Worten schweigsamer Frauen große Bedeutung bei. Das wissen auch ihre serbischen Freunde aus ihrer Heimat, der kroatischen Lika. Dort entsteht eines Tages entgegen allen vorangegangenen Regionalplanungen und unter Vernachlässigung wichtiger Prioritäten eine schöne Straße in abgelegene Bergdörfer. Serben aus der Lika bekommen plötzlich interessante Posten. Wenn alte Kameraden ihr klagen, daß sie, die Helden des Partisanenkampfes, von den neuen Wirtschafts- und Verwaltungstechnokraten als nichtsnutzige alte Trottel aus Amt und Würden verjagt werden, dann geschieht es, daß kurz darauf Tito öffentlich erklärt: »Es täuschen sich jene, die glauben, die Rolle der Kommunisten verringern zu können.«

Als im Jahr 1971 plötzlich die Militär- und die Parteiführung des Bundeslandes Kroatien abgelöst wird, erkennen Insider in den Nachfolgern gute alte Freunde Jovankas. Doch als sie dann immer häufiger mit der Begründung, sie müsse über die Gesundheit ihres Mannes wachen, auch in offiziellen Sitzungen auftaucht, beginnt man über sie nachzudenken, über ihre Rolle als Serbin, über ihren Weg ins Weiße Schloß, den einst der alte serbische Tito-Gefährte Rankovic geebnet hat, welcher dann Innenminister und Geheimdienstchef geworden war, ehe er gefeuert wurde, weil man in Titos Schlafzimmer versteckte Mikrophone gefunden hat. Und man fragt sich, warum es in der Armeespitze nur so wimmelt von Serben, und zwar von Diaspora-Serben, die wie Jovanka in Kroatien aufgewachsen sind.

Daß dann im Jahr 1976 in Jugoslawien das Gerücht aufkommt, Jovanka sei mit ihrer Abkommandierung ins Weiße Schloß nicht nur als Agentin des Serben Rankovic, sondern auch als Agentin des sowjetischen Geheimdienstes auf Tito angesetzt worden, muß vermutlich weniger als Enthüllung gewertet werden denn als Wetterleuchten des beginnenden Kampfes zwischen Serben und Kroaten.

Der Streit um Titos unhaltbares Erbe beginnt drei Jahre vor seinem Tod. Jovanka ist das erste Opfer. Tito zeigt sich nicht mehr mit ihr und begründet das öffentlich wenig kavalierhaft mit der Bemerkung: »Offen gesagt – ich komme ohne sie besser zurecht. Wenn sie bei mir ist, muß ich mich auch noch um sie kümmern. Ich habe eine wichtige Aufgabe zu erfüllen. Ich muß mich konzentrieren. Jedes Mißverständnis strapaziert meine Nerven, und ich muß auf meine Nerven aufpassen. Ich habe sie schon eine ganze Weile strapaziert.«

Statt an der Seite Jovankas sieht man ihn in seinen letzten Lebensjahren auf Pressefotos wieder häufiger mit seinen beiden Söhnen. Deren Karrieren sind im mittleren Angestelltenbereich steckengeblieben. Aleksandar, der Jüngere, der Sohn von Herta Has, ist im Außenhandel untergekommen, reist häufig ins westliche Ausland. Zarko, sein Sorgenkind, war nach dem Krieg aus Rußland nach Jugoslawien zurückgekehrt, ein Fremder im Land seiner Geburt, schwer angeschlagen von Alkohol und Morphium. 1948 geriet er in einer Belgrader Nachtbar in eine Schießerei mit sowjetischen Offizieren, wurde schwer verwundet. Danach war es um den wilden Zarko still geworden.

Der Vater hat seine Kinder ferngehalten von Ämtern, Politik und bedeutenden Pfründen, auch in seinen drei letzten Lebensjahren. Als ahne er bereits, daß politisch-öffentliche Bedeutungslosigkeit der sicherste Schutz für Zarko und Mischa sein würde, wenn der Kampf der Diadochen beginnt. Als ahne er, daß ohnehin nichts von dem, was er in Jugoslawien an Staat und Gesellschaftsordnung hinterlassen wird, Bestand haben kann.

Denn daß seine Version des Kommunismus genausowenig funktionieren würde wie seine Version des Vielvölkerstaates, hätte er am Erfolg seines Selbstverwaltungskommunismus sehen können. Der funktionierte nur in der Theorie. In der Praxis achtete die Partei und deren Geheimpolizei immer darauf, daß die Selbstverwaltung enge Grenzen hatte. Denn auch die Partei ist von Menschen gemacht, und Menschen geben freiwillig nichts ab von der Macht, die sie einmal errungen haben. Schon gar nicht nach unten an die Basis. So mochte dann am Ende Titos Kommunismus der humanste und freieste von allen Formen des Kommunismus gewesen sein, aber er krankte genauso wie der sowjetische, polnische, ungarische und chinesische Kommunismus an der Entmündigung seiner Bürger, an der daraus resultierenden Erstarrung, an der Wurstigkeit der schaffenden Menschen, an der Unfähigkeit, mit einer immer rasanteren technischen und weltwirtschaftlichen Entwicklung zurechtzukommen.

Die besten Ärzte des Landes kämpfen im Frühjahr 1980 verzweifelt, aber vergebens um das Leben des 88 Jahre alten Marschalls. Durch eine Beinamputation und durch den Einsatz modernster medizinischer Geräte und Methoden wollen sie das Blut dieses erschöpften Körpers in Bewegung halten. Es kann nicht gelingen. Die Trauer seiner Völker ist groß, die Nachrufe aus dem Ausland zeugen von größtem Respekt, aber der Friede hält nur noch mit Mühe ein Jahrzehnt, dann bricht sich der Frust über den verpaßten Anschluß an den westlichen Wohlstand, an die verlorenen Jahrzehnte, über die unerfüllten Hoffnungen und verratenen Träume Bahn in einem furchtbar bösartigen, furchtbar altmodischen, furchtbar nutzlosen Nationalitätengemetzel, das Titos Jugoslawien als ein Kleinstaaten-Konglomerat schlechter Nachbarn ins dritte Jahrtausend entläßt.

WILLY BRANDT

Geboren: 18. Dezember 1913. **Gestorben:** 8. Oktober 1992.
Deutscher Bundeskanzler (1969–1973).
Die besondere Lebensleistung: Seine Persönlichkeit
und die Unterstützung seiner Politik im eigenen Land
überzeugten Ost wie West davon, daß die Deutschen
tatsächlich gute Nachbarn sein wollten.
Sein Liebesleben: Außerordentlich erfolgreich, obwohl
er sein innerstes Wesen nie preisgeben konnte.

Der vaterlose Geselle

Die Zeit ist eine andere geworden, aber ein bißchen ist es in diesem Winterwahlkampf Ende 1990 wieder wie früher. Der alte Mann hat einen beifallumrauschten Auftritt in einem Münchner Vorort hinter sich. Nun sitzt Willy Brandt im Bar-Bereich eines kleinen Hotels, und wie früher scharen sich zum Entspannungsschluck junge Verehrer um Willy, auch wenn die jungen Leute im Dunstkreis seiner alt gewordenen Partei jetzt schon um die 40 sind. Man diskutiert ein wenig, lacht, trinkt, kalauert herum, erzählt Anekdoten, wie früher auf den Wahlkampftourneen. Und wie früher gehen ihm am Ende die Mädels an die Wäsche.

Das gefällt ihm noch immer, zumal die Mädels jetzt keine eifernden Gänschen mehr sind wie früher, sondern erwachsene, schöne, elegante Damen mit besten Berufen und vermutlich schon fast erwachsenen Kindern.

Der 77jährige hat sein Austragshaus in Unkel am Rhein wieder einmal verlassen. Er will hier, im Wahlkreis München-Land, dem SPD-Kandidaten Otto Schily ein wenig helfen. Nicht weil das noch viel brächte, denn im konservativen Münchner Speckgürtel hat Schily keine Chance auf ein Direktmandat, und aus den Meinungsumfragen weiß Brandt bereits, daß auch bundesweit die SPD mit ihrem Spitzenkandidaten Lafontaine schon vor dem Wahltag durchgefallen ist. Aber er tut es. Nicht für Oskar Lafontaine, denn diesen hat er wegen seiner Probleme mit der deutschen Vereinigung aus der Liste seiner politischen Enkel bereits gestrichen. Aber er mag Biographien wie die des Juristen Otto Schily. Der hat als Sohn des preußischen Großbürgertums angefangen, dann wurde er in seinem Ekel vor rechten deutschen Vergangenheiten erst Terroristenanwalt, dann Grüner und schließlich Sozialdemokrat.

Doch anders als früher geht Willy Brandt nach dem allerletzten Entspannungsschluck alleine auf sein Zimmer, und die Mädels bleiben in Wehmut und Respekt zurück. Denn er ist müde. Ein knappes Jahr später wird man bei ihm Darmkrebs feststellen, und dann wird er noch zwölf schmerzensreiche Monate zu leben haben. Willy Brandt weiß an diesem Abend in Bayern vermutlich nicht, daß dies einer seiner letzten öffentlichen Auftritte dieser Art war, aber in seinem Alter betrachtet ein Mensch alles, was er noch außerhalb seines Alltags erleben kann, auch unter dem Aspekt des Abschieds.

Wenn wir also diese Szene aus dem Wahlkreis München-Land als einen Abschied nehmen, dann könnte man sich vorstellen, daß Willy Brandt in dieser Nacht vielleicht auch mit einem befriedigenden Gedanken eingeschlafen ist: daß sein Zauber bis ans Ende gewirkt hat und daß er zumindest in diesem Jahrhundert wohl der einzige deutsche Regierungs- und Parteichef gewesen ist, der geliebt worden ist. Natürlich nicht von allen, denn Willy Brandt hatte auch viele Gegner, Verächter und Hasser wie jeder in diesem Beruf. Aber bei seinen Anhängern ist er nicht nur verehrt, bewundert, geachtet gewesen wie andere erfolgreiche Staatsmänner von ihren Anhängern, sondern tatsächlich geliebt. Nicht idiotisch vergöttert wie ein Kaiser oder ein Hitler, sondern richtig geliebt. Geliebt mit Herz und Verstand.

Woher kommt das? Sicher war er nicht nur in seiner Jugend ein gutaussehender Mann; er ist mit seinen tausend interessanten Gesichtsfalten auch im Alter ein schöner Mann geblieben. Aber wenn ein Politiker geliebt wird, dann ist Schönheit kein auslösender Grund.

Lag es also an seinem Wesen? Eigentlich nicht. Er erweckte zwar den Eindruck, als sei er einer der ganz seltenen Politiker, die ihre moralische Unschuld und ihre Ideale bis ans Ende bewahrt haben. Aber genau besehen war er das, was weder Frauen noch Männer an einem Mann ausstehen können; zweiflerisch, unentschlossen, gespreizt, in Konfliktfällen die klare Aussprache scheuend und sich lieber ins Beleidigtsein flüchtend.

Erst nach einem Glas Rotwein oder Weinbrand wurde er visionär statt zweiflerisch, konnte er die Dinge auf den Punkt bringen. Dann wurde er ausgreifend, die Unentschlossenheit schwand, dann war er auf eine lockere Weise sarkastisch, ironisch, überaus humorig und nicht mehr gespreizt. Dann vertrieb ein hinreißender Charme seine Kontaktschwäche. Dann schäumte eine muntere Assoziationsgabe seine bis dahin zähflüssige Sprache zu Champagner auf. Dann verlieh die Erinnerung an tausend Erlebnisse ihm Sicherheit und Selbstbewußtsein. Aber das alles kommt nicht selten vor und ist vermutlich der Grund, weshalb so viele Menschen die Krücke Alkohol in irgendeiner Form und Größenordnung schätzen.

Was aber macht aus Willy Brandt den Politiker in Deutschland, der von seinen Anhängern nicht nur verehrt, sondern geliebt wurde?

Es waren wohl genau diese Brüche und Verletzbarkeiten in seinem Wesen, in denen sich viele Deutsche der Nachkriegsgenerationen wiedererkennen und bestätigt fühlen konnten, manche offensichtlich zum ersten Mal. Willy Brandt berührte die Okay-Taste im Nervengeflecht einer großen, jungen, intellektuellen, zweiflerischen Minderheit zwischen der konservativen Mehrheit und der marxistischen fundamentierten Arbeiterschaft in Deutschland.

Diese hochsensible Gruppe zwischen den großen Lagern sah sich in der Tradition der Aufklärung. Sie litt jahrzehntelang nicht nur unter der Schuld der deutschen Vergangenheit und am Verhalten der großen Mehrheit im Lande, sich aus dieser Schuld nichts zu machen. Sie litt auch am Ausbleiben einer Bestätigung ihrer Zweifel und differenzierten Betrachtungsweisen durch die Politik in ihrem Land. Denn von den in Bonn regierenden und in der Wirtschaft herrschenden Konservativen ist bis weit in die sechziger Jahre hinein jedes Thema niedergeschwiegen worden, das nicht zu stammtischgerechten Wir-sind-wieder-wer-Blähungen taugte.

Anders als die doktrinären Sozialisten fand diese skeptische Gruppe auch im geschlossenen Schaltkreis des Marxismus nicht alle Antworten auf ihre Fragen, war immun gegen den Charme von Arbeitersportvereinen und sozialistischen Liedertafeln. Es war in den ersten 25 Jahren Nachkriegszeit für den nachdenklichen Teil der Deutschen nicht immer einfach, sich zu Hause zu fühlen in einer selbstgefälligen Bundesrepublik, die so tat, als wäre zwischen 1933 und 1945 nichts geschehen, als wäre das bürgerliche Zeitalter mit seiner behäbigen Selbstgerechtigkeit noch immer nicht zu Ende.

Doch dann erschien nach der Bundestagswahl von 1969 der von Niederlagen, Schmähungen, Selbstzweifeln geschundene Hamlet-Typ Willy Brandt plötzlich auf dem Siegerpodest, und die sensible und nachdenkliche und offenbar doch nicht so kleine Minderheit empfing durch ihn die unausgesprochene Botschaft: Wir hatten nicht nur recht, wir haben auch endlich gewonnen! Einer von unserer Art hat es geschafft! Es war wie eine Erlösung. Endlich!

Es ist die Erinnerung an dieses Gefühl, gebunden an diesen Mann, die bis in den Winterwahlkampf von 1990, bis zu seinem Tod 1992 und sicher auch ein gutes Stück über seinen Tod hinaus Willy Brandt zu einem Politiker macht, der nicht nur verehrt, sondern geliebt wird.

Es ist klar, daß ein solcher Sieger all die vorangegangenen Verletzungen und Schmähungen seines bisherigen Lebens mit einbrachte in sein Handeln. Deshalb fiel es dem Vielgeliebten schwer, selbst zu lieben. Zumindest war es ihm nicht gegeben, seine Liebe ein wenig deutlicher zu zeigen. Schon gar nicht gelang es ihm, eine gestorbene Liebe mit Stil zu beenden. Das blieb alles in dem Panzer stecken, den er sich als ein kleiner Junge aus Lübeck, der noch Herbert Frahm hieß, schützend um die Seele legte, als er keine Antwort fand auf die Frage, warum er nicht wie andere Kinder einen Vater hatte, der mit ihm Fußball spielte, der mit ihm sprach, der ihm beruhigend oder anerkennend die Hand auf die Schulter legte.

Einen Vater gab es. Er hieß John Möller und wäre im Grunde hervorragend geeignet gewesen, mit seinem Sohn Fußball zu spielen, mit ihm über Gott und die Welt zu reden und ihm die Hand auf die Schulter zu legen. Willy Brandt, der diesen Mann nie kennengelernt hat, hat im schroffen Stolz des Verschmähten die Geschichte seines Verschmähers nie erforscht. In seinen Erinnerungen schreibt er: »Über meinen Vater sprachen weder Mutter noch Großvater, bei dem ich aufwuchs; daß ich nicht fragte, verstand sich von selbst. Und da er offensichtlich nichts von mir wissen wollte, hielt ich es auch später nicht angezeigt, die väterliche Spur zu verfolgen. Erst als ich, nach dem zweiten Krieg und nun jenseits der dreißig, meinte, für die Wiedereinbürgerung mit genauen Angaben zu meiner Person aufwarten zu müssen, wagte ich's und fragte, dabei die briefliche Distanz wählend, meine Mutter, die prompt einen Zettel zurückschickte, darauf der väterliche Name vermerkt war: John Möller aus Hamburg.«

Der väterlichen Spur ging schließlich der Journalist Claus Peter Bruns nach, fand das Grab John Möllers, dazu eine Verwandte, ein Foto des Vaters, das eine frappierende Ähnlichkeit mit Willy Brandt belegte – und eine Lebensgeschichte, die gut zu der seines Sohnes paßte.

John Möller: Ein gut aussehender junger Mann aus dem Hamburger Arbeiterviertel Eimsbüttel, SPD-Mitglied, Lehrer, Denksportler, belesen, Kettenraucher, reist mit Freunden gern in benachbarte Städte, wenn dort Genossen etwas zu feiern haben. John Möller hat einen Schlag bei den Weibern. Seine Nichte Elisabeth Armbrust wird einmal sagen, er war »kein Kostverächter, auch im Alter nicht«. John Möller ist 26 Jahre alt, als er im Frühjahr 1913 nach einer Festivität im Lübecker Gewerkschaftshaus die 18jährige Konsumverkäuferin Martha Frahm, Tochter eines Landarbeiters aus Mecklenburg, verführt. Das ist eine ganz normale Sache, denn zur Kultur der Arbeiterbewegung gehört schon vor dem Ersten Weltkrieg der freiere Umgang mit der Sexualität. Man will nicht so verklemmt und verlogen sein wie das Bürgertum. Vater und Tochter Frahm waren eingefleischte Sozialdemokraten.

Normalerweise ist es aber Ehrensache, daß bei einer Schwangerschaft der verursachende Genosse die schwangere Genossin heiratet. In diesem Fall wird jedoch nichts daraus, was vermutlich daran liegt, daß den intelligenten John Möller und die brave Verkäuferin Martha Frahm außer der Stunde der Lust und dem Parteibuch nichts verbindet. Denn vom Wesen her ist John Möller eigentlich alles andere als ein verantwortungsloser Drückeberger. Er heiratet später eine andere, ihm offensichtlich nähere Frau, die er geschwängert hat, hält 1933, als die Nazis an die Macht kommen, trotz der Belastung durch die Verantwortung für seine Familie treu zur Sozialdemokratie, verteilt verbotenerweise Flugblätter, verliert deshalb sein Lehramt, bleibt bis ans Ende seines Arbeitslebens Buchhalter einer Kohlenhandlung. John Möllers zweiter Sohn, Willy Brandts unbekannter Bruder Heinz, fällt in Stalingrad. John Möller selbst stirbt 1958, ohne zu wissen, daß der Mann, der zu dieser Zeit als Willy Brandt Berlin regiert und ihm und seinem gefallenen Sohn Heinz so ähnlich sieht, sein Sohn ist.

Es ist nicht nur der Vater, zu dem John Möllers unehelicher Sohn keine Nähe finden kann. Noch als erwachsener, reifer Mann, als erfolgreicher Politiker, sind Willy Brandts Besuche bei der Mutter eine Qual; er wird sich in ihrer Gegenwart verkrampfen und den nächsten Termin auf seinem Zeitplan herbeisehnen.

Martha Frahm, die Mutter, ist nach seiner Geburt noch immer ein junges Mädchen, das seiner Arbeit nachgehen muß und nach einem Mann fürs Leben sucht. Sie läßt den Buben unter dem Namen Herbert Ernst Frahm ins Lübecker Geburtenregister eintragen, übergibt ihn erst einer Freundin zur Pflege, dann ihrem Vater Ludwig, obwohl dessen Frau, es ist Marthas Stiefmutter, den Kleinen, der in diesem Alter verhaltensgemäß nach weiblicher Wärme lechzt, nicht mag. Der kleine Herbert nennt Ludwig Frahm »Papa«, dessen Frau aber »Tante«. Seine Mutter heiratet indessen den Maurer Emil Kuhlmann.

Großvater Ludwig Frahm, der Landarbeiter aus Mecklenburg, arbeitet in Lübeck als Lastwagenfahrer und hat den Ehrgeiz, seinem ohne Zweifel intelligenten Enkel herauszuhelfen aus dem angestammten sozialen und familiären Milieu. Er pflanzt dem Jungen das Gefühl ein, für eine neue Zeit bestimmt zu sein, in der all die Demütigungen, Nöte und Zurücksetzungen der

Gegenwart nicht mehr möglich sein werden. Der Weg in die neue Zeit müsse aber erst freigekämpft werden, dazu benötige er Herz, Stolz und Verstand, weshalb er in der Schule vorankommen müsse.

Herbert kommt voran, denn wie viele, die sich in der Kindheit zurückgesetzt fühlen, ringt er um Anerkennung und Bestätigung. Dafür legt er sich ins Zeug, kann seine Begabungen entdecken. Zu Hause ist nur Plattdeutsch geredet worden. Schnell beherrscht er das Hochdeutsche. Sein starker Sinn für Fremdsprachen – ein Beleg für Einfühlungsvermögen in andere Denkweisen – fällt auf, und einiges mehr. Er bekommt mit Hilfe eines ihm wohlgesonnenen Lehrers einen kostenlosen Begabten-Freiplatz im Johanneum, dem traditionsreichen Bildungstempel des hanseatischen Bürgertums, schreibt nebenbei für den »Lübecker Volksboten«, findet in dem dortigen Chefredakteur und Reichstagsabgeordneten und später hingerichteten Widerstandskämpfer Julius Leber einen Mentor.

Mag die Kindheit arm an Liebe gewesen sein, schon als Gymnasiast wird er entschädigt durch den Erfolg, den er bei den Mädchen hat. Davon wird er ein Leben lang nicht genug kriegen können.

Die SPD ist dem zornigen jungen Mann zu lasch. Er tritt nach einer Abspaltung der linkeren SAP bei, der Sozialistischen Arbeiterpartei, wird Leiter ihrer Jugendorganisation, macht 1932 sein Abitur, gerät 1933 ins Visier der nun an die Macht gekommenen Nazis, arbeitet noch eine Weile im Untergrund und setzt sich – die Gestapo ist bereits hinter ihm her – auf einem Motorkutter zwischen Fischkisten heimlich nach Dänemark ab. Mit 19 Jahren ins Exil.

Von Kopenhagen geht es mit dem Schiff weiter nach Oslo. Der Großvater hat ihm tausend Mark mitgegeben. Angeblich die unangetastet gebliebenen Alimente seines unbekannten Vaters.

Auf der Überfahrt lernt Herbert Frahm ein norwegisches Mädchen kennen, Tochter eines Journalisten. Sie nimmt ihn mit nach Hause zu ihren Eltern. Dort kann er erst einmal ein paar Wochen wohnen und sich umsehen. In Oslo findet er schnell Zugang zu norwegischen Sozialisten, und die leisten ihm wertvolle Hilfe.

Die SAP hat ihn mit der Einrichtung eines Auslandsbüros der Partei in Oslo beauftragt. Außerdem soll er die zentrale Auslandsstelle des Jugendverbandes leiten und die Verbindung mit den Genossen in den anderen europäischen Exil-Ländern pflegen, damit die Partei am Tag der Rückkehr nach Deutschland gut organisiert und fit ist. Man pflegt auch hier den Wunschtraum, die Hitlerei könne nur ein Spuk sein, der schnell vorübergehen werde, und danach könne es endlich losgehen mit dem Sozialismus. Herbert Frahm hat da aber seine Zweifel.

Nachdem der Name Frahm schon auf den Listen der Hitler-Schergen im In- und Ausland steht, reist er mit dem Paß eines eher stillen und unverdächtigen Genossen. Norwegische Sozialisten haben diesen Ausweis einem braven, sozialistischen deutschen Arbeiter namens Willy Brandt, der in Neu-Isenburg geboren worden ist und in der belgischen Hauptstadt Brüssel lebt, abgeschwatzt, mit dem Argument, damit könne er einem verfolgten Genossen helfen. Der Original-Brandt landet später im Konzentrationslager Dachau, und der Faksimile-Brandt wird davon erst nach dem Krieg erfahren. Aber der Original-Brandt überlebt, wird nach seiner Rückkehr nach Brüssel steinalt und eines Tages noch sehr stolz auf seinen Doppelgänger werden.

Je mehr Zeit vergeht und je weiter er als Willy Brandt herumkommt bei seinen Besuchen in Spanien, Holland, Belgien und Frankreich, desto mehr erscheinen Herbert Frahm die deutschen Sozialisten im Exil als »Menschen, die den Zug verpaßt haben und die Wartezeit mit Erinnerungen an die Vergangenheit und Träumen von der Zukunft verbringen«. Er selbst wagt sich 1936 mit einem gefälschten norwegischen Paß nach Deutschland zurück, um mit dem zerschlagenen Rest der SAP eine Widerstandsgruppe aufzubauen. Es ist eine äußerst gefährliche Reise. Nach ein paar Monaten kehrt er desillusioniert nach Norwegen zurück. Nun weiß er endgültig, daß seine Landsleute zu Hause die Hitlerei nicht abschütteln werden, wie es die Genossen im Exil noch immer stündlich erwarten.

Brandt sieht das bestätigt, was er und andere Autoren in einer SAP-Schrift über den psychologischen Hintergrund des Erfolgs der Nazis bereits vor seiner heimlichen Reise nach Deutschland vermutet hatten: Daß nämlich der Nationalsozialismus der Hoffnungslosigkeit der Deutschen Disziplin und Gleichschritt entgegengesetzt und dadurch die einsame Hilflosigkeit jedes einzelnen in das beruhigende Gefühl des Eingeordnetseins verwandelt hat, womit es Hitler gelungen sei, die Ängste der Deutschen, die Verunsicherung und ihre Sehnsucht nach einem einfachen Leben ohne Parteienstreit auszubeuten.

Noch immer aber bastelt er im Auftrag der SAP an Strukturen einer zukünftigen sozialistischen Revolution herum, beobachtet als Journalist und als Verbindungsmann der SAP zur spanischen Volksfront von Barcelona aus den Bürgerkrieg in Spanien, entdeckt mit Schrecken, wie die Volksfront unter dem zunehmenden Einfluß Stalins ihre moralische Reinheit verliert.

Er findet aber von Jahr zu Jahr weniger Befriedigung an den verschwörerischen, nutzlosen und gefährlichen Versteckspielen. Brandt verliert, je länger er den unverkrampften, pragmatischen Kurs der norwegischen Sozialdemokratie beobachtet, den Sinn für die Revolutionsromantik der deutschen Linken. Das weinerliche Selbstmitleid, die Streitsucht und die Untätigkeit der meisten Exil-Deutschen gehen ihm auf die Nerven. Er selbst ist Mitte zwanzig, steckt voller Tatendrang, will im Hier und Heute leben, nicht immer nur etwas Verlorenes beweinen und auf etwas Fernes warten.

Aus dem unehelichen Kleine-Leute-Kind aus Lübeck ist ein selbstbewußter junger Mann geworden, der schon viel gereist ist, viel gesehen hat, der reden und überzeugen kann, mit seinem Charme Freunde in aller Welt gefunden hat. Er brennt darauf, seine im Exil erworbenen neuen Kräfte anzuwenden. Da er aber in den letzten Jahren vor dem Kriegsausbruch politisch nicht mehr so genau weiß, wohin er eigentlich gehört, kümmert er sich zunächst etwas mehr um sich selbst, um seine Sprachkenntnisse, um sein Fortkommen als Journalist, um ein geregeltes Einkommen, um Klarheit auch in seinen Frauenbeziehungen.

In Deutschland hat er bei seiner Flucht über die Ostsee eine Freundin zurückgelassen müssen. Trudel Meyer, ebenfalls erst 19 Jahre alt, aber sehr energisch und selbstbewußt. Sie sollte nachkommen, und sie kommt auch nach, schon im Sommer 1933, denn auch ihr ist der Boden in Lübeck zu heiß geworden.

Die Gestapo hatte sie zum Verhör abgeholt, und auf dem Weg zur Polizeistation hatte sie einen verräterischen Brief ihres Freundes Herbert Frahm verschluckt.

Um eine Aufenthaltsgenehmigung in Norwegen zu bekommen, geht sie eine Scheinehe mit dem norwegischen Studenten Gunnar Graasland ein, lebt aber mit Herbert, der nun Willy heißt. Sie arbeitet tagsüber als Dienstmädchen und schreibt abends Zeitungsverlage an, um sie an ausstehende Honorare für Brandts Artikel zu erinnern. Brandt hat daneben auch noch einen Job in der norwegischen Volkshilfe, einer der Norwegischen Arbeiterpartei nahestehenden Wohlfahrtsorganisation, gefunden.

Man kommt gut über die Runden in dieser Zeit, bezieht in Oslo eine neue Wohnung, kann Freunde einladen und mit ihnen über ein utopisches Europa nachdenken und blödeln, zum Beispiel über die Idee, Norwegen zum Ferienland und das regennasse England zum Gefängnis Europas zu machen. Brandt fühlt sich trotz seiner allmählich diffuser werdenden politischen Ziele wohl wie nie im Leben zuvor, kleidet sich elegant, wird Pfeifenraucher. Das ist der Ausdruck seiner neuen Behaglichkeit.

Trudel Meyer ist in diesen Jahren nicht die einzige Frau an seiner Seite. Da hat er, bevor er sein Geschichtsstudium, das er begonnen hat, um den Nachstellungen der norwegischen Fremdenpolizei zu entgehen, wieder abbricht, eine Affäre mit einer norwegischen Studentin. Anna Carlotta Thorkildsen, in Köln geboren, Tochter eines norwegischen Seilbahningenieurs und einer Deutsch-Amerikanerin, überzeugte Sozialistin. Sie ist neun Jahre älter als er, hat in Paris Soziologie und Sprachen studiert, hört in Oslo Vorlesungen über Volkswirtschaft, arbeitet als wissenschaftliche Sekretärin im Institut für vergleichende Kulturforschung. Trudel ist eine prächtige Gefährtin, Carlotta aber ist ein intellektuelles Klasseweib. Hohe, gewölbte Stirn, ein aufregend sinnlich geschwungener Mund, dazu dunkle, lebhafte Augen.

Doch Carlotta ist zunächst nur eine Episode wie viele andere Frauen. Seine Reisen kreuz und quer durch Europa sind stets mit amourösen Abenteuern verbunden. Vergebens versucht er eine Freundin in Paris zu überreden, zu ihm nach Oslo zu kommen. Vermutlich ist dieser Antrag nicht Ausdruck einer großen Liebe, sondern wohl eher ein Pflaster gegen das Verlassensein. Denn Brandts Beziehung zu Trudel ist am Ende. Sie wendet sich einem Freund Brandts zu, dem Emigranten und Psychoanalytiker Wilhelm Reich, wird zunächst dessen Sekretärin, dann geht sie mit Reich als dessen Assistentin nach New York.

Nun trifft Brandt Carlotta Thorkildsen wieder. Die beiden ziehen zu ihren Eltern, planen die Heirat. Carlotta rät ihm, die norwegische Staatsbürgerschaft zu beantragen. Er muß ernsthaft darüber nachdenken, denn sein deutscher Paß ist abgelaufen, die Nazis haben ihm die deutsche Staatsangehörigkeit entzogen. Brandt hat nur noch einen Fremdenpaß, ist damit ein Spielball für Behördenwillkür geworden. Im Herbst 1939 stellt er den Antrag. Doch bevor über diesen entschieden ist, landet Hitlers Wehrmacht in Norwegen. Die Verfolger sind dem Verfolgten nachgekommen. Die Wehrmacht fällt am selben Tag ein, an dem Carlotta ihm eröffnet, daß er bald Vater werden wird.

Brandt zieht in den Tagen der deutschen Invasion mit der norwegischen Volkshilfe hinter den norwegischen Streitkräften her, um sie auf ihrem Marsch nach Norden mit Wolldecken und Verbandszeug zu versorgen. Bei Andalsnes sieht er sich plötzlich eingeklemmt zwischen schneebedeckten Bergen hinter und neben sich und dem von der Wehrmacht abgeriegelten Talausgang vor sich. Das kann der Tod sein.

Er will in möglichst unverdächtiger Aufmachung mit möglichst vielen anderen Männern durch die Reihen der Deutschen kommen. Ein Freund aus den Jahren des spanischen Bürgerkriegs, Paul René Gauguin, ein Enkel des Malers Paul Gauguin, besorgt ihm eine norwegische Uniform. In einem großen, nahezu unkontrollierten Haufen norwegischer Soldaten begibt er sich in deutsche Kriegsgefangenschaft und wird wie die anderen norwegischen Soldaten nach vier Wochen entlassen. Er taucht schleunigst bei einem Freund in Oslo unter.

Brandt hatte seinen Fremdenpaß aus Sicherheitsgründen verbrannt, sein Antrag auf norwegische Staatsbürgerschaft wird nicht mehr bearbeitet. Er ist jetzt ohne jedes Papier.

Freunde überreden ihn zur Flucht nach Schweden.

Dort haben es Asylanten schwer in jenen Jahren, zumal die schwedische Polizei gut mit der deutschen Gestapo zusammenarbeitet, bei der sie ihre Staatsschutz-Experten in die Lehre schickt. Aber Brandts Netz aus alten Freundschaften trägt. Der Reichstagsabgeordnete Spanberg, ein alter Gefährte aus dem Spanischen Bürgerkrieg, holt ihn aus dem Internierungslager. Brandt darf in Schweden bleiben, und bald stellen ihm norwegische Exilpolitiker in London einen norwegischen Staatsbürgerbrief aus. So kann er wegen der besonderen schwedisch-norwegischen Beziehungen trotz scharfer Überwachung durch die mißtrauische und gestapofreundliche schwedische Polizei in Stockholm als Journalist arbeiten. Er sammelt Nachrichten über die Lage in Norwegen und beliefert damit schwedische Zeitungen und Diplomaten, wird eine Art Öffentlichkeitsreferent des norwegischen Widerstands.

Inzwischen hat Carlotta, noch immer in Oslo, eine Tochter geboren. Ninja. Brandt besucht die beiden heimlich, holt sie nach Stockholm. Man heiratet im Frühjahr 1941, arbeitet, besucht die Feste der norwegischen Kolonie in Schweden. Zum Beispiel auch die Hochzeit einer Brandt noch unbekannten norwegischen Sozialdemokratin und Asylantin, Rut Hansen, mit ihrem Jugendfreund Brum. Bei dieser Party mit Labskaus und Bier, das in der Badewanne gekühlt wird, sieht Rut Hansen Willy und Carlotta zum ersten Male. Sie sieht Willy umringt von Damen, die ihm wohlgesonnen sind, und ihm behagt die Aufmerksamkeit seiner Verehrerinnen sichtlich.

Willy Brandt genießt das Leben, die Liebe und die Anerkennung, die ihm nun auch als politischen Journalisten zuteil wird. Er ist nicht mehr der Jugendfunktionär einer deutschen sozialistischen Splitterpartei zwischen SPD und KPD. Er sieht sich nicht einmal mehr als Mann im Exil. Er sieht sich als einen weltläufigen Mann aus der großen internationalen Familie der Linken, dem die Abgrenzungen der Parteisekten genauso suspekt geworden sind wie die Betrachtung der Welt mit nationalstaatlichen Scheuklappen. Nationen bleiben auch für ihn historisch und kulturell gewachsene Tatsachen. Aber die Welt, wie er, der Vielgereiste, sie inzwischen kennengelernt und begriffen hat, kann ihre Probleme nur lösen, wenn sich die besten Eigenschaften und Fähigkeiten aller Nationalcharaktere zusammentun, um einander zu ergänzen.

Was seine eigene politische Entwicklung betrifft, so stützt sich seine Ansicht vom Sozialismus nicht mehr auf eine Utopie, die man mit deutscher Gründlichkeit bis in die letzten Verästelungen auf eine einzig wahre Lehre hin durchdenkt und danach mit der Wut des gedemütigten deutschen Proleten erkämpft. Brandt hat in den Jahren zwischen Flucht und Kriegsende seine deutsche Vorstellung vom Sozialismus ergänzt durch die nüchternen Denkweisen der skandinavischen Sozialdemokraten. Die bauten schon vor dem Krieg keine Wolkenkuckucksheime, sondern gingen der Reihe nach die gerade anstehenden Probleme an, lösten sie nacheinander und verwandelten auf diese Weise ihre Länder ganz und gar unaufgeregt, ohne Pathos und Gebetsmühlen, in solidarische Gesellschaften, in denen kein Bürger mehr Sorgen haben muß, daß die Gemeinschaft ihn im Notfall im Stich lassen könnte.

Die skandinavischen Sozialisten versprechen ihren Bürgern kein Paradies auf Erden, sondern nur ein Volksheim, in dem sich jeder aufgehoben fühlen kann und Hilfe findet. Nicht mehr und nicht weniger.

Gekannt hat Brandt das Wesen des norwegischen und schwedischen Sozialismus schon lange. Aber wenn der Kopf etwas weiß, dann weiß das Herz es noch längst nicht. Was dieser von den norwegischen Sozialdemokraten gepflegte Lebensstil für die Seele des Menschen bedeutet, begreift Brandt dann wohl endgültig, als er sich mit Rut Hansen zusammentut und sich Fragen wie diese stellen muß: Wie kann es möglich sein, daß ein Mädchen, das wie er ohne Vater aufgewachsen ist, das wie er als Kind einen schweren Mangel an Liebe und Gütern hat ertragen müssen, das wie er die Heimat hat verlassen müssen, dann aber ganz anders als er und seine deutschen Freunde ohne die Schubkraft eines nachwirkenden Zorns hat erwachsen werden können? Wie kommt es, daß Rut Hansen niemals auch nur geringste Anwandlungen von Selbstmitleid und Zukunftsangst zeigt?

Warum brechen bei ihr nicht wie bei ihm oder wie bei seinen Freunden die alten Verletzungen bei geringsten Anlässen wieder auf?

Warum spürt man bei ihr nichts von der Ruhelosigkeit, von den Profilneurosen und dem überspannten Aktionismus, die allen bleiben, die sich in Kindheit und Jugend als Verlierer haben entdecken müssen?

Rut Hansen hat das alles nicht. Sie ist intelligent, sehr einfühlsam, aber auf ihre stille norwegische Weise fröhlich, heiter, frisch, ohne Argwohn. Sie ist offensichtlich durch die schweren Prüfungen ihres jungen Lebens ohne Angst und Schäden gekommen, als hätte die nordische Art von Solidarität ihrer Seele einen unzerstörbaren Schutz gegeben. Eine Solidarität, die nicht erst eine Erfindung der skandinavischen Sozialdemokratie, sondern Teil des norwegischen Nationalcharakters ist, geprägt vielleicht einmal von den Gefahren der Seefahrt und der endlosen norwegischen Winternacht, die nicht hätten überwunden werden können ohne gegenseitige Hilfe, ohne die täglichen kleinen Bündnisse der Seeleute oder der Nachbarn gegen Tod und Elend.

Rut Hansen. Tochter eines Kutschers auf einem Gut bei Hamar. Der Vater starb, als Rut drei Jahre alt war. Die Mutter, die nun ganz allein vier Kinder zu ernähren hatte, mußte sich niemals verlassen fühlen. Ihr Bruder verschaffte ihr einen Arbeitsplatz in einer Milchfabrik, die Gemeinde stellte der armen Familie eine Haushaltshilfe, damit die Kleinen versorgt wurden, wenn die Mutter arbeitete. Deren Lohn reichte nicht für Miete, Heizung, Strom und Essen; sie mußte am Abend in der Stube als Näherin dazuverdienen. Man gab ihr viele Nähaufträge – Solidarität unter Nachbarn. Dann zog die Molkerei um nach Hamar, die Familie zog dem Arbeitsplatz hinterher. Aber auch in der Stadt war man als arme Familie nicht allein und schon gar nicht ausgesondert: Der Lehrer fühlte sich für die ihm anvertrauten Kinder über die Schule hinaus verantwortlich, lehrte in seiner Freizeit die Hansen-Kinder das Skifahren, die Geheimnisse der Natur, kam häufig auf eine Tasse Kaffee vorbei, wie bei allen Eltern seiner Schüler.

Als Rut zehn war, erlitt die Mutter ihren ersten Schlaganfall, war wochenlang gelähmt, erholte sich wieder, arbeitete weiter. Sie schickte ihre Kinder in die Jugendorganisation der Arbeiterpartei. Da gab es Fürsorge, Feste, Zeltlager, Ausflüge, Spiele, Streiche, Freunde – und die Einübung gegenseitiger Hilfe und Unterstützung. Für Rut Hansen und für eine ganze Generation von Kindern in Hamar war Solidarität nicht etwas, was irgendein Schlaumeier als richtig gewürdigt und zur Lebensregel empfohlen hat, sondern etwas, in das man von Anfang an hineingewachsen war und das deshalb im täglichen Leben so selbstverständlich geworden war wie Essen, Trinken, Schlafen.

Als Hitlers Wehrmacht mit ihrem martialischen Marschtritt und dem ihr vorauseilenden Geruch von Schuhwichse in die Idylle Hamar einrückte und eine umfangreiche Bekanntmachung an die Wände klebte, deren Kernaussage mit den Worten begann: »Mit dem Tode bestraft wird, wer…«, war den jungen Leuten sofort klar, daß sich hier eine Macht in ihren Lebensstil eingemischt hatte, die dies nichts anging, und daß dagegen etwas gemacht werden müßte. So gingen Rut Hansen und ihre Freundinnen und Freunde in großer Zahl in den Widerstand. Sie informierten sich über verbotene Sender, verteilten deren Nachrichten heimlich durch Flugblätter und illegale Zeitungen. Sie hielten zusammen und gingen schließlich, als ihnen der Boden in Norwegen zu heiß geworden war, nacheinander über die Berge ins schwedische Exil, um die Sache von dort aus voranzutreiben und ihre Feste zu feiern, wie sie es gewohnt waren.

Der Mann, den Rut Hansen heiratet an jenem Tag im Herbst 1942, an dem sie zum ersten Male Willy Brandt sieht, ist ein Freund aus der Arbeiterjugend von Hamar. Er heißt Olstadt Berghaust. Rut nennt ihn Brum. Sie ist nicht übermäßig in ihn verliebt. Aber sie mag ihn. Man kennt sich schon lange und sehr gut und heiratet eben.

Brum ist ein schöner Mann, Clark-Gable-Typ, athletisch und sportbesessen. Er geht für den Widerstand offensichtlich häufig als Kurier über die Berge. Den Regeln entsprechend sagt er ihr nicht, wohin er geht, und Rut fragt auch nicht. Doch bald nach der Hochzeit erkrankt Brum an Tuberkulose, muß in ein Sanatorium nach Falun, läßt Rut in Stockholm zurück.

Sie holt Freunde aus Norwegen in ihre Wohnung, nimmt eine Arbeit beim Presseattaché der Stockholmer Botschaft der norwegischen Exilregierung an, beschriftet Pressefotos, die Auskunft geben über norwegische Streitkräfte auf der Seite der Alliierten und über Sabotageaktionen gegen Hitlers Wehrmacht. Die neue Arbeit bringt sie mit dem norwegisch-schwedischen Pressebüro zusammen und damit mit Willy Brandt, und schon ist es passiert.

Es ist eine große, aber keine einfache Liebe. Rut hat Gewissensbisse wegen ihres todkranken Ehemannes, der von ihrem Treuebruch erfährt. Sie hat auch Gewissensbisse wegen Carlotta, die ihre Freundin geworden ist. Willy hat Probleme, seine Frau und sein Kind zu verlassen, zieht bei Carlotta aus, dann wieder ein, dann wieder aus. Mehrmals machen Willy und Rut Schluß, dann steht er wieder vor der Tür. Er liebt Frauen grundsätzlich sehr, er liebt an Rut ganz besonders ihre unpathetische, mädchenhafte Frische, und er findet in Rut auch all das verkörpert, was er an der norwegischen Sozialdemokratie bewundert.

Das wirkt sich nun auch deutlich in seiner politischen und journalistischen Arbeit aus. Die ganze SAP-Gruppe in Stockholm, Willy Brandt inklusive, beschließt ihre Auflösung, Brandt und seine Freunde stellen Anträge auf Aufnahme in die SPD. Brandts Analysen verlieren an sozialromantischem Pathos, zeigen Engagement, sind aber frei von billigem Wunschdenken. Er denkt mit scharfem Verstand in die Zeit nach dem Krieg hinein; seine Ansichten finden Beachtung weit über die deutschen und norwegischen Emigrantenzirkel hinaus. Man wird neugierig auf ihn in den Botschaften der Amerikaner und Russen, erkennt in ihm einen Mann, der nach dem Krieg in Deutschland eine wichtige Rolle spielen könnte. Schließlich bildet sich in der großen linken Asylantenkolonie in Stockholm so etwas wie eine sozialdemokratische »Kleine Internationale«, und diese erteilt ihrem Sekretär Willy Brandt den Auftrag, einen Entwurf für außenpolitische Grundsätze auszuarbeiten.

Was Brandt dann auf den Tisch legt, findet zwar nicht den Beifall aller. Aber er zeigt bereits sehr deutlich die Leitlinien auf, die Jahrzehnte später seine Politik als deutscher Bundeskanzler prägen werden: Deutschland, das Land in der sensiblen geographischen Mitte Europas, soll die Rolle des soliden, guten Nachbarn übernehmen in einem Europa, in dem nationale Grenzen und der zu erwartende Nachkriegsgegensatz zwischen Ost und West mit der Zeit verdunsten können.

Die nächste Persönlichkeitskrise kommt mit dem Kriegsende.

Wer ist er jetzt? Ist er Politiker oder Journalist? Ist er Norweger oder Deutscher? Soll er in Skandinavien bleiben, bei Rut und seinen Freunden? Oder müßte er nicht schnellstens zurück in die Heimat? Ist Deutschland überhaupt noch seine Heimat? Er war 19 Jahre und ein Niemand, als er von Lübeck fort ging. Jetzt ist er 32, und alles was er ist, ist er hier geworden. Hier hat er gelebt, geliebt, in Fjorden geangelt, er spricht Norwegisch und Schwedisch fast wie seine Muttersprache, dazu Englisch, Französisch und ein bißchen Spanisch. Eigentlich ist er ein grenzfreier Mensch geworden und überall zu Hause.

Aber überall heißt nirgendwo.

So wird es erst einmal eine Schnupperrückkehr nach Deutschland. Er soll als Journalist für skandinavische Zeitungen von den Nürnberger Kriegsverbrecher-Prozessen berichten. Brandt will vor Prozeßbeginn die Lage in Deutschland erkunden, läßt sich Ende 1945 in einer amerikanischen Militärmaschine nach Bremen fliegen, besucht seine Mutter in Lübeck. Die Akkreditierungsbestimmungen erlauben seine Reise nur in der Funktion eines »Kriegskorrespondenten«. Brandt muß sich deshalb von der norwegischen Regierung eine blaue Uniform besorgen und eine Armbinde mit der Aufschrift »War Correspondent«. Und bekommt deswegen schon gleich in Mutters Stube einen Vorgeschmack auf das, was ihm, dem Emigranten, später in seinen Wahlkämpfen blühen wird: Er wird, kaum sind die Wiedersehensumarmungen beendet, von Mutter Martha und Stiefvater Emil offensichtlich nicht nur als heimgekehrter Sohn, sondern auch als Vertreter einer Siegermacht betrachtet. Der geliebte Großvater war in seiner Abwesenheit an Magenkrebs erkrankt und hatte sich aus Verzweiflung über seinen Zustand und über den Zustand seines Landes mit einer Pistole umgebracht.

Willy Brandt, in diesem Haus wieder Herbert Frahm, erntet auf die Frage, was man denn von den Verbrechen, Konzentrationslagern und den Massenermordungen erfahren hätte, spontan die Antwort, man hätte nicht das Geringste davon gewußt. Er muß erst sagen, daß er kein Verhör veranstalte und daß er keine Schuldigen aufspüren wolle, bevor die Familie – alles in der Wolle gefärbte Sozialdemokraten und in den vergangenen Jah-

ren permanent selbst gefährdet durch die Nazis – damit heraus-
rückt, daß man Grausamkeiten an ausländischen Kriegsgefangenen gesehen hätte, die Elendsgestalten in den Transportzügen,
und daß Soldaten auf Heimaturlaub von Massenhinrichtungen
durch die Einsatzkommandos im Osten erzählt hatten.

Er ist in ein Land gekommen, dessen Menschen sich nicht
befreit, sondern besiegt fühlen, aber auch letzteres nicht so richtig. Sie lehnen jetzt einfach jede Art von Politik ab, interessieren sich nicht mehr sonderlich für sie, verdrängen das Vergangene, richten alle ihre Kräfte auf die Beschaffung der nächsten
Mahlzeit, auf einen Wohn- oder Schlafplatz im Trockenen. Er
beobachtet während des Nürnberger Prozesses die Angeklagten
und ist überrascht über deren schwache Vorstellung und Ausstrahlung: »Die Leute wirkten doch viel unbedeutender, als man
geglaubt hatte.«

Nürnberg wird Ausgangspunkt seiner Erkundungsreisen
durch Deutschland. Er nimmt Kontakt zur SPD-Führung auf.
Man bietet dem jungen Mann eine ganze Reihe interessanter
Aufgaben in der Parteipresse an, aber auch in der neuen Nachrichtenagentur in den Besatzungszonen der Amerikaner und
Briten. In Lübeck könnte er Parteivorsitzender und Bürgermeister werden. Kurt Schumacher, der Bundesvorsitzende der Partei, würde ihn am liebsten die Parteipresse im wichtigen Ruhrgebiet aufbauen lassen.

Aber Willy Brandt, der Mann der Brüche, der alten Verwundungen und der Zweifel, weiß nicht, was er wirklich will. Zurück
zu Rut und Norwegen oder heim ins kaputte, ein wenig fremd
gewordene Reich? Als Kurt Schumacher von seiner Sekretärin
Annemarie Renger gefragt wird, was denn mit dem hübschen
jungen Genossen nun werde, sagte Schumacher: »Das ist ein sehr
interessanter, begabter Mann. Aber ich glaube, für uns in
Deutschland ist er verloren.«

Rut erhält von dem Zweifler einen Brief, in dem er sie warnt:
Er fürchte, er sei für eheliche Verhältnisse nicht geschaffen. Man
fühle sich leicht in einem Netz von Rücksichtnahmen gefangen,
und das könne dazu führen, daß die Ehe die Liebe tötet; man
glaube allzu leicht, daß man einander besitze.

Nicht zum letzten Male wird Brandt nun in die Richtung

geschubst, die als richtige gleich zu erkennen ihm nicht immer gelingt: Sein alter Freund Halvard Lange, inzwischen norwegischer Außenminister, schickt ihn als seinen Presseattaché nach Berlin. Rut, inzwischen Witwe, soll Brandt als Sekretärin begleiten. In Berlin geschieht dann sehr schnell das, was geschehen muß und von Halvard Lange, der sich in Willy Brandts Seele gut auskennt, vermutlich auch so vorhergesehen worden ist: Brandt sieht in jenem Winter 1947 in Berlin hungernde Deutsche, frierende Deutsche, wohnungslose Deutsche, entwurzelte Deutsche, verzweifelte Deutsche. Es ist ihm nicht möglich, in dieser Stadt länger als Norweger zu leben, in einem beschlagnahmten Haus, mit bevorzugter Lebensmittelversorgung, in den Klubs und Restaurants der Alliierten essend. Die hungernden, frierenden, verzweifelten, beschämten, gedemütigten, hoffnungslosen Deutschen sind seine Leute, und er muß sich jetzt um sie kümmern.

Rut wird ihm dabei helfen, so gut sie kann. Sie weiß, daß sie einen schwierigen Geliebten hat. Einen Mann, der schnell beleidigt ist, abweisend sein kann, der sein Innerstes mißtrauisch verbirgt und in keiner Weise zur ehelichen Treue geeignet ist. Aber sie hat Mut. Sie verläßt die Segnungen des norwegischen Lebens, nimmt den kargen Alltag einer Nachkriegsdeutschen auf sich. Das bringt ihr Bewunderung in der Heimat ein, für deren Zeitungen sie manchmal schreibt. Bewunderung auch von einer Seite, von der sie es nicht erwartet hat. Ihre einstige Freundin und Rivalin Carlotta Thorkildsen – die Frau, der sie den Mann weggenommen hat – schreibt ihr einen Brief nach Berlin, und darin heißt es: »Und wenn es nun so gehen mußte, daß Ninja eine Stiefmutter haben sollte, so war mir niemand lieber als Du.«

Auch nach Carlottas Tod wird Rut dafür sorgen, daß der Kontakt zwischen dem vielbeschäftigten und in heiklen Beziehungsdingen spröden Vater und der in Oslo lebenden Tochter Ninja nicht abreißt. Sie selbst wird ihm in den kommenden Jahren drei Söhne gebären.

Brandts Wiederdeutschwerdung beginnt mit der Einbürgerung in Schleswig-Holstein. Er läßt sich aber nicht mehr als Herbert Frahm registrieren, sondern als Willy Brandt. Das ist nun kein Tarnname mehr, sondern der Name, unter dem er geschrieben und sich einen großen, wichtigen Freundeskreis erschlossen hat, unter dem er erwachsen und bekannt geworden ist.

Kurt Schumacher überredet den Bundesvorstand der SPD, Brandt als seinen Vertreter in Berlin zu wählen. Dort koordiniert der Heimkehrer während der Blockade die Zusammenarbeit der Bonner SPD mit dem Regierenden Bürgermeister Ernst Reuter, hält nach dessen Tod eine vielbeachtete Gedenkrede, wird 1959 als Nachfolger des Reuter-Nachfolgers Otto Suhr selbst zum Regierenden Bürgermeister von Berlin gewählt.

Das Amt und der nächste Versuch der Russen, West-Berlin vom Westen abzutrennen, verschafft ihm enorme Publicity der Güte Junger-Held-verteidigt-belagerte-Stadt. Die Amerikaner feiern ihn, ehren ihn in New York durch eine Konfetti-Parade. Die Brandts – inzwischen haben Willy und Rut geheiratet – werden Medienstars.

Bundesweit kristallisiert sich um den Berliner Bürgermeister herum eine Truppe junger, frecher, dynamischer Sozialdemokraten abseits der alten Funktionärs-SPD des biederen Vorsitzenden Erich Ollenhauer. Sie will mit dem Rückenwind des Godesberger Reformprogramms die SPD modernisieren und von einer Klassenpartei in eine linksliberale Volkspartei verwandeln, die auch für Angestellte, Aufsteiger und für die bürgerliche Intelligenz interessant wäre. Nach dem farblosen Funktionär Erich Ollenhauer benötigt die SPD für 1961 einen schicken, jungen Kanzlerkandidaten mit Charme, Charisma und Weltläufigkeit. Die SPD soll endlich heraus aus dem Mief der ewigen Verliererpartei.

Bei einem putschähnlichen Verschwörertreffen in der Sportschule Barsinghausen bei Bonn bringt Brandt – das ist seine große rednerische Fähigkeit – die Notwendigkeit eines Imagewandels der SPD bildhaft auf den Punkt: »Die Armen, um die sich die Partei sorgt, schaffen sich inzwischen Kühlschränke, Autos und Waschmaschinen an.« Die Augen der Nachwuchs-Führungsriege der SPD von Helmut Schmidt über Hans-Jochen Vogel bis Karl Schiller richten sich auf ihn.

Herbert Wehner, die graue Eminenz der Partei in Bonn, hat zwar das Godesberger Reformprogramm gewollt, gilt aber als ein Mann der herausgeforderten Funktionärskaste und war deshalb in Barsinghausen nicht eingeladen. Wehner riecht den Wandel, vergißt auf der Stelle, was er noch wenige Wochen zuvor gesagt hatte, nämlich daß er Brandt für einen Salonsozialisten halte, der es sich in der Emigration bequem gemacht habe (»Immer, wenn es Dreck gab, war er Journalist«) und auch sonst nicht viel drauf habe (»Der Partei-Beau, für den gibt's nur Pferde, Weiber, Sekt«). Wehner setzt sich nun zur Überraschung Ollenhauers an die Spitze der Bewegung, die Willy Brandt zum Kanzlerkandidaten küren will.

Damit beginnt ein Leidensweg, dem Willy Brandt noch nicht gewachsen ist. Zu spät erkennt er, daß Wehner in ihm nicht den Politiker der Zukunft sieht, sondern eine Schaufensterpuppe. Einen im politischen Grabenkrieg unerfahrenen Mann. Einen Gesellen, der von seinem Meister straff geführt und noch erzogen werden muß für seine Rolle als Vehikel des alten Fuhrmanns Herbert Wehner.

Herbert Wehner orientiert sich bei seiner Vorstellung von Brandt offensichtlich noch immer an dem Bild, das Brandt ein paar Jahre zuvor auf einer Schiffahrt auf dem Starnberger See abgegeben hatte. Bei diesem Entspannungsabend der Genossen am Rande des Münchner Parteitags von 1956 hatten Mitglieder der Wahlkommission das noch unbekannte Wahlergebnis für den Bundesvorstand und die Information vom Durchfallen des Kandidaten Brandt in Umlauf gebracht. Als der bitter enttäuschte Berliner Nachwuchspolitiker davon hörte, weinte er vor allen Leuten. Eine Reaktion, die Willy Brandt in den Augen des einst in Stalins Horror-Hotel Lux gefriergetrockneten Wehner als windelweichen Schwächling erscheinen ließ.

Vier Jahre nach den Tränen auf dem Starnberger See hat Wehner offensichtlich noch immer nicht registriert, daß dieser Willy Brandt viel zu komplex ist, als daß er ein gutes Werkzeug für andere werden könnte. Auch wenn er gelegentlich weint, ist er doch kein naiver, kleiner Junge mehr, sondern ein Mann von 46 Jahren, der auch auszuteilen gelernt und, was in diesem Alter nicht selten ist, einen gewissen Spaß an machiavellistischen Machtspielen und faulen Tricks gefunden hat. Jenseits der Hofberichterstattung, die seine Berliner Journalistenfreunde dem Regierenden Bürgermeister angedeihen lassen, verbirgt sich ein durchtriebener Strippenzieher, der zum Beispiel seinen partei-internen Intimfeind in Berlin, Franz Neumann, nach allen Regeln der Kunst und Intrige fertigmacht.

Andererseits ist er aber auch ein Bohèmien, der nicht mehr als drei Stunden am Tag in Akten herumlesen mag. Er will seine Zeit lieber für publikumswirksame Auftritte nutzen. Und mit Nachdenken über die Lage der Welt und ihrer diversen Vorder- und Hintergründe verbringen, am liebsten allein oder mit ein paar Freunden bei Wein oder Weinbrand. Was dann noch an Zeit übrig ist, benötigt Brandt zur Aufladung seiner Lebensfreude und Selbstsicherheit bei den vielen jungen Damen, die auf ihn fliegen.

Die Liebesabenteuer liefern ihm jene Reserven an Selbstbe-wußtsein, die ihm helfen, seine depressiven Phasen zu überle-ben. Denn wenn es im engsten Mitarbeiterzirkel um Brandt heißt, daß Willy wieder seine Grippe habe, das ist meistens im Herbst, dann weiß man: Der Chef liegt tagelang auf einer Couch, ist verzweifelt, von keinem Menschen ansprechbar, ist fertig, weint wie ein Kind und ist auch nicht mehr durch Alkohol in Schwung zu bringen.

Das alles weiß man in Berlin, aber keiner schreibt darüber. Denn Willy, der Journalist, kann es mit Journalisten und weiß, daß man der Bande genügend bunte Themen liefern muß, wenn man sie von heiklen Themen fernhalten will.

Wehner, der selbstlose Parteisoldat, kann an einem solchen Mann nicht froh werden, er kann ihn aber auch so schnell nicht wieder los werden. Die beiden Männer sind aus zu ungleichem Holz geschnitzt, so daß auch einige erstaunliche Gemeinsam-keiten sie nicht füreinander einnehmen können.

Was die beiden verbindet, sind die Wunden aus ihren Ver-gangenheiten. Wie etwa die Verdächtigungen der Konservativen, die den beiden Emigranten der Nazi-Zeit nationale Unzuverläs-sigkeit anhängen wollen. Vor allem aber leiden beide unter den Spätfolgen traumatisch erlebten Liebesentzuges; diese bewirken eine für Politiker viel zu hohe Verletzlichkeit und Mißtrauen besonders jenen gegenüber, von denen sie Bindung erhoffen. Beide Männer nähren dieses Mißtrauen durch ihre Scheu, die Probleme, die sie miteinander haben, klar an- und auszusprechen. Das erzeugt Überdruck, der sich bei beiden in der Unvorsichtigkeit entlädt, den Frust über den Partner durch gehässige oder spöttische Bemerkungen bei Dritten loszuwerden.

Willy Brandt wird sich in seinen Erinnerungen, die er im Jahr 1989 im Stil des abgeklärten alten Staatsmannes, also ein wenig vornehm und gespreizt formulierend, schreiben wird, ein bitteres Nachtarocken gegen Herbert Wehner, der zu diesem Zeitpunkt schon fast unter der Erde liegt, nicht verkneifen können:

»Es machte ihm Spaß, schlecht über andere Sozialdemokraten zu reden, wenn er mit CDU-Prominenz oder – noch lieber – mit Bischöfen beisammen war. Heinrich Krone hielt in seinem Tagebuch 1967, noch vor der großen Koalition, fest: ›Hart steht Wehner gegen Brandt, er sagte mir das ganz offen, daß der in Berlin eine Politik hin zu Moskau betreibe, die schlechthin gefährlich sei.‹ Während der Großen Koalition pflegte er den Kanzler und spottete über mich, Kiesinger zufolge, unflätigst.«

Wehner wiederum wird sich und Brandt nie verzeihen können, daß er, der Alte, in einer schwachen Stunde beim Wein, ihm, dem Jungen, einmal den großen Schmerz gestanden hat, der ihn nach dem Ehebruch seiner ersten Frau, der Schauspielerin Lotte Loebinger, beinahe umgebracht hat. Und daß Willy Brandt dies anderen Genossen weitererzählt und dabei über ihn, den Alten, auch noch schadenfroh gespottet hat.

Noch aber befinden sich die beiden im Jahr 1960 im Zustand unschuldiger Unwissenheit übereinander, und das Problem beginnt.

Wehner fühlt sich in allen seinen Vorurteilen bestätigt, als er erkennt, wie wenig sein Kandidat aushält, wenn im Wahlkampf mit harten Bandagen gearbeitet wird. Zu Beginn liegen Brandt und die SPD in Umfragen deutlich vor Adenauer und den bürgerlichen Parteien. Der Wechsel von den fünfziger auf die sechziger Jahre und der aus Amerika herüberwehende Kennedy-Effekt haben Wendegeist in die Bundesrepublik geblasen. Man spürt den Wunsch nach dem Generationswechsel in allen Bereichen. Adenauer und die Regierung haben nur eine Chance, den strahlenden Medienstar und Berlin-Helden Brandt zu demontieren: Sie müssen ihn irgendwie als unzuverlässigen, unehrlichen, vaterlandslosen Gesellen hinstellen.

Am 14. August 1961, am Tag nach dem Mauerbau in Berlin, als die Westmächte noch immer stillhalten und Bonn weitgehend schweigt und die Berliner sich in ihrer panischen Angst um Willy Brandt und dessen mutmachenden Auftritten scharen, outet Konrad Adenauer seinen Herausforderer als »Herrn Frahm«. Die Presse ist über diese Geschmacklosigkeit des Alten tief empört, die Berliner sowieso, aber ein großer Teil des von Brandt bereits eingefangenen Bürgertums wird nun hellhörig: Ist da was? Warum hat Brandt seine Herkunft verheimlicht?

Damit wird die heiß umkämpfte Wählermitte zwischen Union und Sozialdemokratie empfänglich für andere Diffamierungen. Adenauers Büchsenspanner haben Archive nach alten Brandt-Schriften durchforstet, Zitate aus dem Zusammenhang gerissen, Tatsachen verdreht, und nun muß sich Brandt mit dem Verdacht auseinandersetzen, er sei ein heimlicher Kommunist, der im Krieg in norwegischer Uniform auf Deutsche geschossen, im Spanischen Bürgerkrieg katholische Priester verfolgt und sich überhaupt aus dem Vaterland gestohlen habe, als anständige Deutsche in schwerster Zeit ihre Pflicht erfüllt und für ihre Heimat ihren Mann gestanden hätten. So schart Adenauer auch alte Nazis und Mitläufer hinter sich, die 16 Jahre nach dem Krieg noch immer in der Furcht leben, vielleicht doch noch für ihre Taten oder für ihre Tatenlosigkeit unter Hitler zur Verantwortung gezogen zu werden, wenn die Linken an die Macht kommen.

Die Verunglimpfungen und Verleumdungen heben die ganze, bis dahin erfolgreiche Wahlkampagne Brandts aus den Angeln. Der hat sich auf seiner Wahlkampftour mit Homburg und dickem Mercedes als besonders bürgerlich dargestellt. Nun steht er als der uneheliche Prolet Frahm da, der sich als vornehmer Herr verkleidet hat. Ein Etikettenschwindler. Den ganzen Wahlkampf über war er antikommunistischer als die CDU, und nun fragt sich die hart umkämpfte bürgerliche Mitte, ob Brandt nicht doch der rote Wolf im Schafspelz ist. Den Rest besorgt die grundsätzliche Neigung aller Wähler, in Krisenzeiten – und die Zeit um den 13. August 1961 wird in Deutschland wegen der Ereignisse in Berlin als eine dramatische Krisenzeit empfunden – nicht die Pferde zu wechseln. Die Wählermehrheit will, daß in der Stunde der Gefahr jeder auf seinem Posten bleibt, daß Adenauer in Bonn und Brandt in Berlin weitermachen sollen. Willy Brandt, als Tiger losgesprungen, ist als Adenauers Bettvorleger gelandet.

Als am 14. Dezember 1963 der Parteivorsitzende Ollenhauer stirbt, wäre Fritz Erler, der Star-Redner und intellektuelle Kopf der Partei, der gegebene Nachfolger. Aber Wehner will Erler nicht als Chef über sich haben. Er macht sich für Brandt stark und setzt sich durch. Mit einem Parteivorsitzenden Brandt, der in Berlin sitzt, will Wehner die Bonner Baracke ungestört beherrschen. Und so wiederholt sich alles noch einmal.

Brandt wird erneut Kanzlerkandidat und beugt sich zähneknirschend und ohne innere Widerstandskraft erneut Wehners Wahlkampfstrategie. Und das bedeutet: Noch einmal die Nummer mit dem zum bürgerlichen Patrioten und Berlin-Helden gewendeten Sozi, Samthandschuhe gegen die Christenunion, mit denen Wehner eine Große Koalition eingehen will, noch einmal Verdächtigungen und Verleumdungen wegen seiner Emigration und norwegischen Uniform, noch einmal weinerliche, unterdrückte Reaktionen Brandts auf alle Infamien statt eines empörten Donnerwetters.

Wie kommt es, daß Brandt, der sich anders als viele seiner Kritiker nicht das geringste moralische Versagen vorzuwerfen hat in der Nazi-, Kriegs- und Nachkriegszeit, so leicht verletzlich ist auf diesem Gebiet und nahezu hilflos in der Gegenwehr? Warum flüchtet er in die beleidigte Resignation und hält nicht statt dessen den anderen ihre Schweinereien von damals unter die Nase? Die konservativen Parteien sind in den sechziger Jahren doch noch immer überreich gespickt mit unbewältigten braunen Altlasten.

Ihn lähmt der anhaltende Schrecken darüber, daß in diesem Land die Vergangenheit noch immer nicht aufgearbeitet worden ist. Daß noch immer nicht in breiter Öffentlichkeit, unter Nachbarn und in den Familien geredet wird, worüber längst hätte geredet werden müssen. Daß so viele Nazis, Hitler-Förderer und Handlanger nahezu übergangslos zu neuen Würden in Wirtschaft, Politik, Justiz und Verwaltung gekommen sind. Daß sie aus diesen Positionen heraus noch immer Nazi-Gegner und

Nazi-Verfolgte als vaterlandslose Subjekte schmähen dürfen und daß sogar Konservative, die wie Adenauer selbst Gegner und Opfer der Nazis gewesen sind, dieses Spiel nicht nur dulden, sondern mitmachen oder sogar inszenieren.

Es ist bei Brandt die gleiche Verzweiflung, die auch die deutschen Intellektuellen lähmt und ihnen bis ans Ende dieses Jahrhunderts eine Bitterkeit gegenüber allem Bürgerlichen eingibt, die sie sauertöpfisch und humorlos werden läßt wie keine andere denkende Klasse in Europa.

Brandt sieht sich in dem Land, das er regieren will, umstellt von unverbesserlichen, selbstgerechten Chauvinisten und glaubt, daß dieses Klima nicht zu ändern sein wird, so lange es diese Generationen noch gibt, und daß sich einer wie er schon mit einiger Verstellung an die Macht schleichen muß, wenn er eine Chance haben will, die Dinge zu verändern.

So gibt es auch 1965, trotz neuer Stimmengewinne für die SPD, eine Niederlage für Brandt gegen die CDU. Die wird diesmal angeführt von Ludwig Erhard. Den verlacht man zwar in Bonn quer durch die Parteien als Gummilöwen, vom Wahlvolk aber wird er als Vater des Wirtschaftswunders verehrt. Und wieder gibt es für Brandt eine schwere persönliche Krise mit Alkohol und Depressionen. Und eine leichte Herzattacke.

Doch die empfindet er nun als Zäsur und als Mahnung an einen neuen Anfang nach neuen Regeln, nach seinen eigenen Regeln.

Das Kreidefressen hat ihn kaputtgemacht; er hat keine Lust mehr, Taktik statt Politik zu betreiben. Keine Lust mehr, den Spießern nach dem Mund zu reden. Keine Lust mehr, sich dümmer und kleinbürgerlicher zu geben, als er ist. Keine Lust mehr auf ehrgeizige Ziele. Soll Kanzler sein und werden wer will; er wird als Vorsitzender Politik für die SPD und als Regierender Bürgermeister für Berlin machen.

Er will von Berlin aus eine Politik auf den Weg bringen, die Ost und West ein wenig zusammenführt und sich durch Phantasie und Vernunft absetzt von der nicht stattfindenden Ostpolitik der Regierung. Die hat sich zuletzt unter Adenauer verzweifelt an den kalten Krieg geklammert und sich damit begnügt, Sand in das Getriebe der sich anbahnenden Annäherung zwischen den Vereinigten Staaten und der Sowjetunion zu werfen.

In Berlin hat Brandt schon in den Jahren nach dem Mauerbau die »Politik der kleinen Schritte« eingeleitet mit dem Ziel eines »Wandels durch Annäherung«, ohne dabei die Bindung, das Wohlwollen und Verständnis der Amerikaner zu verlieren.

Jetzt will er auch zu seiner Emigration endlich einmal sagen, was Sache ist, nachdem er sich von Wehners Wahlkampfkommission hatte überreden lassen, das Thema tief zu hängen. Er schreibt ein Buch mit dem Titel »Draußen – Schriften während der Emigrationszeit«. Der Kernsatz steht am Schluß: »Ich war nicht gegen Deutschland, ich war gegen seine Verderber.«

Aber schneller als er dachte, ist die Regierung Erhard am Ende. Wehner bekommt endlich seine Große Koalition. Brandt wäre eine kleine mit der FDP lieber gewesen, aber Wehner sagt, mit zwei Stimmen Mehrheit könne man mit der FDP nicht regieren. Wehner will lieber in einem Bündnis mit der Union den Wählern die Regierungsfähigkeit des Juniorpartners SPD demonstrieren – und setzt sich wieder einmal durch.

Brandt soll unter dem neuen Kanzler Kurt-Georg Kiesinger Vizekanzler und Außenminister werden. Er willigt ein, mehr der Pflicht gehorchend als dem inneren Antrieb. Es zeigt sich aber schnell, daß dieses Amt wie kein anderes seine innere Stabilisierung fördert. Er trinkt nicht mehr Schnäpse, sondern nur noch Rotwein, arbeitet mit Freude und, anders als in Berlin, auch mit Ausdauer. Er nimmt durch seine Sachkenntnis und durch die Fähigkeit, auch die Sachkenntnis der diplomatischen Profis anzuerkennen und bei Gelegenheit zu loben, den konservativen Beamtenapparat des Auswärtigen Amtes für sich ein.

Brandt beendet den albernen außenpolitischen Glaubenskrieg zwischen den »Atlantikern« und den »Gaullisten« mit der einfachen Feststellung, daß er sich »das sich organisierende Europa nicht mit dem Rücken zu Amerika vorstellen könne«. Er erwirbt damit Respekt und Vertrauen sowohl in Washington als auch in Paris. Nun hätte er, nachdem er die Zweifel bei den Verbündeten ausgeräumt und die Bindung der Bundesrepublik an den Westen, insbesondere an Amerika, neu festgezurrt hat, den Rücken frei für etwas mutigere Schritte im Dialog mit der

Sowjetunion und deren Vasallen in Ostberlin. Denn er spürt, und seine Berliner Aktivitäten haben es ihm bestätigt, daß auf die Dauer auch der Osten um einen Wandel nicht herumkommen wird.

Kiesinger unterstützt ihn anfangs, aber dann verläßt den Kanzler wegen des Geschreis in seinem politischen Anhang der Mut. Außerdem ist er eitel und machtbewußt genug, seinen Vize Brandt nicht zum Star werden zu lassen. Aber die Ostpolitik ist nun ein Thema geworden. Die beiden Lager werfen sich gegenseitig vor, Illusionisten zu sein. Die Christenunion glaubt, es sei eine Illusion, dem Osten mit etwas anderem außer Härte Zugeständnisse abringen zu können. Die Sozialdemokraten, und nun auch die meisten Liberalen, denken, es sei eine Illusion zu glauben, daß man unangenehme Tatsachen, wie sie aus den Folgen des Zweiten Weltkrieges entstanden sind, durch Ignorieren wieder beseitigen könne.

Willy Brandt, der überall in der Welt auf Sympathie und Vertrauen stößt, ist nun aber nicht mehr der Mann, der sich duckt vor den Angriffen der Rechten. Er läßt sich auch nicht mehr von Herbert Wehner einen Nasenring einziehen. In der Wahlnacht 1969 deutet sich eine dünne Mehrheit für eine SPD/FDP-Koalition an. Diesmal kämpft Brandt nicht mehr erst um einen Vorstandsbeschluß. Kaum hat Wehner durchblicken lassen, daß er für eine Neuauflage der Großen Koalition ist, verkündet Brandt vor laufenden Kameras, daß er, der Parteivorsitzende, die kleine Koalition mit den Liberalen anstrebt. Und er setzt sie auch durch. Die erste große Wende der deutschen Nachkriegspolitik ist da.

Die Konservativen zum ersten Male in der Opposition, die SPD erstmals die führende Regierungspartei. Die Bundesrepublik ist wie elektrisiert. Die liberale Linke, die verbittert schweigende Ohnmacht der Nachkriegszeit, jubelt. Willy, einer der ihren, der Liebling der Schriftsteller und Intellektuellen, wird Kanzler. Einer, der ihre Gefühlswelt kennt und anspricht, ist Regierungschef, will ein Kanzler der Reformen sein. Die ewigen Looser seit 1945 stehen auf einmal als Winner da. Das ist nicht nur ein Generationswechsel, das ist eine neue Zeit. Die Bundesrepublik ist nicht länger eine Republik der Spießer.

Die militante außerparlamentarische Opposition, die in ihrem

Zorn über das Bündnis der SPD mit der Union ein paar Jahre lang Politik auf der Straße gemacht hatte, tritt bis auf ein paar Dutzend Terroristen nahezu geschlossen in die SPD ein, beginnt ihren Marsch durch die Institutionen, der dann allerdings schon vor dem Ende der Ära Brandt in den Pfründen öffentlicher Ämter und Würden in Selbstzufriedenheit und Bequemlichkeit enden wird.

Dann macht Willy Brandt Ostpolitik. Er trifft den DDR-Ministerpräsidenten Stoph und wird vor seinem Erfurter Hotel von der Menge mit »Willy-Brandt-ans Fenster«-Rufen gefeiert. Das ist die wohl aufmüpfigste Aktion des DDR-Volkes seit den Unruhen vom 17. Juni 1953. Das vereinfacht die Fortsetzung der Gespräche nicht, aber die DDR-Kommunisten können den nun in Gang gesetzten Prozeß nicht mehr rückgängig machen.

In dem von Brandt geförderten Klima wird der Status von Berlin stabilisiert, gibt es die ersten innerdeutschen Vereinbarungen, wird gegen ein gewaltiges Trommelfeuer der Union, der Vertriebenenverbände, der konservativen Presse ein Gewaltverzichtabkommen mit Moskau geschlossen. Den psychologischen Durchbruch für eine neue Betrachtungsweise der Deutschen durch die Völker in Europa aber führt Willy Brandt nicht durch eine Verhandlung oder einen Vertrag herbei, sondern durch seinen Kniefall vor dem früheren Warschauer Ghetto.

Niemals hatte man bis dahin eine solche Büßerhaltung von einem Regierungschef eines freien, souveränen Staates gesehen. Mit dem Kniefall bekennt sich erstmals und äußerst eindrucksvoll ein deutscher Politiker nicht nur mit Worthülsen, sondern durch eine überzeugende Geste zu der schrecklichen, großen Schuld, die sich Deutschland unter den Nationalsozialisten aufgeladen hat. Er macht damit sein Land und sein Volk frei für einen neuen Anfang im politischen Zusammenspiel der Staaten Europas.

Auf dem Weg zum Flughafen sagt ihm der polnische Ministerpräsident Cyrankiewicz, daß dies allen sehr nahegegangen sei, daß seine Frau abends mit einer Freundin telefoniert habe und daß beide Frauen geweint hätten.

Brandt nimmt mit dem Kniefall nicht nur den Polen die Angst vor den »unverbesserlichen westdeutschen Revanchisten«, wie die gebetsmühlenhafte Standardverunglimpfung der Bundesrepublik in der sowjetischen Propaganda lautet. Er löst damit auch die erste Klammer, die Moskau nach dem Krieg um die Staaten Osteuropas gelegt hatte: Wenn die Polen, Tschechen, Slowaken den Deutschen wieder trauen könnten, dann bräuchte man auch die Russen nicht mehr als Schutzmacht. Möglicherweise zieht sich ein unsichtbarer Faden vom Kniefall vor dem Warschauer Ghetto 1970 zu den Streiks in der Danziger Leninwerft von 1976, mit dem die Auflösung des Ostblocks beginnen wird.

Rut Brandt sieht die Warschauer Szene im Fernsehen. Sie schreibt in ihrem Erinnerungsbuch »Freundesland«: »Es war mir wichtig zu wissen, ob es eine spontane Geste gewesen war, ob er nicht anders gekonnt hatte an diesem Ort. Das war die erste Frage, die ich ihm stellte, als er zurückkam: ›Hattest du dir das überlegt?‹ Er zuckte mit den Schultern und sagte: ›Irgend etwas mußte man tun.‹«

Man. Das Wort »Man« ersetzt in seinen Bekenntnissen sehr häufig das Wort »Ich«, als müßte er, der Empfindsame und Empfindliche, noch immer all das auf Abstand halten, was ihm zu nahe kommen könnte. Auf seinen Grabstein wird er einmal schreiben lassen: »Man hat sich bemüht.«

Zunächst ist aber vor allem die CDU/CSU bemüht. Sie hält ihre Entfernung aus der Regierungsverantwortung noch immer für eine nicht hinnehmbare Ungehörigkeit. Sie will Brandt per Mißtrauensvotum aus dem Amt jagen, auch wenn er gerade in Oslo den Friedensnobelpreis überreicht bekommen hat, auch wenn er und seine Ostpolitik im Volk außerordentlich populär sind. Als die Union 1972 glaubt, genügend Überläufer aus den Fraktionen von SPD und FDP gewonnen oder gekauft zu haben, wagt sie den Angriff.

Es sind Brandts alter Feind Wehner und dessen Gehilfe Karl Wienand, die Brandt in dieser Situation retten. Ganz im stillen hatte Wehners robuster Adlatus Wienand ein paar anrüchige Adressen unter den Unionsabgeordneten mit schönen Worten und unschönen, aber geldwerten Versprechungen bearbeitet. Als dann die Stimmen ausgezählt sind, reicht es nicht für eine Ablösung Brandts. Die Erleichterung im Land darüber äußert sich durch eine große Beitrittswelle in die SPD und durch einen phänomenalen Erfolg Brandts und der SPD bei den vorzeitig herbeigeführten Bundestagswahlen von 1972. Die SPD feiert mit 45,8 Prozent ihren größten Erfolg, die Union ist mit 44,9 Prozent erstmals nicht mehr stärkste Fraktion im Bundestag.

Zum ersten Mal war Außenpolitik das große Thema einer Wahl. Und es ist Brandts Ost- und Versöhnungspolitik, die in dieser Wahl von einer deutlichen Mehrheit des Volkes ausdrücklich gestützt wird. Durch diese Wahl ist Deutschland ein anderes Land geworden. Ein Land, das sich nach guter Nachbarschaft sehnt. Die Union wird Brandts Außenpolitik in Zukunft übernehmen müssen, wenn sie wiedergewählt werden will.

Willy Brandt, geschmiedet unter Niederlagen, weicht auf unter den Wonnen der späten, aber großen Anerkennung im Volk. Seine Energie schwindet. Der große Reformschwung verebbt. Der Kanzler läßt die Zügel schleifen. Das Ansehen der Regierung schmilzt dahin wie Butter in der Sonne. Brandt stemmt sich nicht sichtbar dagegen. Seine Freunde sprechen von »Willy Wolke«. Der ehrgeizige Kronprinz Helmut Schmidt scharrt schon ungeduldig mit den Hufen. Im Herbst 1973 wird Herbert Wehner die Sache zu bunt. Er poltert, ausgerechnet bei einem Besuch in Moskau: »Die Nummer eins ist entrückt, abgeschlafft.« Und: »Der Herr badet gern lau – so in einem Schaumbad.« Und: »Was der Regierung fehlt, ist ein Kopf.«

Brandt läßt das ungestraft durchgehen. Damit bestätigt er den Verdacht, der Kanzler habe seine Kraft verbraucht. Daß dies zu dieser Zeit auch wirklich so ist, zeigt sich endgültig ein paar Monate später nach Bekanntwerden des Falles Günther Guillaume, der als Brandt-Referent Regierung und Regierungspartei für die DDR ausspioniert hat. Auf einer Reise nach Helgoland schwankt Brandts Stimmung zwischen Galgenhumor mit fröhlichen Gesängen und vollständiger Niedergeschlagenheit. Auf einer Klippe stehend, sagt er zu der Journalistin Wibke Bruhns: »Das wäre auch kein Verlust, wenn man da runterfiele.« Und: »Scheißleben, Scheißleben.«

Zurück am Rhein tischt ihm Wehner noch ein Problem auf, das bei der nun angelaufenen Untersuchung des Falles Guillaume auch bald zur Sprache kommen könne: Günther Guillaume und die ihn begleitenden Beamten seines Personenschutzes würden in einem Prozeß Delikates über Brandts Privatleben, über Damenbekanntschaften und gewisse Nächte im Sonderzug des Kanzlers bei Wahlkampfreisen aussagen. Damit aber würde die Frage nach der Erpreßbarkeit des Regierungschefs gestellt werden.

Dies kommt einer Rücktrittsaufforderung gleich. Brandt gibt auf.

Bis ans Ende seiner Tage kann Brandt sich und Wehner den Rücktritt nicht verzeihen. Die wahren Gründe für seine Demission liegen sicher nicht in der Enthüllung seiner pikanten außerehelichen Nebenbeschäftigungen. Die Zeit ist nicht mehr so spießbürgerlich, wie sie vor seinem Regierungsantritt war. Seine erotischen Abenteuer würden jetzt im Wahlvolk sogar mehr Bewunderung als Abscheu wecken und seinem sich immer deutlicher abzeichnenden neuen Image als Schlaffi sogar entgegenwirken. Was ihn wirklich zur Aufgabe bewegt, ist zum Teil vielleicht eine Reaktion auf die unbewußte eigene Erkenntnis seines Energieverlustes. Sicher aber ist sein Rückzug, und das paßt zu seinem Verhalten bei anderen Liebesentzügen in seinem Leben, auch Ausdruck des Beleidigtseins. Er sieht sich verraten von Freunden, als Opfer eines umfangreichen Komplotts von Männern aus SPD, FDP, Verfassungsschutz und Bundeskriminalamt, auch von seiner Frau Rut, denn auch sie hat ihm zum Rücktritt geraten.

Rut Brandt gibt in ihrem Buch »Freundesland« Auskunft darüber, in welchem Maße die Enthüllungen den Ehefrieden gestört haben. Rut weiß von Anfang an um seinen unersättlichen Hunger, Bestätigung durch Frauen zu erfahren. Zum ersten Male aber steht sie nun in aller Öffentlichkeit als Betrogene da. Das ist sicher schmerzhaft. Aber auch darunter scheint sie weniger zu leiden als unter seiner Sprachlosigkeit ihr gegenüber in den innersten Dingen ihrer Ehe.

Sie schreibt, sie habe ihn am Abend des Tages seines Rücktritts gefragt, ob an diesen Frauengeschichten etwas wahr sei. »Er ging schnell darüber hinweg und sagte, daß das alles unwichtig sei.«

Vermutlich meint er das auch so. Aber das ist nicht unbedingt das, was einer Ehefrau in einer solchen Situation als Erklärung genügt.

Doch dann legt er nach und gesteht, daß er über zwei Jahre lang ein ernstes Verhältnis gehabt habe, daß dies aber nun vorbei sei.

Erst jetzt schreit Rut auf.

Zwei Wochen später, im Erholungsurlaub in Norwegen, kommt sie bei einem Spaziergang im Wald auf das ernste Verhältnis, das ihr entgangen ist und das sie nach wie vor entsetzt, weil es ein Verhältnis war und kein Abenteuer wie all die anderen. Sie fragt ihn, ob er nicht sagen wolle, was geschehen sei. Vielleicht könne man jetzt ja darüber lachen.

Er sagt: »Nein.«

Sie sagt: »Ich werde dich nie wieder fragen.« Das ist der Anfang vom langen Ende dieser Ehe.

Rut ist eine Politikerfrau, die auf Pressefotos und in der Öffentlichkeit eine großartige Figur macht. Der sowjetische Generalsekretär Leonid Breschnew ist geradezu verliebt in sie. Sie ist eine Politikerfrau, die sich zurückhält, ihre Auftritte sparsam dosiert. Sie ist auch keine Politikerfrau, die sich ständig einmischt in die Alltagsgeschäfte ihres Mannes. Aber ihr klarer Verstand und ihr politisches Wissen haben Gewicht, wenn sie ihn in schweren Lagen und persönlichen Krisen berät, warnt oder bestärkt. Nichts würden die Freunde und Verehrer diesem sensiblen Mann mehr gönnen als diese Frau an seiner Seite in den schwierigen Jahren des Übergangs ins Alter.

Selten wird ein entmachteter Staatsmann auf dem Altenteil mit so großen Ehren und Würden bedacht wie er. Noch fast 14 Jahre, bis 1987, führt Brandt unangefochten die SPD. Er erkennt besser als jeder andere im Parteivorstand die Gefahr, daß in einem Angestellten-Land, in dem es kaum noch Arbeiter gibt, die SPD schnell degenerieren könnte zu einem altmodischen, einflußlosen Arbeitertrachtenverein. Er steht erfolgreich den Richtungskonflikt mit seinem Kanzler-Nachfolger Helmut Schmidt durch und hält die Partei links geöffnet für Intellektuelle, Aufgeklärte, für die Friedensbewegung, für ökologische Themen. Er wird zum ersten Leiter der Nord-Süd-Kommission ernannt, einem Gremium, das zwischen Industriestaaten und

Entwicklungsländern vermittelt. Er wird Vorsitzender der Sozialistischen Internationale und leistet in diesem Amt diskrete Vermittlungsarbeit bei außenpolitischen Problemen in aller Welt.

Er überlebt politisch seinen Nachfolger Helmut Schmidt und auch seinen Intimfeind Herbert Wehner. Doch bis ans Ende seiner Tage nagt in seiner Seele der Schmerz über seinen Abgang als deutscher Bundeskanzler.

Immer wieder aufs neue analysiert er die Situation von 1974, spekuliert über die Hintergründe. Je älter, einsamer und kränker er wird, desto mehr bläht sich in seinen Augen Herbert Wehner zu einem Dämon auf, dem er alle Bösartigkeiten der Welt zutraut. Doch nun hat er nicht mehr Rut Brandt an seiner Seite, die ihn mit ein paar einfachen Worten herausholen könnte aus seiner bösen Traumwelt und ihm sagen könnte, was Sache ist. Nun hat er Brigitte Seebacher.

Diese ist eine Frau, die selbst ein paar Kränkungen aus der Baracke verarbeiten muß. Das wäre noch nicht schlimm für die SPD, wenn Brigitte Seebacher nicht auch noch jung wäre, so daß sie noch kämpfen muß, um ihre Bedeutung erkunden und die Grenzen ihres Ehrgeizes entdecken zu können. Die zartgliedrige Blondine Brigitte Seebacher aber ist eine, die beim Kämpfen stramme Bandagen anlegt.

Brigitte Seebacher. Geboren 1946 in einem Ort bei Bremen, in dem Jahr, in dem Brandt über die Nürnberger Prozesse schrieb. Kind eines kaufmännischen Angestellten und einer Buchhändlerin. Sie tritt mit 18 Jahren der SPD bei, studiert Geschichte und Germanistik in Bonn, Köln und Berlin, arbeitet während des Studiums für Rundfunkstationen, wird Redakteurin, dann Chefredakteurin der Parteizeitung »Berliner Stimme«, wird im Sommer 1978 in die Pressestelle des Parteivorstandes nach Bonn geholt, gilt als sehr links. Sie erweckt Brandts Interesse, sowohl für die tägliche Arbeit als auch privat. Ihre Bedeutung in der Baracke wächst fast täglich. Sie beherrscht bald Brandts Vorzimmer, den Zugang zu ihm.

Die Romanze ist noch in der Phase des Aufblühens, als ein verschleppter Herzinfarkt den 65jährigen Ende 1978 plötzlich ins Krankenhaus zwingt.

Rut Brandt wundert sich, daß niemand in seinem Büro ihr Bescheid gesagt hat. Sie hat es vom Chauffeur erfahren müssen.

Rut Brandt wundert sich, daß er im Krankenhaus zu ihr sagt: »Ich bin froh, daß du als erste kommst.« Das ist doch etwas, was sie für selbstverständlich erachtet. Aber er sagt dann noch einmal: »Ich bin froh, daß du als erste gekommen bist.«

Rut Brandt wundert sich, als ein paar Tage später auf seinem Nachttisch Weintrauben, Rosen und verschiedene, offensichtlich mit besonderer Liebe ausgewählte Kleinigkeiten stehen.

Rut Brandt wundert sich, daß er sichtlich darunter leidet, wenn sie bei ihren Krankenhausbesuchen die Ereignisse in der Familie erzählt.

Rut Brandt wundert sich, daß er, als es ihm wieder bessergeht, sagt, daß sie nicht mehr jeden Tag ins Krankenhaus kommen solle und daß auch die Söhne besser wegbleiben sollten.

Am Heiligen Abend kommt Brandt nach Hause, zieht sich bis zum Abend auf sein Arbeitszimmer zurück. Sie wundert sich nicht mehr, als er ihr eröffnet, daß er ohne Familienbegleitung für längere Zeit zur Erholung nach Südfrankreich fahren werde. Und als von dort schließlich ein Brief von Willy Brandt kommt mit der Bemerkung, daß es, wenn er im März in sein Büro zurückkommen werde, erforderlich sein werde, »andere praktische Fragen zu erörtern, die sich als Ergebnis der Veränderung stellen, wo es um politische Verantwortung und persönliche Ambitionen geht«, findet Rut in der Art, wie ihr Mann um den heißen Brei herumschreibt, nur noch »eine gewisse Komik«.

Es ist vorbei. Brigitte Seebacher, die ihn nach Südfrankreich begleitet und ihn dort abgeschirmt hat, ist die Siegerin.

Als er endlich wieder in Bonn ist, bietet er Rut Brandt zwei Alternativen an: Man lebt weiter unter einem Dach, und jeder geht seinen eigenen Weg – oder man geht ganz auseinander. Er scheint überrascht zu sein, als Rut die Scheidung wünscht – und verläßt wortlos den Raum. Am nächsten Tag wird die bevorstehende Auflösung der Ehe der Presse mitgeteilt. Die Norwegerin Rut Brandt empfängt von Prominenten und weniger Prominenten Sympathiebekundungen in einer Quantität und in einer

Herzlichkeit, wie sie vermutlich noch nie zuvor eine abservierte Politikerehefrau erhalten hat.

Entsprechend deutlich ist die Kälte zu spüren, die Brigitte Seebacher entgegenschlägt, insbesondere in der Partei, die auch ihr bis dahin eine Heimat war.

Ihr Einfluß auf Brandt schafft in der Baracke Neid und Verdruß, vor allem, als Brigitte Seebacher auch Brandts Referentin, Terminverwalterin, Reiseplanerin, Redenschreiberin wird. Sein langjähriger Büroleiter fühlt sich übergangen, kündigt. Einigen kommt es so vor, als hätten sie mit Brigitte Seebacher eine übergeordnete Vize-Parteivorsitzende bekommen. Herbert Wehner, der noch immer nicht mit der Arbeit seines Vorsitzenden zufrieden ist und es noch immer nicht aufgegeben hat, Brandt zu führen oder wenigstens zu manipulieren und von anderen Ratgebern zu isolieren, beschließt hinsichtlich der Rolle Brigitte Seebachers und der Unruhe in der Baracke: »Die muß weg hier!«

In dieser Zeit des neuen Ringens um die Seele Brandts entsteht der Groll Brigitte Seebachers auch auf die SPD.

Zwei Tage vor seinem 67. Geburtstag wird Brandts Ehe geschieden. Er und Rut trinken mit ihren Anwälten in der Wohnung ihres Sohnes Lars ein Glas Wein. Rut hofft, man könne auch als Geschiedene Freunde bleiben, aber sie wird diesen Mann nie mehr wiedersehen.

Willy Brandt hat nach dem Herzinfarkt seine massige Figur verloren. Er ist eine schlanke und ranke männliche Altersschönheit geworden, seine Kleidung ist sichtlich besser gewählt und geschnitten als früher. Der alte Mann scheint sein privates Leben zu genießen. Auf der Dachterrasse seines Penthouses in Unkel, wo er jetzt mit seiner neuen Ehefrau Brigitte lebt, pflanzt er Salat und Gemüse. Man sieht ihn beim Einkaufen, er bringt den Müll in den Keller, kocht manchmal sogar. Meistens Suppe. Brigitte Brandt überwacht seine Diät, minimiert seinen Alkoholverbrauch. Er wird Nichtraucher.

Aber die neue Zweisamkeit erscheint manchmal auch wie eine gemeinsame Einsamkeit. Brandt gibt beleidigt den SPD-Vorsitz ab, als sein Wunsch, als Pressesprecherin der Partei eine Griechin einzusetzen, auf Widerstand stößt. Brigitte Seebacher schreibt eine Doktorarbeit über Brandts Vorgänger Ollenhauer, stichelt dabei erstmals gegen die Partei. Ihr Groll gegen die SPD schaukelt sich mit dem seinen hoch. Er sinnt noch immer über den Ärger von 1974 nach und ist beleidigt, daß die nun im Scheinwerferlicht stehende Enkel-Generation der SPD-Stars nicht mehr seinen Rat sucht.

Trotzdem verläßt er von Zeit zu Zeit seine Zweisiedelei in Unkel, trifft Parteifreunde, um den alten Stallgeruch zu schnuppern. Er schnorrt bei ihnen Zigaretten und genießt letzte politische Auftritte wie im Herbst 1990 bei seiner erfolgreichen Intervention bei Saddam Hussein zur Freilassung von Geiseln. Nach getaner Arbeit erzählt er in Bagdad beim Spätschoppen in vertraulicher Journalistenrunde, daß vor seiner Abreise in den Irak Bundeskanzler Helmut Kohl bei ihm in Unkel angerufen habe. Da er keine Lust gehabt habe, von Kohl Ratschläge entgegenzunehmen, habe er sich von Brigitte verleugnen lassen. Auf die Frage, wie denn das Gespräch zwischen Kohl und Brigitte Brandt verlaufen sei, hebt er sein Glas und sagt, in sich hineingrinsend: »Zwei Reaktionäre unter sich.« Und nötigt umgehend den Journalisten bezüglich dieses Satzes ein Schweigegelöbnis ab.

Zwei Jahre später ist Willy Brandt tot. Nun betrachtet sich die Witwe als berufene öffentliche Kritikerin der SPD. Sie läßt keine Gelegenheit aus, den Sozialdemokraten gegen das Schienbein zu treten. Ihre Angriffe gegen Partei und Kandidaten dieser Partei reitet sie am liebsten in konservativen Zeitungen und Sendern. Sie bringt Wehner mit Hilfe alter Mutmaßungen, die ihr Mann in seinen verbittertsten Stunden über den alten Feind und Freund angestellt, aber niemals in die Öffentlichkeit getragen hatte, in den Geruch eines Mannes, der auch das Geschäft des Ostens betrieben hat. Sie, die einst zum linken Flügel der SPD gezählt hatte, bekundet nun Nähe zur Rechten in den Themenbereichen Nation, Abtreibung, Frauenpolitik. Sie untersagt den Falken, der SPD-Jugendorganisation, ein Zeltlager »Willy-Brandt-Camp« zu nennen mit der Begründung, ihr Mann sei der Arbeiterjugendbewegung nicht eng verbunden gewesen. Mitte der neunziger Jahre sieht es manchmal so aus, als wolle die promovierte Historikerin Brigitte Brandt eines Tages noch den

Nachweis erbringen, daß Willy Brandt niemals Sozialdemokrat gewesen sei.

So kommt es, daß nicht wenige der aufklärerischen Linksintellektuellen, die Brandt in seine Partei geholt hatte und die ihren Willy geliebt haben bis zum Schluß, gewisse Sympathien für den altindischen Brauch der Witwenverbrennung entwickeln.

MAO TSE-TUNG

Geboren: 26. Dezember 1893. **Gestorben:** 8. September 1976.
**Gründer und Führer der Volksrepublik China
(1949–1976).**
Die besonderen Lebensleistung: Er wollte
im alten China den neuen Menschen schaffen und hinterließ
ein China im alten Geist mit neuer Lebenskraft.
Sein Liebesleben: Nach vier Ehen endet Chinas Apostel
des einfachen Lebens als seniler Lustmolch.

Der rote Sohn des Himmels

Mao Dschen-scheng hat Gäste im Haus. Sie blicken zu ihm auf,
denn er ist einer der wenigen Männer von Schao Schan, dessen
Haus mit Ziegeln und nicht mit Stroh gedeckt ist. Außerdem
findet man bei ihm gelegentlich Arbeit als Kuli und einen
Abnehmer für Reis und Schweine. Man muß ihn sich deshalb
warmhalten, auch wenn er ein Leuteschinder ist und als Händler ein Halsabschneider. Wie so viele seiner Tagelöhner stammt
auch er nur aus einer armen Bauernfamilie. Er war aber Berufs-
soldat geworden, hat dann nach seiner Militärzeit einen erfolgreichen Handel mit Reis und Schweinen aufgezogen und ein
kleines Landgut zusammenraffen können.

Aus Mao Dschen-schengs schmalem, kantigem Gesicht funkeln energiegeladene Augen. Er ist stolz auf das, was er erreicht
hat, und macht sich Sorgen, daß sein ältester Sohn Mao Tse-
tung ein unwürdiger Erbe sein könnte.

Der Junge ist 13 Jahre alt; es ist höchste Zeit, das Ruder her-
umzureißen. Vor zwei Jahren hat er ihn von der Schule genommen, damit er dem Vater auf den Reisfeldern, in den Ställen und
auf den Märkten ganztags zur Hand gehen kann und endlich
lernt, wie die Bauernarbeit und der Handel funktionieren.

Tse-tung gerät nach seiner schönen buddhistischen Mutter und neigt dazu, nach Art der Buddhisten den Dingen erst mal gelassen ihren Lauf zu lassen und nicht nach der Art des Vaters sofort und immerzu Hand an die Dinge zu legen. Wie die Mutter hat Tse-tung ein rundes Vollmondgesicht und weiche, weibliche Züge. Wenn es stimmt, daß die Mutter die erste Geliebte im Leben eines Mannes ist, dann hat die Sanftheit von Frau Mao den kleinen Tse-tung so stark geprägt, daß er bis ins Greisenalter nicht müde werden wird in seinem Verlangen nach weiblicher Betreuung.

Das alles treibt Herrn Mao Dschen-scheng zur Weißglut. Der Sohn bewegt sich auf seinen langen Beinen provozierend langsam durch die Landschaft, ist trotz regelmäßiger Prügel nicht dazu zu bewegen, dem Vorbild seines Erzeugers zu folgen. Zudem untergräbt der Bengel die väterliche Autorität bei seinen Geschwistern, als deren Beschützer er sich neuerdings immer wieder aufspielt.

Nachdem alle Ermahnungen und Prügel nichts genützt haben, hat der Vater es satt und will, da heute viele Leute im Haus sind, den Sohn mit der schwersten Demütigung zur Räson bringen, die es in China gibt: öffentliche Bloßstellung. Mao Dschen-scheng sagt vor allen Gästen, daß sein ältester Sohn Mao Tse-tung faul ist und zu nichts zu gebrauchen, ein vollkommen nutzloses Mitglied der Familie, eine Schande für seine Ahnen.

Mao springt auf, verflucht den Vater und sagt, daß er jetzt gehen und sein Elternhaus nie mehr betreten werde.

Schon als Zehnjähriger war er einmal ausgerissen, war erst nach drei Tagen in den Bergen gefunden und heimgebracht worden. Der Vater hat keine Lust, noch einmal eine Suche zu organisieren und will den Ausreißer festhalten. Der Sohn stürmt aus dem Haus, der Vater hinterher. Sie rennen um einen Teich. Der Vater holt auf. Der Sohn droht mit Selbstmord. Der Vater solle stehenbleiben, sonst werde er sich ertränken. Er werde in den Teich springen und die Lunge mit Wasser füllen.

Nun beginnt ein Showdown auf chinesisch. Er wird zum Schlüsselerlebnis in Mao Tse-tungs Leben. Er wird auf diese Szene immer wieder zurückkommen, wird sie seinem Biographen Edgar Snow erzählen, seinem Arzt Dr. Li, denn in dieser Stunde, in der der junge Mao Tse-tung zu sterben entschlossen ist, wird er zu einem politisch handelnden Menschen.

Die Konstellation in diesem Vater-Sohn-Duell:

Der Sohn steht am Rand des Teiches und will mit der verzweifelten Absolutheit eines Pubertierenden nur dann auf seinen Tod verzichten, wenn er seine Lage grundlegend verbessern kann.

Der Vater will nicht, daß sein Sohn stirbt, aber er will lieber einen toten Sohn haben als einen respektlosen. Andernfalls würde die Ordnung der Familie und der Welt gestört, denn seit mehr als zweitausend Jahren wird das Reich der Mitte von den Regeln des Meisters Konfuzius gestützt, nach denen der Sohn dem Vater, der Schüler dem Lehrer, der jüngere Bruder dem älteren zu dienen und zu gehorchen habe. Jeder Verstoß gegen diese Regel ist ein nicht hinnehmbarer Frevel gegen diese einzige für einen Chinesen denkbare Ordnung.

Also ein auswegloser Konflikt im Stil einer griechischen Tragödie oder germanischen Heldensage. Der Vater hat vor den Gästen dem Sohn das Gesicht genommen. Nun muß der Sohn ins Wasser gehen, oder der Vater verliert das Gesicht.

Aber China ist nicht Europa. Es verfügt mit dem Taoismus über eine Lebensphilosophie, die die strenge Ordnung des Konfuzius geschmeidig macht. Tao heißt Weg, in einem besonderen Sinne. Tao ist die Respektierung und Nutzung der einem jeden Wesen gemäßen Verhaltensweisen und Kräfte. Jedes Individuum hat sein besonderes Tao, welches wiederum eine Funktion des Tao der Gesellschaft und dieses wiederum eine Funktion des kosmischen Tao ist. Um all den Taos gerecht zu werden, verlangt diese Erkenntnismethode genaue Beobachtung der Gesetze der Natur und bei Konflikten mit einem anderen Menschen die Fähigkeit, sich in das Wesen und damit in die Lage des anderen einzufühlen.

Mit anderen Worten: Es geht bei allem, was der Mensch tut, darum, es so zu machen, daß die Harmonie zwischen Individuum, Familie, Gesellschaft und Natur möglichst wenig gestört wird. Deshalb ist jede Aufgeregtheit, jeder unbedachte Aktionismus zu vermeiden. Übersetzt in das in China sehr beliebte Bildmotiv von dem Berg, dem See und dem Mann bedeutet Tao, daß der Mann nicht unnötig Wellen schlagen und Wind machen soll, denn die Taos von Mann, See und Berg harmonieren erst dann, wenn der See so ruhig ist, daß sich Berg und Mann darin spiegeln können.

In unserem speziellen Bild vom See – Vater Mao Dschen-scheng und Sohn Mao Tse-tung Auge in Auge einander gegenüberstehend, der Sohn bereit zum Sprung in den Tod – verlangt der Taoismus von den beiden Duellanten einen Weg, der zum einen die konfuzianische Ordnung und damit den Rang des Vaters respektiert, zum zweiten den Lebenswillen des Sohnes neu weckt und damit der Familie ein großes Leid erspart. Auf diese Weise verwandelt sich unser chinesischer Showdown zwischen zwei zornerfüllten, seelisch zutiefst aufgewühlten Menschen in eine vernünftige, sachliche und schnelle Verhandlungsrunde.

Sie beginnt mit der Verfluchung des Sohnes durch den Vater. Mao Tse-tung sei ein respektloser Sohn.

Dieser antwortet, daß ein liebloser Vater selbst schuld sei, wenn er einen respektlosen Sohn habe.

Damit ist der Kern des Konfliktes angesprochen. Nun geht es darum, das Problem – die Respektlosigkeit des Sohnes und die Lieblosigkeit des Vaters – aus der Welt zu schaffen.

Der Vater fordert den Kotau. Das bedeutet: Runter auf beide Knie und den Kopf neunmal vor den Füßen des Mao Dschen-scheng auf den Boden schlagen. Denn alle Gäste sollen sehen, daß der Sohn sich dem Vater wieder unterwirft.

Der Sohn weiß, daß er etwas tun muß, damit Mao Dschen-scheng sein Gesicht nicht verliert. Aber auch er will eine Geste haben oder ein Versprechen, daß ihm selbst die Ehre wiedergibt und seine Stellung gegenüber dem Vater dauerhaft verbessert.

Das Ergebnis der Verhandlung wird Mao Tse-tung später einmal seinem amerikanischen Freund und Biographen Edgar Snow so schildern: »Ich stimmte zu, mit einem Bein niederzuknien, wenn er versprechen würde, mich nicht zu schlagen. So endete der Krieg, und ich lernte daraus, daß, wenn ich mein Recht in offener Rebellion verteidigte, mein Vater nachgab, wenn ich aber demütig und gehorsam bliebe, er mich nur um so mehr verfluchen und schlagen würde.«

Wenn selbst vielen Chinesen diese Szene am Rand des Dorfes Schao Schan reichlich merkwürdig vorkommt, dann liegt das daran, daß weder Vater noch Sohn besonders kultiviert miteinander umgesprungen sind. Die feine chinesische Art wäre es gewesen, daß Vater und Sohn von Anfang an so einfühlsam miteinander umgegangen wären, daß es gar nicht zu einer solchen Situation gekommen wäre, weder zum Zorn des Vaters auf den Sohn noch zur Demütigung des Sohnes vor den Gästen, noch zu der Szene am Teich. Aber Gereiztheiten und individualistische Überheblichkeiten dieser Art sind nicht selten für die Menschen der Provinz Hunan.

Hunan liegt südlich des Yangtse-Stromes, im Nordteil der Gebirge, die Südchina von Mittelchina trennen, ist ein militär- und handelsstrategisch wichtiges Durchgangsland zwischen Nord- und Südchina, zwischen West- und Ostchina. Die Hunanesen gehören ethnisch nicht zu den Urchinesen, sondern sind Nachfahren des Miao-Stammes. Hunanesen gelten in China als ungebunden und eigensinnig, als hartnäckig, kampfstark, unausgeglichen, streitanfällig und schwer berechenbar.

Offensichtlich sind diese Eigenschaften nicht untypisch für Stämme, die im geographischen Zentrum großer Kulturkreise liegen. Wie in Europa gelten die Menschen im Süden Chinas als lässiger, heiterer, flexibler, raffinierter als die im Norden und die im Norden als strenger, schwerblütiger, langsamer und zuverlässiger als die im Süden. Jene, die dazwischen leben, in den Durchgangsländern, wollen sich sowohl an nördlichen wie an südlichen, an westlichen und an östlichen Tugenden orientieren und die Gegensätze miteinander alle in Einklang bringen. Das überfordert sie, macht sie nervös, bringt sie immer mal wieder ins Schleudern, hält sie aber auch wach, in schöpferischer, manchmal aber auch zerstörerischer Aufgeregtheit.

In den mehr als 2000 Jahren, die Hunan nun schon dem Chinesischen Reich eingegliedert ist, gab es im Reich keine unruhigere Provinz als diese. Noch Ende des 18. Jahrhunderts wagten Hunanesen eine Rebellion. Sie beschäftigte die kaiserliche Armee jahrelang. Es gab aber auch keine eifrigeren Verteidiger des Reiches als die Nachfolger der Miao. In China sagt man, China sei erst dann erobert, wenn der letzte Hunanese erschlagen sei. Hunanesen spielten schon in der Kaiserzeit eine große Rolle als Reformer, und es ist deshalb kein Wunder, wenn Hunanesen wie Mao oder der spätere Staatspräsident Liu Schaotschi oder wie Li Li-san, Maos Vorgänger in der Parteiführung, auch bei der Umwandlung des Reiches der Mitte in eine kommunistische Volksrepublik eine entscheidende Rolle spielen werden.

Aber noch findet der Machtkampf Maos nur im Haus seines Vaters statt, und Mao Dschen-scheng wäre kein Hunanese, würde er sich mit dem am Teich geschlossenen Kompromiß mit seinem ältesten Sohn auf Dauer zufriedengeben. Vielleicht bekommt der mißratene Sprößling eine bessere Einsicht in die Notwendigkeiten des Lebens und wird ein willigerer Mitarbeiter des Vaters, wenn er Verantwortung für eine eigene Familie übernehmen muß. So wird Mao Tse-tung, noch keine 14 Jahre alt, mit einem 20jährigen Mädchen aus der Nachbarschaft verheiratet. Die Eltern des jungen Paares haben es so ausgemacht, ohne ihre Kinder zu fragen. Das ist üblich, liegt aber nicht im Sinne des pubertierenden Mao Tse-tung. Er ist Zeit seines Lebens ein Mann mit starker Libido, und es fällt ihm mit 14 Jahren sicher nicht leicht, die Finger von einer Frau zu lassen. Aber er verweigert den Vollzug und damit die Anerkennung dieser Ehe. Er will sich keine Fesseln anlegen lassen. Er will sich nicht in diesem Dorf festbinden lassen.

Nun endlich hat der Vater begriffen. Sein Ältester will nicht Bauer werden, nicht Händler, nicht das kleine Gut des Vaters bewirtschaften. Er will raus aus Schao Schan, weg von allem.

Mao Tse-tung will weg von diesem Ort, in dem er mit niemandem reden kann, in dem er nichts zu lesen findet, weil sogar der Vater, der Mann mit den schönen Ziegeln auf dem Dach, Analphabet ist. Er will weg aus diesem Nest, wo niemand ihm so recht erklären kann, wie die Welt jenseits der Nachbardörfer aussieht. Wo niemand Antworten auf seine unausgesprochenen Fragen hat. Er will in eine Stadt, in der er sich Wissen aneignen kann.

Nun hat der Vater ein Einsehen und gibt auf. Der Sohn darf nach Hsing Hsiang gehen. Das ist die Heimatstadt seiner Mutter. Dort gibt es eine Bezirksschule, eine Art Grundschule, deren

Lehrziel etwas über das der Dorfschule von Schao Schan hinausgeht.

Er ist 16 Jahre alt, als er zum ersten Mal eine Weltkarte sieht, ist überrascht, daß es außerhalb Chinas viele und große Länder gibt, wird sich aber dennoch nie mehr von der traditionellen chinesischen Vorstellung lösen können, im Reich der Mitte, im Zentrum der Welt zu leben.

Er ist zwar fortgegangen von zu Hause, aber bis an sein Lebensende wird Mao etwas anhaften von dem Dorfbuben aus Schao Schan, der er einmal war. Er wird seinen hunanesischen Dialekt nicht ablegen können, er wird auf Staatsbanketten nur ein wenig herumstochern in den feinen Gerichten und anschließend in seinen Privaträumen wie ein hunanesischer Bauer gierig das hineinschlingen, was er am liebsten mag und wovor es feinere Gaumen in China graust: Schwabbeliges, fettes Schweinefleisch und Gemüse, dessen Eigengeschmack von überscharfen Gewürzen zerstört ist. Er wird nicht mehr lernen, die Zähne zu putzen, weil man in Schao Schan der Auffassung war, daß kein Wesen bessere Zähne habe als der Tiger, und der kommt ohne Zahnbürste zurecht.

Er ist auch geprägt von den klassischen chinesischen Räuberhelden-Geschichten, der einzigen Literatur, die es in Schao Schan außer den Regeln des Konfuzius zu lesen gegeben hat. Bald wird Mao Tse-tung sich selbst ausprobieren als Nachfolger der legendären Räuber vom Liangschan-Moor, die dem Unrecht der Machthaber die Gerechtigkeit entgegensetzten. Oder er sieht sich als einer der Ritter aus dem Pfirsichgarten, die niemals an sich selbst dachten, sondern ihr Leben dem Reich widmeten.

Ein Jahr bleibt er auf der Bezirksschule von Hsing-Hsiang, dann geht er auf die Mittelschule der hunanesischen Provinzhauptstadt Tschang Scha. Und schon geht sie los, die schöne neue Heldenzeit. Die republikanische Revolution des Dr. Sun Yat-sen erreicht Tschang Scha. Schon im Jahr zuvor hatte eine Hungerrevolte die traditionell rebellische Stadt erschüttert. Nun sind wir im Revolutionsjahr 1911, und es ist für Mao Tse-tung an der Zeit, die Rebellion, die er zu Hause am Dorfteich gegen den Vater angefangen hat, fortzuführen gegen die im Volk verhaßte Kaiserdynastie der Mandschus. Ein Offizier der Rebellenarmee des Generals Li Yuan-hung kommt in die Stadt, hält eine Rede. Diese Rede liefert Mao die fehlenden Puzzleteile für das Bild, das Mao Tse-tung sich vom China des Jahres 1911 macht: Das landfremde Herrscher-Geschlecht aus der Mandschurei hat China nicht gegen die fremden Mächte aus Europa und Amerika beschützen können. Es hat das Reich in einer wuchernden, korrupten Staatsbürokratie geistig erstarren lassen, so daß es wehrlos geworden ist gegen die Diktate und Ausplünderungen durch die Fremden. Es wird Zeit, die Mandschus und die alte konfuzianische Ordnung davonzujagen und das Reich nach der Art der Japaner zu modernisieren, westliche Technik und Gedanken einzuführen und die langen Zöpfe abzuschneiden, die man bisher als Zeichen der Unterwerfung unter die Mandschu-Dynastie zu tragen hatte.

Mao Tse-tung, 17 Jahre alt, tritt der Armee des Revolutionsbündnisses Kuomintang bei. Aber die benötigt ihn ein paar Monate später schon nicht mehr. Der Sohn des Himmels, er wird der letzte Kaiser sein, ist entmachtet, spielt in der Verbotenen Stadt nur noch die Rolle einer Puppe, ist nur noch Symbol. Mao hat keine militärische Aktion erlebt.

Während das Reich nach dem Ende der kaiserlichen Macht ins Chaos zurückfällt und nun nicht mehr von den Mandschus und ihrem Gefolge ausgeplündert wird, sondern von den siegreichen Bürgerkriegsgenerälen, den Warlords und von der nach wie vor im Amt befindlichen korrupten Beamtenschaft, geht Mao Tse-tung wieder auf die Schule. Das war noch nicht die richtige Revolution. Er will lernen für die nächste Revolution.

Er beginnt einen autodidaktischen Bildungsweg. Es ist kein klares Erziehungsziel zu erkennen. Die Lernfähigkeit des ungehobelten Bauernburschen macht Eindruck, aber ihm gefällt es weder auf der Mittelschule noch auf der Handelsschule. Erst als der Vater ihm 1913 die Zuschüsse sperrt in der Hoffnung, seinen Sohn nach Schao Schan zurückzwingen zu können, gewinnt die Schulung Mao Tse-tungs Zielstrebigkeit. Weil dort kein Schulgeld zu entrichten ist, tritt er der Lehrerbildungsanstalt von Tschang Scha bei.

Ihn interessiert weder Mathematik noch die Naturwissenschaften, noch Fremdsprachen. Aber er verschlingt Bücher über

Geschichte, Geographie und Philosophie. Es ist vor allem die chinesische Geschichte, die ihn fasziniert.

Er bewundert den Kaiser Chin Schi-Huang-ti, der im dritten vorchristlichen Jahrhundert das Reich mit harter Hand geeint und geordnet hat.

Er ist fasziniert von Kaiser Sui Yan-ti, der im frühen siebten Jahrhundert bedenkenlos Zehntausende von Menschenleben opferte für den Bau des Kaiserkanals, der die beiden großen West-Ost-Ströme Chinas verband und damit den Nord-Süd-Handel ermöglichte.

Er ist beeindruckt von der Kaiserin Wu Tse-tian, die Ende des siebten Jahrhunderts das Land mit Spitzeln durchsetzte und auf diese Weise so viel Wissen und damit Macht über jeden chinesischen Würdenträger bekam, daß sie dem Adel und den großen Familien eine Sozialreform zugunsten der mittleren und kleinen Grundbesitzer aufzwingen konnte.

Er verehrt den grausamen Kaiser Schou, der im elften Jahrhundert das Reich um die südöstlichen Küstenprovinzen erweitert hat.

Mao Tse-tung findet, daß China mit seinen fleißigen, unglaublich vielen Menschen, mit seiner großen, aus taoistischer Weisheit gespeisten Disziplin besser dastünde, hätte es mehr Menschen von individueller Kraft und Rücksichtslosigkeit gegeben als nur eine Handvoll großer Kaiser. Mao glaubt, daß der Konfuzianismus mit seiner starren hierarchischen Ordnung die Besonderheit des Individuums und damit die Entfaltung ungezählter Talente und Genies verhindert hat.

Er liest Biographien westlicher Größen, die aus dem Bodensatz des Volkes gekommen sind. Wie so viele junge Chinesen glaubt Mao in dieser Zeit, daß China um all seine Washingtons, Bonapartes, Bismarcks, Wellingtons, Lincolns, Gladstones, Rousseaus, Montesquieus, Darwins und Adam Smiths gebracht worden ist, weil der Konfuzianismus die Freiheit des Tatmenschen erstickt hatte. Mao ist nicht der einzige unter den jungen Leuten Chinas, die Friedrich Nietzsche gelesen haben.

Er ist auch nicht der einzige, der nun glaubt, die Weisheiten des Ostens mit denen des Westens verbinden zu können, um dann den uralten mythischen Traum Chinas, durch einen einzi-

gen Schrei, der die Berge erschüttern wird, den Zustand der endgültigen Harmonie herbeizuführen. Hat ihm nicht der Vater in
seiner wohl einzig guten Tat den Vornamen Tse-tung gegeben?
Das ist eine Aufforderung und heißt »Salbe den Osten!«.

Mao Tse-tung weiß, daß er Hörer benötigen wird für diesen
Schrei. Publikum, das sich salben läßt. Verbündete. Anhänger.
Als romantischer Dichter, der Mao Tse-tung schon in seinen jun-
gen Jahren ist, könnte er auch alleine arbeiten. Aber für den
Kampf um politische Erneuerung braucht er überzeugte und
entschlossene Mitstreiter.

Diese zu finden ist nicht so leicht für einen, der im Studen-
tenkreis von seinen Freunden und Bekannten wegen seiner
Lernfähigkeit zwar respektiert, aber wegen seiner manierierten
Bemühungen, sein Bauernburschen-Image loszuwerden, belächelt wird. Er selbst erinnert sich später dieses Rückfalls in die
konfuzianische Attitüde des Gebildeten:

»Es kam mir unschicklich vor, in Gegenwart der anderen Studenten auch nur die geringste körperliche Arbeit zu verrichten.
Damals glaubte ich noch, daß die Intellektuellen die einzig sau-
beren Menschen in der Welt, die Arbeiter und Bauern aber im
Vergleich zu ihnen schmutzig seien.« Das mitleidige Lächeln der
Kommilitonen stößt ihn in den Bauernstand zurück. Er wird das
nie vergessen; bis ans Ende seiner Tage wird er Intellektuelle für
weniger wert als Mist halten, »denn mit Mist kann man wenigstens noch den Acker düngen«.

Mao, der nun wieder weiß, wo er hingehört, macht jetzt das,
was man von einem Tatmenschen der Nietzscheschen Art erwartet: Während er studiert und sein Wissen erweitert, übt er sich
als Menschenfänger und Menschenführer. Er wird Mitbegrün-
der der »Studiengesellschaft Neues Volk«, eines Debattier-Clubs,
in dem er seine Ansichten darstellen und neue Tatmenschen
erwecken und für sich einnehmen kann. Hier, in Tschang Scha,
muß er sich seines heimatlichen Dialekts nicht schämen. Hier
übt er einen Rede- und Sprachstil ein, der dann, wenn er die
Grenzen seiner Provinz überschreiten wird, durch den Hunan-
Sprechrhythmus an Wirkung sogar noch gewinnen wird.

Mao spricht nicht das Mandarin-Chinesisch der Gebildeten,
sondern die klare, verständliche Umgangssprache. Aber er brüllt

nicht, sondern sagt das, was er zu sagen hat, sanft und singend – eine faszinierende Harmonie von Kraft, Weisheit und Schönheit. Es ist die unverwechselbare Mao-Sprache, diese sowohl einfache Sprache des Volkes als auch gefühlige, bildhafte Sprache eines Dichters, die seine Zuhörer immer wieder fesseln und die seine Erscheinung wohltuend abheben wird von der Unnahbarkeit und Kälte seines zukünftigen bürgerlichen Widersachers Tschiang Kai-schek.

Auf dem Lehrerseminar setzt er sich für andere ein, die sich ungerecht behandelt fühlen, hält Bildungsabendkurse für Arbeiter und Handelsgehilfen ab. Er agitiert gegen eine von der Seminarleitung erhobene Sondergebühr und entgeht nur wegen seiner brillanten Studienleistungen knapp dem Rausschmiß.

Als im Zuge der nachrevolutionären Bürgerkriege ein gebietsfremder Warlord in Hunan eindringt und auch die Lehrerausbildungsstätte von einer kleinen Einheit besetzen läßt, holt sich Mao mit einigen Getreuen in der Polizeistation Gewehre, besetzt danach einen nahen Hügel, läßt laut und eindrucksvoll durch die Gegend ballern und stürmt dann, als es dunkel ist, mit dem Ruf »Eure Division ist fort, ihr seid umzingelt, ergebt euch!« vor die Schule. Der Bluff gelingt, die Besatzer ergeben sich.

Seine Studienarbeiten werden von der Schulleitung als vorbildlich gelobt und veröffentlicht, er selbst veröffentlicht seine politischen Gedanken in Zeitschriften und findet damit Anschluß an politische Zirkel außerhalb Tschang Schas.

Im Jahr 1918 ist sein Studium zu Ende. Die Lehrerausbildungsstätte glaubt, in Mao Tse-tung einen ordentlichen Volksschullehrer und einen Meister der klassischen chinesischen Philologie gebacken zu haben. In Wirklichkeit denkt Mao Tse-tung überhaupt nicht daran, Lehrer zu werden, in Wirklichkeit ist er längst Revolutionär geworden, hat hier in dieser provinziellen Lehrerausbildungsstätte und über Inserate in Zeitschriften auf der Suche nach Gleichgesinnten bereits die halbe Staatsspitze der künftigen Volksrepublik China rekrutiert: Liu Schao-tschi, den späteren Staatspräsidenten und Hauptgegner in der Kulturrevolution, und Li Li-san, den künftigen KP-Chef.

In diesen Jahren hat er sich auch die körperliche Grundfitneß für den militärischen Teil des revolutionären Kampfes erworben, vielleicht sogar die Grundlage für sein Überleben beim Langen Marsch. Er hat nur einmal am Tag gegessen, ist in eiskalten Gewässern geschwommen, hat bei Frost im Freien übernachtet, ist barfuß durch den Schnee gelaufen. 1917 hat er dann in der Zeitschrift »Neue Jugend« einen Beitrag über körperliche Ertüchtigung veröffentlicht mit der Botschaft: »Der Hauptzweck körperlicher Ertüchtigung ist soldatisches Heldentum für das Vaterland.«

Es brodelt in der jungen Generation Chinas. Alle, vor allem die Studenten, eint der Wunsch, die Warlords zu besiegen, China zu einen, sein Denken zu modernisieren und freizumachen von den Einmischungen Japans und Europas. Mao und seine Mitstreiter wissen, daß sie eine neue Revolution machen werden, nachdem die Revolution des Sun Yat-sen auf halber Strecke steckengeblieben ist. Was Mao noch nicht weiß ist, daß er ein kommunistischer Revolutionär sein wird.

Über Marxismus hat er zwar schon Bruchstückhaftes gelesen, aber noch ist ihm Marx genauso fern wie der Erste Weltkrieg in Europa. Mit dem kann er nicht viel anfangen, und auch, was er von der Revolution in Rußland zu halten hat, weiß er nicht. Sein Pech ist, daß er keine Fremdsprache beherrscht und erst einmal abwarten muß, bis die Analysen dieser Ereignisse ins Chinesische übersetzt sind und dann auch noch die Provinz erreichen.

So muß er sich – er ist nun 25 Jahre alt – die letzte geistige Fitneß in der Hauptstadt holen. Er folgt seinem Ethiklehrer in Tschang Scha, Herrn Yang Tschiang-tschi, der als Professor an die Universität Peking berufen worden ist. Professor Yang hat in England und Deutschland studiert, ist ein Sucher nach einer geistigen Grundlage für ein neues China. Ein Kollege Yangs, Professor Li Ta-tschao, verschafft Mao, der in Peking nicht zum Studium zugelassen ist, ein bescheidenes Einkommen als Hilfsbibliothekar der Universität.

Nun liest er sich bei den russischen Anarchisten Bakunin, Tolstoj und Kropotkin ein, wird von chinesischen Sozialisten, die aus dem japanischen Exil heimgekehrt und glühende Anhänger der westlichen Moderne geworden sind, darüber aufgeklärt, was Kommunismus, Lenin und Marx für die Zukunft der Welt bedeuten.

Er lernt in Peking auch zwei neue Gefährten, Tschou En-lai und Deng Hsiao-ping, kennen. Der eine wird später sein Ministerpräsident und getreuer Palatin, der andere sein Feind, danach sein Nachfolger als eigentlicher Machthaber Chinas.

Es ist interessant, daß Mao später wichtige Positionen fast ausschließlich mit Leuten besetzt, die er in seiner noch vollkommen unbedeutenden Jugend gekannt hat. Er wird wenig Gebrauch machen von dem gigantischen Reservoir an guten Köpfen im Riesenreich China und damit höchstpersönlich auf das Personalangebot verzichten, das er und seine Generation sich von der Entfesselung der durch den Konfuzianismus gefangenen Talente Chinas erhofft hatten.

Es handelt sich bei seiner Art von Spezl-Wirtschaft aber keineswegs um besondere Freundschaftsdienste oder Vertrauensbeweise. Mao mißtraut allen im allgemeinen und jedem einzelnen im besonderen. Er wird ein Leben lang auch Liu Schao-tschi, Li Li-san, Deng Hsiao-ping und sogar seinem ihm hündisch ergebenen Tschou En-lai tief mißtrauen. Aber sie sind die ältesten Gefährten, die er kennt. Er kann sie besser berechnen als Leute, die er weniger lang kennt.

Noch aber spielt Mao Tse-tung in diesem Kreis, so klein und unbedeutend er in seiner Außenwirkung ohnehin ist, auch intern nur eine Nebenrolle. Die Rolle des interessanten, aber ideologisch noch unbedarften Novizen aus der Provinz. Doch der Novize hat seinen Lehrern eines voraus: Er ist, anders als sie, kein Abschreiber europäischer oder russischer Vorlagen. Er ist, anders als die Intellektuellen, kein Verächter der chinesischen Traditionen. Er ist kein vom Auslandsstudium heimgekehrter Marxist, der glaubt, daß alles Alte wie der Mandschu-Zopf abgeschnitten und durch westliches Denken, westliche Technik ersetzt werden muß.

Mao ist noch immer ein Mensch vom Land; in seinem Bewußtsein oder im Unbewußten ist fest eingespeichert, daß man Bäumen, die veredelt werden sollen, nicht die Wurzeln abschneiden darf. Es genügt, den Ästen des alten chinesischen Baumes ein paar Weisheiten aus dem Westen aufzupfropfen, aber nur solche Weisheiten, die China etwas nützen.

Es ist nicht eindeutig klar, weshalb er Peking schon nach einem halben Jahr wieder verläßt und nach Tschang Scha zurückkehrt, mitten in der entscheidenden Lernphase, in der er die noch nicht ausgegorenen Teile seiner Gedankenwelt zu einem geschlossenen Bild fügen wollte. Es scheint, daß er durch ein schönes Mädchen ins Schleudern geraten ist, durch die Tochter seines verehrten Professors Yang.

Yang Kai-hui ist acht Jahre jünger als er. Wie Mao ist sie vom Feuer der Revolution beseelt. Sie studiert Publizistik, ist eine der ersten, im westlichen Sinne hochgebildeten Frauen in China. Eine zierliche Gestalt, ein rundes Gesicht wie Maos Mutter, und ein auffallend heller Teint.

Natürlich denkt man im Hause Yang grundsätzlich in modernen Kategorien, auch in den Beziehungen zwischen Mann und Frau. Aber wenn es um die eigene Familie geht, hält man sich offensichtlich auch in diesem fortschrittlichen Haus eher an die Konvention. Jedenfalls sieht sich Mao genötigt, seine Pekinger Studien und Kontakte abzubrechen. Er begleitet Freunde nach Schanghai, die sich dort für einen Arbeits- und Studienaufenthalt in Europa einschiffen, besucht das Grab des Konfuzius und andere große Stätten der chinesischen Geschichte. Dann kehrt er nach Tschang Scha zurück, um dort eine Stelle als Lehrer anzutreten. Möglicherweise geht es ihm jetzt um den Nachweis, eine Ehefrau ernähren zu können und sich damit eine Grundlage zu schaffen für eine offizielle Werbung um Fräulein Yang.

Der Volksschullehrer-Job aber ist für ihn nur ein Brotberuf. In der Hauptsache strickt er in Tschang Scha weiter an einem revolutionären Netzwerk, wird als politischer Journalist weit über Hunan hinaus bekannt, obwohl die Zeitungen, in denen er schreibt, fast so schnell beschlagnahmt wie gegründet werden. Doch die verbotenen Zeitungen erscheinen unter veränderten Titeln immer wieder aufs neue. Den Artikel, der ihm die größte Breitenwirkung beschert und ihn in ganz China bekannt macht, kann man auch als eine letzte Klage über die lebenslange Unterdrückung seiner vor kurzem in Schao Schan gestorbenen Mutter lesen oder als eine Liebeserklärung an Fräulein Yang in Peking und auch als Mahnung an Professor Yang, das ethische Problem um das Herz seiner Tochter neu zu überdenken.

In dem Artikel greift Mao den Selbstmord eines Fräulein Chao auf. Dieses junge Mädchen hat sich in Tschang Scha an ihrem Hochzeitstag, auf dem Weg zu ihrem Bräutigam, in der Brautsänfte mit einem Rasiermesser die Kehle durchgeschnitten. Mao verbindet den Bericht über diesen schaurigen Tod mit einer Anklage der noch immer herrschenden Gesellschaftsordnung: »Das Ereignis von gestern war bedeutsam. Es geschah aufgrund des schändlichen Systems der Zwangsheiraten, aufgrund der Unaufgeklärtheit der Gesellschaft, der Unterdrückung des individuellen Willens, der fehlenden Freiheit bei der Gattenwahl. Fräulein Chaos Brautsänfte war ein Sträflingskarren.«

Es folgte eine achtteilige Serie, in der er die Übel aufzeigt und geißelt, mit denen die traditionelle Ordnung Chinas den Alltag der Menschen zur Hölle macht; im persönlichen Leben eines jeden einzelnen ebenso wie in der Familie, wie in der Arbeitswelt, wie im Staat. Zum Schluß sein Aufruf zum revolutionären Kampf: Wer sich, wie Fräulein Chao, selbst töte, lehne sich nicht gegen die korrupte alte Gesellschaft auf; vielmehr bestätige er damit die todgeweihte Ordnung und passe sich ihr an. Es sei viel besser, im Kampf getötet zu werden, als sich selbst das Leben zu nehmen.

Er selbst nimmt sich zunächst wieder eine Fahrkarte nach Peking. Das Leben in Tschang Scha ist ihm inzwischen zu gefährlich geworden, denn der regionale Gouverneur, ein Warlord, ist hinter ihm her. Außerdem gibt es in der Hauptstadt das schöne, blasse Fräulein Yang.

Wir sind im Jahr 1920. Mao Tse-tung wohnt in Peking in einem verlassenen Tempel tibetischer Lamas, studiert im Schein einer Öllampe den nun endlich in chinesischer Sprache erschienenen Karl Marx, betreibt unter den strengen Augen vergoldeter Götterstatuen mit einem Vervielfältigungsgerät seine »Nachrichtenagentur des einfachen Volkes«.

Einen Monat nach seiner Rückkehr nach Peking stirbt Professor Yang, und Mao zieht in dessen Haus ein, genaugenommen in das Schlafzimmer von Yangs Tochter Kai-hui. Daß die beiden ohne Heirat und festes Einkommen zusammengezogen sind, ist in dieser Zeit eine gesellschaftliche Kühnheit, die Yang, der Ethik-Professor, sicher nicht geduldet hätte. Aber Fräulein

Yang ist nicht Fräulein Chao. Sie ist Revolutionärin, will nach ihren eigenen Regeln leben und mit Mao eine Ehe auf Probe beginnen. Schon bald ist sie schwanger.

Yang Kai-hui und ihre Mutter wollen in ihre Heimatstadt Tschang Schao zurückkehren. Auch Mao zieht es dorthin, nachdem es jetzt in Hunan einen neuen Machthaber gibt. Mao und seine Geliebte halten die traditionell unruhige und politisch immer etwas avantgardistische Provinz Hunan für einen idealen Sauerteig im revolutionären Gärungsprozeß, möglicherweise auch über den Umweg einer vorübergehenden Loslösung einer Räterepublik Hunan vom Reich.

Die beiden Frauen reisen voraus, erkunden die Lage. Mao, für den es dort vielleicht doch noch zu gefährlich sein könnte, nutzt die Zwischenzeit, um sich in Schanghai, dem Zentrum der kommunistischen Bewegung Chinas, mit den dortigen Marxisten auszutauschen und kommt gerade recht zur Gründung eines »Sozialistischen Jugendverbandes«, der Vorläufer-Organisation der Kommunistischen Partei Chinas. In dieser Versammlung führen die Intellektuellen das große Wort beim Herbeireden der Macht der Arbeiterklasse. Der einzige, der sich auf dieser Versammlung Arbeiter nennen könnte, ist Mao Tse-tung, denn der schlägt sich in Schanghai gerade als Kuli einer Wäscherei durchs Leben.

Mao wird beauftragt, in Hunan eine regionale Parteizelle zu gründen. Dort ist inzwischen die Lage für ihn sicher. Alte Förderer und Gesinnungsgenossen schanzen ihm das Amt des Direktors der Volksschulabteilung seiner alten Lehrer-Ausbildungsstätte zu. Sofort gründet Mao eine »Studiengruppe Rußland«, bildet marxistische Arbeitsgruppen, Gewerkschaften für eine ganze Reihe von Berufen, gründet Buchgemeinschaften und kommunistische Bildungsstätten.

Die Parteikarriere des Kommunisten Mao hat begonnen. Allerdings hat er Zweifel, ob er wirklich Kommunist im Sinne seiner intellektuellen Genossen ist. Mit den Begriffen der aus dem hochindustrialisierten Europa heimgekehrten und dort geprägten Marxisten kann er nicht viel anfangen.

Diktatur der Arbeiterklasse?

Die Arbeiter im Westen arbeiten meist in der Großindustrie,

sitzen mitten in den Nervenzentren ihrer Volkswirtschaften, haben damit eine starke Waffe im Kampf um politische Macht. Denn ohne sie geht in den Industriestaaten nichts. Wo aber gibt es in China eine Großindustrie? Doch nur in Schanghai. Und wo eine Arbeiterklasse? Auch nur in Schanghai. Nur zwei Millionen von 400 Millionen Chinesen sind Industriearbeiter. Ein halbes Prozent. Kulis gibt es überall im Land. Kulis wie er einer war in den Wochen in Schanghai, als er für die europäischen Taipans Wäsche wusch, bügelte und zu den Kunden zurückbrachte. Ein Kuli in einer Wäscherei, der streikt, verliert nur seinen Job und gewinnt nichts. Denn er hat keine Macht, ist isoliert wie all die anderen Kulis der kleinen Geschäftsleute.

Macht von unten, die könnte in China nur über die Bauern kommen. Von der Arbeit der Bauern, von ihren Abgaben leben in China alle: Die Beamten, die Soldaten, die Geschäftemacher auf dem Land, wie sein Vater einer ist, die Handwerker und Händler in den Städten und die Handelskontore der Europäer. Was aber können Chinas Bauern mit den kommunistischen Ideen verbinden?

Hier, genau hier, entdeckt Mao, bewußt oder instinktiv, die Zusammenhänge, die ihn dazu bewegen, seine nationale chinesische Gesellschaftsrevolution mit Hilfe der internationalistischen Kommunisten zu machen: China hat seit jeher eine tribalistische, keine individualistische Gesellschaftskultur. Es denkt in Stammes-, Sippen- und Gemeinschaftskategorien. Der einzelne Chinese definierte sich nicht als freies Einzelwesen, sondern als Glied in der Kette, als Verantwortung tragendes Mitglied einer Gemeinschaft. Nichts darf er tun, was die Harmonie der Familie, der Sippe, des Gemeinwesens stört.

Mao erkennt, daß es darauf ankommen wird, den Bauern klarzumachen, daß die Kommune nichts anderes ist als die ersehnte große, harmonische Gemeinschaft. Nur daß sich die kommunistische Gemeinschaft von der alten konfuzianischen Gesellschaft dadurch unterscheidet, daß alle Menschen die gleichen Rechte und Pflichten und das gleiche Ansehen haben; daß die Bauern nicht mehr die unterste und ewig betrogene Klasse ist, auf deren Rücken sich andere Stände ein schönes, faules Schmarotzerleben gestalten. Und daß im Dienste der neuen Gemeinschaft jeder einzelne Mensch seine persönlichen Fähigkeiten entfalten kann, ohne von Klassenschranken und althergebrachten Konventionen behindert zu werden.

Nun hat Mao den Punkt gefunden, der die Wellen des Sees glätten wird, so daß er und der Berg sich darin spiegeln werden: Das Tao der Bauern, das Tao des traditionellen chinesischen Harmoniestrebens, das Tao des Marxismus und das Tao des modernen Tatmenschen passen zusammen. Er braucht nichts anderes zu tun, als abzuwarten und diesen Prozeß immer dann zu fördern, sobald sich Gelegenheiten dazu ergeben; den Rest wird die natürliche Entwicklung besorgen, denn diese vier Taos sind Funktionen des großen kosmischen Taos, werden unter dem Druck der Umstände dem Punkt ihrer Übereinstimmung entgegengetrieben.

Eine große innere Gelassenheit erfaßt nun Mao. Er heiratet Kai-hui, ist viel unterwegs, überzieht Hunan mit einem Netz gewerkschaftlicher, kommunistischer, revolutionärer Gruppen, verpachtet nach dem Tod des Vaters die Äcker und Felder in Schao Schan, bindet seine beiden jüngeren Brüder und seine Adoptivschwester in seine Arbeit für die Kommunistische Partei ein. Seine Frau unterrichtet in einer von ihm gegründeten »Studiengesellschaft Neues Volk«. Dann wird er Vater; sein Sohn trägt den Namen Mao An-tsching.

Die Sicherheit des Kindes bedingt häufig eine räumliche Trennung des Ehepaares Mao. Sie muß für den Sohn sorgen, kann ihren Mann nicht begleiten, wenn der mal wieder in den Untergrund verschwinden muß. Denn Mao tut und schreibt viel, was die Machthaber stört. Kai-hui wird ein zweites Mal schwanger. Wieder ein Sohn. Dann entfremdet sich das Paar. Kai-hui arbeitet selbst für die Revolution, zeitweise auch in Schanghai, aber sie arbeitet nicht mehr zusammen mit Mao.

Seine Vorstellung von der richtigen Strategie im Kampf um die Macht unterscheidet sich von den Vorstellungen der Parteizentrale in Schanghai, denn diese glaubt nicht an die Bauern, hält die Landbevölkerung für unpolitisch, dumm und konservativ, will die Revolution von den Städten ausgehen lassen und dort von den Arbeitern. Mao wartet auf seine Stunde, erfüllt inzwischen als treuer Parteisoldat seine Aufträge: Zusammen mit Liu Schao-tschi organisiert er einen Bergarbeiterstreik, leitet den Gewerkschaftsbund, arbeitet zwischendurch in der Schanghaier Zentrale als Leiter des Organisationsbüros, steigt ins Zentralkomitee auf.

Er koordiniert die Zusammenarbeit mit der Kuomintang, die sich noch immer als Dachorganisation der Revolution Sun Yat-sens versteht, aber nur ein Honoratioren-Club ohne Basis und damit ohne Macht in den Provinzen ist. Nun will die Kuomintang eine Volkspartei werden. Stalin ordnet an, daß alle Kommunisten Chinas Mitglieder in Sun Yat-sens erneuerter Partei werden müssen. Er hofft, daß die KP Chinas auf diese Weise an die Schalthebel der Macht vordringen kann, auch wenn es zu dieser Zeit in ganz China erst 400 organisierte Kommunisten gibt.

Mao nimmt seine Mitarbeit in der Kuomintang ernst. Ihm kommt es ja vor allem auf die nationale Erneuerung an, nicht auf den Sieg des Kommunismus – und damit macht er sich in seiner Partei, die Stalins Diktat – wenn auch zähneknirschend – letzten Endes doch folgt, verdächtig. Außerdem ist er seinen Genossen durch seinen Lebenswandel ein Dorn im Auge: Besitzer eines verpachteten Landgutes, ein schönes Haus in Tschang Scha mit einer vermögenden Schwiegermutter darin, eine Kuomintang-Dienstvilla in Wuhan. Im Jahr 1925 verliert er seinen Platz im Zentralkomitee – zum ersten, aber nicht letzten Mal hat die Partei ihn entmachtet.

Mao zieht sich mit seiner Familie in seinen Heimatort Schao Schan zurück, denkt nach, studiert die Situation der Bauern. Bei ihnen brodelt es. Von den Warlords und deren Geschäften mit den Europäern an der Küste ausgepreßt, sind sie wirtschaftlich am Ende. In Hunan brechen Bauernunruhen an.

Doch die KP-Führung in Schanghai bleibt davon unbeeindruckt: Bauern hat es in China immer gegeben, sie haben oft genug rebelliert, aber nie die Macht erringen können. Mao aber will Einfluß auf die Bauernunruhen gewinnen. Es gelingt ihm, denn jenseits seines Dorfes fühlt sich auch ein rebellierender Bauer unsicher und wünscht sich nichts sehnlicher als einen gebildeten Anführer. Mao zieht bald an den Strippen dieser Landrevolte, muß dann aber vor den Häschern des Provinzgouverneurs nach Kanton fliehen.

Dort legt er sich noch einmal als Propagandachef der Kuomintang ins Zeug, kämpft jedoch auf verlorenem Posten. Die Wege der Kuomintang und der Kommunisten trennen sich. Mao wird wieder in die Parteispitze aufgenommen, darf nun sogar eine Bauernabteilung der KP Chinas aufbauen.

Dann aber bricht der Sturm los: Sun Yat-sens Nachfolger Tschiang Kai-schek ist ein Rechter, er macht mit der Armee Jagd auf Kommunisten, die es inzwischen auf 60 000 Parteimitglieder gebracht haben. Viele Genossen werden getötet. In Schanghai, der Hochburg der Kommunistischen Partei Chinas, veranstaltet die Kuomintang ein Massaker unter den Linken, dem Maos neuer Palatin, der Großgrundbesitzersohn Tschou En-lai, nur mit knapper Not entkommt.

Dieses Blutbad ist auch das Zeichen für die Warlords. Sie verfolgen nun alles, was sie gestört hat in den letzten Jahren. Etwa 30 000 Menschen werden in Hunan umgebracht, der unruhigsten Provinz Chinas.

Die Grausamkeiten der Soldateska sind so bestürzend, daß Mao keine Probleme hat, blitzschnell eine kleine Bauernarmee aufzustellen für den »Herbsternte-Aufstand« von 1927. Die Partei, kaum noch funktionsfähig, hat auf Befehl Moskaus den bewaffneten Aufstand in den Städten angeordnet. Stalin will es so; er will durch spektakuläre Unruhen vorführen, daß die Weltrevolution auch ohne Trotzki vorankommt. Damit schickt er in China Zehntausende von Genossen in den Tod. Denn sie sind noch lange nicht reif für einen Krieg gegen Tschiang Kaischeks gut ausgerüstete Berufssoldaten-Armee. Auch Mao hat mit seinem Herbsternte-Aufstand in Hunan keine Chance, wird selbst gefangengenommen, kann unmittelbar vor seiner Hinrichtung flüchten und zu seiner kleinen Rebellenarmee zurückkehren. Er weigert sich aber, den aussichtslosen Kampf um Tschang Scha fortzusetzen, wird deshalb erneut von der Partei entmachtet.

Nun hat er genug. Er wird der Partei nicht mehr nachlaufen. Er geht mit tausend Überlebenden seiner Streitmacht in die Tsching-Kang-Berge. Von dort aus wird er die Rebellion fortsetzen, aber nicht mehr in offener Schlacht. Er wird plötzlich irgendwo auftauchen und dann schnell wieder verschwinden, wie einst die sagenhaften Räuber vom Liang-Schan-Moor. In den Tschiang-Kang-Bergen gibt es bereits einige Räuberbanden. Sie rekrutieren sich aus Bauern, die von Großgrundbesitzern und Warlords so gründlich ausgeplündert worden waren, daß ihnen nichts anderes übrig blieb, als sich durch Raubzüge zu ernähren. Sie schließen sich Mao an. Das ist der Anfang der Roten Armee in China.

Es kommen immer neue Männer dazu, denn Mao fängt in seinem neuen Einflußgebiet an, Großgrundbesitzer zu enteignen, deren Land unter besitzlosen Bauern aufzuteilen, die ihren neuen Besitz nun wiederum verteidigen müssen und deshalb sich und ihre Söhne in Maos Rote Armee eingliedern. Die Besitzer mittlerer Höfe läßt Mao in Ruhe, erhebt nur Steuern von ihnen. Von diesen Steuereinnahmen kann er bei den Bauern Lebensmittel für seine Soldaten kaufen. Eine perfekte kleine Infrastruktur mit großer Wachstumsdynamik.

Seine Armee wird gleichzeitig eine Art Volkshochschule, in der seine Soldaten und die Dörfler das Lesen und Schreiben lernen und politisch indoktriniert werden. Wenn Erntezeit ist, dann helfen die Soldaten den Bauern bei der Arbeit. So verwandelt sich der Durchzug eines Heeres, was jahrhundertelang dem Kahlfraß durch einen Heuschreckenschwarm gleichkam, in einen erfolgreichen Propaganda-Feldzug für die kommunistische Idee. Ziel ist, sagt Mao, eine Armee, die sich im Volk wie der Fisch im Wasser fühlt.

In Maos Armee dürfen die Offiziere ihre Soldaten nicht mehr schlagen. Sie müssen sich regelmäßig, nach jedem Gefecht, der Kritik ihrer Soldaten stellen und werden, wenn ihnen ihre Untergebenen gewichtige Fehlentscheidungen nachweisen können, degradiert. Eine solche Armee, in der jeder einzelne Soldat etwas gilt und nicht nur als wertloses Kanonenfutter betrachtet wird, muß über kurz oder lang auch Zulauf durch Deserteure aus der Armee Tschiang Kai-scheks bekommen.

Zunächst aber stößt die Restarmee des früheren KP-Führers Tschu Teh zu Mao, mit seinem Offizier Lin Piao, dem späteren Anführer der Roten Garde in der Kulturrevolution, und Tschen Yi, dem späteren Außenminister der Volksrepublik China. Diese Parteitruppe war in Südchina vergebens gegen Tschiang Kai-schek angerannt, hat eine Serie von Niederlagen hinter sich, ist aber wegen Tschus geschickter Führung einigermaßen intakt geblieben.

Die beiden Männer verbinden sich nun zu einer erfolgreichen Arbeitsteilung. Tschu bewundert Mao als weitsichtigen politischen Denker und Strategen. Mao erkennt, daß Tschu der fähigere Kommandeur ist. Mao sagt, was gemacht wird. Tschu sagt, wie es gemacht wird.

Nach wechselnden Vorstößen und Rückzügen kontrolliert Mao im Jahr 1929 ein ausgedehntes Revier im Osten der Provinz Kiangsi, erklärt es zum »Sowjetgebiet«.

Sein Führer in Schanghai, Li Li-san, befiehlt nun erneut den Angriff auf die Städte. Mao warnt davor, hält seine Streitmacht noch nicht stark genug für einen Krieg dieser Art, aber er muß sich fügen, wenn er seine Soldaten nicht in Loyalitätskonflikte stürzen will. Tschang Scha wird diesmal zwar erobert, kann aber nicht gehalten werden. Ziemlich ramponiert zieht sich Maos Streitmacht in ihr Sowjetgebiet zurück. Der Angriffsbefehl aus Schanghai war vermessen, hat zu viele gute Männer das Leben gekostet. Mit Mühe unterdrückt Mao eine Meuterei.

Auch er selbst hat Opfer in seiner Familie zu beweinen. Seine Adoptivschwester Tse-hung ist als Kurierin der Partei einem Agenten der Kuomintang zum Opfer gefallen, ist von ihm getötet worden. In Maos Heimatort Schao Schan konfiszieren die Nationalisten sein Landgut, schänden die Gräber seiner Ahnen. Seine beiden Söhne können gerettet werden, aber seine Frau Kai-hui wird von Tschiang Kai-scheks Soldaten verhaftet, gefoltert und hingerichtet.

27 Jahre und zwei Ehen später, nach seinem endgültigen Sieg im Bürgerkrieg, wird er Yang Kai-hui und einem ebenfalls 1930 in Tschang Scha von den Nationalisten hingerichteten Freund namens Liu ein Gedicht widmen und es Lius Witwe, einer engen früheren Freundin von Yang Kai-hui, vortragen:

»Verlor ich meine stolze Yang, verlorst du deinen Liu,
Pappel und Weide fliegen leicht dem Himmel der Himmel
   entgegen.
Wu Kang, gefragt, was er anzubieten habe,
Bringt ihnen entgegen Zimtblütenwein.

Die einsame Göttin im Mond breitet ihre weiten Ärmel aus,
Um am endlosen Himmel für diese gläubigen Seelen zu
tanzen.
Plötzlich kommt Nachricht von der Niederlage des Tigers
auf Erden.
Und sie brechen in Tränen eines Wolkenbruchregens aus.«
Zum Verständnis: Pappel und Weide sind die Bedeutungen der
Namen Yang und Liu. Wu Kang ist ein chinesischer Sisyphos,
der auf der Suche nach seiner Unsterblichkeit wegen seiner Ver-
messenheit dazu verurteilt worden ist, bei Mondschein einen
Zimtbaum zu fällen, wobei jedesmal, wenn seine Axt getroffen
hat, der Baum erneut zusammenwächst. Der Tiger ist Tschiang
Kai-schek.

Das Gedicht wird ein sentimentaler Blick zurück in eine Zeit
sein, als ihnen der Kampf noch das Allerheiligste war.

Der Kampf und die beiden Söhne sind aber auch das einzige,
was im Jahr 1930 Mao und Yang noch verbunden hat. Denn gesehen haben sie sich schon seit 1927 nicht mehr. Yang war wegen
der Kinder nicht mitgegangen in die Berge. Und Mao, der ohne
die Nähe eines Weibes nicht mehr leben mag, ist bereits seit 1928
mit einer anderen Frau zusammen. Mit einem Mädchen, das wilder, leidenschaftlicher ist als die beherrschte, intellektuelle, aus
dem wohlhabenden Bürgertum stammende Yang Kai-hui.

Die neue Frau heißt Ho Tsu-tschen, hat mit 18 Jahren die Ober-
schule verlassen, um der Revolution zu dienen. Sie ist Tochter
eines fortschrittsgläubigen kleinen Gutsbesitzers, der eine Buch-
handlung mit linker Literatur betreibt. Mao lernte sie als
Sekretärin einer Ortsgruppe des Kommunistischen Jugendverbandes in Nanking kennen. Die beiden aßen abends zusammen
Hühnchen. Ein paar Tage später arbeitete sie in seinem Büro, über-
nachtete bei ihm, und am Morgen danach sagte Mao seinen grin-
senden Genossen: »Genossin Ho und ich haben uns verliebt.«

Mao ist jetzt 35 Jahre alt und damit besonders empfänglich
geworden für den frischen Reiz der Jugend. Fräulein Ho ist ein
sehr lebhaftes Mädchen, dessen Schwung ihn neu belebt. Anders
als Yang Kai-hui, die schon längst auch alle Schwächen ihres
Mannes entdeckt hat, streichelt Ho Tsu-tschen sein Ego noch
mit bewundernden Blicken.

Er kann seine närrische Verliebtheit so wenig verstecken, daß seine Armee bald ein Spottlied auf ihn singt:

»Kommandeur Tschu hat alle Hände voll zu tun,
Reis durch die Schützengräben zu tragen.
Kommandeur Mao hat alle Hände voll zu tun mit der Liebe.«

Offensichtlich tut er nicht genug, denn Ho scheint unzufrieden mit ihm zu sein. Das geht aus einem Gedicht Maos hervor, in dem er sich in ihre Lage versetzt:

»Ich bin gerade achtzehn Jahr', mein Haar ist noch nicht weiß.
Abgeschieden sitze ich auf dem Tsching-Kang-Berg, das Alter
  erwartend.
Ein Bote kommt an die Tür und sagt: Kommandeur Mao ist
  in einer Sitzung.
Ich habe nur mein Kissen gegen den einsamen Schatten.
Mein Grasbett wird kalt im Verlauf der Nacht.
Ich hätte einen eleganten Mann heiraten sollen und mich
  der Stunden erfreuen.«

Ho bringt in dieser Zeit dennoch zwei Kinder zur Welt, aber die Nachtsitzungen Maos und Tschus häufen sich, seit Mao eine »Sowjetprovinzregierung Kiangsi« eingesetzt hat. China ist ein Flickenteppich verschiedener Einflußgebiete und Warlordschaften; die größte Expansionskraft entwickeln die Kuomintang des Tschiang Kai-schek und die Kommunisten. Es gibt auch noch ein paar andere Sowjetgebiete in China, aber Maos ist das größte.

Die Mao-Tschu-Armee ist nun die mächtigste Waffe der Kommunistischen Partei. Mao darf in der Partei wieder einmal ein Comeback feiern. Doch dann zieht die Parteiführung von Schanghai um in sein Sowjetgebiet. Auch Tschiang Kai-schek rückt ihm auf den Pelz. Nachdem vier Einkreisungsversuche der Kuomintang-Truppen abgebrochen werden müssen, die vierte wegen des Einmarsches der Japaner in der Mandschurei, wird es beim fünften äußerst kritisch.

Die Parteiführung entmachtet Mao wieder einmal. Sie ist auf Halten und Erweitern eines einmal besetzten Territoriums aus, Mao aber will seine Männer gegen die hochgerüstete Armee der Kuomintang nicht überfordern; er sieht in seiner Streitmacht mehr einen Wanderzirkus, der mal hier, mal dort sein Sowjetgebiet errichtet, je nachdem, wie sich die politischen und militärischen Zwänge und Möglichkeiten gerade gestalten. Doch Mao kann nicht streiten; eine Malaria und ein Darmleiden machen ihn so gut wie wehrlos. Er wird von der Parteiführung unter Hausarrest gestellt. Sein bisheriger Partner Tschu fügt sich. Das Sagen hat nun eine Gruppe von 28 jungen, in der Sowjetunion ausgebildeten Apparatschiks, die alles besser wissen, sowie der deutsche Kommunist Otto Braun. Den hat die Komintern in Moskau als militärischen Berater geschickt. Auch auf Tschiang Kai-scheks Seite zieht ein Deutscher an den Strippen: General Alexander von Falkenhausen.

Otto Braun rückt ab von Maos flexibler Guerillataktik. Sie scheint ihm und den 28 Apparatschiks nicht ehrenvoll genug für aufrechte Kommunisten zu sein. Sie wollen keine mobile Räuberbande führen, sondern verordnen den Stellungskrieg. Das klappt zunächst nicht einmal schlecht, aber der Kreis, den Tschiang Kai-schek und Falkenhausen um die Sowjetrepublik Kiangsi legen, wird immer enger.

Als sich die Niederlage abzeichnet, wird Mao wieder in den Militärausschuß zurückberufen. Er sagt, sie hätten jetzt nur noch eine Chance: Die hunderttausend Männer und Frauen der Roten Armee müßten den Belagerungsring durchbrechen und sich auf einen Rückzug begeben, von dem noch keiner wissen könne, wohin er führen wird.

Die Partei verfügt, daß nur Kinder, die alt und kräftig genug zum Marschieren sind, mitgenommen werden dürfen. Mao und Ho Tsu-tschen vertrauen ihre beiden Buben Bauernfamilien an. Sie werden sie nie mehr wiedersehen. Und sie werden auch die Männer nicht wiedersehen, die zurückbleiben und sich aufopfern müssen, um Tschiang Kai-schek so lange wie möglich an der Verfolgung der Ausbrecher zu hindern. Es ist sicher kein Zufall, daß für diesen Opfergang die Kernmannschaft von Maos Bauernarmee ausgesucht wird.

So beginnt am 16. Oktober 1934 der Lange Marsch, ein militärlogistisch einmaliges Ereignis, vergleichbar allenfalls mit Hannibals Feldzug gegen Rom.

Der Ausbruch gelingt. Man sucht zunächst den Weg nach Nordwesten, zu anderen Sowjetgebieten. Tschiang Kai-schek durchschaut den Plan, blockt ab, zieht die Fähren über den Strom Jangtsekiang aufs Nordufer zurück.

Die Rote Armee teilt sich in verschiedene Marschkolonnen auf, blufft, lockt Tschiang Kai-schek auf falsche Fährten, schafft mit einer Reihe genialer Finten, unmenschlich harter Eilmärsche und mit plötzlichen Überrumpelungsangriffen den Übergang über 24 Flüsse und 18 Bergpässe. Man bewegt sich immer weiter nach Westen und dann nach Norden, immer auf der Suche nach unwegsamem Gelände, in dem Tschiang Kai-schek seine personelle und technische Übermacht nicht ausspielen kann.

Es ist ein endloser Rückzug über 12 000 Kilometer und doch zugleich ein Triumphmarsch der chinesischen Kommunisten. Denn um diese Armee unterwegs zu ernähren und die Lücken mit neuen Freiwilligen zu schließen – von den 100 000 in Kiangsi aufgebrochenen Männern und Frauen sollten nur 8 000 im sicheren Nordwesten ankommen –, muß auf die in den Tschiang-Kang-Bergen erprobten Methoden Maos zurückgegriffen werden:

Wohin die Armee auch kommt, werden Großgrundbesitzer beraubt und enteignet, wird deren Land an Besitzlose und Kleinbauern aufgeteilt. Mittelgroße Grundbesitzer werden besteuert und zu Pachtsenkungen gezwungen. Auf diese Weise kommt die Armee zu Einnahmen und kann es sich leisten, ihren Lebensmittelbedarf bei den Bauern zu kaufen und nicht, wie es bei Tschiang Kai-schek üblich ist, zu rauben. Wohin Maos Volksbefreiungsarmee auch kommt, wird sie von den Bauern jubelnd begrüßt, lassen sich junge Männer anwerben.

Es ist Mao, der aus einem bitteren Rückzug einen perfekten Propagandafeldzug macht – und die Partei erkennt nun endlich, daß die Revolution auf diesem Weg, über die Bauern tatsächlich gelingen könnte. Auf einer Marschpause wird Mao zum Vorsitzenden des Politbüros und damit zum Parteichef gewählt.

In den Lößhöhlen Nordwestchinas findet der Lange Marsch im Oktober 1935 ein Ende. Tschiang Kai-schek kann Maos Volksbefreiungsarmee nicht mehr folgen. Der Versuch der Kuomintang, eine mandschurische Exilarmee gegen die Kommunisten in Marsch zu setzen, endet mit der Festsetzung Tschiang

Kai-scheks durch den General dieser mandschurischen Asylanten-Armee. Denn der will mit seinen Leuten lieber gemeinsam mit den Kommunisten gegen die japanischen Besatzer seiner Heimat Mandschurei kämpfen als gegen Mao. Auf Druck Stalins und gegen Tschiang Kai-scheks Versprechen, die Feindseligkeiten gegen die Kommunisten einzustellen und mit ihnen gemeinsam dem Schutz Chinas gegen Japan die Priorität einzuräumen, wird Tschiang Kai-schek freigelassen.

Ein großer Prestigegewinn für Mao im Volk, den er bei rechten Patrioten noch steigern kann, als sich ab Sommer 1937, nach der Besetzung des gesamten östlichen Teils Chinas durch Japan, zeigt, daß die Kommunisten tapferer, kühner und wirksamer gegen Japan vorgehen als die Kuomintang. In seiner Lößhöhle in Yünan organisiert Mao den Kampf gegen die Besatzer nach den Regeln des Go-Spiels: Seine Guerillas besetzen die Räume zwischen den japanischen Stützpunkten, stören die Verbindungslinien des Gegners, verbinden die eigenen Stellungen zu Ketten, die allmählich die japanischen Stützpunkte fesseln und aushöhlen.

Maos Soldaten mobilisieren beim Tunnelbau, beim Anlegen von Verstecken, bei der Nachrichten- und Nachschubbeschaffung, beim Ausdenken von Finten und Fallen den Erfindungsgeist und den Stolz der Dörfler. Sie setzen, während sich die Japaner noch immer für die Herrscher über China halten, unter den Augen der Besatzer eine Bodenreform durch. Diesmal aber werden auch die Großgrundbesitzer mit einbezogen. Sie werden nicht enteignet, nicht erschossen. Man braucht im Krieg ihre Mitarbeit, ihre Steuern, ihren Patriotismus, ihre Loyalität, vor allem ihr Know-how.

Mao wird zwar die Japaner nicht aus eigener Kraft aus China vertreiben können, muß auf die amerikanischen Atombomben auf Hiroshima und Nagasaki warten, aber er kann die Kräfte der Japaner in erheblichem Maße binden und neutralisieren.

Es sind trotz der Fortschritte seiner Revolution, trotz des Krieges gegen Japan alles in allem geruhsame Jahre in Yünnan für Mao. Er hat eine neue Liebe gefunden. Tschiang Tsching, eine Schauspielerin aus Schanghai und glühende Kommunistin, ist in den Nordosten gekommen. Ihr Ruf ist nicht der beste; sie soll ihren Aufstieg als Künstlerin und ihren Zugang zu den Spitzengenossen mit viel Körpereinsatz geschafft haben. Aber Mao ist entzückt und schreibt wieder einmal ein Gedicht, diesmal mit dem Titel »Unendliche Schönheit beherrscht den gefährlichen Gipfel«.

In Tschiang Tsching findet er all das wieder, was Ho Tsutschen auf dem Langen Marsch verloren hat. Das unbekannte Schicksal ihrer in Kiangsi zurückgelassenen beiden Kinder und die zwanzig Schrapnellsplitter, die sich in ihr Gesicht gegraben haben, haben ihren Geist verdüstert, haben aus dem heiteren, kämpferischen jungen Mädchen ein trauriges Hausmütterchen gemacht. Das letzte Aufflackern ihres früheren Temperaments steht im Zusammenhang mit der neuen Liebesaffäre ihres Mannes und führt zu einer Szene, in der sie mit einem Stuhl auf ihn losgeht und er den Schlag mit einer Holzbank abwehrt.

Ho wird zur Erholung in die Sowjetunion geschickt. Antsching, Maos Sohn aus erster Ehe, und Li Min, das auf dem Langen Marsch geborene Töchterchen, begleiten sie. Aber ihre Gedanken verwirren sich mehr und mehr. Schizophrenie. Viele Jahre später, im Jahr 1961, als auch die Ehe mit Tschiang Tsching erkaltet ist, läßt Mao Ho Tsu-tschen einmal aus ihrer Nervenklinik in Schanghai zu sich holen. Maos Arzt Dr. Li ist Zeuge der Begegnung. Sie erkennt ihn wieder, lächelt glücklich. Mao redet nur Belangloses mit ihr, aber Dr. Li schreibt in seinem Buch, er habe Mao niemals so sanft, freundlich und betroffen erlebt wie bei diesem Wiedersehen mit der verwirrten Ho Tsutschen.

Im Jahr 1938 verwirrt Maos neuer Heiratswunsch erst einmal das Politbüro. Die Genossen haben Sympathie für Ho, sie machen sich Sorgen um den Ruf ihres Vorsitzenden in der Öffentlichkeit, und sie mißtrauen dieser brennend ehrgeizigen Schauspielerin aus Schanghai. Das Politbüro verweigert die Zustimmung. Mao bockt, will sich mit einem Sitzstreik durchsetzen, Tschiang Tsching benutzt ein besseres Druckmittel. Sie verweist auf ihren Bauch und auf das Kind, das sie austrägt und das vom Vorsitzenden Mao gezeugt worden ist. So stimmt dann das Politbüro der neuen, vierten Ehe ihres Vorsitzenden zu, allerdings nur unter der Bedingung, daß Tschiang Tsching sich auf ihre Rolle als Ehefrau und Privatperson zurückzieht und auf jede politische und öffentliche Aktivität verzichtet.

So hat nun Mao den Rücken wieder frei, die Revolution fortzusetzen und die eigene Macht zu sichern.

Ein kommunistischer Führer in dieser Zeit muß vor allem ideologisch überzeugen. Nach dem Muster von Lenin und Stalin, die ihre Weisheiten in dicken Büchern zu Papier gebracht haben, beginnt Mao, seine Botschaft niederzuschreiben. Sie unterscheidet sich von den Verheißungen schneller Erlösung anderer kommunistischer Führer durch die Auffassung, daß die Revolution nicht von einem Mann und in einer Generation allein gemacht werden könne (»Ich bin nur ein wandelnder Mönch unter einem löchrigen Regenschirm«), sondern daß die Revolution eine permanente sein müsse, die sich immer und ewig weiterentwickeln müsse.

Dies ist eine Betrachtungsweise, die sich vom langen Atem der chinesischen Geschichte tragen läßt und die an den Fleiß, an die Ausdauer und an die Erfahrung des chinesischen Bauern appelliert, der weiß, daß die Natur und das Leben sich ständig verändern und deshalb immer neue Wege für die Suche nach der Harmonie verlangen.

Am besten, knappsten und schönsten wird seine Botschaft in seinem Schlußwort zum Parteitag von 1945 zusammengefaßt sein. Sie hat den Titel »Herr Yü kann Berge versetzen«. Darin erzählt er die Geschichte des Bauern Yü, der nördlich eines Bergriegels lebt und sich über die Umwege ärgert, die er nach Süden nehmen muß. Eines Tages beginnt Herr Yü damit, den Berg anzugraben für einen bequemen Durchgang nach Süden. Seine Frau beschimpft ihn wegen seiner Vermessenheit, die Nachbarn spotten über ihn, aber Herr Yü sagt: Ich und meine Nachfahren werden graben, bis der Berg versetzt ist. Denn ich weiß, daß meine Kinder und Kindeskinder weitergraben können, der Berg aber nicht weiterwachsen kann.

Den Berg, den Herr Mao nach dem Krieg zu versetzen hat, ist schon halb abgetragen. Der Sieg im Bürgerkrieg gegen Tschiang Kai-schek gelingt nach bewährtem Muster. Mao gewinnt das Land, das Land belagert die Städte. Im Jahr 1949 ist Tschiang Kai-schek auf die Insel Formosa vertrieben, und Mao Tse-tung kann die Volksrepublik China ausrufen und in Peking in die Verbotene Stadt einziehen.

Von diesem Augenblick an verändert sich Mao Tse-tung. Bis dahin ein Mensch, dessen Ungekünsteltheit, Einfachheit und Offenheit ihn zu jeder Zeit und für jeden, der ihn einmal getroffen hat, als einen Mann aus dem Volk ausgewiesen haben, verwandelt er sich nun in einen Gott. Er organisiert einen Personenkult, wie ihn kein anderer Politiker in diesem Jahrhundert für sich in Anspruch genommen hat. Er läßt sich fanatischer und von größeren Massenaufmärschen feiern, als Hitler sich feiern ließ. Er zelebriert sich unfehlbarer als Stalin, prunkt am 1. Mai auf dem Platz des Himmlischen Friedens farbenprächtiger, als Kaiser Franz Joseph es bei den Jubeltagen in Wien getan hat. Er macht sich heiliger als der Heilige Vater. Warum?

Seine taoistische Beobachtungs- und Erkenntnismethoden haben ihm offensichtlich schlagartig bewußt werden lassen, was es heißt, in die Verbotene Stadt einzuziehen. Mao ist nicht der einzige, der in der Nachkaiserzeit in der Verbotenen Stadt plötzlich, aber unvorbereitet deren tieferen Sinn erkennt. Ein Mann aus dem Westen, der italienische Filmemacher Bernardo Bertolucci, wird das besondere Wesen des Herrschers über China erfassen, wenn er in den frühen achtziger Jahren für die Dreharbeiten zu seinem Film »Der letzte Kaiser« nach Peking kommen wird.

Bertolucci ist in der Emiglia aufgewachsen, hat sich mit der Muttermilch die Denk- und Sichtweise der Pachtbauern auf den großen Landgütern der Po-Ebene angeeignet, hat ihre Ängste vor dem Terror des Wetters verinnerlicht, ihre ewige Sorge vor dem Auftauchen schädlicher Insekten-Invasionen, ihre Furcht vor den Launen des Marktes, ihre Abhängigkeit vom Wohlwollen des Gutsherrn im Herrenhaus und ihre Hoffnung, in genau diesem gefürchteten Patron den überlegenen und die große Übersicht haltenden Beschützer zu finden.

Für Bertolucci wird China nichts anderes sein als ein ungeheuer großes Landgut mit der Verbotenen Stadt als ungeheuer großem Herrenhaus, in dem die Bauern, Pächter und Knechte keinen gewöhnlichen Menschen wohnen wissen wollen, sondern einen Sohn des Himmels, einen mit übernatürlichen Kräften ausgestatteten Mittler zwischen Himmel und Erde. Einen Magier, dessen Größe, Weisheit und Göttlichkeit Unwetter und Heuschrecken abhalten, Regen bringen, Flüsse bändigen, Fruchtbarkeit und Harmonie bewirken können.

Mao Tse-tung, der neue Sohn des Himmels, weiß natürlich, daß er damit den Punkt überschritten hat, von dem aus sein Weg in die Absurdität führt. Angetreten mit dem Plan, China eine Revolution zu bescheren, welche die Fesseln der Tradition löst, muß er nun zur Sicherung seiner Revolution oder vielleicht nur zur Sicherung der eigenen Macht diese alten Traditionen für sich arbeiten lassen und sich als gottähnlicher Sohn des Himmels gebärden. Im Augenblick seines Sieges scheint er bereits zu ahnen, daß aus seiner Jugendidee, der alten Kultur Chinas ein paar frische Zweige modernen westlichen Denkens aufzupfropfen, so schnell nichts werden kann, weil die alten Traditionen so stark sind, daß das alte Holz die neuen Zweige überwuchern wird.

Er betrachtet seine neue Rolle nicht ohne taoistische Distanz und mit einem kräftigen Schuß dadaistischen Humors. Er macht sich fast bis ans Ende seiner Tage einen Spaß daraus, der dummen Welt seine Hilflosigkeit, die Schwäche des einzelnen Menschen vorzuführen, ohne daß diese es erkennt. Dann springt er einmal im Jahr in den Jangtsekiang, um sich dem Fluß auszuliefern, um sich von ihm kilometerweit tragen und treiben zu lassen wie ein vom Baum gefallenes Herbstblatt. Als täte es dem roten Sohn des Himmels gut zu erleben, daß er im großen Strom im Reich der Mitte nicht würdiger dahindümpeln kann als die Exkremente aus den Kloaken der Dörfer und Städte am Ufer.

Keiner wird den inneren Sinn dieser Aufführung enthüllen. Mao wird in den Zeitungen nur lesen können, wie sich die Welt über seine unverwüstliche körperliche Kondition wundert. Man kann sich vorstellen, daß Mao, in dem schließlich eine Künstlerseele wohnt – möglicherweise die des wildesten Aktionskünstlers seiner Zeit –, über die Dummheit und mangelnde Wahrnehmungsfähigkeit der Welt grinsen wird. Und auch darüber, daß die Zensur solche Reflexionen in seinem Land glücklicherweise verhindert.

Aber der endgültige Durchbruch der dadaistisch-skurrilen

Seite in Maos Wesen kann erst in seinen späteren Jahren erwartet werden. Noch will er, der den Bürgerkrieg gewonnen, die Warlords und Tschiang Kai-schek besiegt hat, etwas durchsetzen von dem, das ihn in all den Jahren angetrieben hat.

In der Verbotenen Stadt aber muß er nun zunächst einmal die Erfahrung fast aller seiner kaiserlichen Vorgänger machen: Man hebt ihn so hoch aus der Masse heraus, bis er dort oben nicht mehr erkennen kann, was unten vor sich geht. So verlangt es eben das Tao der auf Selbstherrlichkeit bedachten Mandarine, der ehrgeizigen, nachgeordneten Landesfürsten. Mao hat am Ende des Langen Marsches, in Yünnan, beim Krieg gegen die Japaner und gegen Tschiang Kai-schek alle Fäden in der Hand halten können, doch nun sieht er sich auf einmal abgeschnitten von Informationen. Die Gefährten haben sich übers Land und über die Instanzen des Reiches verteilt, um die Provinzen und Ministerien zu regieren, werden von Jahr zu Jahr selbstherrlicher, und Mao kann es sich ausrechnen, daß China auch unter den neuen Herren zurückfallen wird in seine alten Leiden, die da heißen Erstarrung, Unübersichtlichkeit, Zerfall in Kleinfürstentümer.

Bevor seine Genossen zu neuen Warlords werden können, macht er ihnen den Boden unter den Füßen heiß durch eine »Drei-Anti-Bewegung«. Das ist die erste einer fast endlosen Folge von Kampagnen, denen bis in die siebziger Jahre hinein etwa 50 Millionen Menschen zum Opfer fallen werden und die Mao zum kältesten Techniker der Macht in diesem Jahrhundert werden lassen, zynischer und intelligenter noch als Stalin, der sicher intelligent, im Grunde aber nur ein argwöhnischer Angstbeißer war. Mao, der radikale Künstler, aber will ein neues China, eine neue Kultur, einen neuen Menschen gestalten.

Die Drei-Anti-Bewegung richtet sich offiziell gegen Korruption, Verschwendung und Bürokratie. Inoffiziell ist es eine Warnung an den Apparat, sich bloß nicht bei Rückfällen in altes Pfründe-Denken erwischen zu lassen.

Es folgt die Fünf-Anti-Bewegung gegen Bestechung, Steuerhinterziehung, Unterschlagung, Diebstahl von Regierungseigentum und Verrat von Regierungsgeheimnissen zum persönlichen Vorteil. Sie richtet sich gegen die alte wirtschaftliche Elite. Mao weiß, daß das Tao der Großgrundbesitzer, der reichen

Fabrik- und Handelsherren, nach Wiedererlangung der alten Herrlichkeit streben muß. Er hat die Kapitalisten geschont, so lange er sie und ihr Know-how benötigt hat. Er hat sie in ihren Fabriken, nun volkseigene Betriebe, als Direktoren mit anständigen Gehältern und Gewinnbeteiligung weiterbeschäftigt, so lange er sie brauchte. Nun glaubt er, daß der Schaden durch diese alte Elite bald größer wird als ihr Nutzen, läßt sie aburteilen, hinrichten oder in Umerziehungslager stecken.

Nun folgt eine Kampagne, die seinen Parteifürsten eine Menge Arbeit aufhalst und sie davor bewahrt, über das persönliche Wohlergehen nachzudenken: Kollektivierung der Landwirtschaft. Mao hat erkannt, daß die Bauern dazu neigen, sich auf die kleine Welt ihrer Dörfer, ihres Eigentums oder Pachtlands zurückzuziehen. Er aber will die einst von ihm mobilisierten Bauern als eine abhängige, damit schlagkräftige und von der Partei führbare Masse erhalten.

Es erfordert eine Menge Überzeugungsarbeit bei den Genossen, bis die 500 Millionen Bauern ihre privaten Äcker und Felder zu etwa 24000 Volkskommunen zusammenlegen und sich der Weisheit der von der Partei bestellten Oberbauern anvertrauen. Mao legt Wert darauf, daß die Überzeugungsarbeit so gestaltet wird, daß es wie Freiwilligkeit erscheint.

Im Land wird diese Geschichte erzählt: Mao fragt seine wichtigsten Mitarbeiter: »Wie würdet ihr eine Katze dazu bringen, daß sie Pfeffer frißt?«

Der machtbewußte Parteimanager Liu Schao-tschi sagt: »Man hält die Katze fest, steckt ihr den Pfeffer ins Maul und stopft ihn mit einem Eßstäbchen hinunter.«

Mao mahnt: »Nie Gewalt anwenden. Es muß freiwillig geschehen.«

Der listige Ministerpräsident Tschou En-lai weiß es besser: »Ich würde die Katze hungern lassen. Dann würde ich den Pfeffer in einem schönen Stückchen Fleisch verstecken. Wenn die Katze hungrig genug ist, wird sie das Fleisch mit dem Pfeffer in einem Stück verschlingen.«

Mao mahnt: »Man darf auch nicht betrügen – nie sollt ihr das Volk zum Narren halten.«

Dann sagte er, wie er es machen würde: »Man reibt der Katze den Pfeffer in den Hintern. Wenn es brennt, leckt sie ihn ab und ist glücklich, daß sie es darf.«

Auf diese Weise funktioniert die Umerziehung, die chinesische Variante der Gehirnwäsche. Die Opfer dafür spürt er in der Kampagne »Laßt hundert Blumen blühen, laßt hundert Schulen wetteifern« auf. Denn das Tao der Intellektuellen will, daß sie mit eigenen Köpfen denken. Mao fordert sie auf, die Schätze dieser Köpfe in den Staat einzubringen und frei von der Leber weg zu sprechen, auch wenn es den Parteibonzen nicht passe. Als sie es tatsächlich tun, läßt er die hundert Blumen einsammeln und umerziehen. Begründung: Es hat zuviel Unkraut geblüht.

Trotz allem weiß Mao, daß das Tao der Macht dafür sorgt, daß sich Strukturen immer weiter verfestigen und die Revolution, die Partei, die Gesellschaft, das Leben allmählich erstarren lassen werden. Um diesen Prozeß zu stören, macht er das, was man in Bayern so ausdrücken würde: Er jagt jeden Tag eine andere Sau durchs Dorf. Er propagiert die permanente Revolution und meint damit eine Beschäftigungstherapie für Parteiapparat und Volk.

Er will von seinem Hallenbad oder Schlafzimmer aus – er verbringt den Tag am liebsten im Morgenmantel – alle auf Trab halten, um den Rückfall in alte Zeiten zu verhindern. Tatsächlich erreicht er den Aufstieg Chinas in den exklusiven Club der Weltmächte und Atombombenbesitzer, kann sein Riesenreich mit einer ordentlichen Grundversorgung an Medizin und Bildung überziehen. Zum ersten Male in seiner Geschichte erlebt das Reich kurze Phasen, in denen niemand mehr verhungern muß. Aber es gibt auch immer wieder schwere Rückschläge.

Eine seiner Kampagnen, »Der große Sprung nach vorn«, soll China im Hau-ruck-Verfahren zur Industrienation machen. Kein Bauernhof, kein städtischer Hinterhof ohne Mini-Hochofen zur Förderung der Stahlproduktion. Ergebnis: Die Bauern verwandeln noch gebrauchsfähiges Altmetall in minderwertiges, brüchiges Roheisen, vernachlässigen die Landwirtschaft.

Der große Sprung nach vorn endet in einer Hungersnot, muß abgebrochen werden. Ein großer Prestigeverlust für Mao, und ein Machtgewinn für die Pragmatiker im Parteiapparat um Liu

Schao-tschi und Deng Hsiao-ping. Die Partei hat wieder das Sagen, Mao darf nur noch die Ikone spielen, die man regelmäßig auf dem Platz des Himmlischen Friedens dem Volk vorführt, auf daß es in Verzückung gerate, und anschließend wieder nach Hause gehe. Mao weiß nur noch ein einziges Mittel gegen den Rückfall in einen Konfuzianismus, in dem die Apparatschiks die Rolle der Beamten übernommen haben. Er nutzt sein Prestige als Halbgott und ruft die junge Generation auf zur Revolution gegen das alte und neue Establishment, insbesondere gegen die Führer der Partei. Er definiert das Ganze als »Kulturrevolution« und nennt das Ziel: »Bombardiert das Hauptquartier!«

Chinas alte Welt fällt in Scherben, Kunstdenkmäler aus vielen Jahrhunderten, religiöse Symbole von unschätzbarem kulturhistorischem Wert werden zerstört, Prominente an den Pranger gestellt, Jugendbanden ziehen als »Rote Garde« durch das Land, terrorisieren erst ihre Lehrer, dann lokale, regionale und staatliche Würdenträger. Auf dem Kultursektor wird das Chaos organisiert und angeheizt von Tschiang Tsching. Maos vierte Ehefrau. Er kann in der Partei keinem mehr trauen, also verläßt er sich auf seine Frau und deren Klüngel.

Die ehrgeizige ehemalige Schauspielerin aus Schanghai, die einst bei der Eheschließung mit Mao in Yünnan vom Politbüro dazu verpflichtet worden war, die Finger von der Politik zu lassen und sich auf die Rolle der Hausfrau an Maos Seite zu beschränken, kann es ihren Feinden von einst und jetzt endlich heimzahlen. Und sie kann endlich ihre Energien entfalten, zum Beispiel bei der Reform der klassischen Peking-Oper. Der neue Hit heißt »Das Rote Frauenbataillon«.

Für ihren Ehemann hat sie nun keine Zeit mehr, was ihm durchaus entgegenkommt, denn Mao ist jetzt ein alter kranker Mann, und sein Humor hat ein Stadium erreicht, das zwischen Dada und Gaga liegt. Das Tao eines alten Mannes ist der Verfall, und eine alte taoistische Gesundheitsregel besagt, daß das Wasser des Yin, nämlich die Vaginalsekrete sehr junger Frauen, sein schwindendes Yang, die männliche Lebenskraft, stärken könnte.

So zieht eine Riege junger Damen in Maos Residenz im kaiserlichen Park von Schongnanhai ein. Offiziell handelt es sich um eine Kultur- oder Tanztruppe. Einmal in der Woche kommt sie – in wechselnder Besetzung – für einen Tanzabend. Die Band spielt Foxtrott, Walzer und Tango – und die Mädchen reißen sich um ein Tänzchen mit dem Großen Vorsitzenden. Es sind nur wenige Männer im Saal. Wenn der Vorsitzende Mao meint, nun sei es an der Zeit für eine kleine Ruhepause, dann begleiten ihn, so berichtet es sein Arzt Dr. Li Schi-sui in seinem Buch, manchmal bis zu vier Damen in einen Nebenraum, der im wesentlichen aus einem drei Meter breiten Bett besteht.

Es hilft alles nichts. Am Ende rinnen ihm das Leben wie die Revolution durch die zittrigen Finger. Die Kulturrevolution muß, um das Land vor der Zerstörung zu bewahren, von der Armee gestoppt werden. Die Armee erzwingt als Lohn für diesen Dienst die Rückkehr ihres alten Förderers Deng Hsiao-ping aus der Verbannung, und unter diesem Mann geschieht nach Mao etwas, was von besonderer historischer Delikatesse ist: Unter der noch immer strengen Führung der Kommunistischen Partei wird der Kapitalismus nach China zurückgeholt. Erst in kleinen, leicht verdaulichen Häppchen, dann in immer größeren Brocken.

Möglicherweise würde der Zyniker Mao, könnte er in seinem gläsernen Schneewittchen-Sarg in seinem Mausoleum vor dem Tor des Himmlischen Friedens darüber noch befinden, sogar schmunzeln über diese Wende. Wußte er doch, daß auch sein alter Freund und Rivale Deng ein Meister des schrägen Humors, ein kultivierter Kenner der chinesischen Geschichte und der taoistischen Philosophie ist. Vielleicht sah Mao weder in Deng noch in der eigenen Person einen Vollender der kommunistischen Revolution von 1949, sondern nur einen von mehreren Staffelträgern des langen Marsches Chinas in die Moderne.

Auch die Geschichtsschreibung fängt allmählich an, Maos Rolle auf die eines Teilstreckenläufers jener noch immer sich vollziehenden Revolution zu sehen, die 1912 mit dem Sturz der Mandschus durch Dr. Sun Yat-sen begann, über den Nationalisten Tschiang Kai-schek, über den Bauernrevolutionär Mao Tsetung zum Neo-Marktwirtschaftler Deng Hsiao-ping und dessen Erben führt.

Vielleicht hat Mao, als er seinen Abschnitt dieser langen

Revolution auf dem Trittbrett des Marxismus abfuhr, übersehen oder übersehen müssen, daß das Tao des chinesischen Menschen und das Tao des Kapitalismus zusammenpassen: Es gibt keinen Chinesen, der nicht Freude am Geschäft, am Handel, am Geld, an Schönheit und Luxus hat.

MICHAIL GORBATSCHOW

Geboren: 2. März 1931.
Letzter Generalsekretär der Kommunistischen Partei
der Sowjetunion.
Die besondere Lebensleistung: Er entfachte
in seinem Land einen Wirbelsturm,
und der veränderte die Welt.
Sein Liebesleben: Anders als die meisten Männer
fängt er in der Jugend als Zyniker an
und wird als reifer Mann zum Romantiker.

Raissas Mann

Es wird sicher noch eine Weile dauern, bis man ihn in Bronze
würdigt, insbesondere in der ehemaligen Sowjetunion. Aber ein
Denkmal ist Michail Gorbatschow schon zu Lebzeiten geworden, insbesondere im Westen. Doch wie das eben so ist mit den
großen Helden der Geschichte und ihren öffentlichen Erschei-
nungsbildern: Das Original hat Probleme, den hohen Vorstellungen seiner Bewunderer zu entsprechen.

Denn wenn wir den Schlüssel zum Geheimnis dieses rätsel-
haften Mannes suchen, dann werden wir wohl kaum auf eine
romantische Erleuchtungsszene stoßen, etwa von der Art, daß sich
der Kosakensproß Michail Sergejewitsch Gorbatschow nach
einem traumatischen Erlebnis in seiner Heimatkolchose einen
heiligen Eid geschworen hätte, dieses menschenunwürdige System des Leninismus-Stalinismus zum Einsturz zu bringen. Statt
dessen entdecken wir einen entwürdigenden Zwischenfall zwischen dem 18 Jahre alten Mittelschüler Michail Gorbatschow und
seiner Klassenkameradin und Jugendliebe Julia Karagodina vor
dem Kino der nordkaukasischen Kleinstadt Krasnogwardejskoje.

Wir schreiben das Jahr 1949 und sehen das schönste Paar einer nicht gerade elitären, hier aber im weiten Umkreis einzigen Schule, in der die Bauernkinder noch etwas über das hinaus lernen können, was ihnen die siebenklassigen Dorfschulen auf dem Land eintrichtern. Um diese dreiklassige Anschlußschule besuchen zu können, nimmt Michail an jedem Wochenende zwei Drei-Stunden-Fußmärsche durch die Steppe auf sich, was im Winter bei eisigen Schneestürmen nicht ungefährlich ist. In Krasnogwardejskoje lebt er zusammen mit einem anderen Jungen aus seinem Dorf, Dimitri Markow, in einer ungeheizten Kammer, deren unverglastes Fenster nur mit Holzläden geschlossen werden kann. Die beiden Burschen ernähren sich die Woche über von kaltem Proviant, den sie aus ihrem Dorf Priwolnoje mitbringen müssen. Der besteht in der Regel aus einem Kanten Brot und einer Wurst, die sich aus Talg und Haferschrot zusammensetzt.

Es gibt also eine Menge Gründe für einen intelligenten, energiegeladenen und gutaussehenden jungen Mann, aus diesem Teufelskreis aus Armut, mäßiger Schulbildung und Langeweile auszubrechen. Mit Begeisterung schnuppert er an Lebensformen einer schickeren Welt, läßt sich einen kecken Schnurrbart nach Tataren- oder Kosakenart stehen und spielt in der Theatergruppe seiner Schule einen feschen Prinzen in Lermontows »Maskerade«. In dem Stück »Schneeflöckchen«, der Schulaufführung des Jahres 1949, darf er die Hauptrolle spielen, einen Offizier des Zaren. Seine Partnerin, das »Schneeflöckchen«, ist Julia Karagodina. Zart, klein, dunkel, Knopfaugen. Das ist und bleibt sein Frauentyp.

Wirklich ein schönes Paar. Julia ist das hübscheste Mädchen in der Schule, der redegewandte Michail der eindrucksvollste Schüler. Liebling fast aller seiner Lehrerinnen und Lehrer, immer vorne dran, wenn abgefragt wird oder wenn die Schüler einen Sprecher für ihre Belange suchen oder die Schulverwaltung freiwillige Helfer für freiwillige Arbeitsdienste benötigt. Michail ist auch im Komsomol aktiv, der Jugendorganisation der Kommunistischen Partei der Sowjetunion. Denn der Junge, der weiß, daß er herauswill aus der Beschränktheit einer südrussischen Provinz, weiß auch, daß es für einen Bauernburschen wie ihn nur zwei Wege des Aufstiegs gibt: Entweder über Bildung oder über eine Parteikarriere. Michail Gorbatschow steckt beide Eisen ins Feuer. Sein Einsatz in der Schule, auch der für die Theatergruppe, soll ihn näher an die ersehnte Schüler-Goldmedaille bringen, dem Eintrittsgeld für ein Studium in Moskau.

Auf der Bühne hat seine Partnerin Julia zu sagen: »Verehrter Zar, Sie können mich tausendmal fragen, ob ich ihn liebe. Und ich werde tausendmal antworten: Ja, ich liebe ihn.« Vierzig Jahre später, aus dem zarten Schneeflöckchen ist dann eine rundliche Chemielehrerin geworden, wird Julia Karagodina verraten, daß in der Premiere nach dieser Antwort des Schneeflöckchens an den Zaren der Offiziers-Darsteller Gorbatschow sich zu ihr herabbeugt und, vom einstudierten Dialog abweichend, flüsternd fragt: »Ist das wahr, mein Schneeflöckchen?« Danach verhaspelt sich Julia in ihrem Text.

Er nennt sie nun auch außerhalb der Schule »Schneeflöckchen«.

Es gibt in der Klasse aber noch einen Rivalen für Gorbatschow, Genadi Donskoj. Ein sensibler, schüchterner Künstlertyp, der später – russische Karrieren verlaufen seltsam – Generalmajor der Roten Armee wird. Doch der kesse Husar in dieser Dreiecksgeschichte ist der Bauernlümmel Gorbatschow. Er gewinnt Julias Herz. Sie wird nicht die letzte sein, die vor seinen dunklen Augen ihre Widerstandskraft verliert. In dieser kontrollierten Welt des Josef Stalin, in der sich die Menschen gern Leere in den Blick legen, um ihr Grundgefühl von Angst, Argwohn und Mißtrauen zu verbergen, funkeln Michails Augen offen, frech und erwartungsvoll. Sie verheißen ein verborgenes Freudenfeuer in seinem Inneren, an dem sich jeder, der mit ihm zu tun hat, gern mitwärmen möchte.

Eine trügerische Verheißung für Julia Karagodina. Denn ihre Liebe erleidet einen Kälteschock durch Gorbatschows zweites Eisen im Feuer seiner Karriereschmiede.

Es geschieht vor dem Kino von Krasnogwardejskoje. Michail und Julia kommen mit ihren Freundinnen und Freunden von einer Komsomol-Versammlung. Plötzlich fängt er an, sie zu beschimpfen. Vierzig Jahre später wird sie David Remnick, einem Reporter der »Washington Post«, erzählen: »Er war böse mit mir, weil ich mit der kleinen Zeitung, die wir herausgaben, nicht pünktlich fertig geworden war. Und trotz unserer Freundschaft kanzelte er mich vor allen anderen ab und warf mir vor, daß ich versagt hätte. Er hob sogar die Stimme und las mir richtiggehend die Leviten. Und danach, als wäre überhaupt nichts gewesen, sagte er: ›Laß uns in Kino gehen.‹ Ich wußte wirklich nicht, wie mir geschah. Ich konnte nicht verstehen, wie er so etwas hatte tun können, und das sagte ich ihm auch. Er antwortete aber nur: ›Mein Liebes, das eine hat überhaupt nichts mit dem anderen zu tun.‹«

Er sieht das an jenem Abend vor dem Kino wohl tatsächlich so. Das eine ist seine Liebe, das andere ist seine Karriere. Hier, im Kreis seiner Freunde, der zu dieser Zeit selbstverständlich auch immer ein Kreis mit mindestens einem geheimen Spitzel und Weiterträger ist, hat er doch nur ein paar Worte losgelassen, von denen er hofft, daß sie nach oben weitergetragen und ihm ein paar Pluspunkte einbringen werden für seine Kaderakte, daß sie ihn als besonders eifrigen Komsomolzen ausweisen, der im Dienst der ruhmreichen Sache nicht einmal davor zurückschreckt, die Geliebte öffentlich zu maßregeln. Er hat sich doch nur kleidsam erregt. Sonst nichts.

Sicher stellt man sich so nicht unbedingt einen künftigen Edelhelden vor, der am Ende dieses Jahrhunderts nur knapp einer politischen Heiligsprechung entgehen wird. Aber wir sind im Jahr 1949, und das ist für Helden der herkömmlichen Art nicht einmal mehr die allerletzte Endzeit, wohl aber der Anfang des Angestellten-Zeitalters auch in den fernen Weiten der nordkaukasischen Steppe. Denn in einer Zeit alles durchdringender und alle Bereiche des Lebens festzurrender Ordnungen reicht die individuelle Kraft der Helden unserer antiken, mittelalterlichen oder romantischen Vergangenheit nicht mehr aus. Sie würden sich nur lächerlich machen und scheitern wie Don Quijote. Im Osten wie im Westen. Große Systeme wie die des Kapitalismus und des Sozialismus erlauben nur eine Art des Erfolgs: Anpassung an die Verhältnisse und Bereitstellung einer lauernden Flexibilität für den Augenblick, in dem sich an den Verhältnissen einmal etwas verändert. Egal, ob man Generalsekretär der Kommunistischen Partei der Sowjetunion werden will oder Filialleiter eines Supermarkts. Egal, ob man nur persönliche Karriere machen oder aber als Maulwurf das ganze System aus den Angeln heben will. Es geht nicht ohne den Marsch durch die Instanzen, und der verlangt zunächst einmal Anpassung und geschmeidigen Opportunismus.

Was aber ist nun Gorbatschow? Ein glatter Karrieremacher, ein Prototyp der osteuropäischen Variante des Angestellten- und Funktionärszeitalters? Oder doch ein perfekt getarnter heldischer Kämpfer für eine andere, bessere Welt?

Um das herauszufinden, müssen wir noch ein Stück weiter zurückgehen in seine Kindheit. Zurück in die Zeit, in der ein Mensch seine Prägungen empfängt, in der die Keime seiner innigsten Wünsche gelegt werden.

Priwolnoje. Der Name des Ortes bedeutet »In Freiheit«, ist also ehemaliges Kosakenland. Das Bauernkriegervolk der Kosaken rekrutierte sich weniger ethnisch als sozial. Die draufgängerischen Davongelaufenen der russischen Leibeigenschaft hatten sich fernab des Machtbereichs ihrer Grundherren und am langen Zügel des Zaren an Orten niedergelassen, an denen der Zar ihnen Freiheit und etwas eigenen Boden unter einer Bedingung gewährt hatte: Sie mußten für ihn die Kriege gegen die Grenzvölker führen, in diesem Fall vor allem gegen die Türken, gegen die kaukasischen und mittelasiatischen Stämme. Michail Gorbatschow stammt väter- wie mütterlicherseits von Ukrainern ab, die vor 1850 in den Nordkaukasus gekommen waren und sich an einem schlammigen Fluß in der Steppe niedergelassen hatten. Wohlhabend wurden weder die Gorbatschows noch die Gopkalos, von denen Gorbatschows Mutter abstammt. Aber wie alle Kosaken waren seine Vorfahren zweifellos stolz bis zur Arroganz. Stolz auf ihre Freiheit, mit der sie sich von der versklavten Landbevölkerung im Inneren des russischen Reiches unterschieden, stolz auf ihre Tugenden als furchtlose Reiter. Die Kosaken pflegten das trink- und gesangsfreudige weiberjagende Männergehabe von Kriegerstämmen.

In dieses Lebensgefühl wuchs auch der kleine Gorbatschow hinein. Alexandra Jakowenko, die Tochter der Gorbatschow-Nachbarn in Priwolnoje, erzählt der amerikanischen Gorbatschow-Biographin Gail Sheehy: »Er trug immer eine Militärmütze im Kosakenstil. Immer tanzte er, ob mit Mädchen oder ganz allein. Er war ein fröhlicher kleiner Junge. Sämtliche Mädchen aus dem Dorf waren hinter ihm her – und zwar alle auf einmal.«

Doch die Kosakenwelt ist bereits untergegangen und lebt nur in ein paar überlieferten Posen und Mützen fort. Folklore, die keinen Bezug mehr hat zu der von Stalin geschaffenen neuen Welt auf dem Land. Der rote Zar im Kreml will die Landwirtschaft großflächig und damit moderner, industrialisierter, ertragreicher machen – und gleichzeitig die durch Mechanisierung frei werdenden Arbeitskräfte in den industriellen Aufbau seines Landes stecken. Außerdem sieht er in den Bauern, insbesondere in denen der alten Kosakengebiete, ein konservatives Element, das auf die Verfolgung persönlicher Interessen aus ist und deshalb unbedingt zerschlagen werden muß. So ordnet er die Kollektivierung der Landwirtschaft an.

Das bedeutet: Die Bauern sollen alles oder einen Teil ihres Landes, ihres Viehs, ihrer Arbeitskraft in eine Kolchose oder in ein Staatsgut einbringen. Die von der Partei beaufsichtigte Leitung der Kolchose soll die Arbeit der Bauern und den Einsatz der Maschinen planen und mit der Verteilung von Saatgut und technischen Hilfen immer mehr Macht über die noch freien Bauern gewinnen, um sie auf diese Weise allmählich ganz der Kolchose einzuverleiben.

Zur Zeit der Kollektivierung hat in Priwolnoje noch die Großväter-Generation des Michail Gorbatschow das Sagen. Michails Großväter Pantelej Jefimowitsch Gopkalo und Andrej Gorbatschow verkörpern die beiden Kräfte, zwischen denen sich in diesem Dorf die entsetzlichen Tragödien, der Terror, die Hungersnot, der Niedergang der Freiheit und der Übergang in eine Zukunft lustloser, entseelter und entmündigter Bauernarbeit vollziehen.

Pantelej Gopkalo, der Vater von Michails streitbarer und wortgewaltiger Mutter, ist ein Mann, der sich nicht gegen die neue Zeit, sondern in seinem Ort lieber an die Spitze der Bewegung stellen will. Er will sich von dieser Bewegung nicht überrollen lassen. Er wirbt und kämpft für die Kolchose, wird deren Vorsitzender und damit der wichtigste Mann im Dorf. Er macht seine Arbeit so gut, daß er den Aufbau weiterer Kolchosen in der Umgebung organisieren darf.

Der andere Großvater, Andrej Gorbatschow, arbeitet zwar in der Kolchose von Priwolnoje mit, damit man ihm nichts vorwerfen kann. Aber er will weiterhin so leben wie er immer gelebt hat. Er hat nicht sein ganzes Land in die Kolchose eingebracht, sondern ein gutes Stück behalten. Dort füttert er Hühner und Schweine; seinen Überschuß an Eiern und Fleisch verkauft er privat.

Eine Weile geht alles gut; die örtliche Kolchose fährt wie viele Kolchosen im Land Rekordernten ein. Aber davon haben die Bauern nichts. Denn der Staat hebt seinen Anspruch am Anteil der Ernte auf eine Quote von 80 Prozent an. So verlieren die Bauern in Priwolnoje wie überall im Sowjetreich die Lust an ihrer Arbeit, und die Kolchose fängt an zu verlottern. Die Lebensmittelversorgung in den Städten klappt immer schlechter.

Stalin läßt ein Exempel statuieren. Statt der 80 Prozent holt der Staat nun alles ab, was im Jahr 1933 geerntet und gefüttert worden ist. Die Bauern im Nordkaukasus, einer der traditionellen Kornkammern Rußlands, haben zum ersten Mal überhaupt keine Vorräte mehr. Auch kein Saatgut und keine Aussicht mehr auf Jungvieh im nächsten Jahr. Wenn sie etwas Getreide für ihre Wassersuppe brauchen, graben sie auf den Feldern die Vorratskammern der Wühlmäuse auf. Es gibt im Rußland dieser Jahre sogar Fälle von Kannibalismus.

Zwischen Herbst 1933 und Frühjahr 1934 verhungert ein Drittel der Bewohner Priwolnojes. Wem der nun knapp drei Jahre alte Michail das Überleben in diesem Winter verdankt, wird man nicht erfahren. Sind es Abzweigungen des Gopkalo-Großvaters aus seinen Kolchosen? Oder sind es die Eier und Hühnerbrühen aus der Privatlandwirtschaft des freiheitsdurstigen Gorbatschow-Großvaters? Vermutlich müssen wohl beide zusammenhelfen, um den Enkel und seine Eltern durch den Todeswinter zu bringen.

Der Hunger ist nicht der einzige Schrecken in dieser Zeit auf dem Land. Stalin will den Eigensinn der Bauern endgültig brechen. Er ernennt alle, die noch eigenes Land bewirtschaften, zu Kulaken, zu Schmarotzern und Saboteuren, die auf Kosten des schwer arbeitenden Volkes lebten und schuld seien an der Hungersnot. Es spielt keine Rolle, daß es diese Art von Großbauern schon lange nicht mehr gibt und daß die von ihm als Kulaken beschimpften Dörfler wie Andrej Gorbatschow in der Regel so klein sind, daß sie keine familienfremden Menschen beschäftigen können.

Stalin schickt im Jahr 1933 den Genossen Michail Suslow mit einer Knüppelgarde in das alte Kosakenland des Nordkaukasus. Sein Auftrag ist es, die Bauern endgültig zu Staatssklaven zu machen, den Widerständlern alles, auch die Häuser wegzunehmen, sie in Gefangenenlager zu deportieren oder zu töten. Die bis dahin noch immer funktionierenden Dorfgemeinschaften werden gesprengt, weil die Sonderkommissionen bei den Verhören Verängstigte zu Denunziationen zwingen und die Rachsüchtigen und die Neider dazu verführen, alte Rechnungen zu begleichen. Die örtlichen Parteiaktivisten sind gehalten, Listen mit Kulaken zu erstellen. Die Häuser der Verhafteten werden zur Plünderung durch die Nachbarn freigegeben. Der Terror gegen die letzten Privatbauern soll dazu dienen, die anderen im Dorf einzuschüchtern und sich willig in die Staatssklaverei zu begeben.

Der Privatbauer Andrej Gorbatschow in Priwolnoje kann sich bis 1937 halten, dann steht auch er auf der Liste. Die Geheimpolizei verhaftet ihn, ohne einen Grund dafür zu nennen. Mit vierzig anderen Dorfbewohnern wird er auf einen Lastwagen verfrachtet und davongefahren. Später erfährt die Familie, daß ein Nachbar ihn angezeigt hat mit dem Vorwurf, Andrej Gorbatschow habe aus der Ernte der Kolchose vierzig Pfund Getreide für seine Familie abgezweigt. Das Urteil lautet auf neun Jahre Lager.

Andrej Gorbatschow gehört zu den wenigen, die nach zwei Jahren aus der Verbannung zurück dürfen, vielleicht dank einer Intervention durch Pantelej Gopkalo, der als Kolchosen-Pionier in diesem Bezirk sicher einen Draht zu Michail Suslow hat, dem Chef-Kulakenjäger in Nordkaukasien. Vielleicht auch durch den Umstand, daß dem bei Stalin nun in Ungnade gefallenen Moskauer Geheimdienstchef und Obersäuberer Jeschow jetzt unbedingt eine Menge Irrtümer und Verbrechen nachgewiesen werden müssen, um seine Liquidierung begründen zu können.

Aber der heimgekehrte Großvater Gorbatschow, der Mann, von dem Michail Gorbatschow die Kühnheit und die Leidenschaft geerbt hat, kommt als gebrochener, kranker Mann zurück, nicht mehr fähig, für seine Familie zu sorgen. Andrejs Sohn Sergej, der Vater von Michail Gorbatschow, ein sanfter Mensch mit technischem Interesse, muß mit seiner Familie unter die Fittiche seines Schwiegervaters Pantelej Gopkalo schlüpfen, wird Maschinist im Gerätepark der Kolchose.

Michail Gorbatschow ist in diesen dramatischen Jahren noch zu klein, um begreifen zu können, was im Dorf und in der Familie geschehen ist und was es auf sich hat mit dem Elend und mit dem betretenen Schweigen über das Vergangene, vor allem mit dem Schweigen um den Gorbatschow-Großvater. Er weiß nur, daß der andere Großvater ein großer, geachteter, sogar gefürchteter Mann im Dorf ist, sich viel um ihn kümmert.

Michail sitzt wie sein Vater gern auf einem Traktor oder auf einem Mähdrescher. Die Kolchose ist sein erweitertes Zuhause. Er weiß sich auch gut behütet von seiner Mutter und seinen Großmüttern, als der Vater in den Krieg ziehen muß und der Gopkalo-Großvater alt und müde und krank wird wie der Gorbatschow-Großvater.

Gemessen an den vorangegangenen Katastrophen in der Familie sind die fünf Monate des Jahres 1942, in denen Hitlers Wehrmacht Priwolnoje besetzt, ein verhältnismäßig undramatisches Ereignis. Michail Gorbatschow ist elf Jahre alt, als die Deutschen kommen. Sie sind die einzigen Männer im Dorf, in dem sonst nur noch Frauen, Kinder und ein paar Greise hausen. Es gibt später nicht viel zu erzählen über diese Zeit in Priwolnoje, außer daß wegen des Fehlens der Männer die Schulkinder in der Kolchose arbeiten mußten. Das mußten sie aber schon in den Jahren, bevor die Deutschen nach Priwolnoje kamen. Sie müssen es auch noch nach deren Abzug. Gorbatschow wird in seinen Berichten und Selbstauskünften eisern darüber schweigen, daß es diese fünf Monate überhaupt gegeben hat, denn Stalin hegt und hinterläßt in seinen Sicherheitsorganen ein tiefes Mißtrauen gegen alle seine Untertanen, die in besetzten Gebieten gelebt haben, egal, wie lange die Deutschen dort die Herren, wie jung die Menschen damals gewesen waren.

Als der Vater aus dem Krieg zurückkommt, kann er den Mähdrescher von seinem Sohn übernehmen, und der kann nun in der Mittelschule von Krasnogwardejskoje oder auf den langen Fußmärschen dorthin durch die Steppe all das zusammenfassen, was ihn geprägt hat, kann sich ein persönliches Ziel setzen. Seine Erkenntnis dürfte in etwa gelautet haben: Alle mögen mich gern hier, aber es muß eine interessantere Welt geben jenseits von Priwolnoje und Krasnogwardejskoje. Doch wenn ein Mensch weiterkommen will, muß er sich den gegebenen Machtverhältnissen anpassen wie der Gopkalo-Großvater, oder er wird von ihnen zermalmt wie der Gorbatschow-Großvater.

Und schon haben wir den eifrigen Burschen, der hinter der Schüler-Goldmedaille herhechelt und den eifrigen Komsomolzen, der bereit ist, für einen guten Eintrag in die Kaderakte in aller Öffentlichkeit seine erste große Liebe zu demütigen. Wir haben auch schon den eifrigen Freizeit-Kolchosbauern, der sich am Wochenende und in den Ferien so hart und fleißig mit Traktoren und Mähdreschern abrackert, daß er mit 19 Jahren den Orden des Roten Banners der Arbeit erhält.

Er arbeitet an der richtigen Stelle, denn wer Maschinen fährt, gehört der regionalen MTS an, der Maschinen- und Traktoren-Station, und das ist die Schnittstelle zwischen den Kolchosen und der Partei. Von hier aus kontrolliert die Staatsmacht die einzelnen Gebiete, begünstigt die folgsamen, benachteiligt die widerspenstigen Bauern, gewinnt von hier aus den Überblick über künftige Kader. Michail Gorbatschow kann in der MTS direkt unter den Augen wichtiger Genossen seine Balztänze vorführen.

Das ist auch wichtig, denn in der Schule hat es trotz allen Eifers nur zur Silbermedaille gereicht. Daß er dennoch zum Studium an der Lomonossow-Universität in Moskau zugelassen wird, verdankt er vor allem seinem Arbeitsorden, den guten Bewertungen des Komsomolzen und Arbeitshelden Gorbatschow durch die Partei. Ein neues Kapitel in seinem Leben beginnt.

Michail Gorbatschow wäre nach seiner Qualifikation und Herkunft eigentlich geschaffen für ein Studium im Landwirtschaftsbereich, für eine Expertenkarriere, die über die seines

Großvaters Pantelej Gopkalo hinausführen würde. Er entscheidet sich aber für Jura, eine zu dieser Zeit in der Sowjetunion drittklassige, unbedeutende und von den Machthabern im Grunde verachtete Disziplin, denn die Juristen sind in Stalins Reich nur gefügige Vollstreckungsknechte der Staatsmacht. Auch Gorbatschow wird sich nach dem Studium sofort um hauptberufliche Parteiarbeit bemühen, niemals um ein Amt im Justizapparat.

Er fällt auch schon während des Studiums nicht durch eine Leidenschaft für die Arbeit mit dem Gesetz auf, sondern durch ehrgeizige Geschäftigkeit bei den Komsomolzen. Er ackert sich während des Studiums hinauf bis in die recht bedeutende Position des Ersten Komsomolsekretärs seiner Fakultät. Warum aber hat er sich ausgerechnet für das Fach Jura entschieden?

Es kann nur damit erklärt werden, daß der zukünftige Politiker sich noch immer als Bauernbursche vom Lande fühlt, zwar mit der von seiner Mutter geerbten temperamentgeladenen Streitlust ausgestattet, aber nicht mit der sprachlichen Eleganz eines intellektuellen Großstädters. Das Jurastudium betrachtet der junge Provinzler offensichtlich vor allem als ein kostenloses Training in Rhetorik, der wichtigsten Kunst eines Politikers jedweder Staatsform. Damit kann er nun schon an der Universität das Üben anfangen – und er verwirrt dabei seine Kommilitonen auf ähnliche Weise wie ein paar Jahre zuvor seine Jugendliebe Julia Karagodina.

Auf der einen Seite sind sie hingerissen von seinem kosakischen Charme, vom Feuer seiner Augen, von seiner Bereitschaft zuzuhören und von anderen zu lernen, von seiner Kameradschaft und von seiner Intelligenz, von seiner Fähigkeit, jedes Problem in seiner Wurzel zu erkennen und zu lösen. Er kann, vor allem wenn er in Zorn gerät, sehr offen sein. Einmal zischt er im Kino, als ein Propagandafilm »Die Kosaken des Kuban« eine ländliche Idylle vorgaukelt, in der die Bauern immer freudig ans Werk gehen, seinem tschechischen Studienfreund Zdenek Mlynar, einem späteren Reformkommunisten des Prager Frühlings, zu: »Wenn der Leiter einer Kolchose nicht brutale Gewalt gegen die Bauern anwendet, dann machen sie keinen Finger krumm.« Nach dem Kino schimpft er im Studentenheim weiter: »Reine Propaganda. Der Film hat nichts, aber auch gar nichts mit der Wirklichkeit zu tun.«

Ein anderes Mal rastet er aus, als ihm beim Aufheben einer heruntergefallenen Gabel die Hose platzt und ein besser gestellter Kommilitone sich kaum noch einkriegen kann vor Lachen. Gorbatschow wendet sich an seinen Stellvertreter bei den Komsomolzen, Wladimir Liberman, und tobt: »Sag mir, Genosse, wo steckt eigentlich dieser Sozialismus. Ich habe nur einen Anzug, und jetzt reißt mir die Hose. Unser Genosse hier hat einen Haufen Anzüge, und obwohl er im Studentenheim wohnen kann, hat er sich eine Wohnung gemietet. Er lebt das Leben der High Society. Er geht zum Tanzen und nimmt die Mädchen, die er dabei kennenlernt, mit in seine Wohnung. Wo ist er denn nun, dieser Sozialismus?!« Das ist in dieser Zeit durchaus systemkritisch und nicht ohne Risiko.

Auf der anderen Seite erleben die Studienkollegen ihn aber auch als einen scharfen Mini-Stalin, der mit schneidender Stimme alles öffentlich an den Pranger stellt, was von der vorgegebenen Linie abweicht. Vermutlich ist er auch ein Informant des Geheimdienstes, denn als Komsomolzen-Chef seiner Studiengruppe gehört er der inoffiziellen Gedankenpolizei an und hat die Aufgabe, seinen Bereich an der Universität zu säubern von allen Gedanken und Denkern, die nicht konform sind mit den Gedanken des großen roten Gottes im Kreml. Diesen zu rühmen, wird Gorbatschow auch nie müde.

Eine solche Funktion erwirbt und behält man vermutlich nicht ohne eine ausreichend große Zahl von Denunziationen. Man wird später im KGB-Archiv ein Bewerbungsschreiben Gorbatschows aus dem Jahr 1955 finden, mit dem er sich nach dem Examen vergebens um eine Beschäftigung als Mitarbeiter des Geheimdienstes bemüht. Niemand kann in dieser Zeit Michail Gorbatschow für einen Liberalen halten, und auch er selbst wird erst viel später im Kreml entdecken, daß er einer ist.

Gleichzeitig erliegt er aber auch dem diskreten Charme der Bourgeoisie. Es gibt eine neue Liebe. Sie heißt Nadeschda Michailowa. Schwarzes Haar, grüne Augen. Tochter eines Adeligen, der sich als Oberst des Zaren geweigert hatte, auch der Roten Armee zu dienen. Nadeschda ist arm wie eine Kirchenmaus, sieht man von den Extrawurst-Rationen ab, die der Vater als Rechnungsführer im Ministerium für die Nahrungsmittelindustrie mit nach Hause nehmen kann. Die siebenköpfige Familie Michailow lebt in nur noch zwei Zimmern. Trotzdem will Nadeschda nicht von ihrer aristokratischen Hochnäsigkeit lassen. Sie spielt mit dem intelligenten jungen Bauerntölpel aus dem Nordkaukasus wie mit einem Wildpferd, hält ihn für einen der interessantesten Männer ihrer Studentenclique, denkt aber nicht daran, sich unter ihr gesellschaftliches Niveau zu begeben und diese Freundschaft ins Bett zu verlagern. Ein Mädchen wie sie träumt von einem großen, schlanken, eleganten Mann aus einer Großstadt wie Moskau und Leningrad. Michail aber ist eher klein und untersetzt und vom Dorf.

Sie entschädigt ihren glücklosen Verehrer nicht nur mit Lebensmittelbeihilfen, sondern auch mit Lektionen in guten Manieren, feinerer Lebensart – und sie öffnet ihm den Blick für die Kunst, insbesondere für die französischen Impressionisten.

Die Aristokratin bleibt unverheiratet, wird aber eine lebenslange Freundin Gorbatschows sein. Wenn er später von seinem heimatlichen Parteiherzogtum Stawropol häufiger nach Moskau reisen muß, wird er sie regelmäßig besuchen. Er wird dann mit ihr über alte Zeiten sprechen, manchmal auch ein wenig über Politik (»Ich glaube, Breschnew mag mich«). Er wird sich nach öffentlichen Redeauftritten von ihr seine Rückfälle in den nordkaukasischen Dialekt kritisieren lassen. Er wird mit ihr über seine Familie sprechen, über die besorgniserregende Nervosität seiner Tochter Irina. Er wird auch über gelegentlichen Ärger in seiner Ehe mit Raissa grummeln. Nadeschda Michailowa wird der Gorbatschow-Biographin Gail Sheehy glaubwürdig versichern, daß es nie eine sexuelle Beziehung zwischen ihr und Michail Gorbatschow gegeben hat, daß aber ihre Freundschaft und Verbindung über all die Jahre gehalten hat.

Vielleicht wäre es eine gute Methode, Ehekrisen schneller zu überwinden, wenn die Ehepartner einander ein Besuchsrecht bei verblichenen Liebschaften einräumen würden. Das bringt sie um die süßtraurige Illusion der verpaßten Chance oder falschen Wahl und fördert das Bewußtsein dafür, daß man sich an der Asche einer alten Jugendliebe zwar noch ein wenig wärmen kann, daß aber kaum noch etwas zu erspüren ist von dem alten Feuer. Das stärkt den Rückkehrwillen zum heimischen Herd. Und der heißt bei diesem Mann eindeutig Raissa Maximowna.

In Raissa findet Michail Gorbatschow den Schleifstein, der ihn über viele Jahrzehnte hin heißreiben wird. So heiß, daß das ganze Sowjetsystem an ihm verbrennen wird.

Er lernt sie in Moskau kennen; sie leben im gleichen Studentenwohnheim. Die Philosophiestudentin Raissa Maximowna Titarenko ist der absolute Star in diesem Haus. Alle sind hinter der gertenschlanken Kleinen her. Sie ist nur 159 Zentimeter groß, aber diese Augen! Große, dunkle, forschende Augen, und doch ein wenig geheimnisvoll geschnitten, was einen fernen Ahnen aus Asien vermuten läßt. Und dieser Mund! Eine schwungvolle Oberlippe über einer fleischigen Unterlippe. Was tut man nicht alles für den Traum, die russische Seele, die in diesem federleichten Frauenkörper stecken muß, zu zünden! Aber Raissa Maximowna hat sich die Attitüde einer unnahbaren Frau gegeben. Sie läßt alle abblitzen, entmutigt die Bewerber mit einem einzigen, abschätzenden Blick.

Michail Gorbatschow knackt diese Festung nicht mit Charme, nicht mit Süßholzraspelei, auch nicht auf die kosakische Draufgänger-Tour, sondern durch dröhnendes Gelächter.

Er lacht sich schief an der Tür zum Tanzsaal, in dem Raissa Tanzunterricht hat und sich mit Michail Gorbatschows Freund Topilin abmüht. Gorbatschow selbst gehört nicht dem Tanzkurs an, aber er brüllt geradezu vor Spottlust über dieses komische Paar. Die kleine, lebhafte Raissa und der riesengroße, linkische Bauerntrampel Topilin. Als er sich ausgelacht hat, drängt er seinen Freund weg, sagt »jetzt laß mich mal«, greift sich Raissa, findet mit ihr sofort den Rhythmus – und ist auf der Stelle in sie verliebt.

Tagelang läuft er wie in Trance durch Moskau und durch die Räume des Studentenheims, ist nicht ansprechbar. Raissa erklärt sich nicht, schmettert ihn nicht ab, ermutigt ihn aber auch nicht deutlich, verbarrikadiert sich weiterhin hinter ihrer stolzen Unnahbarkeit. Aber es ist nicht wirkliche Arroganz, sondern nur eine Maske, hinter der sie all die Unsicherheiten ihres bisherigen Lebens verbirgt.

Sie, die jeder für eine Prinzessin halten möchte, kommt aus Not und Heimatlosigkeit. Ihr Vater ist ein ukrainischer Eisenbahnarbeiter, der mit der Familie von Baustelle zu Baustelle zieht, von denen jede in Sibirien liegt. Die Mutter hat erst als Erwachsene Lesen und Schreiben gelernt und stammt aus seiner Bauernfamilie, die von Lenin mit Land beschenkt, von Stalin als Kulaken und Trotzkisten verfolgt wurde, aber niemals begriffen hat, was ein Kulak oder ein Trotzkist eigentlich ist.

Raissa ist viel herumgekommen in den 20 Jahren ihres Lebens, aber nur von einem Drecknest ins andere, ist trotz ihrer brillanten schulischen Leistungen – sie darf als Goldmedaillengewinnerin in Moskau studieren – noch immer eine Provinzlerin auf der Suche nach Klasse, Kultur, nach dem Mittelpunkt der Welt, nach Erfolg und einem festen Platz fürs Leben.

Sie ist intelligent, saugt das Wissen auf wie ein trockener Schwamm und weiß doch, daß das alles nicht reichen wird für einen Aufstieg aus eigener Kraft. Denn das Sowjetsystem ist ein Männersystem. Es akzeptiert Frauen zwar als Ärztinnen und Lehrerinnen, weist ihnen ansonsten aber nur harte körperliche Arbeit und das Schlangestehen vor den Läden zu. Raissa wird einen Mann als Werkzeug ihrer eigenen Intelligenz benötigen, also will sie sorgfältig wählen und sich die Meute durch abwehrende Blicke vom Leib halten.

Es dauert eine Weile, bis sie erkennt, was sie an diesem Michail Gorbatschow fasziniert, bis sie weiß, daß sie mit diesem Mann einen ungeschliffenen Diamanten entdeckt hat. Es ist, als hätten sich beide im anderen wiedererkannt. Die lebendigen, großen Augen, der sinnliche Mund, die wache Intelligenz, das schöne Gesicht, der brennende Ehrgeiz – und in beiden das schon länger perlende Gefühl, zwar als armer Leute Kind geboren zu sein, aber kurz vor der Verwandlung in ein Königskind zu stehen. Es wird nun Raissas Sache sein, die verwirrenden Eigenschaften, Widersprüche und Talente dieses Mannes zu verbinden zu einem unwiderstehlichen Erfolgssystem.

Denn noch immer haben wir es mit einem Michail Gorbatschow zu tun, der allen ein Rätsel ist. Ein Mann, in dem viele Charaktere verborgen sind. Er war aus Priwolnoje gekommen als kosakischer Temperamentsbolzen und zugleich als unappetitlicher Kriecher auf der Schleimspur der Partei. Seine Kommilitonen haben in ihm den warmherzigsten Freund kennengelernt und zugleich ihren kältesten Apparatschik. In Moskau gefällt er Studenten, Lehrern und Genossen als ungekünstelter Dynamiker der frischfröhlichen Bauernart; er selbst aber bemüht sich um sprachliche Ausdruckskraft, um die Eleganz und Kunstsinnigkeit der intellektuellen Bourgeoisie. Seine politischen Freunde haben ihn als offenen Kritiker der Verhältnisse erlebt und zugleich als glühenden Vergötterer Stalins. Er ist die Gutmütigkeit in Person und kann sich von einer Minute zur anderen in einen brutalen Durchsetzer seiner Interessen verwandeln.

Da paßt zwar nichts zusammen, aber alles ist in seinem Seelenspeicher vorhanden und steht auf Abruf bereit. Er hat alles, was der Homo sowjeticus für den Marsch nach oben benötigt. Raissa wird die widersprüchlichen Talente und Gefühle dieses Michail Gorbatschow trainieren, polieren, koordinieren. Sie wird mit ihm die Strategien für die Zukunft, die Pläne für den nächsten Tag, die Taktik für das nächste Vorhaben ausarbeiten. Die beiden sind nicht nur ein Paar, sondern ein Team, wie es bis dahin in der Geschichte der Partei noch keines gegeben hat. Raissa ist für Michail Gorbatschow viel wichtiger als es die Krupskaja für Lenin gewesen ist.

In den kommenden Jahrzehnten werden zwischen den beiden nicht selten die Fetzen fliegen, aber keiner von ihnen wird jemals mehr glauben, daß er mehr sein könnte als nur die Hälfte eines Ganzen. Es wird noch vier Jahrzehnte später für Freunde, auch Feinde und für journalistische Beobachter faszinierend sein zu sehen, wie sie einander mit den Augen suchen, ermuntern, streicheln, auch dann, wenn sie sich unbeobachtet fühlen. Wenn er zärtlich ist, nennt er sie Raja. Wenn er spöttisch ist »mein General«. Ansonsten ist sie für ihn immer Raissa Maximowna. Die ehrende Ansprache mit dem Vaternamen ist in russischen Ehen eine ganz besondere Respektbekundung.

Die beiden heiraten 1953. Ein rauschendes Fest im Studentenheim, finanziert aus einem Sonderfond, den die Komsomolzen für Ereignisse dieser Art bereithalten. Die Partei hat Michail Gorbatschow im Vorjahr, als er erst 21 Jahre alt war, schon als Vollmitglied aufgenommen. Am Ausstattungsgrad seines Hochzeitsfestes kann er sehen, daß er als Funktionär der fortgeschrittenen Art eingestuft ist. Daß er in der Nomenklatura der 300 000 wichtigsten Genossen des 150-Millionen-Reiches angekommen ist.

Die Partei läßt es an diesem Abend an nichts fehlen, außer an einem Bett für die Hochzeitsnacht. So räumen Gorbatschows Gefährten den Schlafsaal und lassen dort Michail und Raissa eine ganze Nacht lang allein. Am nächsten Tag muß Raissa wieder zurück in den Mädchentrakt des Studentenheimes.

Die Feuerprobe erfährt diese Ehe zwei Jahre später, nach dem Abschluß von Michails Jurastudium. Stalin ist schon zwei Jahre tot, der jetzt herrschende Nikita Chruschtschow hat die Lager öffnen lassen. Zu Tausenden kehren rehabilitierte Genossen nach Moskau zurück, wollen wieder in ihre alten Würden und Ämter eingesetzt werden; es wird auf einmal sehr eng in allen Gliederungen der Partei. Besonders eng für Novizen und Schoßhündchen der letzten Stalin-Jahre wie Michail Gorbatschow. Es gibt wohl auch wieder zu Ansehen gekommene Genossen, die ihm etwas heimzuzahlen haben. Man bedeutet dem nun ausgebildeten Volljuristen Michail Gorbatschow, daß man ihn in Moskau nicht haben will und daß er sich gefälligst wieder dorthin begeben soll, wo er hergekommen ist, in den Nordkaukasus. In der Gebietshauptstadt Stawropol soll er dem Staatsanwalt als Untersuchungsbeamter zur Hand gehen.

Das ist im Grunde der totale Absturz. Stawropol. Eine Stadt ohne fließendes Wasser, ohne Gas, obwohl die Gasleitung vom Kaspischen Meer nach Moskau direkt an der Stadt vorbeiführt. An das Eisenbahnnetz ist sie nur über eine eingleisige Nebenstrecke angeschlossen. Stawropol. Gegründet als Festung gegen die Türken und Kaukasusvölker, ist es schon unter dem Zaren Verbannungsort für mißliebige Dichter wie Lermontow und Puschkin gewesen. Jetzt dient die Region als Abstellkammer für Genossen, die in Moskau in Ungnade gefallen sind. Und er selbst gehört nun auch bereits zu den Ausgemusterten. Dabei hat sein Aufstieg überhaupt noch nicht richtig begonnen. In seiner Niedergeschlagenheit stellt er seiner Frau frei, in Moskau zu bleiben und an ihrer Promotion, an ihrer eigenen Karriere zu arbeiten.

Nun aber zeigt es sich, was er an Raissa Maximowna hat. Während er in Trübsal versinkt, erkennt sie die Chance der neuen Lage: Wenn das Moskauer Gewässer mit Hechten und Haien überfüllt ist, dann ist Moskau auch nicht der richtige Platz, in dem sich ein talentierter junger Genosse entwickeln kann, selbst wenn er die ersten Runden übersteht. Warum also nicht zurück zu den Wurzeln und den Weg von Stawropol aus machen? Wer wird in dieser gottverlassenen Provinz im Süden einem mit so vielfältigen Fähigkeiten und Waffen gesegneten Mann wie Michail Gorbatschow auf die Dauer das Wasser reichen können? Und sie, Raissa, wird ihm dabei helfen. Wie sagt doch Lenin? Ein Schritt zurück, dann zwei Schritte vor! Jeder weite Sprung nach vorn beginnt mit dem Weg zurück für den Anlauf. Und ist es nicht schon zur Zeit des Zaren so gewesen, daß der Spielraum eines Mannes größer wird, je weiter er von der Zentrale in Leningrad oder Moskau entfernt lebt?

In Stawropol beziehen die beiden ein Zimmer, nach der Geburt ihrer Tochter Irina zwei Zimmer in einer Gemeinschaftswohnung. Dort finden sie sich in einem anregenden und inspirierenden Mikrokosmos der menschlichen Gesellschaft wieder. Ihre Nachbarn sind ein entlassener Oberstleutnant, ein Mechaniker einer Textilfabrik, ein Schweißer, ein Angestellter des Krankenhauses, alle mit ihren Familien, dazu noch vier alleinstehende Frauen.

Die unterschiedlichsten Biographien und Temperamente leben hier zusammen und formen möglicherweise ein Bild, das später Michail Gorbatschow einmal zu seiner Idee vom »Haus Europa« inspirieren wird, in dem es viele verschieden eingerichtete Zimmer unter einem gemeinsamen Dach gibt. Raissa Gorbatschowa wird später in ihrem Erinnerungsbuch »Leben heißt hoffen« über diese Zeit in der Gemeinschaftswohnung schreiben: »Es war ein kleiner souveräner Staat mit einer Vielfalt souveräner Staatsbürger. Ein Staat mit ungeschriebenen, aber allseits anerkannten Gesetzen. In ihm arbeiteten, liebten und trennten sich Menschen, tranken wie Russen, stritten wie Russen und vertrugen sich wieder wie Russen. Abends spielten sie Domino. Geburtstage wurden gemeinsam gefeiert. In dieser Welt ging es ehrlich, ungezwungen und menschlich zu.«

Man fühlt sich durchaus wohl, was aber in der Hauptsache daran liegt, daß Michail den verhaßten Job bei der Staatsanwaltschaft schon nach zehn Tagen wieder aufgeben kann, weil sein alter Förderer Grigori Gorlow eine bessere Arbeit für ihn hat. Gorlow ist so etwas wie der Partei-Pate der Familie Gorbatschow. Er hat schon mit Michails Großvater Pantelej Gopkalo zusammengearbeitet, hat als Bezirksaufseher der Partei über die Kolchosen für Michails Vater gesorgt, hat Michails Weg nach Moskau geebnet. Jetzt schlägt er seinen Parteigenossen den jungen, in Moskau studierten und im Komsomol bewährten Genossen Michail Gorbatschow für das Amt des stellvertretenden Leiters der ideologischen Abteilung des Komsomol für die Stadt Stawropol vor.

Das klingt zunächst nach gar nichts, öffnet aber den Weg in die Öffentlichkeit. Denn mit diesem Amt ist er so etwas wie der Propagandatrommler des Parteinachwuchses für die Stadt Stawropol geworden, findet damit Zugang zu wichtigen Genossen. Diese erkennen Gorbatschows Fähigkeiten, seinen Einfallsreichtum, schätzen seinen Charme, seine durch nichts zu erschütternde Loyalität gegenüber seinen Vorgesetzten. Ein Mann, den jeder gern in seine Seilschaft einbinden würde.

Seilschaft ist das Schlüsselwort für den Aufstieg in einem System. Auch in den westlichen Demokratien und Firmenhierarchien, aber viel mehr noch in den sozialistischen Ländern. Denn anders als in Demokratien, wo Politiker immer Mehrheiten gewinnen müssen, um von ihnen in höhere Ebenen hinaufgewählt zu werden, muß man in autoritären Systemen auf die Berufung durch seine Vorgesetzten warten. Und das bedeutet bedingungslose persönliche Loyalität. Keiner wird sich mit Leuten umgeben, die er nicht schon länger kennt und die er nicht ausprobiert hat. Wer oben ist, egal auf welcher Ebene, will sich auf seine Nachgeordneten verlassen können und feuert gnadenlos beim geringsten Anzeichen einer Abweichung von der vorgegebenen Linie. Denn auch der da oben weiß sich an solche Linien gebunden durch jene, die noch weiter oben stehen.

Andererseits braucht auch ein Funktionär des Sozialismus Untergebene, die ihren Spielraum mit Kreativität, Tatkraft und Intelligenz nutzen. Auf diese Weise ergibt sich in der sowjetischen Chef-Untergebenen-Beziehung ein merkwürdiges Doppelspiel: Man zieht gemeinsam ohne Rücksicht auf andere oder auf die Vernunft die von oben ausgegebene Parteilinie durch und denkt gleichzeitig ziemlich frei, aber intern, über Alternativlösungen nach, die man dann schnell aus der Schublade ziehen kann, sobald sich die aus Moskau vorgegebene Parteilinie ändert.

Mit diesem Doppelschwung aus Loyalität und Konspiration werden überall im real existierenden Sozialismus des 20. Jahrhunderts die Seilschaften der Macht geknüpft. Gorbatschow ist perfekt in diesem Spiel. Er ist seinem jeweiligen Herrn ergeben wie ein Hund und gleichzeitig ein einfallsreicher Pläneschmied.

Seine Vorgesetzten in Stawropol befördern ihn bald zum Chefpropagandisten des gesamten Gebiets und bugsieren ihn 1962 – noch immer zieht Grigori Gorlow die Fäden für ihn – ins Blickfeld des nächsthöheren Paten. Das ist Fjodor Kulakow, der Erste Parteisekretär der Nordkaukasus-Region. Kulakow darf in seinem Fürstentum schalten und walten wie er mag, so lange es dem Generalsekretär im Kreml paßt. Und dem paßt die Anwesenheit Kulakows in Stawropol sehr gut, denn das bedeutet die Abwesenheit dieses dynamischen Mannes von Moskau. Kulakow, »Der Bauer aus Pensa«, war dort nämlich einmal ein wichtiger Mann, Stellvertretender Landwirtschaftsminister Rußlands, Anführer einer tüchtigen, großen Seilschaft, trinkfest, charismatisch, fürs große Ganze gemacht und nicht fürs kleine Karo, und deshalb nicht ungefährlich für Nikita Chruschtschow.

Diesem Kulakow, der noch immer beste Verbindungen nach Moskau unterhält, dient nun Michail Gorbatschow als Talentsucher für die nordkaukasischen Parteikader. Nebenbei läßt er sich, um dem studierten Landwirtschaftsexperten Kulakow zu imponieren, an der Landwirtschaftshochschule Stawropol zum Agronomen ausbilden.

Gleichzeitig kommt nun auch die Karriere Raissa Gorbatschowas in Gang. Sie wird Dozentin der Stawropoler Hochschule. Es gehört bald zum guten Ton der örtlichen Parteischickeria, Philosophie-Vorlesungen dieser schönen jungen Frau zu besuchen. Die sind zwar, anders geht es nicht, marxistisch-leninistisch gefiltert, werden aber trotzdem zum intellektuell Anspruchsvollsten gezählt, was man in dieser abgelegenen Provinzhauptstadt zu hören kriegt. Zu den schönsten und das Image der Gorbatschows fördernden Klatschgeschichten in Stawropoler Parteikreisen gehört die Sache mit dem Agronomie-Studenten Michail Gorbatschow, der jede Woche einmal im Seminarraum erscheint, um sich von der Seminarleiterin Raissa Gorbatschowa unterrichten und in Diskussionen als unwissender philosophischer Anfänger vorführen zu lassen.

Das gehört zum Spiel der beiden Dauerliebenden. Denn alle wissen, wie nah die beiden einander sind. Es gelingt offensichtlich nicht einmal ihrer Tochter Irina, in diesem sehr beschäftigten Team einen Platz zu finden, in dem sie mehr wäre als nur ein Anhängsel dieses Paares. Die zukünftige Ärztin Irina ist ein nervöses Kind und wird von Ängsten und dem Gefühl des Verlassenseins gepeinigt, wann immer Raissa sie zu spät aus dem Kinderhort abholt. Raissa Gorbatschowa schreibt in ihrem Erinnerungsbuch: »Sie weinte und fragte ständig: Hast du mich vergessen? Läßt du mich nicht allein?«

Die beiden Gorbatschows bringen in Stawropol auf privater Ebene die Parteileute auch mit Künstlern und Querdenkern zusammen, die das Wohlwollen Moskaus verloren haben. Der Kreml ist weit, andererseits aber, wenn es ernst wird, auch sehr nah. Und nun hat Chruschtschow eine ernste Sache vor, bei der sich das ganze Doppeldenk-System einer guten Seilschaft entfalten muß.

Kulakow und Gorbatschow sind Landwirtschaftsexperten, wissen nur zu gut, daß Chruschtschows Idee, das dünne Grasland in der windigen Steppe umzupflügen und in Ackerland zu verwandeln, mit einem Riesenfiasko und gewaltigen Staubstürmen enden wird. Aber sie setzen das Programm ohne Rücksicht auf die Folgen in ihrem Gebiet durch. Und denken gleichzeitig bereits über Lösungen der landwirtschaftlichen Probleme für die Zeit nach Chruschtschow nach.

Wie wenig gesichert die Position einer Nummer eins in Moskau wirklich ist, kann Gorbatschow von Stawropol aus beobachten. Sein Chef Fjodor Kulakow lädt im Auftrag vom Michail Suslow andere Provinzfürsten und Freunde aus Moskau zu einem kurzen Angelurlaub ein. Dabei bereiten sie den Putsch gegen Chruschtschow vor. Die neue Nummer eins soll Leonid

Breschnew werden. Der gilt als phantasieloser, polternder Leerkopf, der den wahren Profis wie Suslow oder Kulakow nicht ins Handwerk pfuschen soll.

Der Putsch geling 1964, Kulakow aber hat Breschnew unterschätzt, muß bis 1970 warten, ehe er nach Moskau zurückkehren darf. Er übergibt seinen bisherigen Job in Stawropol an Michail Gorbatschow, und der kann nun endlich einmal einen Großversuch mit einer Landwirtschaftsreform starten. Sein neuer Chef im Zentralkomitee, der Leiter der Abteilung Landwirtschaftspolitik, segnet das Experiment ab. Er heißt Fjodor Kulakow.

Gorbatschows Idee heißt »Sweno«. Sie koppelt die Entlohnung der Kolchosebauern an ihre Ernteerträge. Schon erwacht deren Engagement, und die Produktionsergebnisse der 1500 nordkaukasischen Versuchsgruppen steigen bis zum Jahr 1976 auf das Sechsfache. Als Miturheberin dieses Erfolgs darf sich auch Raissa Gorbatschowa sehen, hat sie doch einige Jahre zuvor für ihre Dissertation eine Untersuchung der Lebens- und Arbeitssituation auf dem Land nicht auf die übliche Tour durch die Archive, also durch abgelegte Redemanuskripte der Bonzen und ruhmreiche Parteibeschlüsse gemacht, sondern ist mit Gummistiefeln über die Dörfer gezogen und hat die Menschen gefragt, wo sie der Schuh drückt. Die Erkenntnisse aus ihrer Untersuchung sind in Gorbatschows »Sweno«-Programm eingeflossen.

Doch die Dinge in Moskau haben sich inzwischen anders entwickelt als geplant. Breschnew ist keine Galionsfigur, sondern übt die ihm übertragene Macht auch tatsächlich aus und hat schließlich für 1977 eine neue, gigantische Idee mit der Landwirtschaft: Weg mit diesen kleinkarierten Fummeleien. Von jetzt an sollen ganze Bataillone von Traktoren, Sämaschinen und Mähdreschern, gesteuert von gebietsfremden Fachkräften, von Dorf zu Dorf rollen, von Region zu Region und das Pflügen, Säen und Ernten übernehmen. Als guter Homo sowjeticus wirft sich Gorbatschow sofort ins Zeug für diese neue alberne Idee und begräbt seine erfolgreiche eigene Idee und den lockeren Humus seiner Ackerböden unter dem bodenverdichtenden Gewicht der Breschnewschen Maschinenmonster. Denn er weiß, daß die brillanteste eigene Idee nichts wert ist gegen den dümmsten aller Einfälle, wenn dieser nur aus dem Kreml kommt.

Die Gorbatschows lassen sich davon nicht entmutigen. Sie warten nicht auf die Stunde, in der in Moskau ihr Gönner Kulakow als Breschnews Kronprinz das große Los ziehen könnte, um seine Vasallen in den Kreml nachziehen zu können. Die Gorbatschows haben sich längst auch in andere Seilschaften hineingeschlichen, die am Hofe Breschnews Einfluß haben. Diese Beziehungen verdanken sie vor allem dem glücklichen Umstand, daß die mächtigen Männer im Kreml alt, nicht mehr bei bester Gesundheit sind, häufiger ihre Urlaube und Erholungszeiten an heilsamen Quellen verbringen müssen und daß die berühmtesten aller sowjetischen Heilbäder, Mineralnyje Wody, Kislowodsk und Pjatigorsk im Nordkaukasus liegen, also im Territorium des Gebietsparteichefs Gorbatschow. Das bringt ihn in eine Rolle, in der er sich als großartiger Gastgeber und Organisator präsentieren kann.

Die vielen netten kleinen Aufmerksamkeiten dieses Gebietssekretärs! Die Perfektion, mit der dieser tüchtige, junge Genosse ihre Kuraufenthalte gestaltet! Der Charme dieses Mannes und seiner hübschen Frau! Die Ehrerbietungen, die sie ihnen und ihren Familien erweisen! Die südländische Heiterkeit, die Gorbatschow bei den abendlichen Geselligkeiten und bei den Ausflügen in die Berge ausstrahlt! Das alles schafft Sympathie, Bindung – und auch die Atmosphäre für offene Gespräche, abseits der offiziellen Parteilinie. Auf diese Weise wird Kulakows Zögling Gorbatschow auch zum Lieblingsgenossen dreier weiterer wichtiger Männer im Kreml und übersteht das plötzliche und rätselhafte Dahinscheiden Kulakows ohne Karriereknick.

Drei Männer – Leonid Breschnew, Michail Suslow und Juri Andropow – ebnen ihm Schritt für Schritt den Weg in die Schlüsselstellungen des Zentralkomitees und schließlich ins Politbüro, obwohl diese drei Männer unterschiedliche Interessen verfolgen.

Wie hat Michail Gorbatschow das gemacht?

Er macht Leonid Breschnew, der sich nicht im Kaukasus

erholt, sondern in der georgischen Nachbarregion am Schwarzen Meer, die Aufwartung mit dem Vorwand, eine Riesenidee für eine gigantische Schafzucht zu haben. Er schmeichelt sich damit bei Breschnew als Wunderknabe einer künftigen, derzeit aber noch chancenlosen Generation ein, die aber schon jetzt genug Dampf haben könnte, Breschnews Hauptrivalen so ausgiebig zu beschäftigen, daß sie ihn, den kränkelnden Generalsekretär, in Ruhe lassen müßten.

Es gelingt ihm auch bei Michail Suslow, dem Chefideologen und obersten Hüter des Gleichgewichts in der innerparteilichen Machtstruktur, dem obersten Weichensteller für die personelle Zukunft der Partei. Suslow hat seit seiner Zeit als Stalins Kulakenjäger eine Vorliebe für den Nordkaukasus und seine Menschen. Möglicherweise gibt es da sogar noch eine Erinnerung an Gorbatschows Großvater Pantelej Gopkalo. In Gorbatschow sieht Suslow zwar einen dynamischen, aber vernünftigen, zu keinen extremen Ansichten neigenden Genossen und damit einen vielversprechenden Mann für eine ruhige Weiterentwicklung der Kommunistischen Partei der Sowjetunion.

Und es gelingt Gorbatschow ganz besonders gut bei Juri Andropow, dem Hauptrivalen Suslows um die Breschnew-Nachfolge.

Andropow, der Geheimdienstchef, ist ein Mann, den man auf zwei verschiedene Weisen sehen kann. Auf der einen Seite ist er Moskaus bösester Terrorist der Nach-Stalin-Zeit, Organisator der brutalen Niederschlagung des Ungarn-Aufstandes von 1956 durch die Rote Armee, verantwortlich für die Hinrichtung vieler Freiheitskämpfer, für die Verfolgung Andrej Sacharows und anderer regimekritischer Intellektueller. In seine Amtszeit als KGB-Chef fällt das Attentat auf den polnischen Papst Johannes Paul II. durch den Türken Ali Agca, von dem aus Fäden zum bulgarischen Geheimdienst führen, der wiederum berüchtigt ist für seine von keinem anderen östlichen Geheimdienst übertroffene Bereitschaft, im westlichen Ausland riskante Drecksarbeit für den KGB zu verrichten.

Dieser Juri Andropow ist auf der anderen Seite aber auch ein sensibler Schöngeist, der heimlich Gedichte schreibt, selbst von einem lebendigen, freiheitlichen Sozialismus träumt und – dieses Bild zeichnet sein Sohn Igor von ihm – wie ein Hund darunter leidet, daß er, um den Sozialismus überhaupt noch in eine bessere Zukunft hinüberretten zu können, so hart durchgreifen muß, weil seine Genossen im Politbüro die Entwicklung verschlafen und das System ruinieren. Keiner weiß besser als Juri Andropow, der sich auf die alles erfassenden scharfen Augen des KGB verläßt, wie verhängnisvoll sich die Lage im Sowjetreich zuspitzt. Die Wirtschaftsentwicklung ist zum Stillstand gekommen. Die Industrie ist auf eine minimale Investitionsrate heruntergedrückt worden, so daß jede Maschine, die in der Sowjetunion etwas produziert, im Schnitt noch 50 Jahre halten muß, ehe sie ersetzt werden kann. Die Menschen sind lustlos, krank, ohne Hoffnung. Sechzig Jahre nach der Oktoberrevolution verharrt die Seele der Russen noch immer in der Lethargie, die in jenen mittelalterlichen 300 Jahren eingeätzt worden ist, als es für jeden Russen sinnlos war, über den Augenblick hinauszudenken und größere Anstrengungen zu beginnen, weil jeden Moment die nächste mongolische Reiterhorde um die Ecke kommen und ihn berauben, verschleppen, töten könnte.

Die einzigen Dynamiker sind um 1980 die Leute vom organisierten Verbrechen. Dieses boomt, denn je knapper in der sowjetischen Mangelwirtschaft die begehrten Güter, desto einträglicher wird die illegale Verschiebung der Produktion auf dem Schwarzmarkt. Der ganze Clan um Breschnew und viele andere Seilschaften in der Partei sind bereits voll korrumpiert und drücken bei den Geschäften der Mafia-Clans alle Augen zu.

Die letzte Organisation, die in dieser Hinsicht zumindest im Kern noch sauber ist, ist der Geheimdienst KGB. Die gegenseitige Überwachung und das Elitedenken derer, die sich als Schild und Schwert der Partei sehen, macht ihn weitgehend immun gegen Mafia-Geschenke. Mit der Hilfe seines KGB will der bereits schwer nierenkranke Juri Andropow ein Netzwerk tüchtiger, junger, unbestechlicher Genossen flechten, die diesen Sumpf trockenlegen und das System erneuern könnten.

Gorbatschow gehört zu diesem Kreis, aber er ist nicht der Star in Andropows Riege der Vor-Perestroiker. Da hat der KGB in den Kaukasus-Republiken und im Kral schon ganz andere Kaliber in Position gebracht, und die räumen bereits unter Breschnew gewaltig auf mit dem alten Schlendrian und der Macht der Schieberbanden: Edward Schewardnadse als Polizeichef in Georgien, Gajdar Alijew als Parteichef in Aserbaidschan, oder die beiden Männer, die in ihrer Machtbasis im Gebiet Swerdlowsk den Begriff »Glasnost« geprägt haben, und die damit die Transparenz der Machtausübung meinen, die offene Aussprache und das Nennen der Dinge beim Namen: Boris Jelzin und Alexander Ryschkow.

Aber Gorbatschow hat die meisten Befürworter im Politbüro. Die alten Männer dort berufen ihn in ihre Tafelrunde. Seine Stunde kommt, nachdem zwischen 1982 und 1985 in rascher Folge drei rote Zaren sterben: Erst Leonid Breschnew, dann Juri Andropow, schließlich Breschnews früherer Adlatus Konstantin Tschernenko. Nun sind die Alten fast alle weg, und der Generationskampf oder der Kampf zwischen Beton und Reform kann endlich ausgetragen werden. Gorbatschow ist der Mann, auf den sich die Gruppen im Politbüro am leichtesten einigen können. Die Glasnostiker und Perestroiker kennen in als einen der ihren; die überlebenden Betonkommunisten halten ihn für das kleinere Übel der reformerischen neuen Mehrheit im Kreml. Am 11. März 1985 ist Gorbatschow Generalsekretär, damit Herrscher über 260 Millionen Sowjetmenschen und Herr über das osteuropäische Vorfeld.

Nun beginnt eine heiße Jagd – und am Ende wird niemand mehr wissen, ob Gorbatschow der Jäger oder der Gejagte der bedeutendsten historischen Umwälzung der zweiten Hälfte des 20. Jahrhunderts ist. Nachdem der Prozeß unumkehrbar geworden ist, kann man wohl nur sagen, daß Michail Gorbatschow eine Reihe von Veränderungen einleiten wollte und auch mußte, deren Folgen weder von ihm noch von seinen Nachfolgern beherrscht werden konnten.

Wie alle Generalsekretäre der KPdSU, wie alle Zaren der russischen Geschichte zieht er in den Kreml als der große Magier ein, von dem das Volk seine Erlösung erhofft. Die Erlösungsworte Michail Gorbatschows heißen Perestroika und Glasnost. Umgestaltung und Offenheit. So etwas hat man in letzter Zeit schon öfter gehört. Fast schon ein abgestandenes Wort. Aber auch ein große Wirbelsturm fängt immer mit einem abgestandenen Stückchen heißer Luft an, das sich in Bewegung setzt. Und weil es diesmal endlich ein junger Erlöser gesagt hat, der die Bedeutung der Zauberworte Perestroika und Glasnost in einer einfachen und unverschleierten Sprache erklärt, so daß jeder Mensch in diesem Riesenreich sie verstehen kann, fängt die heiße Luft an zu rotieren. Eines löst das andere aus, bis der Sturm das ganze System durcheinandergewirbelt, die Sowjetunion zerstört und die Welt vollkommen verändert hat.

Die Geschichte ist bekannt. Wir können uns damit begnügen, im Zeitraffer noch einmal zusammenzufassen, wie in diesem Wirbel die Dinge nacheinander ausgelöst wurden.

Es beginnt damit, daß Gorbatschow nach dem von ihm durchgedrückten Generationswechsel auf allen Ebenen der Partei und des Staates mächtig genug wird, die Außenpolitik zu ändern. Er beendet den kalten Krieg, um aus dem teuren Rüstungswettlauf aussteigen zu können und endlich Finanzmittel für die Umgestaltung und Ankurbelung der sowjetischen Wirtschaft in die Hand zu bekommen.

Der Westen mißtraut ihm jedoch und wartet ab. Gorbatschow aber hat keine Zeit. Er braucht einen schnellen außenpolitischen Erfolg, um das Militär und die Betonköpfe ruhig zu halten. Sonst fegt ihn die Gegenreformation hinweg, bevor die Reformation überhaupt richtig begonnen hat. Als Beweis seiner Vertrauenswürdigkeit gegenüber dem argwöhnischen Westen beendet Gorbatschow den Einsatz der Roten Armee in Afghanistan. Außenpolitische Probleme werden fortan nicht mehr mit Gewalt gelöst, so lautet die neue Parole.

Das hören die Brudervölker im Warschauer Pakt und auch die nichtrussischen Regionen innerhalb der Sowjetunion gern, die ein Problem mit der Macht im Kreml haben. Sie drängen auf Abzug der Roten Armee auch bei ihnen. Denn wie soll die erwünschte neue Eigenverantwortlichkeit jedes einzelnen Betriebes, jedes einzelnen Arbeiters funktionieren, wenn ein ganzes Land, ob es nun Ungarn, Polen, Litauen oder Ukraine heißt, sich nicht selbst eigenverantwortlich regieren darf? Und wie soll Glasnost funktionieren, wenn man nicht auch all die Unterdrückung anprangern würde, die sich das Politbüro über das Zentralkomitee, das Zentralkomitee über die Partei, die Partei über die Sowjetunion, die Sowjetunion über ihre Bruderländer erlaubt?

Plötzlich sitzt Gorbatschow in der Glaubwürdigkeitsfalle. Die Umgestaltung hat er sich eigentlich ganz anders vorgestellt. Ein bißchen weniger Wodka am Arbeitsplatz, ein bißchen mehr Disziplin der Arbeiter bei der Produktion und der Manager im Umgang mit dem Budget und der Qualität und ein bißchen mehr Glasnost durch öffentliches Anprangern unfähiger Fabrikdirektoren und Parteibonzen – und schon, so hatte er sich gedacht, sei die Sowjetunion umgestaltet, der Weg in eine bessere Zukunft des Kommunismus frei.

Bis dahin hat er noch immer geglaubt, daß das marxistisch-leninistische System im Grunde gut, nur die Umsetzer schlecht gewesen wären. Es kommt ihm auch jetzt noch nicht in den Sinn, daß es das System selbst ist, das immer wieder neue Versager an die Schalthebel bringen muß.

Aber wozu hat Michail Gorbatschow so viele Charaktere in seinem Herzen? Nun, da der Weg zurück nur in einer persönlichen Blamage enden würde, läßt er den Kosaken los, der noch immer in ihm steckt und der all die Jahre die Kreide des Bürokratismus gefressen hat. Augen zu und nach vorne durch! Er entläßt die Vasallenvölker in die Freiheit. »Wer zu spät kommt, den bestraft das Leben«, heißt seine neue Parole. Er überläßt den Rumänen Ceausescu und den Deutschen Honecker ihrem Schicksal und verabredet mit dem wiedervereinigten Deutschland den Beginn einer wunderbaren Freundschaft. Atemlos hecheln Partei und Volk hinterher.

Dann muß er eine Pause einlegen. Denn der Ausverkauf einer Weltmacht empört die russischen Patrioten. Ein Militärputsch droht. Gorbatschow will es später zwar nicht gewesen sein und macht den KGB dafür verantwortlich, aber in Litauen wird nun auf Demonstranten geschossen. Diese Rücksichtnahme auf die Rechten oder deren Eigenmächtigkeit bringt ihn wiederum um die Unterstützung der Radikalperestroiker. Auch sein treuester Freund, der Georgier Schewardnadse, verläßt ihn und tritt als Außenminister zurück.

Während der Druck der Rechten immer größer wird, bringt ihn nun auch die reformerische Linke in Bedrängnis. Boris Jelzin präsentiert sich jetzt als der eigentliche Perestroiker und baut mit der Republik Rußland, dem Hauptbestandteil der Sowjetunion, eine Kraft auf, die Gorbatschows Sowjetunion bald zu einem Mantel ohne Inhalt macht.

Die bittere Erkenntnis der Wahrheit ereilt Michail und Raissa Gorbatschow schließlich in drei Schüben.

Da ist zunächst der Putsch eines »Notstandskomitees« am 19. August 1991. Ein gar nicht so schlecht vorbereiteter Coup, bei dem Gorbatschow mit seiner Familie in ihrem Urlaubsquartier am Schwarzen Meer festgehalten und isoliert wird. Raissa Gorbatschowa erleidet dabei einen schweren Schock, der später als eine Art Nervenzusammenbruch dargestellt wird, aber wie ein Schlaganfall aussieht. Ein Arm ist zeitweilig gelähmt; das Sprechvermögen gestört.

Der Putsch scheitert nicht deshalb, weil das Volk unbedingt Gorbatschow zurückhaben möchte. Denn erst kommt das Fressen und danach die Moral. Gorbatschows stürmische Reform hat den Leuten vor allem Verdruß durch Unordnung und größte Versorgungsprobleme eingebracht. Freiheit ja, aber keine Erlösung von den Übeln des Alltags. Im Gegenteil. Nicht einmal genug Wodka gibt es mehr. Die Barrikaden, die einige tausend Moskauer gegen das Notstandskomitee aufstellen, schützen nicht den Kreml, sondern das Weiße Haus, in dem Boris Jelzin die Republik Rußland regiert.

Wenn Jelzin schließlich nach zweitägigen dramatischen Verhandlungen mit den wankelmütigen Militärs die Niederlage der Putschisten verkünden kann, dann liegt das vermutlich daran, daß sich die Putschisten im Fernsehen gezeigt und dabei ein trostloses Bild leerer, phantasieloser, alter Männerköpfe abgegeben haben. Betonköpfe, in denen niemals ein Geistesblitz Funken schlagen könnte. Da unterstellen sich die Offiziere, auf die es in diesen Stunden ankommt, mit ihren Einheiten lieber dem Trunkenbold Boris Jelzin. Das ist wenigstens ein Kerl.

Der zweite Teil des bitteren Erwachens für Michail Gorbatschow kommt zwei Tage später: eine tiefe Demütigung durch Jelzin. Dem muß er vor dem Parlament Rußlands seinen Dank abstatten, und Jelzin führt seinen alten Kampfgefährten und späteren Gegner vor: Er zwingt ihn, eine Liste hoher KPdSU-Führer unter den Putschisten öffentlich vorzulesen und hüllt damit Gorbatschow indirekt in den Geruch eines Mannes, der heimlich mit dem Notstandskomitee konspiriert haben könnte. Dann zieht Boris Jelzin in gravitätischer Geste einen Füllfederhalter aus der Tasche und unterschreibt zur Verblüffung aller ein Dekret, das in der Russischen Republik die Kommunistische Partei bis zur Klärung der Hintergründe des Putsches von jeder Art Tätigkeit suspendiert.

So ist Gorbatschow nun Generalsekretär einer verbotenen Partei. Es bleibt ihm nichts anderes übrig, als von diesem Posten zurückzutreten und die Auflösung der Partei zu empfehlen. Nun ist er nur noch Präsident der Sowjetunion, aber die gibt es auch nur noch ein paar Wochen, dann wird sie von den sich unabhängig erklärenden Teilrepubliken aufgelöst. Der Wirbelsturm löst sich nun auf in regionale, aber anhaltende Gewitter.

Durch die dritte Bitternis geht Michail Gorbatschow bei den Präsidentschaftswahlen des Jahres 1996. Er ist zu jung fürs Altenteil, fühlt sich in seiner Moskauer Drei-Zimmer-Wohnung vergessen und um die Früchte seiner historischen Tat gebracht. Er hofft, da Jelzins Kraft in Alkohol und Krankheit versiegt, auf ein Bündnis der zersplitterten demokratischen Gruppen unter seiner Führung, auf einen Wiedereinstieg in die Politik. Der Wahlkampf wird ein Fiasko, bei dem es für ihn nicht einmal ein einziges Prozent zu ernten gibt. Denn der Mann, der den Russen die Freiheit gebracht hat, ist für die Russen im Jahr 1996 vor allem der Mann, von dem ihre alltäglichen Versorgungsnöte, die große Unsicherheit im Land und die Angst vor der Zukunft ihren Ausgang genommen haben.

Wo immer er in Rußland auch auftritt, wird Michail Gorbatschow beschimpft und beleidigt, einmal sogar geschlagen. Doch neben ihm steht ein Mensch im Sturm und weicht keinen Schritt von ihm: Raissa Maximowna.

Nelson Mandela

Geboren: 18. Juli 1918.
Der erste nichtweiße Staatspräsident Südafrikas.
Die besondere Lebensleistung: Ihm gelang das Happy-End
in einem unglückseligen Jahrhundert durch den nahezu
friedlichen Übergang Südafrikas vom weißen Rassisten-
Staat in eine tolerante, multirassische Gesellschaft.
Sein Liebesleben: Die Illusion einer großen Liebe erhielt
ihm in 27 Gefängnisjahren Kraft und Würde – und schuf
die vielleicht bitterschönste Romanze der Moderne.

Der weise Schwarze

Fernsehen, Flugzeug und Internet haben am Ende des zweiten
nachchristlichen Jahrtausends aus der Welt einen Schmelztiegel
gemacht, in dem unterschiedliche kulturelle Erbschaften zusam-
menfließen, so daß zu jeder Zeit an jedem Ort alles möglich
geworden ist. Wir haben uns bereits daran gewöhnt, daß Impo-
nier-Stampftänze archaischer Wilder auch von hochzivilisierten
Europäern vorgeführt werden.

Wir dürfen uns aber auch daran gewöhnen, daß von einem
schwarzen Afrikaner wie Nelson Mandela die klassische Rolle
des ehrwürdigen abendländischen Aristokraten übernommen
wird, der aus Familientradition und Verantwortungsbereitschaft
sein eigenes Leben vollkommen unaufgeregt dem Wohl der
ihm anvertrauten Klientel weiht. Nelson Mandelas Biographie
ist von dem Stoff, aus dem im europäischen Mittelalter königliche Heldensagen geschrieben wurden. Die Spur, auf der er sein
Leben ablaufen läßt, führt tatsächlich in feinsten alten Adel zurück.

Am 18. Juli 1918 wird Nelson Mandela als Ururenkel des 1832
verstorbenen Königs Ngubengcuka geboren. Ngubengcuka hat-

te in der Transkei verschiedene Clans zum Thembu-Volk zusammengeschlossen. Die Thembus sehen sich wiederum als Teil des Xhosa-Volkes. Ihre Clans lebten einst am Fuß der Drakensberge, aber seit dem 16. Jahrhundert sind sie auch in der gut bewässerten Hügellandschaft zu Hause, die sich zum Indischen Ozean hin erstreckt.

In langen, bitteren Kriegen haben sich die Xhosa im 19. Jahrhundert vergebens, aber sehr lang und tapfer gegen die Landnahme durch die Weißen gewehrt. Aber noch zu Beginn des 20. Jahrhunderts fühlen sich die Thembus wie alle Menschen des Xhosa-Volkes eingebettet in eine Ordnung, in der jeder seinen sicheren Platz hat. Jeder Thembu weiß sich von Familie, Clan und Königshaus beschützt. Der König ist kein Despot, sondern nur ein oberster Schiedsrichter in Streitfällen, die in einem großen Rat besprochen werden. Dieser Rat zieht das lange Palaver der schnellen Abstimmung vor. Nach afrikanischer Tradition hält man nicht viel von der europäischen Demokratie-Regel, nach der die Mehrheit ihren Willen der Minderheit aufzwingen darf. Man will die Gegensätze lieber auflösen über eine verständnisweckende, höfliche Aussprache, die dann über Respekt zu Konsens und Kompromiß führt.

Weiße spielen in der Transkei, mehr als tausend Kilometer von Kapstadt und 800 Kilometer von der Industriestadt Johannesburg entfernt, auch Anfang des 20. Jahrhunderts keine allzu große Rolle im Gefüge des Thembu-Volkes. Sie erscheinen dem kleinen Nelson Mandela, der zu dieser Zeit noch Rolihlahla heißt, als entrückte Götter, welche zwar mit Zauberdingen wie Maschinen und Autos umgehen können, aber mit dem wirklichen Leben der Familie, des Clans, des Stammes nichts zu tun haben.

Rolihlahlas Vater Gadla Henry Mphakanyisma aber weiß es besser. Die Weißen haben ihn als Häuptling des Dorfes Mvezo abgesetzt, ihn um seinen Wohlstand und um die ihm angestammte Rolle innerhalb der Thembu- und Xhosa-Gesellschaft gebracht.

Häuptling Mphakanyismas Großvater war ein Sohn des großen Königs Ngubangcaga, allerdings nicht der Sohn der Hauptfrau aus dem sogenannten Großen Haus, sondern der

Nebenfrau aus dem Haus Linker Hand. Deren Nachkommen, der Madiba-Clan, also auch Gadla Henry Mphakanyisma und sein Söhnchen Rolihlahla, kamen nicht für die Thronfolge in Frage, wurden aber Generation um Generation erzogen für die Beraterrolle im Königshaus. Die erbliche Hauptaufgabe der Männer aus dem Haus Linker Hand ist es vor allem, Streit innerhalb des Königshauses zu schlichten. Sie werden also trainiert auf Weisheit, Sprachgewandtheit, auf Verantwortungsbewußtsein und auch für die Aufgaben in der unteren Verwaltung des Stammes. Die Häuptlingswürde in den Dörfern bringt den Männern des Hauses Linker Hand neben einem Gehalt aus der Staatskasse der Weißen einen Anteil an den Gebühren für Weidelandnutzung oder Viehimpfungen.

Rolihlahlas Vater hat zwei Thembu-Königen als Berater und Reisebegleiter gedient; beim zweiten, Jongintaba, war er so etwas wie der eigentliche Königsmacher in einer umstrittenen Thronfolgekrise. Er genießt soviel Ansehen und Wohlstand, daß er sich vier Ehefrauen leisten kann.

Konflikte zwischen den Frauen sind selten und werden schon dadurch vermieden, daß eine jede mit ihren Kindern einen eigenen Kral bewirtschaftet. Das Große Haus dieses Häuptlings, sein Haus Rechter Hand, sein Haus Linker Hand und das sogenannte Unterstützende Haus liegen weit auseinander. Gadla Henry Mphakanyisma pendelt zwischen den Häusern hin und her.

Rolihlahla hat zwölf Geschwister, ist das älteste Kind im Haus Rechter Hand, aber nur der jüngste von insgesamt vier Söhnen des Häuptlings. Sein Name deutet darauf hin, daß sich zur Zeit seiner Geburt Gadla Henry Mphakanyisma entschlossen hat, dem Konflikt zwischen den Regeln des Thembu-Volkes und den Regeln der Weißen, in den er durch seine Häuptlingsrolle geraten war, nicht länger aus dem Weg zu gehen. Denn Rolihlahla heißt in der bildhaften Xhosa-Sprache »Am Ast eines Baumes ziehen« und bedeutet »Unruhestifter«.

Mit dem Unruhestiften fängt der Vater dann auch kurz nach der Geburt des späteren Nelson Mandela gleich selber an. In einer ziemlich banalen Streitsache – es geht um einen entlaufenen Ochsen – legt er sich mit dem Magistrat an, der weißen Aufsichtsinstanz für die schwarzen Häuptlinge. Als der Magistrat

Häuptling Mphakanyisma zum Rapport ruft, verweigert der den Gehorsam, geht nicht hin und richtet statt dessen die Xhosa-Botschaft aus: »Andihzi, ndisaqula.« Das heißt wörtlich »Ich komme nicht, ich rüste mich noch für die Schlacht« und ist eine traditionelle Xhosa-Redewendung im Sinne von Ihr-könnt-mich-mal. In jedem Fall eine Kampfansage, zu der er dann auch steht und für die er büßen muß.

Der Vater läßt sich lieber entlassen, den größten Teil seiner Herde wegnehmen und in die Armut verstoßen, aber er kuscht nicht mehr.

Die Mutter muß nun allein für ihr Auskommen sorgen, zieht mit ihrem Kind ein paar Täler weiter in das Dorf Qunu zu Verwandten und Freunden, arbeitet dort wie die anderen Frauen auf Pacht-Feldern, die der Regierung der Weißen gehören. Die Männer von Qunu schuften seit kurzem in den fernen Goldminen von Johannesburg und kommen nur noch gelegentlich nach Hause. Der kleine Rolihlahla hütet die Schafe und Kälber, wie es sich für einen Jungen aus dem alten Hirtenvolk der Xhosas gehört.

An der Ehe der Eltern ändert der Umzug nichts, denn der Vater kommt wie früher und wie bei allen seinen Frauen jeden Monat für eine Woche vorbei. Nur die Wege zu den Frauen sind nun länger geworden, was sich nach ein paar Jahren aber dadurch ausgleicht, daß die vierte und jüngste Ehefrau zu Rolihlahla und seiner Mutter nach Qunu zieht. Man geht in der afrikanischen Großfamilie tolerant miteinander um. Halbbrüder sind Brüder, sogar die Kinder des Bruders des Vaters gelten nicht als Vettern, sondern als Brüder.

Auch in religiöser Hinsicht lassen die Eheleute einander in Frieden und streiten nicht über ihre Götter. Die Mutter tritt der Methodistischen Kirche bei, aber der Vater hält mehr von der traditionellen Spiritualität der Xhosas. Diese geht von einer kosmischen Ganzheit aus, in der die Grenzen zwischen dem Heiligen und dem Profanen, dem Realen und dem Irrealen verschwimmen.

In Qunu leben auch Angehörige des Stammes der Mfengu. Das ist ein gestrandetes kleines Volk, das im Gefolge der Zulukriege und der innerafrikanischen Völkerwanderung zwischen

1820 und 1840 sein Heil in der Anpassung an die Weißen gesucht hat und nun als fleißige Priester, Lehrer, Polizisten, Dolmetscher und Angestellte eine Art Adapter zwischen der Kultur der herrschenden weißen Minderheit und der schwarzen Ureinwohnerschaft darstellen. Mfengu-Freunde überreden Rolihlahlas Mutter, ihren intelligenten kleinen Sohn doch in die christliche Missionsschule zu schicken. Der Vater weiß als Analphabet am besten, wie nützlich Bildung und wie hemmend die Unbildung ist. Er hat nichts dagegen, schneidet von einer seiner beiden Hosen die untere Hälfte der Beine ab, damit sein Sohn in der Schule der Weißen etwas anzuziehen hat.

Weil die Weißen mit dem Aussprechen und Merken afrikanischer Namen Probleme haben, wird Rolihlahla kurzerhand in Nelson umbenannt. Nachname wird nicht der Clan-Name Madiba, sondern Mandela. So hieß der Großvater. Nelson Mandela wird niemals erfahren, warum ihm die Lehrerin den Vornamen Nelson gab und keinen anderen. Man stellt besser keine Fragen, wenn man Verbindung aufnehmen oder halten will zur Welt der Weißen – und läßt sich christlich taufen.

Es ist, als wäre mit Nelson Mandelas Taufe ein Abschnitt zu Ende, als wären die Wurzeln zur afrikanischen Tradition gekappt worden. Der Vater stirbt bald darauf, als hätte er seine Aufgabe als erledigt gesehen.

Aber die Thembu-Gesellschaft reicht zwanzig Generationen zurück, ihre Bindungen sind reißfest. Die Verantwortung des Königshauses für seinen Berater Gadla Henry Mphakanyisma gilt auch über dessen Tod hinaus. Jongintaba, der amtierende Regent des Thembuvolkes, übernimmt die Vormundschaft für Gadlas Sohn Nelson Mandela, holt ihn in die kleine Residenzstadt Mqhekezwini.

Die Stadt ist ein Dorf, in dessen Mitte ein Areal liegt mit zwei Häusern im europäischen Stil, sieben blendend weiß getünchten afrikanischen Rundhütten, einem großen Garten und einem Maisfeld. Die Residenz des Herrschers Jongintaba. Daneben eine Kirche und davor ein Platz, über den sich der Regent von Zeit zu Zeit mit seinem Ford V 8 chauffieren und dabei vom Volk huldigen läßt.

Nelson Mandela wird in die Herrscherfamilie aufgenommen,

mit den gleichen Rechten, den gleichen Pflichten ausgestattet, mit den gleichen Kleidern und dem gleichen Essen versorgt wie die leiblichen Kinder des Regenten. Dessen einziger Sohn, Justice, wird Nelson Mandelas bester Freund. Eine Art großer Bruder. Zusammen gehen sie in die Schule, pflügen die Felder, hüten die Kühe, steigen den Mädchen nach. Justice ist ein extrovertierter Draufgänger, Nelson ein introvertierter Nachdenker. Beide fühle, daß sie sich ergänzen.

In Mqhekezwini kommt nun alles wieder zusammen, strebt nichts mehr auseinander, sondern fließt für immer ineinander, was den künftigen Volkshelden und Präsidenten Nelson Mandela ausmachen wird: Er ist wieder eingebettet in die afrikanische Gesellschaft, in die Familientradition, wird erzogen in den Denkweisen einer gelassenen, geschichts- und verantwortungsbewußten Aristokratie – und er kann weiterhin eine britische Methodistenschule besuchen, die zudem noch besser ist als die Dorfschule in Qunu. Hier und später an der Universität kann er sich auch ausrüsten lassen für die Regeln der weißen Zivilisation und für die Würde eines Anwalts britischer Tradition. Und damit für das angelsächsische Rechtsempfinden, das auch im römisch-holländischen Rechtssystem Südafrikas einen hohen Stellenwert hat und stilprägend ist.

Von Mqhekezwini aus läuft das Leben des Nelson Mandela hin auf eine Überwindung der auf Sieg oder Niederlage ausgerichteten europäischen Streitkultur, hin zur Konsenskultur des afrikanischen Palavers, hin zum südafrikanischen Wunder der neunziger Jahre. Das Ausbleiben der Katastrophe, die wundersam gelungene erste Etappe beim Übergang des Apartheid-Systems Südafrikas in eine tolerante multikulturelle Gesellschaft, wird vor allem Nelson Mandelas Verdienst sein; wird Ausdruck jener Grunderfahrung sein, die sich durch die Verbindung seiner britisch geprägten Schul- und Universitätserziehung und seinem afrikanischen Leben am bescheidenen Hof des Thembu-Regenten ergibt.

Eine solche Symbiose vollzieht sich nicht ohne Rückschläge. Ein prinzipieller Konflikt erschüttert ihn und Justice nach der Rückkehr von ihren ersten Studien- und Lehrjahren in die Residenz. Nelson hatte angefangen, sich für den politischen Kampf der Schwarzen um Gleichheit zu engagieren und war deswegen von der Universität von Fort Hare, der einzigen Schwarzen-Hochschule Südafrikas geflogen, noch bevor er einen akademischen Grad erwerben konnte. Nelson hatte dort Englisch, Anthropologie, Politik, Eingeborenen-Administration und römisch-holländisches Recht studiert. Justice hatte sich nach der Schule ein wenig in Johannesburg umgesehen. Nun sind sie wieder daheim. Der Regent, der nicht mehr bei guter Gesundheit ist, will für einen gesicherten Thronwechsel seinem Nachfolger Justice und seinem Ziehsohn Nelson Mandela Ehen arrangieren, die für das politische Gefüge der Thembu-Clans wichtig sind. Aber das ist dann der Punkt, an dem bei den beiden Freunden ihr afrikanisches Denken und ihre europäische Erziehung zusammenprallen müssen.

Als Afrikaner würden sie sich ohne Murren dem Wunsch des Königs, der ja nicht unvernünftig ist, fügen. Nun aber hat die Schule auch europäische Sichtweisen eingepflanzt, und deshalb sind Justice und Nelson Mandela verzweifelt bei der Vorstellung, ihr ganzes Leben mit Frauen verbringen zu müssen, die sie nicht lieben. Besonders kompliziert wird das Problem auch dadurch, daß Nelson weiß, daß die für ihn ausgesuchte Ehefrau für seinen Freund Justice schwärmt.

Nelson Mandela hat bereits einige kleine Affären hinter sich; er ist in seinen Beziehungen zu Frauen zu einem europäischen Romantiker geworden. Die Ehe ist für ihn keine einfache biologische und genealogische Angelegenheit mehr, sondern ein Wunder, das nur jene zusammenführen darf, die von einem besonderen Liebeszauber berührt werden. Nelson und Justice sehen sich in einer hoffnungslosen Entweder-Oder-Situation; Europa gegen Afrika. An Symbiose ist nicht zu denken.

Sie entscheiden sich für den europäischen Teil ihrer Seele und reißen aus. Ihr Startkapital für die Reise nach Johannesburg ist der Erlös aus zwei Ochsen, die sie dem König aus dem Stall stehlen und an den örtlichen Viehhändler verkaufen. Die beiden Freunde tauchen zuerst in einer Goldmine unter, verlieren dort ihren Job wieder, dann wird Nelson Mandela von einem Vetter mit dem Star der Schwarzen in Südafrika zusammengebracht: Walter Sisulu. Erfolgreicher Immobilienhändler, lokaler Führer des ANC, des African National Congress. Das ist die Dachorganisation für den Kampf um die Rechte der Schwarzen in Südafrika.

Nelson Mandela macht auf den acht Jahre älteren Sisulu einen guten Eindruck. Ihm erscheint der junge Aristokrat aus der Transkei ruhig, aber entschlossen zu sein. Und da Mandela schon ein wenig Studienerfahrung in der Juristerei hat, soll er doch versuchen, Anwalt zu werden. Sisulu weiß, daß er sowohl als Immobilienmakler als auch als Politiker ausgebildete Juristen um sich scharen muß. Sisulu vermittelt Mandela als auszubildenden Angestellten an eine jüdische Anwaltskanzlei und verschafft ihm damit eine Grundvoraussetzung für die spätere Zulassung Mandelas zu einem Jura-Fernstudium. Denn die dreijährige Lehrzeit gilt als Praktikum.

In Walter Sisulu hat Nelson Mandela nun seinen zweiten Ziehvater gefunden. Trotzdem ist er erleichtert, als der erste ihn ein Jahr nach der Flucht aus Mqhekezwini in Johannesburg aufspürt und zu sich bestellt.

Der Regent der Thembus verliert kein einziges Wort über die Tat, auch nicht über die gestohlenen Ochsen, auch nicht über die verweigerte Heirat. Er will nur wissen, ob es ihm gut geht. Er will wissen, was er tut und was er anstrebt. Aber er appelliert an Nelson, Justice zur Rückkehr in die Residenz zu bewegen. Der Kronprinz, dem leichten Leben mehr zugetan als der Verantwortung für sein Volk, lebt in Johannesburg mit einer Frau in wilder Ehe zusammen, hat keine Lust, in das Haus seines Vaters zurückzukehren.

Wieder streiten Afrika und Europa um Mandela. Zuerst lehnt er es ab, dem Ziehvater zu helfen, denn er sieht in der Freiheit des einzelnen einen höheren Wert als in der Tradition. Dann aber ändert er nach einem ausführlichen Gespräch mit einem Berater des Regenten seine Ansicht – und verliert damit die Freundschaft von Justice.

Sechs Monate später sehen sich die beiden Kindheits- und Jugendgefährten in Mqhekezwini wieder. Der Regent ist gestorben, beide kommen zu spät zur Beisetzung. Eine Woche hält sich Mandela in der Residenz auf, geht die alten Wege noch einmal ab und weiß dann, daß er über diesen Ort hinausgewachsen ist.

Noch bevor sich Justice, sich nun seiner Verantwortung für die Thembu-Clans bewußt, feierlich als Nachfolger des Vaters einsetzen läßt, reist Nelson Mandela ab. Sein Platz ist in Johannesburg; er hat zu viel gesehen, um nur dem Thembu-Volk und seinem Regenten dienen zu können. Er will wie Walter Sisulu allen Völkern Südafrikas ein guter Berater werden.

Auch wenn jetzt seiner Beratung keiner dringender bedarf als Justice. Der neue Regent kann sich nicht halten, wird nach einiger Zeit von der weißen Regierung abgesetzt.

Für Nelson Mandela ist die Rückkehr nach Johannesburg zunächst einmal eine Rückkehr in die Bedeutungslosigkeit. Und in die Armut. Das karge Gehalt in der Kanzlei Witkin, Sidelsky & Eidelman sorgt für Hunger im Magen. Aber er ist jung. Erfolgreich ist er hinter Ellen Nkabinde, einem Mädchen vom Swazi-Stamm, her, was für einen Xhosa eigentlich unschicklich ist. Erfolglos wirbt er ein Jahr lang um Didi, die Tochter seiner Zimmervermieterin in der Township Alexandra.

Er ist auch fleißig in seinen Studien, besteht die Prüfung und kehrt noch einmal zurück an die Schwarzen-Universität nach Fort Hare, wo man ihn einst wegen der Organisation eines Studentenprotestes fortgejagt hatte. Jetzt will er sich dort graduieren lassen. Bald darauf ist er Bachelor of Arts. Die erste akademische Stufe ist erreicht, das Vorzimmer der Juristerei betreten.

Im Jahr 1944 ist er 26 Jahre alt. Der Umstand, daß er sich mit seinem bescheidenen Lehrlingslohn nicht einmal selber richtig über Wasser halten kann, ist in der afrikanischen Großfamilie kein Hinderungsgrund für eine Eheschließung. Als Nelson Mandela Evelyn Mase heiratet, kommt das Paar erst bei Evelyns Bruder unter, dann bei ihrer Schwester, deren Mann Angestellter bei einer Minengesellschaft ist. Als man endlich eine eigene kleine Wohnung im Township West-Orlando, einem Teil des berüchtigten künftigen Schwarzen-Ghettos Soweto, zugewiesen bekommt, zieht erst seine Schwester Leabie zu ihnen, später zeitweilig auch seine Mutter. Dazwischen suchen noch zwei Geistliche, die im Kampf um die Rechte der Afrikaner aus ihren Gemeinden vertrieben worden sind, bei Nelson und Evelyn Unterschlupf. Man rückt zusammen, legt zusammen, hilft einander – und irgendwie werden dann schon alle satt und haben ein Dach über dem Kopf.

Evelyn Mase, ein niedliches Mädchen mit einem hinreißenden, breiten Kinderlächeln, ist eine Cousine von Mandelas Mentor Walter Sisulu. Nach dem Tod ihrer Eltern haben Walter und Albertina Sisulu Evelyn aus der Transkei zu sich nach Johannesburg geholt. Dort wird sie nun wie Albertina Sisulu in einem Krankenhaus für Nichtweiße zur Krankenschwester ausgebildet.

Nelson Mandela ist in der Liebe keineswegs unerfahren und hat bisher seine Freude vor allem in der Abwechslung gefunden. Doch nun ist er hingerissen von diesem stillen Mädchen. Nun hat es den Romantiker erwischt. Da ist er, der große Zauber, den nur die eine hat und keine andere.

Es geht nun alles Schlag auf Schlag. Zwischen Kennenlernen und Heirat vergehen nur ein paar Monate. Noch im selben Jahr wird ihr Sohn Thembekile geboren. Während er zu Hause in der Township Orlando in die wohlige Enge des afrikanischen Familienlebens eintaucht, aber auch den Schmutz, die Kriminalität und die alltäglichen Entwürdigungen zu erkennen lernt, den die schnelle Industrialisierung des Landes, die Entwurzelung der neuen schwarzen Arbeiterheere und deren Aufbewahrung in den Townships bescheren, entwickelt er seine zweite, europäische Identität in der Kanzlei der weißen Anwälte. Das Recht ist ein faszinierendes System für einen, der sich nach Gerechtigkeit sehnt. Selbst in einer ungerecht regierten Gesellschaft wie der südafrikanischen.

Der Wunsch, sich auf die Dauer nicht mit dem Beruf eines Zutreibers schwarzer Klienten und als schwarzer Handlanger für eine weiße Kanzlei zu begnügen und lieber selbst eine Zulassung als Anwalt anzustreben, treibt ihn noch immer um. Sisulus Freunde im African National Congress, aber auch ein schwarzer Kanzleikollege, der der Kommunistischen Partei angehört, bestärken ihn in diesem Wunsch. Die nächste akademische Hürde dahin wäre der Bachelor of Laws.

Als seine dreijährige Lehrzeit für den Kanzleiangestellten-Job zu Ende geht, ist Evelyn erneut schwanger. Nun wird er das kleine Einkommen aus der Kanzlei verlieren, und Evelyn wegen der neuen Mutterschaft ihren bescheidenen Lohn als Lernschwester. Gleichzeitig müßte er nun aber weiterstudieren.

Das Darlehen einer Wohlfahrtsorganisation macht es ihm möglich. 1947 schreibt er sich an der Universität Witwatersrand ein.

Seine Leistungen an dieser Hochschule sind nicht überwältigend. Kein Wunder, denn zu Hause ist das Unglück eingekehrt. Das Mädchen, das Evelyn auf die Welt bringt, ist kränklich. Die Eltern wachen Tag und Nacht an seinem Bett. Neun Monate dauert der Kampf um sein Leben, dann stirbt das Kind. Mandelas Frau versinkt in Depressionen. Nur selten gelingt es Nelson, Evelyns wunderbares Lächeln in diese Ehe zurückzuholen.

Evelyn und die Trauer um das Kind sind nicht seine einzigen Probleme. Sein Professor ist nicht von der Meinung abzubringen, daß Frauen und Schwarzafrikaner von Natur aus undiszipliniert und damit ungeeignet seien für die Rechtswissenschaft. Nelson Mandela ist in Witwatersrand der einzige Schwarzafrikaner neben einer Handvoll Inder unter sonst nur weißen Studenten. Er spürt die unausgesprochene Feindseligkeit der meisten Kommilitonen. Das macht seine Noten kaputt.

Aber immerhin ist Witwatersrand eine Universität der englisch geprägten Bevölkerung Südafrikas und trotz allem eine Heimstätte liberalen Denkens. An einer Universität der Buren hätte er als Schwarzer überhaupt nicht studieren dürfen. Er lernt in Witwatersrand erstmals engagierte Weiße kennen, die für die Rechte der Farbigen zu kämpfen bereit sind. Er knüpft hier auch seine ersten Verbindungen zu Studenten der indischen Bevölkerungsgruppe, die ebenfalls um Gleichheit kämpft.

Nelson Mandela fällt mehrmals durch das Examen, muß das Studium aufgeben. Aber die Zeit an dieser Universität war dennoch von Nutzen. Denn von nun an kann er sich im politischen Kampf auf ein in Witwatersrand geknüpftes Netz von Freunden und Gefährten, auch in den Reihen der Weißen, stützen.

An welchem Tag und wie er in diesen Kampf gerät, weiß er selbst nicht mehr. Er kann sich nicht auf ein traumatisches Damaskus-Erlebnis berufen und schreibt in seinen Lebenserinnerungen: »Ich kann nicht genau angeben, wann ich politisiert wurde. Afrikaner in Südafrika zu sein bedeutete damals in den vierziger Jahren, daß man von Geburt an politisiert war, ob man es zugab oder nicht. Ein afrikanisches Kind kam in einem Krankenhaus nur für Afrikaner zur Welt, wurde in einem Bus nur für Afrikaner nach Hause gebracht, wohnte in einem Bezirk nur für Afrikaner und besuchte eine Schule nur für Afrikaner, wenn es überhaupt eine Schule besuchte. Wuchs das Kind heran, konnte es einen Arbeitsplatz nur für Afrikaner erhalten, ein Haus in einem Township nur für Afrikaner mieten und konnte jederzeit angehalten und nach seinem Ausweis gefragt werden. Wenn es ihn nicht bei sich hatte, wurde es ins Gefängnis gesteckt. Es war eine ständige Anhäufung von tausend Kränkungen, tausend unerinnerten Momenten, die Wut in mir erzeugten, die das Verlangen weckten, ein System zu bekämpfen, das mein Volk einkerkerte.«

Er war von Anfang an ein Mann gleich hinter der ersten Reihe der ANC-Führung, insbesondere der 1944 gegründeten Jugendliga, die sich von der Duldsamkeit der alten ANC-Führung entfernt und mit Walter Sisulu und Oliver Tambo Männer an die Spitze gestellt hat, die nicht länger jammern und hoffen, sondern kämpfen wollen. Kampf in allen Formen des Protestes und der Verweigerung – und wenn es sein soll auch härter, denn man ist der Meinung, daß immer nur der Unterdrücker die Art des Kampfes bestimmt.

Zunächst aber hat Nelson Mandela vor allem den Kampf um seine berufliche Zukunft zu gewinnen. Er kehrt nach dem Mißerfolg in Witwatersrand zurück in die Kanzlei Witkin, Sidelsky & Eidelman. Diesmal aber nicht als Lehrling in der Angestelltenlaufbahn, sondern als Referendar, der nun die Zulassung als vollgültiger Rechtsanwalt über einen anderen Weg anstrebt. Er büffelt für die Zulassungsprüfung. Bis 1951 in der angestammten Kanzlei, dann schaut er sich bei anderen Rechtsanwälten um.

Auch die dürfen ihn nur Schriftsätze vorbereiten, alte Urteile aus den Archiven suchen, Zeugen befragen und Vorladungen verschicken lassen, aber er hört ihnen in den Gerichtssälen zu, studiert die Gesten und Tricks. Und wächst auf diese Weise hinein in die unnachahmliche, kontrollierte Eleganz, taktische Raffinesse und sprachliche Präzision des klassischen britischen

Anwalts. Diese Kunst ergänzt sich gut mit den Tugenden, die ihm seine aristokratische Abstammung und seine Erziehung, sein angeboren ruhiges Temperament und seine Bedachtsamkeit verleihen. Die einzige Schwäche, die er, ein notorischer Langsamstarter, offensichtlich instinktiv in sich spürt, liegt im Timing, im blitzartigen Erkennen des richtigen Augenblicks für die richtige Tat.

Der britische Teil seines Wesens sagt ihm, daß man sich diese Fähigkeit durch die Wahl der richtigen Sportart einpflanzen kann. Mandela schließt sich einem Boxclub an und verbessert dort seine Nehmer- und Geberfähigkeiten, vor allem den Blick für Gefahr und Chance – und das Spiel mit dem Eifer erzeugenden, körpereigenen Hormon Adrenalin.

Unter wettkampftechnischen Gesichtspunkten ist er ein Boxer der verkorksten Art. Er weiß, daß er für einen mäßig schnellen Kämpfer zu wenig Kraft und für einen mäßig kraftvollen Kämpfer zu wenig Schnelligkeit aufbieten kann. Doch ihm kommt es nicht auf Siege im Ring an, sondern auf das Training. Und das zieht er viele Jahre durch. Geistiges Training für Erfolge, die außerhalb des Boxrings auf ihn warten.

Der Mann, der dann schließlich die Prüfung als vollgültiger Anwalt besteht, arbeitet zunächst in der Kanzlei von H. M. Basler, einem weißen Kommunisten, der sich auf die Verteidigung der Rechte der Schwarzen spezialisiert hat. Dann gründet Mandela 1952 die erste schwarze Anwaltskanzlei Südafrikas. Ihr schließt sich kurz darauf Oliver Tambo an, ein ANC-Held und Studienfreund noch aus Fort Hare. Die Mandanten stehen Schlange – und Nelson Mandela wird sofort zu einem Star des schwarzen Südafrika.

Der lange, umständliche Weg zur Zulassung als Anwalt hatte auch sein Gutes. Denn mit seinen nun 34 Jahren und mit dem langen Lernprozeß im Boxring ist er als Mann und Persönlichkeit gefestigt, kein aufgeregter Anfänger mehr.

Die Art, wie er vor Gericht auftritt, verkörpert den Wunsch aller Nichtweißen in diesem Land nach Würde, Selbstbewußtsein und Waffengleichheit im Kampf um die Gerechtigkeit. Er erscheint als ein Mann, der seine afrikanische Leidenschaft zügeln und die Weißen nach ihren eigenen Regeln schlagen kann, unter Einsatz einer gehörigen Portion Humors, der schärfsten aller britischen Waffen. Britischer Humor, britische Arroganz, britische Weltklugheit sowie das Timing, die Geber- und die Nehmerqualitäten eines britischen Sportsmanns, sind die Trümpfe, denen die provinzlerischen, engstirnigen, ressentimentbeladenen, selbstgerechten, angstbeißerischen Buren, die jetzt innerhalb der weißen Macht die Mehrheit haben, nicht so recht gewachsen sind.

Der Prozeß, in dem Mandelas besondere Qualitäten zum Ausdruck kommen, ist nicht politisch. Er ist nicht einmal spektakulär. Es geht um eine Lächerlichkeit: Eine Weiße beschuldigt ihre schwarze Hausangestellte, Wäsche gestohlen zu haben. Die Beweisstücke liegen vor Gericht auf einem Tisch. Nelson Mandela, der schwarze Anwalt der schwarzen Angeklagten, nähert sich provozierend langsam dem Tisch, in der Hand mit vornehm bis angewidert abgespreiztem kleinen Finger einen Bleistift haltend. Mit dem Bleistift fischt er einen Slip auf, hält ihn hoch, begutachtet ihn ausführlich und fragt, während er den Slip am Bleistift baumeln läßt: »Madam, ist das Ihrer?«

Madam, dank ihrer protestantischen und rassistischen Erziehung geschockt über das Erlebnis, daß ein Kaffer mit ihrer Unterwäsche im Gerichtssaal herumspaziert und ihren Slip allen Leuten zeigt, ist wie gelähmt vor Scham und stammelt: »Nein.« Das Gericht weist die Klage ab. Alles schmunzelt.

Die Buren schmunzeln nicht. Seit sie an der Macht sind, sind sie dabei, den bis dahin nur als alte Gewohnheit aus dem 19. Jahrhundert praktizierten Rassismus der Weißen als umfassendes Gesetzeswerk zu verankern. Mit dem Begriff Apartheid, der für sie Trennung und unterschiedliche Rechte auf Grund naturbedingter Wesensunterschiede bedeutet, schaffen sie ein System von Vorschriften und Regeln, die alle Nichtweißen Südafrikas endgültig zu Mittelwesen zwischen Mensch und Arbeitstier erniedrigt. Doch der Anspruch auf eine moralische Grundlage der Apartheid steht und fällt mit dem Beleg, daß der Schwarze, der Kaffer, geistig und ethisch dem weißen Herrenvolk von Natur aus, also schon durch die Geburt bedingt, unterlegen, also minderwertig ist. Da sich die Weißen auf diese Logik festgelegt haben, kann kein schwarzer Terroranschlag für das

Regime so gefährlich sein wie ein schwarzer Anwalt, der vor Gericht oder in öffentlichen Reden oder Zeitungsinterviews den geistig-moralischen Überlegenheitsanspruch der Weißen mit Intelligenz, Würde und Humor widerlegt, verhöhnt, lächerlich macht. Wenn das Schule macht, dann muß die Apartheid bald als eine dumme, leere, substanzlose Gedankenblase in sich zusammenfallen.

Man muß also diesen Nelson Mandela schnellstmöglich aus dem Verkehr ziehen. Zumal er nicht nur als Anwalt, sondern auch als politischer Aufwiegler die populärste Leitfigur der Schwarzen geworden ist. Der ANC hat ihn mit der Organisation der »Mißachtungskampagne« beauftragt. Mandela hat Tausende von Freiwilligen aufgeboten, die diszipliniert, aber spektakulär, im Beisein von Presseleuten und Sanitätern bewußt gegen die neuen Apartheidsgesetze verstoßen, sich in Autobussen und auf Parkbänken auf die für Weiße reservierten Plätze setzen, sich von der Polizei verprügeln und einsperren lassen. Sie singen Freiheitslieder und verhöhnen den südafrikanischen Regierungschef Daniel Malan, den Anführer der Buren, lachend mit dem Schlachtruf: »He, Malan! Öffne die Gefängnisse, wir wollen hinein, wir Freiwilligen.«

Bei dieser ganzen Aktion wirken die Schwarzen intelligent, mutig, tapfer und witzig, die weiße burische Staatsmacht stellt sich in der Weltöffentlichkeit als ein Haufen dumpfer, ordinärer, gewalttätiger Dummköpfe dar. Eine totale Umkehrung des weißen Selbstverständnisses vom Gefälle zwischen edlem Herrenmensch und primitivem Wilden. Die Mißachtungskampagne breitet sich über das ganze Land aus. Achttausend Afrikaner und Inder gehen in die Gefängnisse. Die Regierung ist wütend, zieht die Gesetze nicht zurück, sondern verschärft sie noch, aber der ANC geht als großer Sieger aus der Mißachtungskampagne hervor.

Denn nun ist ganz Schwarzafrika politisiert, das Gefängnis kein Ort der Schande mehr, sondern ein Ort, in dem ein Afrikaner zum Mann wird. Ein neuer Inhalt für die uralten afrikanischen Initiationsriten. Das Gefängnis ist jetzt der Platz, an dem ein Mensch seine Würde gewinnt.

Es gibt ja ohnehin kaum noch eine Möglichkeit, dem Gefängnis zu entgehen, seit die Weißen ein solches Gesetzeslabyrinth gepflanzt haben, daß sich jeder Schwarze zwangsläufig darin verfangen muß und so der Regierung Handhabe liefert, mit jedem Schwarzen zu jeder Zeit nach Gutdünken umzuspringen.

Der ANC hat im Lauf dieser Kampagne seinen Mitgliederstand von bisher siebentausend auf hunderttausend erhöht und ist fortan unangefochten die anerkannte Dachorganisation der Freiheitsbewegung. Die Kommunisten, die sich lange in Konkurrenz zum eher bürgerrechtlich orientierten ANC gesehen hatten, ordnen sich endgültig unter, gliedern sich dem ANC ein, und der kann diese Partei gut gebrauchen, denn die Kommunisten führen ihm eine besonders disziplinierte und kampfbereite Mitgliedschaft zu.

Mit seiner Kampagne hat Nelson Mandela der Welt gezeigt, daß es die weiße Herrschaft in Südafrika nicht mit einer Horde Steinzeitlern zu tun hat, sondern mit einer geordneten, planvoll agierenden, großen schwarzen Organisation, die auf ethisch nicht anfechtbarer Grundlage steht und ihren langen Kampf aufgenommen hat. Welches Land, welcher internationaler Industriekonzern jetzt mit dem reichen Südafrika langfristige Geschäfte machen will, muß fortan damit rechnen, daß die Herrschaft der weißen Minderheit nicht bis in alle Ewigkeit bestehen wird, daß südafrikanische Aktienwerte gefährdet sind. Nichts ist dem Menschen heiliger als seine finanziell abgesicherte Zukunft.

Die Angst schweißt die Weißen Südafrikas zusammen, verhärtet sie und ihr System. Noch kommen sie Mandela, dem ausgefuchsten Juristen, nicht richtig bei. Aber es ist nur eine Frage der Zeit, bis der neue Unterdrückungsapparat steht und die weiße Rechtsprechung angesteckt ist von der burischen Wagenburg-Psychose. Wenn erst der letzte liberale Richter ersetzt ist durch einen hysterischen Buren, der glaubt, die weiße Zivilisation gegen die der schwarzen Mehrheit verteidigen zu müssen, weil er von dieser nichts anderes erwartet als Chaos, Kommunismus und grausige Massaker, dann wird selbst ein Virtuose des bisherigen Rechtssystems wie Nelson Mandela zum Schweigen gebracht werden können.

Bis es soweit ist, hat dieser Mann aber noch ein wenig Zeit, gegen die Auflösung seiner Familie anzukämpfen und sich für ein neues persönliches Glück zu entflammen.

Evelyn ist in ihrem Wesen immer das Mädchen vom Land geblieben, das sie einst in der Transkei gewesen ist. Dem politischen Kampf ihres Cousins Walter Sisulu und ihres Mannes Nelson Mandela hat sie nichts abgewinnen können. Die Politik hat ihr nicht mit einem Trost dienen können, als der lange Kampf um das Leben ihrer kleinen Tochter verloren war, wohl aber die Religion. Sie schließt sich den Zeugen Jehovas an, was weiter nicht schlimm gewesen wäre, hätte sie nicht die Familie zum Kampfplatz für den spirituellen Krieg gegen ihren Mann gemacht. Sie schickt ihre Kinder – der 1944 geborene Thembukile hat 1950 noch einen Bruder und 1954 ein gesundes Schwesterchen bekommen – mit Jehova-Bekenntnisschriften durch die Townships. Ihr Mann behängt im Gegenzug zu Hause die Zimmerwände mit Bildern von Roosevelt, Churchill, Gandhi, Stalin, mit einem Bild von der Erstürmung des Winterpalais in St. Petersburg und doziert über die Wichtigkeit der Arbeit der Befreiung.

Evelyn stellt ihn ultimativ vor die Entscheidung: entweder Ehe und Gott oder die Politik. Zweimal zieht er aus und kehrt zurück, um die Familie zusammenzuhalten, wird aber zunehmend anfällig für Gunstbeweise weiblicher Bewunderer seiner politischen und juristischen Auftritte. Schließlich lenkt Evelyn ein und regt über Freunde einen Vermittlungsversuch an. Doch nun will er nicht mehr und sagt: »Ich liebe meine Frau nicht mehr.«

Als er im Dezember 1955 nach einem zweiwöchigen Gefängnisaufenthalt entlassen wird, ist niemand mehr da. In seinen Memoiren beschreibt er die neue Situation so: »Sie war ausgezogen und hatte die Kinder mitgenommen. Ich fand ein leeres, stilles Haus vor. Sie hat sogar die Vorhänge entfernt, und aus irgendeinem Grund fand ich dieses winzige Detail niederschmetternd.«

Vergebens kämpft er um das Erziehungsrecht für seine Kinder. 1957 wird die Ehe geschieden.

Er hört, daß sein ältester Sohn noch eine Zeitlang seine Kleidung trägt, um sich dem Vater weiter verbunden fühlen zu können, aber die Lebenswege haben sich unwiderruflich getrennt. Die Entfremdung der Kinder ist schmerzhaft, die Trennung von seiner Frau aber auch eine Befreiung. Er ist frei für den Blick auf andere Frauen. Er ist frei für ein neues, großes, romantisches Erlebnis. Für eine Liebe, die er so wunderbar empfindet, daß sie ihn mehr als 27 Jahre Gefängnis ungebrochen überstehen lassen wird.

Im Jahr 1957, an der Bushaltestelle vor dem Baragwanath Hospital, trifft sein Blick aus dem Auto heraus auf ein Mädchen, das Nelson Mandela den Atem nimmt. So sehr, daß er zu bremsen vergißt und in einer Art handlungsunfähiger Trance weiterfährt. Als ihm, dem notorischen Spätstarter, endlich klar ist, daß er keinen Traum gesehen hat, sondern ein lebendes Menschenkind, ist es auch schon zu spät zum Umkehren. Doch die Sekunde hat genügt, daß er dieses Gesicht nicht mehr vergessen kann. Ein schönes Halboval, intelligente, lebhafte Augen unter einer hohen Stirn. Ein hochgewachsenes, schlankes Mädchen, eine gepflegte Erscheinung.

Er ist wie vom Donner gerührt, als er ein paar Wochen später dieses Mädchen in seiner Kanzlei vor dem Schreibtisch seines Sozius Oliver Tambo sitzen sieht. Sie ist mit ihrem Bruder hier für eine juristische Beratung. In diesem Augenblick ist ihm bereits klar, daß er sie als seine neue Frau haben möchte. Er läßt sie sich von Oliver Tambo vorstellen.

Sie ist die erste schwarze Sozialarbeiterin Südafrikas, arbeitet im Baragwanath Hospital, einem Krankenhaus für Farbige, gehört wie er einem Häuptlings-Clan des Thembuvolkes an, ist das sechste von elf Kindern des ehemaligen Schuldirektors und jetzt erfolgreichen Geschäftsmannes Columbus Madikizela. Ihre Mutter, eine Lehrerin, ist schon lange tot. Das Mädchen heißt Nomzamo Winifred Madikizela. Winifred nach der damaligen Bayreuth-Herrin Winifred Wagner, denn ihr Vater ist ein Verehrer der Musik Richard Wagners.

Am nächsten Tag ruft Nelson Mandela im Krankenhaus an, fragt sie, ob sie nicht in ihrer früheren Schule sammeln könnte für ein Konto zur Finanzierung der Verteidigung politisch Verfolgter und ob man dies nicht bei einem gemeinsamen Essen besprechen könnte. Er wüßte da ein indisches Restaurant, in dem auch Afrikaner bedient würden.

Dort bleibt Winnie die Luft weg, denn zum einen hat sie zuvor noch nie Curry gegessen, zum anderen macht er ihr nach dem Essen bei einem Spaziergang am Stadtrand von Johannesburg einen Heiratsantrag. Er sagt, daß er wegen Hochverrats angeklagt sei, daß er ein Leben zwischen Arbeit, Politik, Festnahmen, Vorladungen und Bannsprüchen führt, daß er möglicherweise bald für lange Zeit ins Gefängnis müsse. Er sagt, daß er und sein Sozius Oliver Tambo wegen ständiger Verhöre und Verhaftungen kaum noch arbeiten könnten, weshalb die Kanzlei, so gut sie früher gegangen sei, fast keine Klienten mehr finde. Er sagt, daß sie beide nach ihrer Heirat in der Hauptsache von ihrem Gehalt als Sozialarbeiterin leben müßten. Und Winnie sagt ja.

Und ist dann auch bald schwanger.

Er reicht die Scheidung von Evelyn ein. Am 14. Juni 1958, er steht kurz vor seinem vierzigsten Geburtstag, heiratet er Winnie. Sie ist 24 Jahre alt. Ihre gemeinsame Tochter Zenani ist bereits auf der Welt. Für die Hochzeit muß er um Urlaub vom Bann bitten, einer südafrikanischen Spezialität, die Kontaktaufnahme mit Personengruppen verbietet und politische Gegner isolieren soll. Auf der Fahrt in die Heimat Transkei muß er sich unterwegs bei einer Polizeistation melden, zum Fest haben sich ungebeten Sicherheitspolizisten eingeladen, um alles beobachten und mithören zu können.

Das Paar macht sich keine Illusionen. Beide wissen, daß Nelson über kurz oder lang ausgeschaltet werden wird. Es ist nur die Frage, ob sie ihn umbringen oder auf der ausbruchsicheren Gefängnisinsel Robben Island isolieren werden. Die beiden sind optimistisch, glauben nicht, daß die Weißen es riskieren werden, dem ANC mit einem toten Nelson Mandela einen Märtyrer zu bescheren, der noch gefährlicher sein würde als der lebende Mandela. Das Wissen um die hoffnungslose Zukunft dieser Ehe lähmt sie nicht, sondern steigert ihren Lebenshunger. Die noch unbekannte Frist, die ihnen gestellt ist, schmiedet sie aneinander, läßt sie ihre Liebe besonders tief empfinden, mobilisiert bei beiden auch letzte Reserven für den politischen Kampf, der nun auch Winnies Kampf geworden ist.

Sie ist eine Kämpferin besonderer Art. Eigentlich lag ihr bisher alles Radikale fern; als Tochter aus der dünnen Schicht vermögender Schwarzer hat sie sich als Studentin nicht vom ANC, sondern, wie einer ihrer Brüder, vom eher betulichen Non-European Unity Movement angezogen gefühlt. Nun aber, da man ihr den Mann wieder wegnehmen will, fühlt sie sich persönlich herausgefordert, erklärt also der Regierung ihren ganz persönlichen Krieg. Und davon läßt sie sich nicht einmal von ihm mehr abhalten. Sie will ganz vorne mit dabei sein, wenn die ANC-Frauenliga der Township West-Orlando gegen das neue Paßgesetz demonstrieren wird.

Dieses Gesetz zwingt nun auch Frauen, ständig ein Referenzbuch mit sich zu führen, das jederzeit jedem Polizisten auf Verlangen vorgezeigt werden muß. Aus diesem Buch ist jeder Verstoß, jede Kleinigkeit aus dem Leben der Trägerin herauszulesen; darüber hinaus ist ersichtlich, ob die betreffende Person eine Aufenthaltsgenehmigung für dieses Gebiet, für diese Stadt, für dieses Viertel, zu dieser Uhrzeit hat oder nicht. Dieser Paß ist ein Instrument, mit dem das Regime jeden Schwarzen, jede Schwarze zu jeder Zeit ins Gefängnis stecken kann, weil in jedem Paß Auflagen vermerkt sind, die fast schon das Luftholen zu einem Vergehen machen.

Mandela warnt sie, daß sie bei einer Verhaftung ihren Arbeitsplatz verlieren würde, von dem die Familie hauptsächlich lebte. Außerdem sei sie doch schon wieder schwanger. Und sie sei wegen ihrer Herkunft nicht vorbereitet auf das, was sie in einem Gefängnis erwarte, weder auf die körperlichen Belastungen noch auf die Demütigungen. In seiner Autobiographie gesteht er: »Die Sorgen eines Ehemannes und eines politischen Führers sind nicht immer miteinander identisch.«

Winnie aber will es nun dem Regime, das ihr den Mann zu nehmen versucht, zeigen, wird mit tausend anderen Frauen vor dem Central Pass Office festgenommen, ins Gefängnis gefahren. Er besucht sie, und sie strahlt glücklich. Er schreibt: »Es war, als habe sie mir ein großes Geschenk gemacht.« Zwei Wochen später ist sie wieder zu Hause.

Der Hochverratsprozeß, mit dem die weiße Regierung Mandela und seine Freunde für immer ausschalten will, kommt nicht voran. Noch immer funktionieren Teile der südafrikanischen Justiz wie in einem Rechtsstaat. Selbst im Jahr 1960, als nach dem Massaker von Sharpeville, bei dem entnervte weiße Polizisten eine schwarze Demonstration beschießen und 69 Afrikaner töten, der Ausnahmezustand ausgerufen wird, als Hunderttausende öffentlich ihre Pässe verbrennen, der ANC von der Regierung zu einer illegalen Organisation erklärt wird. Denn im März 1961 verkündet das Gericht nach mehr als vier Jahren Ermittlungen, Verhaftungen, Verhandlungen das Urteil im Hochverratsprozeß gegen Mandela und andere:

Ja, der ANC habe darauf hingearbeitet, die Regierung durch eine radikal und fundamental andere Staatsform zu ersetzen, habe illegale Protestmethoden eingesetzt, habe durch einige Führer Reden gehalten, die zur Gewalt aufriefen, habe eine Linkstendenz. Das alles stimme. Aber alles vorgelegte Beweismaterial lasse nicht den Schluß zu, der ANC habe sich eine Politik zu eigen gemacht, den Staat durch Gewalt zu zerstören. Der ANC sei keine kommunistische Organisation, folglich seien die Angeklagten nicht des Hochverrats schuldig und deshalb freizulassen.

Ein letzter großer Sieg für Mandela und seine Freunde, aber nur ein kleiner Schritt zur Freiheit der farbigen Völker Südafrikas. Und nur ein kleiner Aufschub vor dem Generalangriff des Regimes auf die persönliche Freiheit Mandelas. Und keine Chance mehr, die Ehe mit Winnie wiederaufzunehmen. Denn gleich nach der Urteilsverkündung muß er in den Untergrund abtauchen. Der ANC ist nach wie vor verboten, und die Regierung denkt gar nicht daran, nachzugeben, sondern zieht wieder einmal die Daumenschrauben durch neue Gesetze an.

Verkleidet als Gärtner, Chauffeur, Landarbeiter, im unverdächtigen Outfit des domestizierten harmlosen Hauskaffers reist er durchs Land, stabilisiert die Organisation des ANC, läßt sich mit dem Aufbau einer militärischen Fraktion beauftragen, denn alle gewaltlosen Versuche des ANC haben nichts bewirkt als zunehmende Gewalt seitens der weißen Regierung. Angesichts der Anstrengungen und vielen Straßensperren wird der überall gegenwärtige aber nirgendwo zu greifende Nelson Mandela zum Helden »Black Pimpernel«. Die Presse vergleicht ihn mit dem Romanhelden Pimpernel, der während der Französischen Revolution seinen Häschern immer wieder ein Schnippchen geschlagen hat.

Nach der Rückkehr aus dem Ausland, wo Mandela für das Anliegen des ANC geworben, aber auch um Waffen und militärische Ausbildung für seine Kämpfer verhandelt hat, wird er dann doch geschnappt. Ihm ist klar, daß nun das Endspiel beginnt. Die Justiz plant seine dauerhafte und endgültige Entfernung aus der Politik und dem öffentlichen Leben. Sie will seine gesellschaftliche Hinrichtung in zwei Etappen vollziehen.

Zunächst – der rechtsstaatlichen Kosmetik wegen – soll er nur der Aufwiegelung zum Streik und des Verlassens des Landes ohne gültige Reisedokumente angeklagt werden, was die Möglichkeit schafft, ihn erst einmal eine Zeitlang in Gewahrsam nehmen zu können, bis die eigentliche Anklage, Sabotage und Verschwörung zum Sturz der Regierung, steht.

Nelson Mandela weiß, daß das Spiel vorbei ist, verzichtet auf juristischen Beistand und verwandelt die beiden Verhandlungen in ein politisches Tribunal, in dem er als der Ankläger und der Staat als der Beschuldigte dasteht.

In der ersten Verhandlung überrascht er durch seine Kleidung. Nicht im feinen Zwirn des britisch gestylten Anwalts erscheint er diesmal, sondern im Leopardenfell eines Xhosa-Häuptlings. Dazu Kopfschmuck und ein knöchellanger Rock. Ein Bekenntnis zu seiner Herkunft, eine Demonstration für die Kultur und Würde Afrikas, eine unübersehbare Aufforderung an die schwarzen Afrikaner, sich zu ihren Wurzeln zu bekennen und sich nicht länger als dressierte Heloten der Weißen zu fühlen. Die Bagatellanklage bringt ihm fünf Jahre ein.

Schon nach neun Monaten die zweite Verhandlung. Man hat inzwischen Dokumente gefunden, Pläne zur Führung eines Sabotagekrieges in Südafrika. Der ANC, der glaubt, ohne Gewalt nicht weiterkommen zu können, hatte sich, um Menschen zu schonen, nicht für Terroranschläge entschieden, sondern für Sabotageangriffe gegen Sachen und Gebäude mit Symbolkraft. Die Botschaft dieser Anschläge soll sein: Es liegt in unserer Macht, alles zu zerstören, was Euch, Ihr reichen und mächtigen Weißen, reich und mächtig gemacht hat.

Nelson Mandela und seine Gefährten, darunter Walter Sisulu, sind mit der neuen Anklage vom Galgen bedroht. Er bekennt in seiner Verteidigungsrede: »Wir vom ANC haben uns immer für eine nichtrassische Demokratie eingesetzt und schreckten vor jeder Aktion zurück, welche Rassen noch weiter auseinandertreiben könnte, als sie es ohnehin schon sind. Doch es ist ein hartes Faktum, daß 50 Jahre der Gewaltlosigkeit dem afrikanischen Volk nur eine noch repressivere Gesetzgebung und immer weniger Rechte eingebracht haben.« Obwohl er die Gewalt nicht liebe, sei er durch die Jahre der Tyrannei, der Ausbeutung und der Unterdrückung seines Volkes durch die Weißen dazu gezwungen worden.

Lebenslänglich. Man will ihn und seine Mitstreiter nicht am Galgen sehen. Keine Märtyrer. Aber man wird sie nach Robben Island vor Kapstadt bringen. Auf eine von gefährlichen Strömungen umspülte Insel, von der es keine Flucht geben kann. Dort will die Regierung Nelson Mandela und die anderen ANC-Führer so lange einsperren, bis die Zeit über sie hinweggegangen sein wird.

Keine Interviews, keine Statements von Mandela. Nicht einmal Fotos dürfen von ihm gemacht werden. Er darf auch keine Zeitungen bekommen. Nur einmal in sechs Monaten kann er für eine halbe Stunde einen Besucher aus der allerengsten Kernfamilie empfangen, darf ihn durch ein verdrecktes kleines Glasfenster sehen, aber nicht berühren. Nur einmal in sechs Monaten darf er einen Brief an Angehörige mit ausschließlich privatem Inhalt schreiben. Nur einmal in sechs Monaten darf er einen Brief erhalten. Der erste Brief, den Winnie schreibt, wird von der Zensur so zerschnitten, daß er außer der Anrede kaum noch etwas enthält.

Das eigentliche Urteil heißt: Gesellschaftlicher Tod durch Vergessen, Tod durch Zerstörung jeder Bindung. Er soll schmoren, bis er verrückt wird, und dann wird man der Welt einen Nelson Mandela präsentieren, der kein Held mehr ist, sondern ein vertrottelter Idiot, das Musterbeispiel eines unfähigen Kaffers. Ein sturer Tagesablauf, der keinerlei Abweichung aus der Routine kennt, soll den Geist einschläfern. Die Arbeit im Staub und gleißenden Licht des Kalksteinbruchs soll die Augen blenden, den Körper erschöpfen. Die Demütigungen des weißen Wachpersonals – man hat nur Buren für diesen Job ausgesucht – sollen seinen Willen brechen. Der Gefangene Steve Tshwete prägte sich diesen Begrüßungsspruch auf Robben Island ein: »Du wirst nie deine Freiheit kriegen, du bist nichts, nur ein Kaffer. Der weiße Mann ist hier, um zu herrschen, und dies ist sein Land. Du bist hier, um den Weißen dieses Landes zu dienen. Ein Kaffer ist ein Hund, und du bist ein Hund, und Mandela ist ein Hund. Du kannst tausend Doktortitel haben, aber du bist ein Kaffer, du bist eine Nummer, du bist nichts!«

Doch die Gefängnisverwaltung hat es nicht mit Idioten zu tun. Natürlich durchschauen die Gefangenen dieses Spiel, fühlen sich herausgefordert und angestachelt, Gegenstrategien zu entwickeln. Sie erkennen im Unterdrückungsapparat der Insel das Muster für den Unterdrückungsapparat des ganzen Landes. Sie beginnen, die Insel als Übungsgelände für die Entwicklung von Konzepten zur Überwindung der Unterdrückung in Südafrika zu betrachten. Sie entdecken, daß jede Repressalie der Gefängnisverwaltung den Keim einer Konterchance birgt.

Wenn die Regierung meint, sie könnte mit einer tödlich langweiligen Gefängnisroutine den Geist der Gefangenen veröden, dann erkennen die Gefangenen, daß diese Routine auch den Geist der Aufseher einschläfert, und diese Erkenntnis macht die Gefangenen hellwach für das Aufspüren von Schwachstellen im Apparat, die genutzt werden können zum Schmuggel von Botschaften nach draußen und von Informationen und Zeitungen nach drinnen.

Wenn die Regierung meint, sie könnte mit der Arbeit im Steinbruch bei den Gefangenen die langsame Erblindung und die allmähliche physische Zerstörung bewirken, dann schließen die Gefangenen bei der Arbeit so oft es geht die Augen, richten also den Blick nach innen und massieren auf diese Weise ihren Denkapparat, während sie die körperliche Arbeit so gestalten, daß daraus ein systematisches Körpertraining wird. Als die Regierung dies durchschaut und die im Grunde sinnlosen Arbeiten im Steinbruch einstellt, sehen sich die Gefangenen gezwungen, ihre Muskeln und Gelenke durch Gymnastik in Form zu halten.

Wenn die Aufseher glauben, sie könnten durch Demütigungen die Selbstachtung der Gefangenen brechen, dann fällt das schnell auf sie selbst zurück, wenn die gebildeten schwarzen Gefangenen ihren ungebildeten burischen Aufsehern in deren Sprache Afrikaans Grammatikfehler und Satzbau korrigieren – in aller Ruhe, ganz nebenbei und ganz freundschaftlich, versteht sich.

Wenn die Regierung meint, daß sie auf Robben Island die Führer rivalisierender Gruppen konzentrieren soll, damit diese dort so richtig schön aneinandergeraten können, dann leiten diese Führer auf Robben Island eben einen Einigungsprozeß ein. Dann werden die gemäßigten Multikultis des ANC, die Schwarzafrika-Nationalisten des PAC und die Kommunisten bei ihrem gemeinsamen südafrikanischen Mikrokosmos-Experiment Robben Island gemeinsam die richtigen Methoden im Umgang mit dem gemeinsamen Feind entwickeln und lernen.

Wenn die Regierung meint, sie müsse die Gefangenen abschneiden von Informations- und Erkenntnisquellen, dann bilden die Gefangenen eine Art Feierabend-Universität, halten einander Vorträge, macht einer den anderen vertraut mit dem eigenen Wissensstand. Daraus entsteht, weil man ja Zeit hat zu reden, zu lernen, nachzudenken, zu diskutieren und zu begreifen, eine solch aufregende Erweiterung des Horizontes eines jeden einzelnen, daß sich nicht einmal die weißen Aufseher dem mehr entziehen können. Auch sie hören nun zu. Denn auch sie langweilen sich hier; sie fühlen sich auf ihrer Insel kaum weniger abgeschnitten als die Gefangenen, und das läßt sie mit den am Anfang verachteten Kaffern zusammenrücken, macht sie lernbereit. Zwischen Mandela und seinem persönlichen Bewacher James Gregory bahnt sich so etwas wie eine Freundschaft an. Mandela wird einmal bei seiner Verteidigung als Präsident den Gefängniswärter Gregory auf die Ehrentribüne setzen.

Wenn die Regierung meint, sie könne einen Mann dadurch brechen, daß sie ihn von seiner Frau trennt, indem sie deren Briefe zerschneidet, ihre Besuchszeiten knapp hält und ihn mit Informationen über angebliche Seitensprünge impft, macht sie aus dieser Liebe etwas Unzerbrechliches, Heiliges. Nelsons und Winnies Liebe hat ja nie die Zeit gehabt, sich abzunützen. Vier Jahre waren sie verheiratet bis zu seiner endgültigen Verhaftung; die meiste Zeit davon war er nicht zu Hause, sondern im Gefängnis, war als Politiker unterwegs oder hielt sich im Untergrund versteckt. In diesen vier Jahren hat es zwischen ihnen nichts anderes gegeben als Sehnsucht nach dem nächsten Wiedersehen. Keine Liebe hält so lang wie die unerfüllte. Im Jahr 1976, im vierzehnten Jahr seiner Haft, schreibt er aus dem Gefängnis: »Beim Schreiben dieses Briefes sehe ich Dein schönes Foto. Ich staube es jeden Morgen sorgfältig ab, denn es gibt mir das Gefühl, als ob ich Dich streichle wie damals. Ich berühre sogar Deine Nase mit meiner, um den elektrischen Funken wieder einzufangen, der mein Blut früher jedesmal in Wallung brachte.«

Auch Winnie ist entschlossen, in dieser Liebe etwas ganz Besonderes zu sehen. Sie macht sie zu einem Bestandteil des Kampfes um die Freiheit der Afrikaner. Die politisch bedeutendste Lovestory seit Helena und Paris. Diese Liebe erhält dem Namen Mandela Ruhm und Ehre, auch als sich draußen die Zeiten ändern und, mit dem Schüleraufstand in Soweto, eine neue Generation zorniger junger Männer den Kampf um die Freiheit auf eine neue Ebene stellt. Nelson Mandela, der einsame, alternde, unbeugsame Mann draußen auf der Insel, bleibt der große Held für alle, das Symbol der Bewegung.

Auch Winnie wird dabei zur Heldin, eine Bannerträgerin des ANC. Sie ist sich ihrer Publikumswirkung bewußt und sieht darin eine Entschädigung oder zumindest einen Trost für das, was das Schicksal ihr genommen hat.

Aber auch der schönste Traum, das größte Ideal kann nicht die Zeit und die Biologie besiegen. Als Mandela 1962 verhaftet wurde, war er ein 44 Jahre alter Mann, also in einem Alter, in dem die Libido eines Mannes zwar noch ungebrochen, aber schon einer längeren Enthaltsamkeit gewachsen ist. Denn er hat schon viele Frauen genossen, sein Ego ist intakt, und bei 44jährigen Männern fängt die Seele bereits an, sich an Erinnerungen wärmen zu können. Winnie Mandela aber war 1962 erst 28 Jahre alt; ihre Sexualität ging ihrem Höhepunkt noch entgegen. Einige Jahre können der politische Kampf und die damit verbundenen Ehren, die allgemeine Bewunderung für sie und ihre Schönheit die Nichterfüllung ihres Begehrens dämpfen. Doch mit jedem Tag, den sie älter wird, begreift sie ein wenig mehr, daß sie um ihre Jugend betrogen wird. Begreift, daß sie, wenn überhaupt, einen alten Mann zurückbekommen wird. Mit jedem Tag staut sich ein wenig mehr Zorn hinter der Fassade der tapferen, großen Häftlingsfrau.

Bald wird sie erfahren, daß der folgenschwerste Tag ihres Lebens nicht der Tag war, an dem ihr Mann im Gefängnis verschwand, auch nicht jener Tag im Jahr 1969, als sie selbst für zwei Jahre in Sicherheitsverwahrung genommen wurde. Folgenschwer sind jene dreitausend ereignislosen, einsamen Tage zwischen 1977 und 1985 in ihrem Verbannungsort Brandfort, wo sie endgültig erkennt, daß sie abgeschnitten ist von der Welt, vom Leben. Abgeschnitten nicht nur von ihrem Mann, abgeschnitten nicht nur vom politischen Kampf, von ihrer Jugend, sondern auch abgeschnitten von der Zukunft ihrer Familie. Wer gebannt ist, darf seinen Beruf nicht ausüben, darf sich immer nur mit einer Person in einem – dem eigenen – Zimmer aufhalten, darf nicht zitiert und fotografiert werden, darf keine Rede halten, keinen Artikel schreiben. Winnie darf nicht einmal die Schule ihrer Töchter betreten, was wichtig wäre, denn die beiden Mädchen müssen sich unter diesen Umständen zu Problemkindern entwickeln. Sie weiß, daß sie von nun an selbst ein Problem werden wird für ihren Mann.

Denn er kann sein Leid vom langen Atem der Geschichte bestreichen lassen und sich dadurch beruhigen; sie aber ist voll von unausgelebtem, ganz und gar ungeduldigem Zorn. Zorn auf die Weißen, Zorn auf die Verräter in den eigenen Reihen. Zorn auf jene, die ihr die besten Jahre gestohlen haben. Sie ist entschlossen, es den anderen heimzuzahlen und sich, sobald sie die Chance erhält, hungrig auf alles zu stürzen, was ihr, die 1985 bereits 51 Jahre alt ist, vom Leben vorenthalten worden ist: auf Macht, auf schöne Kleider, auf Geld, auf junge Männer, auf Rache.

Von all dem erfährt Nelson Mandela nicht viel. Er weiß, daß es Schwierigkeiten gibt zu Hause, auch mit den Töchtern, aber für ihn ist das weniger ein Anlaß zum Tadel als zu Selbstvorwürfen. Er hat seiner Frau kein Mann, seinen Kindern kein Vater sein können. Auch dem geliebten Sohn aus erster Ehe nicht, der inzwischen Opfer eines Autounfalls geworden und gestorben ist. Auch Mandelas Mutter ist tot, und er ist ihr kein fürsorglicher Sohn gewesen. Der Weg ins Alter ist für Nelson Mandela ein Weg durch tiefe Existenzkrisen, die er nur übersteht, weil er an Winnies Liebe glaubt und weil nun allmählich der Erfolg heraufdämmert, den die Häftlinge in ihrem Revolutionslabor auf Robben Island durch ihre Lern- und Lehrprozesse angestrebt haben.

So wie die Feierabend-Universität und die Verhaltensexperimente im Umgang mit dem Aufsichtspersonal die einst zerstrittenen Führer der Befreiungsorganisationen auf Robben Island geeint und sogar die Nachfolgegeneration an Führern des Freiheitskampfes integriert haben, die nach dem Schüleraufstand von 1976 auf die Insel gekommen ist, so nähern sich auch drüben auf dem Festland die Organisationen der Anti-Apartheid-Bewegung einander an. Denn man achtet auf alles, was an Informationen und Erkenntnissen von der Versuchsstation Robben Island herüberkommt.

So wie auf der Insel das Grundmuster der ANC-Häftlinge im Umgang mit ihren Wärtern – Härte und Selbstbewußtsein in der Sache, aber Respekt gegenüber der Person des Gegners – die einst rassistisch-dumpfen Burenwächter zu großzügig-toleranten Schicksalsgefährten umgeformt hat, so flößt drüben auf dem Festland der ANC nun auch der weißen Regierung allmählich das Gefühl ein, es möglicherweise doch nicht mit primitiven Kaffern zu tun zu haben, sondern mit einer politischen Bewegung, die weitsichtig, verantwortungsbewußt und tolerant auch gegenüber einer weißen Minderheit sein könnte.

Dieser Lernprozeß beschleunigt sich, als die zunehmende Isolation der südafrikanischen Wirtschaft durch den weltweiten Handelsboykott immer schmerzhaftere Wirkungen zeigt. Denn mit dem sich anbahnenden Niedergang der Sowjetunion zieht gegenüber den Handelspartnern in Amerika und Europa auch das Argument nicht mehr, der Kampf gegen den ANC sei in Wirklichkeit ein Kampf gegen den Kommunismus.

Die weiße Regierung will mit Nelson Mandela ins Geschäft kommen. Man holt den Gefangenen, der inzwischen nicht mehr auf Robben Island, sondern in einem Hochsicherheitsgefängnis in der Nähe von Kapstadt lebt, zu geheimen Sondierungen und Verhandlungen mit Präsident Botha und seinem Nachfolger de Klerk ab, behandelt ihn mit Respekt. Nelson Mandela wird gegen das Versprechen, keinen Fluchtversuch zu wagen, inkognito mit dem Auto durch das Land gefahren. Der Häftling, der fast drei Jahrzehnte lang abgeschnitten war vom Leben im Land, soll ein Gefühl für die Veränderungen bekommen, die seither eingetreten sind. Daran erkennt Nelson Mandela, daß die Buren-Regierung in ihm den künftigen Regierungschef zu sehen beginnt, daß sein langer Kampf gewonnen ist.

Am 11. Februar 1990 öffnen sich für ihn die Gefängnistore. Als 44jährigen hat man ihn eingesperrt, als 71jähriger ist er wieder ein freier Mann.

Eine riesige Menschenmenge erwartet ihn vor dem Gefängnis. Der Empfang zeigt, daß Nelson Mandela der anerkannte Führer der Schwarzen ist. Der Regierung ist es recht so. Noch träumt sie zwar davon, die afrikanischen Stämme und die asiatischen Einwanderergruppen aufzusplittern, damit die weiße Minderheit es künftig nur mit vielen anderen Minderheiten zu tun haben wird und nicht mit einer in sich einigen farbigen Mehrheit. Doch im Augenblick muß sie daran interessiert sein, daß die nichtweißen Gruppen zunächst einmal mit Mandela eine gemeinsame Autorität für die Zeit des Übergangs anerkennen, damit der Übergang möglichst schnell und schmerzlos, ohne lange interne Machtkämpfe innerhalb der Bevölkerungsgruppen eingeleitet werden kann. Die weiße Regierung hat deshalb nichts dagegen, daß eine große Menge Nelson als ihren befreiten Befreier feiert.

Und sie hat schon gar nichts dagegen, daß an der Spitze derer, die Nelson umarmen, Winnie Mandela steht und der Welt die glückliche Heimkehr des Odysseus vorführt. Denn anders als Nelson weiß die Regierung von den Freiern dieser Penelope. Je mehr die Schwarzen ihn nun feiern, je mehr sie sich rühren lassen vom Wiedersehen Nelsons und Winnies, desto lähmender auf ihn und seine Anhänger könnte doch dann später die Desillusionierung durch die Wirklichkeit wirken. Denn irgendwann, wenn er seine Schuldigkeit getan hat, will man den neuen großen Führer der Nichtweißen auch wieder demontieren und mit ihm die schöne Einigkeit der Farbigen. Die Buren betrachten die Wiederbegegnung des schwarzen Odysseus und der schwarzen Penelope mit einem bösen, wissenden Grinsen.

Aber auch er wird schon in der ersten Nacht seiner wiederaufgenommenen Ehe erfahren, was es für eine Frau bedeutet, statt eines 44jährigen Ehemannes einen 71jährigen, alten Mann wiederbekommen zu haben. Nelson Mandela verbringt die erste Nacht in dem gemeinsamen Haus, das der ANC für Winnie und ihn in Soweto errichtet hat, allein in seinem Bett. Winnie Mandela wird das Schlafzimmer niemals betreten, so lange er noch wach ist.

Das Erwachen aus dem Liebestraum, der 28 Jahre lang Überlebenskraft gespendet hat, ist schlimm. Aber es kommt noch schlimmer. Nelson Mandela wird im Laufe der nächsten Monate und Jahre erfahren, daß Winnie Mandela in der langen Zeit der Trennung und Verbannung eine verbitterte Kämpferin in eigener Sache geworden ist. Er erfährt, daß sie Gelder des ANC für die Erfüllung privater Bedürfnisse umgeleitet hat. Er erfährt, daß sie einen jungen Liebhaber hat. Er erfährt, daß sie mit ihrer Leibgarde eine als Fußballteam »Mandela United« getarnte Terrortruppe gegen ihre schwarzen Nachbarn in Soweto aufgebaut hat. Er erfährt, daß ihre Leute einen als Spitzel verdächtigten Teenager umgebracht haben sollen.

Nelson Mandela setzt sich vor Gericht für sie ein, denn er kann nicht öffentlich mit einer Frau brechen, die er so lange geliebt, die ihm so lange Kraft gegeben, die so viel für die Erhaltung seines Status als Führer der südafrikanischen Freiheitsbewegung getan hat. Er kann nicht öffentlich mit einer Frau brechen, die er fast 28 Jahre lang ganz allein gelassen hat im Kampf um das tägliche Überleben und um die Zukunft der beiden Töchter.

Aber ein Mann wird nicht 71 Jahre alt, ohne gelernt zu haben, Enttäuschungen zu ertragen. Außerdem wartet nun die Aufgabe seines Lebens auf ihn.

Nun gilt es, den Übergang in Südafrika so geordnet und unblutig wie möglich zu gestalten. Das wird nicht einfach sein, denn auf beiden Seiten gibt es Hitzköpfe. Panische Zukunftsangst und Zorn über den Verlust des Herrenmenschen-Status auf der weißen Seite. Rachegefühle und erste Anzeichen von Größenwahn auf der schwarzen Seite. Dazu noch unausgelebte Spätfolgen der innerafrikanischen Zulukriege des frühen 19. Jahrhunderts. In den Townships toben blutige Gemetzel zwischen den ANC-Anhängern und der Zulu-Organisation Inkatha. Terrorakte weißer Fanatiker-Organisationen und brennende Autoreifen, die man in den schwarzen Wohngebieten vermeintlichen Spitzeln und Gegnern um den Hals legt, lassen monatelang einen Bürgerkrieg befürchten, in dem nicht zwei, sondern vier oder fünf Parteien gegeneinander kämpfen, und zwar jede gegen jede.

Nelson Mandela und der weiße Staatspräsident Frederik Willem de Klerk aber gewinnen die Initiative zurück. Nelson läßt sich vom ANC, sein weißer Verhandlungspartner de Klerk von den weißen Wahlbürgern an die Spitze wählen, ein jeder mit überwältigender Mehrheit. Damit haben beide ein legitimes Verhandlungsmandat, damit sind den Extremisten auf beiden Seiten erst einmal die Flügel gestutzt. Die Lage beruhigt sich. Beide Seiten bemühen sich um vertrauensbildende Maßnahmen.

Mandela fürchtet die geballte wirtschaftliche Macht der Weißen, die bis dahin in der Hand nur einiger weniger südafrikanischer Familien konzentriert war. Darauf nimmt man Rücksicht. Mandela wird besänftigt durch eine breitere Streuung des Aktienkapitals der südafrikanischen Wirtschaft, für die nun auch unbelastete Anleger aus dem Ausland Anteile und Verantwortung übernehmen.

Nelson Mandela wiederum kann die Weißen beruhigen, indem er von seinen sozialistischen Idealen Abstand nimmt und die Besitzverhältnisse im Lande respektiert. Er sieht ein, daß Ruhe an der Börse die Grundvoraussetzung für eine gesunde wirtschaftliche und damit soziale Entwicklung ist, wichtig für das Verbleiben der gut ausgebildeten und kapitalstarken weißen Minderheit im Land. Er gibt den um ihre Existenz bangenden Weißen das wichtigste, was sie in dieser Zeit benötigen: das Gefühl, gebraucht und geschätzt zu werden.

Was ihn dann schließlich zu dem von allen Gruppen respektierten Vater der neuen multirassischen Gesellschaft Südafrikas macht, ist aber nicht sein großer Wahlsieg in der ersten One-man-one-vote-Wahl Südafrikas. Ist auch nicht die kluge Idee der Übergangsverfassung, zunächst eine »Regierung der nationalen Einheit« zu bilden, in der alle großen Bevölkerungsgruppen und Parteien vertreten sind. Sondern ein schönes Wort, das er 1993 bei der Beisetzung von Chris Hani, dem ermordeten Generalsekretär der Kommunistischen Partei Südafrikas, spricht.

Der populäre Schwarze Hani war von einem Weißen erschossen worden, was der Auslöser für ein Gemetzel ohne Ende hätte werden können. Den entscheidenden Hinweis auf den Täter gibt eine burische Südafrikanerin, die sich das Nummernschild gemerkt hat, mit dem der Täter, ein rechtsextremistischer polnischer Einwanderer, davongefahren ist. Am Grab Chris Hanis spricht Nelson Mandela vier einfache Sätze. Diese Sätze schließen Südafrikas Bevölkerungsgruppen für die schwierigste erste Etappe des Übergangs innerlich zusammen und bilden so etwas wie die Seelenverfassung des künftigen Südafrika:

»Heute abend wende ich mich tief bewegt an jeden einzelnen Südafrikaner, schwarz und weiß. Ein weißer Mann, voller Vorurteile und Haß, kam in unser Land und beging eine Tat, die so abscheulich ist, daß unsere ganze Nation am Rand eines Desasters dahinschwankt. Eine weiße Frau, burischer Herkunft, riskierte ihr Leben, damit wir den Mörder ausfindig machen und ihn vor Gericht bringen können. Jetzt ist es an der Zeit, daß alle Südafrikaner sich zusammenschließen gegen jene, die von allen Seiten her das zu zerstören trachten, wofür Chris Hani sein Leben gab: die Freiheit für uns alle.«

Happy-End eines langen Kampfes um die Freiheit in einem sehr schwierigen Land. Zumindest ein vorläufiges Happy-End. Modell auch für ein Happy-End in einem unglückseligen Jahrhundert, das sich so lange gewehrt hat gegen den gar nicht mehr so neuen Gedanken, daß die Völker, die Klassen, die Rassen und die Geschlechter nach gleichem Recht und mit gegenseitigem Respekt zusammenleben sollten.

Happy-End auch für einen alten Mann, der sein Leben wieder mit einer Frau teilen möchte. Nelson Mandela findet das Glück einer reifen, guten Altersliebe: Sie heißt Graça Machel, ist im Jahr seiner Scheidung von Winnie 50 Jahre alt und die Witwe des 1986 bei einem Flugzeugabsturz umgekommenen mosambikanischen Präsidenten Samora Machel.

BIBLIOGRAPHIE

Kaiser Franz Joseph

Andics, Hellmut: Die Frauen der Habsburger
Hamann, Brigitte:»Meine liebe, gute Freundin«
Hamann, Brigitte: Elisabeth. Kaiserin wider Willen
Herre, Franz: Kaiser Franz Joseph von Österreich. Sein Leben,
seine Zeit
Morton, Frederic: Wetterleuchten, 1913/1914
Musil, Robert: Der Mann ohne Eigenschaften
Saathen, Friedrich (Hrsg.): Anna Nahowski und
Kaiser Franz Joseph
Schäfer, Martin: Sissi. Glanz und Tragik einer Kaiserin
Thiele, Johannes: Elisabeth. Das Buch ihres Lebens
Weissensteiner, Friedrich (Hrsg.): Lieber Rudolf. Briefe von
Kaiser Franz Joseph und Elisabeth an ihren Sohn

Wladimir Iljitsch Lenin

Balabanoff, Angelica: Lenin. Psychologische Betrachtungen
und Beobachtungen
Bäumler, Ernst: Verschwörung in Schwabing
Fischer, Louis: Das Leben Lenins
Haas, Leonhard (Hrsg.): Lenin. Unbekannte Briefe 1912–1924
Krupskaja, Nadeschda: Erinnerungen an Lenin
Payne, Robert: Lenin. Sein Leben und sein Tod
Trotzki, Leo: Über Lenin
Weber, Hermann: Lenin
Zetkin, Clara: Erinnerungen an Lenin

Mustafa Kemal Atatürk

Bénoist-Méchin, Jacques: Mustafa Kemal
Glasneck, Johannes: Kemal Atatürk und die moderne Türkei
Gronau, Dieter: Mustafa Kemal Atatürk
Mikusch, Dagobert v.: Gasi Mustafa Kemal
Rill, Bernd: Kemal Atatürk
Steinhaus, Kurt: Soziologie der türkischen Revolution
Walker, Barbara u.a.: To Set Them Free. The Early Years of
Mustafa Kemal Atatürk

Adolf Hitler

Daim, Wilfried: Der Mann, der Hitler die Ideen gab
Fest, Joachim C.: Hitler
Greiner, Josef: Das Ende des Hitler-Mythos
Hamann, Brigitte: Hitlers Wien
Hanfstaengl, Ernst: Zwischen Weißem und Braunem Haus. Memoiren eines politischen Außenseiters
Jäckel, Eberhard: Hitlers Herrschaft. Vollzug einer Weltanschauung
Kubizek, August: Adolf Hitler. Mein Jugendfreund
Maser, Werner: Adolf Hitler. Legende – Mythos – Wirklichkeit
Steinert, Marlis: Hitler
Toland, John: Adolf Hitler
Trevor-Roper, Hugh R.: Hitlers letzte Tage

Franklin Delano Roosevelt

Daniels, Jonathan: Washington Quadrille
Perkins, Frances: Franklin Delano Roosevelt
Roosevelt, Eleanor: Wie ich es sah…
Roosevelt, Elliot (Hrsg.): Franklin Delano Roosevelt. His Personal Letters 1928–45
Roosevelt, James: My Parents

Josef Wissarionowitsch Stalin

Allilujewa, Swetlana: Zwanzig Briefe an einen Freund
Iremaschwili, Iossif: Stalin und die Tragödie Georgiens
Payne, Robert: Stalin. Aufstieg und Fall
Rubel, Maximilien: Stalin
Solschenizyn, Alexander: Der Archipel Gulag
Stalin, J. W. (Nachlaß): Dein Sosso. Briefe, Dokumente und Tagebuchnotizen aus dem Umkreis der Familie
Suchanow, Nikolajewitsch: The Russian Revolution
Trotzki, Leo: Mein Leben
Trotzki, Leo: Stalin

Konrad Adenauer

Adenauer, Konrad: Erinnerungen I, II, III und IV (Fragmente)
Augstein, Rudolf: Konrad Adenauer
Frank-Planitz, Ulrich: Konrad Adenauer
Henkels, Walter: Doktor Adenauers gesammelte Schwänke
Hubmann, Hanns: Die Adenauer-Zeit 1949–1967, Bilder zur Zeitgeschichte
Koch, Peter: Konrad Adenauer
Köhler, Henning: Adenauer und die rheinische Republik

Poppinga, Anneliese: Meine Erinnerungen an Konrad Adenauer
Uexküll, Gösta v.: Adenauer
Weymar, Paul: Konrad Adenauer. Die autorisierte Biographie

Mahatma Gandhi
Easwaram, Eknath: Der Mensch Gandhi
Fischer, Louis: Das Leben des Mahatma Gandhi
Fischer, Louis: Gandhi. Prophet der Gewaltlosigkeit
Gandhi, Arun: Kasturba und Mahatma Gandhi
Gandhi, Mohandas: Mahatma Gandhis Autobiographie. Die
    Geschichte meiner Experimente mit der Wahrheit
Grabner, Sigrid: Schwert der Gewaltlosigkeit. Mahatma Gandhi.
    Leben und Werk
Lange, Volker: Der gewaltlose Rebell. Mahatma Gandhi in Südafrika
Rau, Heimo: Gandhi
Rothermund, Dietmar: Mahatma Gandhi. Der Revolutionär der Ge-
    waltlosigkeit
Shirer, William I.: Gandhi: A Memoir
Slade, Madeleine (Mirabehn): An der Seite des Mahatma

Herbert Wehner
Freudenhammer A., Vaster K.: Herbert Wehner. Ein Leben
    mit der deutschen Frage.
Jahn, Gerhard (Hrsg.): Herbert Wehner. Beiträge zu einer Biographie
Mayenburg, Ruth v.: Hotel Lux. Das Absteigequartier der
    Weltrevolution
Müller, Reinhard: Die Akte Wehner. Moskau 1937 bis 1941
Soell, Hartmut: Der junge Wehner. Zwischen revolutionärem
    Mythos und praktischer Vernunft
Wehner, Herbert: Zeugnis

John Fitzgerald Kennedy
Andersen, Christopher: Jack and Jackie. Portrait of an
    American Marriage
Collier, Peter, Horowitz, David: Die Kennedys.
    Ein amerikanisches Drama
Exner, Judith: My Story
Garrison, Jim: Wer erschoß John F. Kennedy?
Giancana, Sam und Chuck: Giancana. Der Pate der Macht
Gregory, Adela, Speriglio Milo: Der Fall Marilyn Monroe
Heymann, C. David: Eine Frau namens Jackie
Leamer, Laurence: Die Frauen der Kennedys
Klein, Ed: The Love Story of John and Jackie Kennedy

Posener, Alan: John F. Kennedy
Salinger, Pierre: Mit John F. Kennedy
Schlesinger, Arthur: Die tausend Tage Kennedys
Sorensen, Theodore: Kennedy
Whalen, Richard J.: Der Kennedy Clan

Josip Broz Tito

Auty, Phyllis: Staatsmann aus dem Widerstand
Bonner, Jelena: Mütter und Töchter
Ciliga, Ante: La Crisi di Stato della Jugoslavia di Tito
Dedijer, Vladimir: Tito
Djilas, Milovan: Tito. Eine kritische Biographie
Djilas, Milovan: Die neue Klasse
Djilas, Milovan: Der junge Revolutionär
Leonhard, Wolfgang: Kominform und Jugoslawien
Mayenburg, Ruth: Hotel Lux
Prunk, Gottfried/Rühle Axel: Tito
Razumovsky, Andreas Graf: Ein Kampf um Belgrad

Willy Brandt

Baring, Arnulf: Machtwechsel. Die Ära Brandt-Scheel
Binder, David: Der andere Deutsche
Brandt-Hansen, Rut: Freundesland
Brandt, Willy: Erinnerungen
Brandt, Willy: Links und frei. Mein Weg 1930–1950
Harpprecht, Klaus: Willy Brandt. Porträt und Selbstporträt
Koch, Peter: Willy Brandt. Eine politische Biographie
Schreiber, Hermann/Simon, Sven: Willy Brandt. Anatomie
  einer Veränderung

Mao Tse-tung

Grimm, Tilemann: Mao Tse-tung
Li Zhisui: Ich war Maos Leibarzt
Mao Tse-tung: 37 Gedichte
Mao Tse-tung: Das Rote Buch
Mehnert, Klaus: Maos zweite Revolution
Payne, Robert: Mao Tse-tung
Ross, Terrill: Mao
Salisbury, Harrison E.: Die Neuen Kaiser. China in der Ära
  Maos und Dengs
Salisbury, Harrison E.: Der Lange Marsch
Snow, Edgar: Red Star Over China
Schram, Stuart A.: Mao Tse-tung

Michail Gorbatschow

Bednarz, Klaus: Michail Gorbatschow
Gorbatschow Michail S.: Gipfelgespräche. Geheime Protokolle
  aus meiner Amtszeit
Gorbatschow, Michail: Der Staatsstreich
Gorbatschow, Michail: Erinnerungen
Gorbatschowa, Raissa: Leben heißt hoffen
Jakowlew, Alexander: Offener Schluß. Ein Reformer zieht Bilanz
Jürgens, Karl-Heinz: Gorbatschow
Jürgens, Urda: Raissa Gorbatschowa
Medewedjew, Zhores: Der Generalsekretär
Poljanski, Nikolai/Rahr, Alexander: Gorbatschow
Ruge, Gerd: Michail Gorbatschow
Sheey, Gail: Gorbatschow
Schmidt-Häuer, Christian: Michail Gorbatschow
Tschernajew, Anatoli: Die letzten Jahre einer Weltmacht. Der Kreml
  von innen

Nelson Mandela

Benson, Mary: Wir weinen um unser Land. Nelson Mandelas
  Kampf um Südafrika
Falk, Rainer: Nelson Mandela. Biographisches Portrait mit
  Selbstzeugnissen
Gilbey, Emma: The Lady. The Life and Times of Winnie Mandela
Hagemann, Albrecht: Nelson Mandela
Mandela, Nelson: Der lange Weg zur Freiheit
Mandela, Nelson: Der Kampf ist mein Leben. Gesammelte Reden
  und Schriften
Mandela, Winnie: Ein Stück von meiner Seele ging mit ihm
Meer, Fatima: Nelson Mandela. Stimme der Hoffnung.
  Die autorisierte Biographie

Der Marion von Schröder Verlag ist ein Unternehmen
der Econ & List Verlagsgesellschaft, Düsseldorf und München.

ISBN 3-547-72132-6